Dienen statt Herrschen

SCHÄFFER
POESCHEL

Johannes Claudius Eckert

Dienen statt Herrschen

Unternehmenskultur und Ordensspiritualität:
Begegnungen - Herausforderungen - Anregungen

2000
Schäffer-Poeschel Verlag Stuttgart

Autor:

Johannes Claudius Eckert absolvierte an der LMU München das Studium
der Katholischen Theologie. Kontakte zur Wirtschaft, insbesondere zur BMW AG,
führten zur vorliegenden Arbeit. Er ist Benediktiner in der Abtei St. Bonifaz in München
und Andechs.

Die Arbeit wurde als Inauguraldissertation an der Katholisch-Theologischen Fakultät
der Ludwig-Maximilians-Universität München angenommen.

Die Deutsche Bibliothek – CIP-Einheitsaufnahme

Eckert, Johannes Claudius:
Dienen statt Herrschen : Unternehmenskultur und Ordensspiritualität: Begegnungen -
Herausforderungen - Anregungen / Johannes Claudius Eckert.
- Stuttgart : Schäffer- Poeschel, 2000
   ISBN 3-7910-1676-8

Gedruckt auf säure- und chlorfreiem, alterungsbeständigem Papier.

ISBN 3-7910-1676-8

www.schaeffer-poeschel.de
info@schaeffer-poeschel.de

Einbandgestaltung: Willy Löffelhardt
Druck und Bindung: Franz Spiegel Buch GmbH, Ulm
Printed in Germany

Schäffer-Poeschel Verlag Stuttgart
Ein Tochterunternehmen der Verlagsgruppe Handelsblatt

Vorwort

„Dienen statt Herrschen!" bzw. „magis prodesse quam praeesse" – „mehr helfen als herrschen" (Regula Benedicti Kap. 64,8): Mit diesem prägnanten lateinischen Wortspiel beschreibt Benedikt (+547) den Dienst des Abtes, der klösterlichen Führungskraft. Auch nach 1500 Jahren hat diese Profilbeschreibung nicht an Aktualität verloren, sondern sollte in einer Gesellschaft, die sich immer mehr als „Dienstleistungsgesellschaft" versteht, an Bedeutung gewinnen. Führung wird dabei weniger als Ausübung von Macht, sondern vielmehr als Dienst an der jeweiligen Institution und deren Menschen verstanden.

„Dienen statt Herrschen!" ist quasi das Programm der vorliegenden Arbeit. In ihr werden Berührungspunkte und Lernanregungen benannt zwischen „Unternehmenskultur" und „Ordensspiritualität", zwischen der „Bayerischen Motoren Werke AG" und der „Bayerischen Benediktinerkongregation", zwischen Wirtschaft und Kirche.

Bei der Entstehung dieser Arbeit wurden mir auf vielfältige Weise hilfreiche Dienste zuteil. So soll in diesem Vorwort all jenen gedankt werden, die mir in den letzten Jahren mit Rat und Tat zur Seite standen.

An erster Stelle gilt mein Dank meinem Lehrer, Herrn Prof. Dr. Ehrenfried Schulz, für seine intensive Begleitung und seine umsichtige Unterstützung. Sein Interesse sowohl an der Arbeitswelt bei BMW als auch an der Lebenswelt der Mönche machten mir immer wieder Mut – gerade auch in schwierigen Entstehungsphasen – an diesem interdisziplinären Thema weiterzuarbeiten. Dank gilt auch Herrn Prof. Dr. Ludwig Mödl, der das Zweitgutachten erstellte, sowie der ganzen Katholisch-Theologischen Fakultät der Ludwig-Maximilians-Universität München, die diese Arbeit im Sommersemester 1999 als Inauguraldissertation angenommen hat.

Die Erstellung der vorliegenden Arbeit wäre ohne die kontinuierliche Begleitung von seiten der BMW AG nicht möglich gewesen. Oft genug habe ich dabei ihre Mitarbeiter als echte „Dienstleister" kennen- und schätzengelernt. Für die erfahrene Gesprächsoffenheit und die zur Verfügung gestellten Dokumente sei herzlich gedankt. Besonderer Dank gilt den Herren Norbert Herrmann, Anton Ruf und Dr. Herbert Diess, die als direkte Ansprechpartner und Begleiter mir eine oft fremde Welt erschlossen und hilfreiche Kontakte hergestellt haben. Durch Ihr Engagement und stets „offenes Ohr" konnte es zu diesem fruchtbaren Austausch kommen.

Ebenso gilt mein aufrichtiger Dank meinen Mitbrüdern in Andechs und München, sowie unserem Abt, Dr. Odilo Lechner, der mich zur Erstellung dieser Arbeit motiviert und stets großes Interesse an meinen Studien gezeigt hat. Für die zur Verfügung gestellte Zeit möchte ich meinen Mitbrüdern an dieser Stelle eigens danken. Im direkten Austausch, aber auch im Alltag unseres klösterlichen Lebens, haben sie mir bewußt – bisweilen auch unbewußt – hilfreiche Anregungen gegeben und zahlreiche Dienste erwiesen.

Schließlich sei all jenen gedankt, die mir durch das Lesen der Korrektur und bei der Erstellung der Druckvorlage geholfen haben.

In Dankbarkeit für all das Gute, das ich in meiner Familie erfahren durfte, widme ich diese Arbeit meinen Eltern und Geschwistern.

Andechs, am 17. Oktober 1999   Johannes Claudius Eckert OSB

Inhaltsverzeichnis

Einleitung: Warum und wie „Unternehmenskultur" und „Ordensspiritualität" zueinander fanden

„Unternehmenskultur und Ordensspiritualität": Mit diesen Begriffen begegnen sich zwei Welten, die sich scheinbar diametral gegenüberstehen.[1] Dieser Eindruck wird noch durch die Gegenüberstellung: „Bayerische Motoren Werke AG" (BMW) – „Bayerische Benediktinerkongregation" (BBK) verstärkt. Und im Blick auf den Untertitel stellt sich die berechtigte Frage, wie es zwischen diesen so unterschiedlichen Institutionen „Begegnungen", „Herausforderungen" oder gar „Anregungen" geben kann.

Auf der einen Seite befindet sich ein innovatives, dynamisches „Wirtschaftsunternehmen". Dieses steht für Mobilität, Sportlichkeit, Agilität und Vitalität und hat sich in den letzten Jahrzehnten erfolgreich zum global agierenden Weltkonzern entwickelt. Auf der anderen Seite befindet sich eine „Ordensgemeinschaft" der katholischen Kirche, die im Urteil vieler Zeitgenossen als unbeweglich und rückständig gilt. Nicht selten werden die Ordensgemeinschaften als „Hüter ihrer eigenen Tradition" und „Relikte des Mittelalters" belächelt, bisweilen aber auch aufgrund ihrer Beständigkeit bestaunt.

Bei BMW geht es um die Produktion industrieller Produkte, sportlicher, dynamischer Automobile und Motorräder, die „Freude am Fahren" vermitteln und den gesellschaftlichen Erwartungen nach „Abenteuer, Fun und Spaß am Leben" gerecht werden wollen. Bei den Ordensgemeinschaften ziehen sich Menschen aus der Gesellschaft zurück, um sich intensiv mit ihrem Glauben zu beschäftigen und nach einem tieferen Sinn des Lebens zu suchen, und das unter Konditionen wie Armut und Jungfräulichkeit, die völlig atypisch für die gesellschaftliche Grundeinstellung sind.

Hier steht ein global agierender Weltkonzern, der sich im harten Wettbewerb des internationalen Konkurrenzkampfs durch die Herstellung innovativer Spitzenprodukte behaupten muß. Dort steht das benediktinische Mönchtum, das auf eine 1500-jährige Geschichte und Tradition zurückschaut und über Jahrhunderte hinweg beständig kultur- und gesellschaftsprägend gewirkt hat.

Einerseits wird eine „Unternehmenskultur" vorgestellt, die für Innovation, Flexibilität und Mobilität steht, andererseits eine „Ordensspiritualität", die sich der Beständigkeit, Kontinuität und Tradition verpflichtet fühlt.

Mit Nachdruck stellt sich darum die Frage, wo und in welchen Bereichen es zwischen diesen so unterschiedlichen Institutionen „Begegnungen – Herausforderungen – Anregungen" geben kann.

Ein erster Anknüpfungspunkt ist vermutlich die Faszination, die die Benediktinerklöster gerade auf Wirtschaftsleute ausüben. Neben ihrer spirituellen Ausrichtung waren sie immer schon als „Wirtschaftsunternehmen" tätig, um so ihre Autarkie und Autonomie zu sichern.[2] Aus dieser Faszination heraus ergeben sich Fragen wie: Worin liegt das Erfolgsrezept ihres wirtschaftlichen Handelns? Wie bringen die Klöster Spiritualität und ökonomisches Streben zusammen? Wie halten sie die für sie typische

Spannung zwischen Kontemplation und Aktion aus (ora et labora)? Welche Richtlinien bestimmen ihr Zusammenleben und -wirken?

Ein erstes Interesse für die benediktinische Spiritualität und deren praktische Umsetzung ist geweckt. In der intensiveren Beschäftigung mit dem benediktinischen Mönchtum kommt es dann gemeinhin zur Entdeckung, daß sich die Regel Benedikts, obwohl sie inzwischen 1500 Jahre alt ist, ideal als Führungsinstrument eignet. Somit hat sie auch für modernes Management eine gewisse Relevanz. Aussagen über den Abt, wie: „Er wisse, daß er mehr helfen als herrschen soll" (Regula Benedicti (RB) 64,9), finden sich auf ähnliche Weise in aktuellen Managementstrategien und Führungsleitbildern wieder. Daher wird seit einiger Zeit der Versuch unternommen, die Regel Benedikts als Leitlinie für Führungskräfte zu interpretieren.[3]

Überraschend nehmen die Anfragen an die Klöster von „Wirtschaftsseite" aus zu, ob es nicht möglich wäre, Kurse in Form eines „Consultings" anzubieten, in denen Anregungen aus der reichen spirituellen Tradition weitergeben werden. Der Grund zur Nachfrage ist, daß die Wirtschaft immer stärker den Menschen als „wertvollste Ressource" entdeckt. „Unternehmensethik" ist somit kein Luxus mehr, sondern für viele Unternehmen eine Notwendigkeit. Durch eine gezielte Mitarbeiterorientierung gilt es, die Identifikation und Motivation der Mitarbeiter zu steigern und so den wirtschaftlichen Erfolg sicherzustellen.[4] Auch in diesem Zusammenhang ergeben sich Berührungspunkte zwischen „Unternehmenskultur" und „Ordensspiritualität".

Schließlich kommen die Menschen, die ein Wirtschaftsunternehmen bzw. eine Ordensgemeinschaft prägen, aus dem selben soziokulturellen Umfeld. Sie sind „Kinder ihrer Zeit" und bestimmen als solche die jeweilige Institution. Gegenwärtig macht sich in Wirtschaft und Kirche ein gesellschaftlicher Umbruch bemerkbar, der sich mit dem Schlagwort „Individualisierung" beschreiben läßt.[5] Mit der „Entdeckung des Individuums" stehen Wirtschaftsunternehmen und Kloster vor ähnlichen Herausforderungen. Darum gilt es, im Spannungsfeld zwischen „Individuum" und „sozialer Institution" einen Ausgleich zu schaffen. Wiederum können dabei aktuelle Bezüge zwischen „Unternehmenskultur" und „Ordensspiritualität" hergestellt werden.

Die konkrete Begegnung zwischen BMW (exemplarisch für die Wirtschaft) und BBK (exemplarisch für eine Ordensgemeinschaft) in der vorliegenden Arbeit hängt zutiefst mit der Biographie des Autors zusammen. Dieser lernte die BMW AG erstmals im Frühjahr 1993 in Form eines zweimonatigen Betriebspraktikums (Werk München) kennen. In der Beschäftigung mit der „BMW-Unternehmenskultur" fiel ihm auf, daß Sätze, wie: „Führen heißt dienen und Vorbild für andere sein"[6] oder: „Die Person ist selbst ein Wert und muß als solche anerkannt werden"[7], Bezüge zur christlichen Ethik aufweisen. Im Herbst desselben Jahres trat der Autor in die Benediktinerabtei St. Bonifaz (München/Andechs) der BBK ein und lernte im anschließenden Noviziatsjahr die benediktinische Spiritualität in ihrer spezifisch bayerischen Ausprägung näher kennen. Dabei entdeckte er zahlreiche Berührungspunkte zur „BMW-Unternehmenskultur".

Im Rahmen einer theologischen Diplomarbeit mit dem Titel: „Persönlichkeitsentwicklung durch Gemeinschaft, Benediktinische Spiritualität in Begegnung mit Unternehmensphilosophie der BMW AG" wurden erste Bezüge zwischen „Unternehmenskultur und Ordensspiritualität" wissenschaftlich reflektiert.[8] Aus dem ursprünglich biographischen Interesse erwuchs bei BMW und BBK der Wunsch, wechselseitig voneinander zu lernen, so daß aus den bescheidenen Anfängen einer Diplomarbeit die vorliegende Dissertation entstand.[9] Sie will zeigen, daß zwei unterschiedliche Institutionen (BMW – BBK) trotz ihrer originären Profile und ihrer eigenständigen Zielsetzungen mehr gemeinsam haben, als zunächst anzunehmen ist.

Ziel der dissertanten Überlegungen ist es, eine fundierte Gesprächsgrundlage zu schaffen, die dem Austausch zwischen Wirtschaft und Kirche, zwischen BMW und BBK beiderseitig dient, so daß die jeweils andere Seite von dieser stimulierende Anregungen erhält. Dabei verbleiben die Ausführungen nicht im ideell-abstrakten Bereich, indem lediglich die Aussagen der Regel Benedikts und die Leitsätze des „BMW Unternehmensleitbilds" einander zugeordnet werden. Vielmehr richtet sich der Blick auch auf die konkrete „Unternehmenskultur" und „Ordensspiritualität", so wie sie bei der BMW AG und BBK verwirklicht werden. Dabei werden auch Schwierigkeiten und Probleme nicht verschleiert, indem auf die Diskrepanz zwischen Ideal und Realität immer wieder hingewiesen wird.

Durch diese wechselseitige Zuwendung werden BMW und BBK gewissermaßen zu „Lernpartnern". Einerseits gewinnen Spiritualität und Theologie in ihrer praktischen Anwendung an Relevanz und Bedeutung für wirtschaftliches Handeln, bei der die vorliegende Arbeit einen Beitrag zur Humanisierung der Arbeitswelt leisten möchte. Andererseits wird theologisch der Blick für die Wirtschaft geschärft und am Beispiel von BMW das redliche Mühen „um und für den Menschen" veranschaulicht, so daß ihrerseits die Klöster der BBK einiges von BMW lernen können.

Als Vorgehensweise wurden drei Etappen gewählt, wobei die ersten beiden das notwendige Fundament für die Begegnung im dritten Kapitel bieten.[10]

BMW und BBK stehen exemplarisch für die Lebensbereiche Wirtschaft und Kirche. Sie sind verortete „Brennpunkte", in denen sich Wirtschaft und Kirche konkret artikulieren. Beide sind durch ihr je spezifisches soziokulturelles Umfeld geprägt, bestimmen dieses aber auch mit. Im ersten Kapitel: „Wirtschaft, Kirche und Gesellschaft an der Schwelle zum dritten Jahrtausend" werden BMW und BBK in jenem größeren Gesamtzusammenhang gesehen, eben im Kontext von Wirtschaft, Kirche und Gesellschaft. In Form von drei „Zeitdiagnosen" kommt es zur Standortbestimmung. Dabei wird deutlich, daß der gesellschaftliche Umbruch der letzten vier Jahrzehnte in allen sozialen Institutionen, und damit auch in Wirtschaft und Kirche, zu tiefgreifenden Veränderungen geführt hat. Es zeigt sich ein Spannungsfeld, das sich zwischen den Polen „Individuum" und „Soziale Institution" aufgebaut hat. Diesem müssen sich Wirtschaft (BMW) und Kirche (BBK) gleichermaßen stellen, indem sie einerseits ihren Mitgliedern individuellen Freiraum zugestehen und sie andererseits in die soziale Verantwortung nehmen.

Aus diesem Grund richtet das zweite Kapitel: „Der Mensch im Spannungsfeld von personaler Würde und Sozialität" den Blick ganz auf den Menschen. Es geht um dessen Selbstverständnis, wie er sich selbst sieht, aber auch was ihn von außen her bestimmt, welche Beweggründe ihn leiten, sich mit anderen Menschen zusammenzuschließen und nach welchen Prinzipien sich menschliche Sozialität überhaupt gestaltet. Dabei werden die jüdisch-christlichen Wurzeln des abendländischen Menschenbildes erläutert und durch Aspekte der „Empirischen Anthropologie" ergänzt. Desweiteren werden aus verschiedenen Perspektiven soziale Antriebskräfte beschrieben. Schließlich werden jene Ordnungsprinzipien benannt, die BMW und BBK als soziale Institutionen anwenden, um sowohl den Ansprüchen des einzelnen als auch den institutionellen Zielsetzungen gerecht werden zu können.

Auf dieser Grundlage werden im dritten Kapitel „Unternehmenskultur" (BMW) und „Ordensspiritualität" (BBK) einander gegenübergestellt, zunächst in getrennter Darstellung als „Konfrontation" unterschiedlicher Welten. Das originäre Profil der jeweiligen Institution wird sichtbar. Zugleich aber zeigen sich überraschende „Berührungs- und Begegnungspunkte", so daß abschließend eine Fülle von Bezügen sichtbar gemacht werden können. BMW und BBK verstehen sich als „Lernpartner", die sich einander hilfreiche Anregungen geben, so daß beide dadurch zu Innovationen finden.

1 Wirtschaft, Kirche und Gesellschaft an der Schwelle zum dritten Jahrtausend

Problemanzeige: „Was ist los mit unserer Zeit?"

„Was ist los mit unserer Zeit?"[11] ist eine häufig gestellte Frage an der Schwelle zum dritten Jahrtausend. Für viele Menschen scheint die Zeit zu galoppieren, so mannigfaltig sind die Veränderungen und Erneuerungen in der Gesellschaft. Optimisten wie Pessimisten versuchen die Gegenwart zu deuten, um so einen gangbaren Weg in die Zukunft zu finden.

Mit dem Leitgedanken: „Was ist los mit unserer Zeit? Bilanz und Ausblick" stellte sich einer solchen Zeitdiagnose am Ende des Jahres 1996 auch der Erzbischof von München und Freising, Friedrich Kardinal Wetter.[12] In dieser Jahresbilanz beklagt er den zunehmenden Werteverfall in breiten Schichten der Bevölkerung, mangelndes Verantwortungsbewußtsein für die Zukunft, Orientierungslosigkeit und vor allem ein Defizit an Solidarität. Umdenken sei gefordert!

Eine überraschend ähnliche Bilanz fällte Eberhard von Kuenheim, vormaliger Vorsitzender des Aufsichtsrats der BMW AG, in einer Ansprache vom 30. Oktober 1996.[13] Auch er spricht von einem Mangel an Orientierung, von defizitärer Weitergabe von Werten an die nachfolgenden Generationen und vom Schwund an Solidarität.

Entsprechend verwies der Altbundeskanzler der Bundesrepublik Deutschland, Helmut Schmidt (1974-1982), darauf, daß in Deutschland Rechte in einem höheren Kurs stünden als Pflichten.[14] Während Ansprüche vielfältig mit überlauter Stimme erhoben werden, würde die Verantwortung jedes einzelnen dagegen in vielen gesellschaftlichen Bereichen kaum gelehrt und daher auch kaum wahrgenommen. Eine weitgehende permissive Erziehung orientiere sich allzu einseitig an den Grundrechten. Von Grundpflichten dagegen sei kaum die Rede. Eine rücksichtslose, egoistische „Selbstverwirklichung" werde zum Ideal stilisiert, während das Gemeinwohl als bloße Phrase verkomme.

Was ist los mit unserer Zeit? Eine Frage, die sich sowohl die katholische Kirche als auch das westliche Wirtschaftssystem stellen muß, um Perspektiven für die Zukunft zu finden.[15]

1.1 Das westliche Wirtschaftssystem im Umbruch

Steigende Arbeitslosenzahlen, wachsende Haushaltsdefizite, Verlagerung der Produktion in sogenannte „Billiglohnländer" und eine zunehmende Rezession in den alten Industrienationen der westlichen Welt machen der Wirtschaft nach dem Untergang der kommunistischen Systeme Osteuropas immer mehr zu schaffen. Während die Weltwirtschaft expandiert, befinden sich die hochentwickelten Wirtschaftssysteme in einem

Zustand der Stagnation.[16] Führende Unternehmen, wie etwa General Motors, IBM, Sears in den USA oder AEG und Grundig in Deutschland, die einst marktbeherrschend waren, brachen überraschend zusammen.[17]

Bestsellertitel führender Wirtschaftswissenschaftler, wie „Die Zukunft des Kapitalismus", „Die postkapitalistische Gesellschaft", „Die Fortschrittsfalle – der Zukunft neuen Sinn geben", „Die neue Weltwirtschaft", weisen auf eine Zeit des Umbruchs und des Wandels im herkömmlichen Wirtschaftssystem hin.[18]

1.1.1 Globalisierung

In seiner Zeitdiagnose „Die Zukunft des Kapitalismus" stellt Thurow eingangs fest, daß das westliche Wirtschaftssystem seine Schwungkraft verloren habe. Er verdeutlicht dies an der Entwicklung der Weltwirtschaft in den letzten Jahrzehnten. „In der Dekade der sechziger Jahre wuchs die Weltwirtschaft inflationsbereinigt um fünf Prozent pro Jahr. In der Dekade der Siebziger ging das jährliche Weltwirtschaftswachstum auf 3,6 Prozent zurück. In den achtziger Jahren erlebten wir eine weiteren Rückgang auf 2,8 Prozent pro Jahr. In den neunziger Jahren waren es gerade noch zwei Prozent jährlich. In nur zwei Jahrzehnten verlor der Kapitalismus 60 Prozent seiner Schwungkraft."[19] Die Welt muß mit neuen Augen gesehen werden. Es zeichnet sich eine Ära der gegenseitigen Abhängigkeit ab, die geprägt ist von tiefgreifenden Veränderungsprozessen.[20] Die Welt des ausgehenden zwanzigsten Jahrhunderts besteht nicht mehr aus getrennten, unverbundenen Kräften. Neue Kommunikations- und Informationsmedien, wie beispielsweise Internet, E-Mail, Faxgerät oder audiovisuelle Direktverbindungen, die Nachrichten in Sekundenschnelle über weite Entfernungen hinweg übermitteln, lassen die Welt enger zusammenrücken.[21] Die galoppierenden Entwicklungen auf dem Gebiet der Computertechnologie und der Softwareentwicklung ermöglichen die Weitergabe einer Fülle von Informationen in kürzester Zeit. Sie bestimmen den Wandel zur Informationsgesellschaft, die sich durch ihr globales Bewußtsein auszeichnet.[22] Neue Entwicklungen im Personen- und Warentransport machen diesen kostengünstiger und schneller. Durch diese verbesserten Transport-, Informations- und Kommunikationssysteme ist die Aufspaltung der Wertschöpfungskette in einzelne Schritte, die räumlich voneinander getrennt durchgeführt werden, problemlos möglich, so z.B. die lokale Trennung von Forschung/Entwicklung und Produktion.[23] Sämtliche Produktionsfaktoren wie Geld, Technologien, Fabrikanlagen und Ausrüstungen können leichter als je zuvor Grenzen überschreiten. Durch die Verschmelzung von Informations- und Kommunikationstechnologien wird auch die zentrale Koordination und Kontrolle von internationalen Unternehmensaktivitäten verbessert. Unternehmen in den alten Industrienationen sind so in der Lage, ihre Produktionsstandorte in sogenannte „Billiglohnländer" zu verlegen. Dadurch kann kostengünstiger produziert und der Absatzmarkt vor Ort erschlossen und beliefert werden.[24] Folge solcher Transaktionen sind allerdings steigende Arbeitslosenzahlen und wirtschaftlicher Rückgang in den Ursprungsländern. Hier zeigt sich ein erstes globales Problemfeld. Auf der einen Seite sind die Industrienationen der westlichen Welt geradezu genötigt, etwas für den wirtschaftlichen und sozialen Aufschwung in den Ländern der Zweiten und Dritten Welt zu tun, um so Verelendung und eine wachsende Abwanderung in die reichen Länder zu verhindern.[25] Auf der anderen Seite gilt es, die eigenen regionalen Probleme im Ursprungsland zu lösen. Für Unternehmen heißt das, daß sie sowohl global als auch regional denken und handeln müssen, um im internationalen Wettbewerb bestehen zu können.

Durch die Aufspaltung der Wertschöpfungskette an verschiedenen Standorten der Erde ist immer häufiger von globalen Produkten die Rede. Mit Reich läßt sich diese Entwicklung an einigen Beispielen veranschaulichen: „Professionelle Eishockeyausrüstungen, in Schweden entworfen, in Kanada finanziert und in Cleveland (Ohio) und Dänemark zum Vertrieb in Nordamerika beziehungsweise Europa montiert, werden aus Kunststoffen gefertigt, deren molekulare Struktur im US-Staat Delaware erforscht und patentiert wurde und die in Japan erzeugt werden. (...). Ein Sportwagen wird von Japan finanziert, in Italien entworfen, im US-Staat Indiana, in Mexiko und Frankreich montiert, wobei moderne elektronische Komponenten Verwendung finden, die im US-Staat New Jersey erfunden und in Japan hergestellt wurden."[26] Die Reihe der Beispiele für globale Produkte ließe sich beliebig fortsetzen. Damit verändert sich auch das Bild der Unternehmen. Sie werden zu internationalen Unternehmen, zu sogenannten „Global Players". Diese Entwicklung kann mit Reich am Beispiel der Firma „Whirlpool" veranschaulicht werden: „Nachdem die Firma die amerikanische Belegschaft um zehn Prozent gekürzt, einen Großteil ihrer Produktion nach Mexiko verlegt und dem niederländischen Unternehmen Philips den Unternehmenszweig Elektrische Haushaltsgeräte abgekauft hatte, beschäftigte Whirlpool 43500 Menschen in 45 Staaten – die meisten davon Nichtamerikaner."[27]

Unternehmen werden sich zukünftig nicht mehr als nationale, sondern als globale kennzeichnen. Globale Netzwerke über die ganze Welt werden sie prägen. Damit wird das Gütezeichen der westlichen Industrienationen „Made in ..." durch das „Made by ..." ersetzt werden. Nicht mehr ein Land, sondern ein Unternehmen steht für die Qualität seiner globalen Produkte. Um so wichtiger wird für viele Anbieter, etwa von Spitzenprodukten, die gezielte Markenpflege.[28] Sie kann sich durch Differenzierung bzw. in einer Fokussierung auf ein bestimmtes Produkt mit besonderen Eigenschaften zeigen.[29] Ries veranschaulicht dies an Beispielen aus der Automobilbranche: „Das Geheimnis einer guten Strategie mit multipler Fokussierung ist eine sorgfältige Koordinierung der vorhandenen Markenprodukte. General Motors hat früher einmal mit seinen fünf Marken Chevrolet, Pontiac, Oldsmobile, Buick und Cadillac eine Strategie der multiplen Fokussierung verfolgt. Als Unternehmen kannte General Motors jedoch nur einen Fokus – Automobile. (...). Wofür steht General Motors denn heute? Es reicht nicht, sich auf die Herstellung von Autos schlechthin zu konzentrieren. Man muß sich auf die Herstellung sicherer Autos spezialisieren wie Volvo oder auf die Herstellung von Luxuswagen wie Mercedes oder auf kleine, häßliche, zuverlässige, preisgünstige Autos wie den VW-Käfer. GM geriet aus allen Fugen, als das Unternehmen die Identität seiner Marken aufgab, als es jeder Sparte die Erweiterung seines Produktprogramms zugestand."[30] Es gilt, mit seinem Namen im internationalen Konkurrenzkampf für bestimmte Qualitäten zu stehen, die die Kunden mit dem Unternehmen verbinden.[31] Dabei beschränkt sich dieser Konkurrenzkampf eben nicht mehr auf nationale oder kontinentale Grenzen.[32] Er wird global ausgetragen.[33] Um im internationalen Wettbewerb überleben zu können, ist daher ein waches Gespür für die Lage und die Anforderungen des Weltmarktes gefragt.[34] Es gilt, schnell und flexibel zu agieren und zu reagieren, zumal der Konkurrenzdruck immer größer und heftiger wird, je enger die Welt zusammenrückt.[35] Die Fusionen einst konkurrierender Anbieter auf dem Weltmarkt zu mächtigen, unüberschaubaren Großkonzernen machen gerade kleineren Anbietern aus den alten Industrienationen zunehmend zu schaffen.[36] Zu Recht weist Prahalad auf die vielen Unternehmen hin, die einst marktbeherrschend waren und inzwischen nicht mehr existieren. „Schauen sie sich doch die Fortune-500- oder die Fortune-100-Unternehmen über die letzten 50 Jahre an: Wie viele Unternehmen sind in dieser Zeit von der Liste verschwunden, und was tun die Überlebenden, um noch mit von der Partie zu sein? Sie werden die Feststellung machen, daß diese Unternehmen kontinuierlich nach vorn schauen – nicht nach hinten. (...). Die Zukunft hält Möglichkeiten für jeden bereit; um aber neue Marktchancen ergreifen zu können, müssen sie wie ein Jäger auf Entenjagd, das Gewehr im Anschlag, die Enten im Flug verfolgen!"[37] Durch die „Globalisierung" ist die Welt multizentrisch geworden.[38] Während in der unmittelbaren Nachkriegszeit die USA die führende und bestimmende Wirtschafts- bzw. Industrienation darstellten und später in einen Wettstreit um diese Position mit Japan und den entwickelten Ländern Westeuropas traten, verlieren diese drei Zentren immer mehr an Bedeutung.[39] Heute gehört etwa Taiwan, ein Land ohne eigene Ressourcen, zu den größten Kapitalumschlagplätzen der Welt.[40] China und andere Staaten im südostasiatischen Raum entwickeln sich zu aufstrebenden Wirtschaftsmächten der Zukunft.[41] Die Konkurrenz für die Anbieter aus der westlichen Welt wird immer stärker. Daher gilt es, den globalen Markt schneller und innovativer zu beliefern. Eine gezielte Markt- und Kundenorientierung, die sich nicht auf einen nationalen Binnenmarkt beschränken darf, wird somit zum Erfolgsfaktor.[42]

Entscheidend beschleunigt wurde die „Globalisierung" durch den Zusammenbruch des Kommunismus in den Ländern Osteuropas.[43] Neue Staaten und Länder erscheinen auf der politischen Landkarte, deren Entwicklung in einer ungewissen Zukunft liegt. Mit der Öffnung zur westlichen Welt veränderten sich die wirtschaftlichen Gegebenheiten innerhalb der ehemals kommunistischen Länder entscheidend. 1,9 Milliarden Menschen, ein Drittel der Weltbevölkerung, sind davon betroffen. Mit dem Fall des Eisernen Vorhangs und der Öffnung der Grenzen drängen zahlreiche hochqualifizierte Arbeitskräfte auf den westlichen Arbeitsmarkt. Dieses neue Angebot wirkt sich etwa auf die Gehälter in den westlichen Industrienationen gravierend aus – eine Entwicklung, die erst in den letzten zehn Jahren ihren Anfang genommen hat.[44] Hinzu kommt, daß westeuropäische Unternehmen in die nahe gelegenen Nachbarländer abwandern, um dort die Standortvorteile zu nutzen.

Die „Globalisierung" stellt die nationale Wirtschaftspolitik vor völlig neue Herausforderungen. Die Ära, in der ein einzelner Staat die Binnenwirtschaft durch die Gesetzgebung beeinflussen konnte, geht zu Ende. Falls die Konditionen am „Heimatstandort" schlecht sind, steht es einem Unternehmen nun frei, in Länder abzuwandern, in denen die Rahmenbedingungen ihm mehr entgegenkommen.[45] Die einzelnen Nationalstaaten aber sind diesen grenzüberschreitenden, transnationalen Problemen nicht mehr gewachsen. Es fehlen ihnen dazu die Kompetenzen. Daher gilt es, immer mehr Autorität von der Ebene der Nationalstaaten nach oben und nach unten zu verlagern.[46] Die einzelnen Staaten verlieren damit an Einfluß zu Gunsten regionaler Wirtschaftsbündnisse, wie EU oder NAFTA, und supranationaler Organisationen, wie UN, UNESCO, Weltbank und Internationaler Währungsfond. Ihnen wird es in Zukunft in Absprache mit den international agierenden Konzernen zukommen, durch neue Gesetze und Richtlinien, die internationale Gültigkeit haben, eine rechtliche Weltwirtschaftsordnung zu manifestieren.[47]

Eine weitere wirtschaftspolitische Folge der zunehmenden „Globalisierung" ist die wachsende Mobilität der Weltbevölkerung. Flüchtlingsströme, ob politisch, etwa durch Bürgerkrieg, oder sozial motiviert, durch Hunger und Verelendung, machen den westlichen Industrienationen zunehmend zu schaffen.[48] Wie wird es möglich sein, diese Menschen in ihren Ländern zu halten? Auch hier zeigt sich nochmals, daß Politik und Wirtschaft der entwickelten Staaten gemeinsam mit den Ländern der Zweiten und Dritten Welt diese globalen Probleme werden lösen müssen.[49] Hinzu kommt, daß die verbesserte medizinische Versorgung die Weltbevölkerung sprunghaft wachsen läßt. Die Lebenserwartung nimmt zu, die Kindersterblichkeit – gerade in den Entwicklungsländern – nimmt ab. Im Jahr 2025 wird mit einem Anstieg von derzeit 5,7 Milliarden auf 8,5 Milliarden Menschen gerechnet.[50] Die Bevölkerungsexplosion der südlichen Hemisphäre bedroht durch die damit gegebene globale Erwärmung auch die Länder des Nordens. Hier tritt die Umweltproblematik mit ihren weltweiten Auswirkungen in den Blickwinkel. Vernichtung der Regenwälder, Erschöpfung der Wasserreserven, verschwenderischer Verbrauch von Rohstoffen, Treibhauseffekt und die damit verbundene Zerstörung der schützenden Ozonschicht kennzeichnen stichwortartig die Entwicklung und zeugen davon, daß das westliche Wirtschaftssystem oft nur kurzsichtig auf die Gegenwart schaut und keine langfristige globale Zukunftsplanung hat.[51]

Erschwerend für die alten Industrienationen der westlichen Welt kommt noch hinzu, daß sich in den eigenen Ländern eine neue Art von Armut herausbildet. Wachsende Zahlen von Obdachlosen, Sozialhilfeempfängern und Arbeitslosen unterstreichen diese Entwicklung und schaffen eine neue Zweiklassengesellschaft.[52] Zu diesem sozialen Brennpunkt gesellen sich noch andere Probleme. So ist etwa durch die Erkenntnisse der modernen Medizin die durchschnittliche Lebenserwartung gestiegen. Steigende Kosten bei der Gesundheitsversorgung und Überalterung der Gesellschaft bringen den Wohlfahrtsstaat ins Wanken.[53] Dies sind für die entwickelten Länder brennende Probleme, die z.B. die soziale Marktwirtschaft in Deutschland derzeit an ihre Grenzen führen. Wer wird in Zukunft diese sozialen Aufgaben übernehmen, weiterhin der Staat, die Wirtschaft oder ein neuer Sektor?[54] Wiederum wird deutlich, daß mit einer Weltwirtschaftsordnung auch eine einheitliche Sozialgesetzgebung vonnöten ist. Ziel dieser globalen wirtschaftlichen Rahmenordnung müßte es sein, weltweit gleiche Voraussetzungen und Bedingungen zu schaffen, die verhindern, daß die Wirtschaft zum unkontrollierten Selbstläufer wird und als totale Marktwirtschaft ohne soziale Komponente das Wohl der Menschen aus dem Auge verliert. Hier gilt es, immer wieder in Erinnerung zu rufen, daß die Wirtschaft nicht Selbstzweck, sondern ein Subsystem ist, das um des Menschen willen existiert. Globale Probleme, wie etwa die Ausbeutung und Zerstörung der natürlichen Umwelt, werden nur auf der Grundlage eines verbindenden Ethos zu lösen sein. Dabei haben die international agierenden Unternehmen und Organisationen die Pflicht, bewußt Werte zu setzen und sich gegebenenfalls selbst zu sanktionieren.

Es gilt, die Welt mit neuen Augen zu sehen. In einer Ära der gegenseitigen Abhängigkeit wird deutlich, wie wichtig eine Gesamtsicht der Entwicklung ist. Drucker spricht davon, daß sich alle fünfzig Jahre ein deutlicher Wandel in der westlichen Welt vollzieht.[55] Dieser Wandel ist allem Anschein nach zum ersten Mal in der Weltgeschichte nicht auf die westliche Welt beschränkt, sondern vollzieht sich global.

1.1.2 Strukturprägende Paradoxien

Die beschriebene „Globalisierung" der Wirtschaft stellt an die internationalen Konzerne und Unternehmen, die durch die Strukturen der westlichen Welt geprägt sind, neue Anforderungen. Zeiten des Umbruchs sind Zeiten eines gestörten Gleichgewichts, in denen es gilt, mit Spannungen, Gegensätzen und Paradoxien zu leben.[56] So fordert beispielsweise die „Globalisierung" der Wirtschaft, daß Unternehmen zugleich regional als auch global denken und agieren müssen. Ein scheinbarer Widerspruch eröffnet sich. Handy kennzeichnet treffend das ausgehende zwanzigste Jahrhundert als „Zeit der Paradoxien".[57] Paradoxien und Widersprüche gestalten menschliches Leben und sind schlichtweg unvermeidlich. Gegensatzpaare, wie Tod und Leben, männlich und weiblich, Krieg und Frieden etc., prägen das Denken und Handeln, und mit Handy kann festgestellt werden: „Paradoxien sind wie das Wetter, etwas, mit dem man leben muß, auch wenn man es nicht lösen kann, etwas, dessen schlimmste Aspekte wir lindern, dessen beste wir genießen und als Schlüssel auf unserem Weg in die Zukunft benutzen müssen. Paradoxien müssen akzeptiert werden, man muß sich mit ihnen beschäftigen und ihnen im Leben, in der Arbeit, in der Gesellschaft und zwischenstaatlich einen Sinn geben."[58]

Auch die klassischen Strukturen des westlichen Wirtschaftssystems sind durch Paradoxien und Widersprüche geprägt. Oft hemmen sie die Agilität und Flexibilität eines Unternehmens, so daß dieses aufgrund von mangelnder Beweglichkeit im internationalen Konkurrenzkampf nicht bestehen kann. Für das wirtschaftliche Überleben und den Erfolg ist es daher entscheidend, daß die „strukturprägenden Paradoxien" effektiv gemanagt werden.

Eine erste „strukturprägende Paradoxie" ist die „Paradoxie der Produktivität". Sie zeigt sich darin, daß immer mehr und bessere Arbeit von immer weniger Menschen verrichtet wird.[59] Dies hängt zutiefst mit der „Paradoxie der Arbeit" zusammen. Steigende Arbeitslosenquoten machen darauf aufmerksam, welch selten gewordenes und wertvolles Gut „Arbeit" geworden ist. Die „Paradoxie der Arbeit" zeigt sich darin, daß die einen genügend Zeit, aber weder Arbeit noch Geld haben, während die anderen über Arbeit und Geld, aber über zu wenig Zeit verfügen.[60] Damit ist eine weitere „Paradoxie" angesprochen, die der Zeit.[61] Zeit ist zur Ware geworden. Ein Unternehmen kauft gleichsam die Zeit seiner Arbeitnehmer und damit nur indirekt das Produkt. Das Verhältnis zwischen Arbeitgeber und Arbeitnehmer läßt sich als Tauschhandel umschreiben: Zeit gegen Geld. Arbeitskraft, Leistung und Produkt treten in den Hintergrund, bezahlt wird in erster Linie die Arbeitszeit. Dies allerdings kann sich negativ auf die Produktivität auswirken. Neben der Zeit ist auch das Wissen eine neue Form des Besitzes. Gebündelte Intelligenz, die Fähigkeit, Wissen und Know-how zu erwerben und anzuwenden, gilt als neue Quelle des Wohlstands und ist damit eine neue Form von Eigentum geworden.[62] Anders aber als etwa Kapital können Wissen und Intelligenz weder gleichmäßig verteilt noch entzogen werden. Auch können beide nicht verliehen, gemessen und besteuert werden, und gelten doch als Kapital der Zukunft. Hier zeigt sich eine weitere „Paradoxie", die die für die westliche Wirtschaft grundlegenden Strukturen des Taylorismus in Frage stellen. Wenn das Wissen, das Können und die gebündelte Intelligenz der Mitarbeiter eine der wichtigsten Ressourcen eines Unternehmens sind, dann sollte eine Organisation möglichst dezentral strukturiert sein, um so dem einzelnen Mitarbeiter genügend Freiraum anzubieten, in dem er sein Wissen produktiv umsetzen kann. Allerdings muß auch ein Unternehmen das plurale „Spezialistenwissen" seiner Mitglieder bündeln und zusammenführen. Dazu bedarf es einer zentralen Organisation: d.h. daß Unternehmen und Konzerne zukünftig zugleich zentral und dezentral strukturiert sein sollten.[63] Dies stellt auch neue Anforderungen an die Mitarbeiter, die sowohl eigenständig als auch teamfähig agieren müssen. Für Führungskräfte und Manager beinhalten die neuen Strukturen, daß sie über die Fähigkeit verfügen sollten, delegieren zu können und dabei doch die Kontrolle zu behalten.[64] Damit ist eine „gesellschaftsprägende Paradoxie" tangiert, die des Individualismus. Handy erläutert: „Das ist eine Paradoxie, die wohl von Jung am besten beschrieben wurde. (...). Das »Ich« braucht das »Wir«, um vollkommen »Ich« sein zu können. Blickt man jedoch an den Bürokomplexen in den Innenstädten hinauf, an diesen kleinen, bis zum Himmel übereinandergeschichteten Kästen, stellt sich die Frage, wieviel Raum dem »Ich« zwischen all den Bürokojen und den Empfangstischen verbleibt. (...). Wer, diese Frage müssen wir uns stellen, könnte das »Wir« sein, zu dem wir gehören möchten? Ist es die minimalistische, die virtuelle Organisation? Oder unsere derzeitige »Randsiedlung« in den Vororten? Oder die in Auflösung begriffene Familie? Oder kann ein privates Netz Ersatz schaffen?"[65] Auch Thurow macht auf diese Spannung zwischen Individuum und Gemeinschaft aufmerksam. Das Individuum ist ein Produkt der Gemeinschaft.[66] Von seinem Wesen ist daher der Mensch sowohl „ichbezogen" als auch „wirbezogen". Diese Spannung zwischen individuellem und sozialem Aspekt gilt es, gerade auch in der Wirtschaft, zu berücksichtigen und in positive Energie umzusetzen.[67]

Es wird sich zeigen, wie erfinderisch die Wirtschaft ihre „strukturprägenden Paradoxien" managt. Gegebenenfalls beinhaltet dies auch die Bereitschaft, bewährte Organisationsformen zu verlassen und neue Wege zu gehen. Dies allerdings kann häufig Unsicherheit und Angst zur Folge haben.

1.1.3 Industrielle Revolution und deren gesellschaftliche Auswirkungen

Ausgehend von der dargestellten „Globalisierung" und den „strukturimmanenten Paradoxien" stellt sich die Frage, wie es zu diesen Phänomenen gekommen ist. Um aus einer Gegenwartsanalyse Wege in die Zukunft zu weisen, ist es hilfreich, die gegenwärtige Situation und die damit verbundenen Probleme in Beziehung zu ihrer Entstehungsgeschichte zu bringen. Daher soll die geschichtliche Entwicklung, die die heutige Wirtschaft und Industrie prägt, kurz dargestellt werden, um in diesem Kontext den einschneidenden Umbruch am Ende dieses Jahrhunderts deuten zu können.

Das neunzehnte und zwanzigste Jahrhundert gelten als Jahrhunderte rasanter Veränderungen. Wandel und Umbruch prägen die vergangenen zweihundert Jahre. Neben den politischen und gesellschaftlichen Revolutionen am Ende des achtzehnten, Mitte des neunzehnten und zu Beginn des zwanzigsten Jahrhunderts, hat die Industrielle Revolution bahnbrechende Veränderungen im gesellschaftlichem und wirtschaftlichem Bereich gebracht.[68]

Das neunzehnte Jahrhundert war noch zutiefst durch die bis dahin geltenden feudalen Herrschaftsstrukturen geprägt. Der Monarch finanzierte den Bau von Straßen, Brücken und Kanälen, errichtete Manufakturen, bzw. gewährte den angesehensten Fabrikanten großzügige Subventionen. Zusammen mit seinem Ministerstab kümmerte er sich um Baumaßnahmen jeglicher Art, förderte Handelsgesellschaften und führte Zölle ein, um den einheimischen Markt zu schützen. Die Produktionsprozesse in den Manufakturen kennzeichneten sich durch Spezialisierung, Arbeitsteilung, Serienfertigung und Vorherrschen von Handarbeit bei nur geringem Einsatz von Maschinen. Die Gesellschaft war stark bäuerlich geprägt.

Die Industrielle Revolution, die die Produktion von Gütern und die gesellschaftlichen Strukturen des ausgehenden neunzehnten und beginnenden zwanzigsten Jahrhunderts maßgeblich verändern sollte, nahm ihren Anfang mit der Einführung von Dampfmaschinen in der Textilindustrie. Bald dehnte sie sich auf andere Industriezweige aus, so z.B. auf die Eisenbearbeitung und den Bergbau, und verwandelte die herkömmlichen Manufakturen in moderne Fabriken. Dabei beeindruckte wohl besonders, daß diese neuen Maschinen ganz im Unterschied zu Tier und Mensch schnell, gleichmäßig, präzise und ermüdungslos arbeiteten.[69] Seit Mitte des neunzehnten Jahrhunderts brachte der Einsatz von Dampfmaschinen auch die Revolutionierung des Verkehrswesens. Lokomotiven und Dampfschiffe ermöglichten den leichteren und schnelleren Transport von Menschen, Rohstoffen und Produktionsgütern.[70]

Um möglichst viel Gewinn machen zu können, galt Massenproduktion als das Gebot der Stunde.[71] Nationale Wirtschaftsmärkte entstanden. Nun hieß es, sich durch Zollpolitik und Protektionismus vor dem Eindringen anderer Industrienationen auf dem nationalen Absatzmarkt zu schützen. Rund um Rohstoffquellen entstanden Industriegebiete, so etwa bei den Kohlebergwerken im Ruhrgebiet und in Oberschlesien. Tausende von mittellosen Landarbeitern siedelten in die expandierenden Städte über und suchten in den neuen Fabriken Arbeit.[72] Eine neue gesellschaftliche Klasse – die der Industriearbeiter – entstand, die neben der Landwirtschaft und dem traditionellen Handwerk schnell anwuchs.

Zunehmende Arbeitsteilung und Spezialisierung kennzeichneten den Industrialisierungsprozeß. Schließlich ging es darum, die ungelernten Kräfte schnell und problemlos innerhalb kurzer Zeit in eine einfache Tätigkeit einzuarbeiten. Nicht Fachwissen und Können waren gefragt, sondern die Bereitschaft, für wenig Geld in monotoner Tätigkeit eine Maschine zu bedienen.[73] Mit Kennedy kann erläutert werden, wie sehr der Umbruch der Industriellen Revolution und die neue Organisationsform der Fabrik zusammenhängen: „Die wirkliche Bedeutung der Industriellen Revolution (...) lag in der Tatsache, daß diese dampfkraftgetriebenen Maschinen und ihre menschlichen Diener im Rahmen eines Fabriksystems arbeiteten. Bis dahin waren die meisten Formen der Manufaktur dezentralisiert gewesen, die Beschäftigten arbeiteten meist zu Hause, die städtischen Kerzendreher ebenso wie die ländlichen Weber, und sie wurden gewöhnlich pro Stück bezahlt. Speziellere Gewerbe von Töpfern bis zu Näherinnen waren ähnlich organisiert. Selbst die größten Projekte – der Bau eines Kriegsschiffes oder eines Palastes – waren gewissermaßen in ihre Einzelheiten zerfallende, wenig strukturierte Unternehmungen unterworfen. In einem Fabriksystem indessen wurden die Arbeiter zusammengefaßt und gezwungen, in standardisierter Form nach einem Rhythmus zu arbeiten, der von den Maschinen bestimmt wurde; sie arbeiteten in festen Schichten von zehn, zwölf oder mehr Stunden, und sie wurden nach Stunden bezahlt.“[74] In der Organisationsform „Fabrik“ liegen somit die Wurzeln für die „Paradoxien der Zeit, der Produktivität und der Arbeit“.

Als organisatorisches Vorbild für die neu entstehenden Fabriken diente das Militär. Absolute Kontrolle und unbedingter Gehorsam kennzeichnen seine Strukturen. Strenge Hierarchien und zentralistischer Aufbau lassen das Unternehmen des Industriezeitalters daher einer Pyramide gleichen, von deren Spitze über verschiedene Zwischenebenen Macht und Verantwortung ausgeübt wird.[75] Alle Entscheidungsgewalt geht von den Kapitaleignern aus, in deren Besitz Fabrik und Maschinen sind. Thurow erläutert es in militärischer Fachsprache: „Sie hatten (...) als Generäle die Befehlsgewalt über die Truppen (Arbeitskräfte) und ihre Unteroffiziere (Manager). Sie entschieden, an welchem Ort die Schlachten zu schlagen waren (Produktion), wo sie angreifen und wo sie zum Rückzug blasen würden (welche Märkte sie erobern und welche sie außer acht lassen wollten). Sie wählten die Waffen (Technologien), die ihnen den Sieg (Gewinne) einbringen würden. Der Arbeiter hatte nichts zu sagen (...).“[76] Hammer nennt dieses Organisationsmodell treffend „Kommando-/Kontrollmodell“ und erklärt: „Diesem Ansatz liegt die Vorstellung zugrunde, daß ein Individuum Befehle auszuführen hat und daß Befehle von oben erteilt werden. Intelligenz und Weisheit befinden sich ausschließlich an der Spitze einer Organisation. Eine Handvoll Leute treffen die grundlegenden strategischen Entscheidungen. Alle anderen in der Organisation sind entweder »Speerträger« zur Ausführung der anstehenden Arbeiten oder Mittelmanager, die Anweisungen von oben nach unten sowie Informationen von unten nach oben weiterleiten."[77]

Das zwanzigste Jahrhundert gilt als Zeit des Übergangs von der Agrargesellschaft über die Industriegesellschaft hin zur „Informations-" und „Wissensgesellschaft".[78] So stellten noch um 1900 die Bauern den größten Teil der Arbeitnehmerschaft, den zweitgrößten Teil die Hausangestellten. Allerdings zeichnete sich deutlich eine neue aufstrebende Klasse ab, die der Industriearbeiter. Zwar waren sie in den ersten Jahrzehnten des zwanzigsten Jahrhunderts noch eine Minderheit, bis zum Ersten Weltkrieg machten sie höchstens ein Achtel bis ein Sechstel der Gesamtbevölkerung aus, doch war absehbar, daß sie in den kommenden Jahrzehnten zur größten gesellschaftlichen Gruppe avancieren würden. Gerade für Bauern oder Hausangestellte bot die Industriearbeit die Chance, die eigenen Lebensumstände wesentlich verbessern zu können, ohne dazu auswandern zu müssen.[79]

Durch die wachsende Industrialisierung wurde Mitte des zwanzigsten Jahrhunderts die Klasse der Industriearbeiter in allen entwickelten Ländern zur größten sozialen Gruppe. Mit ihrem Höhepunkt in den fünfziger Jahren beginnt aber auch ihr Niedergang. Neue Berufsfelder entstanden und entstehen, die mit wenigen Ausnahmen Qualifikationen verlangen, die der ungelernte Industriearbeiter nicht besitzt und kaum erlangen kann, so etwa die Fähigkeit, sich theoretisches und analytisches Wissen anzueignen und anzuwenden. Vor allem aber erfordern sie die Bereitschaft, kontinuierlich zu lernen.[80]

1.1.4 Entwicklung zur Wissensgesellschaft

Forschung und Entwicklung bringen in rasanter Geschwindigkeit ständig neue, innovative und verbesserte Produkte auf den Markt. Dabei sind es nach Hammer/Champy drei Kräfte, die diese Entwicklung bestimmen: Kunden, Wettbewerb und Wandel.[81] Sie sprechen von einer Verlagerung der Marktmacht vom Hersteller zum Abnehmer. Kunden- und Marktorientierung sind neben ständigen Innovationen die entscheidenden Erfolgsfaktoren. Mit Hammer/Champy kann diese globale Entwicklung erläutert werden: „Die Kundenerwartungen schnellten in die Höhe, als Konkurrenten (...) mit preisgünstigeren, aber gleichzeitig qualitativ höherwertigen Waren auf den Markt vorstießen. Als nächstes führten die Japaner neue Produkte ein, die etablierte amerikanische und europäische Unternehmen nicht schnell genug auf den Markt bringen konnten – oder an die sie vielleicht noch gar nicht gedacht hatten. Die Japaner boten noch dazu ein Serviceniveau, mit dem die herkömmlichen Unternehmen nicht mithalten konnten. Das war mehr als Massenproduktion; es war Massenproduktion plus Qualität, Preis, Auswahl und Service."[82] Mit der zunehmenden „Globalisierung" wurde der Wettbewerb intensiver. Hammer/Champy stellen richtig fest: „Leistungsstarke Unternehmen verdrängen ihre unterlegenen Konkurrenten, da der niedrigste Preis, die höchste Qualität und der beste Service eines einzelnen alsbald zum Standard für alle Mitbewerber wird."[83] Schließlich fordert der Markt einen permanenten Wandel, der sich in Innovationen zeigt. Die Lebenszyklen von Produkten und Dienstleistungen werden verkürzt. Damit verkürzt sich aber auch die Zeit für die Produktentwicklung und -einführung. Letztlich gilt es, schneller, innovativer und besser zu sein als die Mitbewerber. Dies bringt maßgebliche Veränderungen mit sich. Der konkrete Mensch, d.h. jeder Mitarbeiter mit seinen Fähigkeiten und Potentialen wird für den wirtschaftlichen Erfolg interessanter.[84] In Zukunft wird es daher nicht nur entscheidend sein, wer über Produktionsmittel oder Kapital verfügt. Vielmehr werden Wissen und Können der Mitarbeiter zum entscheidenden Wettbewerbsvorteil und zum wesentlichen Produktionsfaktor. Ihre Potentiale und Talente gilt es, für den Unternehmenserfolg reichhaltiger einzusetzen und zu nutzen.[85] Hinzu kommt, daß die Industrie nicht mehr so sehr von physischer Arbeit bestimmt wird, sondern stärker von „wissensbasierter Arbeit", wie sie Drucker nennt.[86] Körperliche Arbeit wird zunehmend durch den Einsatz von hochentwickelten Maschinen ersetzt, deren Betätigung, Instandhaltung und Entwicklung hochqualifizierte Fachleute benötigt. Gefragt sind daher Mitarbeiter, die das Know-how haben, diese Spezialwerkzeuge zu bedienen, instandzuhalten und weiterzuentwickeln.

Ein andere treibende Kraft ist der zunehmende Innovationsdruck, der den globalen Wettbewerb prägt. Gerade im Blick auf die oft hochqualifizierten und gut ausgebildeten Mitarbeiter in den westlichen Wirtschaftsnationen gilt es, diese reichhaltigen Potentiale besser zu nutzen.[87] Ihr „Spezialistenwissen", ihre Fähigkeiten, Verbesserungsvorschläge und Ideen können in gegenseitiger Ergänzung zu Innovationen führen, die ein einzelner nie zustande gebracht hätte. Dabei kommt es darauf an, daß die Unternehmen das Wissen und Können ihrer Mitarbeiter gezielt und richtig auf die Entwicklung und Herstellung ihrer Produkte anwenden. So hat beispielsweise Deutschland in den letzten Jahrzehnten beträchtliches neues Wissen produziert. Allerdings war es nicht übermäßig erfolgreich dabei, dieses Wissen in zukunftsträchtige Innovationen umzusetzen.[88] Wissen allein also genügt nicht. Vielmehr geht es um seine gewinnbringende Umsetzung. Thurow nennt typische Beispiele, die dieses Auseinanderklaffen von Erfindung bzw. Wissen und Produktion veranschaulichen: „ (...) die Videokamera und der Videorekorder (erfunden von den Amerikanern), das Fax (erfunden von den Amerikanern) und der CD-Player (erfunden von den Holländern). Was den Verkauf, die Beschäftigungszahlen und die Gewinne angeht, sind alle diese Produkte heute japanische Produkte, obwohl die Japaner kein einziges davon erfunden haben. (...). Das Management eines Unternehmens, das führend in der Herstellungstechnik sein will, muß ein nahtloses Netz zwischen den Bereichen Entwicklung, Design, Herstellung, Verkauf, Logistik und Serviceleistung spinnen, das dem der Konkurrenz überlegen ist. Das Geheimnis der Spitzenleistung liegt nicht mehr darin, arbeits- oder kapitalintensiv zu sein, ja noch nicht einmal managementintensiv."[89] Die vorrangige Aufgabe eines Unternehmens wird zukünftig sein, daß es das spezialisierte Wissen seiner Mitarbeiter in die gemeinsame Aufgabe und Zielsetzung integriert, um so dieses plurale Wissen produktiv zu machen.[90] Mit dem Abschied vom autoritären „Kommando-/Kontrollmodell" des Taylorismus, das dem einzelnen nur wenig Freiraum gegeben hat, werden neue Formen der Zusammenarbeit gefunden werden müssen, wie Hammer richtig feststellt: „Wir müssen zurückkehren zu einer Vorstellung, derzufolge die Menschen nicht auf irgendeine Teilaufgabe oder isolierte Aktivität, sondern auf das Endergebnis ihrer Arbeit ausgerichtet sind. (...). Nicht mehr das Fließband steht im Vordergrund, sondern eine Gruppe von Mitarbeitern, die gemeinsam die Verantwortung für die Erzielung des Endergebnisses trägt (...).“[91] Daher wird Prozeßorientierung zum Schlüsselthema. Das führt innerhalb der Unternehmen zu weitgreifender Umorganisation.[92]

Dies stellt allerdings auch neue Anforderungen an die Mitarbeiter und Führungskräfte eines Unternehmens. Als „Wissensarbeiter“ werden sie unter dem permanenten Druck stehen, ihr Wissen auf den neuesten Stand zu bringen. Sie werden sich zum lebenslangen Lernen (live long learning) verpflichten müssen, um dauerhaft „beschäftigbar“ zu sein. „Lernen“ und „Forschen“ sind somit Gebot der Stunde. Wenn diese kontinuierliche Auffrischung und Vertiefung fehlt, wird ein Unternehmen auf Dauer nicht auf dem Weltmarkt bestehen können. Daher gilt es, mit Hilfe aller Mitarbeiter bestehende Verfahren und Prozesse, Produkte und Dienstleistungen kontinuierlich zu überprüfen und permanent zu verbessern.[93] Ferner wird es ein entscheidender Wettbewerbsvorteil sein, kontinuierlich Innovationen zu schaffen, um so den Markt, die Kunden und die Konkurrenz mit neuen Produkten und Angeboten zu überraschen.[94]

Ein Unternehmen sollte sich zur Lerngemeinschaft entwickeln, indem es das Engagement und das Lernpotential auf allen Ebenen der Organisation erschließt. Die Bereitschaft zur „Metanoia“, zum Umdenken, so Senge, und eine grundsätzliche Offenheit sind wichtige Grundhaltungen in der „lernenden Organisation“.[95] Ihr Ziel ist es, ein Bewußtsein für Vernetzung zu entwickeln, wie Senge fordert, „ein Bewußtsein für Zusammenarbeit als Teil eines Systems, wo jeder Teil des Systems andere beeinflußt und umgekehrt beeinflußt wird, und wo das Ganze größer ist als die Summe seiner Teile.“[96]

1.1.5 Zukunftsweisende Wege

Die Entwicklung zur „Wissensgesellschaft“ verlangt neue und veränderte Strukturen. Weniger Zentralismus und mehr Föderalismus, weniger Kontrolle und mehr „Subsidiarität und Eigenverantwortung“, weniger Einzelkämpfertum und mehr Teamarbeit und Gemeinschaftssinn sind jene Schlagworte, die das neue Bild des fortschrittlichen Unternehmens kennzeichnen.[97] Zugleich helfen sie, die erwähnten „strukturprägenden Gegensätze und Paradoxien“ z.T. zu entspannen. Damit stehen die Unternehmen vor großen Anforderungen, deren Realisierung Energie und Ausdauer in Anspruch nehmen wird. Neue Kommunikationsformen, kontinuierliche Information, vernetztes Denken etc. werden an Bedeutung gewinnen. Mit der Entwicklung zur wissensbasierten Gesellschaft, und diese ist schon voll im Gang, rückt der konkrete Mensch in den Mittelpunkt des wirtschaftlichen Interesses. Schließlich stellt er mit seinen Potentialen eine der wichtigsten Zukunftsressourcen dar. „Mitarbeiterorientierung“, die sich in gegenseitiger Loyalität und Verbundenheit zeigt, ist somit kein Selbstzweck, sondern ein Weg, sich auch in Zukunft im globalen Wettbewerb erfolgreich zu behaupten.

1.1.5.1 Föderalismus und Subsidiarität

Im Kontext der geschilderten Veränderungen wird gegenwärtig im wirtschaftlichen Bereich föderales Gedankengut aktuell. Kleine, mitverantwortliche Einheiten, in denen der einzelne Mitarbeiter seine Individualität einbringen und damit sein „Spezialistenwissen" in plurales Wissen umsetzen kann, prägen zunehmend die Unternehmen.[98] Herkömmliche Unternehmensstrukturen dagegen, die sich am Fabriksystem orientiert haben, werden dezentralisiert und prozeßorientiert.[99] Mit Drucker läßt sich diese Entwicklung von der zentralistischen Organisation zu mehr föderalen Strukturen folgendermaßen erklären: „Als die ersten modernen Organisationen am Ende des 19. Jahrhunderts entstanden, war ihr einziges Vorbild das Militär. (...). 1870 tat so ziemlich jedes Mitglied der Armee das gleiche, und die Anzahl derjenigen, die auch nur ein Quentchen Verstand hatten, war unendlich klein. Die Armee war nach dem Prinzip »Befehl und Kontrolle« organisiert, und sowohl Unternehmen als auch die meisten anderen Institutionen kopierten dieses Modell. Das ändert sich nun in rasantem Tempo. Weil immer mehr Organisationen auf Informationsbasis arbeiten, entwickeln sie sich zu Fußball- oder Tennisteams, also zu verantwortungsbasierten Organisationen, in denen jedes Mitglied als verantwortlicher Entscheidungsträger handeln muß. Mit anderen Worten, alle Mitglieder müssen sich selbst als »leitende Angestellte« sehen."[100]
Die Mitarbeiter sollen verstärkt Verantwortung für ihre Arbeit und damit für ihr Unternehmen übernehmen. Dies muß z.T. erst noch gelernt werden. Schließlich hat das Organisationssystem „Fabrik", in der der einzelne nur selten eigenverantwortlich gefordert gewesen war, über Jahrzehnte hinweg Denken und Verhalten der Mitarbeiter und Führungskräfte geprägt.[101] Die Umsetzung dieser Gedanken wird daher genügend Schwierigkeiten mit sich bringen. Trotzdem sollten sich Wirtschaftsunternehmen zukünftig von hierarchisch gegliederten Pyramiden zu föderalen Netzen bzw. Netzwerken entwickeln, die zentral und dezentral organisiert sind. Kelly beschreibt das „vernetzte" Unternehmen: „Wir dürfen Unternehmen nicht länger nach Art des Industriemodells als kleine Produktionsstraßen und in sich geschlossene, mechanisch funktionierende Gebilde betrachten, sondern sie vielmehr als ein ökologisches System von Organismen verstehen."[102] Damit ist nicht gemeint, daß ein Unternehmen gänzlich auf zentrale Strukturen verzichten wird. Vielmehr gilt es, das streng hierarchisch-zentralistische Unternehmensmodell durch föderale und dezentrale Strukturen zu ergänzen. Mit Reich läßt sich daher das Bild vom Netz treffend erklären: „Der Mittelpunkt des Netzes bewahrt den strategischen Überblick und hält die Fäden zusammen. Doch einzelne Knotenpunkte im Netz verfügen oftmals über genügend Autonomie, um gewinnbringende Kontakte zu anderen Netzen herzustellen. Es gibt kein innerhalb und außerhalb des Unternehmens, sondern nur verschiedene Entfernungen von seinem strategischen Mittelpunkt."[103]
Auch die Matrixorganisation ist nicht das ideale Unternehmensmodell, durch das sämtliche Probleme aus der Welt geschaffen werden können.[104] Im Unterschied zur klar strukturierten Pyramide können im Netzwerk z.B. die Kompetenzen und Verantwort-

lichkeiten nicht so einfach geklärt bzw. zugeordnet werden. Es kann leichter zu Konflikten und Streitfragen kommen. Ferner sind die Kommunikationswege nicht mehr so eindeutig festgelegt, so daß beispielsweise Informationen verloren gehen können oder nicht den richtigen Adressanten erreichen. Ebenso bringen die strukturellen Veränderungen, die oft für den einzelnen nur schwer durchschaubar sind, Unsicherheiten mit sich. Führungskräfte werden nach Bennis daher als Veränderungsmanager gefragt sein, die es verstehen, in ihrem Unternehmen ein Umfeld zu schaffen, „in dem Wandel begrüßt und nicht als Bedrohung, sondern als Chance begriffen wird."[105]

Mit dem föderalen Gedanken ist das „Subsidiaritätsprinzip" eng verbunden. „Subsidiarität" im Wirtschaftsunternehmen meint, daß die Verantwortung auf möglichst niedere Ebenen übertragen wird, indem kleine Einheiten mit echter Verantwortung geschaffen werden.[106] Durch eine „Streuung der Macht" und „lokale Autonomie" gilt es, die Potentiale aller Mitarbeiter besser zu nutzen.[107] Die Verlagerung von Entscheidungsfindungsprozessen nach unten soll daher eine Erweiterung der Handlungsspielräume bewirken.[108] Die Mitarbeiter werden zu „Entscheidungsfindern" vor Ort, indem sie für ihren Bereich als „Unternehmer im Kleinen" mit der ganzen Bandbreite der Fragen und Probleme konfrontiert werden.[109] Nun gilt es, selbständiger zu denken und verantwortungsvoller zu entscheiden. Eigene Ideen und Vorstellungen können ausprobiert und verwirklicht werden. Wissen und Können werden besser angewandt.[110] Ein weiteres Ziel dabei ist es, das häufig hoch differenzierte „Spezialistenwissen" der Mitarbeiter effektiv zusammenzubringen. Vernetzte Teamarbeit wird somit zum Erfolgsfaktor.[111] Moderne Informationstechniken, wie Inter- und Intranet, ermöglichen im Netzwerk des Unternehmens die Kommunikation und die Vernetzung der einzelnen Einheiten.[112]

Die föderalen/subsidiären Strukturen stellen veränderte Anforderungen an die Mitarbeiter. Über Jahrzehnte dazu erzogen, möglichst wenig Eigeninitiative in der Arbeit zu zeigen, ist nun das Gegenteil gefordert. Dieser Umdenkungsprozeß wird Ausdauer und einen langen Atem benötigen. Selbstverantwortung und Eigenkontrolle werden dabei immer wichtiger.[113] Dies stellt ebenso veränderte Anforderungen an die Führungskräfte. De Pree sieht daher die „Kunst des Führens" darin, „Menschen den erforderlichen Spielraum zu verschaffen, damit sie ihre Aufgaben in der effektivsten und humansten Weise erfüllen können."[114] Manager sollten sich daher als „Coaches" verstehen, wie Waterman erkennt, „die mit Fingerspitzengefühl vertrauensvolle Beziehungen mit einzelnen Mitarbeitern und Gruppen aufbauen. Details sind nicht mehr ihre Sache."[115] Und Thurow beschreibt die neuen Anforderungsprofile im Blick auf die veränderten Strukturen folgendermaßen: „Dazu braucht es einen ganz neuen Mitarbeitertyp am unteren Ende der Hierarchie, Leute, die klug genug sind, die richtigen Entscheidungen zu treffen. Aber auch an der Unternehmensspitze muß ein neuer Managertyp sitzen, Leute, die die Strategie des Unternehmens so gut verdeutlichen, daß die unteren Ebenen die Entscheidungen treffen, die die Führungsspitze auf der Grundlage aller Informationen, die den unteren Ebenen zur Verfügung stehen, getroffen hätte."[116] Nicht mehr Führung über Kontrollmechanismen, sondern Führung über Ziele und Zielvereinbarungen wird zunehmend gefragt sein.[117] Gegenseitiges Verständnis und Vertrauen werden zu Schlüsselkategorien.[118] Auch das sind innere Haltungen, die immer wieder neu eingeübt werden müssen.[119]

1.1.5.2 Mitgliederunternehmen

Es gibt verschiedene Ziele und Zwecke, zu denen ein Unternehmen dienen kann. Meistens wird als Hauptzweck quantitatives Wachstum genannt. Mit anderen Worten liegt der hauptsächliche Unternehmenszweck darin, Erfolg und hohen Gewinn sicherzustellen.

Handy widerspricht diesem Hauptzweck, da er in Zukunft keine verbindende und tragende Kraft des Unternehmens mehr darstellen wird.[120] Ein Unternehmen muß in erster Linie für sich selbst existieren, d.h. nicht nur für die Aktionäre, sondern für alle beteiligten Akteure. Es ist ein Subsystem, das allen Beteiligten dienen soll. Handy spricht in diesem Zusammenhang vom existentiellen Unternehmen, dessen Hauptzweck zunächst qualitatives und nicht quantitatives Wachstum ist.[121] Dies allerdings erfordert einen Prozeß des Umdenkens.[122] Um die Mitarbeiter dazu zu motivieren, sich stärker mit ihren Fähigkeiten einzubringen, sollte sich ein Unternehmen immer mehr zu einer „Mitarbeitergesellschaft" bzw. zu einem „Mitgliederunternehmen" wandeln.[123] „Mitarbeiterorientierung" und „Mitarbeiterzufriedenheit" werden zu entscheidenden Erfolgsfaktoren. Denn kein Ingenieur, wie Drucker etwas zynisch feststellt, wird auf Dauer besonders motiviert zur Arbeit gehen, wenn er weiß, daß er mit seiner Arbeit nur einen Spekulanten reich macht.[124] Die Devise „Erfolg durch ownership" ist ein erfolgversprechender Weg in die Zukunft.[125] Denn nicht mehr allein Grundbesitz, Kapital und Produktionsmittel sind entscheidende Faktoren des wirtschaftlichen Erfolgs, sondern die Humanressourcen der Mitarbeiter.[126] Ihr Engagement und ihre Teilnehmerschaft gilt es, durch eine gezielte „Mitarbeiterorientierung" zu fördern.[127] Aber auch dieser Prozeß benötigt Ausdauer, und oft genug stehen Unternehmen noch am Anfang dieser Entwicklung, wie Drucker richtig feststellt. „Heute spricht man in allen Organisationen ganz selbstverständlich vom »Menschen als wertvollstes Kapital«. Doch nur wenige praktizieren, was sie postulieren (wenn sie überhaupt von dem überzeugt sind, was sie sagen). In den meisten Organisationen wird, wenn auch nicht bewußt, noch immer geglaubt, was Arbeitgeber im 19. Jahrhundert angenommen haben: Die Mitarbeiter sind viel mehr auf sie angewiesen als wir auf sie. Tatsächlich müssen die Organisationen die Mitgliedschaft in ihren eigenen Reihen ebenso schmackhaft machen, wie es bei der Vermarktung ihrer Produkte und Dienstleistungen der Fall ist – wenn nicht sogar darüber hinaus. Sie müssen Menschen anziehen, halten, sie anerkennen und belohnen, Menschen motivieren, sie bedienen und zufriedenstellen."[128] Dies kann etwa durch neue Formen der Bezahlung geschehen, die die Mitarbeiter stärker am Unternehmenserfolg beteiligen, bzw. mehr die konkrete Leistung als die Arbeitszeit entlohnen.[129] Die Leistungsmotivation und die Identifikation mit dem Unternehmen bzw. mit der Tätigkeit können dadurch gesteigert werden.

Thurow schlägt vor, über eine gezielte Bildungsarbeit gute Mitarbeiter an ein Unternehmen zu binden. „Vielleicht läßt sich ein neuer Gesellschaftsvertrag auf folgender Ebene abschließen: Lebenslange Beschäftigung und steigende Löhne kann kein Unternehmen garantieren. Das Unternehmen kann sich aber sehr wohl verpflichten, dem Mitarbeiter während seiner Beschäftigungszeit die Möglichkeit zur beruflichen Weiterqualifizierung zu bieten. (...). An die Stelle lebenslanger Beschäftigung tritt lebenslange Beschäftigbarkeit."[130] Gerade im Blick auf die immer höher gestellten Anforderungen auf dem Arbeitsmarkt und die rapiden Entwicklungen im Bereich der Forschung könnten Bildungsangebote die gegenseitige Loyalität bestärken.

„Mitarbeiterorientierung" und „Subsidiarität" in der Praxis können sich auch in neuen Arbeitszeitmodellen zeigen. So ist zu überlegen, ob die gängige Vollzeiteinstellung gegen mehr Unabhängigkeit einzutauschen ist, indem der Arbeitnehmer für das Produkt und nicht mehr für die Zeit bezahlt wird. Handy stellt dazu richtig fest: „Menschen, die ihre Arbeitszeit verrechnen, können nur mehr verdienen, wenn sie länger arbeiten. Diejenigen, die das Produkt in Rechnung stellen, können reicher werden, indem sie rationeller oder besser arbeiten, auch wenn sie nicht mehr Zeit dazu benötigen."[131] Auch die Entscheidungsfreiheit, wie Mitarbeiter ihre Zeit einteilen wollen, stellt somit eine Form der „Subsidiarität" dar. Hier könnte ein Ansatzpunkt sein, den „Krieg zwischen Arbeit und Familie" zu beschwichtigen.[132] Die neuen Kommunikationsmedien ermöglichen es, Teile der Arbeit durch Telearbeitsplätze zu Hause zu erledigen.[133] Vertrauen auf das eigenverantwortliche Arbeiten der Mitarbeiter ist dazu eine wesentliche Voraussetzung. Dadurch könnte es zu einer Entspannung der „strukturprägenden Paradoxien Zeit, Produktivität und Arbeit" kommen. Allerdings fordert dies auch, daß der einzelne lernt, mit seinem Freiraum umzugehen. Weder grenzenlose Vollidentifikation mit der Arbeit noch eine laxe Arbeitsmoral dürfen die Folge sein. Gerade in diesem Zusammenhang wird deutlich, wie wichtig es ist, daß sich ein „Mitgliederunternehmen" auf eine verbindende „Unternehmenskultur" einigt, die den Korridor absteckt, in dessen Rahmen die einzelnen Kräfte effektiv zusammenwirken können.[134] Dadurch kann die interne Atmosphäre in einem Unternehmen verändert werden. Nicht mehr Chefs und Untergebene, sondern Teilhaber und Kollegen sind im „Mitgliederunternehmen" tätig. Aufgabe des Management wird es sein, weniger zu befehlen und stärker zu inspirieren.[135] Hier gilt es, die Mitarbeiter für die gemeinsame Sache zu begeistern, ihnen eine Bestimmung zu geben wie es Hamel/Prahalad nennen. „Vielleicht klingt es wie eine Binsenweisheit, aber nur außergewöhnliche Ziele bewegen zu außergewöhnlichen Leistungen."[136]

Treffend erscheint Druckers Vergleich des „Mitgliederunternehmens" mit einem Symphonieorchester. „Jedes seiner 250 Mitglieder ist in hohem Maße spezialisiert. Und doch macht die Tuba alleine keine Musik. Das tut sie erst im Zusammenklang mit dem Orchester. Das Orchester kann nur deshalb spielen, weil alle 250 Musiker die gleiche Partitur haben. Sie stellen ihr Spezialwissen dem gemeinsamen Auftrag zur Verfügung. Und: Sie spielen jeweils nur ein Stück gleichzeitig."[137] So mag beispielsweise die erste Violine zwar zu den wichtigsten Instrumenten im Orchester gehören, aber damit ist sie keineswegs die Vorgesetzte des Harfenisten. Sie sind Kollegen. Und der Part der Harfe ist der Part des Harfenisten und wird keineswegs vom Dirigenten oder von der ersten Geige an ihn delegiert.[138] Dabei ist es entscheidend, daß das Zusammenwirken im „Mitgliederunternehmen" durch bestimmte Werte und Regeln bestimmt sein muß, die die Rechte und die Pflichten des einzelnen im Gesamt des Unternehmens benennen.[139] In gegenseitiger Verantwortung wird dabei das Prinzip „Partnerschaft", das in gegenseitiger Loyalität seinen Ausdruck findet, zu einem entscheidenden Faktor des Unternehmenserfolgs.[140]

1.1.5.3 Loyalität auf Gegenseitigkeit

Geistige Leistung gilt als wichtigste Quelle, aus der einem Unternehmen strategische Wettbewerbsvorteile erwachsen können. Qualifizierte Mitarbeiter sollten daher noch fester in die Organisation eingebunden werden. Doch mit dem Abbau von Arbeitsplätzen wird das Gegenteil bewirkt. Unsicherheit und Angst sind die Folgen, die bei Mitarbeitern aller Qualifikationsebenen die Erfahrung bestätigen, daß sich das Unternehmen seinen Mitarbeitern gegenüber nicht loyal verhält. Das Ergebnis dieser Entwicklung ist die Überzeugung, daß auch sie dem Unternehmen nicht zu Loyalität verpflichtet sind.[141]

Mehr „Loyalität auf Gegenseitigkeit" sollte daher zukünftig das Zusammenwirken in einem Unternehmen prägen. Auf der einen Seite kann so verhindert werden, daß hochqualifizierte Mitarbeiter etwa zur Konkurrenz abwandern. Auf der anderen Seite haben die Mitarbeiter die Chance, sich stärker mit ihrer Arbeit zu identifizieren, indem sie sich einbringen können, was wiederum dem Unternehmenserfolg dient. Drucker stellt dazu fest: „Loyalität wird sich in Zukunft nicht mehr mit einem Gehaltsscheck erzwingen lassen. Sie muß verdient werden, indem der Wissensarbeiter überzeugt wird, daß ihm sein derzeitiger Arbeitgeber ausgezeichnete Gelegenheiten bietet, effektiv zu arbeiten und Spitzenleistungen zu erbringen."[142] Ähnliches stellen Hamel/Prahalad fest: „Die Pflicht des Mitarbeiters, mit ganzem Eifer für den Erfolg der Firma zu arbeiten, dieser Eckstein jedes Beschäftigungsvertrages, hat ein Gegenstück. Das leitende Management hat die Pflicht, der Arbeit einen höheren Sinn als einen Gehaltsscheck zu verleihen. Will man das Gefühl ebenso ansprechen wie den Verstand, so muß man mehr in Aussicht stellen als bloßen finanziellen Verdienst."[143]

Ein Unternehmen wird daher Visionen brauchen, die den Mitarbeitern vermitteln, daß ihre Tätigkeit gefragt ist und für etwas Wichtiges steht. Das Management muß für die gemeinsame Sache, für die große Vision alle Beteiligten begeistern können. Bennis beschreibt daher die Führungskraft als einen „Anführer", der es versteht, seine Anhänger und „Fans" zu motivieren. „Anführer müssen erkennen, daß die Menschen viel lieber für eine Idee oder ein Sache, an die sie glauben, leben wollen, als ein Leben zielloser Ablenkungen zu führen. Das ist es, was meines Erachtens effektive Führungspersönlichkeiten und kreative Kooperation und Kollaboration ausmacht: die Schaffung eines gemeinsam getragenen Zweckbewußtseins. Denn wir Menschen brauchen einen Zweck, einen bedeutungsvollen Zweck, der unserem Leben Ausrichtung gibt."[144] Ziel dabei ist es, das Wir-Gefühl, die Identifikation zu steigern, indem Sinn vermittelt wird. Dabei wird es wichtig sein, daß die Arbeit Spaß macht und den einzelnen erfüllt. Waterman stellt in diesem Zusammenhang etwas zynisch fest: „Es geht letztlich darum, daß die Menschen den Wert ihrer Arbeit erkennen. Dazu ist es aber nicht unbedingt notwendig, daß sie am Eingang ihres Unternehmens ihr Gehirn abgeben müssen."[145] Senge spricht sogar von einer „heiligen Verantwortung der Manager".[146] De Pree fordert ein Bündnis zwischen Organisation und Individuum im Gegensatz zum traditionellen Vertrag. „Verträge sind ein kleiner Teil einer Beziehung. Eine vollständige Beziehung erfordert ein Bündnis (...), eine Bündnisbeziehung beruht auf dem gemeinsamen Engagement für Ideen, Probleme, Wertvorstellungen, Ziele und Managementprozesse (...)."[147] „Föderalismus und Subsidiarität", engere Teams und stärkeres Teilen der Wertschöpfung können dieses Bündnis zwischen Organisation und Arbeitnehmer stützen.

1.1.5.4 Kontinuität und Verbundenheit

„Loyalität auf Gegenseitigkeit", wie sie zuvor postuliert wurde, muß auch ihren Ausdruck finden in einer Haltung der Solidarität, die sich nicht nur auf die gegenwärtige Generation beschränkt, sondern auch die Zukunft im Blick hat. Thurow sieht die größte Schwäche des herkömmlichen Wirtschaftssystems in seiner Kurzsichtigkeit begründet.[148] Es kennt weder ein Denken über die Generationen hinweg noch eine Analyse der Zukunft. Am deutlichsten zeigt sich dies in der globalen Umweltproblematik.[149] Diese kann nur mit einer Haltung gelöst werden, die das Wohl der kommenden Generationen im Blick hat. Das erfordert aber die Bereitschaft, Investitionen in eine weit entfernte Zukunft zu tätigen, deren Erfolg erst die nachfolgenden Generationen ernten können. Unwillkürlich erinnert dies an die Philosophie von Familienunternehmen. Väter bauen ein Unternehmen auf, um dies mit bestmöglichen Voraussetzungen an ihre Kinder zu übergeben.[150] Das Gefühl von Kontinuität und der Sinn für Verbundenheit müssen zu tragenden Größen der zukünftigen Gesellschaft werden, um so nachfolgenden Generationen eine Lebenschance zu bieten. Handy vergleicht diese Haltung mit dem Denken und Planen der Baumeister mittelalterlicher Kathedralen, die über den eigenen Tod und über die eigene Generation hinausblicken.[151] Diese Haltung fordert einen stärkeren Gemeinschaftssinn, durch den „Kontinuität und Verbundenheit" über die Zeiten hinweg sichtbar werden. Somit meint Verbundenheit und Kontinuität auch, daß global agierende Unternehmen und Konzerne lernen müssen, über den eigenen, internen „Tellerrand" hinauszuschauen, um sich gemeinsam den globalen Herausforderungen zu stellen. Die Marktwirtschaft darf nicht zum Selbstzweck werden, sondern muß sich ständig neu darauf besinnen, daß sie als Subsystem im Dienst des Menschen steht. Ein ethisch-verantwortetes Wirtschaften ist gefordert, das sozial-, umwelt- und zukunftsverträglich ist.[152] Wirtschaftsunternehmen werden sich daher in zunehmendem Maße darüber Gedanken machen müssen, wie sie durch ihr Mitwirken den Fortbestand der natürlichen Umwelt sichern können. Eine planlose Ausbeutung dagegen zeugt von einer Kurzsichtigkeit, die das Wohl der Menschheit nicht im Blick hat.

In diesem Zusammenhang gilt es, die „Paradoxie des Individualismus" ernst zu nehmen. Während in der gegenwärtigen Welt das Individuum triumphiert und auf seine Rechte und Bedürfnisse pocht, sollte eine „postkapitalistische Gesellschaft" den gemeinschaftlichen Aspekt des Menschseins wieder ernster nehmen.[153] Die soziale Dimension aber ist zutiefst von der Verantwortung geprägt, die der einzelne für eine Gemeinschaft oder Gruppe zeigt und wahrnimmt. Daher gilt es, die individuellen Rechte durch Pflichten zu ergänzen. Es läßt sich in diesem Zusammenhang von einer Ursehnsucht des Menschen nach Gemeinschaft, Heimat und Wurzeln sprechen. Diese Ursehnsucht sollte auch für den wirtschaftlichen Bereich genutzt werden. Handy stellt im Blick auf den Unternehmensalltag dazu richtig fest: „Wir brauchen eine Gemeinschaft, die groß genug ist, um gemischt zu sein, und klein genug, um für alle ihre Mitglieder überschaubar zu sein."[154] Er spricht von virtuellen Familien, von Stadtstaaten, von Dörfern, die es dem einzelnen ermöglichen, neu Wurzeln zu schlagen – gerade auch in der Arbeit.[155] Daher sollten Unternehmen von kleinen, überschaubaren Gruppen geprägt sein, die eigenverantwortlich agieren und sich durch gegenseitige Loyalität auszeichnen. Mit Drucker läßt sich die Notwendigkeit dieser Entwicklung unterstreichen: „Geschichtlich gesehen war die Gemeinschaft einfach Schicksal. In der postkapitalistischen Gesellschaft und Staatsform muß sie zum Engagement werden."[156]

Resümee: Entdeckung des Mitarbeiters als Erfolgsfaktor

Die zunehmende „Globalisierung" bringt für das westliche Wirtschaftssystem weitgreifende Veränderungen mit sich. Sie birgt noch nie dagewesene Möglichkeiten und Chancen, aber auch große Herausforderungen und neue Problemfelder. Durch die neuen Kommunikations- und Informationsmedien sowie durch den beschleunigten Warentransport ist es möglich, die Wertschöpfungskette an verschiedene Orte der Erde aufzusplittern. Globale Produkte und Unternehmen künden den Abschied vom geschlossenen volkswirtschaftlichen System an. Die Welt rückt enger zusammen. Dies hat zur Folge, daß sich auch der Konkurrenzkampf global gestaltet und durch die Fülle der internationalen Anbieter immer heftiger wird. Von Unternehmen wird daher ein waches Gespür für die Anforderungen des globalen Markts gefordert. Ansonsten besteht die Gefahr, im internationalen Wettbewerb wie so viele andere Unternehmen, die einst marktbeherrschend waren, plötzlich von der Bildfläche zu verschwinden. „Flexibilität und Agilität", die sich in ständigen Innovationen zeigen sollten, werden zu bestimmenden Erfolgsfaktoren. Ferner werden gerade Anbieter von Spitzenprodukten ihre Marken pflegen müssen, da mit der „Globalisierung" das Qualitätszeichen „Made in ..." sich in ein „Made by ..." gewandelt hat.

Mit der „Globalisierung" zeigen sich auch zahlreiche wirtschaftspolitische Problemfelder, so etwa die sozialen Ungerechtigkeiten, die Überbevölkerung, die zunehmenden

Zweiklassengesellschaften, die Umweltproblematik etc. Diese können auf Dauer nur global gelöst werden. International agierende Konzerne und Organisationen stehen daher im Zusammenwirken mit der Staatengemeinschaft in der Verantwortung, eine global gültige und verpflichtende Rahmenordnung zu schaffen, um so einen kurzsichtigen Wirtschaftsliberalismus zu verhindern.

Im Blick auf den internationalen Konkurrenzkampf wird sich die westliche Wirtschaft in zunehmendem Maße mit ihren „strukturprägenden Paradoxien" auseinandersetzen müssen, die häufig die „Flexibilität und Agilität" behindern. Hier zeigt sich, wie sehr diese mit dem Organisationssystem der modernen Fabrik verbunden sind. Entlohnung nicht für die Leistung oder das Produkt, sondern für die Arbeitszeit, strenge Arbeitsteilung in einfache, monotone Tätigkeiten und Handgriffe, klare hierarchische Strukturen ohne eigenverantwortliches Arbeiten, kennzeichnen stichwortartig dieses System. Diese „strukturimmanenten Paradoxien" der Produktivität, Arbeit und Zeit können durch neue Arbeitsstrukturen, wie etwa Teamarbeit, flexiblere Arbeitszeiten, Telearbeitsplätze, Delegation von Verantwortung etc. gemanagt werden. Allerdings ist zu bedenken, daß die betroffenen Führungskräfte und Mitarbeiter erst lernen müssen, mit diesen neuen Strukturen umzugehen. Dies benötigt Ausdauer und Zeit und kann immer wieder zu Rückschlägen führen.

Ein weiterer wichtiger Aspekt wird der Ausgleich zwischen den Polen „Individualität und soziale Organisation" sein. Auf der einen Seite werden Unternehmen ihre Aufmerksamkeit in Zukunft immer stärker auf den einzelnen Mitarbeiter als Individuum richten; denn die Entwicklung zur „Wissensgesellschaft" zeigt an, daß das Wissen und Können jedes einzelnen Mitarbeiters zur wichtigsten Ressource avanciert. Auf der anderen Seite gilt es, dieses „Spezialistenwissen" effektiv zusammenzuführen und die Synergien zu nutzen. Die gewinnbringende Zusammenführung der unterschiedlichen Kräfte und die Umsetzung der Ideen werden zu einem wesentlichen Erfolgsfaktor. So rückt der Mensch als „Individuum" und als „soziales Wesen" in den Mittelpunkt des wirtschaftlichen Interesses. Auch dies erfordert den Abschied vom herkömmlichen tayloristischen System zugunsten neuer Formen von Zusammenarbeit.

Während die Organisation der modernen Fabrik des neunzehnten und zwanzigsten Jahrhunderts in ihrer arbeitsteiligen Produktion sich stark an den zentralistischen Strukturen des Militärs orientierte, werden in Zukunft vermehrt föderale und prozeßorientierte Strukturen die Unternehmensorganisation bestimmen. Bestrebungen, die mehr „Subsidiarität" und „Eigenverantwortung" im Arbeitsalltag verankern wollen, deuten darauf hin, daß sich das Mitarbeiterbild gewandelt hat. Der Mitarbeiter ist nicht mehr bloßer Befehlsempfänger, von dem ausführender Gehorsam gefordert wird, sondern mitverantwortliches Glied des Unternehmens. Er soll sich mit seinen Fähigkeiten, mit seinem Wissen und seinem Können stärker einbringen können. Dadurch wird die Identifikation des Mitarbeiters mit dem Produkt und dem Unternehmen erhöht. Die Idee des „Mitgliederunternehmens", das sich dem „Erfolg durch ownership" verschrieben hat, unterstützt diesen Prozeß. Nicht mehr allein quantitatives, sondern qualitatives Wachstum, das das Wohl aller beteiligten Akteure des Unternehmens im Blick hat, wird zum entscheidenden Unternehmensziel. „Mitarbeiterorientierung" wird zum Erfolgskriterium. So können etwa neue Formen der Entlohnung, die eine Beteiligung jedes Mitarbeiters am Unternehmensgewinn beinhalten, identifikations- und motivationssteigernde Wirkung haben. Dabei haben die Führungskräfte bzw. das Management zunehmend die Aufgabe, die Mitarbeiter durch Sinngebung für die gemeinsame Sache, für die verbindende Vision zu begeistern.

Dezentrale, föderale Strukturen haben zur Folge, daß Unternehmen zukünftig eher einem „Netz" als einer hierarchisch aufgebauten Pyramide gleichen werden. Dies allerdings erfordert neue Wege der Kommunikation und Information. Ferner gilt es, Kompetenzen zu klären und neu zu verteilen, da es in einem „Netzwerk" zu Überschneidungen und Unklarheiten kommen kann. Dabei entstehen immer wieder Konflikte. Schließlich werden die Mitarbeiter z.T. erst noch lernen müssen, mit ihrem Freiraum und ihrer Verantwortung umzugehen. Neue Formen der Zusammenarbeit, wie etwa Teamarbeit, sind häufig noch unbekanntes Neuland. Sie stellen auch veränderte Anforderungen an die Führungskräfte. Um eigenverantwortliches Arbeiten zu ermöglichen, müssen diese bereit sein, Macht abzugeben und Freiräume zu schaffen. In diesem Zusammenhang zeigt sich die Notwendigkeit einer verbindenden „Unternehmenskultur", an der sich Mitarbeiter und Führungskräfte orientieren können. Die Verpflichtung zu „Loyalität auf Gegenseitigkeit", die dem Arbeitnehmer einen sicheren Arbeitsplatz und dem Unternehmen einen festen, engagierten Mitarbeiterstamm gewährleistet, sollte wesentlicher Bestandteil dieser auf gegenseitigem Vertrauen basierenden „Unternehmenskultur" sein. Auch die Forderungen nach „Kontinuität und Verbundenheit" stellen ethische Erfolgsfaktoren dar, die sowohl gegen jede Kurzsichtigkeit eine generationenübergreifende „Solidarität" fordern, als auch das menschliche Grundbedürfnis nach Gemeinschaft für den wirtschaftlichen Erfolg zu nutzen versuchen. „Individualität" auf der einen Seite und „soziales Engagement" der Mitarbeiter auf der anderen Seite sind dabei jene wichtigen Pole, die das Spannungsfeld des wirtschaftlichen Erfolges mitbestimmen werden.

1.2 Die Kirche vor den Herausforderungen der Zeit

Die katholische Kirche in Deutschland bzw. in Westeuropa ist in den letzten zwanzig Jahren in eine ernsthafte Krise geraten. Die wachsende Zahl der Kirchenaustritte, die stark rückläufige Tendenz der regelmäßigen Gottesdienstbeteiligung, die bedenkliche Altersstruktur der Gottesdienstbesucher, die eminenten Probleme bei der Glaubensvermittlung an die nachfolgenden Generationen, die schwindende Alltagsbedeutung von Religion und Christentum zeigen stichwortartig diese Krise an. Gabriel stellt daher zu Beginn seiner Analyse „Christentum zwischen Tradition und Postmoderne" berechtigt die Frage: „Was ist los mit dem in den Kirchen zur Institution gewordenen Christentum? Sind wir seit zwanzig Jahren Zeugen des Anfangs seiner zu Ende gehenden Geschichte? In den hochentwickelten Gesellschaften des westlichen Europa drängt sich dieser Eindruck auf."[157]

Neue Formen der Religiosität, die bis zum Okkultismus reichen, machen den Kirchen erfolgreich Konkurrenz. Das traditionelle Monopol der Kirche, allein für Religion, Glaube und Riten zuständig zu sein, wird in Frage gestellt.

Zu diesen gesellschaftlichen Anfragen gesellen sich innerkirchliche Konflikte. Fundamentalistische Gruppierungen bekommen Auftrieb und machen das II. Vatikanische Konzil für den Glaubensschwund verantwortlich. War es etwa wirklich ein „Aufbruch in den Untergang"?[158] Andere machen den römischen Zentralismus und seine lähmende Unbeweglichkeit bezüglich weitgreifender Reformen für die Krise verantwortlich. Gezielte Strukturreformen, wie sie durch Kirchenvolks-Begehren in Österreich und Deutschland gefordert wurden, sollen helfen, frischen Wind in die Kirche zu bringen.[159] Gegenseitige Schuldzuweisungen kennzeichnen die binnenkirchliche Atmosphäre. Wie kam es zu dieser kirchlichen Krisensituation und welche Zukunftsperspektiven gibt es?

1.2.1 Vom gesellschaftlichen Umbruch zur Postmoderne

Zu Beginn seiner Zeitdiagnose „Wohin geht die Kirche?" stellt Kehl fest: „Die eigentlichen Wurzeln der gegenwärtigen Problematik von Christentum und Kirche in Europa (...) liegen m.E. in der geschichtlich gewachsenen und augenblicklich in eine neue Phase tretenden Verflechtung bzw. Abgrenzung von Kirche und abendländisch-neuzeitlicher Kultur."[160] Wie andere Verbände, beispielsweise Gewerkschaften, Parteien, Schulen, Universitäten, müssen sich auch die Kirchen mit dem gesellschaftlichen Umbruch zur Postmoderne auseinandersetzen.[161]

Während die ersten beiden Jahrzehnte nach dem Zweiten Weltkrieg durch Wiederaufbau und wachsenden Wohlstand geprägt waren, kam es in den sechziger Jahren zu einem weitreichenden „Modernisierungsschub".[162]

Gabriel unterscheidet drei Entwicklungsphasen, die die Kirche in der Nachkriegszeit durchschritten hat:

1949 – 1968 Renaissance und Stabilität im kirchlich verfaßten Christentum
1968 – 1978 Enttraditionalisierung und Transformation der christlichen Religion
ab 1980 Pluralisierung und Individualisierung.[163]

Mit dem Ende der NS-Diktatur bekommen die beiden Kirchen in einer Zeit des geistigen und institutionellen Vakuums eine hervorragende Stellung. Durch die Flüchtlingsströme aus den ehemaligen deutschen Ostgebieten werden die evangelische und katholische Kirche erstmals gleich stark. Mit Konrad Adenauer als katholischem Kanzler und den Unionsparteien gewinnt die katholische Kirche in Deutschland an politischem Einfluß. Leicht steigende Kirchenbesucherzahlen und wenig Austritte zeugen von einer außerordentlich hohen Kirchlichkeit.[164]

In den sechziger Jahren machen sich allerdings erste Spannungen zwischen Kirche und Gesellschaft bemerkbar.[165] Wirtschaftliche Blüte und wachsender materieller Wohlstand führen zu maßgeblichen Veränderungen in der deutschen Nachkriegsgesellschaft. Der bäuerlich-handwerkliche Sektor wird weithin von der modernen Industrie aufgesogen. Bestimmte Handwerkszweige, wie etwa Wagner oder Schmied, sterben weitgehend aus. Durch die Industrialisierung der Landwirtschaft und Umgestaltungen im Einzelhandel kommt es zu weitreichenden Veränderungen in der Bevölkerung. Ferner, wie Hausberger richtig feststellt, „führten die vom Arbeitsmarkt angetriebene Mobilität, ausgedehntere Bildungsprozesse, die steigende soziale Sicherheit und eine historisch einmalige Anhebung des materiellen Lebensniveaus zu tiefen Einbrüchen in das herkömmliche Familienmuster, zu Einbrüchen, die sowohl die innere Struktur der Verknüpfung von Liebe, Ehe und Familie als auch den Grad der Verbindlichkeit betrafen. Die Zahl der Ehescheidungen und der nichtehelichen Kinder steigt jetzt in steiler Kurve an; neben Ehe und Familie tun sich wählbare Alternativen auf wie das »Zusammenleben ohne Trauschein« oder das »Single-Dasein«; die Frauenrolle erfährt eine Veränderung dergestalt, daß die Mädchen in den Jahren 1960 bis 1980 im Niveau der allgemeinen Schulbildung mit den Jungen gleichziehen und sich im selben Zeitraum der Anteil der erwerbstätigen Frauen verdoppelt.“[166]

Der gesellschaftliche Umbruch stellt auch die traditionelle Position der Kirche in Frage. Durch die zunehmende Macht der neuen Massenmedien Rundfunk und Fernsehen kommt es zu einer wachsenden Diskrepanz zwischen gesellschaftlichem und kirchlichem Wertesystem. Gerade im Bereich der kirchlichen Sexualmoral verlieren die traditionellen Werte ihre Plausibilität. Die kirchlichen Verhaltenserwartungen werden von immer weniger Menschen erfüllt. So geht z.B. im Zeitraum von fünf Jahren zwischen 1968 und 1973 die Zahl der Kirchenbesucher um ein Drittel zurück. Besonders die jüngeren Bevölkerungsschichten kehren der Kirche den Rücken zu. Die Zahl der Kirchenaustritte nimmt überraschend zu.[167] Kehl stellt richtig fest: „Es setzt sich jetzt immer stärker auch kulturell – also in der alltäglichen Lebenswelt der Menschen aller Generationen, aller sozialen Schichten und aller religiösen Konfessionen – das durch, was strukturell bereits seit Beginn der Neuzeit – also durch die europäische Aufklärung – angelegt war. Und dies ist (in sozialphilosophischer Perspektive betrachtet) v.a. die unbedingte Vorrangstellung des individuellen Subjekts vor allen verbindlichen Traditionen und Institutionen.“[168] „Selbstverwirklichung“ wird zum Zentralbegriff. Der eigene Standpunkt, das eigene Gewissen und die eigene Biographie werden zu entscheidenden Größen beim individuellen Lebensentwurf. Durch Emanzipation und Mündigkeit kommt es zur Auflösung von herkömmlichen Traditionen und Institutionen. Dies zeigt sich gerade auch im Verhältnis des einzelnen zur Kirche.

Die wachsende Pluralisierung in den achtziger Jahren unterstützt diese Entwicklung. Durch die kulturelle „Globalisierung“ sind in den Großstädten alle großen Weltreligionen vertreten. Eine sogenannte „New-Age-Religiosität“, zusammengemischt aus unterschiedlichen Weltanschauungen, versucht individuell Antwort auf die Sinnfrage zu geben. In einer Konsumgesellschaft gilt es nun für jeden einzelnen, aus dem reichhaltigen Angebot seinen eigenen „Glaubens- und Sinnteppich“ zu weben.[169] Der einzelne ist aufgefordert, eine Lebensphilosophie des persönlichen Stils zu entwerfen. Allerdings bergen „Pluralismus und Individualisierung“ auch das Risiko des Scheiterns. Der Mensch ist nicht nur berufen, sondern auch zur „Selbstverwirklichung“ verdammt. „Individualisierung“ bewirkt somit auf der einen Seite Freisetzung von überkommenen Traditionen und Werten und fordert auf der anderen Seite Suche nach neuem Halt und Sicherheiten. Lebenssinn ist nicht mehr schlechthin vorgegeben. Vielmehr ist jeder selbst gerufen, seinem Leben durch „Eigenkompositionen" Sinn zu geben.[170] Für viele wird damit die kirchlich verfaßte Religiosität zur „Begleitmusik für die selbst komponierten Religiositätsmuster".[171] Die Kirche wird dabei weniger als Glaubensgemeinschaft wahrgenommen, sondern mehr als Amtskirche und Institution, als öffentliche Instanz zur Erfüllung der individuellen Lebensbedürfnisse.[172] Sie erscheint als einer der Anbieter auf dem religiösen Markt, als „Angebots-" bzw. „Servicekirche".[173]

Noch eine andere Entwicklung zeichnet sich ab. Während in den siebziger Jahren der Slogan „Jesus ja – Kirche nein" galt, können die Neunziger mit „Religion möglicherweise ja – personaler Gott nein" überschrieben werden. Metz spricht von einer „religionsfreundlichen Gottlosigkeit", vom „Zeitalter der Religion ohne Gott".[174] Religion muß sich verstehen als Offenheit für Transzendenz, für letzten Sinn, für den Geheimnischarakter des Lebens, für die Erfahrung einer umgreifenden kosmischen Einheit und Ganzheit. Der christliche Glaube an den personalen, menschgewordenen Gott erscheint dabei zu antropomorph.[175] Das Markt- und Tauschdenken bestimmt auch den Bereich der Religion. Lebensentwürfe und religiöse Deutungsmodelle werden austauschbar.[176] In diesem Zusammenhang wird nochmals die Grundspannung zwischen christlichem Glauben und gesellschaftlichem Kontext sichtbar. Kehl erkennt: „Der christliche Glaube hat seine Identität stets in der Dialektik zweier gegenläufiger Bewegungen gefunden: durch Anknüpfung an bestimmte kulturelle Begebenheiten und zugleich – wo nötig – durch Widerstand gegen herrschende kulturelle Plausibilitäten."[177] Auch in Zukunft wird sich die Kirche dieser Dialektik stellen müssen.

1.2.2 Konfliktfelder und alternative Lösungsvorschläge

Die gesellschaftlichen Umbrüche und die damit entstandenen kirchlichen Probleme führen auch im binnenkirchlichen Raum zu Konflikten. Die katholische Kirche erscheint vielen Christen als nicht mehr zeitgemäß. Eine wachsende „Ungleichzeitigkeit", um mit Rahner zu sprechen, wird festgestellt.[178] Das Zentralkomitee der deutschen Katholiken benennt in seinem Diskussionspapier „Dialog statt Dialogverweigerung" dieses Grundproblem. „Die Kirche in ihrer geschichtlich gewordenen Gestalt ist ungleichzeitig mit dem Selbstbewußtsein heutiger Menschen. In der Gesellschaft wie auch im Privatleben verstehen sich moderne Menschen als mündig, während sie sich in der Kirche immer noch überwiegend als Objekte einer Leitung und Belehrung erfahren, auf die sie keinen Einfluß haben."[179] Es läßt sich ein wachsender Identitätskonflikt vieler Katholiken mit ihrer Kirche feststellen. Im beruflichen, privaten und gesellschaftlichen Zusammenhang wird von ihnen Selbstverantwortung und Eigenständigkeit gefordert, im binnenkirchlichen Raum dagegen Gehorsam und Anpassung an die kirchlichen Vorgaben. Durch die Spannung „Mündigkeit – Bevormundung" scheint die Kommunikation innerhalb der Kirche gestört. Beinert erläutert: „Wenn wir gegenwärtig starke Aversionen gegen die »Amtskirche« registrieren, dann muß die Ursache vielleicht auch darin gesucht werden, daß deren Verhaltensweise und Selbstdarstellung weitgehend Mustern verhaftet sind, die Menschen nicht mehr verstehen, die in einem demokratischen Milieu aufgewachsen sind – also in allen anderen Lebensbereichen, den religiösen ausgenommen, Mitbestimmung, Wahlen, diskursive Entscheidungsfindung gewohnt sind. Einsame Entscheidungen, undurchsichtige Beschlüsse, geheimnistuerisches Wirken stoßen bei ihnen schlicht auf kein Verständnis mehr: es wirkt anachronistisch auf sie – und sie übertragen das Urteil auf die eigentliche Botschaft, die die Amtsträger vermitteln wollen.«[180]

Zahlreiche Konfliktfelder treten auf.[181] Umstrittene Bischofsernennungen ohne Beteiligung der Ortskirchen, wie etwa in Wien, St. Pölten, Köln und Chur, bzw. die Nichtannahme der neuen Bischöfe lassen den Unmut vor Ort wachsen.[182] Auseinandersetzungen zwischen deutschen Ortskirchen mit Rom, wie in der pastoralen Frage im Umgang mit wiederverheirateten Geschiedenen oder im moralisch/ethischen Bereich der Schwangerschaftsberatung, zeigen die wachsende Spannung zwischen der Zentrale und den Ortskirchen auf.[183] Auch der römische Einfluß bei der Berufung auf theologische Lehrstühle, bzw. der Entzug der Lehrerlaubnis für namhafte Theologen, wie Küng, Ranke-Heinemann, Drewermann u.a., ernten bei vielen Unverständnis. Unmut und Resignation machen sich breit. Ein wesentlicher Strukturwandel der Kirche wird gefordert. Kirchenvolks-Begehren in Österreich und Deutschland bringen das Hauptanliegen einer weitgreifenden Reform zur Sprache.[184] Mehr Mitspracherechte und synodale Strukturen, Gleichberechtigung der Frauen, Abschied vom Pflichtzölibat, positive Bewertung der Sexualität u.a. werden gefordert.

Ein weiteres Problemfeld bildet die noch immer bestehende Kluft zwischen Klerus und Laien.[185] Das eine Volk Gottes erscheint als „Zwei-Klassen-Gesellschaft" von lehrender und hörender Kirche. Die traditionelle kirchliche Hierarchologie ist für viele unverständlich, nicht mehr nachvollziehbar und unglaubhaft. Beinert erklärt dieses „vertikale Schisma" im Blick auf den gesellschaftlichen Kontext. „Einem modernen (West-) Deutschen der ersten Lebenshälfte, der von Kindesbeinen an in einem System groß geworden ist, in dem es Mechanismen von Mitwirkung und Mitbestimmung ganz selbstverständlich gibt, die er auch als nützlich und gemeinschaftsfördernd erfährt, fehlt geradezu die physische Möglichkeit einzusehen, weshalb z.B. Bischofsitze ohne Beteiligung der Betroffenen, ja gegen deren ausgesprochenen und begründeten Willen »von oben herab« besetzt werden. Es dürfte auch keine Möglichkeit geben, ihm dies plausibel zu machen."[186] Zu Recht wird von einer Spaltung von oben und einer Isolation des Amtes gesprochen.[187] Mehr Geschwisterlichkeit und gleiche Würde aller, die can. 208 des CIC/1983 konstatiert, werden real und nicht nur auf dem Papier verlangt.[188] Forderungen nach mehr Mitspracherechte und Demokratisierung werden erhoben.

Ein weiteres Problemfeld stellt in den letzten drei Jahrzehnten der starke Rückgang der geistlichen Berufe dar. Zahlreiche Pfarrgemeinden können nicht mehr mit einem eigenen Pfarrer als Gemeindeleiter besetzt werden. Die regelmäßige sonntägliche Eucharistiefeier ist durch diese Entwicklung nicht mehr in allen Gemeinden gewährleistet.

Sowohl die Zölibatsverpflichtung als auch die Nichtzulassung von Frauen zur Priesterweihe erscheinen vielen Katholiken als der pastoralen Not nicht entsprechend.[189] Hinzu kommt, daß ehrenamtliche und hauptamtliche Mitarbeiter, die auf vielfältige Weise die pastorale Arbeit vor Ort mittragen, sich durch Anweisungen, wie etwa die „Instruktion zu einigen Fragen über die Mitarbeit der Laien am Dienst der Priester"[190], demotiviert aus der Verantwortung zurückziehen.

Die diözesane Pastoralplanung sieht sich vielerorts der Situation nicht gewachsen. In eigener Regie versuchen Pfarrgemeinden Lösungen zu finden. Dies führt zu zunehmenden Spannungen auf der ortskirchlichen Ebene zwischen Diözese und Pfarrgemeinde. Im Dialogpapier des Zentralkomitees der deutschen Katholiken heißt es dazu: „In vielen Pfarrgemeinden herrscht und manifestiert sich der Eindruck, daß ihre Probleme hauptsächlich bürokratisch, juridisch, disziplinär behandelt werden. So erfahren sich diejenigen, welche auf Gemeindeebene als Haupt- oder Ehrenamtliche tätig sind, häufig eher als Ausführungsorgane denn als ernstgenommene und ernst zu nehmende Mitarbeiterinnen und Mitarbeiter."[191]

Die Ursachen sind unterschiedlich. Zum einen werden von den Ordinariaten selbständige Aktionen als zusätzliche Arbeit und damit als Belastung wahrgenommen. Zum anderen besteht sowohl bei Gemeinden als auch bei der Diözesanleitung die Angst vor Umbrüchen und Neuerungen, die das altbewährte Organisationsgefüge ins Wanken zu bringen drohen. Problematisch wirkt sich dabei das Fehlen von Berufungsinstanzen aus, bei denen Widerspruch eingelegt oder Überprüfung gefordert werden könnte.[192] Konflikte können nicht offen ausgetragen werden. Besonders in Deutschland kommt noch als weiterer wesentlicher Störfaktor die Größe der Bistümer hinzu. Weite Entfernungen zur Bischofsstadt und unpersönliche Organisationsformen lassen die Diözesen als anonyme Verwaltungseinheiten und nicht als lebendige Ortskirchen erscheinen.

Innerkirchliches Konfliktpotential birgt ferner die Aufspaltung der Ortskirche in „Richtungsmilieus"[193] und Sektoren. Gabriel unterscheidet fünf Sektoren.[194] Der „fundamentalistische Sektor" stellt sich vehement gegen die derzeitige kirchliche Entwicklung. Meist wird das II. Vatikanum für die gegenwärtige Misere verantwortlich gemacht. Daher werden von diesem Sektor kirchliche Strukturen vorkonziliarer Ausprägung gefordert, die gestützt werden durch ein starkes römisches Zentrum. Ausdruck findet dieser Anspruch in der Pflege vorkonziliarer Frömmigkeitsformen, z.B. in der Wiederbelebung des „Tridentinischen Meßritus". Einen anderen Sektor, von Gabriel „expliziter und interaktiver Sektor" benannt, bilden die Katholiken, die ihren Glauben institutionsnah leben. Geprägt von einer Betreuungsmentalität, stellt der sonntägliche Kirchgang eine Selbstverständlichkeit dar. Auch nehmen sie aktiv am kirchlichen Leben vor Ort teil, indem sie sich beispielsweise in Pfarrgemeinderat, Kirchenchor, Bibelkreis, Altenarbeit etc. engagieren. Im „Sektor diffuser Katholizität" sammeln sich „Auswahlchristen"[195], die nach eigenen Kriterien der Plausibilität und Nützlichkeit das kirchliche Angebot z.T. nutzen; so etwa die Übergangsriten an den Lebenswenden: Taufe, Hochzeit, Beerdigung. Auch stellt die Kirche in der Wertevermittlung eine geachtete Autorität dar, so daß die Kinder selbstverständlich am konfessionellen Religionsunterricht teilnehmen. Einen weiteren Sektor bilden „kirchliche Arbeitnehmer", wie etwa Erzieherinnen, Sekretärinnen, Hausmeister etc., die in einem gewissen Abhängigkeitsverhältnis zu ihrem Arbeitgeber „Kirche" stehen. Durch den wachsenden Druck auf dem Arbeitsmarkt ist es der Kirche möglich, eine gewisse Kontrolle auszuüben. Schließlich gibt es noch einen sogenannten „Bewegungs-Sektor". Neue christliche Bewegungen, wie z.B. die charismatische Gemeindeerneuerung, Fokolare, Cursillo, Neokatechumenat etc., versuchen den Glauben aus dem Kern der christlichen Botschaft zu erneuern. Durch neue Gemeinschaftsformen, die sich an urkirchlichen Modellen orientieren, stehen sie z.T. für einen prophetischen Protest innerhalb der Kirche.

Zusammenfassend läßt sich mit Pottmeyer diese Entwicklung aus dem soziokulturellen Kontext plausibel erklären: „Eine zunehmende Pluralität infolge des gewachsenen Subjektbewußtseins wie aufgrund der pluraler gewordenen Gesellschaft beobachten wir auch in der Kirche. Das gilt sowohl für unsere Ortskirchen, seitdem sich die Geschlossenheit des katholischen Milieus aufzulösen beginnt, wie für die Gesamtkirche, die immer mehr den Charakter einer Weltkirche annimmt."[196]

Zwischen den einzelnen Sektoren gibt es z.T. zahlreiche Spannungen und Überzeugungskonflikte. Dabei macht sich bei den „aktiven" Katholiken eine Polarisierung in zwei Lager bemerkbar. Während auf der einen Seite „Traditionale" der Kirche nach dem II. Vatikanum eine zu starke Anpassung an die Welt vorhalten, fordern „Reformer" im Geist des Konzils einen stärkeren Dialog mit dieser.[197] „Weltfremdheit" bzw. „Verweltlichung" werden einander vorgeworfen.

1.2.2.1 Fundamentalistischer Rückzug ins Restmilieu

Traditionalisten fordern eine Rückkehr zu den bewährten kirchlichen Strukturen, die die katholische Kirche des neunzehnten und des beginnenden zwanzigsten Jahrhunderts geprägt haben.

Mit der Säkularisation 1803 endet das feudale Herrschaftssystem der katholischen Kirche in weiten Teilen Mitteleuropas. Sie verliert an politischem und gesellschaftlichem Einfluß. Die ersten Jahrzehnte des neunzehnten Jahrhunderts stellen für sie damit eine Zeit des Umbruchs dar. In Abgrenzung zu den neu entstandenen Nationalstaaten gilt es, nun auch für die katholische Kirche neue Strukturen zu suchen.[198] Durch die Gegenüberstellung und Dissoziation von „Kirche/Theologie" und „Welt", „Katholiken" und „Protestanten/Liberale/Sozialisten" kommt es zur Herausbildung einer scharf umrissenen katholischen Identität. Diese klaren Dualismen fördern die kulturelle Abgrenzung in eine katholische „Sonderwelt und Sonderkultur". Die katholische Kirche versteht sich als „societas perfecta", als vollkommene „Heilsanstalt". Als solche ist sie von Gott mit allen notwendigen Heilmitteln ausgestattet, besonders in ihren Ämtern und Sakramenten. Durch die von Gott gegebene Hierarchie vermittelt sie ihren Mitgliedern das übernatürliche Heil, so daß die Einteilung in Klerus und Laien ihr äußeres Erscheinungsbild prägt.

Nach dem Vorbild des modernen Staates setzt sich ferner eine „Bürokratisierung und Zentralisierung" auf allen kirchlichen Ebenen durch.[199] Zentrale römische Instanzen werden ausgebaut. Das päpstliche Legatensystem wird verbessert, um so die diplomatische Repräsentanz und Aufsicht vor Ort sicherzustellen. Durch die Schaffung zentraler Priesterseminare in Rom kommt es zur uniformen Aus- und Heranbildung einer homogenen Führungselite. Bischöfe und Ordensobere schicken daher ihre begabtesten Männer zum Studium in die „Ewige Stadt".

Überhaupt nehmen die Bischöfe strategisch wichtige Mittelpositionen ein. Bei den verpflichtenden „Ad limina-Besuchen", die im fünfjährigen Abständen stattfinden, informieren sie die römische Kurie über die kirchliche, aber auch über die gesellschaftliche und politische Lage vor Ort. Diese Informationen werden noch durch die Berichte aus den päpstlichen Nuntiaturen ergänzt.

Um die triumphale Gegenwart Gottes in einer gottlosen, satanischen Welt aufzuzeigen, werden die neu gewonnenen Organisationsformen sakralisiert. Fixpunkt dieser Entwicklung ist das Papsttum. Gabriel schreibt: „Im Papsttum setzte sich – so die These der neuscholastischen, ultramontanen Theologen – die Inkarnation Christi unmittelbar fort. Er sei der eigentliche Offenbarungsträger, der mit Adam, Abraham, Mose und Petrus in eine heilsgeschichtliche Reihe zu rücken sei. Zweifellos höre der Papst die stets vernehmliche zu ihm sprechende Stimme des Heiligen Geistes."[200] In besonderer Weise wird dieser Kult um Pius IX. (+1878) gepflegt und findet seinen Höhepunkt im Unfehlbarkeitsdogma des I. Vatikanum.[201] Die „Sakralisierung" wird ausgedehnt auf den gesamten Klerus. Durch die sakrale Absonderung von der Welt wird der Priesterberuf zu einem besonderen Stand.[202] Ergänzend wird die katholische Bevölkerung umfassend in ein eigenes „katholisches Milieu" eingebunden.[203] Ein alle Lebensbereiche einschließendes Netz von Institutionen prägt seine Sozialstruktur. Katholische Kindergärten, Schulen und Ausbildungsstätten, eine Vielzahl von Vereinen und Organisationen grenzen die Katholiken von der übrigen Bevölkerung ab. Klöcker beschreibt die soziale Dimension des „katholischen Milieus": „In diesem Milieu herrscht eine sehr große Einheitlichkeit der Lebensvollzüge im festen Rahmen kirchlicher Normen, Rituale und Organisationen. (...). Spitzenverdiener und Akademiker bilden im katholischen Milieu eine weitreichende Einheit mit Mittelstand und Unterschicht in der gemeinsamen Glaubensausrichtung, im Gottesdienst, ja auch in der politischen Einstellung und im Wahlverhalten. (...). Ein breit entfaltetes katholisches Vereinsleben ermöglicht – in der gebotenen Trennung nach Geschlecht – reichlich Geselligkeit und Aktivitäten in speziellen Organisationen für Jugendliche, Schüler, Gesellen, Akademiker, Schützenbrüder, Lehrerinnen usw."[204] Durch eine umfangreiche Ritualisierung des Alltags soll zugleich eine intensive Glaubenspraxis gewährleistet werden.[205]

Zusammenfassend läßt sich mit Kaufmann feststellen: „Bis zum Zweiten Vatikanischen Konzil verstand sich die katholische Kirche als eine hierarchisch geordnete, alle Lebensbereiche umfassende und regulierende, gleichzeitig geschichtliche und unwandelbare Größe, als »societas perfecta«, (...). Die Prinzipien der Über- und Unterordnung wurden als gottgewollt verstanden, die ausschließlich klerikalen Amtsträger galten als mit einem besonderen Weihecharisma ausgestattet, das sie vor den übrigen Gläubigen auch als Menschen auszeichnete – man erinnere sich nur an die Papstfrömmigkeit oder des Umgangs mit Primizianten. (...). Die Sakralisierung der kirchlichen Amtsstrukturen und ihrer Repräsentanten wirkte so lange autoritätsbegründend, als dies von der großen Mehrheit der Katholiken geglaubt wurde."[206]

Gestützt auf repräsentative Umfragen erklärt Gabriel verständlich, warum ein Rückzug in den „Milieukatholizimus" des letzten Jahrhunderts, wie heute von fundamentalistischen Kreisen gefordert, die Kirche nicht aus der Krise führen kann.[207] Dies läßt sich an einigen Beispielen verdeutlichen.

Eine „vertikale Ekklesiologie" etwa nach dem Grundsatz „Roma locuta, causa finita" und die damit verbundene Zweiteilung in lehrende und hörende Kirche wird als nicht mehr zeitgemäß erfahren.[208] Durch die unterschiedlichen Formen der Mitbestimmung in Staat und Gesellschaft und das demokratische Selbstbewußtsein wird die traditionelle Hierarchologie als einzig mögliche Organisationsstruktur der Kirche in Frage gestellt. Am Ende ihrer eingehenden Studie „Wie Europa lebt und glaubt" stellen Zulehner/Denz dazu fest: „Die obrigkeitlichen Zeiten sind zu Ende. Die Bereitschaft zu sagen, Recht hat, wer oben ist, gibt es nur noch bei einem Ich-schwachen Teil der Bevölkerung. Der Rückzug der Menschen von den Kirchen trifft somit weniger das Evangelium, sondern den obrigkeitlichen Stil der kirchlichen Institution. Die Menschen legen Wert auf Selbststeuerung, auf Toleranz, Freiheit, Kommunikation, Dialog, Offenheit."[209]

Auch entspricht eine dualistische Weltanschauung nicht mehr heutiger Weltsicht. Die Gegensatzpaare, wie etwa „Gott – Welt/Teufel", „Himmel – Hölle" etc., haben an Geltung verloren. Umfragen zeigen einen Wandel im Gottesbild an.[210] Nicht mehr der strafende und strenge Richter, der als Anknüpfungspunkt der kirchlichen Heilsverwaltung galt, sondern der barmherzige und liebende Gott, der es gut mit den Menschen meint, steht im Mittelpunkt des Glaubens. Mit dem Wandel des Gottesbildes ändert sich auch das Kirchenbild. Eigenschaften wie „hilfreich", „gibt Geborgenheit", „gütig", „verzeihend" etc. kennzeichnen laut der Umfrage das Idealbild der Kirche und ihrer Repräsentanten. „Heiligkeit" dagegen ist zweitrangig geworden.[211] Ferner läßt sich ein Plausibilitätsverlust der typischen katholischen Sinnelemente feststellen, wie sakrales Priestertum, Zölibat, Ritualisierung des Alltags und traditionelle Sexualmoral.[212]

Das Anliegen fundamentalistischer Gruppen, durch Kopie der Strukturelemente des Katholizismus zwischen 1850-1950, der katholischen Kirche neuen Aufschwung und gesellschaftlichen Einfluß zu verschaffen, ist zum Scheitern verurteilt. Es wird nochmals deutlich, wie sehr der gesellschaftliche Kontext Einfluß auf die jeweilige soziale Struktur der Kirche nimmt. Feste, straffe Organisation, hierarchisch gegliederte Institution und abgrenzendes Milieu entsprechen nicht mehr dem modernen Selbstverständnis des Menschen. Sie werden als Einschränkung der Freiheit empfunden.

Durch einen „fundamentalistischen Rückzug" ins traditionsbewußte „Restmilieu" würde sich die Kirche zur Sekte degenerieren.[213] Kehl erkennt daher zu Recht: „Der Weg zurück dürfte der schlechteste von allen sein, weil er die Christen auf Dauer in eine kulturelle Schizophrenie und ein gesellschaftliches Getto führt, die dem Glauben und vor allem seiner missionarischen Verkündigung sehr schadet. Wir würden im kommenden Jahrhundert schon sehr bald vor einem noch schlimmeren Dilemma stehen als jetzt schon."[214]

1.2.2.2 Verwirklichung der „Communio-Ekklesiologie" des II. Vatikanum

Um ihrem universalen Heilsauftrag gerecht zu werden, öffnet sich die Kirche immer wieder dem gesellschaftlichen Kontext. Dies tat sie u.a. durch das II. Vatikanum. Mit diesem Konzil gewinnt der aus altkirchlicher Zeit stammende Begriff der „Communio" für das kirchliche Selbstverständnis bzw. die Ekklesiologie wieder neu an Bedeutung.[215] Durch Teilhabe an einem Gemeinsamen werden unterschiedlichste Menschen zu einer Einheit zusammengefügt. „Communio" läßt sich definieren als Beziehung verschiedener Menschen durch Teilhabe an einem Gemeinsamen.[216]

Auf die Kirche übertragen meint „Communio" die Vereinigung unterschiedlichster Menschen im Glauben an Gott (vgl. LG 1). Kirche ist Zeichen und Werkzeug dieser im Glauben sich vollziehenden Vereinigung mit Gott und untereinander. Dadurch wird nochmals die Doppelbedeutung von „Communio" sichtbar: „Communio" ist Teilhabe und Gemeinschaft. Sie hat sowohl eine vertikale Ausrichtung – „Communio" mit Gott – als auch eine horizontale Ebene – „Communio" der Menschen untereinander. Durch die Teilhabe (participatio) am göttlichen Leben in Wort und Sakrament werden die vielen zu einer Gemeinschaft.

Besonders deutlich wird dies in der Feier der Eucharistie (vgl. LG 7), in der sich Kirche immer wieder neu realisiert.[217] Indem Christus selbst in seinem Leib und Blut und dem Wort, das das Geschehen deutet, den Feiernden Anteil an seinem Leben schenkt und diese zur Familiengemeinschaft Gottes vereint, ist die Kirche von ihrem Wesen her „Communio".[218] Die Feier der Eucharistie stellt somit ein wesentliches Aufbauelement der Kirche dar. Überall wo sich eine Gemeinde versammelt, um Eucharistie zu feiern, existiert und entsteht Kirche.[219] Daher kann das Konzil feststellen, daß in und aus jeder Teilkirche die eine und einzige katholische Kirche als „Communio ecclesiarum" besteht (vgl. LG 23). Die Kirche existiert als Gemeinschaft von Kirchen, als Gemeinschaft von Gemeinschaften, die durch die unterschiedliche und relativ eigenständige Gestalt und Vielfalt der Orts- und Einzelkirchen zur universalen Fülle ihrer Einheit gelangt (vgl. LG 13, 23, 26 u.a.). „Communio" meint daher nicht Gleichmacherei, indem die bestehenden Differenzen durch das Gemeinsame aufgehoben werden. Vielmehr ist Gleichheit die tödliche Bedrohung der „Communio", da sie aus der Charismenvielfalt ihrer Mitglieder lebt. Daher kann nicht „allen das Gleiche" die pastorale Regel sein, sondern „jedem das Seine".[220] Selbstverständlich birgt dies genügend Konfliktpotential. So gibt etwa Schulz zu bedenken, daß Kirche als „Communio" eine Vielfalt von unterschiedlichen Zugehörigkeitsformen zur Kirche bedeutet. „Wer Kirche eine Gemeinschaft nennt, muß im Auge behalten, daß es innerhalb dieser Gemeinschaft sehr unterschiedliche Formen der Teilhabe und Teilgabe, verschiedene Gemeinschaftsformen und Vergemeinschaftungsgrade gibt – und geben muß! So ist die Pfarrgemeinde auf eine andere Art Gemeinschaft als die Weltkirche. Und ein geistlicher Orden oder ein Bibelkreis wiederum von anderer sozialpsychologischer Beziehungsstruktur."[221]

Kirche als „Communio" sollte Abbild des innersten Wesens Gottes, seiner trinitarischen „Communio" sein (vgl. LG 4). Wie die drei göttlichen Personen Vater, Sohn und Heiliger Geist in Beziehung stehen, miteinander kommunizieren, so soll auch die Kirche gleichsam als „Ikone" dieser trinitarischen Gemeinschaft die Menschen teilhaben lassen an diesem innersten Geheimnis Gottes.[222] Kehl zieht aus dieser Feststellung Konsequenzen für die kirchlichen Kommunikationsstrukturen. „Wenn sich die Kirche im Konzil (vgl. LG 1-4) wirklich als »Ikone« des dreifaltigen Gottes, als Bild und Gleichnis der »Communio« der Liebe zwischen Vater und Sohn im Heiligen Geist versteht, kann sie aus der inneren Logik einer solchen Symbolik heraus nur in entsprechenden »communialen« oder kommunikativen Strukturen existieren und muß diese auch in einem kommunikativen Lebensstil praktizieren. Wissenschaftstheoretisch folgt daraus: Um »Communio« im vollen, also sakramentalen Sinn zu verstehen, bedarf es der Integration sozialwissenschaftlicher Theorien über Kommunikation und kommunikatives Handeln."[223] „Communio" fordert Kommunikation!

Als „Communio" von Menschen steht die Kirche immer in der Spannung zwischen Anpassung und unverrückbarer Identität. Von ihrem göttlichen Ursprung, Zweck und Ziel ist sie zutiefst nicht von dieser „Welt" und fühlt sich zeitlosen Werten und Wahrheiten verpflichtet. Als Mysterium ist sie Teil des Mysteriums Gottes, d.h. Teil seines Heilswerkes und gewinnt dadurch ihre innerste Identität und Wesensbestimmung. In ihrer Funktion aber als Zeichen und Werkzeug muß sie geprägt sein durch Strukturen dieser „Welt", um sich dadurch in der Sprache und Ausdrucksform der Menschen verständlich zu machen.

Diese komplexe Wirklichkeit der Kirche vergleicht das Konzil analog mit der Inkarnation Gottes in Jesus Christus (vgl. LG 8). Die gesellschaftliche Realität der Kirche und ihr theologisches Glaubensgeheimnis bilden eine „ungetrennte und unvermischte Einheit", gewirkt durch den Heiligen Geist. Ihr gesellschaftliches Gefüge soll dem Geist Christi dienen.[224] Marx erkennt richtig, daß die hochtheologische Analogie große Auswirkungen auf das Verständnis des Miteinander in der Kirche hat, „denn konsequent weitergedacht heißt das: Der Geist Gottes zerstört das gesellschaftliche Element in der Kirche nicht, sondern führt es in eine neue Perspektive hinein. Und wie für den Menschen Jesus von Nazareth die Gesetze der menschlichen Natur nicht einfach außer Kraft gesetzt waren, wie schon die Kirchenväter immer wieder betonen (Jesus schlief, hatte Hunger, war erschöpft etc.), so kann auch für die Kirche, insofern sie menschliche Gesellschaft ist, nicht das gesellschaftliche Miteinander völlig anders aussehen als in anderen Gesellschaften."[225]

In der gegenwärtigen theologischen Debatte über das Wesen der Kirche zeigen sich zwei Positionen. Während die einen stärker den mystisch-sakramentalen Charakter der Kirche betonen, fordern die anderen im Blick auf die gesellschaftliche Wirklichkeit der Kirche strukturelle Konsequenzen. In der Sorge um die Einheit versucht die Kirchenleitung durch Verweis auf die sakramentale Dimension strukturelle Neuerungen zu verhindern.[226] Nientiedt kritisiert zu Recht diese Tendenzen als „Spiritualisierung" der Kirche. „Die Rede von einer den Geheimnischarakter der Kirche wahrenden »Communio« gerät auf diese Weise zu einem spiritualisierenden Passepartout gerade auch für die Blockade kirchlicher Reformansätze: mehr oder weniger große Reste einer monarchistisch-absolutistischen Verfaßtheit sollen in dieser Optik den Geheimnischarakter der Kirche besser wahren helfen als Versuche, moderne Standards an Öffentlichkeit und Rechtstaatlichkeit, Partizipation und Transparenz auf die Kirche anzuwenden. (...). Communio meint geistgewirkte Gemeinschaft in und mit Gott und Kirche damit personale und sakramentale Gemeinschaft der Getauften. Communio zielt sowohl auf das Verhältnis der Ortskirchen untereinander (communio ecclesiarum) als auch auf das Miteinander der Glaubenden (communio fidelium) und ist somit Ansatzpunkt sowohl für die Gleichheit der Getauften als auch für die Kollegialität der Vorsteher der Ortskirchen sowie die Subsidiarität kirchlicher Strukturen. In diesem Sinne dient der »Communio«-Begriff mit Recht als theologische Grundlage kirchlicher Reformbestrebungen, etwa im Blick auf das Verhältnis von Ortskirchen und Universalkirche."[227]

Im Kontext dieser Auseinandersetzung gewinnt ein Gedanke der Sakramententheologie an Bedeutung. Nach LG 1 versteht sich die Kirche selbst als Sakrament. Im Sakrament soll das äußere Zeichen auf das Bezeichnete hinweisen, d.h. es gibt ein notwendiges Miteinander von äußerem Zeichen und innerer Gnade (vgl. LG 8). Damit ist nicht gemeint, daß der äußere Charakter die innere Wirklichkeit bestimmt.[228] Allerdings muß sich die Kirche immer wieder fragen, ob ihr äußeres Erscheinungsbild auf ihre innere Wirklichkeit verweist. Sie wird sich ferner der Frage stellen müssen, ob ihr innerkirchliches Miteinander den Erkenntnissen ihrer Soziallehre entspricht. Nur so kann sie in ihrer gesellschaftlichen Realität auf ihr tieferes Geheimnis verweisen. Dies aber verlangt von ihr, daß sie – gerade auch in ihrem äußeren Erscheinungsbild – gesellschaftliche Strukturfragen rezipiert und aufnimmt, gegebenenfalls Reformen zuläßt, um so den Menschen der Gegenwart gerecht zu werden.[229]

Selbstverständlich bringt die „Communio-Ekklesiologie" nicht die Lösung aller kirchlichen Probleme. So besteht häufig die Gefahr, daß „Koinonia" als alles vollbringende Zauberformel zum Ideal stilisiert und überfordert wird.[230] In diesem Zusammenhang darf nicht vergessen werden, daß der Weg einer angewandten „Communio-Ekklesiologie" nicht immer ein einfacher sein wird und neue Schwierigkeiten aufwirft. Die Kirche ist eben als „Communio" von Menschen durch menschliche Unzulänglichkeit gekennzeichnet. Zugleich besteht die Gefahr, daß „Communio" mit einem romantisierend-intimistischen Gemeinschaftsverständnis verwechselt wird, das nicht zu realisieren ist. Mit Schulz muß daher darauf hingewiesen werden: „Demgegenüber gilt es, realistisch und nüchtern zu bleiben. Kirche gibt es immer nur als institutionalisierte, reformierpflichtige und damit verbesserungsfähige Gemeinschaft."[231]

Im Blick auf den alternativen Lösungsvorschlag, der einem Rückzug in ein gesellschaftliches „Restmilieu" gleichkommt, hat die Kirche keine andere Möglichkeit, als mutig im Sinne des II. Vatikanischen Konzils den Weg einer angewandten „Communio-Ekklesiologie" weiter zu gehen, um so ihrem universalen Heilsauftrag gerecht zu werden. Daher läßt sich mit Marx abschließend gegen alle spiritualisierenden Tendenzen auf die Frage: Ist Kirche anders? die Antwort geben: „Es ist ein theologischer Irrweg, das gesellschaftliche Miteinander in der Kirche gegen jede Vernunfterkenntnis als Sonderwelt zu konzipieren, es sei denn, man schlägt der Kirche den Weg in die Sekte vor. Das aber wäre mit dem universalen Anspruch des Heils unvereinbar. Wichtig ist daher, daß ohne jede Angst und Scheu an diesem Miteinander gearbeitet wird, was in der Konsequenz auf jeden Fall mehr Subsidiarität, mehr Partizipation aller, mehr Delegation bedeuten würde. Es reicht nicht, einfach individualethisch bessere Gesinnung in der Kirche zu fordern. Das ist sicher eine wichtige Voraussetzung. Aber es muß auch in Rahmenbedingungen, Organisationsformen und Strukturen erkennbar sein, daß die Kirche, insofern sie Gesellschaft ist, nicht unter dem Niveau dessen bleibt, was sie von anderen Gesellschaften fordert."[232]

1.2.3 Reformvorschläge

Als „pilgerndes Volk Gottes" ist die Kirche auf dem Weg durch die Zeit und noch nicht an ihrem Ziel angelangt. Der alte Grundsatz „ecclesia semper reformanda" bleibt für sie dabei stets aktueller Auftrag, ganz im Sinn des Umkehrrufes Jesu. Sie bedarf ständig einer neuen Inkulturation – auch in ihren alten Stammländern – , um wie ihr Stifter adressatengemäß und situationsgerecht zu handeln.[233] In Wahrung ihrer Identität muß sie sich den gesellschaftlichen Entwicklungen und Umbrüchen durch Reformen stellen.[234] Eine Fortführung der „Communio-Ekklesiologie" weist Reformschritte für die Zukunft. So kann die katholische Kirche durch mehr Subsidiarität, durch neue Formen der Partizipation, durch Dialog und Kommunikation und durch mehr Pluralität eine Antwort auf den gesellschaftlichen Umbruch zur Postmoderne geben.

1.2.3.1 Subsidiarität und Delegation von Verantwortung

Während die katholische Kirche von anderen Gesellschaften die Einhaltung der Prinzipien ihrer Soziallehre – „Personalität, Solidarität, Subsidiarität" – einfordert, scheint im innerkirchlichen Raum das „Subsidiaritätsprinzip" noch wenig Beachtung und konkrete Umsetzung gefunden zu haben.[235] Dabei hatte schon 1946 Papst Pius XII. (+1958) versucht, dem „Subsidiaritätsprinzip" für das Leben der Kirche Geltung zu verschaffen.[236]

Gerade in den achtziger Jahren, in Auseinandersetzung mit der Bischofssynode 1985, hatten Theologen – wie der Nestor der kirchlichen Soziallehre, von Nell-Breuning – darauf aufmerksam gemacht, daß das „Subsidiaritätsprinzip" auf die Kirche in ihrer sozialen Struktur anwendbar und anzuwenden ist.[237] Ausgehend vom Bild der Kirche als „Communio" von Menschen und von LG 8, nach dem die Kirche eine einzige komplexe Wirklichkeit ist, die aus göttlichem und menschlichem Element zusammenwächst, gilt für ihre soziale Verwirklichungsform das „Subsidiaritätsprinzip".[238] Durch mehr praktizierte „Subsidiarität" kann die Kirche ein Signal setzen, daß sie durch Delegation von Verantwortung den gesellschaftlichen Kontext ernst nimmt. Höhere Identifikation und gesteigerte Motivation könnten die Folge sein und das Bild der katholischen Kirche einladender gestalten. Gerade auch für die ehrenamtlichen Mitarbeiter in den Pfarrgemeinden wäre dies ein echtes Zeichen der Anerkennung ihrer unterschiedlichen Charismen.

Bei der Durchsetzung des „Subsidiaritätsprinzips" dient das Idealbild der geschwisterlichen Urkirche mit ihren kollegialen und subsidiären Strukturformen als Korrektiv.[239] Weder die bischöflichen Ortskirchen noch die Pfarrgemeinden sind in Weiterführung von LG 23 Filialen der Universalkirche. Vielmehr lebt in und aus den Pfarrgemeinden die Diözese, und in und aus den Diözesen die gesamte Kirche.[240] Daher könnten übergeordnete Instanzen nachgeordneten Instanzen Kompetenzen belassen, Verantwortung nach klar umrissenen Kriterien delegieren und nur unter schwerwiegenden Umständen Angelegenheiten wieder an sich ziehen. Auf der einen Seite würde dies den übergeordneten Institutionen wie den Ordinariaten oder den römischen Verwaltungseinrichtungen eine große Arbeitsentlastung bringen.[241] Auf der anderen Seite kommt es dadurch zu einer Stärkung der Kirche vor Ort. Zugleich würden durch eine Entbürokratisierung die Verwaltungszeiträume verkürzt werden.[242] Verkleinerte Diözesen, gerade in Deutschland, könnten diesen Prozeß hilfreich unterstützen. Dabei ist es sehr wichtig, daß diese kleineren Einheiten durch unterschiedliche Informations- und Kommunikationswege gut vernetzt sind. Ebenso stellt sich die Frage, ob nicht Kompetenzen von der Diözesanebene auf die mittlere Ebene des Dekanats oder der Region übertragen werden könnten; so etwa im Bereich der gemeinsamen Planung und Koordination der Seelsorge.

Angewandte „Subsidiarität" verlangt ferner, daß die Räte, wie Pfarrgemeinderat, Diözesanrat und Priesterrat, nicht nur konsultativ wirken, sondern echte Entscheidungskompetenzen haben. Hier besteht häufig auf seiten des Klerus unberechtigte Delegationsangst. Dabei wird den Laien zu wenig fachliche Kompetenz zugetraut, obwohl viele in beruflich gehobener Position Respektables leisten.[243] Auch bei der Ämtervergabe ermutigt die „Communio-Ekklesiologie" dazu, die Räte stärker in den Auswahlprozeß miteinzubeziehen, wie es schon Rahner u.a. unter dem Aspekt „demokratisierte Kirche" eingefordert hatte.[244] Lehmann erläutert den Gedanken und benennt Möglichkeiten der „Demokratisierung". „Soweit die Kirche im Kontext der modernen demokratischen Welt lebt, ist freilich eine größtmögliche »Demokratisierung« ihrer Struktur notwendig, ohne daß sie allerdings theologisch einen fundamentalen Strukturwandel oder einen radikalen Identitätsverlust erleiden darf. (...). Elemente aus der profanen demokratischen Verfassungswirklichkeit, die entsprechende Verwendung in der Kirche von heute finden können, wären dann z.B. eine Stärkung rechtsstaatlicher Prinzipien (...), einzelne Gesichtspunkte der Gewaltenteilung (...), Ausbau der Verwaltungsgerichtsbarkeit, Mitwirkung bei der Bestellung von Amtsträgern (...), größtmöglichste Öffentlichkeit der wichtigsten Gremien (...) usw."[245]

Kehl gibt daher zu bedenken, daß etwa bei Bischofsernennungen alle strukturellen Elemente der „Communio" maßgeblich und verbindlich einbezogen werden, „also die Ortskirche selbst (z.B. durch den diözesanen Pastoralrat und den Priesterrat, die als entscheidende Repräsentanten der Gemeinden und als wichtigste Mitarbeitergremien des Bischofs die Kandidatenlisten aufstellen); dann die »mittlere« Ebene der partikularkirchlichen Gemeinschaft der Ortskirchen (z.B., indem die Bischofskonferenz aus diesen Listen den neuen Bischof auswählt; allerdings auch mit der Möglichkeit, neue Kandidaten zu benennen, die das einmütige Vertrauen der ortskirchlichen Gremien besitzen); und schließlich das universalkirchliche Leitungsamt des römischen Bischofs, der den so gewählten Bischof letztverantwortlich bestätigt (oder auch nicht; denn auch ihm bleibt das Recht, einen neuen Kandidaten vorzuschlagen, der aber ebenfalls das einmütige Vertrauen der beiden anderen Ebenen genießen muß).“[246]

Gerade durch die Mitwirkung der Ortskirche bleibt die Kirche ihrem alten Grundsatz treu: „Nullus invitis datur episcopus“ – „Kein Bischof soll einer Kirche gegen ihren Willen gegeben werden“.[247] Gegenwärtige innerkirchliche Konflikte um nicht angenommene Bischöfe und damit verbundene Spaltungen könnten in Zukunft vermieden werden. Auf diese Weise angewandte „Subsidiarität“ steigert das „Wir-Gefühl“ und die Identifikation der Ortskirche mit der Gesamtkirche und hat damit positive Auswirkungen auf das Miteinander in der Kirche. Allerdings treten auch neue Probleme auf, wenn z.B. die Kompetenzverteilung nicht eindeutig geklärt ist.

Zugleich könnte das „Subsidiaritätsprinzip“ durch die Kompetenzerweiterung von Zwischeninstanzen zum Tragen kommen. Um den kulturspezifischen und gesellschaftlichen Eigenheiten gerecht zu werden, sollten nationale Bischofskonferenzen gerade in Fragen der Pastoral, aber auch der Moral und Ethik über mehr Entscheidungsbefugnis verfügen.[248] In einer Zeit des zunehmenden Priestermangels und der damit verbundenen pastoralen Schwierigkeiten stellt sich beispielsweise die Frage, ob es nicht im Kompetenzbereich der Bischofskonferenz liegen könnte, in ihrer Region „viri probati“ zur Weihe zuzulassen. Schließlich gehört die sonntägliche Feier der Eucharistie zu den wesentlichen Aufbau- und Strukturelementen der Pfarrgemeinde, der Ortskirche, ja der Universalkirche.[249]

Durch das angewandte „Subsidiaritätsprinzip“ wird es der Kirche vor Ort ermöglicht, schneller zu agieren, um so der jeweiligen pastoralen Situation gerecht zu werden. Dabei ist es wichtig, auf ortskirchlicher Ebene die Mitwirkung von Laien mit ihren vielfältigen Charismen bei der Pastoral weiterhin zu bejahen und verstärkt zu unterstützen. Diese Reichhaltigkeit allerdings erfordert Toleranz gegenüber der Andersartigkeit der anderen.[250] Dabei kann es selbstverständlich zu zwischenmenschlichen Konflikten kommen.

1.2.3.2 Partizipation und Kooperative Pastoral

„Unter allen Gläubigen besteht, und zwar aufgrund ihrer Wiedergeburt in Christus, eine wahre Gleichheit in ihrer Würde und Tätigkeit, kraft der alle je nach ihrer eigenen Stellung und Aufgabe am Aufbau des Leibes Christi mitwirken.“[251] Diese Feststellung des CIC/1983 über die Gleichheit an Würde und Berufung aller Gläubigen, d.h. Kleriker und Laien, ist eine Frucht der „Communio-Ekklesiologie“ des II. Vatikanum.[252] Alle Gläubigen sind durch ihre Taufe „Subjekte, Träger der Seelsorge“. Die Gemeinsame Synode der deutschen Bistümer vertieft diesen Gedanken und zieht die Konsequenzen: „Aus einer Gemeinde, die sich pastoral versorgen läßt, muß eine Gemeinde werden, die ihr Leben im gemeinsamen Dienst aller und in unübertragbarer Eigenverantwortung jedes einzelnen gestaltet.“[253]

Im Blick auf den zunehmenden Priestermangel in den Ländern Westeuropas ergeben sich durch die Wiederentdeckung und das Ernstnehmen der Charismenvielfalt innerhalb der kirchlichen „Communio" neue, ungeahnte Zukunftsperspektiven.[254] Schulz erkennt darin einen „Weckruf Gottes", der eine Abkehr von einer einseitig auf den Priester zentrierten „Erfassungspastoral" verlangt.[255] Um die reichhaltigen Charismen der Getauften zur Entfaltung zu bringen und den vielfältigen Anforderungen gerecht werden zu können, wird schon vielerorts – entsprechend der verschiedenen Fähigkeiten der einzelnen Gemeindemitglieder – die Pastoral arbeitsteilig geleistet. Zulehner spricht von einem „ungehobenen Kirchenschatz" der Pfarrgemeinden und meint damit „jene vielfältigen Begabungen, die Gott selbst, der eigentliche Kirchenbauherr, ihnen gegeben hat."[256] Daher ist es ein hoffnungsvolles Zeichen, wenn sich durch unterschiedlichste Gremien das ganze Volk Gottes am Aufbau des Reiches Gottes beteiligt. Dies kann in großer Offenheit geschehen, so daß der Kirche nah- und fernstehende Christen auf unterschiedliche Weise ihre Charismen und Talente einbringen. Dabei können erfinderisch neue Gaben entdeckt werden, wie etwa die Gabe des Kontaktstiftens, der Kommunikation, des Managements, der Integration etc.[257] Ferner bieten bei der Suche nach Sinn und Selbstverwirklichung die vielfältigen Felder im kirchlichen Raum, wie z.B. offene Jugendarbeit, Mutter-Kind-Gruppen, Seniorengymnastik, Chorgemeinschaften etc., für Kirchen-Nah- und Fernstehende ein reichhaltiges Angebot.

Gemäß dem Vorbild der Urkirche, die diese „Kooperative Pastoral" erfolgreich praktizierte,[258] entdeckt die Kirche den Reichtum der vom Geist gewirkten Charismen ferner durch neue Berufe, wie Pastoralreferenten und Gemeindereferenten, durch die Wiedereinführung des Ständigen Diakonats und durch die Bereitschaft zahlreicher ehrenamtlicher Mitarbeiter. Auch in diesen Bereichen gilt es, neue Möglichkeiten der Kooperation zu suchen und bewährte Formen weiterzuentwickeln. Die schon mehrfach erwähnten diözesanen und gemeindlichen Räte, aber auch Diözesanforen und Synoden ermöglichen echte „Partizipation". Um die gemeinsame Verantwortung aller im Dienst des einen Herrn der Kirche zu unterstreichen, könnte diesen Gremien echte Entscheidungskompetenz übertragen werden.

Im Blick auf die weitverbreitete Verdrossenheit und Müdigkeit liegt viel an der Person des Gemeindeleiters und daran, auf welche Weise er interessierte und engagierte Laien motiviert und durch eine transparente Gemeindeführung in die Verantwortung mit einbezieht.[259] Daher fordert die „Kooperative Pastoral" auch eine neue Art der Leitung. Stecher spricht von einem „integrativ-motivierenden Führungsstil".[260] Dies meint zunächst, daß die Führung nicht abgehoben, sondern in das Ganze der Kirche eingewoben ist. Im Sinne der „Communio-Ekklesiologie" ist sie sich der tiefen Angewiesenheit auf alle Glieder der Kirche bewußt. Kirchliche Führungskräfte sollen im Sinne von Lk 22,32 („Du aber stärke deine Brüder") positiv motivierend auf ihre Mitarbeiter wirken, denn auch in der Kirche gelten die Mitarbeiter als „wichtigste Ressource".[261] Gerade in der Zusammenarbeit mit ehrenamtlichen Helfern, die in keiner anderen sozialen Organisation so zahlreich zu finden sind, gilt es, durch klare Aufgabenabgrenzungen diese vor Ausnutzung und Überforderung zu schützen. So fördert z.B. die

Verbesserung der Arbeitsbedingungen die Selbstmotivation. Ebenso haben Weiterbildungsmöglichkeiten motivationssteigernde Wirkung.[262]

Desgleichen stellt die gezielte Einbeziehung von Fachkompetenzen eine Form der „Kooperativen Pastoral" dar. Durch diese Öffnung kann es zu Außenwahrnehmungen kommen, die helfen, innerkirchliche Auseinandersetzungen aufzubrechen.[263] Dazu bedarf es allerdings einer Atmosphäre des gegenseitigen Vertrauens. Stecher verweist kirchliche Führungskräfte auf das Vorbild Jesu: „Vertrauen hat grundsätzlich einen gewissen Vorschußcharakter, und der dienend-integrativ-motivierende Stil muß aus dem Willen zu diesem Vertrauensvorschuß leben, so wie Christus unendlich viel Vertrauen in die Seinen investierte, als er zu ihnen sagte: »Ich nenne euch nicht mehr Knechte, sondern Freunde ... « (Joh 15,15)."[264] Ebenso wird es zum Gelingen dieser „Kooperativen Pastoral" sehr wichtig sein, daß die Kerngruppen der Gemeinde eine Atmosphäre des Vertrauens und der gegenseitigen Wertschätzung ausstrahlen, so daß sich der einzelne angenommen fühlt und mit seinen Gaben einbringen kann.

„Kooperative Pastoral", wie sie schon auf vielfältige Weise in den Gemeinden erfolgreich praktiziert wird, wirkt motivierend auf Außenstehende, indem diese Kirche als Raum der aktiven „Partizipation" unterschiedlichster Menschen entdecken und erleben. Zulehner/Denz beschreiben visionär eine Zukunft von Kirche: „Die Kirche wird in ihren institutionellen Vorgängen das außerhalb von ihr gewachsene Potential der Menschen nutzen, seien sie formell Mitglieder oder nicht. Überhaupt wird die Kirche in Europa vor allem dadurch stark werden, daß sie der Phantasie der vielen an der Kirche Interessierten nicht nur Raum schafft, sondern deren Fähigkeiten (Charismen) zugleich fördert. In einer so gestalteten Institution wird es nicht weniger, sondern mehr Amtsbedarf geben. Denn dieser entsteht nicht dort, wo die Ruhe des Friedhofs herrscht, sondern wo sich Leben, damit Vielfalt, Dynamik und auch Konflikt ereignet."[265]

1.2.3.3 Kommunikation und Dialog

Die Anwendung des „Subsidiaritätsprinzips", „Delegation von Verantwortung" und „Kooperative Pastoral" erfordern neue Formen der „Kommunikation". Die „Communio-Ekklesiologie" verweist darauf, daß der trinitarische Gott „höchstes Vorbild und Urbild" der Kirche ist (vgl. UR 2). Wenn also dieser Gott in sich dialogische Gemeinschaft zwischen Vater, Sohn und Geist ist, dann muß ebenso die Kirche als Abbild dialogische Gemeinschaft sein. „Communio" fordert „Kommunikation"! Katholische Kirche nach dem II. Vatikanum sollte daher nicht mehr durch eine Aufteilung in einen aktiv lehrenden und einen passiv hörenden Teil geprägt sein. Alle sind Hörende und Lehrende. Häring verlangt daher den Wechsel von einer einseitigen „Gehorsamsethik" zu einer mündigen „Verantwortungsethik". „Die Verantwortungsethik gestaltet sich und bewährt sich in der Gegenseitigkeit des Gehorsams, des Aufeinanderhörens. Jene sind am geeignetsten zu Führungsämtern in Gesellschaft und Kirche, die am besten und mit feinstem Gespür auf die anderen hinhören und sich in sie einfühlen können. (...). Dieses Hinhören ist auch die Wurzel der Verantwortungsfähigkeit. Wie kann einer lebenswahr und mit seiner ganzen Existenz antworten und Verantwortung tragen, wenn er nicht echt hinhören kann?"[266] Gerade in einer Zeit, die geprägt ist durch große religiöse Offenheit, kann die Kirche durch ein wachsames Hinhören auf die Fragen der Menschen die Aktualität der christlichen Botschaft herausstellen.

Die Sorge um den innerkirchlichen Dialog hat das II. Vatikanum durch die Wiederbelebung synodaler Strukturen zum Ausdruck gebracht. Bischofs- und Diözesansynoden, Priester-, Diözesan- und Pfarrgemeinderäte zeugen auf lebendige Weise davon, daß in diesem Bereich schon sehr viel Erneuerung im Sinne der „Communio-Ekklesiologie" geschehen ist. Zugleich aber machen das Kirchenvolks-Begehren und das Dialogpapier des Zentralkomitees der deutschen Katholiken (ZdK) darauf aufmerksam, daß es auch eindeutige Defizite im Bereich „Kommunikation und Dialog" gibt. Eklatante Rückfälle kirchlicher Amtsträger in überwunden geglaubte autoritäre Verhaltensmuster kommen verstärkend hinzu und verdeutlichen, daß der Dialog als Ausdruck der Partizipation auch rechtlich gesichert sein müßte.[267] In diesen strukturierten Gesprächsprozessen könnte zumindest einem Teil des Volkes Gottes die Möglichkeit gegeben werden, sich mit aktuellen Fragen der gegenwärtigen Situation von Glaube und Kirche auseinanderzusetzen, sich selbst einzubringen und Lösungswege gemeinsam zu erarbeiten. Kehl fordert daher zu Recht den Ausbau der synodalen Elemente. „Die erfreulichen ortskirchlichen Gesprächsprozesse, die in den letzten Jahren in vielen deutschsprachigen Bistümern gelaufen sind oder noch laufen, sollten in regelmäßigen Abständen wiederholt und vor allem auf überdiözesane, ja auch auf landesweite Synoden hin ausgeweitet werden – allen Widerständen und Einwänden zum Trotz. Wenn keine großen Synoden stattfinden, hat das synodale Element in der Kirche auch keine Zukunft. Die Synoden der siebziger Jahre sollten – trotz mangelnder Rezeption vieler Beschlüsse in der kirchlichen Realität – regelmäßig wiederholt werden. »Steter Tropfen höhlt den Stein«, auch mancher Mauern kultureller Gegenkräfte oder kirchlicher Defensivstrategien."[268] Gemäß dem Grundsatz „Vox temporis – Vox Dei" werden so „Dialog und Kommunikation" auf breiter Basis zum Weg, den Willen Gottes für die konkrete Situation der Kirche zu finden.

„Kommunikation" bedeutet auch konstruktiv Kritik zu üben, wenn es um das „Wohl der Kirche" geht.[269] Zulehner spricht von der Grundhaltung des „Christenmutes", der ein verantwortungsbewußtes und mutiges Eintreten für die eigene Überzeugung fordert.[270] Dabei treten immer wieder Spannungen und Probleme auf. Gesprächskultur erfordert ebenso ein gekonntes und geregeltes Umgehen mit Konflikten. Die Kirche ist geradezu aufgerufen, ihre konfliktive Struktur auszuformen, d.h. solche Institutionen und Konfliktregelungsstrategien in ihre Praxis aufzunehmen, die sie zu einem glaubwürdigen Zeichen der Erlösung machen.[271] Das Dialogpapier des ZdK stellt in diesem Zusammenhang ein Defizit fest: „Wo der Dialog scheitert und Konflikte andauern, muß es Einrichtungen zur Schlichtung und zum Rechtsschutz im Sinne eines geordneten Streitverfahrens geben. Es ist eine Lücke des neuen Kirchenrechts, daß es Schiedsstellen und eine kirchliche Verwaltungsgerichtsbarkeit – obwohl von der Würzburger Synode beschlossen – nicht vorsieht. Denn so bleibt Laien bei Mißachtung ihrer Mitwirkungsrechte, bei ungerechter Zurückweisung oder Herabsetzung, so bleibt Vereinen bei Beschneidung ihrer Koalitionsrechte derzeit nur der Rekurs auf den Bischof oder der Weg einer Beschwerde nach Rom."[272]

„Kommunikation und Dialog" nehmen Zeit in Anspruch. Darin liegt ein häufig genannter Grund, warum Gesprächsprozesse scheitern. Wenn die Kirche allerdings als „Communio" Abbild der „innertrinitarischen Kommunikation" ist, dann muß sie auch eine neue Form der Askese einüben: „Zeitaskese".[273] Dies meint, daß jeder im bewußten Verzicht auf ein Übermaß an Möglichkeiten sich auf das Wesentliche konzentriert und sich Zeit für „Kommunikation und Dialog" nimmt.

Ferner macht die gesellschaftliche Informationsflut vor dem innerkirchlichen Raum nicht Halt. Zahlreiche Papiere und Arbeitshilfen, Verlautbarungen und vieles andere mehr landen ungelesen in den Papierkörben. Auch in diesem Zusammenhang gilt es, sich auf seiten der Produzenten auf das Wesentliche zu beschränken, um durch diese Konzentration wirklich die Arbeit vor Ort zu unterstützen.

Mit Kehl kann zusammenfassend festgestellt werden: „Je mehr es uns gelingt, auf den unteren Ebenen (also in den Bistümern selbst und in den Gemeinden) einen kommunikativen Lebensstil im Miteinander zu kultivieren und manche Restbestände klerikalen Gebarens endlich aufzugeben, um so größer ist die Möglichkeit, daß so etwas auch im Ganzen der Kirche systemprägend werden kann. Zu erwähnen ist hier zum Beispiel die zunehmende Bedeutung »kommunikativer Glaubensmilieus«, also kleiner, lebendiger, im Austausch miteinander stehender, die traditionellen »Stände« der Kirche relativierender und für die kulturellen und gesellschaftlichen Herausforderungen offener Glaubenszellen für die Zukunft unserer Kirche und unserer Gemeinden."[274]

1.2.3.4 Communio ecclesiarum und pluriformer Katholizismus

Die katholische Kirche ist an der Schwelle zum dritten Jahrtausend durch eine Vielzahl von unterschiedlichen religiösen Sozialformen und innerkirchlichen Gruppen gekennzeichnet. Die gesellschaftlichen Tendenzen zum Synkretismus bedrohen einerseits das einheitliche Bild der Kirche. Andererseits stellen sie aber auch eine eindeutige Bereicherung für das kirchliche Leben dar. Religiöse Sinnsuche und Auswahlchristentum führen zu einem breiten Spektrum im binnenkirchlichen Raum, das von charismatischen Gruppen über distanziert Kirchliche bis hin zu traditionell konservativen Gemeinden reicht. Dies stellt für die Kirche ein Spannungspotential dar. Zugleich aber verweist dieser Umstand auf ihre echte Katholizität und damit auf den ihr innewohnenden Reichtum. Gemäß ihrem universalen Sendungsauftrag stellt sich die Kirche dieser Pluralität auf allen Ebenen. Als „Communio ecclesiarum" ist sie in „versöhnter Verschiedenheit" im wahrsten Sinn des Wortes „katholisch – allumfassend". Zulehner spricht von einem Haus mit vielen Wohnungen, in dem sowohl distanziert Kirchliche als auch Aktive, Konservative und Progressive, Europäer und Afrikaner Wohnrecht haben.[275] Im Blick auf die mit Rom unierten Ostkirchen stellt Zulehner dabei berechtigt die Frage, warum es in der Kirche nicht auch andere Regionen bzw. Patriarchate gibt, in denen sich unterschiedliche pastorale Gewohnheiten ausbilden können? Dabei gilt es, die Spannung zwischen Integration und Differenzierung auszugleichen. Kehl erkennt richtig: „Nur wo die ursprüngliche und gleichwertige Vielfalt der Orts- und Partikularkirchen angemessen zur Geltung kommt, wo diese nicht uniformiert, sondern differenziert leben können, erst da ist auch die Universalkirche im vollen Sinn »Kirche«. Eine uniforme Einheitlichkeit dagegen zerstört auf Dauer die Kirche in ihrem tiefsten Selbstvollzug als Gemeinschaft von Kirchen; (...).“[276]

Dabei dürfen die Einzelkirchen nie den Blick auf das größere Ganze, auf die Universalkirche verlieren. Mit Kehl kann daher weiter ausgeführt werden: „Die Bereitschaft zur Integration von seiten der Ortskirchen und die Bereitschaft zur Differenzierung von seiten der Universalkirche bilden miteinander die Voraussetzung für eine gelingende Praxis als »Gemeinschaft von Kirchen«.“[277]

Kirche verstanden als „Gemeinschaft von Gemeinschaften“, als allumfassendes Netzwerk ist auch ein Modell für die Ortskirche eines Bistums.[278] Daher könnte es auch in einer ländlichen Region bzw. in einem Dekanat vermehrt unterschiedlich geprägte Pfarrgemeinden geben, wie es schon in zahlreichen Großstädten zu finden ist. Sie würden die Vielfalt und den Reichtum des Katholischen in seinen verschiedenen Richtungen abdecken und unterschiedlichsten Menschen Heimat innerhalb der Ortskirche eines Bistums anbieten.[279]

Selbstverständlich führt dieser „pluriforme Katholizismus“ immer wieder zu Meinungsverschiedenheiten und Überzeugungskonflikten. Ferner besteht die Gefahr, daß sich sektenähnliche Strukturen bilden, die die Integration dieser „Kirchen in der Kirche“ in die Ortskirche erschweren. Kehl spricht zu Recht von auseinanderdriftenden „Richtungsmilieus“ und verweist auf die Notwendigkeit der „Kommunikation“ untereinander.[280] Dabei kommt den Amtsträgern eine wichtige Funktion zu. Ihre Aufgabe ist es, milieuüberschreitend und -integrierend zu wirken, um in „versöhnter Verschiedenheit Einheit in Vielfalt“ sicherzustellen. Die Verpflichtung zur Toleranz und gegenseitigen Wertschätzung ist dabei ein unverzichtbares Element. In diesem Zusammenhang zeigt sich wieder die Notwendigkeit einer reifen Konfliktkultur und entsprechender Instanzen als Schiedsstellen. Die Orientierung an der Frühzeit des Christentums, aber auch die Erkenntnisse moderner Gesprächsführung sind dabei sehr hilfreich.[281]

Der Gedanke der „Communio ecclesiarum“ hat ebenso eine nicht zu unterschätzende ökumenische Relevanz, da die Idee der „Koinonia“ geradezu zur ekklesiologischen Leitidee der Ökumene geworden ist.[282] In „versöhnter Verschiedenheit“ könnten die einzelnen christlichen Kirchen sich als große „Communio“ und als geeinte Kirche verstehen, deren Aufgabe es ist, auf unterschiedliche Weise das Evangelium zu verkünden. Gerade durch die unterschiedliche Akzentuierung der christlichen Botschaft wird der ihr innewohnende Reichtum sichtbar.

Als „Gemeinschaft von Gemeinschaften“, als „Communio ecclesiarum“ kann die Kirche in ihrer pluriformen Gestalt somit eine zeitgemäße Antwort auf die gesellschaftliche „Pluralisierung“ geben.[283]

Resümee: „Communio" als Programm

Der gesellschaftliche Umbruch zur Postmoderne hat die katholische Kirche Westeuropas in den vergangenen drei Jahrzehnten in eine ernsthafte Krise geführt. Die Kirchenbesucherzahlen gehen stetig zurück, die Zahl der Austritte nimmt zu. Die Diskrepanz zwischen gesellschaftlichem und kirchlichem Wertesystem scheint nur schwer überbrückbar zu sein. Auf dem Markt der religiösen Anbieter sieht sich die Kirche mit einer breitgefächerten Konkurrenz konfrontiert. Zwar ist keine Abnahme von Religiosität feststellbar, doch sind die Antworten der Kirche auf die verschiedenen Sinnfragen nur noch in geringem Maße gefragt. Besonders als „Service- und Angebotskirche" findet sie im gesellschaftlichen Alltag Anklang und Daseinsberechtigung.

Hinzu kommt, daß das äußere Erscheinungsbild der katholischen Kirche, ihre hierarchische Organisation, von vielen Gläubigen als nicht mehr zeitgemäß empfunden wird. Oft genug wird sie als Zweiklassengesellschaft von Klerus und Laien erlebt, die den gesellschaftlichen Wandel der letzten Jahrzehnte für die eigene Binnenstruktur nicht rezipiert hat, sondern ihn bisweilen bewußt ignoriert. Während in Staat und Gesellschaft der mündige Bürger durch demokratische Strukturen in die Mitverantwortung genommen wird und aktiv partizipieren kann, erfährt er durch die starren, zentralistischen Strukturen im kirchlichen Raum in vielerlei Hinsicht Bevormundung, die er als Unfreiheit empfindet. Spannungen, etwa zwischen den Ortskirchen und Rom, aber auch zwischen der kirchlichen Leitung und der Basis (vertikales Schisma), lassen Forderungen nach weitgreifenden Strukturreformen laut werden.

Zugleich bereitet der wachsende Pluralismus der katholischen Kirche Schwierigkeiten. Während sich die Kirche bis zum II. Vatikanum als „societas perfecta" allen gesellschaftlichen Umbrüchen erfolgreich widersetzte, kennzeichnen sie am Ende des zweiten christlichen Jahrtausend unterschiedliche „Richtungsmilieus". In Abgrenzung von der Welt fordern fundamentalistische Kreise eine Rückkehr zu den Strukturen des Katholizismus des oft verklärten neunzehnten Jahrhunderts. Durch die kulturelle Abgrenzung sollen wieder jene „Sonderwelt und Sonderkultur" des „katholischen Milieus" hergestellt werden, die durch die Neuansätze und Reformen des II. Vatikanum verloren gegangen seien. Allerdings erweist sich dieser „fundamentalistische Rückzug" als Weg in ein sektenähnliches „Restmilieu", durch den die Kirche ihrem universalen Auftrag nicht gerecht werden kann. Vielmehr käme es dadurch zur Ignorierung der gesellschaftlichen Realität, die durch Begriffe wie Selbststeuerung, Eigenverantwortung, Partizipation, Kommunikation etc. geprägt ist.

Eine zukunftträchtige Alternative bietet eine intensive Rezeption der Neuansätze des II. Vatikanum und die konsequente Weiterführung seiner „Communio-Ekklesiologie". Durch theologisch begründete Reformen können auf den gesellschaftlichen Umbruch zeitgemäße Antworten gegeben werden. Dabei darf die „Communio-Ekklesiologie" nicht mißverstanden werden als wunderbringendes Allheilmittel, das die Lösung sämtlicher innerkirchlicher Probleme mit sich bringt. Auch gilt es, sich vor einem romantischen Gemeinschaftsverständnis zu hüten. Ferner ist auf die Gefahr sogenanter spiri-

tualisierender Tendenzen hinzuweisen. Indem der Geheimnischarakter der Kirche über-
betont wird, werden strukturelle Neuerungen und Konsequenzen verhindert.

Auf die Kirche übertragen meint „Communio" die Vereinigung unterschiedlichster
Menschen im Glauben an Gott. Diese Vereinigung zeigt sich in besonderer Weise in
der Feier der Eucharistie. Unterschiedliche Menschen finden sich zusammen, um in
Wort und Sakrament ihrem auferstandenen Herrn zu begegnen. „Communio" meint
daher nicht Gleichmacherei, sondern lebt von der Charismenvielfalt ihrer Mitglieder.
Aus diesem Grund versteht sich die ganze Kirche als „Communio ecclesiarum", als
Zusammenschluß verschiedener Ortskirchen, die mit ihrem je eigenständigen Gepräge
die Vielfalt des Katholischen ausmachen. So will die Kirche Abbild des innersten
Wesens Gottes sein, seiner trinitarischen „Communio". „Communio" fordert darum
folgerichtig im innerkirchlichen Raum „Kommunikation" zwischen den einzelnen
Gliedern.

Indem das soziale Gefüge der Kirche dem Geist Christi dient, verweist sie als Sakrament durch ihr äußeres Erscheinungsbild auf ihre innere Wirklichkeit. Die Kirche stellt
also keine soziale Sonderwelt dar. Auch für sie gelten die Anforderungen ihrer Soziallehre. Dies allerdings beinhaltet, daß sie gesellschaftliche Strukturfragen rezipiert und
sich durch Reformen erneuert, um so den Menschen der Gegenwart – aber auch ihrem
eigenen Anspruch – gerecht werden zu können. Dabei hat sie vielfältige Möglichkeiten.
Durch praktizierte „Subsidiarität und Delegation von Verantwortung", beispielsweise
durch Kompetenzerweiterungen auf den Ebenen Bistum, Dekanat, Pfarrgemeinde,
bringt die Kirche die vielfältigen Fähigkeiten und Erfahrungen der Laien zur Entfaltung. Mit der Neubelebung der verschiedenen synodalen Elemente werden seit dem II.
Vatikanum die Räte verstärkt in die Mitverantwortung genommen. Im Sinne des „Subsidiaritätsprinzips" könnten sie mit noch weiter greifenden Kompetenzen ausgestattet
werden, indem sie beispielsweise bei der Ämterbesetzung konsultativ mitwirken.
Ebenso könnte es z.B. durch dezentralisierte, föderale Strukturen zur Entbürokratisierung des Verwaltungsaufwands kommen, indem Verantwortung nach unten delegiert
wird. Dies verlangt allerdings, daß die kleineren Einheiten einen intensiven Kontakt
sowohl untereinander als auch mit ihren jeweiligen Zentralen pflegen, um so die Einheit der „Communio" zu wahren.

„Kooperative Pastoral" und unterschiedliche Formen der „Partizipation" unterstützen
das missionarische Anliegen der Kirche, nach dem alle Gläubigen Träger der pastoralen Arbeit sind. Sie werden schon auf vielfältige Weise praktiziert und zeugen von
einer hoffnungsvollen Zukunft der Kirche. Daher kann der oft schmerzlich empfundene
Priestermangel auch eine Chance sein, die zahlreichen Charismen der Laien noch intensiver für den Aufbau des Reiches Gottes einzusetzen. Sowohl die Motivation, sich im
kirchlichen Raum zu engagieren, als auch die Identifikation mit der Kirche können
gesteigert werden. So werden in den Gemeinden neue Gaben gefunden, wie etwa die
Gabe des Kontaktstiftens, der Kommunikation, des Managements, der Integration etc.
Gerade auch Fernstehende haben dadurch eine Möglichkeit, sich mit ihren Fähigkeiten
einzubringen. Zum Gelingen dieser „Kooperativen Pastoral" ist es allerdings sehr wichtig, daß die Kerngruppen der Gemeinde und die Leitungsgremien eine Atmosphäre des

Vertrauens und der gegenseitigen Wertschätzung ausstrahlen, so daß sich der einzelne angenommen fühlt und sich mit seinen Gaben einbringen kann.

Die „Communio-Ekklesiologie" bewirkt ferner neue Formen des „Dialogs" und der „Kommunikation" auf und zwischen allen Ebenen. Die Kirche teilt sich nicht mehr auf in einen aktiv lehrenden Teil des Klerus und einen passiv hörenden Teil der Laien, wie dies bis zum II. Vatikanum der Fall gewesen ist. Die vielfältigen Formen der „Kommunikation", die seit dem Konzil auf den verschiedenen kirchlichen Ebenen gepflegt werden, zeugen davon, daß „Communio" „Kommunikation" bewirkt. Der Grundsatz „Vox temporis – Vox Dei" motiviert, Gesprächsprozesse wie z.B. Diözesansynoden oder -foren zu institutionalisieren und sie regelmäßig zu pflegen. Selbstverständlich stellt dies kein leichtes Unterfangen dar und benötigt Ausdauer und Zeit. Auch kommt es im Dialog immer wieder zu Auseinandersetzungen und Meinungsverschiedenheiten. Um wirklich konstruktiv Kritik üben und Konflikte austragen zu können, stellt sich daher mehr und mehr die Frage nach der Gewaltenteilung bzw. nach juridischen Berufungsinstanzen. Ebenso ist es für die Pflege von „Kommunikation" sehr wichtig, daß sich die kirchliche Führung transparent gestaltet. Informationsweitergabe und Gespräch aber benötigen Zeit. In der Konzentration auf das Wesentliche erfordert dies bei allen Beteiligten „Zeit-" und z.T. auch „Informationsaskese", um so nicht unnötig Kräfte zu verschwenden.

Inmitten einer pluralen Gesellschaft, die geprägt ist durch den Prozeß der Individualisierung, hat die Kirche in ihrer Katholizität ideale Voraussetzungen, dieser Pluriformität gerecht zu werden. Als „Communio ecclesiarum" ist sie in „versöhnter Verschiedenheit" im wahrsten Sinn des Wortes „katholisch – allumfassend". Kleine, unterschiedlich geprägte Gemeinschaften, eingebunden in die große Gemeinschaft der Kirche, lassen die Kirche zur Heimat vieler Menschen werden. Dabei können auch erfinderisch neue Wege eingeschlagen werden, indem z.B. eine ländliche Region – ähnlich wie eine Großstadt – durch unterschiedlich ausgerichtete Pfarrgemeinden geprägt ist. Selbstverständlich birgt dies auch Konfliktpotential. In diesem Zusammenhang wird deutlich, daß kirchliche Führungskräfte über die Gabe der Integration verfügen sollten, um so die verschiedenen Kräfte in einem „pluriformen Katholizismus" zu bündeln.

Die „Communio-Ekklesiologie" zeigt somit der Kirche an der Schwelle zum dritten Jahrtausend hoffnungsvolle Wege in die Zukunft. Als „realistisches Programm" hilft sie ihr, den gesellschaftlichen Tendenzen zur Individualisierung und Pluralisierung durch „versöhnte Verschiedenheit" gerecht zu werden.

1.3 Perspektiven der gesellschaftlichen Veränderung

Der dargestellte Wandel in Wirtschaft und Kirche weist auf einen gesellschaftlichen Umbruch hin. Auf der einen Seite wirken Wirtschaft und Kirche in die Gesellschaft hinein, auf der anderen Seite aber werden beide Institutionen von dieser bestimmt. Daher liegt es auf der Hand, daß Kirche und Wirtschaft, obwohl sie verschiedene Ziele verfolgen, mit ähnlichen Problemen konfrontiert werden und auf gesellschaftliche Anfragen ähnlich Antwort geben müssen.

In der zeitgenössischen kultursoziologischen Literatur ist immer häufiger von einer Zeitenwende die Rede. Das Ende der Neuzeit wird proklamiert, der Übergang von der Moderne zur Postmoderne bzw. zur reflexiven Moderne wird angekündigt. Namhafte Soziologen haben sich mit dieser Entwicklung beschäftigt und sie zu deuten versucht.

In den folgenden Abschnitten sollen vier konvergierende Analysen, die die gesellschaftliche Realität aus unterschiedlichen Perspektiven betrachten, in ihren Grundaussagen kurz umrissen werden, um so die Situationsanalysen von Wirtschaft und Kirche in einen soziologischen Kontext zu stellen.[284] Gleichsam als Pendelschläge des gesellschaftlichen Bewußtseins wollen sie Einblick geben in den sich vollziehenden Umbruch.

1.3.1 Erlebnisgesellschaft

In der unmittelbaren Suche nach Glück, d.h. nach Spaß am Leben, zeigt sich nach Schulze deutlich der gesellschaftliche Wandel hin zur „Erlebnisgesellschaft".[285] Dies läßt sich beispielsweise an der Entwicklung der Werbung zeigen. Ursprünglich wurde in der Werbung vor allem die Haltbarkeit, Zweckmäßigkeit oder technische Perfektion eines Produktes dargestellt. Als Mittel zu einem bestimmten Zweck wurde ein Erzeugnis angepriesen, so z.B. ein PKW als individuelles Fortbewegungsmittel. Der Gebrauchswert und seine Zweckmäßigkeit standen im Mittelpunkt des Käuferinteresses. Heute werden Produkte nicht mehr so sehr als Mittel zu einem bestimmten Zweck offeriert, sondern als Selbstzweck. Unabhängig von ihrer Verwendbarkeit für einen bestimmten Zweck, sollen sie an sich zufriedenstellen. Geländeautos beispielsweise sind für Jäger oder Förster bei ihrer Arbeit im Wald zweckmäßig. Allerdings werden Geländeautos auch von Stadtbewohnern gekauft und gefahren. Sie können die Geländegängigkeit in ihrem asphaltierten und betonierten Ambiente kaum benutzen. Vielmehr wollen sie mit der bewußten Wahl ihres Automobiltyps ihren Lebensstil zum Ausdruck bringen. Unter diesem Aspekt hat die Geländegängigkeit in der Großstadt kaum Gebrauchswert, so daß sich diese Eigenschaft als „ästhetisches Attribut" entpuppt.[286]

Während Nützlichkeit und Funktionalität scheinbar nebensächlich geworden sind, sind Design und Produktimage zu entscheidenden Verkaufsfaktoren geworden. Der Erlebnischarakter eines Produktes ist dabei von großer Bedeutung. Nicht allein der Zweck, beispielsweise bei einem Auto die individuelle Fortbewegungsmöglichkeit, sondern der Erlebnisgehalt, d.h. die Freude und der Spaß am Fahren, gewährleistet durch eine komfortable Inneneinrichtung, entscheiden über den Kauf eines Fahrzeuges.

Schulze unterscheidet in diesem Zusammenhang zwischen einer „außenorientierten und innenorientierten Lebensauffassung" und erläutert: „Bei einer außenorientierten Lebensauffassung gilt beispielsweise das Ziel, Kinder zu haben, dann als erreicht, wenn die Kinder existieren, bei einer innenorientierten Lebensauffassung erst dann, wenn sie die Eltern glücklich machen oder ihnen wenigstens nicht zu sehr auf die Nerven gehen.

Oder: Ob ein Auto fährt (außenverankertes Ziel), können alle beurteilen; ob man dabei ein schönes Fahrgefühl hat (innenverankertes Ziel), muß jeder für sich entscheiden. In vielen Bereichen des Alltagslebens ist außenorientiertes Handeln zurückgegangen, innenorientiertes Handeln vorgedrungen: Kleidung, Essen, Gartenarbeiten, Partnerschaft, Kinder haben, Instandhaltung der Wohnung, Beruf, Bildung, Transport und anderes."[287]

Innenorientierung führt zur „Ästhetisierung". Durch die „Ästhetisierung" werden Konsumbereiche wie etwa Essen, Wohnen, Transport oder Kleidung umgedeutet. Zunehmend richten sich die Motive nach innen. Nun geht es um „gutes" Essen oder „stilvolles" Wohnen, Fortbewegung wird zum Erlebnis, Bekleidung wird zur Selbstinszenierung. Grundbedürfnisse werden dabei nicht als Not verspürt, sondern als Möglichkeit, Spaß am Konsumieren zu haben. [288]

Für Schulze ist diese „Ästhetisierung" von Produkten Teil eines umfassenden Wandels, der nicht auf den Markt von Produkten und Dienstleistungen beschränkt bleibt, sondern das Leben schlechthin zum Erlebnisprojekt macht. „Weil es mir Spaß macht!" – „Weil es mir gefällt!" – „Weil es zu mir paßt!" sind Feststellungen, die eine „innenorientierte Lebenshaltung" kennzeichnen, deren Ziel es ist, das Leben zum Erlebnis zu machen.[289] „Erlebe dein Leben!" wird zum vielsagenden Slogan, der das „Projekt des schönen Lebens" zum wichtigsten gesellschaftlichen Thema macht.[290] Es gilt, das eigene Leben möglichst schön, interessant und lohnend zu gestalten. Der einzelne wird so zum Manager seiner eigenen Erlebniswelt. Fragen wie: „Wo verbringe ich meinen Urlaub?" oder: „Wie gestalte ich meine Freizeit?", werden zu zentralen Lebensfragen. Erlaubt und gesucht ist dabei alles, was Spaß macht, die Langeweile vertreibt, den einzelnen in Spannung versetzt und die Lust weckt. Das Leben ist schlichtweg dazu da, erlebt zu werden.

Wenn nun Erlebnisse zum beherrschenden Lebenssinn werden, dann beginnt der einzelne, sich vor allem mit sich selbst zu beschäftigen.[291] Insofern machen immer mehr Menschen die Erfahrung, daß ihre ganze Existenz gestaltbar ist. Sie haben täglich die freie Wahl, sich für bestimmte Kleidung, Essen, Unterhaltung, Kontakte etc. zu entscheiden. Der Gebrauchswert, etwa eines Kleidungsstückes, läßt sich dabei leicht durch dessen Erlebniswert überspielen. Schulze verdeutlicht dies an einem anderen einfachen Beispiel. „Wer mit dem schlichten Ziel in den Supermarkt geht, ein Stück Seife zu Sauberkeitszwecken zu erwerben, muß unverrichteter Dinge wieder nach Hause gehen. Seine Motivation reicht nicht aus, um sich zwischen den vielen Angeboten, die denselben Zweck erfüllen, zu entscheiden. Erst wenn sich der Konsument auf erlebnisorientierte Zusatzqualitäten einläßt, mit denen sich die Produkte hervortun – wilde Frische, cremige Zartheit, erotische Formgebung, Naturbelassenheit, usw. –, ist er in der Lage, eine ganz bestimmte Seife wirklich zu wollen."[292]

Neben diesen reichhaltigen, unterschiedlichen Erlebnisangeboten kommt es auch durch Überlagerung von Erlebnisepisoden zur Intensivierung des Erlebnisgehaltes. „Während der Fernseher läuft, blättert man in einer Illustrierten und telefoniert gleichzeitig mit einem Bekannten, um sich zum Squash-Spielen zu verabreden. Für immer mehr Urlauber bedeutet Reisen nicht nur das Erleben von Landschaften und Kulturen – sie bewegen sich durch die Fremde mit einem Arsenal von Erlebnisinstrumenten, deren Einsatz ebenso wichtig ist wie das Reisen selbst; Gelände- und Campingautos, Sportgeräte, Wasserfahrzeuge, Foto- und Filmausrüstungen, eigens für die Freizeit angeschaffte Erlebniskleidung."[293]

Die unterschiedlichen Intensivierungen der Erlebnisangebote können beim Konsumenten zu Überforderung und Verunsicherung führen, denn kaufen läßt sich nur das Erlebnisangebot, nicht aber das Erlebnis selbst. Dieses muß nämlich jeder einzelne in eigener Regie produzieren.[294] Beim Kauf eines Aftershaves z.B., das „wilde Frische" verspricht, liegt es im individuellen Erfahrungsbereich des Konsumenten, ob er dann wirklich nach dem Rasieren, so lange der Duft anhält, „wilde Frische" verspürt. Wenn das Erlebnisangebot allerdings nicht als Erlebnis erfahren wird, dann können Ernüchterung und Resignation die Folgen sein. Hinzu gesellt sich die ständige Suche nach neuen Erlebnissen, um so der Gefahr der Langeweile zu entgehen. Immer wieder gilt es, sich aufzumachen, um neue Länder zu bereisen, um neue Kleidung zu kaufen usw.[295] Dabei steigt das Risiko, enttäuscht zu werden, um so höher, je mehr der einzelne für sich erlebt hat. Schließlich gilt es, ständig neue Erlebnisfelder zu entdecken. Diese Erlebnisjagd kann leicht in sogenannten Freizeitstreß ausarten. Hinzu gesellen sich die Angst vor Langeweile oder davor, etwas versäumen zu können.

Ebenso bedeuten Auswahl und Konsum auch Verzicht, Verzicht auf ausgeschlagene Angebote und Möglichkeiten.[296] Die „Wahlexistenz" kann so zur „Qualexistenz"[297] werden, indem der einzelne in einer kaum noch überschaubaren Fülle von Angeboten sich gezwungen sieht, für sich das Richtige zu finden.

Der Erlebniswert wird zum Maßstab über Wert oder Unwert einer Sache. Doch damit nicht genug. Der Erlebniswert wird ebenso zum Maßstab über Wert und Unwert des Lebens.[298] Aus der Fülle der Erlebnisangebote ist jeder aufgefordert, das für ihn Passende auszuwählen, um dadurch seinen eigenen Stil, seine eigene Identität zu bilden. Dies stellt für den einzelnen oft genug eine Überforderung dar.

Die „Wahlmöglichkeit" entpuppt sich als „Wahlzwang". Der Erlebniswert wird so zum Maßstab für den Sinn des Lebens und zu einem wesentlichen Gestaltungselement der eigenen Lebensphilosophie.[299] Traditionale Konventionen, wie Bräuche oder Sitten, verlieren, wenn sie nicht in die eigene Lebensphilosophie passen, an Bedeutung.[300] Ferner wird ihre allgemeine Geltung durch die Pluralisierung der Lebensstile in Frage gestellt, da neue Konventionen entsprechend der eigenen Lebensphilosophie geschaffen werden. Durch diesen Pluralismus der Lebensstile kommt es zum Auseinanderbrechen des sozialen Wertesystems.[301] Neue Milieus entstehen, die den unterschiedlichen Stilrichtungen entsprechen und der „Erlebnisgesellschaft" ein pluralistisches Erscheinungsbild verleihen.

Hier wird der Unterschied zwischen einer „Knappheits-" und einer „Überflußgesellschaft" deutlich. Während z.B. in Deutschland bis in die Nachkriegszeit hinein die existentielle Frage nach dem physischen Überleben und die Beseitigung der Not im Vordergrund standen, stellt sich heute viel stärker die Frage nach dem Sinn des Lebens, da das Leben an sich nicht mehr bedroht ist. Sobald der Mensch sich nicht mehr um sein Überleben zu sorgen braucht, beginnt er, sich mit sich selbst zu beschäftigen, indem er die Sinnfrage stellt. Er nimmt sich Zeit und Raum für die Entwicklung der eigenen Persönlichkeit. Beck erläutert diese Gedanken: „In den fünfziger und sechziger Jahren haben die Menschen auf die Frage, welche Ziele sie anstreben, klar und eindeutig geantwortet: in den Kategorien eines »glücklichen« Familienlebens, mit Plänen für das Einfamilienhaus, das neue Auto, die gute Ausbildung für die Kinder und die Erhöhung des Lebensstandards. Heute sprechen viele hier eine andere Sprache, die – zwangsläufig vage – um die Suche nach der eigenen Individualität und Identität kreist, die »Entwicklung der persönlichen Fähigkeiten« und das »In-Bewegung-Bleiben« zum Ziel hat."[302] Die verhaltensbestimmenden Bedürfnisse haben sich also verändert und geben der Gesellschaft ein neues Erscheinungsbild.

So wird der Grundsatz: „Ich erkenne mich in dem, was mir gefällt" zum bestimmenden Handlungsantrieb. Die Suche nach dem, was gefällt, wird zum Weg der Selbsterkenntnis.[303] Doch zugleich stellt sich die Frage: Was gefällt mir wirklich in der Fülle der Angebote?

Zur Möglichkeit des Wählens gesellt sich so die Angst, enttäuscht zu werden, da das falsche gewählt wurde. Die „Erlebnisgesellschaft" entpuppt sich als risikoreich. Zunächst einmal scheint es verlockend zu sein, selbst wählen zu dürfen, und es stellt sich die Frage: „Was soll schon schwierig daran sein, sich ein schönes Leben zu machen, wenn man halbwegs die Ressourcen dafür hat? Man meint, Erlebnisorientierung sei der Anfang vom Ende aller Schwierigkeiten."[304] Doch in Wahrheit setzen sich die Schwierigkeiten auf einer neuen Ebene fort, denn bedroht ist nun nicht mehr das Leben an sich, sondern der Sinn. In klaren Worten beschreibt Beck diese Schwierigkeiten. „Die Konsequenz ist, daß die Menschen immer nachdrücklicher in das Labyrinth der Selbstverunsicherung, Selbstbefragung und Selbstvergewisserung hineingeraten. Der (unendliche) Regreß der Fragen: »Bin ich wirklich glücklich?«, »Bin ich wirklich selbsterfüllt?«, »Wer ist das eigentlich, der hier ich sagt und fragt?«, führt in immer neue Antwort-Moden, die in vielfältiger Weise in Märkte für Experten, Industrien und Religionsbewegungen umgemünzt werden. In der Suche nach Selbsterfüllung reisen die Menschen nach Tourismuskatalog in alle Winkel der Erde. Sie zerbrechen die besten Ehen und gehen in rascher Folge immer neue Bindungen ein. Sie lassen sich umschulen. Sie fasten. Sie joggen. Sie wechseln von einer Therapiegruppe zur anderen. Besessen von dem Ziel der Selbstverwirklichung, reißen sie sich selbst aus der Erde heraus, um nachzusehen, ob ihre Wurzeln auch wirklich gesund sind."[305]

Das Programm „Leben zu erleben" wird somit zu einem ernstzunehmenden Problem, da es zahlreiche Risiken für den einzelnen in sich birgt. Dies kann schon in Grundfragen des Alltagslebens zu Schwierigkeiten führen.[306] Zu existentielleren Problemen kommt es etwa bei der Partner- oder Berufswahl. Bei diesen Wahlmöglichkeiten, die maßgeblich die eigene Biographie bestimmen, entpuppt sich die „Erlebnisgesellschaft" als „Risikogesellschaft".

1.3.2 Risikogesellschaft

Ähnlich wie Schulze spricht auch Beck vom Übergang zu einer anderen, neuen gesellschaftlichen Gestalt. Mit dem Untertitel „Auf dem Weg in eine andere Moderne" beschreibt er die Entwicklung zur „Risikogesellschaft".[307]

Bis in die Mitte dieses Jahrhunderts war für die heute entwickelten Länder das Kardinalproblem „der Kampf um das tägliche Brot". Durch die Produktion von Reichtum und Wohlstand ging es vorrangig darum, die Probleme einer Mangelgesellschaft zu beseitigen.[308]

Die Gesellschaften der fortgeschrittenen Moderne dagegen müssen sich heute hauptsächlich mit den Folgeproblemen der technischen, ökonomischen Entwicklung auseinandersetzen. Globale Bedrohungen wie etwa die Umweltproblematik erweisen sich als existenzbedrohende Risiken einer gesamten Gesellschaft, ja der Menschheit als Ganzes.[309] Nicht mehr die Beseitigung eines Mangels, sondern das Beseitigen und Entschärfen von Risiken werden zum Handlungsantrieb. Beck formuliert prägnant das Unterscheidende der Mangel- und Wohlstandsgesellschaft: „Die treibende Kraft in der Klassengesellschaft läßt sich in den Satz fassen: Ich habe Hunger! Die Bewegung, die mit der Risikogesellschaft in Gang gesetzt wird, kommt demgegenüber in der Aussage zum Ausdruck: Ich habe Angst!"[310]

Hinzu kommt, daß diese Modernisierungsrisiken eine egalisierende Wirkung haben, da sie ausnahmslos alle bedrohen. Bei einer atomaren Katastrophe beispielsweise sind alle gesellschaftlichen Teile betroffen, gleichbleibend ob wohlhabend oder arm. Zu Recht stellt Beck etwas zynisch fest: „Not ist hierarchisch, Smog ist demokratisch."[311]

Ferner paart sich mit der Angst vor der drohenden Katastrophe die Unfähigkeit, als einzelner etwas dagegen unternehmen zu können. Ohnmächtig steht das Individuum den globalen Entwicklungen gegenüber und sieht sich den bedrohenden Risiken machtlos ausgeliefert. In den eigenen Lebensbereichen, wie z.B. in der Berufswahl, zur Verantwortung befreit, treten ihm hier Fakten entgegen, auf die er als einzelner nur geringen bzw. gar keinen Einfluß mehr nehmen kann. Beck beschreibt diese risikoreiche Spannung: „In der entwickelten Zivilisation, die angetreten war, um Zugewiesenheiten abzubauen, den Menschen Entscheidungsmöglichkeiten zu eröffnen, sie von Naturzwängen zu befreien, entsteht also eine neuartige, globale, weltweite Gefährdungszugewiesenheit, der gegenüber individuelle Entscheidungsmöglichkeiten schon deswegen kaum bestehen, weil die Schad- und Stickstoffe mit der Naturbasis, mit den elementaren Lebensvollzügen in der industriellen Welt verwoben sind. Das Erlebnis dieser entscheidungsverschlossenen Risikobetroffenheit macht viel von dem Schock verständlich, der ohnmächtigen Wut und dem »no-future-Gefühl«,(...)."[312] Diese ohnmächtige Angst vor der Zukunft kann beim einzelnen zur Resignation führen, zur Verdrängung der risikoreichen Zukunft und schlägt sich nieder in einem Lebensstil, der nur das „Glück im Jetzt" kennt, wie es etwa die „Erlebnisgesellschaft" charakterisiert. „Carpe diem!" – „Pflücke den Tag!" und „Vergiß die Zukunft! – Das Leben findet jetzt statt!" sind Kennworte, die diese Verdrängungshaltung unterstützen.

Die „Risikogesellschaft" zeigt sich noch von einer anderen Seite als bedrohend. Neben den Modernisierungsrisiken treten gesellschaftliche, biographische und kulturelle Risiken und Unsicherheiten auf, „die in der fortgeschrittenen Moderne das soziale Binnengefüge der Industriegesellschaft – soziale Klassen, Familienformen, Geschlechtslagen, Ehe, Elternschaft, Beruf – und die in sie eingelassenen Basisselbstverständlichkeiten der Lebensführung ausgedünnt und umgeschmolzen haben."[313] Freigesetzt aus den Sozialformen der industriellen Gesellschaft können und müssen die Menschen ihr Leben selbst entwerfen. Dabei brechen in allen Dimensionen der Biographie „Wahlmöglichkeiten" und „Wahlzwänge" auf.[314] So ist es etwa nicht mehr zwingend notwendig, daß ein Sohn den väterlichen Bauernhof übernimmt oder standesgemäß heiratet. Allerdings muß er sich nun frei von allen Konventionen und Vorgaben für einen Beruf bzw. für einen Partner entscheiden. Die Möglichkeit der Wahl birgt zugleich das Risiko des Scheiterns. Bedrückende Fragen wie etwa: Hat der Beruf, den ich momentan lerne, auch noch in fünf Jahren Zukunft? – künden auch in diesem Zusammenhang von einer schleichenden Angst. Zu Recht sprechen Beck/Beck-Gernsheim von „Riskanten Freiheiten". „Man nehme, was man will: Gott, Natur, Wahrheit, Wissenschaft, Technologie, Moral, Ehe, Liebe – die Moderne verwandelt alles in »riskante Freiheiten«."[315] Folge davon ist eine existentielle Bindungsangst, die in einer sozialen Unverbindlichkeit ihren Ausdruck findet. Dabei kommt es zur Infragestellung überkommener sozialer Institutionen, wie Ehe, Kirchen, Gewerkschaften etc., die auf einer festen Mitgliederbindung basieren. Der einzelne hat einfach Angst vor dieser festen, scheinbar unumstößlichen Bindung. Neue soziale Milieus, wie beispielsweise Szenen oder Freundeskreis, die durch eine gewisse Unverbindlichkeit bestimmt sind, entstehen.

Freigesetzt aus den gesellschaftlichen Konventionen und Zwängen liegt die Gestaltung des Lebens nun in der Kompetenz des einzelnen. Jeder wird zu seines eigenen Lebens Schmied.[316] Diesen Prozeß der Individualisierung, der charakteristisch für die „Risikogesellschaft" ist, bestimmen drei Dimensionen.[317] Zunächst kommt es zur „Herauslösung" des Individuums aus historisch vorgegebenen Sozialformen und -bindungen. Traditionelle Herrschafts- und Versorgungsinstitutionen wie Ehe, Familie, Milieus oder Klassen werden in Frage gestellt. Ebenso Institutionen und Konventionen, die das Zusammenleben der unterschiedlichen Bevölkerungsteile regeln sollen. Der einzelne erfährt sich als freies Subjekt, in dessen eigener Macht es liegt, sein Leben zu gestalten. Alle Wege und Möglichkeiten, die die „Erlebnisgesellschaft" als reichhaltiges Angebot offeriert, stehen ihm scheinbar offen. Schlagwörter wie freie „Selbstverwirklichung" und „Identitätsbildung" kennzeichnen die „Freisetzungsdimension".

Allerdings geht mit ihr Hand in Hand eine Art „Entzauberung des Individualisierungsprojekts". Die Loslösung von traditionalen Bindungen hat einen Verlust an Sicherheit zur Folge. Nicht mehr gestützt auf feste soziale Institutionen oder verbindliche Konventionen steht der einzelne oft genug allein da und muß sich ohne vorgegebene Hilfe entscheiden. „Die überlieferten Formen der Angst- und Unsicherheitsbewältigung in sozial-moralischen Milieus, Familien, Ehe, Männer- und Frauenrolle versagen. In demselben Maße wird deren Bewältigung den Individuen abverlangt."[318] Der einzelne ist auf Gedeih und Verderben auf sich selbst gestellt, er muß in allen Unsicherheiten des Lebens sich seinen Sinn selbst suchen und geben. Hitzler/Honer vergleichen diese risikoreiche Suchbewegung des einzelnen treffend mit dem Vagabundendasein eines Landstreichers. Dieser „ist nicht mehr »zu Hause« in einem stimmigen Sinn-Kosmos, er ähnelt eher einem Vagabunden (oder allenfalls einem Nomaden) auf der Suche nach geistiger und gefühlsmäßiger Heimat. Sein Tages- und Lebenslauf ist gleichsam eine unstete und manchmal auch unsichere Wanderung, die er durch eine Vielzahl von Sinnprovinzen unternimmt. Er ist darauf angewiesen, die Drehbücher seines individuellen Lebens selber zu schreiben, die Landkarten für seine Orientierung in der Gesellschaft selber zu zeichnen, über seine Biographie, seine Persönlichkeit, sein Selbstverständnis selber Regie zu führen."[319] Die Erfahrung, ständig auf der Suche nach einer neuen „Sinn-Heimat" zu sein, schafft ein Gefühl der Angst und Unsicherheit. Zugleich fördert sie die Sehnsucht nach neuen Bindungen, die inmitten einer risikoreichen und bedrohenden Umwelt Sicherheit, Heimat und Halt bieten. Daher ist das Bedürfnis nach dem Aufgehobensein in einer Gemeinschaft, die dem „Ich" Selbstwert und Stärke vermittelt, in der „Risikogesellschaft" äußerst groß.[320] Der New-Age- und Psychoboom, aber auch die neu erwachten Formen des Nationalismus stellen Fluchtbewegungen aus dieser Verunsicherung in scheinbar „neue Sicherheiten" dar.

Zu dieser „Entzauberungsdimension der Individualisierung" gesellt sich noch eine „Kontrolldimension", die sich in neuen Arten von sozialen Bindungen zeigt. Neue institutionelle Anforderungen, Kontrollen und Zwänge kommen auf den einzelnen zu. Über Arbeitsmarkt, Wohlfahrtsstaat und Bürokratie wird er in Netze von Regelungen, Maßgaben, Anspruchsvoraussetzungen eingebunden.[321] So lassen beispielsweise die Zwänge des Arbeitsmarktes eine gänzlich freie Berufswahl gar nicht mehr zu. Daher kann in diesem Zusammenhang vom „Risiko der Ausbildung ohne Beschäftigung"[322] gesprochen werden.

Aber auch sekundäre Instanzen, wie etwa die Mode, können Kontrollfunktionen wahrnehmen und die freie Wahl beeinträchtigen. Man tut nur das, was „In" ist, und muß diese Einstellung beispielsweise durch die richtige Wahl der Kleidung unterstreichen. Zu diesem neuen Konformitätszwang kommen Abhängigkeiten von neueren Institutionen, wie etwa vom Fernsehen oder Internet, die auf die Meinungsbildung bewußt und unbewußt Einfluß nehmen.

Dabei sieht sich der einzelne ständig neu vor Entscheidungen gestellt. Zwischen unterschiedlichen Möglichkeiten gilt es, die richtige auszuwählen.[323] Mit immer mehr Wahlmöglichkeiten konfrontiert, fehlen oft die Entscheidungshilfen.[324] Auch nichtgetroffene Entscheidungen werden zu Entscheidungen. Ebenso ist es für das psychische Wohlbefinden entscheidend, daß der einzelne die Konsequenzen verarbeiten und verantworten kann. Beck führt diese Problematik aus: „War das, was ihn traf, früher eher ein »Schicksalsschlag«, qua Gott oder Natur gesandt, z.B. Krieg, Naturkatastrophen, Tod des Ehepartners, kurz, ein Ereignis, für das er selbst keine Verantwortung trug – so sind es heute weit eher Ereignisse, die als »persönliches Versagen« gelten, vom Nicht-Bestehen eines Examens bis zur Arbeitslosigkeit oder Scheidung. In der individualisierten Gesellschaft nehmen also nicht nur, rein quantitativ betrachtet, die Risiken zu, sondern es entstehen auch qualitativ neue Formen des persönlichen Risikos: Es kommen, was zusätzlich belastend ist, auch neue Formen der »Schuldzuweisung« auf."[325] Da den sozialen Institutionen die entlastende Funktion genommen wurde, lastet nun dieser Druck auf dem einzelnen. Er ist jetzt selber schuld, wenn der individuelle Lebensentwurf nicht gelingt, wenn etwa die falsche Berufsausbildung gewählt wurde. Die eigene Biographie zeigt sich also als risikoreiche „Wahl-" bzw. „Bastelbiographie".[326] Dabei muß der einzelne lernen, sich selbst als Handlungszentrum, als Planungsbüro für seinen eigenen Lebenslauf, seine Fähigkeiten, Orientierungen, Partnerschaften etc. zu verstehen.[327] Die „Bastelbiographie" kann leicht zur „Risikobiographie" mit einer Dauergefährdung des individuellen Glücks werden. „Die Fassaden von Wohlstand, Konsum, Glimmer täuschen oft darüber hinweg, wie nah der Absturz schon ist. Der falsche Beruf oder die falsche Branche, dazu die privaten Unglücksspiralen von Scheidung, Krankheit, Wohnungsverlust – Pech gehabt! heißt es dann. Im Falle des Falles wird offen erkennbar, was untergründig immer schon angelegt ist: Die Bastelbiographie kann schnell zur Bruchbiographie werden."[328]

Um das eigene Überleben sicherzustellen, entwickelt das Individuum ein „ichzentriertes Weltbild"[329] mit einer Ethik, die hauptsächlich durch „Pflichten gegenüber sich selbst"[330] geprägt ist. Auch hier zeigen sich Ambivalenzen zur „Erlebnisgesellschaft". Das eigene Leben gilt es auszufüllen, so zu gestalten, daß es etwas Großes und Schönes ist. Fragen wie: „Was tut mir gut?", „Was gefällt mir?", „Was macht mir Spaß?" bestimmen das Handeln. Dabei besteht die Gefahr, daß diese „Ichzentriertheit" leicht in Egoismus oder Narzißmus abgleitet. In dieser neuen Ethik zeigt sich ein gesellschaftlicher „Wertewandel", der sich in den letzten drei Jahrzehnten vollzogen hat.

1.3.3 Gesellschaft im Wertewandel

Vom gesellschaftlichen „Wertewandel" ist immer häufiger die Rede.[331] Als ein alle Lebensbereiche umfassendes Phänomen, von dem mehr oder minder alle westlichen Gesellschaften betroffen sind, ist der „Wertewandel" ein weiteres Indiz für den sozialen Umbruch. Ehemals zentrale Werte, wie Disziplin, Gehorsam, Ehre etc., haben im sozialen Alltag der postmodernen Gesellschaft eine klare Abwertung erfahren.[332] Die alte soziale Ordnung, die durch eine übergreifende Wertgeltung charakterisiert war, wurde zerstört und hat einem nie dagewesenen Pluralismus unterschiedlichster Deutungssysteme Platz gemacht. Orientierungsprobleme sind Folgen dieses „Wertewandels".[333] Klages bringt den „Wertewandel" der letzten drei Jahrzehnte mit der Nachkriegsgeschichte Deutschlands in Verbindung und erklärt ihn anhand der gesellschaftlichen Entwicklung.[334]

In den Jahren des Wiederaufbaus – direkt nach dem Zweiten Weltkrieg – sind Effizienz und Effektivität zentrale gesellschaftliche Werte. Allein Funktionalität zählt. In den sechziger Jahren kommt es dann zum Umbruch. Die wirtschaftliche Not ist dem Wirtschaftswunder gewichen, die Zwangsaskese dem Konsum. Durch einen nie zuvor gekannten Massenwohlstand kommt es zur Entlastung von Not und Knappheit, der Ausbau des Sozialstaates wird weiter vorangetrieben. Hinzu kommen die Medien- und

Bildungsrevolution, die zur Grundlage eines weitgreifenden „Individualisierungs-schubes" werden. Zum entscheidenden Motor des „Wertewandels" werden nach Klages die Studentenrevolten Ende des Jahrzehnts.[335] „Es fand hier – so schien es jedenfalls – ein Aufstand der Jungen statt, in dem sich die Rückerinnerung an die »verurteilungs-würdige, durch nichts zu entschuldigende nationalsozialistische Vergangenheit« mit einer prononcierten Abkehr von allem »Konservativen«, »Autoritären« und »Hierar-chisch-Verkrusteten« verband, die sich in eine entschiedene Abwertung von Werten wie Disziplin, Gehorsam, Pflichterfüllung, Treue, Unterordnung, Fleiß, Bescheidenheit, Anpassungsbereitschaft, Fügsamkeit und Enthaltsamkeit fortsetzte. Es war, mit einem Wort, das »ganze verdammte Preußentum«, das einer Abwertung verfiel."[336] Es kommt zum „Wertumsturz", der sich in der Ablehnung der traditionellen „Pflichtwerte" und in der Hochschätzung neuer „Selbstentfaltungswerte" zeigt.[337] Emanzipation, Gleichbe-handlung, Demokratie, Partizipation, Autonomie, Genuß, Abenteuer, Abwechslung, Spontanität, Selbstverwirklichung, Ungebundenheit etc. kennzeichnen stichwortartig die neue Werteskala.

Klages sieht darin den Übergang von einem „nomozentrischen" zu einem „autozen-trischen Selbst- und Weltverständnis" angelegt. „Kurz gesagt, sieht, erlebt, beurteilt und bewertet der Nomozentriker sich selbst als ein Wesen, das nicht nur in einer stark ausgeprägten Abhängigkeit gegenüber seiner gesellschaftlichen Umwelt, sondern grundsätzlich auch in deren Schuld steht. (...). Er wird dieser seiner Umwelt oder deren legalen Repräsentanten grundsätzlich Autorität zuschreiben und darum bemüht sein, sich an diejenigen Normen und Regeln, deren Einhaltung ihm angesonnen wird, zu hal-ten."[338] Die eigenen Lebensinteressen treten also hinter die Interessen der Allgemein-heit zurück. Seinen Selbstwert findet der „Nomozentriker" dann, wenn er sich für die Allgemeinheit verdient gemacht hat. So leben beispielsweise Eltern für ihre Kinder, Führungskräfte setzen sich für das Unternehmen ein oder Politiker engagieren sich für das gesellschaftliche Wohlergehen. Sie alle geben durch ihre soziale Orientierung Zeugnis von einer nomozentrischen Lebenseinstellung.

Im Gegensatz dazu ist der „Autozentriker" an der Entwicklung seiner eigenen Person interessiert. Er hat das Bedürfnis, sich als autonomes Wesen zu verwirklichen, auszu-leben und einzubringen. Daher spricht er bezüglich seiner Umwelt nicht von den Pflichten, sondern von den Rechten.[339] Bedürfnisse nach Ungezwungenheit, Echtheit, Selbstverwirklichung und Handlungsspielraum kennzeichnen seine Selbst- und Welt-sicht. Auch hier lassen sich Beispiele benennen, wie etwa den karrierebewußten Geschäftsmann, der allein sein berufliches Weiterkommen im Blick hat und sich daher nicht an einen Partner bindet, sondern als Single allein bleibt, um so seine Unabhängig-keit und Verfügbarkeit zu wahren.

Mit dem gesellschaftlichen „Wertewandel" der letzten drei Jahrzehnte ist es zu einer Akzentverschiebung gekommen, die sich darin zeigt, daß die ursprünglich nomozen-trisch geprägte Selbst- und Weltsicht immer mehr durch eine autozentrische ergänzt bzw. abgelöst wird. Damit öffnen sich einige gesellschaftliche Problemkreise.[340] So ist etwa eine klare Abwanderung von großen sozialen Institutionen wie Kirchen, Gewerk-schaften oder Parteien feststellbar, in den „Bereich des Informalen", wie etwa Selbsthilfegruppen und Bürgerinitiativen. Während die herkömmlichen Institutionen auf die alten Pflicht- und Akzeptanzwerte aufbauen, ergeben sich hier in einer gewissen Unverbindlichkeit und Direktheit für den einzelnen neue Möglichkeiten, seine Selbstentfaltungswerte zu verwirklichen. Auch der Boom von Kirchentagen, „die den Menschen das Erlebnis einer von konventionellen Fesseln befreiten spontanen gemeinschaftlichen Religiosität vermitteln"[341], läßt sich in diesem Problemkreis erklären.

Ferner kommt es im sozialen Alltag zur Infragestellung lebenswichtiger sozialer Selbstverständlichkeiten. Dies zeigt sich besonders deutlich in der gewandelten Einstellung zu Ehe und Familie. So wirkt sich z.B. das angewachsene Bedürfnis nach der Erfüllung von Freizeit- und Konsumwünschen, das die „Erlebnisgesellschaft" charakterisiert, auf die Familienplanung aus. Kinder schränken die individuellen Entfaltungsmöglichkeiten des einzelnen ein, da sie Bindung bedeuten. Die Zeugung eines Kindes wird daher zurückgestellt, um zunächst einmal dringlicher erscheinende Lebensbedürfnisse zu befriedigen, beispielsweise eine größere Reise oder die berufliche Karriere. Galt es früher als bürgerliche Pflicht der Eheleute, Nachkommen zu zeugen und zu erziehen, so ist es zu einer Abwertung dieses Wertes gekommen. Die individuelle Selbstentfaltung nimmt eben in der Hierarchie der Werte nun einen höheren Rang ein als die Erfüllung irgendwelcher bürgerlichen Pflichten. Geprägt durch eine „innenorientierte Lebensauffassung" geht es dem einzelnen letztlich darum, sein Leben als Erlebnis zu erleben. Als entscheidender Lebenswert gilt dabei das, was Spaß macht.

Ebenso wirkt sich der „Wertewandel" auf die Arbeitsdisziplin und Leistungsbereitschaft aus. Der Siegeszug der Selbstentfaltungswerte und das tendenzielle Zurücktreten von Pflicht- und Akzeptanzwerten veranlaßt, daß der einzelne Mensch auch von seiner Arbeit mehr Chancen erwartet. So will er sich selbst mit seinem je eigenen Persönlichkeitspotential „einbringen" und als Person ernst genommen werden, ja angenommen, einbezogen und anerkannt werden.[342] In der postmodernen Gesellschaft genügt es eben den meisten nicht mehr als Motivationsgrundlage, allein wegen der Sicherung des Lebensunterhaltes einen Beruf auszuüben. Arbeit soll Spaß machen und Möglichkeiten zur Selbstentfaltung bieten.[343] Allerdings entspricht der Arbeitsalltag oft nicht diesen Anforderungen der „Erlebnisgesellschaft". Es kommt im wahrsten Sinn des Wortes zur Enttäuschung, die, wie Klages überzeugend erläutert, die sogenannte „Innere Kündigung" zur Folge hat. „Die Belege dafür, daß in der Tat im Anschluß an den Wertwandlungsschub ein erhebliches Ausmaß an Frustration, an massenwirksamer Erwartungsenttäuschung stattgefunden hat, sind in eben jenen Neigungen zur inneren Abwendung von der Arbeit zu sehen, die von einzelnen Beobachtern als Ausfluß eines Abwanderns der gesellschaftlichen Werte in Richtung einer originären hedonistischen Freizeitorientierung interpretiert werden. In der Tat wandern die Werte vieler Menschen heute in Richtung der Freizeit ab. Dies aber nicht deshalb, weil die neuen Werte Freizeitwerte wären, sondern vielmehr deshalb, weil diese Werte, die sich zunächst unterschiedslos auf alles in der Umwelt, d.h. also auch auf die Arbeit richten, von der Arbeitswelt nicht ausreichend absorbiert werden, so daß sie gewissermaßen auf die Freizeitsphäre umgelenkt werden, wo sie scheinbar leichtere Erfüllungsmöglichkeiten finden."[344] Gelebt wird daher nur noch in der Freizeit. Sie wird zum vielfältigen Erlebnisraum, der individuell gestaltet werden kann. Hier können Selbstentfaltungswerte, wie Kreativität und Spontanität, verwirklicht werden, während die Strukturen der Arbeitswelt auf Werte wie Pünktlichkeit und Fleiß aufbauen.

Um diese innere Spannung, das Hin-und-Her-gerissen-Sein zwischen den „Wertesphären" entspannen zu können, schlägt Klages eine „Wertesynthese" vor, um so die Vorteile und positiven Seiten beider Wertebereiche zu nutzen.[345] Er erkennt, daß es eben keinen Sinn hat, sich gegen den „Wertewandel" zu stemmen. Vielmehr muß versucht werden, die in ihm steckenden Potentiale zu nutzen. Nicht also ein einseitiger „Werteverzicht" führt zur Lösung der Probleme, sondern eine „Werteverstärkung" nach allen Seiten.[346] Durch diese „Wertesynthese" wird der Selbstgestaltung des Menschen eine Möglichkeit erschlossen, „in welcher das autozentrische Prinzip triumphieren könnte, ohne sich aber gleichzeitig selbstzerstörerisch gegen die Grundlagen der vergesellschafteten Existenz richten zu müssen."[347]

In einer interessanten Studie stellt Klages fest, daß es diese „Wertesynthese" zwischen Pflicht-/Akzeptanzwerten auf der einen Seite und Selbstentfaltungswerten auf der anderen Seite schon gibt. Die Mitglieder dieser Bevölkerungsgruppe beschreibt er als „disziplinfähig und einfügungsbereit wie auch zu einem – vermutlich konstruktiven – kritischen Engagement bereit und in der Lage. Sie sind ebenso familien- und freizeit- wie auch berufsorientiert, und sie entwickeln in beiden Richtungen eine besonders hohe Aktivität. Sie sind ebenso zur Respektierung von Gesetzen und Ordnung wie auch zur Verteidigung ihrer Rechte und Interessen gegenüber Ämtern und Behörden bereit. Im Bereich des alltäglichen Arbeitens sind diese Menschen durch eine Leistungsbereitschaft gekennzeichnet, die mit hoher Eigeninitiative und mit einem stark entwickelten Interesse an sinnvoller Arbeit gepaart ist. Sie sind weiterhin in hohem Maße bereit, Verantwortung zu übernehmen, wenn ihnen ein ausreichend erscheinender Freiraum zugebilligt wird. Sie besitzen nichtsdestoweniger aber gleichzeitig auch ein deutliches Interesse an einer handlungsfähigen und kompetenten Führung."[348]

Die Entdeckung des motivierten Mitarbeiters in der Wirtschaft als Schlüssel zum Markterfolg ist für Klages ein Indiz für die Realisierung der „Wertesynthese".[349] Dabei kommt „Verantwortungsrollen" große Bedeutung zu, da sie beide „Wertesphären" vereinigen. Gestaltungsspielraum, Erfolgserlebnisse, Mitverantwortung, Identifikation, angemessene Belohnung und Geborgenheit werden dabei zu Schlüsselinstrumenten, die helfen können, die „Wertesynthese" herzustellen. Dabei dürfen diese Management- und Führungsinstrumente keinesfalls nur im Bereich der Wirtschaft angewendet werden. Sie haben selbstverständlich auch für alle anderen großorganisatorischen Gebilde der sozialen Lebenswelt entscheidende Bedeutung, eben auch für Kirchen, für politische Parteien und Gewerkschaften, für Verwaltungen und Vereine etc.[350]

1.3.4 Gesellschaft der Individuen

Der dargestellte „Wertewandel" zeigt u.a., daß durch die Betonung der Selbstentfaltungswerte Individualität als Wert in der postmodernen Gesellschaft hohe Anerkennung genießt. Nicht mehr so sehr der Mensch als „animal sociale", sondern der Mensch als Individuum ist für das Menschenbild prägend und bestimmt das Selbstbewußtsein. Daher kann mit Elias die postmoderne Gesellschaft auch als „Gesellschaft der Individuen" charakterisiert werden.[351] Der Trend zur „Single-Gesellschaft"[352] ist ebenso ein Anzeichen dafür wie die dargestellte Tendenz zur „Individualisierung", die für die „Erlebnis-" und „Risikogesellschaft" u.a. charakteristisch ist.[353]

Elias will allerdings die beiden Begriffe „Gesellschaft" und „Individuum" nicht getrennt voneinander sehen oder gar als Gegensatzpaar.[354] Sie gehören inhaltlich zusammen. Elias spricht vom „sozialen Habitus" und von der „sozialen Persönlichkeitsstruktur" als Bindeglied zwischen „Individuum" und „Gesellschaft".[355] Jeder Mensch hat in seiner Individualität ein spezifisches Gepräge, das er mit anderen Menschen teilt. So verbindet beispielsweise die gemeinsame Sprache oder Schrift. Und doch besitzt jeder Mensch seinen individuellen Stil. Daher gilt es, gerade in Zeiten, in denen Individualität einen sehr hohen Stellenwert genießt, daran zu erinnern, daß der Mensch eben nicht ein „Wir-loses Etwas" ist, sondern unter der grundlegenden Spannung zwischen Individualität und Gesellschaft sein Leben gestalten muß.

In dieser Spannung zwischen gesellschaftlichen Anforderungen und individuellen Bedürfnissen stellt Elias die grundsätzliche Frage, wer Mittel und wer Zweck ist. Sind die „Individuen" Mittel zum Zweck „Gesellschaft" oder ist es gerade umgekehrt?[356]

In der Geschichte hat es auf diese Frage verschiedene Antworten gegeben, die zugleich der jeweiligen Gesellschaft ihr Gepräge gegeben haben. Letztlich geht es dabei um die Verhältnisbestimmung der „Wir-Ich-Balance", bei der es zu unterschiedlichen Akzentuierungen kommt.[357] Dieses Verhältnis steht nie still, sondern ist immer im Fluß.[358] Gerade gesellschaftliche Notsituationen, aber auch Reichtum und Wohlstand bestimmen die Balance. Daher erkennt Elias, daß es für die Struktur der entwickelteren Gesellschaften charakteristisch ist, daß dem, wodurch sich Menschen voneinander unterscheiden, also ihrer „Ich-Identität", ein höherer Wert beigemessen wird als dem, was sie gemeinsam haben, ihrer „Wir-Identität". Das Pendel schlägt also klar zugunsten der „Ich-Identität" aus.[359] So ist beispielsweise die gegenwärtige „Spezialistengesellschaft", die auf die individuellen Fähigkeiten ihrer Mitglieder aufbaut und durch diese Differenzierung von einem hohen gesellschaftlichen Entwicklungsstand zeugt, durch eine Hochschätzung der „Ich-Identität" geprägt. Auch läßt sich in diesem Zusammenhang die „innenorientierte Weltsicht" der „Erlebnisgesellschaft" erläutern, die wiederum Ausdruck dafür ist, daß eine entwickeltere Gesellschaft die Individualität höher wertet als die sozialen Anlagen des Menschen.

Diese Bewertung der „Wir-Ich-Balance", ihre entschiedene Neigung zugunsten der „Ich-Identität", ist aber alles andere als selbstverständlich. Wenn etwa das Zusammenleben mit anderen Menschen für den einzelnen zur Überlebensfrage wird, er also die

Hilfe der anderen benötigt, da sonst seine Existenz bedroht ist, dann bekommt die „Wir-Identität" einen höheren Stellenwert. Hier zeigt sich, daß Not zusammenschweißt. Generationen beispielsweise, die den Wiederaufbau nach dem Zweiten Weltkrieg mit gestaltet haben, berichten von dieser verbindenden Kraft der „Wir-Identität". Andere Bedürfnisse bedingen eben andere Werte.

In diesem Zusammenhang wird verständlich, warum die „Wir-Identität", also der soziale Aspekt des menschlichen Lebens, bis in die Neuzeit, ja noch in die Moderne hinein, in der gesellschaftlichen Werteskala einen höheren Rang einnahm als etwa die Individualität. Elias erläutert: „Die einzelnen Menschen waren schon deswegen zumeist lebenslänglich und jedenfalls weit fester an vorstaatliche soziale Einheiten, also vor allem an Sippe, Heimatort oder Stamm gebunden, weil dies die Verbände waren, von denen sie je nach Umständen Hilfe und Schutz in den äußersten Nöten des Lebens erwarten konnten. In den entwickelteren Gesellschaften, und das heißt nicht zuletzt: in den Gesellschaften, die als solche reicher sind, vor allem auch reicher an sozialem Kapital, hat in wachsendem Maße die Integrationsebene des Staates diese Funktion als letzte Zuflucht in den Nöten des Lebens an sich gezogen."[360]

Schließlich hängt die Höherwertung der „Ich-Identität" zutiefst mit der Einführung und Durchsetzung allgemeingültiger Menschenrechte zusammen,[361] da diese dem Staat, also dem übergeordneten Sozialgefüge, in seiner Verfügungsgewalt über die einzelnen Staatsbürger eindeutige Grenzen setzen.[362] Nun kommt jedem Menschen, und nicht nur den Mitgliedern der privilegierten Stände Adel und Klerus, eine unantastbare Würde zu, die es durch konkrete Rechte zu schützen gilt. Die Durchsetzung dieser Menschenrechte in den Staaten der westlichen Welt führt zur Ausprägung eines Menschenbildes, das zutiefst von einem individuellen Selbstbewußtsein geprägt ist und die Grundlage für den weitgreifenden „Individualisierungsschub" des ausgehenden zwanzigsten Jahrhunderts schafft.[363]

Allerdings können die Bedrohungen der „Risikogesellschaft", wie etwa die Umweltproblematik, zu einer neuen Integration, zur Neubewertung der „Wir-Identität" führen.[364] Hier zeigt sich, daß das Überleben des einzelnen von der globalen Ebene abhängt. Elias erkennt, daß bei diesem Integrationsprozeß Zentralinstitute, wie die Vereinten Nationen, die Weltbank, das Rote Kreuz etc., entscheidend mitwirken müssen, um so der Bedrohung des gemeinsamen Lebensraumes Herr zu werden.[365]

Die Höherwertung der „Ich-Identität" birgt eben die Gefahr, daß auf seiten des einzelnen die Verantwortung gegenüber dem sozialen Gefüge vergessen wird, das ihm schützend z.B. seine grundlegenden Menschenrechte zuspricht. Hier muß auf die Verbindung von Menschenrechten und Menschenpflichten, von Freiheit und Verantwortung hingewiesen werden.[366] Es zeigt sich, daß das Menschenrechtskonzept mit seinen Rechtsansprüchen schon immer dem Risiko ausgesetzt war, nur in seiner Anspruchsseite wahrgenommen zu werden.[367] In diesem Zusammenhang wird deutlich, daß der u.a. aus Asien kommende Vorwurf, daß das Grundrechtskonzept die Notwendigkeit von Tugenden, Pflichten und Verantwortlichkeiten vernachlässigt, zu Recht erhoben wird.[368] Im Zuge einer oft egoistisch mißverstandenen „Selbstverwirklichung" werden Forderungen nach Allgemeinwohl zur bloßen Phrase. Während die individuellen

Rechte mit Nachdruck eingefordert werden, wird die Verantwortung des einzelnen für die Gesellschaft völlig verdrängt. Daß aber der Rechtseite auch eine Pflichtseite entsprechen muß, die das für einen selbst Erwartete und Beanspruchte auch den anderen einzuräumen und zu geben bereit ist, wird dabei leicht vergessen. Dann allerdings besteht die Gefahr, daß die Menschenrechte sowohl von einzelnen als auch von Gruppen instrumental verzweckt werden. Zu Recht macht daher Schmidt darauf aufmerksam, daß ohne Verantwortungsbewußtsein Freiheit zur Vorherrschaft der Starken und Mächtigen verkommen kann.[369] Eine Verfolgung von Rechten ohne Pflichtbewußtsein führt so ins gesellschaftliche Chaos.[370] So wird auch verständlich, warum Schmidt und Küng zusammen mit anderen namhaften Politikern und Religionswissenschaftlern neben einer „Allgemeinen Erklärung der Menschenrechte" auch eine „Allgemeine Erklärung der Menschenpflichten" fordern, um auf dieser Grundlage die globalen Probleme in Griff zu bekommen.[371]

Abschließend zeigt sich nochmals die ganze Problematik des dargestellten „Wertewandels", der den gesellschaftlichen Umbruch zur „Erlebnis-" und „Risikogesellschaft" charakterisiert. In einer Gesellschaft, in der Individualität losgekoppelt als Ideal propagiert wird, sind die alten Pflicht- und Akzeptanzwerte nicht mehr tragende Momente des sozialen Gebäudes. Durch eine „innenorientierte Selbst- und Weltsicht" sieht sich der einzelne gezwungen, sein Leben selbst zu entwerfen und zu gestalten. Das Pendel der „Wir-Ich-Balance" schlägt klar zugunsten der „Ich-Identität" aus.

Um die Balance wieder herzustellen, scheint auch hier die von Klages vorgestellte und schon praktizierte „Wertesynthese" ein brauchbarer Lösungsvorschlag zu sein. Sie kann als Ausgleich und Zusammenführung dienen von „Ich-Identität" und „Wir-Identität", von Rechten und Pflichten, von „innen- und außenorientierter Selbst- und Weltsicht", von Pflicht- und Selbstentfaltungswerten. Dies wiederum bedeutet, daß es beide Bereiche zu stärken gilt, sowohl die Individualität als auch die Sozialität des Menschen, so daß die Begriffe „Gesellschaft" und „Individualität" kein Gegensatzpaar darstellen, sondern, wie es Elias fordert, sich gegenseitig bedingen.[372]

Resümee: Synthese zwischen individuellen Ansprüchen und sozialer Verantwortung

Die heutige Gesellschaft kann mit Schulze als „Erlebnisgesellschaft" charakterisiert werden. So sind beispielsweise nicht mehr die Zweckmäßigkeit bzw. die Funktion eines Produktes entscheidende Verkaufsfaktoren, sondern das mit dem Produkt versprochene Erlebnis. Der Erlebnisgehalt einer Sache und die damit verbundene „Ästhetisierung" sollen Auskunft geben über den individuellen Lebensstil des Konsumenten. Dieser Wechsel von einer „außen-" zu einer „innenorientierten Lebensauffassung", bei dem es eben weniger um den Nutzen als vielmehr um das Gefallen geht, kann als „Projekt des schönen Lebens" umschrieben werden. Ziel dabei ist es, sein eigenes Leben möglichst erlebnisreich zu gestalten. Alles was Spaß macht, worauf man

Lust hat, was die Langeweile vertreibt, wird zur Antriebskraft. Damit ist aber nicht mehr die Überlebensfrage, sondern die Frage nach dem Lebenssinn das zentrale Thema menschlichen Lebens. Auch hier gilt es, aus dem reichhaltigen Sinn- und Erlebnisangebot für sich das Passende zusammenzustellen und sich so selbst zu verwirklichen. Folge ist eine gesellschaftliche Pluralisierung, die in unterschiedlichen Ausformungen individueller Lebensstile und -philosophien ihren Ausdruck findet. Freigesetzt aus den sozialen Vorgaben und Konventionen der Industriegesellschaft, gilt es, das Leben selbst in eigener Regie zu gestalten.

Zugleich aber zeigt sich in diesem Zusammenhang die „Erlebnisgesellschaft" als „Risikogesellschaft", wie sie Beck beschreibt. Die Möglichkeit des Wählens birgt auch die Gefahr des Scheiterns bzw. das Risiko der falschen Wahl. So ist der einzelne nicht nur freigesetzt zur „Selbstverwirklichung", sondern gewissermaßen auch dazu verdammt. Neue gesellschaftliche Konventionen und Institutionen, aber auch die Notwendigkeit, eine Entscheidung eigenverantwortlich treffen zu müssen, machen aus der „Wahlmöglichkeit" oft genug einen „Wahlzwang". Sowohl eine „Freisetzungsdimension" als auch eine „Entzauberungs-" und „Kontrolldimension" charakterisieren den „Prozeß der Individualisierung". Die eigene Biographie wird zur risikoreichen „Wahl- und Bastelbiographie". Um das eigene Überleben sicherzustellen, entwickelt der einzelne ein „ichzentriertes Weltbild" mit einer Ethik, die hauptsächlich durch „Pflichten gegenüber sich selbst" geprägt ist.

In dieser neuen Ethik zeigt sich ein umfassender, gesellschaftlicher „Wertewandel". Auch dieser hängt mit der Entwicklung zur Wohlstandsgesellschaft zusammen. Die alten Pflicht- und Akzeptanzwerte, wie etwa Disziplin, Fleiß, Gehorsam etc., die für alle gesellschaftlichen Bereiche geltend eine übergreifende ethische Ordnung garantierten, werden zunehmend von Selbstentfaltungswerten, wie Kreativität, Autonomie etc., abgelöst. Diese neuen Werte haben viel stärker individuellen Charakter. Zugleich wird dadurch die „nomozentrische Welt- und Selbstsicht", die gerade auch das gesellschaftliche Miteinander geprägt hat, durch eine autozentrische ersetzt. Das freie Individuum mit seinem Drang nach „Selbstverwirklichung" steht nun deutlich im Mittelpunkt und nicht mehr so sehr das gesellschaftliche Wohlergehen. Folge dieser Entwicklung ist, daß beispielsweise große soziale Institutionen wie Kirchen, Gewerkschaften, Vereine, deren Strukturen durch Pflicht- und Akzeptanzwerte gestützt werden, an gesellschaftlicher Bedeutung verlieren. Auch hat der „Wertewandel" Auswirkungen auf soziale Selbstverständlichkeiten, auf Arbeitsdisziplin und Leistungsbereitschaft, da Disziplinen wie Fleiß oder Pünktlichkeit den Pflicht- und Akzeptanzwerten zuzurechnen sind. Ein hoffnungsvoller Lösungsvorschlag dieser Probleme ist die von Klages vorgeschlagene „Wertesynthese", d.h. eine Verstärkung der Werte nach allen Seiten, um so die Vorteile und positiven Aspekte beider „Wertesphären" zu nutzen. Hier kommen den „Verantwortungsrollen", in denen vom einzelnen sowohl Pflicht- als auch Selbstentfaltungswerte als Qualifikationen gefordert werden, besondere Bedeutung zu.

Die starke Betonung der Selbstentfaltungswerte charakterisiert die heutige Gesellschaft als „Gesellschaft der Individuen". Dabei sollte nach Elias immer bedacht werden, daß beide Begriffe – „Gesellschaft" und „Individuum" – inhaltlich zusammengehören, ja aufeinander in einer „Wir-Ich-Balance" bezogen sind. Diese Balance zeigt gegenwärtig eine eindeutige Neigung zugunsten der „Ich-Identität". Auch hier wird wiederum deutlich, wie der gesellschaftliche Entwicklungsstand, eben ob eine Gesellschaft unter materieller Not leidet oder im Wohlstand lebt, diesen Balancezustand maßgeblich bestimmt. Die ausgeprägte Betonung menschlicher Individualität wird gerade in den demokratischen Staaten der westlichen Hemisphäre durch die Einforderung allgemeingültiger Menschenrechte gestärkt. Die Durchsetzung der Menschenrechte in diesem Jahrhundert stützte die Stellung des Individuums gegenüber Übergriffen von seiten sozialer Institutionen. Allerdings darf in diesem Zusammenhang, und das kristallisiert sich als Gebot der Stunde heraus, nicht die Verantwortung des einzelnen gegenüber dem sozialen Gefüge zu kurz kommen. Um eine ausgeglichene Balance zwischen „Ich-Identität" und „Wir-Identität" herstellen zu können, sollte wieder entschiedener ins gesellschaftliche Bewußtsein gebracht werden, daß mit den Menschenrechten einer Synthese gleich auch die Menschenpflichten verbunden sind. Diese Synthese kann dann zugleich als Ausgleich und Zusammenführung dienen von „Ich-" und „Wir-Identität", von „innen-" und „außenorientierter Selbst- und Weltsicht", von „Pflicht-" und „Selbstentfaltungswerten".

Quintessenz: Reformen wagen!

„Was ist los mit unserer Zeit?" war die eingangs gestellte Frage. Das westliche Wirtschaftssystem und die katholische Kirche befinden sich an der Schwelle zum dritten Jahrtausend in einem komplexen, alle Lebensbereiche umfassenden, gesellschaftlichen Umbruch. Der Wandel zur Postmoderne vollzieht sich global. Durch neue Formen der Kommunikation und Information rückt die Welt enger zusammen. Eine Vielfalt von Angeboten in allen Bereichen fördert die Konkurrenz und fordert von etablierten Institutionen Gewohntes und Tradiertes zu hinterfragen. Das einheitliche Wertesystem, das auf Pflicht- und Akzeptanzwerten beruhte, ist verloren gegangen.

Wie alle gesellschaftlichen Institutionen müssen Wirtschaft und Kirche diese Veränderungen aufmerksam registrieren und rezipieren, um nicht durch eine wachsende Ungleichzeitigkeit den Anschluß an die gesellschaftliche Entwicklung zu verlieren. Obwohl sie in ihrem Ziel und Zweck grundverschieden sind, werden daher beide Organisationen mit ähnlichen Herausforderungen konfrontiert. Während die Wirtschaft in den Mitarbeitern eine „wertvolle Ressource" entdeckt, die es im Blick auf den wirtschaftlichen Erfolg durch „Mitarbeiterorientierung" besser zu nutzen gilt, erkennt die Kirche, daß sie auf dem Markt der religiösen Anbieter nicht mehr konkurrenzlos ist und zahlreiche Mitglieder ihr enttäuscht bzw. gleichgültig den Rücken zukehren. Beide Großorganisationen werden sich unter verschiedenen Zielsetzungen daher stärker am Menschen als „Zeitgenossen" orientieren müssen, um ihn für die je eigenen Ziele zu gewinnen.

Hinzu kommt, daß Wirtschaftsunternehmen und die katholische Kirche vergleichbar organisiert sind. Zentralistische und hierarchische Strukturen, die die menschliche Individualität und das Streben nach „Selbstverwirklichung" nur bedingt ernst nehmen, prägten bzw. prägen die Strukturen. Als Vorbild dienten dabei zentralistisch organisierte Institutionen wie das Militär oder das moderne Staatswesen des neunzehnten Jahrhunderts. Mit dem „Wertewandel", der sich in der Betonung von Selbstentfaltungswerten zeigt und in einer „innenorientierten Welt- und Selbstsicht" seinen Ausdruck findet, werden diese zentralistisch/hierarchischen Strukturen, die auf Pflicht- und Akzeptanzwerten basieren, in Frage gestellt. Unbedingtes Beharren auf den alten Strukturen oder gar ein fundamentalistischer Rückzug führen beide Organisationen ins Abseits. Sie werden dadurch der gesellschaftlichen Entwicklung und dem veränderten Selbstbewußtsein ihrer Mitglieder nicht mehr gerecht. Im kompromißlosen Verharren auf den überkommenen Strukturen würde ein Wirtschaftsunternehmen seine menschlichen Potentiale (Humanressourcen) brach liegen lassen. Die Kirche dagegen würde das menschliche Bedürfnis nach individueller Selbstentfaltung in der religiösen Sinnsuche verkennen.

Neustrukturierung und Umorganisation, wie sie z.T. schon in Wirtschaftsunternehmen bzw. in Teilkirchen wie Ordensgemeinschaften vollzogen werden, sind notwendige Antwort auf diese Entwicklungen. Dabei müssen beide Institutionen den Selbstentfaltungswerten mehr Beachtung schenken. Sie gilt es, positiv für sich und die Verfolgung der je eigenen Ziele zu nutzen. Zugleich wird dem menschlichen Streben nach Individualisierung und dem Drang nach Selbstentfaltung im eigenen Bereich mehr Raum geschenkt.

Dies meint weder einen gänzlichen Verzicht auf Führung noch die Aufgabe aller zentralistisch/hierarchischen Strukturen. Die Wirtschaft braucht ebenso wie die Kirche zentrale Organisationsstrukturen, um die verschiedenen Aktivitäten zu koordinieren und Einheit zu ermöglichen. Allerdings müssen die alten Akzeptanz- und Pflichtwerte neu gedeutet und im Blick auf die soziale Gestalt von Wirtschaft und Kirche positiv interpretiert werden. Schließlich stellen Führung und feste Strukturen Sicherheiten dar, die es im Blick auf die Bedrohungen der „Risikogesellschaft" positiv zu bewerten gilt.

„Delegation von Verantwortung" und praktizierte „Subsidiarität" werden daher zu hoffnungsvollen Strukturelementen, die den Ausgleich und die Synthese zwischen den Wertesphären unterstützen. Sie ermöglichen für Wirtschaft und Kirche eine strukturelle Umorganisation, die sowohl föderale als auch zentralistisch/hierarchische Elemente aufweist. Zugleich ergänzen neue Formen der Partizipation, der Mitsprache und Mitbestimmung diesen Prozeß. Letztlich werden dadurch die demokratischen Erfahrungen und Gewohnheiten von Staat und Gesellschaft auf positive Weise rezipiert.

Durch die allseitige Entwicklung zur Spezialistengesellschaft, die sich in der zunehmenden Differenzierung und Pluralisierung zeigt, gewinnt der einzelne Mensch immer mehr an Bedeutung. Seine Talente, sein Wissen und seine Fähigkeiten gilt es, fruchtbar zu machen und zu nutzen. Slogans wie „Erfolg durch ownership" oder „Wir sind Kirche" drücken aus, daß der Erfolg eines Unternehmens und die Zukunft der Kirche maßgeblich davon abhängen werden, inwieweit beide Organisationen es erreichen, die

Identifikation ihrer Mitglieder zu steigern. „Delegation von Verantwortung, praktizierte Subsidiarität und verstärkte Partizipation" werden zu Schlüsselbegriffen. Selbstentfaltungswerte wie Kreativität, Eigenverantwortung, Spontaneität, Persönlichkeitsentwicklung etc. bekommen neue Wichtigkeit.

Neben diesen Entwicklungen, die dem Menschen als Individuum gerecht zu werden versuchen, zeigen sich auch Tendenzen, die seine sozialen Anlagen neu entdecken. Forderungen nach mehr Kooperation bzw. Teamarbeit sind dafür Indizien. Das Bemühen um das „Wir-Gefühl" und mehr „Communio" veranschaulicht, daß innerhalb der Wirtschaft und in der katholischen Kirche im zwischenmenschlichen Bereich neue Schwerpunkte gesetzt werden.

So wird z.B. im Rahmen der Liturgiereform des II. Vatikanum deutlich, daß es eine Akzentverschiebung von der Privatfrömmigkeit zu stärkerem Erleben von Gemeinschaft gab. Auch die Wiederentdeckung und Neubelebung des synodalen Prinzips und die „Communio-Ekklesiologie" sind dafür Anzeichen.

In Wirtschaftsunternehmen ist die Entwicklung weg von der strengen Arbeitsteilung des Taylorismus hin zu mehr Gruppen- und Teamarbeit ein Indiz für die Neubewertung der Sozialität. Schließlich gilt es, das hochdifferenzierte Spezialistenwissen gewinnbringend zusammenzuführen. Der Mensch als soziales Wesen tritt in den Mittelpunkt des Interesses.

Um die unterschiedlichen Individuen in einer Gruppe zusammenzuführen und die verschiedenen „Energien" zu Synergien zu bündeln, werden „Kommunikation und Dialog" für Kirche und Wirtschaft zu unverzichtbaren Elementen des konstruktiven Miteinanders. Auch in diesem Zusammenhang geht es um eine Synthese, die auf der einen Seite die positiven Aspekte der Individualisierung zu nutzen weiß und auf der anderen Seite den einzelnen im Blick auf die ihn tragende Gruppe in die Pflicht nimmt. Dieser verstärkte Trend zur Gruppenerfahrung gibt außerdem eine hilfreiche Antwort auf die Bedrohungen der „Risikogesellschaft". In seiner Suche nach Sicherheiten findet der einzelne neuen Halt. Loyalität und Kontinuität sowohl von seiten des Individuums als auch von seiten der Gruppe sind dabei entscheidende Faktoren.

„Subsidiarität und Delegation von Verantwortung, Partizipation und Kommunikation, Loyalität und Pluralität" sind Bausteine, die in Wirtschaft und Kirche die Synthese zwischen den unterschiedlichen Wertesphären ermöglichen. Sie dienen der Zusammenführung von „Ich-Identität" und „Wir-Identität", von Rechten und Pflichten, von „innen- und außenorientierter Selbst- und Weltsicht", von Pflicht- und Selbstentfaltungswerten. Durch sie wird der Mensch sowohl als Individuum als auch als soziales Wesen ernst genommen und gefordert.

2 Der Mensch im Spannungsfeld von personaler Würde und Sozialität

In seinem Bestseller „Im Anfang war der Wasserstoff" weist von Ditfurth auf zwei Haupttendenzen der Evolution hin, von denen er sagt: „Die eine war der Zusammenschluß der Elemente (...), die dadurch die Elemente der (...) nächsthöheren Stufe entstehen ließen. Die zweite bestand in der Tendenz (...) zur zunehmenden Abgrenzung (...) von der (...) vorgegebenen Umwelt."[373]

Die beiden evolutionären Tendenzen „Zusammenschluß" und „Abgrenzung" kennzeichnen auch die gesellschaftliche Evolution des ausgehenden zwanzigsten Jahrhunderts. Auf der einen Seite gibt es die Tendenz zur „Abgrenzung", wie sie ihren Ausdruck in der Hochschätzung der „Individualität" findet, auf der anderen Seite zeigt sich die Tendenz zum „Zusammenschluß", wie sie erkennbar wird in der zunehmenden Suche nach neuen Formen der „Sozialität".

Im Blick auf das erste Kapitel will das nun Folgende Impulse geben, die im gegenwärtigen gesellschaftlichen Umbruch helfen können, die Spannungspole „Individualität und Sozialität" zu einer Synthese zusammenzuführen. Zugleich soll es den Blick schärfen für den Menschen des zwanzigsten Jahrhunderts, wie er sich sieht, was ihn bestimmt und ausmacht, was ihn bewegt, sein Leben mit anderen Menschen zu gestalten.

Ausgehend von der Hochschätzung der „Individualität", wie sie im Postulat der allen zukommenden Menschenwürde ihren Ausdruck findet und theologisch durch die „Gottebenbildlichkeit" begründet wird, soll aufgezeigt werden, daß „Individualität" einen wesentlichen Aspekt der „Personalität" darstellt, der durch andere, gleichbedeutende Wesensmerkmale ergänzt wird. Erst durch eine umfassende Entfaltung der Personalität, die sich nicht auf den Prozeß der Individuierung beschränken darf, kann sich die einzelne „Person" zu einer reifen „Persönlichkeit" entwickeln. Mit Hilfe von Erkenntnissen aus dem Bereich der „empirischen Anthropologie" soll anschließend veranschaulicht werden, welche unterschiedlichen Kräfte diese personale Entwicklung mitbestimmen können, so daß es bei der personalen Entfaltung zu ganz verschiedenen Ausprägungen kommen kann. Zugleich kann dadurch die statische Perspektive einer philosophisch-theologischen „Menschenbild-Anthropologie" erweitert werden hin auf den konkreten Menschen, der als Zeitgenosse die postmoderne Gesellschaft bestimmt.

Im Anschluß daran soll beschrieben werden, welche Grundformen die menschliche „Sozialisation" charakterisieren, wie diese den einzelnen, aber vor allem auch soziale Institutionen prägen, worin letztlich die „naturalen Antriebskräfte" dafür liegen, daß sich Menschen in sozialen Gebilden zusammenschließen. Auf dieser Grundlage werden abschließend die drei Grundprinzipien der katholischen Sozialethik – „Personalität, Solidarität, Subsidiarität" – näher erläutert, um so Regulative zu benennen, die im Spannungsfeld zwischen einzelner Person und sozialer Institution helfen, den Ansprüchen sowohl des einzelnen als auch der sozialen Institution gerecht zu werden.

2.1 Charakteristika der Personalität

Die gesellschaftlichen Veränderungen hängen zutiefst mit dem personalen Selbstverständnis des Menschen zusammen, das sich auf dem Boden der jüdisch-christlichen Tradition als „abendländisches Menschenbild" herausbilden konnte und im Postulat der unantastbaren Menschenwürde seinen säkularen Ausdruck findet.

2.1.1 Einzigartige Würde

Wie andere staatliche Verfassungen beginnt auch das Grundgesetz der Bundesrepublik Deutschland mit einem klaren Bekenntnis zur unantastbaren, einzigartigen Würde eines jeden Menschen. „Die Würde des Menschen ist unantastbar. Sie zu achten und zu schützen ist Verpflichtung aller staatlichen Gewalt. Das Deutsche Volk bekennt sich darum zu unverletzlichen und unveräußerlichen Menschenrechten als Grundlage jeder menschlichen Gemeinschaft, des Friedens und der Gerechtigkeit in der Welt."[374]
Diese Manifestation der Menschenwürde und die sich daraus ableitenden Grundrechte wurden von den Gründungsvätern und -müttern der Bundesrepublik Deutschland nach den leidvollen Erfahrungen der jüngeren deutschen Geschichte bewußt an den Anfang des Grundgesetzes gestellt, gleichsam als Fundament der Verfassung. Sie weisen auf ein Menschenbild hin, das sich im europäisch-westlichen Kulturkreis über Jahrhunderte hinweg entwickelt hat. Durch die Hochschätzung eines jeden menschlichen Lebens geprägt, werden dem Individuum besondere Rechte zugesprochen, die es in seiner einzigartigen Würde schützen sollen. Auf dieser Grundlage konnte es zur gegenwärtigen Aufwertung menschlicher Individualität kommen. Ein kurzer historischer Überblick, der fragmentarisch die entscheidenden Momente der Entstehungsgeschichte der „Idee Menschenwürde" benennt, soll dies verdeutlichen.[375]

2.1.1.1 Historischer Überblick

Das Postulat nach Menschenwürde hat seine Wurzeln vor allem im Gedankengut der klassischen Philosophie, der christlichen Ethik und des europäischen Humanismus/ Aufklärung.[376]
Die antike Philosophie, besonders die Stoa, gründet ihre Überzeugung von der gleichen Würde darauf, daß alle Menschen an einem göttlichen „Logos" Anteil haben und so allen die Möglichkeit offensteht, tugendhaft zu leben. Sowohl Seneca (+40) als auch Epiktet (+138) und Marc Aurel (+180) verwenden die Formulierung „alle Menschen sind Kinder Gottes und deshalb Brüder".[377] Seneca bezieht in diese Gleichheit ausdrücklich auch die Sklaven mit ein. Er schreibt: „Niemandem ist die sittliche Vollkommenheit verschlossen; allen ist sie zugänglich, alle läßt sie zu, alle lädt sie ein, frei Geborene, Freigelassene, Sklaven, Könige und Verbannte; nicht sucht sie aus Familie

noch Vermögen: mit dem nackten Menschen ist sie zufrieden (...). Es kann ein Sklave gerecht sein, kann tapfer, kann von großer Gesinnung sein (...)."[378]

Allerdings wird in der Antike die Menschenwürde auch als Klassifikation eines einzelnen verstanden, dem durch diese ein besonderer Rang in der Gesellschaft zukommt.[379] Ferner spricht schon Aristoteles (+322 v.Chr.) nur jenen Menschen ein Menschsein zu, die ihrer Natur gemäß als „ζῷον πολιτικόν" in der Gemeinschaft der „Polis" leben. Andere Menschen sind entweder Götter oder minderwertig und damit gleichzusetzen mit Tieren.[380]

Die antike Philosophie kennt also noch keinen einheitlichen Begriff der Menschenwürde. Das antike Denken erkennt zwar die Gleichheit aller Menschen, bleibt aber merkwürdigerweise daran gehindert, mit gleicher Klarheit die unverlierbare Würde jedes einzelnen Menschen zu erfassen.[381]

Die antike Vorstellung von der Gleichheit aller Menschen wird durch das Gedankengut des Christentums weitergeführt und positiv ergänzt. Ausgehend vom biblischen Schöpfungsglauben, daß der Mensch als „Abbild Gottes" erschaffen ist (vgl. Gen 1,27), spricht etwa Ambrosius (+397) jedem Menschen aufgrund seiner „Gottebenbildlichkeit" eine besondere Würde zu.[382] Diese Würde, die sich in der vernünftigen Natur des Menschen zeigt, begründet – im Unterschied zu allen anderen Geschöpfen – seine besondere Stellung im Kosmos. Allein von Gott legitimiert, gehört sie wesentlich zum Menschsein und kann somit keinem Menschen aberkannt werden.

Allerdings zeigt die Kirchengeschichte, daß der Gedanke von der allen Menschen gemeinsamen Würde keineswegs immer die politische und kirchliche Praxis bestimmt hat. Sklavenhandel, Leibeigenschaft, Hexen- und Ketzerverfolgung und vieles andere mehr zeugen auf traurige und bestürzende Weise von diesem Faktum.[383]

Trotzdem wurde der Gedanke der „Gottebenbildlichkeit" als Grund für die jedem zukommende Würde nie völlig verdrängt. Im Zeitalter der Renaissance knüpft Pico della Mirandola (+1494) an diesen Gedanken an, insofern er den Menschen als einen Gott entsprechenden „Mikrokosmos" versteht. In ihm ist eine unendliche Fülle von Möglichkeiten angelegt. Aus dieser Fülle kann er nun frei auswählen und aus eigener Kraft das höchste Glück erstreben.[384]

Der europäische Humanismus, der seine Aufmerksamkeit ganz auf den Menschen richtet, findet im Zusammenhang mit der spanischen Eroberung Amerikas neue Befürworter. Besonders die Theologen Francisco de Vitoria (+1546) und Bartolome de Las Casas (+1560) setzen sich für die Anerkennung der Menschenwürde der indianischen Ureinwohner ein. Sie erreichen, daß Papst Paul III. (+1549) durch die Bulle „Sublimis Deus" ausdrücklich feststellt, daß auch Indianer vernunftbegabte Menschen sind.[385]

Mit der Auflösung der mittelalterlichen Welt, vor allem angestoßen durch das Gedankengut der Reformation, bekommt die Idee der allen Menschen zukommenden gemeinsamen Würde neue Impulse aus der Theologie. Luther (+1546) fordert die Aufhebung der Unterscheidung zwischen geistlichem und weltlichem Stand. Schließlich haben alle Christen durch die eine Taufe gleichermaßen Anteil am allgemeinen Priestertum. Dadurch kommt es zu einer erneuten Aufwertung des Gleichheitsgedankens.[386]

In den Auseinandersetzungen der Konfessionskriege wird die Forderung nach Toleranz und Gewissensfreiheit laut und es bildet sich in verschiedenen Ländern als Menschenrecht die Glaubens- und Religionsfreiheit heraus. Der Mensch als autonomes Wesen, das als Individuum frei nach seinem Gewissen entscheidet, gewinnt an Anerkennung.

Die Aufklärung knüpft an diese Gedanken an. Dabei kommt das Postulat der Menschenwürde erneut ins Blickfeld, nun in einer vom Glauben an die „Gottebenbildlichkeit" säkularisierten Form.[387] Das Denken über Natur, Mensch und Gesellschaft löst sich in dieser Zeit aus dem Bereich der Theologie und Metaphysik. Die Menschenwürde wird durch die menschliche Vernunftbegabtheit begründet, also von rein innerweltlichen Kategorien her. Die Menschen sind gleich, weil sie gleichermaßen dem Naturgesetz unterstellt sind.[388]

So formuliert von Pufendorf (+1694), die Würde des Menschen bestehe in der Unsterblichkeit der Seele und in dem Umstand, daß er „mit dem Licht des Verstandes (...) begabt ist".[389] Ferner leitet von Pufendorf aus der Menschenwürde die natürliche Gleichheit aller Menschen ab und beeinflußt über John Wise (+1725) die amerikanische Erklärung der Menschenrechte von 1776.[390] Im ersten Artikel heißt es dort: „Alle Menschen sind von Natur aus gleichermaßen frei und unabhängig (...)."[391]

Das abendländische Menschenbild ist ferner maßgeblich durch die Studien Kants (+1804) geprägt. Für ihn gründen Würde und Unantastbarkeit des Menschen in dessen vernünftiger Natur, die ihn als „Homo noumenon" befähigt, sich selbst Normen und Gesetze zu geben. Durch den Anspruch eines „kategorischen Imperativs" versucht er die Respektierung der Menschenwürde ohne die Begründung durch die Gottebenbildlichkeit zu sichern. Prägnant fordert er: „Handle so, daß du die Menschheit, sowohl in deiner Person als in der Person eines jeden andern, jederzeit zugleich als Zweck, niemals bloß als Mittel gebrauchest."[392] Die Grundlage für zahlreiche Menschenrechtserklärungen, aber auch für die Infragestellung des absolutistischen Staatssystems war damit gelegt.

Dies zeigt sich besonders in den Forderungen der Französischen Revolution nach „Freiheit, Gleichheit und Brüderlichkeit".[393] So stellt der Anspruch auf „Freiheit" einen Protest gegen den absoluten Herrschaftsanspruch des Monarchen dar. Jeder Mensch ist von Natur aus frei und diese „Freiheit" gilt es, für alle sicherzustellen. Zugleich ist die Forderung nach „Gleichheit" eine Infragestellung der Standesprivilegien von Klerus und Adel. Von Natur aus sind alle Menschen gleich. Im Zuge der Industriellen Revolution zeigt sich ferner, daß die Sicherung von „Freiheit und Gleichheit" allein noch nicht ausreichen, um eine gerechte Gesellschaftsordnung herzustellen. Ergänzend kommt noch der Gedanke der „Brüderlichkeit" bzw. der „solidarischen Verbundenheit" hinzu. Die französische „Erklärung der Menschenrechte" von 1789 ist Frucht dieser Entwicklung.[394]

Später haben die Prinzipien „Freiheit, Gleichheit und Brüderlichkeit" als Ausdruck der unantastbaren Menschenwürde Eingang gefunden in die UN-Menschenrechtskonvention von 1948. Dort heißt es im ersten Artikel: „Alle Menschen sind frei und gleich an Würde und Rechten geboren. Sie sind mit Vernunft und Gewissen begabt und sollen einander im Geiste der Brüderlichkeit begegnen."[395]

Der kurze historische Überblick wollte deutlich machen, wie sehr der Mensch als Individuum im Lauf der europäischen Kulturgeschichte eine generelle Aufwertung erfahren hat. Diese gipfelt in der Anerkennung der unantastbaren Menschenwürde durch die internationale Staatengemeinschaft. Zugleich aber wurde auch deutlich, daß eine sinnvolle Begründung dieses Postulats immer wieder Schwierigkeiten bereitet hat.

2.1.1.2 Begründungsprobleme

Mit dem Postulat nach Menschenwürde ergeben sich Begründungsprobleme. So tauchen Fragen auf, wie: Worin liegt letztlich die unantastbare Würde jedes Menschen? Wie läßt sie sich begründen? Genügt es, diese allein aus der Vernunftbegabtheit des Menschen zu legitimieren, wie es die Denker der Aufklärung versucht haben?

Mit Punt läßt sich weiterführend fragen: „Reicht es aus (...), die natürliche Evidenz der unantastbaren Würde des Menschen zu postulieren, ohne diese Würde philosophisch-theologisch zu begründen? Zwar ist die Würde der menschlichen Person für die Vernunft und das Gewissen erkennbar, doch lehrt die Erfahrung, wie leicht sich die natürliche Begründung ideologisch pervertieren läßt."[396] Die schrecklichen Erfahrungen des NS-Regimes zeugen von dieser ideologischen Pervertierung. Vielmehr bedarf auch die menschliche Vernunft eines letzten tragenden Grundes, der der Willkür des Menschen entzogen ist und so dessen unantastbare Würde konstituiert.[397]

Einen tragenden Grund bietet das jüdisch-christliche Menschenbild. Als „Abbild Gottes" ist jeder Mensch „Person", von Gott mit einer unantastbaren Würde ausgestattet. Diese Überzeugung gilt mit gleichem Ernst für alle Menschen, unabhängig von ihrem sozialen Stand, ihrer kulturellen Bildung, ihrer geistigen Entwicklung, ihrem äußeren Aussehen oder ihrer weltanschaulichen und religiösen Überzeugung.[398] Splett gibt daher mit Recht zu bedenken: „Tatsächlich ist der Begriff der Person erst durch die biblische Tradition in die Geschichte des menschlichen Denkens gekommen, und es läßt sich zeigen, daß er prinzipiell mit dem Begriff der Schöpfung verknüpft ist. Wie nämlich soll angesichts des umgreifenden Naturalen oder des Quasi-natural-Gesellschaftlichen der einzelne in seiner unbestreitbaren Bedingtheit und Beschränktheit unbedingt anerkannt und respektiert werden können? Wie soll er als Produkt seiner Eltern, der Gesellschaft, der Natur gegenüber diesen seinen Produzenten unbedingte Achtung fordern können?"[399]

Menschenrechte und Menschenwürde sind daher nicht denkbar ohne das Werk christlicher Erziehung durch die Jahrhunderte hindurch. Sie konnten sich nur entfalten in einer Welt, die geprägt war vom Bewußtsein des unendlichen Werts der Einzelseele.[400] Gerade in der jüdisch-christlichen Tradition liegen daher die Wurzeln für die hohe Wertschätzung des Individuums in der Neuzeit. Pannenberg erläutert diese Feststellung: „Die Höchstwertung des menschlichen Individuums hängt in der Tat mit der Gottebenbildlichkeit des Menschen zusammen (siehe Gen 9,6). Sie ist außerdem zentral bedeutsam in der Verkündigung Jesu, wie das seine Gleichnisse vom verlorenen Schaf, vom verlorenen Groschen und vom verlorenen Sohn besonders eindrucksvoll zeigen (Lk 15).“[401] Sie kann daher als eine „Zentralidee“ der jüdisch-christlichen Tradition betrachtet werden.[402]

Dabei spielt der Gedanke der „Personalität“ eine besondere Rolle, der seiner Bedeutung nach zunächst auf die Individualität und Unverwechselbarkeit des Menschen abzielt. Dies ist ein Gedanke, der gerade für die jüdisch-christliche Tradition prägend, bei anderen Weltanschauungen, Großreligionen und Kulturen aber nicht vorhanden ist.[403]

Im Blick auf die gegenwärtige Hochschätzung der „Individualität“ erscheint es daher als sinnvoll, die jüdisch-christlichen Wurzeln und Bezüge dieses Menschenbildes genauer heraus zu arbeiten. Dabei soll gezeigt werden, daß Individualität ein unantastbares Wesensmerkmal neben anderen darstellt, die den Menschen in seiner Würde und Personalität als facettenreiche Wirklichkeit kennzeichnen.

2.1.2 Gottebenbildlichkeit

Der „Gottebenbildlichkeitsgedanke“ hat seine Grundlage im ersten Schöpfungsbericht der Priesterschrift. Dort heißt es von der Erschaffung des Menschen:

„Dann sprach Gott: Laßt uns Menschen machen als unser Abbild, uns ähnlich. Sie sollen herrschen über die Fische des Meeres, über die Vögel des Himmels, über das Vieh, über die ganze Erde und über alle Kriechtiere auf dem Land. Gott schuf also den Menschen als sein Abbild; als Abbild Gottes schuf er ihn. Als Mann und Frau schuf er sie. Gott segnete sie, und Gott sprach zu ihnen: Seid fruchtbar, und vermehrt euch, bevölkert die Erde, unterwerft sie euch, und herrscht über die Fische des Meeres, über die Vögel des Himmels und über alle Tiere, die sich auf dem Land regen“ (Gen 1,26-28).[404]

2.1.2.1 Gottes Gegenüber

Der Entschluß Gottes „Laßt uns (...)“[405] und die Erschaffung des Menschen nach seinem Bilde weisen darauf hin, daß der Schöpfer etwas erschaffen will, was mit ihm selber zu tun hat. Es geht also um ein Geschöpf, das in eine besondere Beziehung zu Gott treten soll. Ein Blick in das religionsgeschichtliche Umfeld Israels kann bei der Verdeutlichung dieser These hilfreich sein.

Nach babylonischem Schöpfungsglauben wurden die Menschen als Diener der Götter erschaffen, dazu bestimmt, diesen gleichsam als Sklaven die unliebsame körperliche Arbeit abzunehmen.[406]

Im Gegensatz dazu soll nach biblischem Verständnis der Mensch ein Wesen sein, das seinem Schöpfer nicht als Sklave dienen soll, sondern ihm entspricht.

Der Mensch gleichsam als „Gottes Gegenüber“ ist dialogfähig geschaffen. Er ist befähigt und berufen, zu seinem Schöpfer eine Beziehung aufzubauen. Seine „Gottebenbildlichkeit“ besteht also nicht in einer besonderen Qualität, wie etwa angenommen wurde im „aufrechten Gang“,[407] sondern darin, daß er in seiner Nicht- Göttlichkeit und seiner Andersartigkeit ein wirklicher Partner ist, Gott gegenüber verhandlungs- und bündnisfähig.[408] Daher kann Gott zu diesem seinem Geschöpf „Du" sagen und dieses ist fähig, sich als „Ich" vor ihm zu verantworten.[409] Barth erläutert: „Indem dies und nichts sonst ihn zum Menschen macht, unterscheidet er sich vom Tier und jedem anderen Geschöpf, existiert er in der freien Unterscheidung und Beziehung, in der ihn Gott als seinen Partner gewählt, gewollt und geschaffen hat."[410] Damit erweist sich die jüdisch-christliche Sicht des Menschen in der „Ebenbildlichkeit Gottes" als theologisches Analogon zum säkularen Begriff der Menschenwürde.[411]

Diese Legitimation der Menschenwürde allein von Gott her verschafft dem Menschen einen unangreifbaren, eigenen Selbstand. Er hat es nicht nötig, sich von anderen Menschen her zu definieren, sondern gehört sich selbst, ist Zweck an sich selbst. Schockenhoff stellt fest: „Weil wir Menschen unser Leben nicht voneinander und in letzter Analyse auch nicht aus der zwischen uns waltenden Beziehung, sondern von dem transzendenten Gott her empfangen, der hinter uns allen steht, ist jeder andere mir gegenüber ein sich selbst gegebenes Wesen, dessen Würde ich unbedingt zu achten habe. Dieser Zusammenhang von Bild-Gottes-Sein und Unverfügbarkeit der menschlichen Existenz, den der Substanzgedanke im Kontext eines theologischen Personbegriffs zum Ausdruck bringt, ist bereits in der Bibel vorgezeichnet (vgl. Gen 9,6)."[412] „Substantialität" wird zum unantastbaren Wesensmerkmal.

„Gottes-Gegenüber-Sein" bedeutet aber auch, daß jeder Mensch in seiner Einzigartigkeit von Gott gewollt und gerufen ist. Als Individuum, mit seinen konkreten Stärken und Schwächen, soll er frei von allen Selbstlegitimationszwängen sein Leben auf einzigartige Weise gestalten. Nicht als namenloser Teil einer gewaltigen Masse, sondern in seiner „Individualität" darf er sich verwirklichen und seiner Würde gerecht werden. Heinzmann verdeutlicht: „Er ist als Einzelner gewollt und trägt seinen Sinn in sich selbst; es macht seine Würde aus, daß er von Gott her Ziel und nicht Mittel ist und deshalb um seiner selbst willen existiert. In dieser Schöpfungsintention Gottes gründet die Möglichkeit bleibender Vereinzelung und personaler Vollendung des Menschen."[413] „Individualität" gilt daher ebenso wie „Substantialität" als unantastbares Wesensmerkmal.

Insofern aber jeder Mensch als „Abbild Gottes" geschaffen ist, spiegelt sich die Begegnung mit Gott in jeder menschlichen Beziehung.[414] Interpersonalität ist konstitutiv für Personalität.[415] Als Mann und Frau wird für ihn Gemeinschaft zum Ort der Gottesbegegnung. „Relationalität" kennzeichnet somit sein Wesen als „Gegenüber Gottes" und zeigt sich in jeder konkreten menschlichen Beziehung.[416] Zusammen mit anderen soll er sein Leben gestalten, muß er seine Ziele verfolgen und verwirklichen. Darin unterscheidet er sich wesentlich von allen anderen Lebewesen. Mit Daferth/Jüngel kann daher festgestellt werden: „Die Sozialität des Menschen ist nicht eine bloße Pluralität, sondern konstituiert einen Bereich realer Beziehungen, die sich qualitativ von allen anderen geschöpflichen Beziehungen abheben und die erst die Möglichkeitsbedingungen dafür darstellen, daß innerhalb des Gesamtbereichs göttlicher Schöpfung in Raum und Zeit (Natur) der besondere Bereich menschlichen Schaffens und Herrschens (Kultur) möglich wird."[417] Gegenseitiger Respekt und Achtung der allen in gleicher

Weise zukommenden Würde werden dabei zum obersten Richtmaß menschlichen Miteinanders. Damit ist neben „Substantialität" und „Individualität" noch ein drittes Wesensmerkmal gefunden, die „Relationalität".

2.1.2.2 Gottes Repräsentant

Zum Verständnis dieser Interpretation kann wiederum ein Blick in das religiöse Umfeld Israels hilfreich sein. Der Gedanke der Gottebenbildlichkeit ist im gesamten Alten Orient bekannt. Allerdings wird er in Ägypten und Mesopotamien nicht wie in Gen 1,26-28 auf alle Menschen übertragen, sondern er findet nur in der Königsprädikation Gebrauch. Allein der König gilt als Ebenbild der Götter. Darin manifestieren sich seine Macht und sein Herrscherauftrag, als „Repräsentant Gottes" die Geschicke seines Volkes und Landes zu leiten.[418]

Während also in Ägypten und Mesopotamien der Gedanke der „Gottebenbildlichkeit" einen einzelnen Menschen als Stellvertreter Gottes innerhalb einer Gemeinschaft heraushebt, wird in Gen 1,26-28 dieser Repräsentationsgedanke auf jeden Menschen übertragen. Ockinga erklärt: „Die Funktion des ägyptischen Königs, den Gottkönig auf Erden zu repräsentieren, ist im AT durch Elohim auf alle Menschen übertragen worden; sowohl der ägyptische König wie der alttestamentliche Mensch sind mit göttlichen Fähigkeiten ausgestattet und somit befähigt, die ihnen aufgetragenen Funktionen auszuüben. In Ägypten besteht diese Funktion in der Herrschaft über die Menschen. Da im AT der Mensch als genus Repräsentant Gottes ist, bezieht sich seine Herrschaft auf die Schöpfung."[419]

Also nicht der König, nicht der hochgestellte Ausnahmemensch, der Inhaber höchster Macht und Herrlichkeit ist das „Bild Gottes", sondern jeder Mensch, auch der ärmste und schwächste. Dies stellt eine unerhörte Antithese dar![420] Jeder Mensch weist als Abbild auf seinen Schöpfer zurück, ist dessen Stellvertreter und Repräsentant, denn es ist Wesen des Bildes, das Abgebildete in Erscheinung treten zu lassen. Daher erscheint Gott quasi dort, wo der Mensch erscheint.[421]

Als „Stellvertreter und Repräsentant Gottes" nimmt der Mensch in der Schöpfung eine besondere Stellung ein. Durch den Auftrag des Schöpfers, sich die Erde untertan zu machen, ist er dazu gerufen – wie der Schöpfer – selbst kreativ zu sein.[422] Kraft seiner natürlichen Vernunft soll er mitwirken am Schöpfungswerk und die ihn umgebende Welt verantwortungsvoll so gestalten, daß sie ihm entspricht. Erfindergeist und Entdeckerlust, Drang nach Selbstverwirklichung und Kultur nehmen hier ihren Ursprung. Als „Repräsentant Gottes" soll er seine Vernünftigkeit in der verantwortungsvollen Mitgestaltung der Schöpfung nutzen. „Rationalität" gilt somit auch als unantastbares Wesensmerkmal.

Seine „Rationalität" drängt und verpflichtet den Menschen auch heute, seine Lebensverhältnisse weiterzuentwickeln. Industrielle Entwicklung und technischer Fortschritt, verstanden als verantwortungsvolles Zunutzemachen der Schöpfung, beziehen ihre

Legitimation von der Bestimmung des Menschen als „Repräsentant Gottes", aber auch durch den Auftrag des Schöpfers, sich die Erde untertan zu machen.[423]

In diesem Zusammenhang wird dem Christentum der Vorwurf gemacht, daß es mit der Durchsetzung des sogenannten „Herrscherauftrages" die gnadenlose Ausbeutung der Natur legitimiert und gefördert und somit die heutige Umweltproblematik mit zu verantworten hat.[424] Grund dafür ist, daß „Herrschen" und „Untertanmachen" nur einseitig als „Ausbeuten" und „Niederzwingen" verstanden wurden und dabei ihre umfassendere Bedeutung verloren haben. Die Hinzunahme des anderen biblischen Schöpfungsberichts (Gen 2,2) kann hilfreich sein, um „Herrschen" als verantwortungsvollen Auftrag Gottes zu verstehen, ist doch hier vom „Hegen und Pflegen" der Erde die Rede. Korff stellt dazu prägnant fest: „Der Herrschaftsauftrag ist zugleich Gärtnerauftrag."[425] Im verantwortlichen Umgang geht es letztlich darum, daß der Mensch die Erde zu seinem Haus, zu seiner Heimat macht. Als „Abbild Gottes" muß der Mensch somit seiner Verantwortung für die Schöpfung gerecht werden. Dies allerdings schließt die pure Ausbeutung aus.[426]

Daher ist es sinnvoll, wenn nicht mehr vom „Herrscherauftrag" sondern vom „Gestaltungsauftrag" gesprochen wird; meint doch „Herrschen" und „Untertanmachen" nicht willkürliches Ausbeuten, sondern vielmehr verantwortungsvolles „Zunutzemachen und Gestalten" dessen, was Gott den Menschen als „Gut" anvertraut hat. Weder ein anthropozentrischer Hochmut, noch imperialistisches Verhalten ist somit aus dem „Herrscherauftrag" bzw. „Gestaltungsauftrag" ableitbar.[427]

Durch die bedrohenden Erfahrungen der rücksichtslosen Umweltzerstörung und -ausbeutung gemahnt, ist es wichtig, in diesem Zusammenhang auf die Grenzen des Menschen hinzuweisen. So macht sich der Mensch vor seinem Schöpfer schuldig, wenn er die ihm zugewiesene Verantwortung so ergreift, als ob die Welt allein von seinem Können, Wollen und Vermögen abhinge. Hierin liegt die Ursünde des Menschen, daß er sich nicht damit zufrieden gibt, „nur" Abbild Gottes zu sein, sondern daß er sein will wie Gott.[428] Dies kann zur totalen Entfremdung des Menschen von sich selbst führen.

Insofern die Welt allen Menschen anvertraut ist, und daher in Ort und Zeit überschreitender Solidarität gestaltet werden soll, macht sich der Mensch schuldig, wenn er die Gestaltung rücksichtslos nur zur Durchsetzung eigener Interessen nutzt.[429]

Im Blick auf die „Gutheit" der Schöpfung macht sich der Mensch schuldig, wenn sein Schaffen dem schöpferischen Wirken Gottes nicht entspricht, sondern sich in willkürlichem Zerstören und Ausbeuten niederschlägt. Vielmehr soll ja die Herrschaft des Menschen über die Natur die Herrschaft des Schöpfers selbst über seine Schöpfung sichtbar machen. Das allerdings bedeutet keinen Freibrief für selbstsüchtige Ausplünderung und Ausnutzung der außermenschlichen Natur. Herrschaft über die Schöpfung in Stellvertretung des Schöpfers behält daher immer ihren Maßstab in Gottes Schöpferwillen.[430]

„Gottebenbildlichkeit", verstanden als „Repräsentation Gottes", ist somit Gabe und Aufgabe zugleich. Sie fordert eine Ort und Zeit überschreitende Solidarität aller Menschen ebenso, wie verantwortungsvolles Zunutzemachen der naturalen Umwelt. Daher kann die Verantwortung des Menschen vor Gott nur als gleichzeitige Verantwortung für die Welt wahrgenommen werden.[431] Als Krone und zugleich als Teil der Schöpfung soll der Mensch im Blick auf seine Sozialität, aber auch im Blick auf die „Gutheit" der Schöpfung in verantwortungsvollem Umgang in und mit der Natur die ihm entsprechende Kultur schaffen.[432]

2.1.2.3 Gottes Geschöpf

Die Umweltproblematik und die damit gegebenen Risiken und globalen Bedrohungen der Menschheit erinnern daran, daß der Mensch nicht absolut und vollkommen ist, d.h. daß er nicht Gott ist, sondern als „Geschöpf" eingebunden in die gesamte Schöpfung bleibt. Die Verkennung dieser Geschöpflichkeit, letztlich das „Sein wollen wie Gott", zeigen sich darin, daß der Mensch sich als Individuum oder als Gattung absolut setzt und so versucht, sein Menschsein gegen den Schöpfer und auf Kosten anderer Geschöpfe zu verwirklichen.[433] „Die zeitgenössischen Konsequenzen dieses Sachverhalts im Verhältnis der Menschen untereinander, im Verhältnis der Menschen zur Natur, im Verhältnis der Menschen zu sich selbst und im Verhältnis der Menschen zu Gott lassen sich nicht übersehen. Die psychische Misere, die ökologischen Aporien, die gesellschaftlichen Antagonismen, die religiöse Orientierungslosigkeit und die pseudoreligiöse Ideologisierung sprechen für sich."[434]
Vielmehr muß sich der Mensch immer wieder bewußt machen, daß er in die Natur eingebunden, endlich und unvollkommen ist.[435] D.h. auch „Kontingenz", Endlichkeit gehört zu seinen Wesensmerkmalen.[436]
Gottebenbildlichkeit und Geschöpflichkeit sind somit die beiden konstitutiven Momente, die den spezifischen Ort des Menschen vor Gott einerseits und vor der Kreatur andererseits bestimmen.[437] „Der Mensch ist damit nicht nur (wie alles andere Seiende) als Geschöpf von Gott unterschieden. Er ist vielmehr als dasjenige Geschöpf Gottes ausgezeichnet, um das sich Gott in ausgezeichneter Weise bemüht: Gott setzt sich so in Beziehung zum Menschen, daß dieser seiner Auszeichnung durch Gott entsprechen kann. Diesen Sachverhalt begreift die Theologie mit dem anthropologisch gebrauchten Begriff der zur Gottebenbildlichkeit bestimmten (...) Person."[438] Dieses personale Selbstbewußtsein ist prägend geworden für das Menschenbild des europäisch-westlichen Kulturkreises.[439] Schmidinger kann daher zu Recht feststellen: „Das Prinzip »der Mensch ist Person« darf als ein Markenzeichen jeder christlichen Weltanschauung gesehen werden."[440]
Zwei Momente der Entwicklungsgeschichte des Personbegriffs zeigen an, daß der Gedanke der „Personalität" dem Menschen sowohl als „Individuum" als auch als „soziales Wesen" gerecht wird und somit helfen kann, diese Spannung auszubalancieren.[441]
In der Definition des Boethius (+524) klingen mit Ausnahme der „Relationalität" alle genannten unantastbaren Wesensmerkmale an. „Persona est naturae rationalis individua substantia".[442] Da der Aspekt der „Relationalität" in dieser Definition fehlt, kam es zu einer einseitigen Überbewertung der „Individualität" als konstituierendes Element von

Personalität.[443] Greshake erkennt: „Für Boethius ist das Individuelle als solches der eigentlich personbildende Faktor."[444] Darin liegt die Schwäche, aber auch die Aktualität dieses Ansatzes.

U.a. ist es Luther zu verdanken, daß neben der „Individualität" die „Relationalität" menschlicher Personalität betont wird. Der Pol der Individualität bekommt im Gedanken der Verwiesenheit auf Beziehung als zusätzliche Wesensbestimmung des Menschen einen Gegenpol. Werbick erläutert Luthers Ansatz: „Person ist der Mensch nicht als der in sich und aus sich Seiende, in seinen Werken sich verwirklichende Herr seiner selbst, sondern als der von Gott gerechtfertigte und zu hilfreicher Liebe befreite Sünder. (...). Der gerechtfertigte Mensch lebt als Person coram Deo – Gott zugewandt, der ihn mit seiner heilsamen Zuwendung zur Person macht (...)."[445] Als „Abbild Gottes" und „Gottes Gegenüber" zeichnet gerade auch „Relationalität" die „Personalität" des Menschen aus.

Dem Person-Begriff und damit dem neuzeitlichen Menschenbild ist somit eine Spannung eigen, die den Menschen kennzeichnet sowohl als selbständiges, geistbegabtes Individuum als auch als Wesen, das auf Beziehung und Sozialität verwiesen ist.

Zusammenfassend kann festgestellt werden: „Gottebenbildlichkeit" besagt, daß dem Menschen von Gott her ein besonderer Selbstwert und eine unantastbare Würde innerhalb der Schöpfung zukommt, nicht als Gattung, sondern jedem konkreten Menschen als „Person". Dabei sind es „Substantialität, Individualität, Rationalität, Relationalität und Kontingenz", die die „Personalität" des Menschen unaufhebbar prägen. Das bedeutet aber auch, daß jede einseitige Betonung „personaler Individualität" ihre Relativierung durch die Anerkennung und Entfaltung der übrigen unantastbaren Wesensmerkmale erfährt.

Die Gesellschaftsdiagnose des ersten Kapitels verweist u.a. darauf, daß das Schlagwort „Selbstentfaltung" signifikant den gegenwärtigen gesellschaftlichen Umbruch charakterisiert. Oft wird diese allerdings einseitig mit dem Prozeß der Individuierung gleichgesetzt. Daher wird zu zeigen sein, daß „Selbstentfaltung" bzw. „Persönlichkeitsentwicklung", wenn sie umfassend sein will, die ganze Bandbreite personaler Wirklichkeit erfassen muß.[446] In diesem Zusammenhang taucht die Frage auf, welche Aspekte beim Prozeß der Persönlichkeitsentwicklung eine Rolle spielen und wie soziale Institutionen wie Kirche und Wirtschaft darauf positiv Einfluß nehmen können.

Während die bisherigen Ausführungen durch Erkenntnisse der christlichen „Menschenbild-Anthropologie" geprägt waren, sollen im folgenden Abschnitt diese durch Aspekte der „empirischen Anthropologie", besonders durch Erkenntnisse der Persönlichkeitspsychologie, angereichert werden.[447] Ziel dabei ist es, ein möglichst umfassendes Bild vom Menschen zu zeichnen, um so besser das gegenwärtige Selbstverständnis verstehen und deuten zu können.

2.1.3 Person und Persönlichkeit

Bei der inhaltlichen Bestimmung der Begriffe „Person" und „Persönlichkeit" ist es von Bedeutung, zwischen dem „Werden zur Person" und dem „Werden als Person" zu unterscheiden.[448]

„Personalität" als Synonym für „Gottebenbildlichkeit" und „Menschenwürde" ist keine Eigenschaft des Menschen, sondern, theologisch gesprochen, Wesen, Gnade, Geschenk und „Verdanktsein". Sie kommt jedem Menschen zu. Das „Werden zur Person" liegt also nicht in menschlicher Macht. „Personalität" ist die Grundlage für das, was jeder Mensch konkret aus sich macht, wie er sich selbst entfaltet und sein Leben gestaltet, wie er seine „Persönlichkeit" entwickelt. Die Würde der Person ist also nicht eine Folge der „Persönlichkeitsentwicklung", sondern liegt ihr voraus.[449] Daher kann ein Mensch sein „Personsein" verfehlen, nicht aber vernichten.[450] Auch darf weder von der fehlenden „Persönlichkeit" auf das Fehlen der „Personalität" geschlossen werden noch von unterschiedlichen „Persönlichkeitsentwicklungen" auf einen größeren oder geringeren Grad des „Personseins".

Das „Werden als Person", die „Persönlichkeitsentwicklung", ist als lebenslanger Prozeß von vielen Faktoren abhängig. Sie wird u.a. bestimmt von der eigenen Freiheit und Energie, mit der der einzelne an sich arbeitet, von den prägenden Erbanlagen und der empfangenen Erziehung, vom sozialen Umfeld, von der Hilfestellung anderer, die einem mit auf den Weg gegeben oder vorenthalten wurde.[451] Daher kann es ganz verschiedene „Persönlichkeitsentwicklungen" geben, die zutiefst mit den individuellen Biographien verwoben sind.

Im allgemeinen werden in der empirischen Anthropologie drei Faktorengruppen genannt, die auf die „Persönlichkeitsentwicklung" in verschiedener Intensität Einfluß nehmen: „Die Erbanlagen (Gene) wirken durch biochemische Reifungsprozesse. Die Umwelteinflüsse (Familie, Schule, Gesellschaft, Kultur) wirken durch Lernprozesse bzw. Rahmenbedingungen. Die Person selbst wirkt durch Prozesse der Selbststeuerung. Sie ignoriert bzw. konzentriert sich auf Aufgaben, Interessen oder Mitmenschen."[452]

Durch die unterschiedliche Akzentuierung dieser Faktorengruppen sind in der Persönlichkeitspsychologie verschiedene Theorien entstanden, die sich z.T. kontrovers gegenüber stehen.[453] Schon allein dadurch wird einsichtig, welche facettenreiche Wirklichkeit menschliche „Personalität" bzw. jeder konkrete Mensch darstellt. Dabei gilt es, sich immer wieder neu bewußt zu machen, daß es eben den sogenannten „Muster-Menschen", der genau in ein vorgelegtes Schema paßt, als Ideal nur in Gedanken oder auf dem Papier gibt. Auch diese Erkenntnis soll anhand verschiedener Aspekte, die für den Prozeß der „Persönlichkeitsentwicklung" wichtig sind, aufgezeigt werden.[454]

2.1.3.1 Selbstannahme

Ein wichtiger Schritt bei der „Persönlichkeitsentwicklung" ist die „Selbstannahme",
d.h. daß der einzelne lernt, sich in seiner Originalität anzunehmen. Originalität ist
Ausdruck personaler „Individualität".[455] Sie zeigt sich im äußeren Erscheinungsbild
eines Menschen, etwa in seiner Körpergröße oder Figur, in seinen Fähigkeiten und
Charismen, in seinem Charakter, in seinen Stärken und Schwächen. Bei all diesen
Faktoren ist das genetische Erbgut mitbestimmend. Schließlich legt es die biologische
Grundlage, die die Originalität eines Menschen ausmacht, zugrunde.[456]
Mit der Originalität sind auch individuelle Neigungen, Ansprüche und Bedürfnisse
gegeben. So gibt es beispielsweise unterschiedliche Geschmäcker, Weltanschauungen,
Berufe, Hobbys und vieles andere mehr, das Menschen trennt, aber auch verbindet.
Sowohl Äußerlichkeiten, wie etwa verschiedene Ausformungen im Körperbau, als auch
charakterliche Übereinstimmungen ermöglichen es daher, Individuen in ihrer ganzen
Originalität aufgrund von Ähnlichkeiten in Kategorien einzuordnen und verschiedene
Typen zu benennen.[457]
Im Bewußtsein, in seiner ganzen Originalität einem gewissen Typ zuzugehören, kann
der einzelne lernen, mit dem konkreten Menschentyp sowohl seine positiven als auch
seine negativen Seiten anzunehmen. Auch wird so manches Verhalten dadurch erklärbar. Ebenso können Typologien im Umgang mit anderen Menschen hilfreich sein. So
gilt es, sich beispielsweise in der Zusammenarbeit in einem Arbeitsteam immer wieder
bewußt zu machen, daß eben nicht alle Menschen gleich sind, sondern daß es verschiedene Typen mit verschiedenen Charakteren, Ausprägungen und Bedürfnissen gibt. Dies
kann für die Arbeit sehr bereichernd sein, da mit den unterschiedlichen Typen auch
unterschiedliche Talente eingebracht werden können. Allerdings kann dies auch zu
Konflikten führen, wenn z.B. allein schon aufgrund eines Typs Antipathien bestehen.
In diesem Zusammenhang gilt es, die Grenzen vorschneller Typologien zu benennen.
Sie führen häufig zu oberflächlichen Zuschreibungen von Temperaments- und Charaktereigenschaften, so etwa bei Vorstellungsgesprächen. Leicht kommt es zu sozialen
Stereotypen, wie „dem gemütlichen Dicken" oder dem „unnahbaren Dünnen", die im
Zug einer sich selbst erfüllenden Prophezeiung auch einen gewissen Realitätsgehalt
annehmen können.[458] Dennoch darf es nicht soweit kommen, daß sich Menschen
ausschließlich von ihrem Typ her bestimmen bzw. bestimmt werden und dabei ihre
individuelle Ausprägung vergessen.[459]
Gegen alle Bestrebungen von „Gleichmacherei" ist jeder Mensch eben mehr als nur ein
Exemplar seiner Gattung.[460] Er ist nicht bloß die beliebig wiederholbare Ausgabe eines
Allgemeinen, eines Typs.[461] Hier kommen totalitäre Ideologien mit ihrem Bild vom
konformen „Muster-Menschen" an ihre Grenzen.[462]
Konformität ist auch ein Phänomen, das sich in liberalen Gesellschaften beobachten
läßt. So schreibt etwa in der „Erlebnisgesellschaft" die Mode vor, was gerade „In ist",
oder es gibt ungeschriebene Konventionen „was man tut und was nicht". So dürfen
beispielsweise Umgangsformen in einem Unternehmen nicht zum sozialen Druck

werden, der bedingungslose Konformität fordert. Devisen, wie: „Bei uns ist eine Führungskraft trotz Zeitsouveränität bis achtzehn Uhr im Betrieb!" oder: „Eine Führungskraft trägt grundsätzlich Krawatte!", dürfen nicht dazu führen, daß der einzelne seinen individuellen Gestaltungsfreiraum völlig aufgeben muß.

Konformitätsdruck kann im Extremfall zur existentiellen Bedrohung werden, insofern dadurch individuelle Ausprägung ignoriert wird, bzw. Menschen sich gezwungen fühlen, sich gegen ihr Gewissen konform zu verhalten. Auch dabei ist die „Selbstannahme" unverzichtbare Voraussetzung, um so eine gesunde Grundlage zur Konfliktfähigkeit zu schaffen.

Ebenso besteht im gesellschaftlichen Alltag häufig die Gefahr, daß der einzelne nur von seiner Funktion oder Aufgabe bestimmt wird. Soziale Klassen und Schichten entstehen, die ihm eine entsprechende gesellschaftliche Stellung zuordnen. Auch der einzelne ist geneigt, sich etwa von seinem Beruf, von materiellen Gütern oder von seiner sozialen Stellung her zu definieren. Gerade die zahlreichen Ämter und Titel, beispielsweise im klerikalen Bereich, wie Dekan, Monsignore, Domkapitular etc., aber auch hierarchische Funktionen in einem Unternehmen, wie etwa Hauptabteilungsleiter, Meister, Betriebsratsvorsitzender etc., bergen die Gefahr, daß sich ein Amtsinhaber ausschließlich von seiner Funktion her bestimmt. Dabei werden häufig nur die positiven Seiten angenommen, während die negativen verdrängt werden.

Die Überzeugung, daß jedem Menschen in seiner „Substantialität" Selbstand zukommt, ist somit die notwendige Voraussetzung dafür, daß sich der einzelne mit seinen starken und schwachen, mit seinen schönen und weniger schönen Seiten auseinandersetzen kann und muß.[463] Um nicht ständig vor sich auf der Flucht zu sein, muß der einzelne bereit sein, auch sein individuelles Schicksal anzunehmen. Er muß lernen, seinen „Schatten", wie es Jung (+1961) nennt, hinzunehmen.[464] Im Rahmen der Persönlichkeitsentwicklung ist es daher von Bedeutung, sich auch intensiv mit den Tiefenschichten der eigenen Psyche zu beschäftigen. Unbewußt prägen sie die Persönlichkeit und nehmen Einfluß auf deren weitere Entwicklung.[465] Dabei sind es häufig die negativen Seiten, die ins Unbewußte verdrängt werden, da sie dem selbstentworfenen, eigenen Idealbild nicht entsprechen.

Die Untersuchung von Träumen, die Analyse von Projektionen und die Überprüfung von Verhaltensweisen kann Unbewußtes ans Licht bringen. Jacobi erläutert diese Gedanken: „Überfällt uns z.B. ein Zornausbruch, beginnen wir plötzlich zu fluchen oder uns rücksichtslos und roh zu verhalten, gehen wir oft ganz gegen unseren Willen unsozial vor, oder sind wir geizig, kleinlich, nörgelnd, feige oder frech, taktlos und unverschämt, so verraten wir dadurch Eigenschaften, die wir unter gewöhnlichen Umständen sorgfältig unterdrücken und verbergen und von deren Existenz wir zumeist selber kaum eine Ahnung haben."[466]

Beide Seiten, die dunklen wie auch die hellen Anteile der Psyche, gilt es, aufmerksam wahrzunehmen und als prägende Elemente in die Persönlichkeit zu integrieren. Schließlich geben sowohl die Stärken als auch die Schwächen der Persönlichkeit ihre Konturen, das je eigene Profil. Dabei sollten die starken Aspekte bewußt gefordert und gefördert werden, ohne die schwachen zu verdrängen. Gerade die Nichtannahme von

Schwächen, die zu Überforderung der eigenen Möglichkeit führt, oder das Vertuschen von Fehlern, das Selbstbetrug, Angst und Lüge zur Folge hat, wirken sich auf Dauer schädlich aus. Gegen jede Form des Perfektionismus, der immer eine menschliche Anmaßung bleiben wird, geht es darum, konstruktiv mit diesen Schattenseiten menschlichen Lebens umzugehen.[467]

In diesem Zusammenhang sind auch soziale Institutionen für ihre Mitglieder in die Pflicht genommen, indem sie dem einzelnen bei der „Selbstannahme" helfen. An manchen Defiziten wird er arbeiten können, andere gilt es, als unabänderlich hin- und anzunehmen. Vieles wird auch unerklärbar im Verborgenen bleiben. Hier zeigt sich, daß der Mensch nicht ein vollkommenes Wesen, sondern durch Kontingenz bestimmt ist. Gerade in Industriebetrieben, deren technische und maschinelle Abläufe durch Perfektion bis ins Kleinste geprägt sind, werden etwa die Führungskräfte immer wieder erfahren, daß die beteiligten Menschen im Gegensatz zu den Maschinen in diesem scheinbar absoluten System an ihre Grenzen stoßen und Fehler machen.

In der richtigen Selbsteinschätzung, d.h. in der Erkenntnis, daß der Mensch als kontingentes Wesen in allen seinen reichen Fähigkeiten unvollkommen bleibt, kann es so auch zu einer gerechten Einschätzung des Gegenübers kommen. Daher sollte mit der eigenen Originalität auch die des anderen angenommen und toleriert werden. Toleranz aber bewirkt gegenseitige Offenheit, die Kritik und Korrektur zuläßt.

2.1.3.2 Sozialisation

Im Vergleich mit höher entwickelten Tieren kommt es beim Menschen zu einer verfrühten Geburt.[468] Er ist unfähig, für sich selbst zu sorgen und daher absolut abhängig von subsidiärer Hilfe und Erziehung. Um in einem Umfeld, das ihm bedrohend gegenübersteht, überleben zu können, ist der Säugling gezwungen, mit anderen Menschen Kontakt aufzunehmen und von ihnen zu lernen. Diese Früherfahrungen prägen sein ganzes weiteres Leben.[469] Aus biologischer Sicht bleibt der Mensch auch als Erwachsener ein Mängelwesen. So fehlen ihm etwa Angriffs-, Schutz- und Fluchtorgane. Ebenso zeichnet sich der Mensch durch Instinktarmut aus. In seiner riskanten Weltoffenheit, so Gehlen (+1976), braucht er die Hilfe und Ergänzung anderer Menschen, so etwa durch soziale Institutionen wie Familie, Schule, Unternehmen etc.[470] „Sozialisation" ist somit ein weiterer Schlüsselbegriff bei der personalen Entwicklung.[471]

Im „Aufeinander-Bezogensein" als Grundvollzug der Personalität kommt das Postulat der „Relationalität" zum Tragen.[472] Die vielfältigen Formen menschlicher Beziehung, wie etwa Partnerschaft, Familie, Szene, Verein etc., weisen darauf hin, daß es eine Ursehnsucht des Menschen ist, sein Leben mit anderen Menschen zu gestalten. Die Erkenntnis der Verwiesenheit aufeinander wird auch zum einheitsstiftenden Band für größere soziale Institutionen wie Gemeinde oder Staat. Im gegenseitigen Ergänzen geschieht auf vielfältige Weise Kooperation, wie es die Arbeitsteilung oder die Entwicklung zur „Spezialistengesellschaft" zeigt. Äußere Bedrohungen, wie etwa Naturereignisse, Hungersnöte oder Kriege, aber auch globale Probleme der Menschheit, etwa die ständig wachsende Weltbevölkerung oder die Umweltproblematik, lassen Vereinigungen wie Hilfsorganisationen oder internationale Konferenzen entstehen, die sich dem Überleben einer größeren Gruppe bzw. dem der Menschheit als ganzer verpflichtet fühlen.[473]

Das soziale Beziehungsgeflecht, in das jeder Mensch eingebunden ist, prägt die Persönlichkeitsentwicklung. Es macht eben einen Unterschied, ob ein Mensch in Europa oder Asien geboren ist und aufwächst, ob er aus der Großstadt oder vom Land kommt, ob er von klein auf einen wohlhabenden Lebensstil gewohnt oder in ärmlichen Verhältnissen groß geworden ist, ob er in einem mittelständischen Unternehmen arbeitet oder in einem Weltkonzern tätig ist. Hier liegen Ansatzpunkte für vielfältige „Lern- und Milieutheorien". Als Vertreter des „radikalen Behaviorismus" vertritt u.a. Watson (+1958) sogar die Überzeugung, daß jeder Mensch durch seine Erziehung und durch sein Umfeld unbegrenzt beeinflußbar ist.[474] Auch wenn diese Position in ihrer extremen Ausformung so nicht übernommen werden kann,[475] macht sie deutlich, daß jeder Mensch durch seine Erziehung und sein Umfeld bedingt formbar ist und bleibt. In diesem Zusammenhang wird verständlich, warum z.B. Firmen hohe Summen nicht nur in die fachliche, sondern auch in die persönliche Qualifikation ihrer Mitarbeiter investieren. Durch die Vermittlung von verbindlichen Werten und Umgangsformen, beispielsweise anhand von Unternehmensleitbildern, soll bei den Mitarbeitern eine einheitliche Unternehmenskultur entstehen, die die effektive Zusammenarbeit erleichtert.

Allerdings verkennen einseitige „Lern- und Milieutheorien" im Sinne Watsons, daß auch der konkrete Mensch sein Umfeld mitgestaltet. Daher muß von einer Wechselwirkung zwischen Umfeld und einzelnem gesprochen werden.[476] So prägen eben konkrete Menschen z.B. eine Ordensgemeinschaft und es kann zu entscheidenden Veränderungen kommen, wenn eine begeisterte Gruppe junger Christen in eine klösterliche Gemeinschaft eintritt. Sie bringen neue Ideen, Visionen und Vorstellungen mit, die bewußt und unbewußt zu Veränderungen führen.

Die Verwiesenheit auf das soziale Umfeld und der Drang, dieses mitzugestalten, ist Grundlage dafür, daß sowohl soziale Institutionen als auch der einzelne Verantwortung für andere Menschen übernehmen können und sollen. Es ist quasi ein gegenseitiges Nehmen und Geben, das das soziale Netzwerk aufrechterhält. Die zwischenmenschliche Harmonie bzw. das Überleben einer Beziehung oder Institution wird maßgeblich davon abhängen, wie fein dieses Verantwortungsbewußtsein füreinander ausgeprägt ist. Gerade auch darin liegt eine Aufgabe der „Sozialisation", daß die Anlage der „Relationalität" zu einem reifen Verantwortungsbewußtsein entwickelt wird.[477] Daher prägen das Miteinander in jedem Sozialgefüge auf der einen Seite Rechte, die die Personalität der Mitglieder schützen sollen, auf der anderen Seite aber auch soziale Pflichten, die den Ansprüchen der sozialen Institution Geltung verschaffen wollen. In diesem Wechselspiel gilt es, die richtige Balance herzustellen. Hier zeigt sich wiederum das grundlegende Spannungsfeld menschlicher Personalität mit seinen Chancen und Grenzen. So darf z.B. ein Unternehmen von seinen Führungskräften keine „Ganzhingabe" fordern, die sich etwa in einem „Vierzehn-Stunden-Tag" zeigen soll. Aber auch die Führungskraft muß für sich Grenzen setzen, beispielsweise dadurch, daß sie über das Wochenende keine Arbeit mit nach Hause nimmt. Weder übersteigerte Formen von Altruismus oder Egoismus auf seiten der Person, noch totalitäre Ansprüche von seiten der sozialen Institution entsprechen dem Ideal.[478] Vielmehr geht es darum, daß sich die einzelne Person mit ihrer Individualität in die Gruppe einbringen kann und sich als tragender Teil des übergeordneten Ganzen erfährt, aber auch die Bereitschaft und das Engagement zeigt, die Gruppe mitzutragen. Kommunikation wird bei der Zusammenführung der unterschiedlichen Initiativen zum unverzichtbaren Instrument. Sowohl wachsende Identifikation, als auch gegenseitige Solidarität und Loyalität sind dabei Elemente, die für ein ausgeprägtes Verantwortungsbewußtsein sprechen.[479]

2.1.3.3 Konflikthafte Existenz

Konflikte spielen sowohl im intrapersonalen, als auch im interpersonalen Bereich eine bedeutende Rolle.[480] Die „Konflikthaftigkeit" ist eine Existenzweise des Menschen, so Molinski, „durch die sich ihm in seiner jeweiligen Situation seine eigenen Existenz- bzw. Selbstverwirklichungsmöglichkeiten erschließen. Er muß sich in einer Konfliktsituation zu einer der sich ihm eröffnenden Möglichkeiten unter Ausschluß der anderen entschließen."[481] So können Konflikte dem einzelnen, aber auch sozialen Institutionen helfen, die eigene Position zu hinterfragen, zu ergänzen und zu festigen. Im Rahmen der personalen Entwicklung leisten sie daher einen unverzichtbaren Beitrag.

Gerade die Unterschiedlichkeit der Menschen, die sich beispielsweise in kontroversen Ansichten zeigt, wird häufig zum auslösenden Konfliktfaktor. Daher müssen sowohl der einzelne als auch soziale Institutionen lernen, mit Konfliktsituationen umzugehen. Falsches Harmoniestreben dagegen, nach dem Motto: „Nur nicht streiten!", kann schnell zu unausgesprochenen und unausgetragenen Konflikten führen, die zu andauernden Belastungen sowohl für soziale Institutionen als auch für den einzelnen werden. Gerade christliche Gemeinschaften, die vom geschwisterlichen Ideal der Urgemeinde träumen, vergessen häufig, daß es auch damals zu Auseinandersetzungen kam. Mit der Vision eines friedlichen Miteinanders stehen sie in der Gefahr, Konflikten aus dem Weg zu gehen, anstatt sie konstruktiv zu lösen.

Im interpersonalen Konflikt ist es wichtig, daß Ursache und Gegenstand der Auseinandersetzung geklärt und allgemeingültige Spielregeln zur Konfliktbewältigung festgelegt werden.[482] Ferner gilt es, so weit dies möglich ist, zwischen Konfliktgegenstand und Person zu unterscheiden. Dies ist allerdings nicht immer so einfach. So kann z.B. in einer Arbeitsgruppe ein persönlicher Konflikt entstehen, weil ein Mitarbeiter zum Gruppengespräch häufig zu spät kommt und ein anderes Teammitglied ihn daraufhin durch Beschimpfungen persönlich angreift.

Bei der Konfliktlösung kann Cohns Methode der „Themenzentrierten Interaktion" hilfreich sein. „Jede Gruppeninteraktion enthält drei Faktoren, die man sich bildlich als Eckpunkte eines Dreiecks vorstellen könnte: 1. das Ich, die Persönlichkeit; 2. das Wir, die Gruppe; 3. das Es, das Thema. Dieses Dreieck ist eingebettet in eine Kugel, die die Umgebung darstellt, in welcher sich die interaktionelle Gruppe trifft. Diese Umgebung besteht aus Zeit, Ort und deren historischen, sozialen und teleologischen Gegebenheiten."[483] Damit sind unterschiedliche Faktoren genannt, die Gegenstand der Auseinandersetzung sein können. So kann es Probleme auf der „Wir-Ebene" geben, wenn etwa Kompetenzen in einer Gruppe nicht geklärt sind. Persönliche Abneigungen können zu Konflikten auf der „Ich-Ebene" führen. Ebenso können Meinungsverschiedenheiten beispielsweise bei der Durchführung eines Projekts Auseinandersetzungen auf der „Es-Ebene" bedingen. Bei der Lösung eines Konflikts ist es somit hilfreich, zunächst der Frage nachzugehen, welcher Faktor bzw. welche Ebene überhaupt betroffen ist, um so eine möglichst objektive Sichtweise zu bekommen. Konflikte auf der „Ich-Ebene" werden z.T. nur schwer zu lösen sein. Hier gilt es, durch eine gesunde Distanz für beide Seiten einen „Modus vivendi" zu finden. In einem Unternehmen kann dies beispielsweise durch den Wechsel in eine andere Abteilung oder durch eine eindeutige Klärung der Kompetenzen geschehen.

Im Konflikt spielt ferner die Frage nach dem richtigen Stil eine wichtige Rolle. Hier zeigt sich, ob eine Atmosphäre der gegenseitigen Wertschätzung die Grundlage zur Auseinandersetzung ist. „Killerphrasen", wie etwa: „Das war ja gar nicht anders von Ihnen zu erwarten!", nehmen dem Dialog die Objektivität und verletzen das Gegenüber. Sie sollten in einem Konflikt, dessen Ziel ein konstruktives Ergebnis ist, nicht gestattet sein. Ebenso muß darauf geachtet werden, daß Konflikte offen und fair ausgetragen werden. Kritik sollte dabei als Chance zur Korrektur verstanden und nicht als Machtmittel mißbraucht werden.

Konfliktfähigkeit beinhaltet schließlich die Erfahrung, sich auf einen Kompromiß einzulassen oder von der Richtigkeit einer anderen Position überzeugt zu werden.[484] Hier zeigt sich, ob die Kontrahenten bereit sind, aufeinander zuzugehen und auf den anderen einzugehen. Zugleich wird wiederum deutlich, daß menschliche Personalität durch ihr kontingentes Dasein geprägt ist. Manche Konflikte werden daher einfach auch nicht zu lösen sein.

Die „konflikthafte Existenz" tritt intrapersonal besonders im Umgang des Menschen mit seiner „Freiheit" in Erscheinung, wenn er sich beispielsweise zwischen konkurrierenden Alternativen für eine der beiden entscheiden muß.

2.1.3.4 Freiheit und Bindung

In den vorausgegangenen Abschnitten wurde schon darauf verwiesen, daß jeder Mensch sowohl durch anthropogene als auch durch soziokulturelle Faktoren determiniert ist. Zugleich wurde deutlich, daß er nicht gänzlich abhängig ist, sondern auch die Möglichkeit hat, sein Leben selbst zu gestalten. Diesen Gestaltungsfreiraum erlebt der Mensch als „Freiheit", die zutiefst mit dem personalen Anspruch der „Rationalität" zusammenhängt.[485]

„Rationalität" meint, daß jeder Mensch über eine natürliche Vernunftbegabung verfügt, deren Gebrauch ihn befähigt, eigenverantwortlich und frei zu handeln. Mit dieser „Fähigkeit, sich selbst zu bestimmen"[486], ergeben sich zahlreiche Chancen und Möglichkeiten der Persönlichkeitsentwicklung, etwa in einer gezielten Berufswahl. Zugleich aber kann „Freiheit" auch zu Unsicherheit und Heimatlosigkeit führen, wie die Darstellungen zur „Risikogesellschaft" verdeutlicht haben. Es ist eine Illusion, an eine absolute menschliche Freiheit „im Hier und Jetzt" zu glauben. Hineingebunden in die natürlichen Abläufe kann der Mensch beispielsweise nicht frei darüber entscheiden, ob er älter wird, ob er gesund bleibt oder ob er sterben muß. Ebenso bestimmen ihn soziale Determinanten wie Familie, Geburtsort, Wohlstand oder Armut. Ein Spannungsfeld zwischen „Rationalität" und „Kontingenz", zwischen „Autonomie" und „Determination" prägt jeden Menschen.

Die konkreten „Determinationen" gilt es, anzunehmen, um auf dieser Grundlage die eigene „Freiheit" zu nutzen. Hier zeigt sich, daß der Mensch „auf etwas hin" befreit ist. „Freiheit" hat also einen Bezugspunkt, auf den sie sich ausrichtet. Indem sich ein Mensch frei für etwas entscheidet und zwischen Alternativen auswählt, bindet er sich an die eine und entscheidet sich gegen die andere. Oft ist das nicht einfach und birgt genügend Konfliktpotential.[487] Menschliche „Freiheit" zeigt sich so als „Wahlfreiheit". Ein selbständiges Entwicklungsteam, das in der Forschungsabteilung eines Automobilunternehmens z.B. verschiedene Modellprojekte verfolgt, wird sich für ein bestimmtes Projekt entscheiden müssen, bevor es in die Produktion gehen kann. Zugleich ist das Team auch für die Konsequenzen verantwortlich. Es wird erklären müssen, warum etwa anstatt einer sportlichen Version das komfortable Modell gewählt wurde. Damit gehören „Freiheit und Bindung" als Begriffspaar inhaltlich zusammen. In der personalen Entwicklung wird es darauf ankommen, daß „Bindung" als Ausdruck der „Freiheit" und nicht als Einschränkung erkannt wird.

Angewandte „Freiheit" beinhaltet auch die Fähigkeit, sein Tun reflektieren zu können. So kann ein Mensch darüber nachdenken, ob das, was er plant, bzw. das, was er getan oder unterlassen hat, gut oder schlecht war. Mit der Vernunftbegabtheit ist das Gewissen gegeben.[488] Insofern das Gewissen letzte Kontrollinstanz menschlichen Handelns ist, ist der Mensch autonom, d.h. „sich selbst Gesetz".[489] Er kann und muß selbst entscheiden, was er tut und läßt, was gut oder schlecht für ihn ist. Dabei sind ihm Werte und Normen Hilfsinstrumente, an denen er sein Verhalten ausrichten kann. „Gewissensbindung" fordert zugleich „Gewissensbildung". Hier gilt es, aufmerksam Verhaltensmuster zu reflektieren und ständig neu zu fragen, welche Grundwerte zur Orientierung dienen. Bei dieser Reflexion kann auch das soziale Umfeld helfen. So wird verständlich, daß z.B. bei der Mitarbeiterbeurteilung häufig das kritische Feedback von Kollegen, Vorgesetzten und Untergebenen eingeholt wird. Ähnlich wird im religiösen Bereich durch die regelmäßige Reflexion des Lebensweges mit einem Geistlichen Begleiter die Hilfe eines Außenstehenden in Anspruch genommen.

In diesem Zusammenhang muß nochmals auf die verschiedenen Kräfte aufmerksam gemacht werden, die menschliches Verhalten mitbestimmen. Eine einseitige Sichtweise, die den Menschen nur auf ein rationales, bewußtseingesteuertes Wesen verkürzt, beschränkt ihn auf einen Aspekt seiner Personalität und vergißt, daß auch „Relationalität" und „Kontingenz" zu seinen Wesensmerkmalen gehören. D.h.: Auch das menschliche Verhalten ist bedingt determiniert, etwa durch Triebe und unbewußte

Kräfte oder durch gesellschaftliche Vorgaben. Darauf hat u.a. Freud (+1939) aufmerksam gemacht.[490] Er erkennt, daß der konkrete Mensch mit seiner Freiheit immer im Spannungsfeld von individuellen und sozialen Ansprüchen, von bewußten und unbewußten Kräften steht. Personalität darf daher nicht einseitig auf Vernünftigkeit verkürzt werden. Vielmehr muß darauf verwiesen werden, daß „Rationalität" immer an die menschliche Natur gebunden bleibt. So sind es unbewußte/triebhafte und bewußte/ vernünftige Kräfte, die das Verhalten bestimmen. Ebenso geben biographische Erlebnisse jeder Persönlichkeit ihr je eigenes Gepräge. Auch diese sollten ernst genommen und gegebenenfalls aufgearbeitet werden. Dies allerdings erfordert Zeit und Ausdauer. Hier zeigt sich wiederum, daß der Mensch im Unterschied zur Maschine eben nur bedingt berechenbar ist, da auch sogenannte „Grauzonen" sein Leben mitbestimmen. Er ist immer ein Geheimnis, bei dem viele Fragen offen bleiben. In einer Zeit, die vom technischen Perfektionismus geprägt ist, durch den alles machbar erscheint, gilt es, sich diese Erkenntnis ständig neu bewußt zu machen.[491]

2.1.3.5 Bedürfnisbefriedigung

Als biologisches Mängelwesen hat der Mensch Bedürfnisse, sowohl materieller Art, wie etwa Hunger und Durst, als auch sozialer Art wie etwa das Bedürfnis nach Zuneigung und Zärtlichkeit. Auch sie prägen seine Persönlichkeitsstruktur. Die unterschiedlichen Bedürfnisse lassen sich nach Kategorien in Grundbedürfnisse einordnen, wie es Maslow (+1970) getan hat.[492] Er unterscheidet fünf Kategorien menschlicher Grundbedürfnisse, die er in ein hierarchisches System einsortiert:
1. Physiologische Bedürfnisse wie Sauerstoff, Schlaf, Nahrung und Sexualität
2. Sicherheitsbedürfnisse wie Schutz, Sicherheit und Ordnung
3. Bedürfnisse nach Zugehörigkeit und Liebe wie Kontakt, Zärtlichkeit, Zuneigung
4. Bedürfnisse nach Achtung wie Erfolg, Prestige und Kompetenz
5. Bedürfnisse nach Selbstverwirklichung wie Selbststeuerung und Ideale.
Erst durch die Befriedigung der elementareren Bedürfnisse kann die nächsthöhere Bedürfnisgruppe verhaltensbestimmend werden. Wenn es beispielsweise genug Brot gibt und „der Magen chronisch voll ist", so stellt Maslow fest, dann „tauchen andere (und höhere) Bedürfnisse auf, und diese, mehr als physiologischer Hunger, beherrschen dessen Organismus. Und wenn diese ihrerseits befriedigt sind, kommen neue (und wiederum höhere) Bedürfnisse zum Vorschein, und so weiter. Dies ist, was wir mit der Behauptung meinten, daß die grundlegenden menschlichen Bedürfnisse in einer Hierarchie der relativen Vormächtigkeit organisiert sind."[493] Die „Bedürfnisbefriedigung" stellt daher eine wesentliche Voraussetzung für menschliches Wachstum und personale Entwicklung dar. Sie bringt eine gewisse Unabhängigkeit und setzt den Menschen frei für neue, höher eingestufte Bedürfnisse. Maslow erkennt: „So wie der Baum Sonne und Wasser und Nahrung braucht, so brauchen die meisten Menschen Liebe, Sicherheit und die anderen Befriedigungen von Grundbedürfnissen, die nur von außen kommen können. Doch sind diese äußeren Befriediger einmal vorhanden, die inneren

Mängel von äußeren Befriedigern gesättigt, beginnt das wahre Problem der individuellen menschlichen Entwicklung, zum Beispiel die Selbstverwirklichung."[494]

Die unterschiedlichen Bedürfnisse führen dazu, daß es zu ganz verschiedenen Formen der Persönlichkeitsentwicklung kommen kann. So ist verständlich, daß beispielsweise ein Familienvater, der mit einem geringen Gehalt als Alleinverdiener seine fünfköpfige Familie ernähren muß, andere Lebensziele hat als ein alleinstehender Unternehmer, dem es an materiellen Sicherheiten nicht fehlt. Entsprechend unterschiedlich wird sich auch die personale Entwicklung gestalten. Während Erstgenannter eher das Wohl seiner Familie im Auge hat und daher bereit ist, für diese im persönlichen Bereich zurückzustehen, wird Letztgenannter stärker das Wohl seines Unternehmens im Auge haben. Daher sollte im Blick auf die Persönlichkeitsentwicklung nach den Bedürfnissen und Zielen gefragt werden, die den einzelnen dazu motivieren, aktiv zu werden.

Auch im religiösen Bereich gibt es verschiedene Motivationen und Bedürfnisse. Für den einen „lehrt Not beten", weil er überraschend schwer krank geworden ist. Für den anderen wird das Christentum auf dem Weg seiner Sinnsuche zur entscheidenden Lebenshilfe, die ihm Sicherheit und Halt gibt. Wieder ein anderer versucht in der Ganzhingabe der Ordensprofeß seinen Idealen näher zu kommen, während ein Brautpaar den Service einer kirchlichen Hochzeit in Anspruch nimmt, weil ihnen die feierliche Zeremonie gefällt. Die Aufspaltung der Kirche in unterschiedliche „Richtungsmilieus" und „Sektoren" wird verständlich.

Mit Hilfe der „Maslowschen Motivationstheorie" lassen sich ebenso divergierende Ziele in einem Industrieunternehmen erläutern. Auch hier zeigt sich, wie das Schicksal eines sozialen Gefüges durch unterschiedliche Persönlichkeiten bestimmt wird.

Während es dem einen Mitarbeiter um den Erwerb des Lebensunterhaltes geht (physiologisches Bedürfnis), steht beim anderen der sichere Arbeitsplatz im Vordergrund (Sicherheitsbedürfnis). Wieder ein anderer Mitarbeiter hat sich zum Ziel gesetzt, im Unternehmen Karriere zu machen (Bedürfnis nach Achtung), während für den Kollegen sein Arbeitsplatz die ideale Plattform zur Selbstverwirklichung darstellt, indem er z.B. im Forschungsbereich seine Ideen ausprobieren und verwirklichen kann (Bedürfnis nach Selbstverwirklichung). Diese verschiedenen Motivationen gilt es, geschickt zusammenzuführen und sie als Synergien zum Wohl der sozialen Institution zu nutzen. [495]

2.1.3.6 Arbeit als anthropologisches Phänomen

In seiner Kontingenz auf seine naturale Umwelt verwiesen, paßt der Mensch diese an seine Bedürfnisse an.[496] Die Welt wird zum Arbeitsfeld des Menschen.[497] Um etwa sein Bedürfnis nach Nahrung zu stillen, legt er Gärten an und hält sich Tiere. Er errichtet Häuser, weil er schutzbedürftig ist. „Arbeit", grundsätzlich verstanden als Tätigsein des Menschen, ist ein „anthropologisches Grundphänomen", das wesentlich zum Menschsein gehört.[498]

Zugleich erfährt sich der Mensch als unvollkommen. Der einzelne kann nicht alles, sondern er ist auf die Fähigkeiten und die Hilfe anderer Menschen angewiesen. Folge davon ist gegenseitige Ergänzung durch Arbeitsteilung, die die Arbeit als soziales Phänomen kennzeichnet.[499] Damit bekommt die Arbeit eine soziale Dimension, die sich auf die Persönlichkeitsentwicklung des einzelnen positiv oder negativ auswirkt.[500]

Auf die Frage, nach welchen Kriterien junge Menschen ihre Berufswahl treffen, wird häufig die Antwort gegeben: „Das Einkommen soll stimmen und der Job soll Spaß machen." Somit sind zwei Sinnebenen vorgegeben. Zunächst ist Arbeit bzw. Tätigsein ein „notwendiges Übel", um elementare Bedürfnisse zu befriedigen. Begriffe wie: „Erwerb des Einkommens", „Existenzsicherung", „Bedarfsdeckung", „Lebensunterhalt" kennzeichnen diese Ebene. Dieser objektive Sinn von Arbeit als ökonomischer Begriff ist oft mit Mühe und Anstrengung verbunden, gepaart mit der Erwartung, gerecht dafür entlohnt zu werden. Ebenso soll Arbeit Spaß machen, hat also einen subjektiven Sinn. Arbeit wird zum Feld der Selbstverwirklichung, der Entfaltung, der Kreativität.[501] Der Mensch will sich in seinem Werk wiederentdecken, sich mit diesem identifizieren können. Gerade Kunstwerke und Erfindungen zeigen, wie intensiv sich ein Mensch in sein Tun einbringen kann.

Schon die Antike kennt diese Unterscheidung in „πονος/labor" und „τεχνη/opus". Wobei erstere immer als dem freien Menschen unwürdig abgewertet wurde.[502] Verbunden mit Mühe, Anstrengung und Schmerzen war sie vorrangig Sklavenarbeit. Bis in unser Jahrhundert hinein galt so etwa die Hautbräune als Makel einer geringeren Klasse, die „im Schweiße ihres Angesichts" in der Sonnenhitze ihren Lebensunterhalt bestreitet. Wenn auch das gesellschaftliche Urteil über den Stellenwert von „Hautbräune" sich verändert hat, hat körperliche Arbeit, verstanden als mühevolle Notwendigkeit, ihren eher negativen Beigeschmack in den meisten Fällen behalten. Einseitige Belastungen, man denke nur an einen Arbeiter, der am Fließband ständig den selben Handgriff ausüben muß, aber auch schwere körperliche Arbeit, wie beispielsweise Tätigkeiten in einer Gießerei, belasten auf Dauer die Persönlichkeitsentwicklung. Der Arbeiter kann sich nur schwer in seinem Tun wiederfinden. Um dies zu verhindern, sollte darauf geachtet werden, daß eine Arbeitsaufgabe beide Sinnebenen beinhalten. In diesem Zusammenhang gilt es, auch neuere Formen der Zusammenarbeit auszuprobieren. Neue Arbeitsstrukturen wie „Jobrotation" (planmäßiger Wechsel von Arbeitsplätzen), „Jobenlargement" (Arbeitsvergrößerung oder Aufgabenerweiterung), „Jobenrichment" (Aufgabenbereicherung) oder Einrichtung von „teilautonomen Gruppen" helfen, Monotonie abzubauen und die Zugehörigkeit zu einer Gruppe bzw. zu einem Unternehmen zu steigern.[503]

Ebenso gilt es, die Einzelleistungen im Blick auf das soziale Gefüge anzuerkennen, um so dem menschlichen Bedürfnis nach Anerkennung gerecht zu werden. Eine Sekretärin etwa, die ihre Aufgabe gewissenhaft ausführt, ist für ein Unternehmen genauso wichtig wie eine Führungskraft in gehobener Stellung.[504] Solche Anerkennung stärkt besonders bei sogenannten „schwächeren" Gliedern die Identifikation mit Zielen und Interessen der Institution. Einen wichtigen Beitrag leistet dazu auch die gerechte Entlohnung der Leistung. Sei es durch ein Lob, nach dem Motto: „Das haben Sie hervorragend gemeistert!" oder: „Wenn wir Sie nicht hätten!", sei es durch eine angemessene Gehaltsstufe, letztlich erfährt sich der einzelne durch solche und andere Maßnahmen als anerkanntes Mitglied.

Ein weiterer Aspekt ist das Bedürfnis des Menschen, sich in seinem Werk, in seiner Arbeit wiederentdecken zu wollen. So hat z.B. eine Teilidentifikation des Tätigen mit seinem Produkt eine Motivationssteigerung zur Folge. Die Erkenntnis: „Dies ist mein Werk!" bzw. „Daran habe ich mitgearbeitet!" führt zu berechtigtem Stolz, zur Identifikation mit dem Produkt. Allerdings darf sich der Tätige nicht nur von seinem Produkt her verstehen. Der Mensch ist mehr als das, was er produziert. Die Einstellung: „Nur an seinen Taten und konkreten Werken sieht man, was ein Mensch wert ist!" verkürzt diesen auf eine funktionale Maschine, die nur dazu da ist, ihre Aufgabe gut und korrekt zu erfüllen.

Gerade bei mühevollen oder monotonen Aufgaben ist es wichtig, daß dem Betroffenen der übergreifende Sinnzusammenhang seiner Tätigkeit erschlossen wird. Das Wissen, warum etwas getan werden muß, kann eine Hilfe sein, das Aufgetragene, gerade wenn es nicht den eigenen Vorstellungen entspricht, besser ertragen zu können. Auch die Auseinandersetzung mit dem Faktum, einmal etwas tun zu müssen, das „einem überhaupt nicht paßt", ist für die Persönlichkeitsentwicklung dienlich, insofern es zu solchen Konfliktsituationen immer wieder im Leben kommen kann.

Ebenso ist es entscheidend, daß der Mensch mit seinem kreativen Potential und mit seinem Können in seiner Arbeit gefordert und gefördert wird. Dies liegt sowohl im Interesse des einzelnen als auch im Interesse der sozialen Institution, für die er tätig ist. Dabei ist es die Kunst, zu fordern ohne zu überfordern. So kann z.B. ein Unternehmen seine Mitarbeiter ermuntern, neue Produktideen, Verbesserungsvorschläge oder neue Arbeitsmethoden zu entwickeln.

Abschließend sei noch der Problemkreis „Integration von Leben und Arbeit" erwähnt. Polarisierungen wie „Konsumschmetterling versus Arbeitsraupe"[505] gilt es, zu überwinden. Freizeit sollte Zeit tätiger Entfaltung sein mit einem hohen Grad an Sinnerfüllung, um so einen echten Ausgleich zu schaffen. Das Spiel als zweckloses, aber nicht sinnloses Tun kann zum Gegenüber werden.[506] So ergänzen beispielsweise anspruchsvolle Hobbys oder regelmäßiger Sport den Arbeitsalltag auf angebrachte Weise. Daher ist es auch verständlich, daß Industriebetriebe interne Sportgruppen unterstützen oder im Rahmen ihrer Bildungsarbeit Sprachkurse, Tanzkurse und vieles andere mehr anbieten, um so ihren Mitarbeitern die Möglichkeit zu einem anspruchsvollen Arbeitsausgleich zu schaffen.

Im Blick auf die im modernen Management praktizierte „Zeitsouveränität" ist zu bedenken, daß Arbeit auch zur Sucht werden kann, und daß der einzelne oft damit überfordert ist, sich selbst Grenzen zu setzen. Bei allem Engagement muß es klare Freiräume geben, die Erholung ermöglichen.

2.1.3.7 Identitätsbildung

Die in den vorausgehenden Abschnitten genannten Faktoren bestimmen auf unterschiedliche Weise die „Identitätsbildung" eines Menschen. So steht jeder Mensch vor der Aufgabe, aus seinen individuellen Ansprüchen und den sozialen Erwartungen, mit denen er im Prozeß der „Sozialisation" konfrontiert wird, seine Identität zu bilden. Zugleich muß er in seiner „konflikthaften Existenz" lernen, mit den prägenden Spannungspolen „Freiheit und Determination" umzugehen.

„Identitätsbildung" ist ein Balance-Akt, bei dem die „persönliche Identität" und die „soziale Identität"[507] miteinander verbunden und in die Persönlichkeit integriert werden müssen. Sie ist ein nie abgeschlossener, lebenslanger Prozeß, der jedem Menschen – ob er will oder nicht – auferlegt ist.[508] Dabei kann es sowohl zu intra- als auch zu interpersonalen Konflikten kommen, da sich jeder Mensch in einem sozialen Netz von Beziehungen, Verpflichtungen und Erwartungen befindet. Als „Homo sociologicus", so Dahrendorf,[509] wird der einzelne zum Träger unterschiedlicher Rollen, die miteinander konkurrieren können. Rollenerwartungen, wie etwa die an eine berufstätige Frau, die in der Familie als liebende Mutter und im Unternehmen als kühle Karrierefrau gefordert ist, können innere Identitätskonflikte mit sich bringen. Hinzu kommen noch individuelle Bedürfnisse und Ansprüche, wie beispielsweise Hobbys, die zum beruflichen Alltag einen Ausgleich schaffen sollen, doch oft zu kurz kommen. Auch können den verschiedenen Rollen Umgangsformen zugeordnet werden. So fordern die Kinder von ihrer Mutter zärtliche Zuwendung, während der Geschäftspartner Eindeutigkeit und Nüchternheit erwartet. Bei der Persönlichkeitsentwicklung sollte daher darauf geachtet werden, wie die verschiedenen Rollenerwartungen und die individuellen Vorstellungen, aber auch die natürlichen und sozialen Determinationen miteinander arrangiert werden können, um so schizophrene Verhaltensformen zu vermeiden. So kann beispielsweise gesellschaftlicher Druck gerade bei sogenannten „schwachen Persönlichkeiten" zu einem unreflektierten Konformismus führen, der in einer völligen sozialen Anpassung seinen Ausdruck findet. Man tut dann eben nur noch das, was von einem erwartet wird, was „man" tut. Hier wäre es wichtig, sensibel für die persönliche Komponente zu bleiben und gegebenenfalls den Mut und die Courage zu entwickeln, „gegen den Strom zu schwimmen".

Im Gegensatz dazu kann bei „starken Persönlichkeiten" eine zu einseitige Orientierung am eigenen Idealbild zur völligen sozialen Isolation führen. Gerade im religösen Bereich kann das zu Fanatismus führen, der die eigenen Vorstellung absolut setzt und keine Alternativen mehr zuläßt. Im Rückzug auf einen abweichenden Lebensstil wird so der einzelne zum „gesellschaftlichen Aussteiger", der nicht mehr dazu bereit ist, den sozialen Konventionen und Anforderungen gerecht zu werden.[510]

Der Erwerb einer eigenen Identität ist nicht allein die Leistung des einzelnen, sondern das Ergebnis einer „Interaktion".[511] Dabei kann gerade die positive Einflußnahme einer sozialen Institution auf die „Identitätsbildung" ihrer Mitglieder zu wachsender Identifikation und gegenseitiger Loyalität motivieren. Wichtig ist, daß eine Gemeinschaft ihre

Mitglieder mit der „sozialen Identität" nicht überfordert, sondern daß sie auch auf die persönlichen Ansprüche des einzelnen Rücksicht nimmt. Ferner spielen gegenseitige Anerkennung und Vertrauen eine große Rolle. So können etwa Minderwertigkeitsgefühle und Komplexe abgebaut werden, die das zwischenmenschliche Beziehungsgeflecht oft unbewußt belasten. Das Selbstbewußtsein des einzelnen kann dadurch gestärkt werden.

Resümee: Facettenreiche Lebenswirklichkeit

Ausgehend von der Feststellung, daß die postmoderne Gesellschaft des westlichen Kulturkreises sich u.a. durch die Hochschätzung menschlicher Individualität charakterisieren läßt, wurde die Frage nach dem zugrundeliegenden Menschenbild gestellt. Wie konnte es in der Postmoderne dazu kommen, daß die individuelle „Selbstentfaltung" einen solch hohen Stellenwert einnimmt?

Das abendländische Menschenbild ist zutiefst geprägt durch die Vorstellung von der „Menschenwürde". Als Produkt der europäischen Geistesgeschichte sind es vor allem die jüdisch-christlichen Wurzeln, die den Anspruch eines jeden Menschen auf eine unantastbare, einzigartige Würde stützen und so die Anerkennung und Behauptung des individuellen Wertes der „Personalität" postulieren. Weil jeder Mensch „Ebenbild Gottes" ist, kommt ihm als „Gottes Gegenüber und Repräsentant" eine besondere Stellung in der Schöpfung zu, jene einzigartige Würde, die in unantastbaren Wesensmerkmalen wie „Substantialität, Individualität, Relationalität und Rationalität" ihren Ausdruck findet. Zugleich ist der Mensch als „Geschöpf" in die Schöpfung hineinverwiesen. Auch „Kontingenz" kennzeichnet sein personales Wesen. Eine einseitige Betonung menschlicher „Individualität" findet daher in der Anerkennung der anderen personalen Wesensmerkmale ihre Relativierung. Dem abendländischen Menschenbild mit seinem ausgeprägten Begriff der „Personalität", der als Synonym für „Menschenwürde" und „Gottebenbildlichkeit" gilt, ist somit eine Spannung eigen, die den Menschen sowohl als selbständiges, geistbegabtes Individuum kennzeichnet als auch als Wesen, das auf Beziehung und Sozialität verwiesen ist. Bei der „Selbstentfaltung" bzw. „Persönlichkeitsentwicklung" kommt es daher darauf an, so weit wie möglich alle Bereiche gleichermaßen zu fördern, um der facettenreichen Wirklichkeit personalen Lebens gerecht werden zu können. Dabei ist es hilfreich, die Erkenntnisse der „empirischen Anthropologie", besonders der Persönlichkeitspsychologie, zu Rate zu ziehen, um so ein umfassendes Bild vom Menschen zu bekommen.

Einen wichtigen Schritt bei der personalen Entwicklung stellt die „Selbstannahme" dar. Der einzelne muß lernen, sich selbst anzunehmen, so wie er ist, mit seinen starken und schwachen Seiten, mit seiner Originalität und seiner typologischen Ausprägung, aber auch mit seinen Schattenseiten. An manchen Defiziten wird er arbeiten können, manche gilt es, als unabänderlich anzunehmen. So kann es in der richtigen Selbsteinschätzung, in der Erkenntnis der eigenen Unvollkommenheit, auch zur richtigen Einschätzung des Gegenübers kommen, die sich in einer Haltung der gegenseitigen Offenheit und Toleranz zeigt. Als „biologisches Mängelwesen" ist jeder Mensch von Geburt an auf andere Menschen verwiesen. Das soziale Beziehungsgeflecht, in das der einzelne eingebunden ist, prägt seine personale Entwicklung. „Sozialisation" geschieht als Wechselwirkung zwischen einzelner Person und sozialem Umfeld. Sie kann dann optimal gelingen, wenn sich die einzelne Person sowohl mit ihrer Originalität in eine soziale Institution einbringen kann, als auch sich durch ihr Engagement für diese verantwortlich zeigt. Der Prozeß der „Sozialisation" kann zu interpersonalen und intrapersonalen „Konflikten" führen. Hier wird verständlich, wie wichtig eine reife „Konfliktkultur" für die eigene „Persönlichkeitsentwicklung" ist, aber auch für das Gelingen jedes menschlichen Miteinanders. Indem der eigene Standpunkt zur Diskussion gestellt und hinterfragt wird, können alle Beteiligten im Konflikt reifen. Die „konflikthafte Existenz" des Menschen zeigt sich auch im Umgang mit der personalen „Freiheit". Menschliche „Freiheit" ist immer „Wahlfreiheit". Zwischen konkurrierenden Alternativen kann entschieden werden, was zugleich eine Entscheidung für etwas und eine Entscheidung gegen etwas beinhaltet. Dies kann zu intrapersonalen Konflikten führen. Zugleich wird einsichtig, daß „Freiheit und Bindung" als Begriffspaar inhaltlich zusammen gehören. Auch kann der Mensch aufgrund seiner Vernunftbegabtheit sein Handeln daraufhin reflektieren, ob es gut oder schlecht, richtig oder falsch war. Dabei sind es unterschiedliche Kräfte, die bewußt und unbewußt sein Tun beeinflussen. Manches wird daher im unerklärbaren bleiben und wiederum wird deutlich, daß der Mensch im Unterschied zur Maschine nur bedingt berechenbar ist, da auch sogenannte Grauzonen sein Leben mitbestimmen. Handlungsantriebe sind für den Menschen in erster Linie seine diversen „Bedürfnisse", die nach ihrer Lebenswichtigkeit in ein hierarchisches System eingeordnet werden können. Entsprechend charakterisieren auch sie auf unterschiedliche Weise die personale Entwicklung. Dies zeigt sich beispielsweise am Phänomen der „Arbeit". Dem einen dient sie, ihrem objektiven Sinngehalt entsprechend, zum Erwerb des Lebensunterhalts, dem anderen aber bietet sie, ihrem subjektiven Sinn entsprechend, Raum und Möglichkeit zur Entfaltung des eigenen kreativen Potentials. Bei der „Persönlichkeitsentwicklung" gilt es, beide Seiten ernst zu nehmen und, wenn möglich, in die berufliche Aufgabe zu integrieren. Abschließend sollte deutlich geworden sein, daß die genannten Faktoren auf unterschiedliche Weise die „Identitätsbildung" mitbestimmen. Hier tritt wiederum die personale Grundproblematik, das Arrangement zwischen individuellen Ansprüchen und sozialen Erwartungen, zutage. Weder eine konforme Anpassung an die gesellschaftlichen Erwartungen noch eine einseitige Orientierung an den eigenen Ansprüchen können zu einer ausgewogenen Persönlichkeitsstruktur führen. Zugleich ist es von seiten der sozialen Institution wichtig, daß diese den einzelnen nicht mit ihrer Rollenerwartung überfordert, sondern auf seine persönlichen Ansprüche und Bedürfnisse Rücksicht nimmt. Dazu gibt es allerdings keine Patentlösungen, die einen reibungslosen Ablauf sicherstellen könnten. Vielmehr muß das Arrangement zwischen „persönlicher" und „sozialer Identität" immer wieder neu hergestellt werden.

Wenn es in diesem Abschnitt um „Charakteristika der Personalität" gegangen ist, dann wurde in vielen Bereichen ein Idealbild des Menschen gezeichnet, das so in der konkreten Wirklichkeit nicht zu finden ist. Menschliches Dasein ist immer kontingentes, begrenztes, fehlerhaftes Dasein. So muß vieles, was hier beschrieben wird, in der Realität als idealtypisch stehen bleiben. Als Richtungsgrößen können aber diese Ideale sehr wohl hilfreiche Orientierung geben.

2.2 Aspekte der Sozialität

Die Situationsanalysen von westlichem Wirtschaftssystem und katholischer Kirche machten darauf aufmerksam, daß beide Institutionen im bloßen Beharren auf ihren tradierten Strukturen weder der gesellschaftlichen Entwicklung bzw. den veränderten Anforderungen, noch dem veränderten Selbstbewußtsein ihrer Mitglieder gerecht werden können. Forderungen nach Neustrukturierung und Umorganisation werden erhoben, um so dem menschlichen Streben nach „personaler Entwicklung" und dem Drang nach „Selbstentfaltung" mehr Raum zu schenken. Zugleich besteht für beide Großorganisationen darin die Möglichkeit, die reichhaltigen Potentiale ihrer Mitglieder besser einzusetzen. Wirtschaft und Kirche werden als soziale Institutionen für ihre Mitglieder in die Pflicht genommen.

2.2.1 Grundformen der Sozialisation

Zunächst soll eingehender der Frage nach den Antriebskräften nachgegangen werden, die den einzelnen veranlassen, sich mit anderen Menschen zusammenzuschließen. Aus diesen lassen sich dann verschiedene „Grundformen der Sozialisation" ableiten, die in unterschiedlicher Gewichtung das Erscheinungsbild jeder sozialen Institution prägen, gerade auch in ihrer strukturellen Gestalt.
Im Folgenden werden zwei unterschiedliche Ansätze zusammengeführt. Pieper (+1997) nähert sich der Problematik von der „philosophischen Anthropologie" her. Er nutzt dabei die soziologischen Erkenntnisse von Tönnies (+1936), indem er diese zu einem dreidimensionalen Modell menschlicher Sozialisationsformen weiterentwickelt. Korff dagegen geht von den empirischen Erkenntnissen der neueren „Verhaltensforschung" aus, indem er aus den „naturalen Antriebskräften" sozialisierende Grundeinstellungen ableitet.
Um den unterschiedlichen Blickwinkeln gerecht zu werden, werden beide Ansätze zunächst getrennt dargestellt, um dann die Ergebnisse in einem abschließenden Teil zusammenzuführen.[512]

2.2.1.1 Soziale Spielregeln

Bei der Bestimmung der verschiedenen Formen menschlicher Sozialisation dienen in der soziologischen Forschung die Begriffe „Gemeinschaft" und „Gesellschaft" als Richtungsbegriffe. Im allgemeinen Sprachgebrauch gibt es zwischen diesen Begriffen keine durchgehende Unterscheidung. Meist findet der Begriff „Gemeinschaft" im Gegensatz zu „Gesellschaft" Verwendung für soziale Gebilde im engeren Sinn, wie beispielsweise Familie, Freundeskreis etc. Wenn es sich um einen sozialen Zweckverband handelt, dann wird häufig die Bezeichnung „Gesellschaft" verwendet, wie etwa bei einer Aktiengesellschaft. Mit Höffner (+1987) kann darauf verwiesen werden, daß der Sprachgebrauch nicht einheitlich ist, wie einige Beispiele veranschaulichen. Höffner führt aus: „Obwohl wir z.B. von der klösterlichen Gemeinschaft sprechen, nennen sich die Jesuiten »Gesellschaft Jesu« und die Steyler Missionare »Gesellschaft des Göttlichen Wortes«. Im deutschen Gesellschaftsrecht heißt die Poolbildung mehrerer Unternehmungen »Gewinngemeinschaft« oder »Interessengemeinschaft« (z.B. IG-Farben)."[513]

Es ist vor allem Tönnies zu verdanken, daß es in der Soziologie zu einer deutlicheren Unterscheidung der Begriffe „Gesellschaft" und „Gemeinschaft" gekommen ist.[514] Ausgangspunkt ist für ihn dabei die Tatsache, daß sich jede soziale Institution einem gemeinsamen Willen verdankt, d.h. daß die betroffenen Personen die Verbindung miteinander wollen, diese „bejahen".[515] Dabei unterscheidet Tönnies zwischen „Wesenwillen" und „Kürwillen" als Antriebskräfte zur Sozialisation.[516] Der „Wesenwillen" ist unreflektiert und organisch und will daher von seiner Natur aus „Gemeinschaft". Der „Kürwillen" dagegen ist durch künstliche und rationale Kalkulation gegeben und will „Gesellschaft". Während der „Wesenwille" in den „Gemeinschaften" als Brauch, Glaube, Eintracht, Sitte und Religion wirkt, bringt der „Kürwille" in den „Gesellschaften" den Vertrag, die Satzung und die Konvention hervor.

Die Gesellungsform „Gemeinschaft" lebt aus der gegenseitigen Bejahung ihrer Mitglieder. Ihre Grundlage ist der Zusammenschluß mehrerer „Wesenwillen". Dieser gemeinsame Wille, der „Consensus", trägt die „Gemeinschaft" und hält sie zusammen. Daher brauchen „Gemeinschaften" keine formulierten Satzungen. Sie entziehen sich jeder Planung und Organisation und sind ihrer Intention nach unbegrenzt. Sie sind nicht machbar, sondern müssen von sich aus wachsen.

Tönnies unterscheidet drei Elementarformen von „Gemeinschaften", die des Blutes beispielsweise in Ehe, Familie; die des Geistes wie etwa Freundschaft und die des Ortes wie z.B. Nachbarschaft und Gemeinde.[517] Mit Baumgartner kann daher der Tönniessche Gemeinschaftsbegriff folgendermaßen definiert werden: „Zusammenfassend läßt sich Gemeinschaft charakterisieren als lebendig-organische, natürlich-gewachsene, durch Neigung und Gewohnheit bejahte, familienhafte Verbundenheit von Menschen."[518]

Im Gegensatz zu den „Gemeinschaften" basieren „Gesellschaften" nicht auf dem Zusammenschluß mehrerer „Wesenwillen". Aufgrund der unterschiedlichen „Kürwillen" schließen sich in ihnen Menschen nur vorübergehend zusammen. Zwar ist die gegenseitige Bejahung der Glieder auch für jede Form von „Gesellschaft" konstitutiv, doch sind die einzelnen nicht wesentlich verbunden, sondern getrennt, da „Gesellschaften" Zweckverbände sind.[519]

Eine „Gesellschaft" ist weder ein gewachsenes noch ein organisches Gebilde, sondern künstlich gemacht. Sie ist ein mechanischer Zweckverband zur Verfolgung individueller Interessen der einzelnen Gesellschafter. Daher sind „Gesellschaften" egoistischer geprägt.

Der Typus der „Gesellschaft" und damit der Gegensatz zur Familie ist für Tönnies der aus konkreten Interessen gegründete und diesen Interessen dienende Verein.[520] Zweckbetonung, Gewinnstreben und relative Beziehungslosigkeit der Gesellschafter sind seine Hauptmerkmale. Während sich die Mitglieder von „Gemeinschaften" um ihrer selbst willen zugetan sind, sind „Gesellschaften" gerade dadurch geprägt, daß sich die Mitglieder nicht aus gegenseitiger Zuneigung zusammengefunden haben, sondern zur Verfolgung ihrer einzelnen Interessen.

„Gesellschaft" und „Gemeinschaft" sind für Tönnies Idealtypen und Richtungsbegriffe. Die unterschiedlichen sozialen Institutionen bewegen sich zwischen diesen beiden Polen und nähern sich einmal diesem, ein anderes Mal dem anderen an.[521]

Die Schwäche des Tönniesschen Ansatzes liegt in seiner Polarisierung und Schwarz-Weiß-Malerei, die sich etwa in folgendem Zitat zeigt: „Alles vertraute, heimliche, ausschließliche Zusammenleben (so finden wir) wird als Leben in Gemeinschaft verstanden. Gesellschaft ist die Öffentlichkeit, ist die Welt. In Gemeinschaft mit den Seinen befindet man sich, von der Geburt an, mit allem Wohl und Wehe daran gebunden. Man geht in die Gesellschaft wie in die Fremde."[522] Tönnies neigt geradezu dazu, „Gemeinschaft" als die Höchstform der Sozialisation zu idealisieren. Als negativer Gegenpol dient ihm dabei die „Gesellschaft".

In diesem Zusammenhang wird deutlich, daß in der Unterscheidung von „Gemeinschaft" und „Gesellschaft" das Gegensatzpaar „Einst" und „Jetzt" im geschichtlichen Prozeß mitgedacht ist. Die zunehmende Verstädterung des neunzehnten und beginnenden zwanzigsten Jahrhunderts ist für Tönnies ein eindeutiges Indiz für die Entwicklung weg von der „Gemeinschaft" hin zur „Gesellschaft". Die Großstadt, verstanden als Zweckverbindung, ist typisch für das soziale Gefüge „Gesellschaft". In ihr stehen sich die vereinzelten Personen oder Familien unverbunden gegenüber und „haben ihren gemeinsamen Ort nur als zufällige und gewählte Wohnstätte."[523]

Tönnies ist es zu verdanken, daß er als erster durch die Begriffsdefinitionen von „Gemeinschaft" und „Gesellschaft" versucht, Struktur und Klarheit in die Erscheinungsformen menschlicher Sozialisation zu bringen. Dabei sind es zwei wesentliche Kritikpunkte, an denen die weitere Forschung ansetzt. Zum einen idealisiert und überfordert er die Sozialform „Gemeinschaft", so daß er gar nicht deren Grenzen erkennt.[524] Zum andern arbeitet er mit einem negativ geprägten „Gesellschaftsbegriff" und verkennt dabei die Notwendigkeit bzw. die positiven Seiten von gesellschaftlicher Sozialisation. Durch diese starke Polarisierung, die zur Idealisierung der Sozialisationsform „Gemeinschaft" und der sozialen Institution Familie führt, geht die nüchterne Sicht der sozialen Realität verloren.

In seinen „Grundformen sozialer Spielregeln" versucht Pieper[525], ausgehend von diesen Kritikpunkten, den Tönniesschen Ansatz fortzuführen, indem er ihn um eine dritte Grundform menschlicher Sozialisation ergänzt und dabei die Idealisierung der „Gemeinschaft" bzw. die Abwertung der „Gesellschaft" relativiert.

In Analogie zur Anatomie und Physiologie des menschlichen Körpers unterscheidet Pieper zwei Formen von Soziologie. Während die verschiedenen Möglichkeiten von Zellverbindungen die Gewebe bestimmen, so z.B. Muskel-, Nerven-, Haut- und Knochengewebe, werden Organe durch ihre Funktion im ganzen des lebendigen Körpers charakterisiert. Ebenso gilt es, im Bereich der Soziologie zwischen sozialen Gewebeformen und sozialen Organen zu unterscheiden. Dabei umfaßt die „Soziohistologie" die drei Grundformen von Sozialisation „Gemeinschaft", „Gesellschaft" und „Organisation"; die „soziale Organologie" dagegen soziale Institutionen, die von ihrer Funktion her bestimmt sind, wie Familie, Kirche, Verein, Staat, Unternehmen etc.[526]

Wenn es nun um Grundfragen menschlichen Zusammenlebens und die dazu gegebenen Umgangsformen und Regeln geht, quasi um eine „Fundamental-Sozialethik", betrifft dies zunächst den Bereich der „Soziohistologie" und dann erst bei der Konkretisierung in sozialen Institutionen die „soziale Organologie".[527] Diese natürlich gegebenen Grundregeln, d.h. die Umgangsformen, die von Natur aus die menschliche Sozialisation bestimmen, versucht Pieper zu benennen und setzt bei der Anthropologie an, indem er unterscheidet: „Jeder Mensch stellt in seiner konkreten Existenz (erstens) etwas Allgemeines dar, etwas jedenfalls, das er mit anderen, vielleicht mit allen Menschen gemeinsam hat. Zugleich aber (zweitens) ist jeder Mensch ein Einzelner, der sein getrenntes Sonderdasein lebt, das er mit niemanden teilen kann, mag ihn im übrigen auch noch so viel gemeinsames mit dem Anderen verbinden. Und (drittens) ist jeder Mensch etwas qualitativ Besonderes, nicht nur »einer« neben anderen, von denen jeder gleichfalls »einer« ist, jeder ist nicht nur »nicht der andere«, sondern er ist auch »anders als der andere«; das heißt: in jedem Einzelnen ist das Allgemeine des Menschseins auf einzigartige, unwiederholbare Weise verwirklicht."[528]

Diesen drei Grundformen menschlichen Daseins entsprechen drei unterschiedliche Grundformen der Sozialisation. Dabei versteht Pieper unter Gesellung „nur solche menschliche Verbindungen, die auf einer wechselseitigen Bejahung der Partner beruhen."[529] Analog zu Tönnies erkennt auch er, daß ein gemeinsamer Wille zur Sozialisation Voraussetzung für diese ist und unterscheidet drei Grundformen der Gesellung.[530] „Das »Allgemeine« begründet Möglichkeit und Gewähr aller Übereinstimmung und Gemeinsamkeit; die zugeordnete Gesellungsform ist die Gemeinschaft. – Die »Einzelhaftigkeit« anderseits ist der Kristallisationskern der Gesellschaft, obwohl als Form der Gesellung die Wechselseitigkeit der Bejahung voraussetzend, gibt sie zugleich dem individuellen Interesse, der Privatsphäre und der Selbstbewahrung ausdrücklich Raum. – Die Gesellungsform »Organisation« schließlich kristallisiert sich an der Besonderheit der Menschen, welche sie zu gegenseitiger Ergänzung drängt, zur Vollendung eines gemeinsamen Werkes und zu arbeitsteiliger Aktion."[531]

Hier zeigt sich deutlich der Unterschied zu Tönnies. Pieper setzt bei der Anthropologie an und ordnet den verschiedenen menschlichen Aspekten unterschiedliche Gesellungsformen zu. Er wertet dabei nicht die eine ab oder die andere auf, sondern zeigt, daß er dem Menschen in seiner ganzen Bandbreite, d.h. sowohl als „allgemeinem", als auch als „einzelnem", als auch als „qualitativ besonderem" gerecht werden will. Ferner benennt Pieper neben den beiden Gesellungsformen „Gemeinschaft" und „Gesellschaft" auch noch eine dritte, die der „Organisation". Die Polarisierung und dualistische Sichtweise Tönnies wird so um einen dritten Gesichtspunkt erweitert.

Dabei wird Pieper nicht müde zu beteuern, daß diese drei Grundformen der Gesellung nie rein realisiert sind, wie es etwa Tönnies am Beispiel der Familie für die Gesellungsform „Gemeinschaft" aufzeigen wollte. Vielmehr betont Pieper, daß jede real existierende soziale Institution durch alle drei Strukturelemente bestimmt sein muß. Sonst stellt sie eine defizitäre Form menschlichen Miteinanders dar. In diesem Zusammenhang zeigt sich, wie sich die Unterscheidung in „Soziohistologie" und „soziale Organologie" als äußerst hilfreich erweist.[532]

2.2.1.1.1 Gemeinschaft: Haltung der Hingabe

Es sind zwei wesentliche Merkmale, die die Gesellungsform „Gemeinschaft" charakterisieren. Zum einen ist es die wechselseitige Bejahung der in ihr verbundenen Menschen. Zum anderen ist es die Betonung des ihnen Gemeinsamen. Das eine kann ohne das andere nicht gedacht werden, beide Faktoren sind wichtig. Daher kann Pieper ausführen: „In der Gemeinschaft also tritt alles, was die Gemeinschaft einschränkt oder gar zerstören könnte, vor allem das Interesse des einzelnen, auch das berechtigte, ausdrücklich zurück."[533]

Die soziale Spielregel der „Gemeinschaft" ist die innere Haltung der Liebe und der Hingabe. Diese Haltung findet nach Pieper ihren Ausdruck im Grundsatz: Was mir gehört, das soll dir bzw. allen gehören.[534] „Gemeinschaften" sind daher durch Unmittelbarkeit gekennzeichnet. Ab einem gewissen Grad der zwischenmenschlichen Vertrautheit ist es beispielsweise üblich, als Zeichen der gegenseitigen Zuneigung von der distanzierteren Anrede mit dem Nachnamen zur persönlicheren Anrede mit dem Vornamen überzugehen. Im deutschen Sprachgebiet zeigt sich dieser Übergang von der Bekanntschaft zur Freundschaft zugleich auch im Wechsel vom distanzierteren „Sie" zum persönlicheren „Du". Ein möglichst geringes Maß an Förmlichkeit, Etikette und Zeremoniell charakterisieren also „Gemeinschaften". So werden etwa Liebesbriefe selten mit der Schreibmaschine geschrieben, sondern meist wird dem persönlich handgeschriebenen Brief der Vorzug gegeben. Freunde werden spontan, ohne lange Anmeldung oder Einladung besucht. Vertrautheit und Direktheit sind im mitmenschlichen Umgang der „Gemeinschaft" eine Selbstverständlichkeit.[535]

Diese innige Verbundenheit birgt aber zugleich das Risiko und den Mangel an „innerer Keuschheit". In diesem Zusammenhang macht Pieper im Unterschied zu Tönnies deutlich auf die Gefahren aufmerksam, die eine Idealisierung der Gesellungsform „Gemeinschaft" mit sich bringt. Ohne Maske und Waffe, ohne Geheimnisse voreinander begegnet man sich hüllenlos. Dabei geht es um mehr als bloß um das „Risiko der Lächerlichkeit".[536] In Anlehnung an Guardini (+1968) stellt Pieper fest: „Ernster zu nehmen, scheint mir, ist wohl der in solcher Preisgabe innerster Regungen liegende Mangel an seelischer »Keuschheit«, der für das Leben des Einzelnen nicht weniger unheilvoll sein kann wie für das der Gemeinschaft insgesamt."[537] Daher bedarf jede „Gemeinschaftsromantik" zugleich des schützenden Korrektivs der Gesellungsformen „Gesellschaft" und „Organisation".

2.2.1.1.2 Gesellschaft: Anspruch der Gerechtigkeit

Wie Pieper auf der einen Seite seine Bedenken äußert bezüglich einer Absolutsetzung der Gesellungsform „Gemeinschaft", warnt er auf der anderen Seite vor einer Abwertung von „Gesellschaft". „Gesellschaft" darf nicht verkannt werden, weder als bloße Verfallserscheinung, noch als soziale Ausdrucksform von Egoismus. Vielmehr versucht die Gesellungsform „Gesellschaft" dem Individuum gerecht zu werden. Daher definiert Pieper „Gesellschaft" als „wechselseitige bejahte Verbundenheit der Partner trotz der von ihnen zugleich betonten Einzelhaftigkeit."[538]

Im Gegensatz zur „Gemeinschaft" ist die Sozialisationsform „Gesellschaft" charakterisiert durch die Grundspannung zwischen gegenseitiger Bejahung und Einzelhaftigkeit. Einzelhaftigkeit bedeutet dabei, daß der Mensch „ein Jemand", nicht „ein Etwas", „ein Ich-Selbst", eine Welt für sich ist, die es zu respektieren gilt. Er kann frei über sich verfügen. Selbstverständlich braucht er dazu einen gewissen Grad an Mündigkeit. Während das Kleinkind wie in einem Nest auf das gemeinschaftliche Leben angewiesen ist, fordert der heranwachsende Jugendliche sein Recht auf die persönliche Eigensphäre.[539]

Pieper veranschaulicht die „Gesellschaft" am Vertragsverhältnis.[540] Der Interessenausgleich zwischen „Leistung und Gegenleistung" von zwei Partnern bzw. Parteien steht im Mittelpunkt dieser Form der Sozialisation. Das zugrundeliegende Prinzip: „do ut des" regelt das Miteinander. Während die „Gemeinschaft" keinen Vertrag braucht, ist er für die „Gesellschaft" geradezu kennzeichnend, da er die Einzelinteressen der Partner in Einklang bringt. Letztlich geht es um die gegenseitige Anerkennung, trotz aller Verschiedenheit. Pieper erläutert: „Ein Vertrag ist zwar beileibe keine Liebeserklärung; aber er bedeutet immerhin, daß die Partner »sich vertragen«. »Treu und Glauben« ist das sogar gesetzlich formulierte und die Rechtsprechung bindende Prinzip eines Vertragsabschlusses."[541] Im Vertragsabschluß soll der Interessenausgleich sichergestellt werden, d.h. der andere soll das bekommen, was ihm zusteht. Unter dem „Anspruch der Gerechtigkeit" wird das soziale Miteinander der „Gesellschaft" geregelt.

„Gerechtigkeit" läßt sich durch das Prinzip „suum cuique" – „jedem das Seine" charakterisieren. Sie stellt den Gegenpol zur „Liebe" dar, der Spielregel der „Gemeinschaft". Mit Verweis auf Thomas von Aquin (+1274) erinnert Pieper an den inneren Verweiszusammenhang von „Gerechtigkeit und Liebe". Thomas stellt fest: „Quia iustitia sine misericordia crudelitas est, misericordia sine iustitia mater est dissolutionis et ideo opportet quod utrumque coniugatur, (...).“[542] „Gerechtigkeit“ und „Liebe“ als die sozialen Spielregeln von „Gesellschaft“ und „Gemeinschaft“ müssen zusammenwirken, damit menschliches Miteinander weder in unmenschlicher Grausamkeit noch im Chaos endet.

Gerade die Behauptung des Einzelinteresses unterscheidet die „Gesellschaft“ von der „Gemeinschaft“. Zugleich aber gewährleistet die wechselseitige Bejahung der Partner durch Vertragstreue und Anerkennung des Gleichwertprinzips, daß die „Gerechtigkeit“ nicht zur Ungerechtigkeit wird, daß sich die „Gesellschaft“ als eine Form echter Gesellung unterscheidet „vom machiavellistischen Gewaltverhältnis, in welchem jeder seinen Vorteil erjagt, auf welche Weise und wo auch immer er ihn findet.“[543]

Während sich Menschen in einer „Gemeinschaft“ so nah wie möglich sein wollen, ist es im gesellschaftlichen Umgang fast umgekehrt: Hier achtet man darauf, daß niemand dem anderen zu nahe tritt. Daher kennzeichnen Förmlichkeit und Etikette die Umgangsformen, um so in einer Art Unangreifbarkeit den Einbruch in die eigene Privatsphäre zu verhindern. Plessner (+1985) spricht sogar von der „Sehnsucht nach der Maske, hinter der die Unmittelbarkeit verschwindet.“[544] Dieses Streben nach Unangreifbarkeit zeigt sich beispielsweise in der Bezahlung durch Geld, die mitmenschliche Unmittelbarkeit und Direktheit gekonnt zu verhindern weiß. Zugleich aber sieht Pieper immer wieder die Gefahr der individualistischen Auflösung. Mit einem Zitat von Kierkegaard (+1855) erläutert er daher: „So ist es Dein Prinzip, niemals etwas anzunehmen, ohne dafür Geld zu geben. Geld ist ja das vortrefflichste Mittel, jedes persönliche Verhältnis auszuschließen. Es ist Dir höchst unbehaglich, wenn Leute (...) ein zum Gelde inkommensurables persönliches Verhältnis zu Dir anknüpfen wollen.“[545]

Die betonte Wahrung der Eigensphäre auf der einen Seite und die Respektierung des Partners auf der anderen Seite sollten die Umgangsformen innerhalb der „Gesellschaft“ kennzeichnen. Schließlich geht es dabei um das richtige Verhältnis zwischen Nähe und Distanz. Pieper erläutert: „Am Anfang könnte Schopenhauers bissiges Gleichnis von den Stachelschweinen stehen, das immerhin von dem »Bedürfnis der Erwärmung« spricht, das diese merkwürdigen Tiere zueinander führe, während die gegenseitige Belästigung durch die Stacheln sie sogleich wieder auseinandertreibe, bis sie schließlich »eine mäßige Entfernung von einander herausgefunden hatten, in der sie es am besten aushalten konnten«. Die Moral von der Geschichte: genau ebenso sei es mit der gesellschaftlichen Geselligkeit der Menschen bestellt. »Die mittlere Entfernung, die sie endlich herausfinden und bei welcher ein Beisammensein bestehen kann, ist die Höflichkeit und feine Sitte.«“[546] Förmlichkeit, Etikette und Takt sind daher Instrumente der „Gesellschaften“. Sie helfen, eine gesunde Distanz zwischen den einzelnen Mitgliedern zu wahren.[547]

Pieper kommt zu einem ähnlichen Ergebnis wie Tönnies, daß die „Gesellschaft“ im Vergleich zur „Gemeinschaft“ eine spätere Form der Gesellung darstellt. Sie ist auch schwieriger zu realisieren, da sie eine höhere Reife des Bewußtseins voraussetzt. „Lernen, gerecht und taktvoll zu sein, auch demjenigen das Seine zu geben und den zu respektieren, den man nicht lieben kann: genau das heißt Erwachsenwerden.“[548] Hier zeigt sich, daß die Gesellungsform „Gesellschaft" aufbaut auf der Gesellungsform „Gemeinschaft".

Zugleich verweist Pieper darauf, daß eine Absolutsetzung der Grundform „Gesellschaft" ebenso realitätsfremd ist, wie eine Idealisierung der Grundform „Gemeinschaft". „Eine Absolutsetzung der »Gesellschaft« (...) ist ebenso realitätswidrig wie irgendein Gemeinschaftsradikalismus; wahrscheinlich ist sie sogar destruktiver, weil sie dem Einzelnen aus dem Mutterboden gemeinschaftlichen Lebens zu entwurzeln droht, auf welchem allein auch die Form gesellschaftlicher Gesellung »eingeübt« werden kann."[549]

2.2.1.1.3 Organisation: Ausdruck der Mitgliedschaft

Die Sozialisationsform „Organisation" läßt sich von ihrer Etymologie her erklären. Ein Organ, hergeleitet vom griechischen Begriff „οργανον", ist ein Werkzeug. Daher läßt sich „Organisation" ebenso wie der verwandte biologische Begriff „Organismus" verstehen als „die zur Wirkeinheit zusammengefaßten Organe, die in ihrer unterschiedlichen Funktion auf die Erreichung eines bestimmten Zieles ausgerichtet sind."[550]

Entscheidende Elemente der Gesellungsform „Organisation" sind somit Ziel und Zweck, denen sie dient und die den Aufbau und das Zusammenwirken der einzelnen Glieder bestimmen. Daher sind die Glieder einer „Organisation" weder primär Freunde noch sich respektierende Individuen. Zunächst einmal zeichnen sie sich als Funktionsträger aus. Das „qualitativ Besondere" eines jeden menschlichen Lebens ist das entscheidende Kriterium.

Ebenso spielt auch die wechselseitige bejahte Verbundenheit, wie bei den anderen beiden Gesellungsformen, eine konstitutive Rolle. Dies meint, daß der einzelne sich dessen bewußt ist, daß er mit anderen zusammenwirkt, um gemeinsam Zweck und Ziel einer „Organisation" zu verwirklichen. In einem Orchester z.B. stehen zunächst die unterschiedlichen Instrumente mit ihren Musikern im Vordergrund. Zugleich aber bedarf es einer gegenseitigen Bejahung, damit die unterschiedlichen Glieder harmonisch zusammenwirken können. So läßt sich die oben genannte Definition des Begriffs „Organisation" präzisieren: „Organisation" meint „die an der Besonderheit der Glieder sich kristallisierende, auf wechselseitige Bejahung gegründete Grundform der Gesellung."[551]

Die soziale Spielregel der Gesellungsform „Organisation" ist die „Mit-Gliedschaft", verstanden als „Gemeinsamkeit des Gliedseins". Pieper verdeutlicht dies an mehreren Beispielen. „Der Zusammenhalt einer Fußballmannschaft zum Beispiel steht wohl meistens unter der gemeinschaftlichen Spielregel der Kameradschaftlichkeit. Sobald aber »gespielt« wird, treten augenblicklich die völlig andersartigen Spielregeln der Organisation in Kraft; plötzlich ist der Freund vor allem der »Linksaußen« oder »der Mann im Tor«. Auch die innere Beziehungshaltung der Einzelnen ändert sich, und das um so kräftiger, je mehr ihnen am Gelingen des nur gemeinsam zu erreichenden Zieles liegt. (...). Die leidenschaftlichen Zornesausbrüche, mit denen ein unaufmerksamer oder schlecht vorbereiteter Mitspieler überschüttet zu werden pflegt, haben mit persönlicher Gegnerschaft nichts zu tun."[552]

Dies bedeutet auch, daß Funktionen in der „Organisation" nicht nach Freundschaft, sondern nach Tüchtigkeit und Können vergeben werden. Sympathiebekundungen bei der Aufgabenverteilung, die Qualitäten wie Befähigung und Eignung als entscheidende Kriterien verdrängen, können für die „Organisation" fatale Folgen haben, da so ihr ursprünglicher Charakter verkannt wird.

Zugleich warnt Pieper vor einer Absolutsetzung der Gesellungsform „Organisation". Dann nämlich wird der Mensch nur noch als Funktionsträger und Funktionserfüller gesehen. Hierin liegt etwa die Gefahr des politischen Totalitarismus, der die Tendenz hat, die Menschen ausschließlich zu Funktionären des Staatszwecks zu machen. Gemeinschaftliche oder gesellschaftliche Aspekte im zwischenmenschlichen Umgang werden dabei belanglos. Pieper verdeutlicht: „So kann es etwa geschehen, daß einer glaubt, arglos vertrauend mit seinem Freunde zu sprechen oder mit seinem Sohn – und dann kommt es unversehens an den Tag, daß er in Wirklichkeit mit einem Funktionär der politischen Macht gesprochen hat, daß also diese Beziehungen plötzlich als »dienstliche« Beziehungen interpretiert werden und es vielleicht schon vorher waren."[553]

Hier zeigen sich deutlich die Grenzen der Sozialisationsform „Organisation". Sowohl die Erdung in der „Gemeinschaft", als auch die durch die „Gesellschaft" eingeforderte Respektierung des einzelnen bilden Gegenpole, die die organisatorische Spielregel der „Mit-Gliedschaft" in ihre Grenzen weist.

2.2.1.1.4 Notwendige Verflechtung

Jeder Mensch vereint in sich die Elemente des „Gemeinsamen", der „Einzelhaftigkeit" und des „Besonderen". Ebenso vereint jedes sozialisierende Streben und damit jede soziale Institution die drei Grundformen „Gemeinschaft", „Gesellschaft" und „Organisation".

Eine Familie beispielsweise wird von ihrer Funktion her zunächst einmal als „Gemeinschaft" empfunden werden. Zugleich aber wird sie auch „Gesellschaft" und „Organisation" sein. In der Wahrung des Briefgeheimnisses z.B. zeigt sich, daß sich die einzelnen Familienmitglieder in ihrer Einzelhaftigkeit ernst nehmen. Auch die Abgrenzung der Lebensbereiche in eigene Räume und Zimmer zeigt an, daß die Familie zugleich „Gesellschaft" ist. Ebenso kommt es in der Familie auch im planenden, organisatorischen Bereich zu Funktionsaufteilungen, so etwa bei der Kindererziehung oder im Bereich der häuslichen Arbeitsteilung.

Im Unterschied zu Tönnies kann Pieper daher im Blick auf die Gesellungsform „Gemeinschaft" feststellen: „Eine Gemeinschaft, wie sie idealerweise sein sollte, wird also neben der charakteristisch vorherrschenden Gemeinsamkeit auch dem Für-sich-Sein und der Privatsphäre der Einzelnen Raum geben, neben der Selbsthingabe auch der Selbstbewahrung, außer dem Opfer zugleich dem Vorteil. Sie wird ferner auf die »besonderen« Fähigkeiten und Neigungen ihrer Glieder Rücksicht nehmen und ihnen bei der Einfügung in das Gemeinschaftsleben die Möglichkeit zu entsprechender Funktion offenhalten."[554]

Ein Sozialgefüge, das als „Organisation" empfunden wird, wie z.B. eine Fußballmannschaft, wird auch durch gemeinschaftliche und gesellschaftliche Aspekte geprägt sein, wie es Vereinsausflüge und die Respektierung der Privatsphäre der Mitspieler zeigen. Ebenso hat das soziale Verhältnis zwischen Arbeitgeber und Arbeitnehmer, das sehr stark gesellschaftliche Züge trägt, auch gemeinschaftliche und organisatorische Züge. Aufmerksamkeiten zu einem Betriebsjubiläum von seiten des Arbeitgebers sind Indizien für gemeinschaftliche Aspekte. Zugleich zeigt die Existenz von Verwaltungseinheiten und verschiedenen Dienstleistungsabteilungen an, daß ein Unternehmen zugleich arbeitsteilige „Organisation" ist.

Jede Form menschlicher Gesellung sollte von allen drei Grundformen bestimmt sein. Pieper zieht daraus folgende Schlüsse:[555]

Die Absolutsetzung einer der Grundformen ist völlig realitätsfremd, da sie im Widerspruch zur Wirklichkeit des Menschen steht, der immer zugleich die Elemente des „Gemeinsamen", der „Einzelhaftigkeit" und des „Besonderen" in sich vereint. Wenn er sein Menschsein voll zur Entfaltung bringen will, dann hängt dies davon ab, inwieweit die konkreten Sozialgebilde, in denen er sich befindet, alle drei Aspekte ernst nehmen. Sie müssen sowohl die Spielregel der „Gemeinschaft" als auch der „Gesellschaft" und der „Organisation" kennen und diese entsprechend einhalten.

Es ist ebenso realitätswidrig, wenn in den konkreten Sozialgebilden, die selbstverständlich immer von einer der Gesellungsformen geprägt sind, dieser Vorrang zur ausschließlichen Geltung übersteigert wird. Vielmehr bedarf es dabei immer der anderen beiden Gesellungsformen und Spielregeln als Korrektiv, um einen gesunden Ausgleich herzustellen.

Im Unterschied zu Tönnies idealisiert Pieper keine Gesellungsform. Alle drei sind zunächst einmal mit ihren verschiedenen Spielregeln gleichbedeutend. Ferner erkennt Pieper, daß jede soziale Institution in ihrer „Soziohistologie" die Verflechtung von allen drei sozialen Gewebeformen aufweisen muß, dies natürlich in einer unterschiedlichen Gewichtung. So wird es immer soziale Gefüge geben, die stärker als „Gemeinschaft", als „Gesellschaft" oder als „Organisation" geprägt sind.

2.2.1.2 Naturale Antriebskräfte

Schon Seneca (+40), der den Menschen als „sociale animal et in commune genitus"[556] beschreibt, und Thomas von Aquin[557] (+1274) verweisen darauf, daß der Mensch von Natur aus die Anlage und Neigung zur Vergesellung hat. Daher will Korff von der Beobachtung und Erfahrung aus die Antriebskräfte benennen, die dem Menschen mit seiner Natur gegeben sind und die sich als „Grundformen der Sozialisation" zeigen. So stellt er die Frage nach den natürlichen Gesetzen, die das Leben zwischen Menschen steuern und menschliches Handeln bestimmen.[558]

Basierend auf den Erkenntnissen der modernen Verhaltensforschung beschreibt er verschiedene Antriebsgesetzlichkeiten, die die „vielfältigen interaktionell-zwischen-menschlichen Verhaltensmodi" charakterisieren.[559] Dabei ergänzt er die ethologischen Erkenntnisse durch soziologische Überlegungen von Vierkandt (+1953) und Gadamer, die unabhängig voneinander zu ähnlichen Ergebnissen kommen.[560]

Ausgehend von grundlegenden Formen der Sozialisation erkennt Korff eine triadische Struktur des Sozialen. Er nennt drei Grundeinstellungen, die als Antriebskräfte den Prozeß der Sozialisation bestimmen: „sachhaft-gebrauchende", „konkurrierende" und „fürsorgende Grundeinstellung". Dabei richtet er seinen Blick vor allem auf höher entwickelte Stufen tierischen Lebens. Erst hier sind besondere Ausformungen sozialer Lebensgestaltung zu beobachten, die auf interaktioneller Zuwendung basieren.[561]

2.2.1.2.1 Sachhaft-gebrauchend

Eine erste sozialisierende Antriebskraft kann dann beobachtet werden, wenn sich Tiere gleicher Art zu einem überindividuellen sozialen Miteinander zusammenschließen. Fische z.B., die auf der Flucht vor einem Feind sind, finden sich zu einem Schwarm zusammen.[562] Eibl-Eibesfeldt erklärt dieses Verhalten: „Der Fischschwarm ist in erster Linie ein Schutzverband gegen Freßfeinde. Das mag zunächst verblüffen, denn auf den ersten Blick sieht es doch so aus, als ob die Konzentration so vieler Fische an einem Ort einem Raubfisch das Beutefangen erleichtern würde. Das trifft jedoch nicht zu. Jeder Raubfisch muß nämlich vor dem Zuschnappen ganz nahe an seine Beute heran-kommen und sie fixieren können. Bevor er aber einen Schwarmfisch ins Auge fassen kann, ist dieser meist zwischen den anderen untergetaucht, (...).“[563] Der überindivi-duelle Zusammenschluß zum Schwarm nimmt also für den einzelnen Fisch eine Schutzfunktion wahr.

Ferner ist zu beobachten, daß höher entwickelte Tiere bei der Flucht jede Aggression innerhalb der Gruppe und jede Form der individuellen Selbstbehauptung ausschalten. Der Artgenosse wird zum Fluchtziel, in dessen Nähe der einzelne Geborgenheit findet: Er hat Heimvalenz.[564] Die Angst, die so die Gruppe zusammenschweißt, wird daher auch „sozialisierende Angst" genannt.[565] Das „gegenseitige Gebrauchen" ist die An-triebskraft, die es dem übergeordneten Sozialgefüge, wie es ein Schwarm oder eine Herde ist, ermöglicht, sich einem externen Feind erfolgreich zu widersetzen. Der ein-zelne nutzt also den schützenden Raum der Gruppe, um so sein Überleben zu sichern.

Aber nicht nur Beutetiere schließen sich zusammen, um sich vor Raubfeinden zu schüt-zen. Auch die Feinde bilden Gruppen, um so den Erfolg auf ihrer Seite zu steigern. So fangen beispielsweise Reiher in der Gruppe mehr Fische pro Minute und müssen sich dabei weniger anstrengen.[566] Ebenso schließen sich Wölfe zusammen, wenn es um die Jagd auf eine große Beute geht. Ein einzelner Wolf könnte etwa einen Elch oder einen Bison nicht erlegen.[567]

Diese „gebrauchende Antriebskraft" führt auch zu anderen Formen des überindividuel-len Miteinanders, etwa zur organisierten Arbeitsteilung. Eibl-Eibesfeldt erläutert dies am Beispiel des Ameisenstaates. „Ihre höchste Ausbildung erreicht die Arbeitsteilung in den Insektenstaaten. Hier bilden sich verschiedene Kasten mit jeweils anderen Aufgaben aus. Bei den Blattschneiderameisen des tropischen Südamerikas finden wir zum Beispiel drei verschiedene Arbeiter-Kasten: Große Arbeiter verteidigen als Soldaten den Stock, mittelgroße schneiden und transportieren die Blattstücke, und winzige Arbeiter verarbeiten diese Blätter zu Nährböden für Pilze, von denen diese ackerbauenden Ameisen leben. (...). Arbeitsteilung erlaubt extreme Spezialisierungen und damit Leistungssteigerung."[568] Auch hier steht als Motivationsantrieb eine gegenseitig „gebrauchende, sachhafte Grundeinstellung" im Vordergrund. Durch das Aufteilen der Arbeit werden so für die gemeinsame Ökonomie bessere Voraussetzungen geschaffen.

Auch der Mensch zeigt sich als Bedürfnis- und Mängelwesen, das in seiner Kontingenz und Begrenztheit sowohl die Hilfe als auch die Ergänzung anderer Menschen zur Deckung eigener Bedürfnisse braucht und nutzt. Korff nennt diese Antriebskraft zur Sozialisation „sachhaft-gebrauchende" bzw. „verdinglichende Grundeinstellung", „kraft deren sich der eine den anderen in der Vielfalt seiner individuellen Möglichkeiten und Interessen zunutze macht."[569]

2.2.1.2.2 Konkurrierend

Neben diesem überindividuellen sozialen Miteinander als Erscheinungsform von Sozialisation, ist das Konkurrenz- und Aggressionsverhalten höher entwickelter Tiere Indiz für eine weitere Grundform, die sich als interindividuelles soziales Miteinander bzw. Gegeneinander beschreiben läßt. Das Individuum versucht in Auseinandersetzung mit anderen Artgenossen seinen Ort, seinen Platz und damit seine Rechte innerhalb eines Sozialgefüges zu bestimmen, zu sichern oder einzufordern. Wenn etwa Jungtiere in spielerischer Weise ihre Kräfte messen und der Artgenosse – in gleichzeitiger Bindung an ihn – als Rivale dient, kommt es innerhalb des übergeordneten Sozialgefüges durch den „aggressiven-konkurrierenden Antriebsimpuls" zur Herausbildung von Rangordnungen. Die Hackordnung im Hühnerhof ist dafür ein gutes Beispiel. Eibl-Eibesfeldt erklärt: „Setzt man Hühner verschiedener Herkunft zusammen, dann beginnen sie zunächst miteinander zu kämpfen. Die Auseinandersetzungen nehmen jedoch im Laufe einiger Tage an Heftigkeit ab, und schließlich lebt die Gruppe friedlich miteinander. Beobachtet man genauer, dann stellt man fest, daß im Verlauf der Auseinandersetzungen eine Rangordnung festgelegt wird. Die Hühner kämpfen reihum und stufen einander nach Sieg und Niederlage ein. Ein Huhn a, das über die Hühner b, c und d siegte, ist diesen künftig überlegen. Es darf zuerst ans Futter, an den bevorzugten Schlafplatz, und es darf auch eine untergeordnete Henne hacken, wenn diese ihr den Vortritt am Futterplatz streitig macht."[570]

Aggression stellt daher weder „schlechthin ein zerstörerisches Prinzip noch die Quelle alles Bösen"[571] dar. Sie ist von Natur aus gegeben. So geht es beispielsweise bei „Turnierkämpfen" zwischen Hunden nicht um das Töten des Rivalen, sondern vielmehr um das gegenseitige „In-Schranken-weisen".[572] Damit kommt dem Aggressionsverhalten eine unverzichtbare konstruktive Bedeutung im Aufbaugefüge eines jeden höher entwickelten Sozialgefüges zu. Es schafft Ordnung. Im gegenseitigen Messen und Abgrenzen ist diese „aggressive Antriebskraft" zugleich auch für die Selbstbestimmung und Identitätsfindung bedeutsam, da das Individuum so seinen Standort im Sozialgefüge bestimmen kann. Das Konkurrenz- und Aggressionsverhalten ist daher fundamentale Voraussetzung zur Ausbildung von Individualität.[573]

Beim Menschen findet sich dieser Aspekt der Selbstbestimmung und Selbstbehauptung z.B. im Phänomen des Sports. Im „konkurrierendem Verhalten", „con-currere" meint ja von seiner ursprünglichen Wortbedeutung „zusammen-laufen", mißt der einzelne seine Kräfte mit anderen und bestimmt so seinen Platz im jeweiligen Sozialgefüge. Die numerischen Plazierungen bei sportlichen Wettkämpfen zeigen ähnlich wie die Hackordnung des Hühnerhofs, welcher Platz dem einzelnen zukommt.

Korff nennt dies die „aggressionsspezifische" bzw. „konkurrierende Grundeinstellung", „kraft deren sich der eine dem anderen gegenüber zu behaupten und ins Recht zu setzen sucht."[574]

Neben einer „sachhaft-gebrauchenden Grundeinstellung" bestimmt also auch eine „konkurrierende Grundeinstellung" die menschliche Sozialisation.

2.2.1.2.3 Fürsorgend

Schließlich verweist Korff noch auf eine dritte Antriebskraft zur Sozialisation, die in exklusiven Verbänden bei brutpflegenden Tieren zu beobachten ist. Eibl-Eibesfeldt erklärt dieses „fürsorgende Verhalten": Der Brutpflegetrieb „bindet die Eltern ans Kind und eignet sich offenbar ausgezeichnet dazu, das Band zwischen Erwachsenen zu festigen. Wir wiesen darauf hin, daß nur brutpflegende Tiere exklusive Verbände bilden. Nur sie konnten über die Aggressionsbarriere hinweg ein Band stiften. Und sie tun es alle mit Verhaltensweisen der Betreuung, die dem Brutpflegebereich entstammen, und unter Nützung kindlicher Signale, die solche aktivieren."[575]

Am deutlichsten zeigt sich dieser „fürsorgende Umgang" im Verhältnis zwischen Mutter und Kind. Die Beziehung des Kindes zur Mutter ist wesentlich durch die Motivationshaltung des Schutz-Suchens, des Sich-Bergens, des Bedürfens bestimmt; letztlich durch die „sachhaft-gebrauchende Grundhaltung". Dabei wirkt das Kind aktiv auf die Brutpflege ein, indem es z.B. zur Mutter hinläuft und um Nahrung bettelt.[576] Die Beziehung der Mutter zum Kind dagegen motiviert sich aus einer mitteilenden Zuwendungshaltung, „die von den Momenten des Gebens und Aufnehmens, des Sich-Gebrauchenlassens, des Schenkens und Sorgens erfüllt ist."[577] Elefanten beispielsweise unterstützen gegebenenfalls sogar ihre Kinder bei deren Kinderpflege und helfen so ihre Enkel zu versorgen.[578]

In der Sorge um die Jungen, kann bei Eltern, aber auch bei verwandten Tieren, die „fürsorgende Haltung" bis zum Einsatz des eigenen Lebens gehen, wenn etwa ein Feind das Leben des Nachwuchses bedroht. So kann es beispielsweise bei Nasenbären, Antilopen, Elefanten und einigen Affen sogar zu heftigen Gruppenattaken gegen einen Feind kommen, der ein noch unselbständiges Junges gefährdet.[579]

Mit dieser Fähigkeit zur Liebe, so stellt Eibl-Eibesfeldt fest, sind die höheren Wirbeltiere über die Aggression hinausgewachsen. „Sie haben eine als »höher« zu bewertende Evolutionsstufe erreicht. Mit der Aggression allein ausgerüstet, würden wir wohl noch immer auf der Stufe der Reptilien stehen."[580]

Im menschlichen Bereich hat der Brutpflegeimpuls zahlreiche Ausdrucksformen gefunden, z.B. in der Kranken- und Altenpflege. Aber auch Institutionen, wie der Pannendienst im Straßenverkehr, zeugen vom „fürsorgenden Umgang" des Menschen mit dem Menschen. Handlungsantrieb ist letztlich das Hineinversetzen in die Rolle des anderen, das prägnant in der Forderung der „Goldenen Regel" zum Ausdruck kommt: „Was du nicht willst, das man dir tut, das füg` auch keinem and`ren zu!" Der Mensch ist dem anderen Menschen somit nicht nur „Bedürfniswesen" und „Aggressor/Konkurrent", sondern auch „Fürsorger", wie die „fürsorgende Grundeinstellung" zeigt, „kraft deren sich der eine den anderen nicht überspielt, sondern ihn vielmehr in seinem Sein und Seinkönnen um seiner selbst willen annimmt und zustande bringt."[581]

2.2.1.2.4 Soziale Perichorese

Jeder Mensch erfährt sich im Umgang mit anderen Menschen als „Bedürfniswesen, Aggressor und Fürsorger".[582] Die menschliche Lebenswirklichkeit ist in ihrer sozialen Natur also durch „Bedürfniserfüllung, Selbstbehauptung und Fürsorgebereitschaft" triadisch strukturiert.[583] Sowohl die „sachhaft-gebrauchende" als auch die „konkurrierende" und „fürsorgende Grundeinstellung" konstituieren daher menschliche Sozialisation und dürfen nicht getrennt voneinander gesehen werden. Dabei ist nach Korff darauf zu achten, daß diese Grundeinstellungen nicht gegeneinander ausgespielt werden dürfen, sondern als sich gegenseitig bedingende und einander korrigierende Strukturmomente begriffen werden müssen, „aus denen menschliches Handeln in der Vielgestalt seiner Möglichkeiten letztlich lebt (...)."[584]

Korff nennt dieses gegenseitige Bedingen, Durchdringen und Begrenzen von „sachhaft-gebrauchendem, konkurrierendem und fürsorgendem Umgang" des Menschen mit dem Menschen „soziale Perichorese".[585] Sie bestimmt die jeweilige Gestalt sowohl menschlicher Sozialisation als auch Individuierung.[586] Dabei kommt es auf die richtige Zusammensetzung der Grundeinstellungen an. Wenn eine absolut gesetzt wird, so daß die anderen beiden gänzlich fehlen, dann kommt es zu defizitären Ausprägungen sowohl menschlichen Miteinanders als auch menschlicher Selbstbestimmung. So kann etwa der „fürsorgende Umgang" in Altruismus abgleiten, wenn ihm das Korrektiv der „konkurrierenden Grundeinstellung" fehlt. Ferner zeigt sich, daß oft einer der Handlungsantriebe dominiert und so maßgeblich die entsprechende soziale Institution bestimmt, ohne dabei die anderen beiden gänzlich zu eliminieren. Einige Beispiele sollen dies veranschaulichen.

Die arbeitsteilige Organisation in einem Industriebetrieb kann beispielhaft für den „sachhaft-gebrauchenden Grundantrieb" angeführt werden. In gegenseitiger Ergänzung werden die unterschiedlichen Fähigkeiten und Fertigkeiten zur Herstellung eines Produktes genutzt. Zugleich kennt die betriebliche Alltagswirklichkeit auch „konkurrierende Momente", so im gegenseitigen Messen des Karrierestrebens, aber auch im Kräftespiel zwischen Führungskraft/Vorgesetztem und Mitarbeiter, zwischen Arbeitgeber und Arbeitnehmer. Gratifikationen wie das Urlaubs- und Weihnachtsgeld, aber auch gegenseitige Hilfestellungen am Arbeitsplatz sind Ausdruck des „fürsorgenden Umgangs". „Konkurrierende und fürsorgende Antriebsmomente" ergänzen somit den „sachhaft-gebrauchenden Sozialisationsimpuls" und gewährleisten, daß der Mensch nicht allein von seiner Funktion her bestimmt wird.

Bei einem sportlichen Wettkampf steht zunächst der „aggressiv-konkurrierende Handlungsantrieb" im Vordergrund. Im Kampf um den ersten Platz gilt es, den anderen zu besiegen. Zugleich werden dabei die eigenen Kräfte mit anderen gemessen. Um die eigene Position bestimmen zu können, wird der sportliche Gegner „sachhaft gebraucht". Ferner geben z.B. Spielregeln, die die Fairneß sicherstellen sollen, Zeugnis von der „fürsorgenden Grundeinstellung". „Sachhaft-gebrauchende und fürsorgende Grundeinstellung" verhindern somit, daß der Wettkampf in bloße Gewalt abgleitet.

Die Pflege eines kranken Familienmitglieds gibt für eine „fürsorgende Grundeinstellung" Zeugnis. Die Angehörigen wollen dem Kranken in seiner Not helfen. Um nicht in eine blind versklavende Liebe abzuleiten, braucht auch in diesem Bereich der „fürsorgende Umgang" das Korrektiv der anderen beiden Grundantriebe. So ist es wichtig, daß der Pflegende in seinem Pflegedienst eine sinnvolle Tätigkeit sieht und darin eine gewisse Selbstbestätigung findet. Die Krankenpflege bekommt dadurch auch „sachhaft-gebrauchende Bedeutung". Ebenso ist die Abgrenzung und gewahrte Distanz zwischen Pflegekraft und Krankem wichtig, um so den je eigenen Selbstand zu wahren. Sonst kann der „Fürsorgeimpuls" leicht in ein Herrschaftsverhältnis umschlagen, indem die Pflegekraft vom Kranken beherrscht und ausgenützt wird – oder auch umgekehrt. Sowohl „sachhaft-gebrauchende" als auch „konkurrierende Grundeinstellung" sind somit unverzichtbare Elemente, die jedes „fürsorgende Tun" ergänzen müssen.

Die Beispiele zeigen, daß die drei Grundeinstellungen nur als sich gegenseitig bedingende und einander korrigierende Strukturmomente begriffen werden können. Erst im richtigen Zusammenspiel und Verhältnis von „sachhaft-gebrauchendem", „konkurrierendem" und „fürsorgendem Impuls" kann menschliche Sozialisation und damit auch Individuierung in ihrer vielfältigen Ausprägung gelingen. Dabei ist keine der drei Komponenten entbehrlich.

Resümee: Konvergierende Ergebnisse

Die beiden Ansätze von Pieper und Korff weisen eine Reihe an Konvergenzen auf. Beide Autoren gehen von einer „triadischen Struktur" der Sozialisation aus.

Pieper geht vom Menschenbild der „philosophischen Anthropologie" aus. Der Mensch stellt sich immer zugleich als ein „allgemeiner", als ein „einzelner" und als ein „qualitativ besonderer" dar. Daraus ergeben sich im Bereich der „Soziohistologie" drei Grundformen der Gesellung: „Gemeinschaft", „Gesellschaft" und „Organisation". Voraussetzung für die Sozialisation ist dabei immer die gegenseitige Bejahung der Partner bzw., wie es Tönnies nennt, die Grundlage eines gemeinsamen Willens. Die Unterscheidung Piepers in „Soziohistologie" und „soziale Organologie" erweist sich dabei als äußerst hilfreich, da sie auf der einen Seite eine inhaltliche Trennung zwischen den „Grundformen der Sozialisation" und „sozialen Institutionen" darstellt, auf der anderen Seite aber auf die Verflechtung der beiden Bereiche hinweist.

Korff setzt in der „Verhaltensforschung" an. Der Mensch ist immer zugleich ein „Mängel-/Bedürfniswesen", ein „Aggressor/Konkurrent", aber auch ein „Fürsorger". Entsprechend ergeben sich im Umgang des Menschen mit dem Menschen drei Grundhaltungen, die seinem Streben nach „Bedürfniserfüllung", „Selbstbehauptung" und „Fürsorgebereitschaft" gerecht werden und eine dreifache Struktur des Sozialen konstituieren.

Die drei Grundformen der Gesellung nach Pieper und die drei bestimmenden naturalen Grundhaltungen der Sozialisation bei Korff können ohne Verbiegung einander zugeordnet werden.

Bei der Gesellungsform „Gemeinschaft" liegt nach Pieper der Schwerpunkt auf der Betonung des Gemeinsamen. Übereinstimmung und Gemeinsamkeit sind Zweck und Ziel der Gemeinschaft. Die Einzelinteressen treten zugunsten des gemeinsamen Interesses zurück. Die geltende soziale Spielregel ist daher „Liebe" bzw. „Hingabe". Unmittelbarkeit, Vertrautheit und Direktheit kennzeichnen den zwischenmenschlichen Umgang. Gemeinsame Erinnerung (Geschichte), gemeinsames Erleben (Erlebnis) und gemeinsame Visionen (Zukunft) sind verbindende Elemente. Der Gesellungsform „Gemeinschaft" entspricht bei Korff die Grundhaltung der „Fürsorge", wie sie sich besonders im Brutpflegeverhalten höher entwickelter Tierarten zeigt. Die emotionale Verbundenheit ist dabei grundlegend. In der Achtung und Zuneigung für den anderen wird die „Goldene Regel" zum Handlungsantrieb. Im Erkennen, daß alle Menschen gleich sind, wird das, was für sich selbst erwartet wird, zum Maßstab im Umgang mit dem anderen. Sympathie, in ihrer ursprünglichen Wortbedeutung verstanden als Mitleid, gilt daher als konstitutives Element für „Gemeinschaft" und „Fürsorge". Zugleich aber, und darauf machen sowohl Pieper als auch Korff aufmerksam, birgt eine Überbetonung dieser Sozialisationsform die Gefahr der Selbstaufgabe.

Die „konkurrierende Grundhaltung" bei Korff kann als Grundantrieb für die Sozialisationsform „Gesellschaft" gesehen werden. Im Streben nach Selbstbehauptung gilt es, als „Aggressor" und „Konkurrent" im gegenseitigen Messen und Konkurrieren die eigenen Interessen zu wahren, zu begrenzen oder durchzusetzen, um so den eigenen Standort zu bestimmen. Die „konkurrierende Grundeinstellung" ist somit wesentliche Antriebskraft für die Herausbildung von Individualität und Identität. Nach Pieper beruht die Gesellungsform „Gesellschaft" vor allem auf der Betonung von Einzelhaftigkeit, Privatsphäre und Selbstbehauptung. Ziel der „Gesellschaft" ist es daher, in gegenseitigem Respekt und Anerkennung einen Interessenausgleich zwischen den Individuen herzustellen. Der Vertrag, mit dem zugrundeliegenden Prinzip „do ut des", ist Kennzeichen für die Gesellungsform „Gesellschaft". Daher ist die gültige Spielregel die „Gerechtigkeit", die jedem das Seine zuordnet. Förmlichkeit, Takt und Etikette prägen den zwischenmenschlichen Umgang. Ihnen kommt eine Schutzfunktion zu. Um nicht vom Gegenüber verletzt werden zu können, sind sie Garanten für eine gewisse Distanz, die hilft, die eigene Freiheit vor den Übergriffen des anderen zu schützen. Zugleich birgt allerdings eine zu einseitige Betonung des „gesellschaftlichen", „sachhaft-gebrauchenden Moments" die Gefahr, in einen unmenschlichen Individualismus abzugleiten, der sich als Egoismus entpuppt.

Als „Bedürfniswesen" erfährt sich der Mensch in seiner naturalen Begrenztheit als Mängelwesen. Er braucht die besonderen Qualitäten der anderen zur Ergänzung der eigenen Qualitäten oder Defizite, um so mehr erreichen zu können. Gerade auch ein übermächtiger Feind oder eine große Herausforderung, denen sich der einzelne in seiner Begrenztheit nicht gewachsen fühlt, können dazu führen, daß die individuelle Selbstbehauptung zugunsten des sozialen Gefüges zurückgestellt wird. Weder Zuneigung noch gegenseitige Abgrenzung, sondern die Überzeugung, nur im Verbund mit anderen dem Feind widerstehen bzw. die Herausforderung meistern zu können, ist dabei die entscheidende Antriebskraft zur Sozialisation. Der andere wird mit seinen besonderen Qualitäten zur eigenen Bedürfniserfüllung „sachhaft-gebraucht". Die entsprechende Gesellungsform nennt Pieper „Organisation". Durch ihre klare Ziel- und Zweckbestimmung geprägt, nehmen die einzelnen Mitglieder gemäß ihren unterschiedlichen Qualitäten verschiedene Funktionen wahr. Die Aufteilung der Aufgaben und Kompetenzen erfolgt im Blick auf die jeweiligen Fähigkeiten. Als überindividueller Zusammenschluß dient die „Organisation" als Werkzeug zur Zweckerfüllung und Zielerreichung, der der einzelne allein nicht gewachsen wäre. Soziale Spielregel ist dabei die „Mitgliedschaft", die in gegenseitiger Loyalität und Solidarität ihren Ausdruck findet. Die Gemeinsamkeit des Gliedseins begründet somit trotz aller qualitativen Unterschiede eine solidarische Verbundenheit zwischen den einzelnen Mitgliedern. Fehlt einer „Organisation" das Korrektiv der anderen beiden Momente, läuft sie Gefahr, ihre Mitglieder allein noch von ihrer Funktion her zu bestimmen, wie es etwa in totalitären Systemen der Fall ist.

Im Gegensatz zu Tönnies erkennen sowohl Pieper als auch Korff, daß keine der drei Gesellungsformen bzw. Grundhaltungen für sich idealisiert oder absolut gesetzt werden darf. Ebenso gilt es, sich vor einseitigen Abwertungen oder Polarisierungen zu hüten. Damit sowohl menschliche Individuierung als auch Sozialisation gelingen kann, sollten vielmehr immer alle drei Komponenten zusammenwirken. Denn wie der Mensch alle drei Bereiche in sich vereint, so sollte auch jede soziale Institution alle drei Grund-

formen in sich zusammen führen. Pieper nennt dies „Verflechtung", Korff „Perichorese". Dabei kommt es bei konkreten sozialen Institutionen von ihrer Funktion her zu
unterschiedlichen Akzentuierungen und Gewichtungen. Einmal liegt der Schwerpunkt
auf dem „gemeinschaftlichen Aspekt" als Ausdruck einer „fürsorgenden Grundeinstellung", ein anderes Mal auf dem „gesellschaftlichen Aspekt" als Ausdruck einer
„konkurrierenden Grundeinstellung", wieder ein anderes Mal auf dem „organisatorischen Aspekt" als Ausdruck einer „sachhaft-gebrauchenden Grundeinstellung". Es
ist dabei von entscheidender Bedeutung, daß die anderen beiden Momente als Korrektiv dienen und so jede „eindimensionale Sichtweise" verhindern. Im gegenseitigen
Bedingen und Durchdringen, aber auch im Begrenzen und Korrigieren können so
defizitäre Formen menschlicher Sozialisation und Individuierung verhindert werden.
Sozialisation stellt einen nie abgeschlossenen Prozeß dar. Daher müssen sich soziale
Institutionen immer wieder fragen, ob die Zusammensetzung ihrer „Soziohistologie"
noch geeignet ist für ihre konkrete „soziale Organologie". Dabei genügt es nicht,
äußere Strukturen zu ändern, um so das Funktionieren der Institution sicherzustellen.
Vielmehr gilt es, auch im Bereich der Grundeinstellungen und Spielregeln, also der
Ethik, neue Schwerpunkte zu setzen. Ein Beispiel soll dies veranschaulichen. Ein
Industriebetrieb, geprägt durch die Maxime „Arbeitskraft bzw. Arbeitszeit gegen
Geld", legt mit diesem Grundsatz im Bereich der „Soziohistologie" seinen Schwerpunkt auf die Sozialisationsform „Gesellschaft". Durch das streng arbeitsteilige System
des Taylorismus gekennzeichnet, müssen Mitarbeiter bis zum Zeichen des Schicht-
wechsels ihre monotone Tätigkeit verrichten. Stechuhren, die aufs peinlichste genau die
geleistete Arbeitszeit feststellen, sind wichtige Kontrollinstrumente. So kann gewährleistet werden, daß jeder zu seinem Recht kommt, die Arbeitgeber zur vereinbarten
Arbeitszeit, die Arbeitnehmer zum entsprechenden Lohn. „Gerechtigkeit" im Sinne von
„Jedem das Seine" ist dabei die maßgebliche soziale Spielregel, die im „konkurrierenden Umgang" zwischen Arbeitgeber und Arbeitnehmer einen Ausgleich schafft. Wenn
nun die Betriebsleitung zu der Erkenntnis kommt, daß neue Formen der Zusammenarbeit, wie etwa Teamwork, für den wirtschaftlichen Prozeß effizienter sind, dann genügt
es nicht, nur die Strukturen zu ändern, indem die Stechuhren abmontiert und Arbeitsgruppen eingerichtet werden, die ihren Arbeitsalltag selbst organisieren sollen. Vielmehr gilt es, auch im Bereich der „Soziohistologie" einen neuen Schwerpunkt zu setzen. Nicht mehr so sehr die Maxime „Jedem das Seine", sondern die Idee der „Mitgliedschaft" muß nun maßgeblich das soziale Verhalten regulieren.
Das Beispiel verdeutlicht, daß die „soziale Organologie" einer Institution der jeweiligen Akzentsetzung im Bereich ihrer „Soziohistologie" entsprechen sollte. Ebenso
veranschaulicht es auch die mögliche Diskrepanz zwischen „sozialer Organologie" und
„sozialer Histologie". Strukturen lassen sich scheinbar relativ einfach ändern, Verhaltensweisen deutlich schwieriger. Dazu braucht es Ausdauer und Geduld. Zugleich aber
kann es auch zur Umkehrung kommen; wenn sich beispielsweise im gesellschaftlichen
Kontext einer Institution die sozialen Verhaltensweisen ändern, wie es in den letzten
Jahrzehnten in Westeuropa geschehen ist, dann müssen sich auch die sozialen Institutionen fragen, ob sie ausgehend von dieser gesellschaftlichen Schwerpunktverlagerung

nicht auch im Bereich der eigenen „sozialen Organologie" konkrete Strukturen ändern sollten, um so die Diskrepanz auszubalancieren. Schließlich sind es die gleichen Menschen, die sowohl das öffentliche Leben als auch die sozialen Institutionen prägen. Oft fällt es schwer, tradierte Formen aufzugeben bzw. diese zu reformieren. Mit dieser Problematik ist, wie das erste Kapitel gezeigt hat, die katholische Kirche in Westeuropa konfrontiert. Dabei kann es hilfreich sein, sich an der ursprünglichen Zielsetzung und Zweckbestimmung zu orientieren, die zur Institutionalisierung geführt hat. Gerade in dieser Auseinandersetzung gibt die christliche Sozialethik mit den Ordnungsprinzipien „Personalität, Solidarität und Subsidiarität" grundlegende Impulse.

2.2.2 Ordnungsprinzipien sozialer Institutionen

Menschliches Leben muß sich im Spannungsfeld zwischen „Individualität" und „Sozialität" entfalten und verwirklichen.[587] Dabei kommt es zu unterschiedlichen Pendelschlägen. Einmal schlägt das Pendel zugunsten der „individuellen Seite" aus, indem etwa der freiheitliche Aspekt des menschlichen Lebens hohe gesellschaftliche Anerkennung genießt. Die Individualisierungs-Tendenzen der letzten Jahrzehnte sind in diesem Zusammenhang zu nennen. Ein anderes Mal wird die „soziale Komponente" stärker betont, indem etwa in gesellschaftlichen Krisenzeiten an die Gemeinverstrickung und verpflichtung erinnert wird. Diese Pendelschläge können zu unterschiedlichen Extremen führen, wie u.a. Gründel richtig feststellt. „Das Verhältnis von Einzelnem und Gemeinschaft aber kann als Subordination oder als Koordination verstanden werden. Die Subordination des Individuums unter die Gemeinschaft entspricht einem kollektiven Gesellschaftsentwurf im Sinne von: »Du bist nichts, dein Volk ist alles«. Eine solche Struktur wird dem Eigenwert der menschlichen Person, wie sie nicht nur der christliche Glaube, sondern auch Kant herausgestellt hat, nicht hinreichend gerecht. Der Mensch darf nie nur Mittel zum Zweck sein. Aber auch das andere Extrem einer Subordination der Gemeinschaft unter das Individuum wäre ebenso falsch. Es ist jener Individualismus, der »Nachtwächterstaat«, der die soziale Ausrichtung menschlichen Lebens und Zusammenlebens zu kurz kommen läßt. Das rechte Zuordnungsverhältnis von Individuum und Gemeinschaft kommt am besten zum Ausdruck im Bild der beiden Brennpunkte einer Ellipse."[588]
Allerdings stellt es häufig ein schweres Unterfangen dar, in der sozialen Realität das richtige Verhältnis zwischen den beiden Brennpunkten dieser Ellipse zu bestimmen, um so, ohne in ein Extrem zu fallen, beiden Seiten gerecht zu werden. Dabei leisten die drei grundlegenden Ordnungsprinzipien der christlichen Sozialethik „Personalität, Solidarität, Subsidiarität" einen unverzichtbaren Beitrag.

2.2.2.1 Personalität: Ursprung, Träger und Ziel

Jede soziale Institution[589] ist ursprünglich ein Produkt menschlicher Sozialisation und baut auf die „Personalität" ihrer Mitglieder auf. So schließen sich beispielsweise Personen von gleicher politischer Überzeugung zu einer Partei zusammen, um dadurch ihre gemeinsamen politischen Ziele besser verfolgen zu können. Dabei geben sie ihre „Personalität" nicht auf, sondern versuchen diese in Gemeinschaft mit anderen zu entfalten. Die „Personalität" ist daher Ursprung jeder sozialen Institution.

Zugleich sind es konkrete Menschen, die als Mitglieder eine soziale Institution tragen. Nicht die Institution als solche verwirklicht die Ziele, sondern die einzelnen Personen selbst in und durch ihre soziale Kooperation.[590] Eine Partei, um bei diesem Beispiel zu bleiben, ist keine unpersönliche Größe, auch wenn manchmal bei Parteitagen von „der Partei" die Rede ist. Vielmehr sind es die Parteimitglieder, die durch ihr politisches Engagement ihre Partei tragen und prägen. Dies zeigt sich besonders deutlich, wenn es zu innerparteilichen Richtungskämpfen kommt. „Personalität" ist somit neben Ursprung auch einziger Träger einer sozialen Institution.

Verbindendes einer sozialen Institution sind die gemeinsamen Interessen und Ziele, die die Antriebskräfte zur Sozialisation bilden. Insofern eine soziale Institution ihren Mitgliedern helfen soll, ihre „Personalität" mit Hilfe von anderen Menschen zu realisieren, ist schließlich das übergeordnete Ziel einer jeden sozialen Institution wiederum „Personalität". Ein Sozialgefüge darf daher nie für sich Endziel oder Selbstzweck sein, sondern es bekommt seine Legitimation nur als Mittel zur Vervollkommnung und Entwicklung menschlicher „Personalität".[591] Dies verlangt, daß soziale Institutionen alles unterlassen, was nicht den Menschen dient, und alles fördern, was ihnen zugute kommt. Die Person ist der Maßstab des sozialen Lebens.[592] Negative Beispiele im Bereich der Parteien wie die NSDAP des Dritten Reiches oder die SED der DDR zeigen an, wie gefährlich Verselbständigungen sozialer Institutionen werden können und wie sie sich auf das Wohl des einzelnen schädlich auswirken, indem das „Personalitätsprinzip" und damit die Menschenwürde in Frage gestellt wird.

Das „Personalitätsprinzip" sollte daher bei jeder sozialen Institution zugleich Ursprung, Träger und Ziel sein. Das II. Vatikanum hat diese dreifache Dimension prägnant in der Feststellung formuliert: „Wurzelgrund nämlich, Träger und Ziel aller gesellschaftlichen Institution ist und muß auch sein die menschliche Person (...)" (GS 25). Die Wahrung der Personenwürde, wie sie etwa das Grundgesetz der Bundesrepublik Deutschland und viele andere Verfassungen einfordern, schützt die Person in ihrem Eigensein und Eigenleben vor möglichen Totalitätsansprüchen des umfassenden Sozialgebildes. Eine soziale Institution darf daher nie zu einer Aufgabe des Selbstandes der Person in eine vorgegebene Ganzheit führen.[593]

Zu Recht macht daher von Nell-Breuning (+1991) darauf aufmerksam, daß der Vorzugsregel „Gemeinnutz geht vor Eigennutz" die Grundlage des „Personalitätsprinzips" fehlt.[594] In der Verabsolutierung des Kollektivs, wie es etwa in der NS-Zeit mit der

Parole: „Das Volk ist alles, der einzelne ist nichts!" geschehen ist, wird die personale Würde des einzelnen als Grundlage völlig außer Acht gelassen.

Ebenso droht eine falsche und einseitige Betonung menschlicher Individualität ohne die Rückbindung an das „Personalitätsprinzip" leicht in extreme Formen des Individualismus abzugleiten. Ohne die Bereitschaft, die tragende soziale Institution mitzugestalten und Verantwortung für diese und andere Menschen zu übernehmen, kennt der einzelne nur noch den eigenen Nutzen.[595] Während also der Individualismus den Einzelmenschen verabsolutiert, hypostasiert der Kollektivismus die soziale Institution.[596]

Daher kann nicht darauf verzichtet werden, daß das Verhältnis zwischen den Interessen der sozialen Institution und den Einzelinteressen ihrer Mitglieder bestimmt wird. Gerade in diesem Zusammenhang kommt es im sozialen Alltag häufig zu Konflikten, beispielsweise wenn eine Partei bei einer Abstimmung im Parlament von ihren Mitgliedern ein geschlossenes Auftreten fordert, einzelne Parteimitglieder aber eine andere Meinung vertreten. Wie sollen sie sich verhalten? Haben nun die Interessen der Partei, d.h. der sozialen Institution, oder die individuelle Überzeugung den Vorrang?

Eine soziale Institution empfängt ihre Ausrichtung von ihren Interessen und Zielen, derentwegen sie gegründet wurde. Sie zu bewahren und zu verwirklichen ist die den Mitgliedern gemeinsam gesetzte Aufgabe. Bei einem Orchester kann das z.B. das gemeinsame Interesse am Musizieren sein, bei einem Wirtschaftsunternehmen die Gewinnmaximierung durch Arbeitsteilung, bei einer Fahrgemeinschaft das Interesse an einer ökonomisch-ökologischen Form der Fortbewegung. Das gemeinsame Interesse ist das Verbindende. Es ist die allen gemeinsame Handlungsnorm.[597]

Unter der Prämisse, daß sich eine soziale Institution der Wahrung der „Personalität" ihrer Mitglieder verpflichtet fühlt, kann daher folgende Vorzugsregel gegeben werden: Bei einem Interessenkonflikt zwischen sozialer Institution und konkretem Mitglied gilt es, unter Voraussetzung der Wahrung der Personenwürde das übergeordnete Ziel der sozialen Institution zu präferieren.[598] „Fraktionszwang" bei einer Abstimmung ist also nur dann ethisch legitim, wenn er die personale Würde des einzelnen respektiert. Bei Gewissensfragen, wenn es beispielsweise um eine Neuregelung des Abtreibungsrechtes geht, darf er nicht eingefordert werden.

Ein weiteres Beispiel soll die Vorzugsregel erläutern. Bei einer Fußballmannschaft haben sich verschiedene Spieler mit unterschiedlichen Fähigkeiten zusammengeschlossen, um als Mannschaft erfolgreich Fußball zu spielen. Um ein gutes Zusammenspiel gewährleisten zu können, trifft sich die Mannschaft regelmäßig zum Training. Fehlt nun ein Spieler wiederholt unentschuldigt, wird es früher oder später zwischen ihm und der sozialen Institution „Fußballmannschaft" zum Interessenkonflikt kommen, da er diese durch seinen Trainingsrückstand schwächt. Ein gutes Zusammenspiel kann nicht eingeübt werden. Letztlich wird der Spieler vor die Entscheidung gestellt werden, entweder regelmäßig zum Training zu kommen und so seinen Beitrag zur gemeinsamen Zielerreichung, erfolgreich Fußball zu spielen, zu leisten oder er wird die Mannschaft verlassen müssen, da er sich mit dem gemeinsamen Vorhaben nicht mehr voll identifiziert. Dabei darf die Fußballmannschaft nichts fordern, was die Personenwürde eines Mitspielers mißachtet, wie etwa die Aufgabe des Lebenspartners.

Das Beispiel sollte deutlich machen, daß durch den freiwilligen Eintritt in eine soziale Institution von den Mitgliedern die gemeinsamen Ziele und Interessen anerkannt werden müssen. Kommt es damit zu Problemen, darf sich der einzelne diesem Sozialgefüge nicht anschließen bzw. er muß es wieder verlassen. Identifikation mit den gemeinsamen Zielen wird so zum Schlüssel für ein funktionales Sozialgefüge.[599]

Neben dieser Vorzugsregel helfen sowohl das „Solidaritätsprinzip" als auch das „Subsidiaritätsprinzip", daß bei der Entwicklung menschlicher „Personalität" die richtige Verhältnisbestimmung zwischen einer einzelnen Person und der sozialen Institution gefunden werden kann.[600] Zugleich dienen sie als Ordnungsprinzipien, die es ermöglichen, daß Menschen unterschiedlichster Ausprägung in sozialen Institutionen zusammenwirken können.

2.2.2.2 Solidarität: Wechselseitige Verantwortung

Der Begriff „Solidarität" kommt vom Lateinischen „solidare – fest zusammenfügen".[601] Ursprünglich in der juristischen Sprache beheimatet, meint die Wendung „in solidum cavire" die rechtliche Verpflichtung, nach der jeder einzelne Gläubiger die ganze Schuld von jedem Schuldner verlangen kann.[602] „Solidarität" bezeichnet also vom ursprünglichen lateinischen Wortsinn her sowohl die Gemeinverpflichtung als auch die Gemeinhaftung mehrerer, „die alle zusammen eine Verpflichtung zu erfüllen haben, und zwar so, daß jeder Einzelne von ihnen für die ganze Verpflichtung in Anspruch genommen werden kann, für die anderen also einzustehen hat."[603]

Das „Solidaritätsprinzip" setzt sowohl bei der „Personalität" als auch bei der „Sozialität" des Menschen an, indem es zum einen das wechselseitige Verbundensein und zum anderen das wechselseitige Verpflichtetsein zum Inhalt hat.[604] Ethische Grundlage ist dabei das „Personalitätsprinzip".[605] Daher hat jeder Mensch, wenn seine personale Würde angegriffen wird, Anspruch auf „Solidarität". Zugleich aber verpflichtet dieses Prinzip auch jede Person zu solidarischem Handeln.[606] „Solidarität" ist also ein Seinsprinzip, das aus der sozialen Wesensanlage des Menschen hervorgeht.[607] Gerade im Umgang mit schwächeren Gliedern der Gesellschaft, wie beispielsweise mit Kindern, Behinderten, Sozialhilfeempfängern, Asylbewerbern etc., zeigt sich, inwieweit ein soziales Bewußtsein für das „Solidaritätsprinzip" innerhalb einer Gesellschaft besteht und gepflegt wird.

Solidarische Gemeinschaften kommen dann zustande, wenn sich beispielsweise Betroffene verbinden, um durch geschlossenes Auftreten ihre personalen Rechte einzufordern.[608] So schlossen sich etwa in Zeiten des extremen Wirtschaftsliberalismus die rechtlosen Arbeiter zu Gewerkschaften zusammen. In solidarischer Verbundenheit konnten sie so durch diese neue soziale Institution in innerer Geschlossenheit besser ihre Anliegen gegenüber den Arbeitgebern vertreten. Die Bereitschaft, die Last des anderen mitzutragen, für seine Interessen einzutreten und die Verpflichtung, gerade auch in schwierigen Situationen zusammenzuhalten, wurde dabei zur verbindenden Grundlage.

Verwiesenheit aufeinander und Verantwortung füreinander sind somit Ausdruck für jedes solidarisches Handeln, ob in einer Gewerkschaft oder in einer Umweltorganisation. Aus der „Gemeinverstrickung" folgt die „Gemeinverhaftung", aus der „Gemeinverhaftung" die „Solidarität".[609] So ist auch verständlich, daß von Nell-Breuning das „Solidaritätsprinzip" als „Grundgesetz der gegenseitigen Verantwortung" bezeichnet hat.[610]

„Solidarität" ist aber nicht nur von Betroffenen gefordert. In der Erkenntnis, daß es letztlich um die personale Würde und das Leben des Mitmenschen geht und damit die eigene Würde und das eigene Leben in Frage gestellt werden, hat jeder Verantwortung für den Schutz personalen Lebens. „Solidarität" sollte daher sowohl gesellschaftliche Schichten als auch Generationen überschreiten. Sie zeigt sich etwa in den Tätigkeiten der Wohlfahrtsverbände, die die ihnen anvertrauten Hilfsmittel zur Unterstützung an Bedürftige weitergeben. Auch ein verantwortungsvoller Umgang mit der Umwelt und den Rohstoffen der Erde ist Ausdruck einer Generationen überschreitenden „Solidarität".

Als Ordnungsprinzip sozialer Institution bewegt sich das „Solidaritätsprinzip" ebenso wie das „Personalitätsprinzip" zwischen den beiden Extremen Kollektivismus und Individualismus. In Anlehnung an Heinrich Pesch (+1926) spricht von Nell-Breuning vom „Solidarismus" als gesellschaftlicher Grundhaltung und sieht seine Eigenart darin, „daß er von vornherein nicht einseitig beginnt (...), sondern von beiden Seiten zugleich ansetzt. Er braucht keine Einseitigkeiten abzuschleifen, weil er von vornherein Einzelmensch (Person) und Gemeinschaft in ein ausgewogenes Verhältnis zueinander bringt, eben jene Gemeinverstrickung und Gemeinhaftung in Bindung und Rückbindung, die das Solidaritätsprinzip ausspricht."[611] Das „Solidaritätsprinzip" kann daher als positive Synthese der Extreme Individualismus und Kollektivismus, Benevolenz/Nächstenliebe/ Altruismus und Gerechtigkeit als oberstes Prinzip, anthropologische/soziale/humanistische Seinsbestimmung und Beistand für den schutzlosen einzelnen verstanden werden.[612]

Interessant ist, daß das „Solidaritätsprinzip", das der Forderung der Französischen Revolution nach „Brüderlichkeit" entspricht, neben den anderen beiden Ansprüchen „Freiheit" und „Gleichheit" immer eine weniger beachtete Rolle gespielt hat.[613] Während es in Zeiten totalitärer Systeme wie des NS-Regimes und des sowjetischen Sozialismus zu einer Überbetonung des „Gleichheitsprinzips" kam, besteht für die Gesellschaften des westlichen Kulturkreises die Gefahr, zu einseitig das „Freiheitsprinzip" des einzelnen zu betonen. Angewandte „Solidarität" wirkt als Vermittlungsgröße zwischen „Freiheit" und „Gleichheit" und erlangt dadurch ihre Aktualität.[614] Sie ist somit die Antwort sowohl auf die globalen als auch individuellen Bedrohungen der „Risikogesellschaft", denen sich der einzelne nicht mehr gewachsen fühlt.

2.2.2.3 Subsidiarität: Hilfe zur Selbsthilfe

„Subsidiarität" kommt vom lateinischen Begriff „subsidium", der Hilfestellung und Unterstützung meint. Ursprünglich im militärischen Sprachgebrauch verwendet, waren damit Reserveeinheiten gemeint, die nur dann zum Einsatz kommen sollten, wenn sie wirklich notwendig gebraucht wurden.[615] „Subsidiarität" kann daher als „hilfreicher Beistand" bezeichnet werden.[616]

Durch die Kirchliche Soziallehre, besonders durch die Enzyklika „Quadragesimo anno"[617] (1931), hat das „Subsidiaritätsprinzip" breite gesellschaftliche Anerkennung gefunden. Dabei waren es besonders die Zeitumstände Anfang der dreißiger Jahre, die Pius XI. (+1939) in Anlehnung an von Nell-Breuning veranlaßten, die Anerkennung des „Subsidiaritätsprinzips" einzufordern.[618] Die totalitären Ansprüche der faschistischen und kommunistischen Ideologien Europas stellten eine vielfältige Bedrohung der personalen und sozialen Freiheit des Menschen dar.[619] Die kirchliche Sozialverkündigung sah sich daher genötigt, mit Hilfe des „Subsidiaritätsprinzips" das Verhältnis zwischen der übergeordneter sozialer Institution und dem Individuum bzw. den kleineren Gruppen zu bestimmen. Dabei ging es vor allem um die Bewahrung von privaten Freiräumen und Individualrechten. Erst auf diesem geistesgeschichtlichen Hintergrund erhalten die Aussagen von „Quadragesimo anno" ihr volles Gewicht, wenn es dort heißt: „Wenn es nämlich zutrifft, was ja die Geschichte deutlich bestätigt, daß unter den veränderten Verhältnissen manche Aufgaben, die früher leicht von kleineren Gemeinwesen geleistet wurden, nunmehr von großen bewältigt werden können, so muß doch allzeit unverrückbar jener höchst gewichtige sozialphilosophische Grundsatz festgehalten werden, an dem nicht zu rütteln noch zu deuten ist: wie dasjenige, was der Einzelmensch aus eigener Initiative und mit seinen eigenen Kräften leisten kann, ihm nicht entzogen und der Gesellschaftstätigkeit zugewiesen werden darf, so verstößt es gegen die Gerechtigkeit, das, was die kleineren und untergeordneten Gemeinwesen leisten und zum guten Ende führen können, für die weitere und übergeordnete Gemeinschaft in Anspruch zu nehmen; zugleich ist es überaus nachteilig und verwirrt die ganze Gesellschaftsordnung. Jedwede Gesellschaftstätigkeit ist ja ihrem Wesen und Begriff nach subsidiär; sie soll die Glieder des Sozialkörpers unterstützen, darf sie aber niemals zerschlagen oder aufsaugen."[620]

Aus den Ansprüchen des „Subsidiaritätsprinzips" wird deutlich, daß sich eine Gesellschaft von unten nach oben aufbaut, „vom Menschen als ihrem Quellgrund her, der von seiner sozialen Wesensanlage nicht einfach auf das Staatsbürgersein oder gar Weltbürgersein angelegt ist, der vielmehr in ursprünglichen Sozialstrukturen wie Familie und Ortsgemeinde eingebettet ist und sich in ihnen zunächst entfaltet."[621] Dabei sind es „Beistandsgrenze" und „Beistandspflicht", die das „Subsidiaritätsprinzip" mit einer „negativen" und „positiven" Seite kennzeichnen.[622] So soll die übergeordnete soziale Institution das nicht erfüllen, was die einzelne Person oder die nächste kleinere Einheit aus eigener Initiative und eigenen Kräften heraus erfüllen kann. Selbsthilfe geht also vor Fremdhilfe.[623] Hier werden den sozialen Institutionen deutlich Grenzen aufgezeigt.

Die Kindererziehung z.B. ist zunächst Recht und Aufgabe der Eltern. Es stellt daher einen Verstoß gegen das „Subsidiaritätsprinzip" dar, wenn etwa eine staatliche Einrichtung den Eltern nach der Geburt das neugeborene Kind wegnimmt, um es von einer Pflegemutter erziehen zu lassen.

Diese „negative Seite" des „Subsidiaritätsprinzips" will letztlich die personale Freiheit des Menschen, der jede soziale Institution dienen sollte, gegen Übergriffe schützen. Indem es Verantwortungen und Entscheidungen soweit als möglich unteren institutionellen Ebenen bzw. den einzelnen Personen zuspricht, kommt dem „Subsidiaritätsprinzip" freiheitsstiftende Funktion zu. So obliegt es zunächst den Eltern, welche Schwerpunkte sie in der Erziehung ihrer Kinder setzen, welche Werte sie vermitteln. Von Nell-Breuning spricht in diesem Zusammenhang vom „Recht der kleinen Lebenskreise", da in diesen sich die „Personalität" viel besser verwirklichen kann. „Dem engeren gesellschaftlichen Gebilde, dem kleineren Lebenskreis stehen die einzelnen, die ihm angehören, viel näher als den Groß- und Riesengebilden; an dem, was diese kleinen Gebilde tun oder unterlassen, sind sie viel unmittelbarer beteiligt; deren Tun ist in viel höherem Grad ihr eigenes Tun oder Versagen als das, was die Groß- oder Riesengebilde tun oder zu tun versäumen."[624] Ansonsten besteht die Gefahr, daß an die Stelle des Menschen und seiner personalen Verantwortung die Behörden, die Instanzen, die Befehlszentren und Funktionäre treten. Folgen angewandter „Subsidiarität" sind daher u.a. dezentrale Verteilung der Entscheidungskompetenz, Selbstverwaltung und föderative Strukturen.[625] Soziale Institutionen können dadurch „menschennah" bleiben.

Neben dieser „negativen Seite" hat das „Subsidiaritätsprinzip" auch eine „positive Seite", indem es dazu verpflichtet, daß das, was die einzelne Person bzw. die kleinere soziale Einheit von sich aus nicht mehr allein leisten kann, auf die nächst höhere institutionelle Ebene verlagert wird. Diese ist als „hilfreicher Beistand" dazu verpflichtet, das zu tun und zu leisten, was ihre Glieder nicht können, was nichtsdestoweniger aber getan werden soll oder muß. So stellt beispielsweise die Vermittlung einer umfassenden Allgemeinbildung an die Kinder eine Überforderung für die Eltern dar. Daher übernimmt diese Aufgabe die Gesellschaft durch das schulische Erziehungswesen.

Dieser „hilfreiche Beistand" von seiten der größeren sozialen Institution soll so geleistet werden, daß die einzelne Person bzw. die kleinere Gruppe dadurch in ihrer Eigenständigkeit gefördert wird. Die „positive Seite" des „Subsidiaritätsprinzips" fordert also „Hilfe zur Selbsthilfe". Von Nell-Breuning erläutert am Beispiel staatlicher Zuschüsse beim Wohnungsbau: „In Zeiten des Wohnungsmangels gewährt der Staat denjenigen, die Wohnungen schaffen wollen, Beihilfen in Gestalt von Zuschüssen oder von zinsverbilligten Darlehen. Ohne solche Beihilfen wären viele Bauwillige nicht imstande, ihr Bauvorhaben zu verwirklichen. Die Beihilfe nimmt ihnen das Bauen nicht ab; der Staat baut nicht für sie, sondern ermöglicht ihnen das Bauen, setzt sie durch die Beihilfen in den Stand, selber für sich zu bauen."[626]

Das „Subsidiaritätsprinzip" versucht eine mittlere Position zwischen sozialer Bindung und persönlicher Freiheit zu beschreiben.[627] Für von Nell-Breuning ist es zugleich der „goldene Mittelweg", der zwischen den beiden Extremen Kollektivismus und Individualismus hindurchführt.[628] So ist es nötig, die Mitte entsprechend dem gesellschaft-

lichen Kontext immer wieder auszupendeln. Die beiden Seiten des „Subsidiaritätsprinzips" dienen dabei als Regulative. Von Nell-Breuning erläutert: „In Zeiten eines
extremen Individualismus, eines nur den »Nachtwächterstaat« anerkennenden Man-
chester-Liberalismus gilt es, das Schwergewicht auf die Beistandspflicht zu legen
(subsidium affere), muß mit allem Nachdruck gefordert werden, daß die gesellschaftlichen Institutionen, namentlich die politische Gemeinde und der Staat, überall dort tat-
kräftig eingreifen, wo es not tut, namentlich da, wo Schwache auf Beistand gegenüber
Stärkeren angewiesen sind. Anders in einer Zeit, in der kollektivistische und totalita-
ristische Bewegungen und Strömungen im Vordringen sind oder bereits die Herrschaft
an sich gerissen haben; (...). Alsdann gilt es, mit allem Nachdruck die negative Seite
des Subsidiaritätsprinzips zur Geltung zu bringen: Hilfe wird nicht geleistet um der
Staatsräson, nicht um der Glorie einer Partei oder einer Bewegung willen, sondern um
dessentwillen, der Hilfe braucht und dem um seiner Hilfsbedürftigkeit willen geholfen
werden muß; diese Hilfe darf ihn, seine Selbsttätigkeit und Selbstverantwortung nicht
ausschalten, sondern hat ihr zu dienen, sie zu stärken, nach Bedarf zu ergänzen und nur
im äußersten Fall zu ersetzen."[629]

In diesem Zusammenhang stellt sich immer wieder die Frage, welcher Beistand überhaupt hilfreich ist bzw. wo die Beistandsgrenzen liegen, besteht doch ständig die
Gefahr, daß eine soziale Institution „unter dem Schein des Guten" Verantwortung an
sich zieht, die ihr nicht zusteht. Zugleich besteht auf seiten der einzelnen Person die
Versuchung, aus einem gewissen „Hang zur Bequemlichkeit" die eigene Verantwortung nicht wahrzunehmen und sich helfen zu lassen.[630] Als Grundsatz kann daher gelten: Selbsthilfe geht vor Fremdhilfe. Wenn Hilfe nötig ist, dann muß sie als „Hilfe zur
Selbsthilfe" geleistet werden.

Ebenso ist zu bedenken, daß veränderte Verhältnisse es häufig erforderlich machen,
Zuständigkeiten und Verantwortung anders zu verteilen.[631] So können beispielsweise
staatliche Subventionen, die ursprünglich für einen Wirtschaftszweig notwendig waren,
wegfallen, da sich die wirtschaftliche Situation geändert hat. Schneider hat in diesem
Zusammenhang den Begriff der „subsidiären Reduktion" geprägt.[632] Diese dritte Seite
des „Subsidiaritätsprinzips" kommt einer „Mündigkeitsfreigabe" gleich. Letztlich geht
es darum, die eigene Hilfe überflüssig zu machen. Wenn nämlich der einzelne wieder
in der Lage ist, selbstverantwortlich Aufgaben zu übernehmen, dann darf diese Aufgabe nicht mehr von einer übergeordneten Institution erledigt werden.[633] Mit anderen
Worten bedeutet dies: Was die einzelne Person inzwischen allein leisten kann, wird ihr
von der übergeordneten sozialen Institution zurückgegeben.[634] Dies ist nicht immer
einfach. So müssen beispielsweise Eltern lernen, ihre Kinder im Sinne der „subsidiären
Reduktion" phasengerecht in die Eigenverantwortung zu führen.[635] Von Nell-Breuning
erklärt: „Solange das Kind noch klein ist und sich selbst noch nicht waschen, anziehen
usw. kann, muß die Mutter ihm das tun; in dem Maß, wie das Kind dazu selbst imstande ist, soll die Mutter sich schrittweise zurückziehen, zunächst noch nach Bedürfnis
nachhelfen, dann sich auf bloße Aufsicht beschränken, zuletzt nur noch im nachhinein
sich überzeugen, ob das Kind sich gewaschen hat, ordentlich angezogen ist, die Haare

gekämmt sind. Damit führt die Mutter das Kind zur Selbständigkeit, hilft ihm, in die Selbstverantwortung hineinzuwachsen."[636]

Mit Roos läßt sich abschließend die dreifache Dimension des „Subsidiaritätsprinzips" prägnant zusammenfassen: „Subsidiarität als »Kompetenz-Anerkennungsprinzip« der Person entfaltet sich als »subsidiäre Kompetenz«, indem jedem das Recht und die Pflicht zugesprochen wird, seine Aufgaben und Ziele eigenverantwortlich anzustreben: sodann als »subsidiäre Assistenz«, als Hilfe (der jeweils personnächsten Gemeinschaft bis hin zum Staat) zur Selbsthilfe; schließlich als »subsidiäre Reduktion« im Sinne der Subventionsbeendigung nach erfolgreicher Belebung der eigenen Kräfte."[637]

Resümee: Wirksame Regulative

„Ursprung, Träger und Ziel" jeder sozialen Institution ist und muß sein die menschliche „Person". Von daher wird verständlich, daß eine soziale Institution von ihrer Wesensbestimmung her immer dem „Personalitätsprinzip" dienen muß. Nur unter dieser Prämisse gilt als Vorzugsregel, daß im Konfliktfall die Ziele der sozialen Institution präferiert werden. Sowohl das „Solidaritätsprinzip" als auch das „Subsidiaritätsprinzip" leiten sich aus dem „Personalitätsprinzip" ab, sind also Prinzipien, die mit dem personalen Menschsein gegeben sind. In ihrer Funktion dienen sie der Entfaltung menschlicher „Personalität" in sozialen Institutionen. Während das „Solidaritätsprinzip" die Zuordnung bestimmt, d.h. die einzelnen Personen in die gegenseitige Verantwortung und Pflicht nimmt, verteilt das „Subsidiaritätsprinzip" die Zuständigkeiten, d.h. es zeigt an, wem konkret in welchem Maß Verantwortung zukommt.[638] So weist das „Solidaritätsprinzip" auf der einen Seite einseitige Überbetonungen menschlicher Individualität in ihre Grenzen, während auf der anderen Seite das „Subsidiaritätsprinzip" soziale Institutionen davor bewahrt, kollektivistischen Tendenzen nachzugehen.

Die drei Prinzipien „Personalität, Solidarität und Subsidiarität" lassen sich auf die drei Grundelemente menschlicher Sozialisation übertragen und dienen als Ordnungsgrößen für soziale Institutionen. Insofern jedem Menschen „Personalität" zugesprochen wird, kommt zum Ausdruck, daß alle Menschen gleichwertig sind. In der Achtung der personalen Würde des anderen wird die „Goldene Regel" zum Handlungsantrieb. Dieser „fürsorgende Umgang" des Menschen mit dem Menschen, der die Gesellungsform „Gemeinschaft" prägt, ist letztlich Frucht der Anerkennung menschlicher „Personalität". Zugleich erfährt sich der Mensch als „Mängel- und Bedürfniswesen" auf andere Menschen verwiesen. Im gegenseitigen Ergänzen, im „sachhaft-gebrauchenden Umgang", der die Gesellungsform „Organisation" charakterisiert, wird untereinander „Solidarität" erfahrbar. Gemeinsam wird ein Ziel verfolgt. Allerdings darf die einzelne Person nicht völlig in der sozialen Institution aufgehen. Daher ist es wichtig, daß jedes Sozialgefüge auch durch die Sozialisationsform „Gesellschaft" geprägt ist. Im klaren Abgrenzen, also im „konkurrierenden Umgang", werden Zuständigkeiten geklärt und die Verantwortung verteilt. Im Sinne der „Gerechtigkeit" fordert der einzelne das, was ihm zusteht. Das „Subsidiaritätsprinzip", verstanden als „Kompetenz-Anerkennungsprinzip", kann dabei als Regulativ dienen, das die Würde und Verantwortung der einzelnen Person zu schützen weiß und die soziale Institution sowohl auf ihre Pflicht als auch auf ihre Grenzen aufmerksam macht.

Abschließend soll nochmals darauf hingewiesen werden, daß der konkrete Mensch und damit jede soziale Institution nicht etwas Statisches ist, das keiner Veränderung unterliegt. So gilt es, die genannten Prinzipien als Ordnungsgrößen ständig neu anzuwenden. Dadurch kann die richtige und der Situation entsprechende Verhältnisbestimmung zwischen konkreter Person und konkreter sozialer Institution gefunden werden. Dies kann ein mühsames Unterfangen darstellen, das Ausdauer und Energie erfordert. Es gibt weder die ideale Person, den Muster-Menschen, noch die ideale Vorzeige-Institution, die genau einem Schema entspricht. Menschliches Streben und damit auch jedes Sozialgefüge bleibt immer in der geschöpflichen Begrenztheit befangen. Daher wird vieles auch Theorie und Ideal bleiben, das allerdings als Richtungsgröße zur Orientierung dient.

Quintessenz: Den Weg der Mitte suchen!

Im gesellschaftlichen Umbruch des ausgehenden zwanzigsten Jahrhunderts entdeckt der Mensch sich selbst, er entdeckt seinen Selbstwert als Individuum. Auf der Folie des geistesgeschichtlichen Hintergrunds, d.h. im Blick auf das abendländische Menschenbild mit seinen jüdisch-christlichen Wurzeln und seinem ausgeprägten Begriff der „Personalität" wird deutlich, daß der Mensch nicht nur „Individuum" ist, sondern auch als „animal sociale" durch sein Streben nach „Sozialisation" bestimmt ist. Zwischen diesen beiden Polen „Individualität" und „Sozialität" bewegt sich menschliches und damit auch gesellschaftliches Leben. Dabei besteht ständig die Gefahr, daß es zu einer Überbewertung eines der beiden Aspekte kommt und so die beiden Pole gegeneinander ausgespielt werden. Doch einseitige Polarisierungen entpuppen sich als Extreme wie Individualismus und Kollektivismus.

Sowohl westliche Wirtschaft als auch katholische Kirche sind daher auf dem richtigen Weg, wenn sie beide Seiten der „Personalität" ernst nehmen. Dies zeigt sich etwa im Anliegen der Wirtschaft, auf der einen Seite durch mehr Eigenverantwortung das Wissen der Mitarbeiter zu nutzen und auf der anderen Seite durch neue Formen der Zusammenarbeit wie Teamarbeit die soziale Komponente einzufordern. Auch die theologischen Ansätze des II. Vatikanum zeigen, daß die Neuentdeckung der Charismenvielfalt auf eine Neuentdeckung des einzelnen Christen hindeutet und daß die Betonung der kirchlichen „Communio" sichtbar macht, daß praktizierter Glaube keine Einzelsache ist oder auf Privatfrömmigkeit reduziert werden kann. Beide Institutionen können nur dazu ermutigt werden, diesen ausgleichenden Weg der Mitte weiterzugehen.

Ferner wurde deutlich, daß es im Umgang mit dem Menschen keine Patentrezepte geben kann, da es den häufig gewünschten, berechenbaren Muster-Menschen in der

Realität nicht gibt. Die Ausführungen zur „personalen Entwicklung" zeigen, daß Menschen auf ganz unterschiedliche Weise ihre „Persönlichkeit" entfalten können. So wird verständlich, daß soziale Institutionen mit ihrem je eigenen Gepräge den einen mehr, den anderen eben weniger ansprechen können.

Diese Feststellung hat eine ungeheure entlastende Funktion. Als von kontingenten, unvollkommenen Menschen geprägte Institution muß weder die Kirche als „societas perfecta" noch ein Wirtschaftsunternehmen als fehlerfreies System alles im Griff haben und einem Perfektionismus huldigen, der immer eine menschliche Überforderung bleiben wird. Dies wiederum bedeutet, daß beide Organisationen eben gerade auf den Kompetenzen ihrer Mitglieder aufbauen müssen, d.h. ihnen in neuen Strukturen die dazu nötigen Entfaltungsmöglichkeiten zugestehen sollten. Ebenso bietet dieser Abschied von den streng zentralistischen, hierarchischen Strukturen die Möglichkeiten, dem einzelnen in seiner originellen Ausprägung nach dem Prinzip „suum cuique" besser gerecht werden zu können. Neue Strukturen in Kirche und Wirtschaft bieten einen Freiraum, wo eigene Charismen und Fähigkeiten eingebracht und Bedürfnisse und Vorstellungen realisiert werden können.

Selbstverständlich enthält dieser Umbruch auch genügend Konfliktpotential, etwa wenn es um die Frage nach der Kompetenzverteilung geht. Hier gilt es, Systeme zu entwickeln, die durch intensive Kommunikation geprägt sind und es möglich machen, Konflikte konstruktiv zu managen.

Als „Communio ecclesiarum", die in einem „pluriformen Katholizismus" ihren Ausdruck findet, kann Kirche so Heimat für viele unterschiedliche Menschen werden, ebenso wie ein Wirtschaftsunternehmen als „Mitgliederunternehmen", das sich auf die Kompetenzen der vielen verschiedenen Spezialisten stützt. Dabei wird es die Kunst sein, die verschiedenen Kräfte zu bündeln. Gerade im Blick auf die „Persönlichkeitsentwicklung" gibt es für beide Institutionen genügend Möglichkeiten, auf die „personale Entfaltung" ihrer Mitglieder positiv Einfluß zu nehmen, um so die Identifikation des einzelnen mit dem übergeordneten sozialen Gefüge zu stützen. Dabei ist es wichtig, die einzelne Person nicht durch die „sozialen Erwartungen" zu überfordern, sondern ihr die Möglichkeit zu bieten, sich mit ihrer „persönlichen Identität" einzubringen. Zugleich aber dürfen sich auch weder Wirtschaft noch Kirche selbst mit zu hoch gesetzten Zielen und Ansprüchen überfordern. Sonst kann es schnell auf seiten der Mitglieder zu destruktiver Resignation und Frustration kommen.

Mit den neuen Strukturen stellt sich auch die Frage nach einer neuen Ethik, die diesen veränderten Strukturen entsprechen sollte. Schließlich sollte die „Soziohistologie" zur „sozialen Organologie" passen. Wenn bisher eine klare Gehorsams- bzw. Anweisungsethik nach dem Grundsatz „Ober sticht Unter!" die zentralistischen, hierarchischen Strukturen unterstützt und das institutionelle Innenleben bestimmt hat, dann gilt es nun, im Blick auf neue, föderalere Strukturen eine entsprechende Ethik zu entwerfen.

Das „Prinzip Verantwortung" wird dabei zum Schlüsselprinzip, das den Ausgleich zwischen „individuellen Ansprüchen" und „sozialen Erwartungen" ermöglicht. Auch in diesem Zusammenhang zeigt sich, daß sich eine Ethik, die sich nur auf „individuelle Rechte" des einzelnen beschränkt, zu kurz greift und eben durch „soziale Pflichten" ergänzt werden muß. So wird auch verständlich, daß es zu einer Mischform zwischen hierarchischem und partizipatorischem Führungsstil kommen muß.

Die Einübung dieser neuen Ethik allerdings bedarf der Ausdauer und Zeit und häufig kann es zu Rückschlägen bzw. zu Rückgriffen auf die alten Strukturen kommen. Dabei werden die drei Prinzipien „Personalität, Solidarität und Subsidiarität" zu unverzichtbaren Regulativen sozialen Lebens. Zugleich zeigt sich, daß sowohl Wirtschaft als auch Kirche als Institutionen, die die Gesellschaft maßgeblich prägen, dann ihrer sozialen Verantwortung gerecht werden, wenn sie in ihrem Binnenraum der sozialen Komponente menschlichen Lebens mehr Bedeutung einräumen. So kann indirekt der einseitigen Idealisierung menschlicher Individualität entgegengewirkt werden.

Die Entwicklung im wirtschaftlichen Bereich hin zu mehr „Subsidiarität, föderaleren Strukturen, Partizipation und Dialog, Mitgliederunternehmen" etc., um es stichwortartig zu umschreiben, kann als Entwicklung zu mehr „Gemeinschaft" betrachtet werden. Während bisher das gegenseitige „Nehmen und Geben" zwischen Arbeitgeber und Arbeitnehmern das Miteinander in einem Wirtschaftsunternehmen als „Gesellschaft" bestimmt hat und die arbeitsteilige Organisation der Aufspaltung in verschiedene Tätigkeiten und Bereiche eben der Sozialform „Organisation" entsprach, kommt es nun zur Neubewertung gemeinschaftlicher Aspekte, wie wachsender Identifikation, Loyalität auf Gegenseitigkeit, Generationensolidarität etc. Allerdings darf diese Entwicklung nicht als Allheilmittel verkannt werden. Wirtschaftsunternehmen werden klar an ihre Grenzen stoßen. So fehlt es eben im wirtschaftlichen Bereich an längerfristigem geschichtlichen Denken, das die Sozialform „Gemeinschaft" prägt, wie an der einheitsstiftenden Zielvorstellung. Vielmehr ist ein Unternehmen durch unterschiedliche Bedürfnisse und diverse Ziele bestimmt. Bei dem einen Mitarbeiter ist das der Erwerb des Lebensunterhaltes, beim anderen die Möglichkeit, Karriere zu machen und gesellschaftliches Ansehen zu genießen, wieder bei einem anderen die Möglichkeit, seine kreativen Fähigkeiten im Beruf zur Entfaltung bringen zu können. Um Enttäuschungen vorzubeugen, sei schon hier darauf verwiesen, daß ein Wirtschaftsunternehmen immer auch als „Gesellschaft" und „Organisation" geprägt bleiben wird. Allerdings stellen die genannten Veränderungsprogramme eine hoffnungsvolle Entwicklung dar, wenn sie durch gemeinschaftliche Elemente versuchen, dem Menschen in seiner ganzen Bandbreite gerecht zu werden und dieses humane Potential für den wertschöpfenden Prozeß zu nutzen.

Gerade durch die Wiederentdeckung der „Communio-Ekklesiologie" durch das II. Vatikanum kann der Weg der Kirche als Entwicklung zu mehr „Gemeinschaft" betrachtet werden. Nicht mehr die „societas perfecta", die „vollkommene Gesellschaft", die sich in der klaren Aufteilung der Kompetenzen zwischen Klerus und Laien zeigte und sich im streng hierarchischen Apparat mit zentralistischen Strukturen als funktionale „Organisation" entpuppte, sondern die „Gemeinschaft" der unterschiedlichsten Charismen, die im Glauben an den einen Herrn ihre Einheit findet, wird zur Vision von jesuanischer Kirche. Auch hier sind es Begriffe wie „Subsidiarität, Kooperative Pastoral, Kommunikation und Dialog" etc., die diese Neubesinnung einfordern. Zugleich gilt es, auch in diesem Zusammenhang nochmals vor romantisierenden Tendenzen, die in der Kirche als „Gemeinschaft" eine heile Welt propagieren, zu warnen. Kirche wird sich auch weiterhin sowohl als „Gesellschaft", z.B. im theologischen Disput oder in der Auseinandersetzung mit den Fragen der Zeit, als auch als „Organisation" zeigen müssen, etwa im Zusammenwirken der unterschiedlichen Charismen oder im Blick auf die Organisation der Weltkirche. Eine einseitige Überbetonung der gemeinschaftlichen Dimension würde ihrer sozialen Realität, die eben alle Bereiche umfassen muß, nicht entsprechen und auf seiten der Gläubigen längerfristig gesehen zu Resignation führen. Auch hier gilt es, realistisch den Menschen zu sehen, der nicht nur „Fürsorger", sondern auch „Bedürfniswesen" und „Aggressor" ist. Kirchliches Leben wäre defizitär, wenn diese grundlegenden Komponenten nicht auch das zwischenmenschliche Miteinander prägen würden.

Sowohl das westliche Wirtschaftssystem als auch die katholische Kirche stehen vor ähnlichen gesellschaftlichen Herausforderungen, für die es keine Patentrezepte gibt. Um einseitige Tendenzen zu vermeiden und so ein Abgleiten in Formen des Extremismus zu verhindern, sollten beide Institutionen als Ausdruck einer neuen Ethik die drei Prinzipien „Personalität, Solidarität und Subsidiarität" in ihrem sozialen Binnenraum anwenden. In der Entdeckung des Mitarbeiters als „wichtigste Ressource" bzw. des Laien als „ungehobener Kirchenschatz" zeigt sich in beiden Institutionen eine „Hinwendung zum Menschen" als Person, die reichhaltige Potentiale birgt. Die Achtung dieser unantastbaren Würde wird somit zum ersten Prinzip, das das soziale Miteinander regelt. Zugleich aber bedeutet das auch für den einzelnen, daß er eben als Person in seiner Verwiesenheit auf andere Menschen für das soziale System, sei es für sein Arbeitsumfeld, sei es für seine Glaubensgemeinschaft, Verantwortung übernehmen muß bzw. für andere Menschen in die Pflicht genommen werden kann. „Solidarisches Handeln" wird so zur Klammer, die Einheit stiftet und im anderen die personale Würde anerkennt. Beide Organisationen sollten darin erfinderisch sein, ihre Mitglieder in die Verantwortung zu nehmen, gerade in einer Zeit, die durch die einseitige Einforderung individueller Rechte geprägt ist. Zugleich darf aber weder im wirtschaftlichen noch im kirchlichen Leben die Identifikation des einzelnen mit der sozialen Institution in ein völliges „Ineins", in eine Ganzhingabe führen, die sich in einer falsch verstandenen einseitigen Selbstaufgabe, die die eigene personale Würde mißachtet, nur zum Wohle des übergeordneten Ganzen zeigt. Daher wird es ebenso von Bedeutung sein, daß durch das angewandte „Subsidiaritätsprinzip" der einzelne immer wieder erfährt, daß er selbst zur Verantwortung gerufen ist, zunächst für sich selbst, aber dann auch für sein soziales Umfeld.

Die gesellschaftlichen Veränderungen an der Schwelle zum Dritten Jahrtausend stellen für das westliche Wirtschaftssystem und für die katholische Kirche eine große Herausforderung dar. Dies hängt z.T. mit dem veränderten Selbstverständnis der Menschen zusammen, die als Mitglieder beide sozialen Institutionen prägen. Um nicht ins gesellschaftliche Abseits zu geraten, werden hiermit beiden Institutionen ähnliche Lösungsvorschläge für die anstehenden Probleme unterbreitet. Wie das konkret geschehen kann, soll nun am Beispiel eines deutschen Wirschaftsunternehmens und einer Ordensgemeinschaft exemplarisch aufgezeigt werden.

3 „Unternehmenskultur" (BMW) und „Ordensspiritualität" (BBK) zwischen Konfrontation und Innovation

Im „Lexikon der Wirtschaftsethik" ist unter dem Stichwort „Unternehmenskultur" erklärend zu lesen: „Das Konzept der Unternehmenskultur hat seit den 80er Jahren in der betriebswirtschaftlichen Diskussion und in der Unternehmenspraxis ungewöhnlich schnell an Popularität gewonnen. Die Ursache liegt darin, daß die bislang vorherrschende technokratische Lehre von der Unternehmensführung wachsende Unzufriedenheit in der Wissenschaft und Praxis hervorgerufen hat: Die Wettbewerbserfolge japanischer Unternehmen haben darauf hingewiesen, daß neben den abstrakten Planungstechniken der Experten auch die konkreten alltagsweltlichen Orientierungsmuster der Unternehmensmitglieder für den Erfolg bedeutsam sind. (...). Eine gemeinsame Unternehmenskultur prägt die Wahrnehmungsmuster und die Verhaltensweisen der Unternehmensmitglieder nachhaltig und erleichtert die Koordination zwischen ihnen beträchtlich."[639] Mit dem Ziel, über eine „gemeinsame Unternehmenskultur" erfolgreich zu sein, d.h. durch eine „Unternehmenskultur", die „Gemeinschaft" schafft, werden die Mitarbeiter, ihr Verhalten, ihr Zusammenwirken und ihre Identifikation für ein Wirtschaftsunternehmen interessant. Es kommt zur Mitarbeiterorientierung, zur Orientierung am Menschen.

Selbstredend fordert auch die „Ordensspiritualität" eine Orientierung am Menschen, wie u.a. im „Praktischen Lexikon der Spiritualität" ausgeführt wird: „Abschließend ist als Maßstab für die gesamte Ordensspiritualität jene vierfache Treue zu nennen, die im Dokument der Religiosenkongregation über das »Ordensleben und die Förderung des Menschen« (Nr.13) genannt ist: die Treue zum Menschen und zu unserer Zeit; die Treue gegenüber Christus und dem Evangelium; die Treue zur Kirche und ihrer Sendung in der Welt; die Treue zum Ordensleben und dem Charisma des eigenen Instituts."[640] Die Treue zum Menschen und seiner Zeit wird an erster Stelle als Maßstab für die „Ordensspiritualität" genannt und fordert somit von den einzelnen Ordensgemeinschaften eine konsequente Orientierung am Menschen.

Dieses gemeinsame Interesse am Menschen verbindet die „Bayerischen Motoren Werke" (BMW) und die „Bayerische Benediktinerkongregation" (BBK), die hier exemplarisch für die Bereiche Wirtschaft und Kirche stehen, allerdings unter verschiedenen Zielsetzungen.[641] Einerseits stehen sich somit unterschiedliche Welten gegenüber. Andererseits gibt es unübersehbare Beziehungen.

In diesem Kapitel wird zunächst in getrennter Darstellung beschrieben, wie BMW und BBK den je eigenen Herausforderungen und den soziokulturellen Veränderungen auf ihre Weise gerecht werden. Deutlich werden die Bereiche „Unternehmenskultur" und „Ordensspiritualität" miteinander konfrontiert. Die Eigenprofile von BMW und BBK sollen klar sichtbar bleiben. Im Anschluß daran werden Berührungs- und Begegnungspunkte benannt im Selbstverständnis als soziale Institutionen, in den Wegen zur Zielerreichung, in den Anforderungsprofilen und bei der Wertevermittlung. BMW und BBK begegnen sich dabei als Lernpartner, so daß es in beiden Institutionen zu Innovationen kommen kann.

3.1 „Unternehmenskultur" in den Bayerischen Motoren Werken (BMW)

Der internationale industrielle Wettbewerb ist einem zunehmenden und immer tiefergreifenden Wandlungsprozeß ausgesetzt. Die alle Wirtschaftszweige umfassende „Globalisierung" stellt auch die Automobilindustrie vor neue Herausforderungen und hat ein bislang kaum vorstellbares Ausmaß und Tempo angenommen. Infolge dieser beschleunigten Internationalisierung der Märkte reicht es nicht mehr allein aus, über die modernste und effektivste Technik zu verfügen. Vielmehr wird die Frage, wer die Technik am besten beherrscht, über die beste Organisation verfügt und am schnellsten Innovationen auf den Markt bringt, immer bedeutsamer. Hinzu kommt eine Segmentierung und Individualisierung des Automobilmarktes, die sowohl die Entwicklung als auch die Produktion vor neue Anforderungen stellt. Dabei rückt der Mitarbeiter, der konkrete Mensch mit seinem Wissen, seinen Potentialen, seinem „Know-how" und seinen Fähigkeiten in den Mittelpunkt des Interesses. Diese „wertvollen Ressourcen" gilt es, gerade am teuren Produktionsstandort Deutschland effizient und effektiv zu nutzen. Eine „mitarbeiterorientierte Unternehmenskultur" wird für ein Unternehmen wie die Bayerischen Motoren Werke AG (BMW) somit zum Erfolgsfaktor.

Um die Unternehmenskultur eingehender bestimmen zu können, wird im Folgenden zunächst ein kurzer historischer Überblick über die Entwicklung von BMW gegeben. Daraus lassen sich unternehmensprägende Erfolgsmerkmale ableiten. Im Anschluß daran wird der Standort der BMW AG im internationalen Wettbewerb bestimmt. Ein vom Markt geforderter permanenter Innovationsdruck stellt das Unternehmen vor große Herausforderungen. Durch eine gezielte Kundenorientierung gilt es, den Markt mit innovativen Produkten zu überraschen. Zugleich wird von einem Hersteller von Spitzenprodukten nicht nur Produktqualität, sondern eine alles umfassende Unternehmensqualität erwartet. Daher gilt es, organisatorische Abläufe zu beschleunigen und flexibler zu gestalten. Prozeßorientierung ist somit ein weiteres Erfolgskriterium im internationalen Wettbewerb. Innovationsdruck, Markt- bzw. Kundenorientierung, Unternehmensqualität und Prozeßorientierung stellen die Mitarbeiter vor neue Anforderungen. Mit Hilfe einer verstärkten Mitarbeiterorientierung will BMW dazu die nötigen Rahmenbedingungen schaffen. Sie werden im folgenden Teilschritt beschrieben und wollen zeigen, wie BMW sowohl die individuellen als auch die sozialen Komponenten menschlicher Personalität nutzt. Ziel dabei ist es, die Mitarbeiter mit ihren originellen Talenten stärker in die Mitverantwortung zu nehmen und sie so zur Leistungssteigerung zu motivieren. Neue Formen der Zusammenarbeit, wie vernetzte Teamarbeit und angereicherte Gruppenarbeit, Mitverantwortung über Zielvereinbarungen und Interessenausgleich durch flexiblere Arbeitszeiten, sind bei BMW wesentliche Bestandteile der Mitarbeiterorientierung und werden daher eingehender erläutert. Ferner werden zwei konkrete Maßnahmen aus der Produktion vorgestellt, die durch Partizipation und Kommunikation der Qualitätsverbesserung dienen. Durch die Mitarbeiterorientierung haben sich die Anforderungsprofile an Mitarbeiter und Führungskräfte gewandelt, die abschließend eingehender erläutert werden. Anhand von Leitbildern beschreibt BMW verbindende und verbindliche Umgangsformen, die die Zusammenarbeit und damit die Unternehmenskultur bestimmen sollen. Um diesen neuen Anforderungen mehr Gewicht zu verleihen, nutzt das Unternehmen die jährlichen Beurteilungsgespräche zur Reflexion und zum kritischen Feedback.

3.1.1 Innovatives Techniker- und Ingenieurunternehmen

Die BMW AG und ihre Tochtergesellschaften sind in den letzten Jahrzehnten stetig gewachsen.[642] Sowohl die steigenden Umsatz- und Mitarbeiterzahlen als auch die Entwicklung zum „Global Player" durch neue Produktionsstandorte in Südafrika und den USA und die Übernahme der „Rover Group" haben den einstigen Flugmotorenbauer im Norden Münchens zu einem Weltkonzern gemacht. Anhand eines kurzen historischen Überblicks sollen daher verschiedene Faktoren und Ereignisse benannt werden, die die BMW AG und ihren Erfolg wesentlich charakterisieren.

3.1.1.1 Vom Flugmotorenbauer zum Weltkonzern

Die Unternehmensgeschichte der BMW AG ist zutiefst mit dem Standort München und der deutschen Geschichte verwoben.[643] Während des Ersten Weltkrieges (ab 1916) entstanden rund um den Exerzierplatz des Münchener Oberwiesenfelds, kleine Pionierunternehmen zur Herstellung von Flugmotoren. 1917 werden dort die Rapp Motoren Werke GmbH in Bayerische Motorenwerke GmbH umbenannt und ein Jahr darauf in eine AG umgestaltet. Schon die ersten Jahre der BMW AG sind durch den innovativen Forscherdrang einzelner Ingenieure und Konstrukteure in der Flugmotorenentwicklung gekennzeichnet. Auch als 1923 erstmals bei BMW erfolgreich Motorräder hergestellt werden, ist dieser Erfolg dem Zusammenwirken einzelner Spezialisten zu verdanken.[644] Dieser innovative Geist, der die Anfänge von BMW charakterisiert, prägt das Unternehmen auch in der Gegenwart, so daß die BMW AG gerne und zu Recht als „Ingenieur-" und „Techniker-Unternehmen" bezeichnet wird.[645]
1928 übernimmt BMW die Fahrzeugfabrik Eisenach mit allen Patenten und Schutzrechten, Zeichnungen und Konstruktionen und damit auch die Schutzmarke „Dixi".[646] Mit diesem einfachen Kleinwagen beginnt inmitten einer Zeit weltweiter wirtschaftlicher Depression die Automobilproduktion bei BMW.[647] In den dreißiger Jahren gewinnt die Flugmotoren-, Motorrad- und Automobilentwicklung im Zusammenhang mit den militärischen Vorhaben der nationalsozialistischen Machthaber immer mehr an Bedeutung. So entsteht 1936 in München-Allach neben dem Werk in Milbertshofen ein

zweites Flugmotorenwerk. Im selben Jahr vereinigt sich BMW mit den Branden-
burgischen Motorenwerken (Bramo) in Berlin/Spandau. Der BMW Konzern gehört
somit zu den wichtigsten Zulieferbetrieben der deutschen Rüstungsindustrie.[648] Nach
Beendigung des Zweiten Weltkrieges und einer umfangreichen Demontage der
Münchener Werke beginnt BMW 1948 wieder mit der Motorradproduktion. Da das
Werk in Eisenach durch die deutsche Teilung verloren ging, wird die Automobilproduktion 1951 nach München verlegt.[649] Mit dem BMW 501, einer Limousine amerikanischen Stils, blieb allerdings der gewünschte Erfolg aus. Nur wenige Bürger der
finanzschwachen deutschen Nachkriegsbevölkerung hatten das nötige Kapital, um sich
diese Luxuslimousine leisten zu können. Quasi als Kontrastprogramm fühlte sich
BMW daher genötigt, durch den Bau eines Kleinwagens („Isetta") den Nachkriegs-
markt kundenorientierter zu beliefern. Durch eine verfehlte Modellpolitik kommt es
Ende der fünfziger Jahre abermals zu großen Verlusten, so daß die BMW AG Ende des
Jahres 1959 vor der Übernahme durch die Daimler-Benz AG steht. Auf der Hauptver-
sammlung am 09. Dezember 1959, als die Übernahme durch den Konkurrenten schon
als sichere Sache galt, kommt es zum Schulterschluß zwischen den Kleinaktionären,
den Händlern und der Belegschaft.[650] Der Verkauf an die Daimler-Benz AG und die
Umgestaltung zum Zulieferbetrieb werden verhindert. Im folgenden Jahr übernimmt
der Großindustrielle Herbert Quandt ein Drittel aller BMW-Aktien und rettet damit das
Unternehmen vor dem Untergang. Ohne nennenswerte Einbrüche stellt sich nun die
„BMW-Geschichte" als durchgehende Erfolgsgeschichte dar. Diese Erfahrung, vom
mächtigen Konkurrenten aus Stuttgart beinahe übernommen worden zu sein, prägt
immer noch die Zusammenarbeit zwischen Betriebsrat, Belegschaft, Management und
Aktionären. Sowohl die hohe Identifikation mit dem Unternehmen und seinen Produkten als auch der stetige Wille, selbständig zu bleiben, kennzeichnen das „Wir-Gefühl"
und die gegenseitige Loyalität, die die unterschiedlichen Interessengemeinschaften
zusammenhält.[651]

Der „BMW 700" und vor allem die „neue Klasse" (Modell 1500) sportlich-kompakter
Tourenwagen verhelfen der Marke in den sechziger Jahren zum Durchbruch. Dynamik
und Sportlichkeit werden zu Markenzeichen. Die BMW AG beginnt zu florieren und zu
expandieren. 1967 erwirbt sie die Hans Glas GmbH in Dingolfing und Landshut. Zwei
Jahre später wird die Motorradproduktion nach Berlin/Spandau verlegt. Am 01. Januar
1970 wird Eberhard von Kuenheim zum Vorstandsvorsitzenden berufen.[652] Dieses Amt
hat er 23 Jahre lang inne und prägt in dieser Zeit entscheidend die Erfolgsgeschichte
der AG. Es entstehen ein Montagewerk in Südafrika, eine Motorenfabrik in Steyr
(Oberösterreich) und neue Werke in Regensburg und Wackersdorf. Gleichzeitig mit
den Anlagen für die Olympischen Spiele (1972) wird das BMW Hochhaus („Vier-
Zylinder") als Konzernzentrale und Wahrzeichen des Unternehmens errichtet. Durch
die Zusammenführung der im Münchener Norden auf verschiedene Standorte ver-
streuten Abteilungen in ein gemeinsames Gebäude wird die Zusammenarbeit und Kommunikation erleichtert und verbessert.[653] Um im internationalen Konkurrenzkampf
durch Innovation, Schnelligkeit und Flexibilität die Marktführerschaft zu behaupten,
investiert der Konzern Ende der achtziger Jahre 1,4 Milliarden DM in ein Forschungs-

und Ingenieurzentrum (FIZ) im Norden Münchens mit ca. sechstausend Arbeits-plätzen.[654] Auch dieses Bauprojekt hat das Ziel, durch kurze Wege und direkten Kontakt die Zusammenarbeit und die Kommunikation zwischen den einzelnen Forschungs- und Entwicklungsbereichen zu erleichtern. 1990 kehrt BMW durch die Gründung der BMW Rolls Royce GmbH zu den Wurzeln der Flugmotorenfertigung zurück. Zugleich wird mit einer Werkzeugfertigung der frühere Produktionsstandort Eisenach neu belebt. Drei Jahre später vollzieht sich ein Generationenwechsel an der Konzernspitze. Bernd Pischetsrieder wird Vorstandsvorsitzender. Eberhard von Kuenheim wechselt als Vorsitzender in den Aufsichtsrat.[655]

Um die Position auf dem US-amerikanischen Markt weiter auszubauen, produziert BMW seit 1994 im neu errichteten Werk Spartanburg (South Carolina). Mit der Übernahme der „Rover Group" avanciert der BMW Konzern endgültig zum „Global Player".[656] Das allerdings führt den Konzern 1999 in eine ernsthafte Führungskrise. Obwohl die BMW AG im 1998 auf das beste Geschäftsjahr der Firmengeschichte zurückschauen kann, entpuppt sich die englische Tochtergesellschaft als existenzbedrohendes Verlustgeschäft. Nach einer außerordentlichen Aufsichtsratssitzung am 05. Februar 1999 verlassen sowohl der bisherige Vorstandsvorsitzende Bernd Pischetsrieder als auch der Entwicklungsvorstand Wolfgang Reitzle das Unternehmen. Neuer Vorstandsvorsitzender wird Joachim Milberg. Übernahmegerüchte machen die Runde. Bei der Bilanzpressekonferenz am 30.März 1999 beteuert dagegen der neue Vorstand, daß der Erhalt der Selbständigkeit oberstes Unternehmensziel bleibt.[657]

3.1.1.2 Prägende Erfolgsmerkmale

Aus der achtzigjährigen Geschichte können Kriterien benannt werden, die die BMW AG charakterisieren. So ist BMW schon von seinen Ursprüngen her ein „Techniker-" und „Ingenieurunternehmen". Die unterschiedlichen Produkte galt es, unter den Anforderungen des Marktes permanent weiterzuentwickeln. Diese „Technik-Orientierung" ist überall im Unternehmensalltag spürbar und erlebbar. Sie stellt eindeutig eine Stärke von BMW dar und zeigt sich in einer sehr hohen Produktidentifikation der Mitarbeiter. Mit ihrem Wissen und Können verfügt das Unternehmen über hervorragende Humanressourcen. Allerdings kann die „Technik-Orientierung" zu Schwierigkeiten führen. Bis ins Kleinste ausgeklügelte Arbeitsmethoden und Strategien versuchen, den unsicheren Faktor Mensch wie ein Rädchen im technischen Ablauf in den Griff zu bekommen.[658] Daß dieser „technokratische Perfektionismus" eines fehlerfreien Systems häufig an der menschlichen Realität scheitern muß, versteht sich von selbst.

Ferner zeigt die historische Entwicklung, daß sich BMW, mit einigen wenigen Ausnahmen immer auf die Fertigung von drei Produkten (Flugmotoren, Motorrad, Automobil) beschränkt hat, die alle mit dem Motorenbau zusammenhängen. Im Unterschied zu anderen Unternehmen, die ihren Erfolg auf eine breite Produktpalette stützen können, hat BMW eine Monokultur.[659] Dies hat Vor- und Nachteile. Zum einen kann sich das Unternehmen intensiver auf seine Kernkompetenzen konzentrieren. Das gemeinsame

Produkt „Automobil/Motorrad" schweißt die Belegschaft viel stärker zusammen als eine Produktpalette, die von Küchengeräten bis hin zu Telekommunikationstechniken reicht.[660] Zum anderen ist gerade das Automobil als individuelles Fortbewegungsmittel in den letzten beiden Jahrzehnten im Blick auf seine Umweltverträglichkeit in die gesellschaftliche Kritik geraten. Um so wichtiger wird daher sowohl das gesellschaftliche Image des Unternehmens als auch die Akzeptanz des Produkts. Dies allerdings bedeutet, daß BMW sich politisch engagieren muß.[661]

Eines der prägenden Daten in der Unternehmensgeschichte ist der 09. Dezember 1959. Seit jener existenzbedrohenden Krise prägt gutes Einvernehmen die Zusammenarbeit zwischen Unternehmensleitung, Betriebsrat, Belegschaft und Aktionären. Dies zeigt sich besonders in einer hohen Identifikation der Mitarbeiter mit dem Unternehmen und einem ausgeprägten „Wir-Gefühl". Sie sind stolz, bei BMW zu arbeiten. Diese Identifikation nutzt BMW durch eine eindeutige „Mitarbeiterorientierung".[662] Als „Nischenanbieter"[663] will sich BMW mit diesem Vorteil auch in Zukunft auf dem Automobilmarkt behaupten.

Die Geschichte veranschaulicht ebenso, wie sehr das Unternehmen mit seiner Heimat Deutschland/Bayern verwoben ist.[664] Mit Ausnahme der Werke in Österreich, Südafrika und den USA produziert die BMW AG ausschließlich in Deutschland, einem der teuersten Standorte der Erde.[665] Hohe Lohnkosten und Zusatzleistungen erhöhen die Produktionskosten. Allerdings verfügt der Standort Deutschland über hochqualifizierte Arbeitskräfte, also über hervorragende Humanressourcen. Diese Spannung stellt eine große Herausforderung für das Unternehmen dar. Um die Vorteile des Standorts Deutschland wirksamer nutzen zu können, gilt es, erfinderisch neue Wege zu gehen. „Mitarbeiterorientierung" beispielsweise durch neue Formen der Zusammenarbeit und alternative Arbeitszeitmodelle werden somit zum Erfolgsrezept.

Die vierzigjährige Erfolgsgeschichte hat in den letzten beiden Jahrzehnten einen Höhepunkt erreicht. Auf dem „BMW-Tag" 1982 hatte der damalige Vorstandsvorsitzende von Kuenheim dem Konzern das Ziel gesetzt, als Automobilunternehmen die Spitzenposition zu erlangen.[666] Nach sechs Jahren hatte BMW dieses Ziel erstmals erreicht. Auch in den neunziger Jahren hat sich die BMW AG erfolgreich auf dem Automobilmarkt behauptet. Im Unterschied zu anderen Anbietern war BMW das einzige Unternehmen, das die Krise 1993 ohne Entlassungen und Kurzarbeit bewältigt hat.[667] Seit vierzig Jahren verzeichnet BMW kontinuierliche Beschäftigungszuwächse und gilt als zuverlässiger Arbeitgeber. So wurden 1998 über viertausend neue Mitarbeiter eingestellt und die BMW AG kann auf ihr erfolgreichstes Geschäftsjahr zurückschauen.[668] Dieser Erfolg führt zu berechtigtem Stolz. Allerdings darf sich das Unternehmen nicht auf seinen Lorbeeren ausruhen, sondern muß sich aufmerksam den Herausforderungen der Zukunft stellen.[669] Die Konkurrenz holt auf, imitiert z.T. die Produkte, wirbt Mitarbeiter ab und versucht, BMW zu überholen. Sowohl der Fusion von Daimler und Chrysler zum „transatlantischen Autoriesen" als auch einer prognostizierten Autokrise für Westeuropa in den Jahren 1999/2000 gilt es, beherzt zu begegnen.[670] Schnelligkeit, Innovation und Flexibilität bleiben daher wesentliche Wettbewerbsvorteile.[671]

3.1.2 Erfolgskriterien im internationalen Wettbewerb

Als „Nischenanbieter" will die BMW AG wirtschaftlichen Erfolg durch die Produktion von qualitativ hochstehenden Spitzenprodukten erzielen. Im Konkurrenzkampf auf dem internationalen Automobilmarkt gilt es, den Markt bzw. den Kunden permanent mit neuen Produkten zu überraschen. Der Erlebnisgehalt des Produkts, seine Attraktivität und Faszination, aber auch seine Qualität sind entscheidende Kaufkriterien. Eine konsequente Markt- und Kundenorientierung, die sich in permanenten Innovationen zeigt, und ein hoher Qualitätsanspruch sind daher für BMW die entscheidenden Erfolgsfaktoren. Um allerdings umfassende Qualität gewährleisten zu können, kommt es wesentlich auf die Optimierung und Beschleunigung der internen Prozesse an.[672]

3.1.2.1 Markt-/Kundenorientierung

Die Krise der BMW AG Ende der fünfziger Jahre wurde durch eine verfehlte Modellpolitik verursacht, letztlich durch eine mangelnde „Markt- und Kundenorientierung". Die neu entwickelten Limousinen wurden vom Kunden nicht angenommen, der gewünschte Kapitalfluß blieb aus, die schlechten Vertriebszahlen drosselten die Produktion, BMW stand vor dem Aus.

Der Kunde ist quasi Geld-, Auftrag- und Arbeitgeber eines Unternehmens.[673] Er entscheidet über die Existenzberechtigung von BMW, wie es in einer der „BMW Handlungsmaximen" etwas plakativ formuliert ist.[674] Um herauszufinden, welche Leistungen ansprechen könnten, muß sich ein Unternehmen nach außen hin öffnen und intensiv Marktforschung betreiben. Dabei wird es gerade für BMW entscheidend sein durch qualitativ hochstehende und innovative Produkte den Kunden langfristig an die Marke zu binden.[675]

„Kundenorientierung" meint allerdings nicht, daß ein Unternehmen keine Produktvorstellungen hat. Vielmehr gibt es wesentliche Elemente, die ein Automobil von BMW charakterisieren, so z.B. äußere Merkmale wie die klassische „Niere", die Doppelscheinwerfer und das Markenzeichen.[676] Aber auch technische Eigenheiten wie etwa der typische Heckantrieb unterscheiden einen BMW von Fahrzeugen der Konkurrenz. Hinzu kommen Produkt- und Markenwerte wie Dynamik, Sportlichkeit, Individualität, Spaß, Vitalität etc.[677] Sie bilden das Proprium und sind eindeutige Erkennungsmerkmale. Allerdings öffnet sich hier ein Spannungsfeld zwischen Kontinuität und Innovation, zwischen BMW-Proprium und Anpassung an die Kundenwünsche. Um z.B. Dynamik und Sportlichkeit im Design zum Ausdruck zu bringen, haben Fahrzeuge von BMW im Vergleich zu anderen Anbietern meistens einen kleineren Innen- und Kofferraum und wirken enger als vergleichbare Fahrzeuge der Konkurrenz. Der Kunde wünscht dagegen häufig mehr Raum. Es wird nicht immer einfach sein, hier den richtigen Ausgleich zu finden.

Mit seinen Automobilen will BMW eine bestimmte Zielgruppe ansprechen, nämlich Käufer ab dem gehobenen Mittelstand.[678] Gerade in diesen Bevölkerungsschichten ist es weniger eine Frage des Preises als vielmehr eine Frage der Attraktivität, des Komforts und der Innovation, ob sich ein Kunde für ein Fahrzeug von BMW oder für ein Produkt der Konkurrenz entscheidet.[679] Im Wettbewerbsdruck steht BMW auf besondere Weise vor der Herausforderung, bei der Fahrzeugentwicklung innovative Wege zu gehen. Auch dadurch kommt es zu Zielkonflikten. Einige Beispiele aus der Entwicklung sollen dies veranschaulichen.[680] Zahlreiche Verbesserungsmaßnahmen, wie passive Sicherheit, Abgasreinigung, Geräuschminderung, Komfort etc., die dem Produkt neue Qualitäten geben, verursachen ein Mehrgewicht. Dieses wirkt sich wiederum negativ auf die Kraftstoffwirtschaftlichkeit und das Fahr- und Bremsverhalten aus. Eine Leichtbauweise wäre also für den Kraftstoffverbrauch günstiger. Die Entwickler stehen nun vor der Frage, was wichtiger ist und den Kundenerwartungen mehr entspricht. Schmale Dachpfosten ermöglichen eine gute Fahrersicht, während großdimensionierte, steife Dachpfosten bei Überrollunfällen den Überlebensraum besser sichern. Auch hier zeigt sich ein Zielkonflikt. Fahr-, Brems- und Federungsverhalten erfordern einen langen Radstand, während Wendigkeit und Parkierfreundlichkeit durch einen kurzen Radstand begünstigt werden. Für welchen Abstand entscheidet sich die Entwicklung? Welche Kriterien sind wichtiger?

Ständig gilt es neu, sich Zielkonflikten zu stellen. Dabei kommt es BMW zugute, daß es durch das starke Engagement im Entwicklungsbereich als „Ingenieur-" und „Technikerunternehmen" über ein großes Wissenspotential verfügt. Allerdings besteht die Gefahr, daß der Kundennutzen und die Kundenzufriedenheit als relevanter Maßstab im Entwicklungsprozeß manchmal zu kurz kommen.[681] Aufgrund einer gewissen „Produktverliebtheit" entwerfen sich Ingenieure, Konstrukteure, Designer etc. ihr eigenes Auto, ohne vielleicht zunächst nach dem konkreten Kundennutzen zu fragen.[682] Dies kann aber auch Vorteile haben, zumal viele BMW-Mitarbeiter auch „BMW-Fahrer" und damit selbst Kunden sind. Ferner ist zu bedenken, daß der externe Kunde oft gar nicht genau weiß, was er wirklich will, bzw. was überhaupt technisch möglich ist.[683] Er läßt sich von neuen technischen Raffinessen, wie digitalen Einparkhilfen, Navigationssystemen oder Latentwärmespeichern etc., überraschen und vergleicht mit den anderen Wettbewerbern, welche Produktinnovationen und Serviceleistungen diese zu bieten haben.[684] „Kundenorientierung" heißt damit auch, offensiv den Markt zu beliefern.

In der gegenwärtigen „Erlebnisgesellschaft" ist dabei der Erlebnisgehalt des Automobils immer entscheidender. BMW antwortet mit dem Slogan „Freude am Fahren" auf diesen Trend. Mit Produkten wie z.B. dem „Z 3-Roadster", der eindeutig hedonistische Züge aufweist, versucht das Unternehmen, die Erlebniswelt individueller Fortbewegungsmöglichkeiten zu erweitern.[685] Dabei läßt sich schwer abgrenzen, ob derartige Produkte erst Bedürfnisse wecken oder bestehende Bedürfnisse stillen. Auch in diesem Zusammenhang wird der Wettbewerbsdruck zur treibenden Kraft. Es gilt, schneller und besser zu sein als die Konkurrenz. Diese Dynamik drängt zu ständigen Innovationen, die vielleicht schon bald wieder von anderen kopiert werden.[686] Die Zeitabstände des Vorsprungs werden dabei immer kürzer. Um der Konkurrenz „eine Nasenlänge" voraus zu sein, gilt es, den „Produktentstehungsprozeß" (PEP) in seinen Abläufen zu optimieren und zu beschleunigen.[687] Sowohl neue Formen und Methoden der Zusammenarbeit zwischen Forschung, Entwicklung, Produktion und Vertrieb als auch gezielte Investitionen in neue Arbeitsinstrumente sollen dazu beitragen, durch Schnelligkeit und Flexibilität die Marktführerschaft zu behaupten. Dabei spielen die Mitarbeiter eine immer entscheidendere Rolle.

Ferner macht die „Erlebnisorientierung" das Auto zu einem individuellen Produkt, das den originellen Lebensstil des Besitzers zum Ausdruck bringen soll.[688] Es sagt etwas über den Besitzer aus, ob er ein Cabriolet der Dreier Reihe oder eine Limousine der Siebener Reihe fährt, ob er in einem feuerroten oder schwarzen Auto am Steuer sitzt. Der gesellschaftliche „Wertewandel" („Individualisierungsschub") macht sich eben auch hier in einem veränderten Kundenverhalten bemerkbar. Bei der Farbe angefangen bis hin zu verschiedenen Ausstattungsvarianten will sich der Kunde seinen originellen BMW zusammenstellen, der seinen individuellen Vorstellungen und Neigungen entspricht. BMW antwortet auf diese Kundenanforderung durch eine Differenzierung und Segmentierung der Modellpalette.[689] Dies verlangt auf seiten des Herstellers eine sensible und ausgeklügelte Dienstleistungsmentalität. Auch hier gilt es, durch angenehme Geschäftsbedingungen und Qualität des Services der Konkurrenz voraus zu sein.[690] Nicht mehr das von BMW geplante, sondern das vom Kunden bestellte Fahrzeug bestimmt den gesamten Prozeßablauf. Um den individuellen Wünschen und dem vereinbarten Liefertermin gerecht werden zu können, muß dieser „Kundenorientierte Vertriebs- und Produktions-Prozeß" (KOVP) bestens organisiert werden.[691] Eine ausgeklügelte Logistik ist gefragt, die hohe Anforderungen an die Mitarbeiter stellt. „Kundenzufriedenheit" bzw. „-unzufriedenheit" werden somit zum relevanten Maßstab für Qualität und bestimmen den Unternehmenserfolg.[692]

Neben dem Innovationsdruck nimmt auch der gesellschaftliche Druck auf das Unternehmen zu. Die „Kundenorientierung" darf daher nicht nur auf die Kunden beschränkt, sondern muß auf die gesellschaftliche Akzeptanz des Produkts und des Unternehmens ausgeweitet werden. BMW versucht, soweit dies möglich ist, nicht nur den Anforderungen des Marktes, sondern auch den Erwartungen der Öffentlichkeit gerecht zu werden. Aus diesem Grund faßt BMW den Begriff des Kunden sehr weit.[693] Schließlich gilt es, auch bei Nichtkunden Akzeptanz und Sympathie zu schaffen.[694] So sind z.B. die Umweltverträglichkeit der Produkte und der Produktion zu gesellschaftlichen Sympathiewerten geworden, bei denen die Öffentlichkeit von BMW Spitzenqualität erwartet.[695] Umweltfreundlichere Produktionsmethoden, etwa in der Lackiererei, oder umfassende Rücknahmegarantien für Altautos und vieles andere mehr, sollen helfen, das gute Image, das BMW in der Öffentlichkeit genießt, zu sichern.[696]

3.1.2.2 Unternehmensqualität

Die Kunden erwarten von BMW neben optimaler Produktqualität auch Qualität in Service, Kundenbetreuung, Termintreue etc. Optimale und umfassende Qualität anzubieten und mit seinem Namen für Qualität zu stehen, wird daher zur Überlebensfrage.[697] „Made by BMW" wird zum Gütesiegel, das mehr als Produktqualität verspricht. Daher gilt es, alle Prozesse, Bereiche, Leistungen, Ergebnisse etc. des Unternehmens mit einem umfassenden Qualitätsmanagement zu steuern. So wirkt sich beispielsweise die Qualität der Zusammenarbeit ebenso wie die Mitarbeiterzufriedenheit auf die Gesamtqualität aus. Mitarbeiter, die sich von ihrem Unternehmen nicht ernst genommen fühlen, werden weniger motiviert sein, ihre Aufgaben gut zu erfüllen.[698] Auch die Qualität der internen Abläufe beeinflußt die „Unternehmensqualität". Wenn etwa der Produktentstehungsprozeß nicht optimal organisiert ist und es wiederholt zu Verzögerungen kommt, so daß das Produkt nicht am Liefertermin dem Kunden übergeben werden kann, dann schlägt sich das auf das Qualitäts-Image des Unternehmens nieder.[699]

BMW hat Anfang der neunziger Jahre eine „Qualitätsoffensive" gestartet und Qualität zur „Unternehmenspriorität Nr. 1" erklärt.[700] Damit wurde ein Prozeß angestoßen, der ausgehend von einer nachbereitenden Qualitätssicherung über verschiedene Methoden der internen und externen Zertifizierung zu einem umfassenden Qualitätsmanagement im Sinn des „Total Quality Management" (TQM) bzw. der „European Foundation for Quality Management" (EFQM) führt.[701] Dieses neue Qualitätsbewußtsein hat bei BMW zu organisatorischen Umstrukturierungen geführt, die alle Mitarbeiter stärker in die Mitverantwortung nehmen.

Durch die strenge Arbeitsteilung hatte der einzelne Mitarbeiter bis in die achtziger Jahre hinein keine eigene Verantwortung für die Qualität seiner Tätigkeiten.[702] Vielmehr gab es eigene Qualitätskontrolleure, die am Ende des Bandes die Qualität jedes Automobils kontrollierten und gegebenenfalls entsprechende Nachbesserungsmaßnahmen einleiteten. Die Mängel wurden beseitigt und das Produkt wurde entsprechend teurer. Es fand also eine nachbereitende Qualitätssicherung statt. Bei den Produktionsmitarbeitern war das Qualitätsbewußtsein diesbezüglich gering, da ihnen bewußt war, daß das Gesamtprodukt am Ende des Bandes auf seine Qualität überprüft wurde. Außerdem wurden sie ja auch nicht für die Qualität ihrer Arbeit bezahlt, sondern für die abgeleistete Zeit. Letztlich kam es zu einer Paarung von Ineffektivität und Ineffizienz.[703] Durch die Integration der Prüfarbeiten in die einzelnen Fertigungsschritte und durch umfangreiche Schulungen der Führungskräfte in Qualitätsmethoden gelang es, das Qualitätsbewußtsein auf breiter Ebene zu heben. Hinzu kamen interne „Auditierungen" und externe „Zertifizierungen", die auf die einzelnen Abteilungen einen gewissen Handlungsdruck ausübten.[704] Allerdings wurden auch die „Zertifizierungen" mittlerweile zum erwarteten Qualitätsstandard, den auch die Konkurrenten erfüllen.[705] Sie dienten somit BMW als erster Schritt, quasi als „Sprungbrett" zu einem umfassenden Qualitätsmanagement (TQM), das im Modell der „European Foundation for Quality Management" (EFQM) seinen Ausdruck findet.[706] Ziel des „EFQM-Modells" ist es, durch eine umfassende, systematische und regelmäßige Prüfung aller Tätigkeiten und Ergebnisse Verbesserungsmaßnahmen einzuleiten, die die „Unternehmensqualität" als Ganzes verbessern und damit die Unternehmensleistung steigern.[707] Es besteht aus neun Kriterien, die verschiedene Verbesserungsbereiche repräsentieren: „Führung, Politik und Strategie, Mitarbeiterorientierung, Ressourcen, Prozesse, Kundenzufriedenheit, Mitarbeiterzufriedenheit, Gesellschaftliche Verantwortung/Image, Geschäftsergebnisse".[708] Wichtigstes Werkzeug zur allumfassenden Qualitätsverbesserung ist eine kritische Selbstbewertung durch Mitarbeiterbefragung, die zu einer objektiven Standortbestimmung führen und zur Kontrolle regelmäßig wiederholt werden soll.

Das umfassende Qualitätsmanagement, das sich das „Subsidiaritätsprinzip" zunutze macht, stellt neue Anforderungen an alle Mitarbeiter. Zum einen verlangt es ein ausgeprägtes Qualitätsbewußtsein, das sich in einer persönlichen „Null-Fehler-Einstellung" zeigen sollte.[709] Zum anderen sollten sich die Mitarbeiter dem „Prinzip der Ständigen Verbesserung" verpflichtet fühlen.[710] Kerngedanke dieses Prinzips ist die „lernende Organisation".[711] Es gilt, die innovativen Ideen, die originellen Fähigkeiten und Potentiale der Mitarbeiter besser zu nutzen. Gerade die Selbstbewertung durch Mitarbeiterbefragung kann die Mitarbeiter vor Ort motivieren, sich für diesen Verbesserungsprozeß zu engagieren.[712] „Mitarbeiterorientierung" wird somit zum Erfolgsfaktor, der BMW zu einem „Center of Excellence" machen soll.

3.1.2.3 Prozeßorientierung

Im internationalen Wettbewerb steht BMW vor der permanenten Herausforderung, schneller und innovativer als die Konkurrenten zu sein. Dies bedeutet, daß Prozesse, wie etwa die Produktentstehung, optimiert und beschleunigt werden müssen.[713] Unter dieser Beschleunigung darf allerdings nicht die „Unternehmensqualität" leiden. Vielmehr gilt es, auch diese kontinuierlich zu verbessern. Zugleich soll ein Unternehmen flexibel auf die Anforderungen des Marktes reagieren können, um gegebenenfalls durch Produktionssteigerung oder Produktionsreduzierung Nachfrageschwankungen ausgleichen zu können.

Schon zu Beginn der achtziger Jahre hat der Vorstand der BMW AG erkannt, daß die herkömmlichen Strukturen eines streng hierarchischen Systems mit tayloristischer Ausrichtung (funktionale Linienorganisation) zu einem Bereichs- und Funktionsdenken geführt haben, das einer Beschleunigung, Optimierung und Flexibilisierung entgegensteht.[714] Der Ablauf der Produktentstehung hatte sich in einzelne Teilabschnitte bzw. Bereiche aufgesplittert, die z.T. unabhängig nebeneinander standen.[715] Nicht das Gesamtprodukt und der Endkunde, sondern nur der eigene Arbeitsabschnitt und die „Anweisungen von oben" bestimmten das Denken und Handeln der Mitarbeiter. Entscheidungen wurden meistens über die Hierarchieebenen getroffen. Eindeutige Gehorsams- und Anweisungsstrukturen nach dem Motto: „Ober sticht Unter" hemmten den innovativen Geist der Mitarbeiter. Sowohl die Agilität und Flexibilität als auch die Qualität wurden beeinträchtigt und der Produktionsprozeß verlangsamt.

Das kontinuierliche und schnelle Unternehmenswachstum hatte zu einer zusätzlichen Bürokratisierung geführt. Die Organisationsstrukturen wurden schwerfälliger und fast zwangsläufig kam es zu sogenanntem „Wildwuchs", der einen hohen Koordinationsaufwand und Doppelarbeit mit sich brachte.[716] Nicht mehr die Konkurrenten im Markt, sondern die Schwierigkeiten mit den anderen Ressorts wurden handlungsbestimmend. Interne Grabenkämpfe nach dem Motto: „Wir vom Rohbau" und „Die vom Lack" verdeckten die gemeinsame Vision, als Automobilhersteller erfolgreich sein zu wollen, und führten zu einer permanenten internen Verschwendung von Kraft und Energie.[717]

Um den Endkunden und das Gesamtprodukt wieder stärker in den Blick zu bekommen, um das Qualitätsniveau zu optimieren und gleichzeitig die Produktion zu beschleunigen, galt es, vom Bereichs- und Funktionsdenken abzukommen. Die alten, funktionalen Strukturen wurden aufgebrochen, indem der „Produktentstehungsprozeß" stärker das Zusammenwirken im Unternehmen bestimmen sollte und weniger die Bereichs- oder Funktionszugehörigkeit, die hierarchische Stellung und die bürokratische Organisation.[718] Mehr Eigenverantwortung und Dezentralisierung statt bürokratische Hierarchie, mehr Unternehmergeist statt Ressortgeist, mehr vernetztes, prozeßhaftes Denken als Funktions- und Bereichsdenken kennzeichnen stichwortartig diese Entwicklung.[719]

BMW verfolgt diese Umstrukturierung seit Mitte der achtziger Jahre. Ziel dabei ist es, ein „Netzwerk" bzw. eine „Matrixorganisation" mit hierarchischer Grundstruktur zu schaffen, die sowohl zentral geführt wird als auch dezentral, föderal und subsidiär agieren kann.[720] Durch Herausnahme einer Hierarchieebene wurde z.B. in der Fertigung der Informations- und Kommunikationsfluß zwischen Vorstandsebene und Produktionsebene beschleunigt.[721] Die Bildung von selbständigen Sparten steigerte sowohl das unternehmerische Denken als auch die Wettbewerbsfähigkeit.[722] Um das Abschnittsdenken zu verringern, wurden ferner z.B. in der Montage des Münchener Werks Produktionsteams eingerichtet.[723]

Bei allen Neustrukturierungen ist die Orientierung am Kernprozeß der Produktentstehung entscheidend.[724] Dieser reicht vom Endkunden über den Vertrieb und die Produktion bis zur Entwicklung und Forschung. Die einzelnen Glieder lassen sich wiederum aufteilen in voneinander abhängige Schritte, so etwa die Produktion im Werk München mit ihrem Kernprozeß Rohbau, Lackiererei und Montage, die wiederum beliefert werden von den Sparten Werkzeug- und Anlagenbau, Preßwerk, Motor und Fahrwerk, Karosserieausstattung etc. Hinzu kommen Dienstleister, wie das Qualitätsmanagement und die Logistik, die Werktechnik und das Controlling, das Personalwesen etc., die durch ihre Fachkompetenz den Kernprozeß unterstützen sollen. Diese „Prozeßorientierung" wird als „interne Kundenorientierung" beschrieben. Mit Kunde bzw. Partner ist also nicht nur der externe Endkäufer des Autos gemeint. So ist z.B. die Fertigung ein Kunde der Forschung/Entwicklung und ein Partner/Lieferant für den Vertrieb, die Montage ist ein Kunde der Sparte Motor und Fahrwerk, das Prüffeld ist ein Kunde der Endmontage.[725] Jede Tätigkeit im Unternehmen ist Teil dieses komplexen Prozesses. Daher ist jeder, der einen Prozeß bearbeitet, gleichzeitig Kunde des vorhergehenden und Lieferant für den nachfolgenden Prozeß. Diese „Prozeßorientierung" bringt an jeden Mitarbeiter bzw. an jede Arbeitseinheit neue Anforderungen: Denken und Handeln in „Kunden-Lieferanten-Beziehungen".[726] „Interne Kundenorientierung" sollte daher eine Grundhaltung sein, wobei es hilfreich ist, den eigenen Prozeßabschnitt in einzelne Schritte aufzuteilen, die eigene Aufgabe an der Produktentstehung zu beschreiben und zu optimieren. Erster Schritt ist die eigene

Standortbestimmung, indem der Zweck der eigenen Leistung, die Stärken und Schwächen bestimmt werden.[727] Nach dieser Selbstbestimmung stellt sich die Frage nach den nächsten Kunden, nach ihren Anforderungen und Erwartungen. Zusammen mit den Prozeßpartnern sollten Leistungen über Qualität, Termin und Kosten durch eine Zielvereinbarung festgelegt werden. Dies fordert auf seiten des Lieferanten die Bereitschaft, auf die Wünsche des Kunden einzugehen und die Kompetenz des Partners zu respektieren. Das eigene Angebot wird zur Leistung, an der beide Teile konstruktiv mitarbeiten. Das Feedback des Kunden wird zum Maß der Qualität. Kommunikation und gegenseitige Rückmeldung sind dabei wichtige Meßinstrumente, die die Kundenzufriedenheit, aber auch Leistungsverbesserungen zum Nutzen beider Seiten sicherstellen.[728]

Letztlich muß bei dieser „Prozeßorientierung" bzw. „internen Kundenorientierung" der einzelne Mitarbeiter, die einzelne Gruppe lernen, den eigenen Teilprozeß als Teil des Erfolgs oder Mißerfolgs des Gesamtprozesses zu sehen. Daher genügt es nicht, nur mit seinen direkten Kunden und Lieferanten in Kontakt zu stehen. Vielmehr ist es Aufgabe, weitsichtig und vernetzt zu denken. So muß beispielsweise ein Ingenieur in der Fahrwerkentwicklung nicht nur mit seinen Kunden in der Sparte Motor kommunizieren, sondern auch mit Kollegen aus der Sparte Werkzeug- und Anlagenbau. Schließlich müssen diese die Maschinen in der Motorenfertigung entsprechend den neuen Anforderungen, für einen Neuanlauf umrüsten.

Am Ende dieses Abschnitts kann zusammenfassend festgestellt werden: Ein entscheidendes Erfolgskriterium im internationalen Wettbewerb ist konsequente „Markt- und Kundenorientierung". Dabei gilt es, in Treue zu den Markenwerten, den Markt permanent mit innovativen und attraktiven Produkten zu überraschen. Die gesellschaftliche Entwicklung zur „Erlebnisgesellschaft" und die zunehmende „Individualisierung" fordern eine Segmentierung und Differenzierung der Produktpalette. Innovationen, Schnelligkeit und Flexibilität sind gefragt, allerdings darf darunter nicht das Qualitätsniveau leiden. Vielmehr erwartet der Kunde, gerade von der Marke BMW als Hersteller von Spitzenprodukten, umfassende Spitzenqualität, d.h. neben Produktqualität auch Qualität im Service, in der Kundenbetreuung, in der Liefertermintreue etc. Dies stellt erhebliche Anforderungen an das Unternehmen und seine Mitarbeiter. Von ihnen hängt es ab, ob BMW diesen Anforderungen gerecht werden kann oder nicht. Persönliches Qualitätsbewußtsein und die Bereitschaft zur ständigen Verbesserung werden zu unverzichtbaren Grundeinstellungen, um die Wettbewerbsfähigkeit des Unternehmens zu steigern. Dabei wird die Agilität der Organisationsstrukturen durch „Prozeßorientierung" immer entscheidender. Mehr unternehmerisches Denken und Handeln und weniger Ressort- und Bereichsdenken sind gefragt. Dies erfordert, daß die „externe und interne Kundenorientierung" sich konsequent am Produktentstehungsprozeß ausrichtet.

BMW hat im Blick auf diese Erfolgskriterien von drei Säulen des Erfolgs (Qualität, Kundenorientierung, Prinzip der ständigen Verbesserung) gesprochen, die als Grundhaltungen die Zusammenarbeit bestimmen sollten.[729] Auch wenn diese „drei Säulen" in den letzten drei Jahren nicht mehr so häufig im BMW-Schrifttum Erwähnung finden,

haben sie nicht an Aktualität verloren.[730] „Qualitätsbewußtsein", „Kundenorientierung"
und das „Streben nach ständiger Verbesserung" sollten immer wieder neu als Grundhaltungen in Erinnerung gerufen und als solche verinnerlicht werden.[731] Dies stellt das
Personalwesen vor die schwierige Aufgabe, allein in der BMW AG das Verhalten von
ca. achtzigtausend Mitarbeitern zu beeinflussen, die z.T. durch ganz andere Strukturen
und Verhaltensweisen geprägt sind.[732] Es kostet Zeit und Geduld, Verhaltensänderungen herbeizuführen.

3.1.3 Leistungssteigerung durch Mitarbeiterorientierung

Die reichhaltigen Potentiale der Mitarbeiter wurden durch das arbeitsteilige System des
Taylorismus häufig nur spärlich eingesetzt. Damals galt es, durch den Einsatz von
Menschen die technischen Möglichkeiten der Maschinen voll auszuschöpfen und einen
optimalen Organisationsablauf zu gewährleisten. Im „industriellen Kräftedreieck"
Technik, Organisation und Mensch war letzterer nur unter diesem Aspekt interessant.[733]
BMW hat in den letzten Jahren, wie es heißt, den Menschen mit seinen originellen
Werten neu entdeckt.[734] Um diese „wertvolle und teure Ressource"[735] effektiver nutzen
zu können, ist es entscheidend, die Arbeitsorganisation und Führung nicht mehr auto-
ritär und bürokratisch zu gestalten, sondern Freiräume zu schaffen, die echte Mitarbeit
ermöglichen. Selbstentfaltungswerte wie Eigen-/Mitverantwortung, Kreativität, konstruktive Kritik etc. sind im betrieblichen Alltag zunehmend gefragt. Der gesellschaftliche „Wertewandel" mit seiner Tendenz zur „Individualisierung" macht sich in einem
veränderten Mitarbeiterbild bemerkbar.[736] Daher hat sich BMW 1983 für eine „werteorientierte Personalpolitik" entschieden.[737] Dabei denkt das Unternehmen nicht un-
eigennützig. Schließlich stellen die Mitarbeiter in der „Wissensgesellschaft" des Standortes Deutschland für ein innovatives Unternehmen wie BMW die „wichtigste und
wertvollste Ressource" dar, wie von oberster Managementseite immer wieder betont
wird.[738] Ihre originellen Potentiale, ihr Wissen und ihre Ideen, ihre Qualitäten und
Fähigkeiten gilt es, effektiver zu nutzen.[739] Ein hochqualifizierter Automobilmecha-
niker kann eben mehr, als nur einen oder zwei Handgriffe stundenlang ausüben. Er hat
Ideen, die zu Innovationen führen können. Er kann Vorschläge machen, die Arbeitsprozesse beschleunigen. Er kann Fehler entdecken, unter denen die Produktqualität leidet. Allerdings benötigt er dazu entsprechende Rahmenbedingungen. Auch gilt es, ihn
dazu zu motivieren und ermutigen, sich mit seinen Werten am Arbeitsplatz einzubringen. Schließlich hat er in seiner Freizeit ja auch vielfache Möglichkeiten, seine Fähigkeiten zu entfalten. Selbstverwirklichung sollte aber nicht nur in der Freizeit, sondern
auch in der Arbeit möglich sein. „Leistungssteigerung durch Mitarbeiterorientierung"
wird somit zum Erfolgskriterium.[740]
Im folgenden Abschnitt werden daher zunächst neue Formen der Zusammenarbeit
erläutert. Sie wollen den Mitarbeiter als „Individuum" und „animal sociale" in die
Mitverantwortung für den Unternehmenserfolg nehmen. Veränderte Strukturen erfor-

dern einen veränderten Führungsstil. Im Rahmen der „Mitarbeiterorientierung" ist daher „Führung über Zielvereinbarungen" gefragt, die dem einzelnen bzw. der Gruppe unter Berücksichtigung übergeordneter Ziele mehr Eigenverantwortung zugesteht. Ein „Interessenausgleich" kann stattfinden. Ferner fordern neue Formen der Zusammenarbeit „flexiblere Arbeitszeiten", die helfen, die Mitarbeiterinteressen mit den Unternehmenszielen in Einklang zu bringen. Im Blick auf die „Unternehmensqualität" werden am Ende dieses Abschnitts zwei typische BMW-Maßnahmen aus den Werken vorgestellt, die durch „Partizipation und Kommunikation" das Qualitätsbewußtsein der Mitarbeiter schärfen und sie zu einer Leistungssteigerung motivieren können. Die Identifikation und die Motivation können durch diese Maßnahmen gesteigert werden.

3.1.3.1 Subsidiarität durch „Neue Arbeitsstrukturen"

Durch die Einführung „Neuer Arbeitsstrukturen" (NAS) versucht BMW, die nötigen Rahmenbedingungen zu schaffen, um auf dem Weg der „Mitarbeiterorientierung" und „Mitarbeiterzufriedenheit" langfristige Leistungssteigerungen herbeiführen zu können.[741] Die veränderten Strukturen sollen dem einzelnen Mitarbeiter mehr Selbständigkeit und Eigenverantwortung geben, so daß er seine Fähigkeiten und Ideen besser und reichhaltiger in seinen Arbeitsbereich einbringen kann. Ebenso wollen sie auch die sozialen Kompetenzen nutzen. Durch die Zusammenarbeit mit anderen Kollegen soll es in Gruppen und Teams zu effizienten Ergänzungen kommen.

3.1.3.1.1 Vernetzte Teamarbeit

Mit dem Neubau des Forschungs- und Ingenieurzentrums (FIZ) wurden Anfang der neunziger Jahre die verschiedenen Bereiche der Fahrzeugentwicklung, die zuvor verschiedene Standorte in München hatten, in einem Gebäudekomplex zusammengelegt. Ziel dabei war es, die Kommunikation und die Informationsweitergabe zwischen den Teilbereichen der Entwicklung zu verbessern. Durch den direkten Kontakt und die räumliche Nähe erhoffte sich die Unternehmensleitung eine Optimierung der gemeinsamen Fahrzeugentwicklung.[742] Allerdings blieb auch im FIZ zunächst die Linienorganisation (Funktionalorganisation) bestehen, so daß die verschiedenen Fachbereiche, wie etwa Entwicklung Antrieb, Entwicklung Fahrwerk, Entwicklung Karosserie, Entwicklung Gesamtfahrzeug etc., nach wie vor nebeneinander ihre Entwicklungsaufgaben wahrnahmen. Ein neues Fahrzeugprojekt wurde über die „hierarchische Schiene" Vorstand, Bereichsleiter, Hauptabteilungsleiter, Abteilungsleiter, Mitarbeiter in Gang gesetzt. Lange Entwicklungszeiten, Doppelarbeit und ineffizientes und ineffektives Nebeneinander waren häufig die Folge.
Häufig gab es aber auch gute Kontakte zwischen den Mitarbeitern der einzelnen Bereiche oder Abteilungen. Doch scheiterten diese Initiativen der Basis oft am Widerstand höherer hierarchischer Ebenen, da die betroffenen Führungskräfte in kurzsich-

tiger Weise nur den eigenen Fachbereich im Blick hatten. In diesem Zusammenhang machte sich auch das schnelle Unternehmenswachstum negativ bemerkbar. Früher waren die einzelnen Fachbereiche überschaubar. Die Mitarbeiter und Führungskräfte kannten sich und entwickelten gemeinsam, bereichsübergreifend, ein neues Fahrzeug. Das schnelle Wachstum führte zu einer Anonymität zwischen den Bereichen. Um die Zusammenarbeit effizienter gewährleisten zu können, mußten daher neue Organisationsformen gefunden werden.

Die klassische Linienorganisation der Entwicklung wurde durch die Einführung von „Baureihen" aufgebrochen und in eine „Matrixorganisation" umgestaltet.[743] Damit entschied sich BMW für den Mittelweg zwischen einer reinen Projektorganisation und einer klaren Linienorganisation, zwischen zentralistischen und dezentralen Strukturen. Die verschiedenen Fachbereiche, wie Entwicklung Fahrwerk, Entwicklung Karosserie etc., mit ihren Aufgliederungen in unterschiedliche Hauptabteilungen und Abteilungen wurden beibehalten. Ihre Aufgabe ist es nach wie vor, Neuentwicklungen in ihren Teilbereichen zu schaffen.[744] Zugleich bieten sie den „Baureihen" eine Art „Mitarbeiterpool", aus dem die „Baureihen" für ihre Fahrzeugprojekte schöpfen können.

Die Hauptverantwortung für ein neues Fahrzeugprojekt liegt allerdings nicht mehr in den Fachbereichen, sondern in einer der vier „Baureihen".[745] Jeder „Baureihe" steht ein eigener Baureihenverantwortlicher vor, der zumeist als Projektleiter zusammen mit einem kleinen Kernteam die Hauptverantwortung für die Fahrzeugentstehung, vom Serienanlauf in der Entwicklung bis zum Modellauslauf in der Produktion, übernimmt.[746] Das Kernteam setzt sich aus den Teilprojektleitern zusammen, die für eine Komponente oder einen Bereich des neu zu entwickelten Fahrzeugs, wie z.B. Karosserie, Ausstattung, Fahrwerk, Antrieb, Elektrik, Gesamtfahrzeug etc., zuständig sind.[747]

Die Teilprojektleiter wiederum bilden mehrere temporäre Teams, die „Module" genannt werden. Diese bearbeiten eine Komponente des Teilprojekts. So gibt es beispielsweise im Teilprojekt Fahrwerk die „Module" Vorderachse, Hinterachse, Lenksäule, Kraftstoffversorgung etc.[748] Die „Module" werden interdisziplinär zusammengestellt mit Spezialisten aus den entsprechenden Entwicklungsabteilungen der Fachbereiche und Produktionsabschnitte der Werke.[749] Zugleich können auch interne und externe Lieferanten und Kunden dieses Projektteils in die Modularbeit einbezogen werden, beispielsweise ein externer Mikroelektronikhersteller oder ein Mitarbeiter aus der Sparte Werkzeugbau, der für die Erstellung von Serienwerkzeugen zuständig ist, welche für den Neuanlauf benötigt werden.[750] Durch die „Vernetzung" soll das Spezialistenwissen der einzelnen Experten möglichst effizient zusammengeführt werden. Sie sollen sich gegenseitig ergänzen und begeistern, so daß Mehrarbeit verhindert wird bzw. mögliche Probleme frühzeitig erkannt werden. Die Modul-Mitglieder bzw. die Teilprojektleiter müssen sich also immer wieder die Frage stellen, wer von ihren Arbeiten betroffen ist, wen sie noch „ins Boot hineinholen" müssen. In diesem Zusammenhang ist „interne Kundenorientierung" und das Denken in vernetzten und komplexen Prozessen gefragt.

Die disziplinarische Verantwortung für die Modul-Mitarbeiter liegt nicht beim Baureihenleiter oder Teilbereichsleiter, sondern weiterhin in den jeweiligen Fachbereichen.

Diese „Vernetzung" mit ihrer dualen Führung kann auch zu Schwierigkeiten führen.[751] Ein Abteilungsleiter der Sparte Motor z.B. wird bei der jährlichen Mitarbeiterbeurteilung nur schwer die Leistung eines Mitarbeiters, der zu fünfzig Prozent seiner Arbeitszeit im „Modul Kraftstoffversorgung" mitwirkt, umfassend einschätzen können, wenn er nicht zuvor den zuständigen Modulleiter konsultiert. Zugleich kann dies den Mitarbeiter motivieren, sich verstärkt in seinem Fachbereich und weniger in der Modularbeit zu engagieren, um so eine gute Beurteilung zu bekommen. Unerwünschtes Bereichsdenken könnte dadurch gefördert werden.[752] Um Verwirrung und Einseitigkeit zu vermeiden gilt es, im Vorfeld die Leitungskompetenzen miteinander zu klären. Das bedeutet auch, daß auf Führungsebene ein vernetzter Kommunikationsstil gepflegt werden sollte.

Durch die „Matrixorganisation" der „Baureihen" und „Module" versucht BMW auf der einen Seite den Produktentstehungsprozeß zu beschleunigen, ihn effizienter und effektiver zu gestalten. Auf der anderen Seite nimmt das Unternehmen die einzelnen Mitarbeiter viel stärker in die Mitverantwortung für das Gesamtprodukt. Den Mitarbeitern sind vielfältige Chancen gegeben, sich mit ihren Fähigkeiten und Ideen einzubringen. Dabei ist nicht zu unterschätzen, daß die Qualität der Zusammenarbeit in einem „Modul" wesentlich davon abhängt, ob die Teammitglieder bereit sind, sich auf andere Menschen einzulassen und sich ergänzen zu lassen. Gegenseitige Offenheit und Lernbereitschaft werden zunehmend gefordert. Zugleich ist zu bedenken, daß schwer steuerbare Sympathiewerte die Effektivität der Gruppenarbeit positiv und negativ beeinflussen. Schließlich verlangt die Zusammenarbeit, daß sich die Mitglieder auf eine gemeinsame Wertebasis einigen, die sich in konkreten Spielregeln wie etwa Pünktlichkeit, Ausredenlassen etc. niederschlägt.

In der Regel arbeiten in einem „Modul" sechs bis zehn Mitarbeiter zusammen, so daß an der Neuentwicklung eines Fahrzeugs bis zu sechshundert Mitarbeiter beteiligt sein können. Dies erfordert ein ausgeklügeltes Kommunikations- und Informationssystem, um gegebenenfalls Probleme rechtzeitig in den Griff zu kriegen. Der Prozeßablauf muß gut organisiert sein. Um die Potentiale der Mitarbeiter wirklich nutzen zu können, werden diese schon von Anfang an intensiv am Entstehungsprozeß beteiligt. In der Vorbereitungsphase zu einem neuen Fahrzeugprojekt kommt es im Rahmen des „Fahrzeugprojekt-Zielvereinbarungsprozesses" zu sondierenden Vorgesprächen zwischen Vorstand und Bereichsleitern, Hauptabteilungsleitern, Baureihenverantwortlichen und betroffenen Werkleitern, um abzuklären, welche Vorstellungen, welche Möglichkeiten, welche Ideen und Anforderungen etc. vorhanden sind. Diese Gespräche sollten durch die Führungskräfte bis auf die Mitarbeiterebene herunter gebrochen werden, so daß daran möglichst viele beteiligt sind.[753] Um den Prozeß zu beschleunigen, werden in dieser Vorleistungsphase verschiedene Fahrzeugprojekte parallel laufend angestoßen.[754] Schließlich wird in einer Zielvision die Entscheidung für ein Konzept getroffen. Das präferierte Modell wird durch „top-down-Zuweisungen" und „bottom-up-Abstimmungen" von der Vorstandsebene über das Kernteam der „Baureihe" und die Teilprojekte bis auf die Ebene von „Module" kommuniziert, um so Ansprüche zu sammeln und Forderungen abzustimmen. Alle beteiligten Mitarbeiter haben also die

Chance, sich mit ihren Ideen und Innovationsvorschlägen einzubringen. Die Modellvorstellungen können konkretisiert werden.[755] Mit einer Zielvereinbarung (Erstellung des „Zielkatalogs") beginnt dann die Serienentwicklung.[756] Diese erstreckte sich bisher auf einen Zeitraum von ca. sechzig Monaten. Mit Hilfe des „Produktentstehungsprozesses" (PEP) soll dieser auf dreißig Monate, also auf zweieinhalb Jahre verkürzt werden.[757]

Im regelmäßigem Turnus stattfindenden „Teilprojekt-Gruppengesprächen" (Review), in denen die Modulleiter im Teilprojektkreis über den Stand ihrer Arbeit berichten, werden notwendige Informationen ausgetauscht. Dabei haben die Modulleiter die Verantwortung und die Pflicht, dann sich selbst „anzuzeigen", wenn es zu Zielabweichungen kommt, Probleme auftreten, die vereinbarten Ziele nicht termingerecht erreicht werden können und Hilfe benötigt wird.[758] Wenn diese Hilfe nicht aus dem Teilnehmerkreis des Teilprojekts gegeben werden kann, bzw. wenn noch andere Teilprojekte durch das Problem betroffen sind, dann muß der Teilprojektleiter umgehend im Projektleiterkreis sein Teilprojekt eskalieren. D.h. er muß alle an der Zielerreichung Beteiligten über die auftretenden Probleme in Kenntnis setzen. Hier macht sich BMW eindeutig das „Subsidiaritätsprinzip" zunutze. Der Erfolg dieser „vernetzten Strukturen" hängt also maßgeblich vom internen Kommunikationssystem und von der richtigen und eigenverantwortlichen Informationsweitergabe an die betroffenen Stellen ab. Dabei besteht auch die Gefahr, daß aus einem falschen Sicherheitsgefühl manche Stellen unnötig informiert werden. Gerade die Informationsweitergabe via E-mail führt häufig zu einer Informationsflut, die es eindeutig negativ zu sanktionieren gilt. Der richtige Umgang mit Selbstverantwortung und mit dem „Subsidiaritätsprinzip" wird z.T. noch gelernt werden müssen.

3.1.3.1.2 Integrierte Gruppenarbeit

Nach den klassischen Methoden des Taylorismus spielte der Mensch in der Produktion ausschließlich im technisch-instrumentellen Sinn eine Rolle, dazu eingesetzt, eine Funktion gewissenhaft zu erfüllen. Zahlreiche strukturprägende Paradoxien entstanden. Durch Zergliederung der Arbeit in möglichst einfache Arbeitsschritte, die von gering qualifizierten Arbeitskräften mit niedrigem Lohn ausgeführt werden konnten, sollte eine kostensparende Massenproduktion ermöglicht werden. Umgesetzt wurde dies durch die Zerlegung vormals ganzheitlicher Arbeitsabläufe und Tätigkeiten in einzelne Teiloperationen. Hinzu kamen festgesetzte Vorgabezeiten, innerhalb derer die Teilschritte zu bewältigen waren. Der Arbeitsrhythmus wurde also von den Vorgabezeiten her bestimmt. Ferner wurden die Arbeiter von jeglicher Kopfarbeit entlastet. Alle dispositiven, planerischen und kontrollierenden Elemente wurden der unmittelbaren Produktion entzogen und auf spezifische Funktionen wie Arbeitsvorbereitung, Planung, Endkontrolle etc. übertragen. Damit wurde dem Bandarbeiter die Verantwortung für sein Tun abgesprochen. Vorrangige und ausschließliche Quelle der Arbeitsmotivation war nur noch der Lohn. Die daraus resultierende geringe Identifikation des Arbeiters mit seinem Produkt und die damit verbundene Unzufriedenheit mit der konkreten Tätigkeit machten sich u.a. durch sinkende Produktqualität, hohe Krankheitsraten, geringes Verantwortungsbewußtsein etc. bemerkbar. Die Arbeit wurde zum notwendigen Übel, um den Lebensunterhalt zu erwerben. Ort der Selbstentfaltung oder Selbstverwirklichung war sie nicht. Zugleich wurden z.T. hochqualifizierte Arbeitskräfte völlig unterqualifiziert eingesetzt.

Im Zuge der „werteorientierten Personalpolitik" hat BMW daher festgestellt, daß die Methoden der strikten Arbeitsteilung (Taylorismus) „ausgereizt" sind.[759] Dies meint keinesfalls, daß BMW gänzlich auf die Strukturen der Arbeitsteilung verzichtet und etwa völlig autonome Gruppen in der Fertigung eingerichtet hat. Vielmehr hat BMW durch die flächendeckende Einführung von „Gruppenarbeit" einen Mittelweg gewählt, der sowohl die Effizienz der Arbeitsschritte und die Produktqualität als auch die Arbeitszufriedenheit der Mitarbeiter steigern soll.[760] Die hierarchischen Organisationsstrukturen wurden beibehalten und durch föderale Einheiten an der Basis ergänzt.

In der Regel gehören einer Arbeitsgruppe acht bis fünfzehn Mitarbeiter an. Sie sollten klar definierte Aufgaben haben und mit notwendigen Kompetenzen ausgestattet sein, damit die Gruppenmitglieder ihre Arbeitsschritte selbständig organisieren können.[761] So ist beispielsweise eine Gruppe in der Montage für den Einbau von Bremsleitung, Hutablage, Stoßfänger, Fußhebelwerk, Scheinwerfer und Blinker verantwortlich. Diese Hauptaufgaben werden durch Sekundärfunktionen erweitert, wie z.B. Aufgaben aus den Bereichen Qualitätssicherung, Logistik (Materialbeschaffung), Instandhaltung (Wartung von Werkzeugen) etc.[762] Dadurch steht die Gruppe vor der Herausforderung, für den eigenen Prozeßabschnitt stärker unternehmerisch Verantwortung zu übernehmen. Nun liegt es in ihrem Organisationsbereich, z.B. für Materialnachschub zu sorgen.

In einer jährlichen Zielvereinbarung sollte der zuständige Meister mit den Gruppen im Rahmen der Unternehmens- und Abteilungsziele meßbare Gruppenziele definieren, beispielsweise Stückzahlen, Qualitätszahlen etc.[763] Diese soll die Gruppe in Selbstorganisation erreichen. Die „Gruppenarbeit" findet also nicht in einem „hierarchiefreien" Raum statt. Vielmehr haben die Gruppe und die Führungskraft gemeinsam die Verantwortung für die Zielerreichung.[764] Allerdings ist durch Vorgaben „von oben" der Spielraum oft sehr gering, wenn es beispielsweise um Stückzahlen geht, die dem Werk vom Vorstand genannt werden. Hier kann der Meister nicht mehr Zielvereinbarung mit den Gruppen treffen, sondern muß der Zielvorgabe entsprechen. Andere Themen dagegen lassen mehr Vereinbarungsspielraum zu.[765] So kann eine Gruppe mit ihrem Vorgesetzten z.B. vereinbaren, dem Bereich Arbeitssicherheit mehr Aufmerksamkeit zu schenken und die Unfallrate zu reduzieren. Ferner kann es helfen, die Gruppe über eine anspruchsvolle Zielsetzung zusammenzuschweißen, beispielsweise durch die Forderung, in der Abteilung die besten Qualitätszahlen zu erzielen.

Die „Gruppenarbeit" sollte durch eine ausgeprägte Teamverantwortlichkeit geprägt sein. Gerade der Aufgabenwechsel sollte in der Gruppe selbständig organisiert werden und nicht einfach vom Meister oder Gruppensprecher eingeteilt werden. Da es im Münchener Werk keine Stempeluhren mehr gibt, müssen die Gruppen z.B. den pünktlichen Arbeitsbeginn selbst organisieren.[766] Auch der zuständige Vorgesetzte sollte an die

Gruppe im Sinn des „Subsidiaritätsprinzips" Aufgaben delegieren, wie z.B. die selbständige Urlaubsplanung oder die Umgestaltung von Arbeitsabläufen.[767] Allerdings ist es häufig so, daß nur die Gruppensprecher vom Meister in die Mitverantwortung genommen werden. Um dies zu verhindern, ist ein veränderter Führungsstil gefragt. Der Meister sollte Förderer, Berater und Betreuer sein, der es versteht, nicht nur die Gruppensprecher, sondern die Gruppe als ganze an seiner Verantwortung partizipieren zu lassen.[768]

In der Regel wählt sich die Gruppe einen Gruppensprecher.[769] Dieser wird in einem Moderatorentraining auf seine neue Aufgabe vorbereitet.[770] Er vertritt die Gruppe nach außen, koordiniert die Gruppenaktivitäten und moderiert die Gruppengespräche. Seine Aufgabe ist es, den Kontakt zum Meister und zu den anderen Gruppen (Gegenschicht/Prozeßpartner/Lieferanten/Kunden) zu pflegen. Ansonsten sollte er als gleichberechtigtes Glied in der Gruppe mitarbeiten. Offiziell hat der Gruppensprecher keine Weisungs- und Disziplinarbefugnis.[771] Diese liegen weiterhin beim zuständigen Meister. Doch kommt es gelegentlich zu inoffiziellen Delegationen, wenn etwa die „Meisterei" sehr groß ist, so daß sich der Meister mit der Mitarbeiterführung überfordert sieht. Im Auftrag und in Stellvertretung des Meisters teilt dann der Gruppensprecher etwa die Gruppenmitglieder ein, macht die Urlaubsplanung oder wirkt bei der jährlichen Mitarbeiterbeurteilung mit. Durch seine inoffiziellen Kompetenzen avanciert er vom Gruppensprecher zum Gruppenleiter und bildet, wie früher die Vorarbeiter, eine Zwischenhierarchiestufe. Dabei besteht die Gefahr, daß der Gruppensprecher Kompetenzen an sich zieht, die eigentlich die Gruppe selbst übernehmen könnte, bzw. einzelnen Mitarbeitern ihre Verantwortung für ihre Aufgabe entzogen wird. In diesem Zusammenhang ist sicherlich noch einiger Lernbedarf gegeben.[772]

Zur Gruppenbildung und zur Gruppenorganisation braucht es Zeit. Daher werden jeder Gruppe ca. ein bis zwei Stunden monatlich für Gruppengespräche zugestanden.[773] In der Regel werden für das Gruppengespräch Bandstillstandszeiten spontan genutzt. Dabei kann es zu Problemen kommen, wenn der Gruppensprecher inhaltlich auf das Gruppengespräch nicht vorbereitet ist und es ihm schwer fällt, das Gespräch „aus dem Ärmel zu schütteln".

Das Gruppengespräch dient als Kommunikationsforum zur Aus- und Absprache sowie zur Informationsweitergabe. Um eine konstruktive Gesprächskultur sicherzustellen, sollten allgemeingültige Spielregeln vereinbart werden, die das Miteinander einigermaßen koordinieren. Durch permanente und offene Kommunikation, auch von seiten des Meisters, sollten die Gruppen frühzeitig in Veränderungsprozesse einbezogen werden. So können in diesem Rahmen z.B. Informationen über ein neues Produkt weitergegeben werden, an dessen Entstehungsprozeß die Mitarbeiter aktiv teilnehmen. Die Angst vor Neuerungen kann genommen und Widerstände können abgebaut werden. Auch kann der Gruppensprecher durch sogenannte „Lernbausteine" neue Projekte oder Methoden vorstellen. Ferner gilt es, die Gruppenziele zu kommunizieren, die Arbeitsaufteilung zu besprechen, Probleme aufzuarbeiten, Verbesserungen zu suchen etc.

Bei der „Gruppenarbeit" bzw. in den Gruppengesprächen treten häufig interpersonale Konflikte auf. Bei spontanen Konflikten sind besonders die Fähigkeiten des Gruppensprechers gefragt. In schwerwiegenderen Fällen muß er den zuständigen Meister zu Hilfe holen, da er nicht über Weisungsbefugnis verfügt. Manche Probleme werden nicht lösbar sein. Darum ist es um so wichtiger, daß sich Gruppen auf gewisse Spielregeln einigen, die das Miteinander regeln. Auch hier wird es noch genügend Handlungsbedarf geben. So werden z.B. die Gruppensprecher in regelmäßigen Abständen durch Bildungsveranstaltungen ihre sozialen Kompetenzen weiterentwickeln müssen. Das wiederum stellt zusätzliche Anforderungen an das Personalwesen.

Im Unterschied zu den streng arbeitsteiligen Strukturen des Taylorismus steigert die Gruppenarbeit die Sensibilität der Mitarbeiter für die Unternehmensziele. Indem die Mitarbeiter erfahren, daß sie mitverantwortliche Glieder des Unternehmens sind, dienen Partizipation und Kommunikation ihrer Leistungsmotivation und damit der Leistungssteigerung. So ist es laut Aussagen der Mitarbeiter ein wesentlicher Vorteil der Gruppenarbeit, daß es mehr Spaß macht, mit anderen Menschen zusammenzuarbeiten.[774] Die gemeinsame Motivation, „als Gruppe etwas zustande zu bringen", fördert die Leistungsbereitschaft jedes einzelnen. Nach dem Motto: „Vier Augen sehen mehr als zwei!" bietet die Gruppenarbeit ferner einen idealen Rahmen, Verbesserungsvorschläge der Mitarbeiter, z.B. zum Thema Arbeitsplatzorganisation, zu diskutieren, auszuprobieren und zu realisieren. Die Mitarbeiter können auch voneinander lernen. Im gegenseitigen Austausch wird zusammen Neues entwickelt und im „Abschauen von Fertigkeiten" das eigene Können erweitert. Dieses teils unbewußte „training on the job" bzw. „learning by doing" erhöht die eigene Fachkompetenz.[775] Durch das Rotationsprinzip und die Integration von Sekundärfunktionen haben die Mitarbeiter ferner mehr Abwechslung und werden nicht mehr so einseitig belastet. Zugleich werden sie in ihrer Fach- und Sozialkompetenz stärker gefordert. In gegenseitiger Ergänzung und Unterstützung können individuelle Schwächen durch die Fähigkeiten und Stärken von anderen Gruppenmitgliedern ausgeglichen werden.

Bei der „Gruppenarbeit" kann es zu Konflikten, zu Neid und Eifersucht kommen. Auch wird es immer Gruppenmitglieder geben, die sich auf Gruppenarbeit nicht einlassen oder diese ausnutzen, indem sie quasi andere für sich arbeiten lassen. Diese oft unausgesprochenen Konflikte, die die effektive Zusammenarbeit unbewußt belasten, können nur schwer gelöst werden. Hier wird sich zeigen, ob sich eine Gruppe auch ein Stück weit selbst reguliert. Ebenso wird es nicht immer einfach sein, unterschiedliche Menschentypen in eine Gruppe zu integrieren. So wird es Gruppen geben, die besser zusammenarbeiten und andere, bei denen es nicht so gut funktioniert. Der Erfolg der Gruppenarbeit allerdings steht und fällt mit dem Engagement der Führungskraft, konkret des zuständigen Meisters. Es liegt in seinem Kompetenzbereich, die Gruppen durch echte Zielvereinbarungen in die Mitverantwortung zu nehmen und so die Entwicklung zur „Vertrauenskultur" zu unterstützen.

Die Beispiele aus Entwicklung und Produktion veranschaulichen, daß sich das Mitarbeiterbild gewandelt hat. Der Mitarbeiter ist sowohl mit seinen originellen Potentialen als auch in der Ergänzung mit anderen gefragt. Die „Neuen Arbeitsstrukturen" zeichnen sich daher als „Organisation" im Sinne Piepers aus. „Mitgliedschaft" und „Solidarität" sind die grundlegenden Spielregeln, daß es in gegenseitiger Ergänzung zu einer effizienten und effektiven Zusammenarbeit kommen kann. Zugleich gilt es, auch „gemeinschaftsbildende Faktoren", wie etwa Sympathiewerte, nicht zu unterschätzen. Hier sollten den Gruppen Freiräume wie Geburtstagsfeiern, Weißwurstfrühstück etc. zugestanden werden. Schließlich wird es für die einzelnen Gruppen wichtig sein, daß sich die Teammitglieder gegenseitig messen. „Konkurrierendes Verhalten" auf der Sachebene kann im Blick auf die Zielerreichung der Gruppe äußerst hilfreich sein. Allerdings besteht auch immer die Gefahr, daß die Konflikte auf der persönlichen Ebene ausgetragen werden und so die Zusammenarbeit entscheidend belasten. In besonderer Weise werden hier die Kompetenzen der Führungskraft gefragt sein. Ferner wird deutlich, daß die „Neuen Arbeitsstrukturen" Selbstentfaltungswerten wie Kreativität, Autonomie etc. mehr Raum schenken, ohne auf Pflicht- und Akzeptanzwerte wie Verläßlichkeit, Genauigkeit etc. zu verzichten. Gerade das angewandte „Subsidiaritätsprinzip" unterstützt diese „Wertesynthese".

3.1.3.2 Interessenausgleich zwischen Unternehmen und Mitarbeitern

Die veränderten Arbeitsstrukturen verlangen veränderte Führungsformen, die den Mitarbeiter stärker in die Verantwortung nehmen. Er sollte mehr als nur „Befehlsempfänger" oder „Erfüllungsgehilfe" sein. In gewisser Weise sollte er für seine Aufgabe „Unternehmer" sein. Selbstverständlich wird es auch weiterhin Führung über eindeutige Anweisungen geben, die wenig eigenverantwortlichen Spielraum zulassen. BMW hat ja auch nicht die hierarchische Linienorganisation aufgegeben, sondern diese durch partizipatorische und vernetzte Strukturen ergänzt. Um diese allerdings besser nutzen zu können, gilt es, durch „Zielvereinbarungen" auf allen Ebenen die Mitarbeiter stärker in die Mitverantwortung für den Unternehmenserfolg zu nehmen. Ferner führen auch „flexiblere Arbeitszeitmodelle" zu einem „Interessenausgleich" zwischen Unternehmenszielen und Interessen der Mitarbeiter. Die „Vertrauenskultur" im Unternehmen wird dadurch gefördert.[776]

3.1.3.2.1 Führung über Zielvereinbarungen

Um „Zielvereinbarungen" nicht in exakt formulierte Zielvorgaben zu pervertieren, hat BMW als Arbeitsinstrument und Orientierungshilfe einen Zielvereinbarungsprozeß (ZVP) entwickelt.[777] Dabei sind zwei Arten von „Zielvereinbarungen" zu unterscheiden. Zum einen gibt es „Zielvereinbarungen" für Bereiche, Abteilungen, Gruppen, Teams etc. Sie orientieren sich sehr stark an den Unternehmenszielen. Zum anderen gibt es auch „Zielvereinbarungen" zwischen Vorgesetzten und Mitarbeitern. Hier geht es um persönliche Ziele, wie sich beispielsweise ein Mitarbeiter fachlich weiter qualifizieren oder ob er eine andere Funktion übernehmen soll.[778]
Der ZVP setzt sich aus vier Schritten zusammen. Erster Schritt ist die Zielfindung. Zunächst werden die übergeordneten Ziele des Unternehmens, des Ressorts etc. bespro-

chen und die Beiträge des Teams bzw. der Mitarbeiter dazu definiert. So erläutert beispielsweise ein Hauptabteilungsleiter in der Produktion seinen Abteilungsleitern den geplanten Neuanlauf eines Modells und die Anforderungen, welche auf die Hauptabteilung und auf die einzelnen Abteilungen zukommen. Dies könnten z.B. die Umrüstung von Anlagen sein, die Neustrukturierung von Arbeitsabläufen, Sonderschichten für die Mitarbeiter etc. Dabei sollen die einzelnen Abteilungsleiter ihre Ideen, Vorschläge, Bedenken etc. einbringen. Schließlich sehen sie die Ziele aus einer anderen Perspektive.[779] Auch können zusätzliche Ziele benannt werden, die im Unternehmens- bzw. Ressortziel nicht enthalten sind, beispielsweise die Optimierung im sozialen Bereich durch die Neugestaltung von Sozialräumen. Bei der Zielfindung sollen auch die Ziele der Kollegen, Kunden und Mitarbeiter rezipiert werden.[780] Ebenso ist es bei der Zielfindung wichtig, die Vorjahresziele und deren Umsetzung bzw. Erreichung zu analysieren und auszuwerten. Hier gilt es, etwa Fehler nicht ein zweites Mal zu begehen, Verbesserungsvorschläge in die Zielfindung mit einzubringen, aber auch das, was hervorragend gelaufen ist, aufzuarbeiten.[781]

Die Zielfindung dient also einer ersten Standortbestimmung, auf deren Grundlage im zweiten Schritt des ZVP dann konkrete Ziele vereinbart werden. Diese sollten anspruchsvoll sein, ohne daß sie Überforderungen sind. Hier gilt es einen Mittelweg zu finden; im Zielvereinbarungsgespräch hat daher der Mitarbeiter bzw. die Gruppe die Möglichkeit, sich mit den eigenen Vorstellungen einzubringen. Dabei geht es bei der „Zielvereinbarung" nicht um eine anders formulierte Arbeitsplatzbeschreibung. Vielmehr sollen aus den zu bearbeitenden Aufgaben einzelne Schwerpunkte für einen abgesteckten Zeitraum vereinbart werden. Zusammen mit dem Vorgesetzten werden die Ziele auf ihre Realisierung hinsichtlich Qualität, Termine und Kosten überprüft. Auch gilt es, sich über die Konsequenzen und über mögliche Probleme bei der Umsetzung im klaren zu sein. Ein Mitarbeiter, der sich z.B. durch eine freiwillige Fortbildungsmaßnahme zusätzliche Qualifikationen im Softwarebereich aneignen will, muß sich im klaren sein, daß er für den Kurs nach Schichtende wöchentlich noch eine Stunde länger in der Arbeit bleiben muß. Ferner ist darauf zu achten, daß die Ziele nicht Maßnahmen, sondern das Ergebnis beschreiben. So würde das für den oben genannten Mitarbeiter heißen, daß es nicht auf den Kurs ankommt, sondern darauf, daß er nach der Qualifikation wirklich mit der neuen Software arbeiten kann. Ebenso sollen Ziele klar formuliert, zeitlich bestimmt und meßbar sein. Eine Arbeitsgruppe kann beispielsweise mit ihrem Meister vereinbaren, daß sie innerhalb eines Jahres die Arbeitsunfälle auf die Hälfte reduzieren will, indem sich jedes Gruppenmitglied dazu verpflichtet, Schutzhandschuhe zu tragen. Dies kann nach dem vereinbarten Zeitraum dann konkret überprüft werden.

Dritter Schritt des ZVP ist die Umsetzung. Hier gilt es, konkrete Wege und Strategien mit einzelnen Teilschritten zu entwerfen. Auch müssen die notwendigen Mittel geplant werden. So kann das für eine Gruppe, die sich zum Ziel gesetzt hat, ihre Abläufe zu optimieren, zunächst heißen, daß sie ihren Arbeitsplatz genau analysiert. Dabei gilt es, ihre Kunden und Lieferanten mit einzubeziehen, Verbesserungsmaßnahmen zu benennen und diese in Absprache mit den zuständigen Führungskräften und Fachstellen umzusetzen. Bei der Zielumsetzung können, wenn sich die Rahmenbedingungen verändern, auch Zielkorrekturen notwendig werden. So kann beispielsweise eine hohe bzw. geringe Auftragslage dazu führen, daß ein Werk seine Stückzahlziele für einen Monat nach oben bzw. nach unten hin korrigieren muß. Dies hat selbstverständlich dann für die Ziele aller Bereiche Konsequenzen. Auch können persönliche Umstände die Zielsetzung verändern. Eine Führungskraft z.B. im Vertrieb, die mit ihrem Vorgesetzten eine räumliche Veränderung vereinbart hat, muß dieses Ziel korrigieren, weil der Ehegatte überraschend schwer erkrankt ist. In gegenseitiger Absprache wird die räumliche Veränderung auf die Zeit der Genesung verschoben. Es wird also der Zeitrahmen verändert.

Wie schon am Beispiel der „Modularbeit" veranschaulicht, gilt auch bei der Zielumsetzung das „Subsidiaritätsprinzip". Mitarbeiter und Vorgesetzte informieren sich umgehend, wenn auf Grund von Veränderungen die Erreichung eines Ziels in der ursprünglich vereinbarten Zeit oder Form gefährdet ist. Auch ist es Aufgabe der Führungskraft, die Zielumsetzung, soweit dies erforderlich ist, mit dem nötigen „Knowhow" zu unterstützen. Ansonsten liegt die Verantwortung für die Zielerreichung und die Umsetzungsmaßnahmen beim einzelnen bzw. beim Team.

Der vierte Schritt des ZVP ist die Zielkontrolle am Jahresende. Schon in der laufenden Zeit sollte der Vorgesetzte in regelmäßigen „Zielreviews" die Zielumsetzung kommunizieren. Dies kann beispielsweise in Form von Quartalsgesprächen geschehen. Sie dienen der gegenseitigen Information und helfen, etwaige Schwierigkeiten bei der Umsetzung schon in frühen Stadien zu lösen. Durch einen Soll-Ist-Vergleich wird am Jahresende dann gesamthaft Bilanz gezogen. Dabei wird analysiert, welche Ziele erreicht und welche Ziele nicht erreicht wurden, worin die Gründe dafür liegen und welche nicht erreichten Ziele in die Zielvereinbarung des nächsten Jahres aufgenommen werden. Die Zielkontrolle dient also als Grundlage für die neue Zielfindung. Bei der Zielkontrolle gilt es, auch besondere Leistungen zu würdigen, die vielleicht in diesem Ausmaß nicht erwartet wurden. So kann z.B. ein Vorgesetzter, dessen Mitarbeiter sich hervorragend durch die Übernahme neuer Aufgaben ausgezeichnet hat, ihn für eine höhere Gehaltsgruppe vorschlagen. Ebenso müssen dann entsprechende Konsequenzen gezogen werden, wenn ein Mitarbeiter die gesetzten Ziele, etwa durch bewußtes eigenes Verschulden, nicht erreicht hat.

Selbstverständlich ist der ZVP sehr zeitaufwendig. Durch die geforderte Dokumentation, die sowohl dem Mitarbeiter als auch dem Vorgesetzten Sicherheit geben soll, bedarf es ferner bürokratischer Anstrengung. Manche Führungskräfte werden daher dieses Werkzeug nur geringfügig nutzen und nach wie vor über klare Anweisungen ihre Mitarbeiter führen. Um dies zu verhindern, gilt es, positive und negative Sanktionen einzuführen, die im Rahmen des jährlichen Beurteilungsgesprächs eingesetzt werden.

Der ZVP soll als Führungswerkzeug helfen, alle Mitarbeiter stärker in die Mitverantwortung zu nehmen. „Subsidiarität und Solidarität" sind dabei entscheidend. Zugleich kann er die Identifikation mit einer Aufgabe, mit einer Gruppe, mit dem Unternehmen steigern, indem die Mitarbeiter erkennen, welchen Beitrag sie zur Zielerreichung erbringen können. Durch die eigenverantwortliche Zielumsetzung werden sie dazu motiviert, ihre Potentiale einzubringen. Zugleich dienen die „Zielvereinbarungen" dem „Interessenausgleich" zwischen Unternehmen und Mitarbeitern. Im Konfliktfall haben die Unternehmensziele Vorrang, insofern sie nicht die personale Würde des einzelnen angreifen.

3.1.3.2.2 Flexiblere Arbeitszeiten

Neben den neuen Formen der Zusammenarbeit sollen auch neue Arbeitszeitmodelle die Rahmenbedingungen schaffen, die eine Leistungssteigerung ermöglichen.[782] Dadurch können die „strukturimmanenten Paradoxien Zeit, Produktivität, Arbeit" etwas entspannt werden. Durch eine zunehmende Flexibilisierung und Ausweitung der Arbeitszeiten werden die Nachteile des Standortes Deutschland ausgeglichen.[783] Unabhängig von den immer kürzer werdenden tariflichen Arbeitszeiten werden die teuren Anlagen und Maschinen ausgiebiger genutzt, indem sie länger in Betrieb sind. Hauptziel der neuen Arbeitszeitmodelle ist daher die Entkoppelung der persönlichen Arbeitszeit der Mitarbeiter und der Betriebszeit der Maschinen. Dies hat sowohl für das Unternehmen als auch für die Mitarbeiter Vorteile.[784]

Gut läßt sich dieses Anliegen am „Regensburger Arbeitszeitmodell" erläutern, das 1986 eingeführt wurde.[785] Die Mitarbeiter arbeiten in zwei Schichten (Frühschicht: 5.00-14.30; Spätschicht: 14.30-24.00) neun Stunden am Tag und im Schnitt nur noch vier Tage pro Woche. Während also zwei Schichten tätig sind, hat ein Teil der Mitarbeiter frei. Die Maschinen hingegen laufen neunzehn Stunden pro Tag und sechs Tage der Woche, einschließlich der Samstags-Frühschicht. Für das Unternehmen birgt dies den Vorteil, daß die Kapazität gesteigert werden konnte, da die Maschinen und Anlagen um 24 Prozent mehr ausgelastet sind.[786] Der Arbeitnehmer dagegen kommt nur noch vier statt fünf Mal die Woche in die Arbeit. Gerade Pendler, die längere Anfahrtswege haben, sparen sich zusätzlich Zeit und Kosten.[787] Auch hat jeder Mitarbeiter im Schichtrhythmus von drei Wochen jeweils fünf Tage am Stück frei, so daß die Regelung dem ausgeprägten Freizeitverhalten vieler Mitarbeiter sehr entgegen kommt.[788]

Eine weitere Form der Flexibilisierung ist die Einrichtung von „Arbeitszeitkonten". Mit ihrer Hilfe kann dann mehr gearbeitet werden, wenn mehr Arbeit anfällt.[789] Konjunkturelle und saisonale Absatzschwankungen beispielsweise in der Motorrad- oder Cabriofertigung, Variantenvielfalt und Modellanläufe bzw. -ausläufe können flexibler und effizienter gestaltet werden.[790] Grundlage ist ein zwischen Personalleitung und Betriebsrat vereinbarter Zeitkorridor von plus/minus zweihundert Stunden für alle produktionsgebundenen Tarifmitarbeiter. Der Zeitaufbau bzw. Zeitabbau hängt von der Auftragslage in den unterschiedlichen Werken und Bereichen ab. In gegenseitiger Abstimmung legen Personalleitung und Betriebsrat kollektive Vereinbarungen fest. So kann es beispielsweise bei einem neuen Modellanlauf, der mehr Arbeitskräfte erfordert, zur Übereinkunft kommen, daß in einem Werk alle betroffenen Mitarbeiter zusätzliche Schichten einlegen und aus der „Vier-Tage-Woche" eine „Fünf-Tage-Woche" wird. Die „Arbeitszeitkonten" werden also gefüllt und können dann wieder kollektiv abgebaut werden, wenn sich die Auftragslage geändert hat. Dies hat zunächst für den Mitarbeiter den Nachteil, daß er individuelle Wünsche gegebenenfalls hintanstellen muß.[791] Positiv für die Mitarbeiter ist die damit gegebene „Beschäftigungssicherung", die die gegenseitige Loyalität zum Ausdruck bringt.[792] So kann in schlechten Zeiten z.B. Kurzarbeit vermieden werden. Hier zeigt sich, wie sehr die Interessen des Unternehmens mit denen der Mitarbeiter korrelieren. Gerade im Blick auf die hohen Arbeitslosenzahlen kann auch die „Beschäftigungssicherung", die BMW verspricht, zu einer Leistungssteigerung führen.

Im Entwicklungs-, Planungs- und Verwaltungsbereich gilt eine „Neue Gleitzeit".[793] Während die Rahmenarbeitszeit in der Regel von 6.30-19.00 reicht, ist es dem Mitarbeiter möglich, selbständiger und eigenverantwortlicher seine persönliche Arbeitszeit zu gestalten.[794] Die geleisteten Überstunden können durch Gleittage beliebig abgebaut werden. Der Mitarbeiter kann selber entscheiden, wann sein Aufgabenbereich mehr Anwesenheit erfordert und wann weniger, wann er später zur Arbeit kommt oder wann er früher nach Hause geht. Zum einen hat das z.B. im Entwicklungsbereich den Vorteil, daß etwa die „Module" flexibel arbeiten können. Zum anderen besteht die Gefahr, daß die „Gleitzeitregelung" in Streßsituationen zu Mehrarbeit führt, indem sich ein Mitarbeiter „aus-stempelt" und trotzdem weiter arbeitet, um so dem Anforderungsdruck Herr zu werden.

Auf der Ebene des Oberen und Mittleren Management gilt in allen Bereichen volle „Arbeitszeitsouveränität".[795] Die Führungskraft entscheidet frei, wann und wie lange sie am Arbeitsplatz anwesend ist. Auch werden keine Urlaubskonten mehr geführt. In eigener Verantwortung soll das eigene Zeitbudget gestaltet werden. Dabei sind allerdings sowohl die umfangreichen Anforderungen als auch der soziale Druck, d.h. die Erwartungen aus dem sozialen Umfeld, nicht zu unterschätzen. In der Regel führt die „Zeitsouveränität" zu einer Mehrarbeit, die in permanenter Überforderung und Streß enden kann. Es besteht die Gefahr des „burn-out."

Wenn ein Unternehmen wirklich am Wohl seiner Führungskräfte interessiert ist, dann ergeben sich daraus neue Führungsaufgaben. Damit eine Führungskraft nicht völlig in ihrer Arbeit auf- und untergeht und diese quasi von der Führungskraft eine „Ganzhingabe" verlangt, muß der zuständige Vorgesetzte klar Grenzen setzen. So kann es beispielsweise nötig sein, einen leitenden Mitarbeiter mit „Zeitsouveränität" bewußt früher nach Hause oder in den Urlaub zu schicken, um ihn so vor seinem Arbeitseifer oder dem sozialen Druck zu schützen. Dies ist allerdings oft nur schwer möglich, da jeder Vorgesetzte selbst unter den gleichen Anforderungen steht. Hier gilt es, neue Schutzmechanismen, auch im Interesse des Unternehmens, zu schaffen.[796] Zugleich soll daran erinnert werden, daß die Wirtschaft ein Subsystem ist, das dem menschlichen Leben dient und nicht zur humanen Ausbeutung mißbraucht werden darf. Hier gilt es, durch eindeutige Grenzen die Menschenwürde zu schützen. Dabei zeigt sich eine wichtige Grundregel im Spannungsfeld zwischen sozialer Institution und einzelner Person. Die Unternehmensziele haben nur Vorrang vor den Einzelinteressen, solange sie nicht die personale Würde des Mitarbeiters verletzen.

3.1.3.3 Qualitätsverbesserung durch Partizipation und Kommunikation

Im Rahmen der „Mitarbeiterorientierung" versucht BMW verstärkt, die Mitarbeiter durch „Partizipation und Kommunikation" in die Mitverantwortung für den Unternehmenserfolg zu nehmen und so die Identifikation mit dem Unternehmen zu steigern. Dazu wird z.B. im Werk München seit fünf Jahren der „Kontinuierliche Verbesserungsprozeß" (KVP) betrieben, der den Mitarbeitern konkrete Möglichkeiten gibt, in ihrem Bereich unkonventionell Verbesserungsmaßnahmen umzusetzen. Ein ähnliches Projekt ist die „Kommunikations-Offensive" (KOMM-Offensive) im Werk Regensburg. Anhand einer flächendeckenden Mitarbeiterbefragung wird der Standort einer kritischen Selbstbewertung unterzogen. Konkrete Verbesserungsmaßnahmen können von Mitarbeitern und Führungskräften benannt und umgesetzt werden. Beide Aktionen motivieren zur Leistungssteigerung und veranschaulichen, wie „Mitarbeiterorientierung" und „Mitarbeiterzufriedenheit" die „Unternehmensqualität" optimieren.

3.1.3.3.1 „Kontinuierlicher Verbesserungsprozeß"

Wie schon der Name andeutet, geht es beim „Kontinuierlichen Verbesserungsprozeß" (KVP) nicht um eine einseitige, produktorientierte Verbesserungsmaßnahme, sondern um eine ganzheitliche Prozeßoptimierung im Sinne des Modells der „European Foundation for Quality Management" (EFQM-Modell). Als Besinnung auf konkrete Verbesserungsschritte will der KVP die Fähigkeiten und das Wissen aller Mitarbeiter nutzen.[797] Gemeinsam gilt es, Lösungsansätze zu finden und diese auf unkonventionelle Art und Weise baldmöglichst zu realisieren.[798]
Im Werk München werden zwei Anwendungsformen des KVP unterschieden: „Alltags-KVP" und „KVP-Aktionen".[799] Beim „KVP im Alltagsgeschäft" beschäftigen sich einzelne Mitarbeiter oder Gruppen mit Problemen aus ihrem Umfeld.[800] Dies können kleine Ideen sein, z.B. Vorschläge zur Arbeitsplatzgestaltung, wie die Neupositionierung von Materialbehältern zur Verkürzung der Wegezeiten. Aber auch größere Verbesserungsmaßnahmen, etwa die Anreicherung eines Arbeitsschritts durch Sekundärfunktionen, können angegangen werden. „Alltags-KVP" meint eben, daß Mitarbeiter bzw. Gruppen kontinuierlich ihre Routineabläufe überprüfen. Gerade hinter tradierten Abläufen verstecken sich häufig eingefahrene Gewohnheiten, die Verschwendungs- und Gefahrenpotentiale bergen. Dabei helfen dem Mitarbeiter eine Reihe von „Werkzeugen und Methoden", die eine systematische Vorgehensweise unterstützen sollen. So werden z.B. fünf Anregungen (auch fünf „A`s" genannt) zur Arbeitsplatzorganisation gegeben, wie „Aussortieren unnötiger Dinge, Aufräumen, Arbeitsplatz sauber halten, Allgemeine Standards erarbeiten, Alle Punkte einhalten und ständig verbessern".[801] Diese und noch andere Methoden zeichnen sich vor allem durch ihre Praxisorientierung aus. Sie sind bewußt griffig und einfach gehalten, so daß sie die Mitarbeiter leicht an-

wenden können. Zugleich machen sie bewußt, daß es häufig die kleinen Dinge sind, die das Alltagsgeschäft erschweren oder unbewußt behindern.

Durch den „Alltags-KVP" hat jeder Mitarbeiter die Möglichkeit, Probleme, Mißstände und Verbesserungsvorschläge in einen „Ideenspeicher" einzutragen, der als Themensammlung im Arbeitsbereich der Gruppe sichtbar aushängen sollte.[802] Die Einträge sollten von der Gruppe und vom Meister ernst genommen und auf ihre Realisierung überprüft werden. Der Urheber des Vorschlags wird darüber unterrichtet, wie sein Verbesserungsvorschlag umgesetzt wurde bzw. wie oder warum die Realisierung nicht möglich war. So kann sichergestellt werden, daß Vorschläge nicht einfach übergangen werden bzw. die Erwartungshaltung des aktivierten Mitarbeiters durch Ignoranz oder Vergessen enttäuscht wird.[803]

Gute Verbesserungsvorschläge, die z.B. ein effizienteres Arbeiten ermöglichen, können über das betriebliche Vorschlagswesen „i-motion" prämiert werden.[804] Auch dieses stellt eines Teilbereich des KVP dar. Die Aussicht auf eine angemessene Prämie soll die Mitarbeiter und Gruppen motivieren, bei ihren Vorgesetzten Verbesserungsvorschläge einzureichen. Dies können sowohl Maßnahmen im eigenen Arbeitsbereich sein als auch Ideen, die Fremdbereiche betreffen. Ein Verbesserungsteam begutachtet anhand einer einheitlichen Checkliste den Vorschlag.[805] Um überhaupt eine Prämie vergeben zu können, muß zunächst analysiert werden, ob der Verbesserungsvorschlag nicht aus dem Aufgabengebiet bzw. einer konkreten Aufgabenstellung des „Einreichers" stammt. Ist das nicht der Fall, kann eine Prämie gewährt werden. Die Entscheidung über die Höhe trifft dann der Teamleiter anhand der Checkliste.[806] Neben der effektiven Einsparung spielen dabei auch nicht direkt meßbare Größen, wie Qualität, Engagement bei der Umsetzung oder der externe Kundennutzen, eine wichtige Rolle.[807] Die öffentliche Prämierung will auch andere Mitarbeiter motivieren, neue bzw. weitere Verbesserungsvorschläge einzubringen.

Um das Anliegen des KVP im betrieblichen Alltag zu etablieren bzw. permanent in Erinnerung zu rufen, gibt es im Werk München eigene „KVP-Aktionen".[808] Eine „KVP-Aktion" startet mit einer Vorbereitungsphase, in der der Betrachtungsbereich näher bestimmt wird.[809] Der zuständige „KVP-Verantwortliche" definiert zusammen mit den betroffenen Führungskräften das Ziel der Aktion.[810] Ferner werden alle zuständigen Führungskräfte, Meister und Mitarbeiter des betroffenen Abschnitts über Inhalte und Ziele des KVP allgemein und abteilungsspezifisch informiert. Diese haben dabei die Möglichkeit, eigene Ideen und Vorstellungen einzubringen bzw. weitere Probleme zu benennen. Schließlich wird ein „KVP-Team" gebildet, das sich bereichs- und hierarchieübergreifend zusammensetzt und quasi als Motor der Intensivphase dient.[811] Das Kernteam bilden Mitarbeiter (evtl. Gruppensprecher) und Meister aus dem betroffenen Bereich sowie zuständige Dienstleister und Experten. Auch sollten bei Spannungen im innerbetrieblichen Netzwerk Mitarbeiter bzw. Führungskräfte aus den abhängigen Bereichen (Lieferanten und Kunden des Prozeßabschnitts) hinzugezogen werden. Dieser fachspezifische Kern des „KVP-Teams" wird durch Mitarbeiter aus fremden Bereichen ergänzt, so z.B. aus Entwicklung, Vertrieb etc. Sie können durch Hinterfragen bzw. durch ihre Unwissenheit und Fremdheit neue Lösungsansätze aufzeigen und die Umsetzung unterstützen.[812] Gern gesehene Gäste sind auch Auszubildende, die durch ihren Anfangseifer und Einfallsreichtum neue Wege aufzeigen können. Der eigens qualifizierte „KVP-Verantwortliche" begleitet als Moderator die Gruppe und unterstützt die Meister und Mitarbeiter vor Ort bei der Umsetzung der Maßnahmen.[813]

Die Intensivphase dauert drei bis fünf Tage.[814] Der erste Tag dient der Teamfindung und der Schulung in den Grundgedanken des KVP.[815] Am zweiten Tag wird der Betrachtungsbereich mit seinen Arbeitsschritten auf Verbesserungen hin untersucht und analysiert. Um die Probleme vor Ort besser kennenzulernen, sind Gespräche mit den betroffenen Mitarbeitern sehr wichtig.[816] Die erkannten Probleme sowie erste Lösungsansätze werden auf „Ideenspeicherplakaten" festgehalten und im Teamgespräch zur Diskussion gestellt.[817] Dabei gilt es, die Ansätze intensiv auf ihre Durchführbarkeit und Sinnhaftigkeit zu überprüfen und sie gegebenenfalls zu verfeinern. Die angestrebten Verbesserungen werden zunächst den zuständigen Führungskräften vorgestellt und mit den betroffenen Mitarbeitern (beider Schichten) abgestimmt. Soweit es möglich ist, sollten die Mitglieder des „KVP-Teams" selbst die Verbesserungsmaßnahmen umsetzen. Oft kann es sich dabei um kleine Verbesserungen handeln, die aber sowohl für den Arbeitsablauf als auch für den Mitarbeiter eine enorme Erleichterung darstellen. So kann z.B. die Erhöhung einer Vorrichtung, auf der Arbeitsmaterial gelagert wird, dazu beitragen, daß der Mitarbeiter ergonomische Vorteile hat, da er sich nicht mehr ständig bücken muß. Ebenso wird der Arbeitsablauf vereinfacht und beschleunigt. Zugleich müssen auch die betroffenen Lieferanten in die Umsetzung mit einbezogen werden, bei diesem Beispiel etwa die für die Materialversorgung zuständigen Gabelstablerfahrer. Für Verbesserungspunkte, die nicht sofort eingearbeitet werden können, werden unterstützende Stellen, also Experten und Dienstleister in die Problemlösung integriert.[818]

Die Intensivphase endet mit einer Präsentation der Ergebnisse. Dazu sind die Führungskräfte und Dienstleister sowie interessierte Mitarbeiter aus den betroffenen Abschnitt eingeladen.[819] Für die Präsentation wird ein Ergebnisblatt erstellt, das eine grobe Bewertung der einzelnen Punkte enthält. Neben dieser Präsentation planen die Meister für alle Mitarbeiter beider Schichten weitere Präsentationen, um diese über die Aktivitäten in ihrem Arbeitsbereich und die Umsetzung ihrer Lösungsvorschläge zu informieren. Dadurch sollen die Mitarbeiter auch in Zukunft für die permanente Durchsetzung des KVP in ihrem Bereich motiviert werden. Schon kleine Ergebnisse, wie z.B. die Neugestaltung eines Sozialraumes durch einen neuen Anstrich oder die Vereinfachung eines Arbeitsschritts, zeigen, daß die Woche und die Vorschläge nicht umsonst waren. Am Ende der Intensivphase werden Unterlagen für die Verfolgung der noch offenen Punkte erstellt und aus dem Team Verantwortliche benannt, die sich bis zum nächsten Folgetreffen um die Umsetzung kümmern. In der Nachbereitungsphase finden zwei Folgetreffen statt, die der Überprüfung des Abarbeitungsstands der einzelnen Punkte dienen.[820] Gezielt werden dabei Probleme bei der Umsetzung angesprochen, um ihnen so mehr Nachdruck zu verleihen. Schließlich werden die noch offenen Punkte in den „Alltags-KVP" übergeben, die Ergebnisse der Aktion gemeinsam mit dem Controlling bewertet und die Abschlußdokumentation erstellt.[821]

Die „KVP-Maßnahmen" veranschaulichen, wie ernst BMW den einzelnen Mitarbeiter vor Ort nimmt und seine Potentiale nutzen will. Indem er die Möglichkeit hat, sich aktiv mit seinen Ideen, Verbesserungsvorschlägen und Fähigkeiten einzubringen, wird ihm seine Mitverantwortung für das Unternehmen und für den eigenen Arbeitsplatz bewußt gemacht. Eine gewisse Selbstentfaltung wird ermöglicht. Dabei ist erfreulich, daß der KVP als Verbesserungsmethode im Münchener Werk seit über fünf Jahren kontinuierlich gepflegt wird und so inzwischen bei Mitarbeitern und Führungskräften breite Akzeptanz genießt.

3.1.3.3.2 „Kommunikationsoffensive"

„Mitarbeiterorientierung, Mitarbeiterzufriedenheit und Führung" sind drei der neun Themenschwerpunkte des „EFQM-Modells". Gezielte Verbesserungen in diesen Bereichen dienen damit der Optimierung der gesamten „Unternehmensqualität". Unter diesem Gesichtspunkt wurde 1995 im Werk Regensburg eine „Kommunikationsoffensive" (KOMM-Offensive) gestartet und 1998 wiederholt.[822] Von ihrer Vorgehensweise her ist die „KOMM-Offensive" eine Art „Mega-KVP-Aktion" für ein ganzes Werk. Ihr Ziel ist es, die interne Kommunikation der Unternehmensziele zu fördern und alle Mitarbeiter stärker in die Verantwortung für diese zu nehmen.[823] Da sich ein Werk mit seinen Mitarbeitern und Führungskräften, mit seinen Arbeitsabläufen etc. kontinuierlich verändert, sollte die „KOMM-Offensive", wie die „KVP-Aktionen", in regelmäßigen Abständen wiederholt werden.[824] Zentraler Bestandteil dieser Aktion ist eine flächendeckende Mitarbeiterbefragung. Anhand der Ergebnisse, die einer Standortbestimmung gleich kommen, werden für alle Ebenen und Bereiche Verbesserungsmaßnahmen abgeleitet und umgesetzt. Diese werden dann wiederum durch eine Stichprobenbefragung auf ihre Wirksamkeit überprüft.[825] Die Mitarbeiter selber haben also die Möglichkeit, „ihr Werk" zu bewerten und daraus entsprechende Verbesserungsmaßnahmen abzuleiten. Das Werk wird zum „Mitgliederunternehmen".

Für die „KOMM-Offensive" übernimmt ein Projektteam die Trägerschaft.[826] Durch eine gezielte Informationspolitik gilt es im Vorfeld der Befragung, Vorurteile und Ängste bei den Mitarbeitern abzubauen.[827] Ferner werden in den Bereichen eigene Moderatoren ausgebildet, die als Vertreter vor Ort Rede und Antwort stehen. Im Vorfeld der Befragung muß geklärt werden, ob es nicht sinnvoll ist, für die Durchführung und Auswertung der Befragung externe Unterstützung in Anspruch zu nehmen, um so die Unabhängigkeit, die Anonymität und Datensicherheit besser gewährleisten zu können.[828]

In der Vorbereitungsphase erstellt das Projektteam einen standort- und themenspezifischen Fragebogen.[829] An zwei Tagen, um so alle Schichten und damit möglichst alle Mitarbeiter zu erreichen, wurden in Regensburg alle Mitarbeiter anhand einer Skala von eins („stimmt voll und ganz") bis sieben („stimmt überhaupt nicht") Punkten aufgefordert, die Fragen nach ihrem Empfinden und Erleben differenziert zu bewerten.[830] Um den Mitarbeitern die Möglichkeit zu geben, in Ruhe ihren Fragebogen auszufüllen, wurde in allen Schichten die Produktion für dreißig Minuten unterbrochen. Durch einen Aufkleber mit Angaben über Gruppe/Meisterei/Abteilung, Stelle/Funktion und Arbeitszeit, den der Befragte freiwillig am Ende des Fragebogens einfügen kann, wird eine differenzierte Datenanalyse ermöglicht.[831] So können bei der Auswertung auch Aussagen über eine bestimmte Abteilung, Schicht, Gruppe oder über Personenkreise, wie Meister, Schichtarbeiter etc., gemacht werden. Dabei ist es eben wichtig, daß die Anonymität gewährleistet ist. Sie ist Voraussetzung für eine möglichst ehrliche und direkte Beantwortung der Fragen. Selbstverständlich kann nicht verhindert werden, daß manche Mitarbeiter eine anonyme Umfrage nutzen, um beispielsweise einer ungeliebten Führungskraft „eins auszuwischen", indem sie seine Führungsweise übertrieben negativ bewerten. Ebenso wird es immer welche geben, die trotz der zugesicherten Anonymität aus Angst oder aus Opportunismus die Fragen nicht objektiv beantworten. Auch besteht die Gefahr, daß es im Vorfeld zu versteckten Drohgebärden kommen kann.

Bei der Auswertung der Ergebnisse gilt es, im Vergleich mit vorausgegangen Befragungen und anderen Werten aus der Branche (Benchmarking), Trends zu analysieren. Dabei sollten Beschönigungen ebenso wie Übertreibungen vermieden werden. Nach der Auswertung folgt möglichst bald die Rückmeldung und Interpretation der Ergebnisse. Dabei ist die differenzierte Auswertung der Ergebnisse von großer Bedeutung. Die Mitarbeiter vor Ort sollen motiviert werden, für ihren Bereich selbst Lösungen und Umsetzungswege zu entwickeln. Anhand der Ergebnisse werden auf allen Ebenen Workshops gebildet, die durch Schwerpunktthemen die betroffenen Mitarbeiter und Führungskräfte für den Verbesserungsprozeß aktivieren.[832] So kann beispielsweise eine Meisterei, die im Themenbereich „Arbeitsbedingungen" weit unter den Ergebnissen des Werkes oder ähnlicher Arbeitseinheiten liegt, konkrete Maßnahmen benennen, um so die Mißstände zu beseitigen. Oder eine Arbeitsgruppe beschäftigt sich aufgrund ihrer schlechten Ergebnisse im Bereich „Arbeitssicherheit" mit konkreten Verbesserungsmaßnahmen und nimmt dabei die Hilfe von anderen Gruppen in Anspruch, die in diesem Bereich vorbildliche Ergebnisse erzielt haben. Ein anderes Team setzt sich in einem Workshop mit seinen defizitären Kommunikationsstrukturen auseinander und holt sich dazu Hilfe aus der Abteilung für Werkskommunikation. So können im gesamten Werk Problemnetzwerke und Lösungsansätze entstehen, in denen es zu bereichs- und hierarchieübergreifenden Formen der Zusammenarbeit kommt. Um das Wir-Gefühl im Werk zu stärken und die aktivierten Potentiale zu nutzen, ist die simultane Bearbeitung und Umsetzung in allen Bereichen und Ebenen äußerst wichtig.

Der zeitliche Aufwand der „KOMM-Offensive" ist nicht zu unterschätzen. Es kostet Energie, Kraft und langen Atem, die Aktionen durchzuhalten. Oft genug kann es dabei auch zu Enttäuschungen kommen. Bei einer werksweiten Befragung können eben nicht alle Verbesserungsvorschläge rezipiert werden, bzw. aufgrund der Fülle der Anregungen gehen manche einfach verloren. Bei der Abarbeitung der Lösungsansätze gilt es, auch bestehende Instrumente wie den ZVP, „KVP-Aktionen" etc. zu nutzen.[833]

Um die Auswirkungen und Konsequenzen auf ihren Erfolg zu kontrollieren, sollte nach geraumer Zeit eine repräsentative Stichprobenumfrage durchgeführt werden. Bei dieser Evaluation soll analysiert werden, wie die Umsetzung und das Programm als ganzes von den Mitarbeitern beurteilt wurde und wird. Durch das Erkennen von verbleibenden und neuen Veränderungsbedarfen soll ein erneuter Motivationsschub für den gesamten Prozeß ausgelöst werden.[834] Da die „KOMM-Offensive" einen sehr hohen zeitlichen und personellen Aufwand erfordert, ist es verständlich, daß manche Mitarbeiter und Führungskräfte glücklich sind, wenn es nach der erneuten Bewertung erst einmal etwas ruhiger weiter geht. Zwar entspricht diese Reaktion nicht dem Ideal, doch sie ist menschlich nur verständlich. Daher ist es um so wichtiger, daß die „KOMM-Offensive" in regelmäßigen Abständen wiederholt wird. Für die Mitarbeiter ist dies ein deutliches Signal, daß ihre Meinung, ihre Ideen und ihre Mitverantwortung für den Unternehmenserfolg gefragt sind. Die „KOMM-Offensive" dient somit innerhalb der „Mitarbeiterorientierung" als wirksames Instrument der Leistungsmotivation und sollte daher, auch in anderen Werken, Sparten, Bereichen etc. auf ähnliche Weise durchgeführt werden.

KVP und „KOMM-Offensive" stellen zwei Wege dar, wie BMW seine Mitarbeiter stärker in die Mitverantwortung nimmt. Allerdings dürfen beide Aktionen nicht als Weg der Vervollkommnung mißverstanden werden, an dessen Ende das fehlerfreie, perfekte Unternehmen steht. Menschen werden immer durch ihre Kontingenz geprägt sein. Daher wird es auch bei allem Mühen immer wieder Rückschläge geben. KVP und „KOMM-Offensive" sind somit Hilfsinstrumente zur Erneuerung, die, kontinuierlich angewandt, helfen, Routineabläufe auf ihre Stimmigkeit zu überprüfen. Im Sinne der Umkehr und Hinkehr zum Wesentlichen wird das Qualitätsbewußtsein der Mitarbeiter geschärft.

Am Ende dieses Abschnitts kann zusammenfassend festgestellt werden:

Aufgrund der veränderten Anforderungen im internationalen Wettbewerb versucht BMW durch „Mitarbeiterorientierung", die Potentiale seiner Mitarbeiter besser einzusetzen, um auf diesem Weg eine Leistungssteigerung herbeizuführen. Die „vernetzte Teamarbeit" in der Entwicklung und die „angereicherte Gruppenarbeit" in der Produktion veranschaulichen, daß BMW sowohl die individuellen Potentiale seiner Mitarbeit als auch die gegenseitige Ergänzung nutzt. „Mitgliedschaft" und „Solidarität" sind dabei wichtige Grundhaltungen, die eine effektive Zusammenarbeit ermöglichen. Allerdings kann es in den Bereichen Kompetenzen, Kommunikation und Umgangsformen zu Schwierigkeiten kommen. Um Klarheit zu schaffen, wird die Führung der Mitarbeiter und Teams über konkrete „Zielvereinbarungen" immer wichtiger. Sie sollen im Sinne des „Subsidiaritätsprinzips" Freiräume schaffen, die eigenverantwortliches Arbeiten ermöglichen. Ebenso versuchen sie die Unternehmensziele mit den Interessen der Mitarbeiter in Einklang zu bringen. Zu diesem „Interessenausgleich" dienen ferner die „flexibleren Arbeitszeiten". Auch dabei kann es zu Schwierigkeiten kommen. Weitere Schritte auf dem Weg zum „Mitgliederunternehmen" sind die Maßnahmen zur „Qualitätsverbesserung" in den Werken München und Regensburg. Durch aktive „Partizipation und Kommunikation" aller betroffenen Mitarbeiter können gemeinsam Defizite aufgedeckt und Verbesserungsmaßnahmen schnell, unkonventionell und konsequent eingeleitet werden. Bei allen Aspekten wird deutlich, daß BMW seine Mitarbeiter im Sinne des „Subsidiaritätsprinzips" verstärkt in die Mitverantwortung nimmt und von diesen „Solidarität" mit dem Unternehmen erwartet. Durch die gezielte „Mitarbeiterorientierung" wird das Zusammengehörigkeitsgefühl gesteigert, „Erfolg durch ownership" wird möglich.

3.1.4 Dynamische Anforderungsprofile

Veränderte Organisationsstrukturen stellen auch neue Anforderungen an Mitarbeiter und Führungskräfte.[835] Als Orientierungshilfe ist bei BMW ein Unternehmensleitbild mit dem visionären Titel: „Wir bei BMW" entstanden. Es will dem einzelnen veranschaulichen, welches Verhalten bzw. welche Eigenschaften das Unternehmen von ihm erwartet. Zugleich dient es als „Wertekorridor", der die Zusammenarbeit bestimmen sollte.[836]
Im folgenden Abschnitt werden daher die Anforderungen des Unternehmensleitbilds dargestellt, das sich aus einem Mitarbeiter- und Führungsleitbild zusammensetzt.[837] Die beiden Leitbilder beschreiben Idealbilder, die so in der Realität nicht zu finden sind. Um ihnen aber im Unternehmensalltag Autorität zu verleihen, sollten sie flächendeckend kommuniziert, für die einzelnen Bereiche interpretiert und entsprechendes Verhalten positiv wie negativ sanktioniert werden. Zum kritischen Feedback nutzt BMW die jährlichen Beurteilungsgespräche für Mitarbeiter und Führungskräfte, die daher in diesem Zusammenhang erläutert werden.

3.1.4.1 Mitarbeiter als „Unternehmer"

Die Veränderungen im Unternehmen müssen von allen Mitarbeitern mitgetragen werden. Von ihnen wird daher in zunehmendem Maße unternehmerisches Engagement gefordert.[838] Sie sollen sich mitverantwortlich für den Erfolg bzw. Mißerfolg des Unternehmens fühlen. Der Mitarbeiter als „Unternehmer" im Sinne des „Subsidiaritätsprinzips" stellt somit den Leitgedanken des Mitarbeiterleitbildes dar.[839]

3.1.4.1.1 Leistungsbereitschaft/Verantwortungsbewußtsein

Im ersten Leitsatz heißt es fast lapidar: „Beste Ergebnisse durch dauerhaft hohe Leistungen erzielen."[840] Dieser Satz stellt ohne Erläuterung eine glatte Überforderung dar, denn wer kann schon dauerhaft hohe Leistungen erzielen, ohne daß er auch einmal Schwachstellen aufweist? Auf eindeutige Weise wird das primäre Unternehmensinteresse zum Ausdruck gebracht. BMW erwartet von seinen Mitarbeitern durch dauerhaft hohe Leistungen hervorragende Arbeitsergebnisse. Um die Dauerhaftigkeit zu gewährleisten, werden daher die Mitarbeiter zu „lebenslangem Lernen" aufgefordert. Es gilt, in eigener Verantwortung Fähigkeiten, Fertigkeiten und Wissen ständig auf den neusten Stand zu bringen. Dies kann beispielsweise durch Weiterbildungsmaßnahmen geschehen. Aber auch bei „learning on the job", indem sich ein Mitarbeiter von einem

Kollegen z.B. die Bedienung einer neuen Anlage beibringen läßt, oder das Lesen eines Fachbuches stellen Formen des Lernens dar.[841]

Der zweite Leitsatz fordert, daß jeder Mitarbeiter für seinen persönlichen Beitrag zum Unternehmenserfolg die Verantwortung übernimmt.[842] Daher soll er von seinem Vorgesetzten „Zielvereinbarungen" fordern, die ihm eigenverantwortliches Arbeiten ermöglichen. Doch welche Möglichkeiten hat er, wenn sich der Vorgesetzte weigert, konkrete Ziele mit ihm zu vereinbaren? Ferner hat jeder Mitarbeiter Verantwortung für die Qualität seiner Arbeit, wie schon im Rahmen der Qualitätsverbesserungsmaßnahmen erläutert wurde. D.h. er kann dafür positiv wie negativ zur Verantwortung gezogen werden. Schließlich meint „Verantwortungsbewußtsein" auch, daß der Mitarbeiter eigenverantwortlich für seine Gesunderhaltung und für seine berufliche Weiterentwicklung/Qualifizierung sorgt.[843] Er wird aufgefordert, von sich aus etwa Bildungsbedarfe zu äußern oder auf Arbeitssicherheit zu achten. Dies kann aber am Vorgesetzten oder am Druck der Gruppe scheitern.

Die ersten beiden Leitsätze bergen eine Spannung. Auf der einen Seite wird den Mitarbeitern eindeutig die Erwartung des Unternehmens vor Augen geführt, qualitativ hochstehende Leistungen zu erbringen. Dafür werden sie in die Pflicht genommen. Auf der anderen Seite wird von ihnen Eigenverantwortung erwartet. Es kommt zur „Wertesynthese" zwischen Pflicht-/Akzeptanzwerten und Selbstentfaltungswerten, die den zentralen/subsidiären Organisationsstrukturen entspricht. Diese Synthese zeigt sich auch in den nächsten beiden Leitsätzen, indem sie einerseits „persönliches Engagement" verlangen und individuelle Selbstentfaltung ermöglichen. Andererseits wird „solidarische Zusammenarbeit" erwartet und dadurch wird wiederum das Unternehmensziel deutlich sichtbar.

3.1.4.1.2 Persönliches Engagement/Solidarische Zusammenarbeit

Nach dem dritten Leitsatz soll sich jeder Mitarbeiter mit seinen originellen Fähigkeiten in seine Arbeit einbringen.[844] Er soll „persönliches Engagement" zeigen, indem er „mitdenkt" und „mit-gestaltet" und nicht nur seine Aufgaben pflichtgemäß erfüllt. Damit ist das Prinzip der ständigen Verbesserung angesprochen. Dies kann sich darin zeigen, daß ein Mitarbeiter z.B. Verbesserungsvorschläge macht und diese schnell und konsequent umsetzt. Er bringt sich mit seiner Originalität, mit seinen Potentialen ein. Selbstentfaltung in der Arbeit ist erwünscht. Dazu gilt es, vorhandene Freiräume zu nutzen. Diese müssen allerdings von den zuständigen Führungskräften zugestanden werden. Als Ausdruck ihres unternehmerischen Engagements und ihrer Verbesserungsbereitschaft sollen die Mitarbeiter ferner konstruktiv Kritik üben.[845] In diesem Bereich ist bestimmt noch Lernbedarf gegeben, wobei die Führungskräfte in der Vorbildfunktion stehen. Ferner ist dabei Fingerspitzengefühl gefragt, über das nicht jeder verfügt. Schließlich zeigt sich das „Mitdenken" und „Mitgestalten" im Mut, auch unkonventionelle Ideen vorzuschlagen, um so neue Wege und Problemlösungen zu finden. Ob diesen Mut viele Mitarbeiter aufbringen, ist eine andere Frage. Schließlich besteht die Gefahr und das

Risiko, daß die Vorschläge vom Vorgesetzten und den Kollegen nicht ernst genommen werden. Hier ist wiederum Sensibilität auf seiten der Führungskraft und der Kollegen gefordert. So muß z.B. ein Vorgesetzter seinem Mitarbeiter vernünftig erklären, warum seine „unkonventionelle Idee" nicht realisiert werden kann und darf ihn nicht vor den anderen lächerlich machen. Ansonsten besteht die Gefahr, daß unkonventionelle Vorschläge nur ein einziges Mal vorgebracht werden und sich dann die Mitarbeiter resigniert zurückziehen. Der dritte Leitsatz baut sehr stark auf die Eigeninitiative. Diese hängt selbstredend vom Typ ab. So wird es z.B. immer „unternehmungslustigere" Mitarbeiter geben, die geradezu von neuen Ideen sprudeln, und stillere Typen, die eher bedachter und zurückgezogener sind.

Neben diesem „persönlichen Engagement", das es dem Mitarbeiter ermöglicht, sich mit seiner Originalität einzubringen, fordert BMW auch „soziale Kompetenz". Die Mitarbeiter sollen fähig und bereit sein, in unterschiedlichen Arbeits- und Organisationsstrukturen zusammenzuarbeiten. Das bedeutet auch, daß sich der einzelne auf unterschiedliche Menschen einlassen muß. Diese Forderung des vierten Leitsatzes wird zunächst in einem Bild erklärt: „Ich bin bereit, manchmal als Solist, manchmal als Gruppenspieler, aber immer als Teil des ganzen »Orchesters« zu handeln."[846] Jeder soll seinen „Part spielen", also die ihm eigene Aufgabe mit seinen Fähigkeiten erfüllen und zwar so, daß sie der Gesamtharmonie dient. Damit wird er eindeutig für den Unternehmenserfolg in die Pflicht genommen. Es ist im „Netzwerk" des Unternehmens also sowohl der „Einzelkämpfer" mit seinen individuellen Potentialen gefragt als auch der „Teamspieler".[847] Sehr gut kann dieser Anspruch bei der Zusammenarbeit in „Modulen" realisiert werden. Allerdings kann es dabei zwischenmenschliche Probleme geben. „Gruppenarbeit" bzw. Zusammenarbeit meint, daß sich der einzelne mit seinen Fähigkeiten in die Gruppe einbringt und damit andere unterstützt. Das Gruppenziel sollte entscheidend sein. Zugleich ist damit die Bereitschaft gefordert, sich auch von anderen unterstützen zu lassen. Als „Mängel- und Bedürfniswesen" ist der einzelne auf die Hilfe anderer angewiesen. Wechselseitige „Solidarität" sollte daher eine Grundhaltung sein. Auch sie muß immer wieder neu gelernt und vorgelebt werden.[848] Um eine effektive Zusammenarbeit sicherstellen zu können, wird von jedem Mitarbeiter Kommunikationsbereitschaft gefordert und die Bereitschaft, auch über das eigene Aufgabengebiet hinauszuschauen. Hier sollte auch die Frage nach Kundennutzen und -erwartungen (extern und intern) immer wieder gestellt werden. Ob allerdings ein Mitarbeiter in der Montage, der unter dem Stückzahldruck des Montagebands steht, immer den nachfolgenden Schritt im Blick hat, ist fraglich. Schließlich ist Loyalität und Einsatzbereitschaft verlangt. Sie können sich darin zeigen, daß z.B. ein Mitarbeiter spontan bereit ist, in die andere Schicht zu wechseln, da es dort einen Engpaß gibt.

Die Zusammenarbeit bei BMW soll durch eine „Vertrauenskultur" geprägt sein, indem der einzelne sich selbst und anderen vertraut, aber auch dem Vertrauen gerecht wird, das ihm entgegengebracht wird. Wiederum übernehmen dabei die Führungskräfte Schlüsselfunktionen, da es mit an ihnen liegt, eine Atmosphäre des gegenseitigen Vertrauens zu schaffen.

3.1.4.1.3 Flexibilität, Veränderungs- und Lernbereitschaft

Im fünften Leitsatz wird die „Veränderungsbereitschaft" angesprochen.[849] Dies erfordert von jedem Mitarbeiter zunächst eine grundsätzliche Offenheit, die sich im Zuhören und aktiver Teilnahme zeigt. Dabei sollte gerade auch das eigene Tun immer wieder reflektiert werden, etwa im Rahmen des ZVP oder KVP. Hier stellt sich die Frage, ob die Mitarbeiter in ihrem Arbeitsalltag zur Selbstreflexion überhaupt die notwendige Zeit haben bzw. ob sie von den Führungskräften dabei unterstützt werden.[850] Die geforderte „Veränderungsbereitschaft" zeigt sich auch in der Bereitschaft zur örtlichen Veränderung, im Wechsel in eine andere Abteilung, Schicht, Aufgabe etc. Dies bedeutet aber auch, daß gegebenenfalls ein Mitarbeiter von Regensburg nach Dingolfing wechselt. Etwas unverständlich scheint in diesem Zusammenhang die Forderung: „Ich handle auch in unsicheren Situationen."[851] Vielleicht hängt dies damit zusammen, daß Mitarbeiter vor unsicheren Situationen ähnlich Angst haben wie vor Veränderungen. Oder es soll zum Ausdruck gebracht werden, daß ein Mitarbeiter auch in der Unsicherheit einer Veränderung handlungsfähig sein sollte. Dazu wird er vor allem die Unterstützung und das Vertrauen seines Vorgesetzten benötigen.

Schließlich wird im sechsten und letzten Leitsatz die „Flexibilität und Lernbereitschaft" thematisiert.[852] Nochmals werden Anforderungen genannt, die zuvor schon erwähnt wurden und BMW als „lernende Organisation" auszeichnen. So sollen die Mitarbeiter bei ihrer Arbeitsgestaltung betriebliche Notwendigkeiten berücksichtigen. Sie sollen gegenseitige Unterstützung als Selbstverständlichkeit akzeptieren, sich weiterbilden und sich zu lebenslangem Lernen verpflichten.[853]

Die Stichwörter „Leistungsbereitschaft und Verantwortungsbewußtsein", „persönliches Engagement und solidarische Zusammenarbeit", „Flexibilität, Veränderungs- und Lernbereitschaft" kennzeichnen das Anforderungsprofil des Mitarbeiterleitbildes. Einerseits werden die Mitarbeiter als „Unternehmer" in die Pflicht genommen. Pflicht-/Akzeptanzwerte, wie Leistung, Solidarität, Veränderungsbereitschaft weisen darauf hin. Andererseits wird Selbstentfaltung am Arbeitsplatz ermöglicht. Die „Wertesynthese", die den veränderten Organisationsstrukturen entspricht, wird ermöglicht. Dabei übernehmen die Führungskräfte die Schlüsselrolle. Von ihnen wird maßgeblich die Umsetzung des Leitbildes abhängen.

In diesem Zusammenhang stellt sich die Frage, ob sechs Leitsätze nicht zu viel sind und es besser gewesen wäre, die Leitsätze auf drei Grundhaltungen zu reduzieren.[854] Schließlich merkt man sich leichter eine geringere Zahl. Ferner ist es für die Umsetzung besser, verbindliche Grundhaltungen anhand prägnanter Begriffe zu benennen, die dann durch Leitsätze möglichst konkret erläutert werden. Ein Beispiel dafür ist die „Checkliste", die zur Bestimmung der persönlichen Entgeltzulage dient.[855] Anhand der drei Bereiche: „Zusammenwirken in der Gruppe, Ganzheitliche Qualitätsanforderungen (Arbeitsproduktivität) und Flexibilität/Initiative" wird das Mitarbeiterverhalten durch konkrete Kriterien überprüft. Hier lassen sich Grundhaltungen wie „Solidarität, Qualitätsbewußtsein und Flexibilität" zuordnen, die entsprechend den unterschiedlichen Mitarbeitern unterschiedliche Interpretationen zulassen.[856]

3.1.4.1.4 Motivation durch Feedbackschleifen und Entgeltzulagen

Es ist schwer, gerade dem Mitarbeiterleitbild im betrieblichen Alltag als Orientierungshilfe mehr Gewicht zu verleihen. Eine Möglichkeit des Feedbacks stellt die jährliche Mitarbeiterbeurteilung im Rahmen der neuen Entgeltbestimmung dar.[857] Dieses neue Entgeltsystem will den „Neuen Arbeitsstrukturen" und den veränderten Anforderungen an die Mitarbeiter besser Rechnung tragen. Durch das „Prämienentgelt" soll weniger die Einzelleistung als der Beitrag des einzelnen zur Gruppenleistung anerkannt werden.[858] Neben der „Quantität" ist ferner die umfassende „Qualität" ein entscheidendes Entlohnungskriterium. Das „Prämienentgelt" ist damit leistungsbezogener und teamorientierter.[859]

Das „Prämienentgelt" setzt sich aus vier Teilen zusammen: „Grundentgelt, BMW Zulage, Prämie und Persönliche Zulage". Die gängigen sechs Lohngruppen wurden von neun Grundentgeltgruppen abgelöst. Durch die Anreicherung der Gruppen kann nun bei der Einteilung der Mitarbeiter besser differenziert und gleichmäßiger abgestuft werden. Die Entgeltgruppen definieren sich über die Schwierigkeit und Vielseitigkeit der Aufgaben sowie über die damit verbundenen Entscheidungsspielräume.[860] Um den unterschiedlichen Anforderungen mit der entsprechenden Entgeltgruppe gerecht werden zu können, werden die Aufgaben der Mitarbeiter in Funktionsbildern beschrieben.[861] Diese sollen einen Überblick über alle Aufgaben im Arbeitsbereich einer Gruppe geben und fassen einzelne Aufgaben zu sinnvollen Blöcken zusammen. Ein Mitarbeiter beispielsweise in der Montage, der nach seinem Funktionsbild Stoßfänger, Scheinwerfer und Blinker montiert, wird einer niedrigeren Entgeltgruppe angehören als einer, der zusätzlich noch Bremsleitungen und das Fußhebelwerk einbaut, die Maschinen wartet und zur Versorgung des Arbeitsabschnitts Gabelstapler fahren kann. Je vielseitiger und schwieriger also die Aufgaben und je größer der Entscheidungsspielraum des Funktionsbildes ist, desto höher wird auch die entsprechende Entgeltgruppe sein. Zugleich können die unterschiedlichen Funktionsbilder in der Gruppe den einzelnen motivieren, sich durch Zusatzqualifikationen sein Funktionsbild zu erweitern. Ein Mitarbeiter, der sich z.B. durch eine Fortbildungsmaßnahme qualifiziert hat und nun vor Ort auch Aufgaben der Instandhaltung ausübt, kann in eine höhere Entgeltgruppe aufsteigen.[862] Ebenso kommt es aber auch zu Zurückstufungen, wenn die Funktionsbilder einer Gruppe, etwa durch den Einsatz neuer Technologien, neu gestaltet werden und die dafür nötigen Qualifikationen fehlen.

Auf das „Grundentgelt" zahlt BMW eine Zulage von zehn Prozent. Das „Grundentgelt" und die Zulage bilden zusammen das „Basisentgelt". Zu diesem „Basisentgelt" kommt noch eine festgeschriebene Prämie in Höhe von 25 Prozent des „Basisentgelts" hinzu. Diese wird als Gegenleistung des Unternehmens für das vorgegebene Arbeitspensum (Stückzahl und Qualität) bezahlt.[863]

Zu diesen drei Teilen kann sich noch eine „Persönliche Zulage" hinzugesellen. Während das „Basisentgelt" durch die Aufgaben und Funktionen des Mitarbeiters bestimmt wird, honoriert die „Persönliche Zulage" den persönlichen Beitrag des einzelnen zum Gruppenergebnis. Engagement und Verantwortungsbewußtsein in der Gruppe, die nicht selbstverständlich sind, sollen dadurch gefördert werden. So kann es sein, daß sich ein Mitarbeiter besonders auszeichnet, indem er sich bei der Einarbeitung neuer Kollegen engagiert oder auch einmal in anderen Bereichen aushilft. Auch eine freiwillige Schulung kann sein Engagement zeigen. Um dies bewerten zu können, sollte einmal jährlich ein Mitarbeitergespräch zwischen Vorgesetzten und Mitarbeitern geführt werden.[864] Dabei wird anhand einer „Checkliste" der Beitrag des jeweiligen Mitarbeiters festgestellt. Drei Themenbereiche bestimmen die zwölf Kriterien: „Zusammenwirken in der Gruppe, Ganzheitliche Qualitätsanforderungen, Flexibilität und Initiative".[865] Zum Themenbereich „Gruppenarbeit" werden Fragen gestellt nach der „Beratung und Einarbeitung neuer Kollegen, Unterstützung anderer Kollegen bei der Problemlösung, Zusammenarbeit in der Gruppe und Rücksichtnahme auf Nachbarbereiche". Die „Arbeitsqualität" wird thematisiert durch „Ordnung, Sauberkeit und Sicherheit im Arbeitsbereich, sorgfältiger Umgang mit Betriebsmitteln/Produkten, Weitergabe von Informationen/Erfahrungen und Fehlererkennung/Beitrag zur Problembehebung". Schließlich wird noch „Flexibilität und Initiative" des Mitarbeiters gewertet durch die Kriterien „Lernbereitschaft, Einsatzbereitschaft unter veränderten Bedingungen und aushilfsweise flexibel einsetzbar, kostenbewußtes Verhalten im Rahmen des Verbesserungsprozesses, Einbringung und Umsetzung eigener Ideen sowie Aufgeschlossenheit gegenüber Ideen anderer".

Die Kriterien zeigen, daß die „Checkliste" zwar Berührungspunkte zu den Anforderungen des Mitarbeiterleitbildes hat, sich allerdings nicht genau nach dieser Vorlage strukturiert. Die Leitsätze und die „Checkliste" sind nicht aufeinander abgestimmt. Trotz der inhaltlichen Bezüge ist keine einheitliche Vorgehensweise erkennbar. Dies ist eindeutig ein Defizit. So trägt die Beurteilung nur indirekt zur Umsetzung des Anforderungsprofils bei. Um dem Mitarbeiterleitbild mehr Autorität für das „Alltagsgeschäft" zu verleihen und eine effektivere Zusammenarbeit gewährleisten zu können, wäre es daher sinnvoll, die Anforderungen besser aufeinander abzustimmen.[866]

Anhand der zwölf Kriterien der „Checkliste" wird die „Persönliche Zulage" mit Hilfe eines Punktesystems im gemeinsamen Gespräch zwischen Vorgesetztem und Mitarbeiter für das nächste Jahr festgelegt.[867] Dieses sollte korrekt und offen geführt werden. Hier ist besonders die zuständige Führungskraft in die Pflicht genommen. Sie kann die „Persönliche Zulage" als Führungsinstrument benutzen, indem sie mit dem Mitarbeiter „persönliche Zielvereinbarungen" für das kommende Jahr trifft, die dann positiv bzw. negativ sanktioniert werden können.[868] Dies verlangt allerdings, daß die Führungskraft einen intensiven Kontakt zu den einzelnen Mitarbeitern und Gruppen pflegt. In manchen großen Meistereien mit über vierzig Mitarbeitern ist es schwierig, jeden Mitarbeiter objektiv zu bewerten. Hier gilt es, kleinere Einheiten zu schaffen oder die Gruppe bei der Bewertung in irgendeiner Form zu integrieren. So kann es hilfreich sein, vor dem Bewertungsgespräch beispielsweise den Gruppensprecher zu konsultieren oder im

Gruppengespräch nachzufragen, wer sich besonders positiv im letzten Jahr hervorgetan hat.[869]

Eine neue Entgeltregelung ist auch für den Tarifbereich gefunden worden. Das Gehalt setzt sich aus tariflichem Grundgehalt, tariflicher Leistungszulage, BMW-Bonus und gegebenenfalls aus einer freiwilligen, übertariflichen Zulage zusammen.[870] Die Leistungszulage wird durch eine Leistungsbeurteilung nach einem Punktesystem vom zuständigen Vorgesetzten anhand von fünf Kriterien erstellt: „Arbeitsquantität, Arbeitsqualität, Arbeitseinsatz, Arbeitssorgfalt und betriebliches Zusammenwirken". Auffallend bei der Anordnung dieser Kriterien ist, daß das „Betriebliche Zusammenwirken" (Teamarbeit, Zusammenarbeit mit Kollegen und Vorgesetzten, Informationsaustausch) an letzter Stelle genannt wird und auch im Vergleich mit den anderen Kriterien hier nur die geringsten Punktzahlen erreicht werden können. Während in den anderen Bereichen maximal 28 bzw. sechzehn Punkte erreicht werden können, gibt es beim „Betrieblichen Zusammenwirken" nur maximal zwölf Punkte. Es entsteht der Eindruck, daß entgegengesetzt allen Beteuerungen „Kommunikation und Teamarbeit" im Vergleich zu „Arbeitsquantität, -qualität, -einsatz und -sorgfalt" geringer eingestuft werden. Wenn ein Unternehmen verstärkt auf die sozialen Kompetenzen und Potentiale setzt, dann gilt es, dies auch durch eine angemessene Beurteilung zu zeigen. Ferner wird wiederum deutlich, daß auch diese Kriterien nicht mit den Anforderungen des Mitarbeiterleitbildes übereinstimmen. Hier ist bestimmt Handlungsbedarf gegeben.

3.1.4.2 Führungskräfte: Vorbilder und Dienstleister

Die Mitarbeiter orientieren sich an ihren Führungskräften. Um so wichtiger ist es, daß diese durch ihr gelebtes „Vorbild" veranschaulichen, was BMW von seinen Mitarbeitern erwartet. Diese „Vorbildfunktion" ist nicht zu unterschätzen.[871] Aber auch die innovativen Anforderungen des Wettbewerbs und die prozeßorientierten Organisationsstrukturen erfordern Veränderungen im Führungsverhalten. Während in der klassischen Linienorganisation das Unternehmen über Anweisung „von oben nach unten" geführt wird, muß in einer vernetzten, prozeßorientierten Organisation, die auf die Mitverantwortung jedes Mitarbeiters setzt, ein neuer Führungsstil gefunden werden.[872] Zwar verzichtet BMW verständlicherweise nicht auf hierarchische Führungsstrukturen, und so werden manche Regelungen auch weiterhin ihre Gültigkeit haben, doch gilt es, diese den neuen Anforderungen entsprechend zu ergänzen, umzugestalten, bzw. diese positiv wie negativ zu sanktionieren.[873]

Seit Mitte der achtziger Jahre hat sich BMW intensiv mit einem neuen Führungsstil auseinandergesetzt, der seine schriftliche Form zunächst in den „Grundsätzen der BMW Führungskultur" und den „BMW Handlungsmaximen" gefunden hat.[874] Beide Dokumente sind in den letzten Jahren durch das „Mitarbeiter- und Führungsleitbild" ergänzt worden bzw. sie wurden im Alltag als Orientierungshilfe von diesen abgelöst und ersetzt. Dadurch sind sie etwas in Vergessenheit geraten. Sie haben inhaltlich aber nicht an Gültigkeit und Stimmigkeit verloren. Da sie die „Unternehmenskultur" maßgeblich geprägt haben bzw. immer noch prägen und auch inhaltlich Eingang in die Leitbilder gefunden haben, sollen sie zunächst beschrieben werden.[875]

Die „Grundsätze der BMW Führungskultur" wollen einen „Werte-Korridor" für das ethische Handeln abstecken. Es sind vier Definitionen, die die Führungsaufgabe beschreiben: „Führen heißt dienen und Vorbild für andere sein. Führen heißt Werte setzen. Führen heißt Werte verantworten und gestalten. Führen heißt zwischen Werten vermitteln."[876] Dabei fällt auf, daß der „Dienst" an den Mitarbeitern und am Unternehmen im Vordergrund steht und nicht die Fachkompetenz. Zur Konkretisierung dieses Dienstes werden drei Schwerpunkte genannt: „Leistung, Maß und Gemeinschaft".[877]

Mit „Leistung" ist gemeint, daß eine Führungskraft durch ihr fachliches Können in ihrem Aufgabenbereich eine gute, qualitativ hochstehende Leistung erbringt und dies auch von ihren Mitarbeitern fordert. Dabei ist das Ergebnis der Arbeit, das Werk entscheidend. Die Führungskraft soll an ihrem Platz „Fachmann" sein.

Zugleich soll eine Führungskraft in ihrem Arbeitsbereich mit dem richtigen „Maß" gleichsam als Unternehmer handeln, indem sie Macht und Verantwortung effektiv verteilt.[878] Der Vorgesetzte ist für seine Mitarbeiter „Spielmacher", der weiß, wann er wem welchen Ball zuspielen kann und muß.

Schließlich sollen Führungskräfte Gespür für „Gemeinschaft" haben. In gegenseitiger Wertschätzung soll der Vorgesetzte als „Integrator" wirken, der es versteht, die unterschiedlichen Mitarbeiter im Team effektiv zusammenzubringen. Dabei soll er sich selbst als Mitglied der Führungsmannschaft des Unternehmens sehen. Dies erfordert die Bereitschaft zu einem kooperativen Führungsstil.

Die Begriffe „Fachmann", „Spielmacher" und „Integrator" bildeten das „BMW-Führungsdreieck", das dem Unternehmen lange als Orientierungshilfe diente und Inhalt von zahlreichen Führungskräftetrainings war.[879] Das „BMW-Führungsdreieck" benennt im Blick auf die drei Komponenten der industriellen Wirtschaft: „Technik, Organisation und Mensch" die drei wesentlichen Führungsaufgaben.[880] Während die Führungskraft als „Fachmann" die optimale Verwendung der Technik beherrscht, liegt es in ihrer Verantwortung, als „Spielmacher" die Organisation der Arbeitsabläufe, der Ressourcen, der Anlagen, der Menschen etc. so zu gestalten, daß sie zum Erfolg führen. Bei der Führung von Menschen sind besonders ihre „integrativen Fähigkeiten" gefragt, die es ihr ermöglichen, die ihr anvertrauten Mitarbeiter in effektiven Teamstrukturen zusammenzubringen.

Den drei Kriterien des „BMW-Führungsdreiecks" können auch die drei Grundformen der Sozialisation zugeordnet werden. Als „Fachmann" dient die Führungskraft der Leistungserbringung. Im gegenseitigen „Nehmen und Geben", im „Konkurrieren" wird die Zusammenarbeit als „Gesellschaft" geprägt. Als „Spielmacher" gilt es, das richtige Maß zu finden, ein Gespür für das Team zu haben. Letztlich ist damit die „Organisation" mit der Spielregel der „Mitgliedschaft" gefragt. In gegenseitiger Ergänzung soll es zu einer effektiven Zusammenarbeit kommen. Schließlich steht die Führungskraft als „Integrator" im Dienst des Unternehmens. Sie soll ein Gespür für „Gemeinschaft" haben. Das „BMW-Führungsdreieck" zeigt, daß BMW einseitige Perspektiven, die die Führungskraft z.B. nur auf ihre Fachkompetenz beschränken, vermeidet. Vielmehr werden die Führungskräfte in die Verantwortung genommen, eine ausgeglichene „Soziohistologie" zu gewährleisten.

Im Gegensatz zu den „Grundsätzen der BMW Führungskultur" sind die dreizehn „BMW Handlungsmaximen", wie schon der Name andeutet, deutlich handlungs- und praxisorientierter. Sie sollen das konkrete Führungshandeln im unternehmerischen Alltag bestimmen. Die meisten von ihnen sind kurz, klar und prägnant formuliert, und auch einfach und verständlich, so daß sie bei den Mitarbeitern schnell Eingang finden. So heißt es z.B.: „Konstruktiv Kritik zu üben und zu ertragen ist Pflicht jedes Mitarbeiters." Oder: „Probleme lösen – nicht Schuldige suchen." Oder: „Leistung verlangt Gegenleistung." Oder: „Nur der Kunde entscheidet über die Güte unserer Leistungen."[881] Hinzu kommen zu den einzelnen Maximen noch Erläuterungen, die dem einzelnen helfen sollen, das Spektrum des Leitsatzes zu erschließen. In ihrer konkreten Gestalt sind somit die „BMW Handlungsmaximen" die ideale Ergänzung zu den allgemeiner gefaßten „Führungsgrundsätzen" gewesen.

Die „BMW Handlungsmaximen" sind in den letzten Jahren in Vergessenheit geraten bzw. wurden in Führungskräftetrainings nicht mehr rezipiert. Allerdings sind sie immer noch Bestandteil eines jeden Arbeitsvertrags.[882] In den neunziger Jahren wurden sie durch das Mitarbeiter- und Führungsleitbild „Wir bei BMW" ersetzt, das gegenwärtig sehr intensiv kommuniziert wird und 1998 durch einen Vorstandsbeschluß konzernweit autorisiert worden ist.[883]

Das Führungsleitbild setzt sich aus zehn Leitsätzen zusammen, die wiederum ausführlich erläutert werden.[884] Dabei läßt das Führungsleitbild innerhalb eines Korridors Auslegungen und kulturelle Ausprägungen zu. Schließlich werden Führungskräfte einer Vertriebstochter in Japan andere Schwerpunkte setzen als ein Hauptabteilungsleiter bei der Montage im Münchener Werk. Auch bedarf es für die verschiedenen Hierarchieebenen unterschiedlicher Interpretationen. So wird ein Meister die Leitsätze anders für seinen Arbeitsbereich auslegen als ein Vorstandsmitglied. Inwieweit diese Möglichkeit der unterschiedlichen Interpretation genutzt wird, bzw. inwieweit die Leitsätze überhaupt als Orientierungshilfe im unternehmerischen Alltag herangezogen werden, ist eine andere Frage.

Das Führungsleitbild dient auch als einheitlicher Beurteilungsmaßstab und hat als solches indirekt Eingang in das „BMW-Managementhaus" gefunden.[885] Dieses ist die Grundlage des jährlichen Beurteilungsgespräches, bei dem auch das Führungsverhalten kritisch reflektiert wird. Dabei fällt auf, daß im „BMW-Managementhaus" die „BMW Handlungsmaximen" z.T. rezipiert werden, so z.B. der Anspruch der „Kundenorientierung".[886] Hier zeigen sich ähnliche Defizite wie beim Mitarbeiterleitbild. Zum einen ist verwunderlich, daß das „BMW-Managementhaus" und die „Führungsleitsätze" nicht besser aufeinander abgestimmt wurden, um so ein einheitliches Anforderungsprofil und entsprechende Feedbackkriterien zu schaffen. Zum anderen stellt sich die Frage, warum die „BMW Handlungsmaximen" auf der einen Seite sang- und klanglos von den Leitbildern verdrängt wurden und auf der anderen Seite wiederum im „BMW-Managementhaus" auftauchen? Dies kann auf seiten der Führungskräfte zu Unsicherheiten führen. Woran sollen sie sich orientieren oder gelten gar noch die alten

„Spielregeln" der Linienorganisation? Hinzu kommt, daß ständige Veränderung, wie sie die unterschiedlichen Dokumente veranschaulichen, das Herausbilden einer einheitlichen „Unternehmenskultur" erschwert. Schließlich benötigt es Zeit, Ausdauer und Geduld, um das Verhalten von Menschen zu verändern. Sie gewöhnen sich nur langsam an neue Anforderungen. In diesem Kontext ist sicherlich weniger Flexibilität und mehr Kontinuität, weniger Veränderung und mehr Stabilität sinnvoll. Schließlich ist es Ziel der „Unternehmenskultur", Identität und eine emotionale Heimat zu schaffen.

Hier kristallisiert sich ein allgemeines BMW-Problem heraus: Die Kurzlebigkeit von Ansätzen und das Streben, nach kurzer Zeit wieder etwas völlig neues anzubieten.[887] Um den Mitarbeitern und Führungskräften eindeutige Orientierung und damit Klarheit und Vertrauen zu geben, sollte BMW im Blick auf eine einheitliche „Unternehmenskultur" zukünftig mehr auf Stabilität setzen.[888] So könnte es z.B. sinnvoll sein, die „BMW Handlungsmaximen" neu zu beleben. Schließlich haben sie immer noch Autorität und Gewicht. Dabei ist es wichtig, sie als bleibende Größe zu vermitteln. D.h. daß die Aussagen und Anforderungen grundsätzlich nicht geändert werden sollten, sondern nur zeitgemäß interpretiert und eventuell ergänzt werden. Aber auch damit sollte äußerst vorsichtig umgegangen werden, da immer die Gefahr der Unüberschaubarkeit besteht.[889]

Mit Hilfe der Führungsleitsätze, der Handlungsmaximen und der erklärenden Fragen des Fragebogens soll nun in Anlehnung an das „BMW-Managementhaus" die „ideale BMW-Führungskraft" beschrieben werden.[890] Dabei ist zu bedenken, daß Führungskräfte auch ihre Fehler und Schwächen haben. Häufig sind sie aber durch technischen Perfektionismus und meßbare Abläufe geprägt und es fällt ihnen schwer, eigene und fremde Schwächen und Fehler anzuerkennen. Zum einen motiviert dieser hohe Anspruch dazu, beste Leistung zu erbringen und hohe Anforderungen an sich selbst und die Mitarbeiter zu stellen. Zum anderen ist jeder menschliche Perfektionismus von vornherein zum Scheitern verurteilt.

Die „BMW Handlungsmaxime" Nr. 7 birgt einen Ansatz, der zu einer positiven Fehlerkultur führen könnte. Dort heißt es: „Jeder darf Fehler machen – nur nicht zu viele und vor allem nicht den Fehler, ihn zum Schaden des Unternehmens zu verschleiern."[891] Dieser Gedanke wird weder in den Leitbildern noch im „BMW-Managementhaus" und in den Beurteilungskriterien rezipiert. Es hätte wahrscheinlich für BMW eine entlastende Wirkung, wenn das Unternehmen die Grundaussage dieser Handlungsmaxime neu belebe. Schließlich bringt sie zum Ausdruck, daß es menschlich ist, Fehler zu machen und Schwächen zu haben. Entscheidend aber ist, wie Führungskräfte und Mitarbeiter mit diesen Schwachstellen umgehen. Sie zu verschweigen ist wohl die schlechteste Lösung.

Bei der Darstellung der „idealen BMW-Führungskraft" muß ferner bedacht werden, daß über Jahrzehnte hinweg eine andere Führungsethik die „Unternehmenskultur" bestimmt hat. Daher braucht es einige Zeit, Verhaltensänderungen herbeizuführen und es verwundert nicht, daß im betrieblichen Alltag diese hohen Ansprüche nicht immer gelebt werden. Um so wichtiger wird es sein, die Leitbilder flächendeckend zu kommunizieren, sie für die einzelnen Bereiche spezifisch zu interpretieren und sie positiv wie negativ zu sanktionieren. Oft genug bestimmen sogenannte „geheime Spielregeln" das Zusammenarbeiten.[892] So hat eine Führungskraft z.B. erst dann Profil bewiesen, wenn sie auch einmal einen Konkurrenten „aus der Bahn" geworfen hat. Wenn diese „geheimen Spielregeln" den offiziellen Anforderungen zuwiderlaufen, dann sollten sie offiziell benannt und negativ sanktioniert werden. Wenn sie allerdings noch Gültigkeit haben, dann gilt es, sie in die Anforderungsprofile aufzunehmen. In diesem Zusammenhang ist wohl mehr Ehrlichkeit gefragt.

Das Fundament des „BMW-Managementhauses" bildet die „Wirkung der Persönlichkeit".[893] Die drei Säulen, die zur Zielerreichung und zum Leistungsergebnis führen sollen, sind „Unternehmerisches Denken und Handeln", „Prozeß-/Fachkompetenz", „Führungs- und Teamverhalten". Das Dach des „BMW-Managementhauses" bilden die Zielerreichung und das Leistungsergebnis. In jährlichen Beurteilungsgesprächen werden diese Kriterien regelmäßig reflektiert. Dabei dient wiederum der ZVP als wichtiges Führungsinstrument.

Es fällt auf, daß sich den drei Säulen die drei Anforderungen des „BMW-Führungsdreiecks" zuordnen lassen.[894] Als „Fachmann" muß eine Führungskraft mit „Prozeß- und Fachkompetenz" seine Aufgaben erfüllen: „Leistung" ist gefragt. Als „Spielmacher" gilt es, mit dem richtigen „Maß" „unternehmerisch zu denken und zu handeln". Als „Integrator" wird das richtige „Führungs- und Teamverhalten" verlangt. Verbindende Grundlage dieser drei Säulen ist die konkrete Persönlichkeit, die Mitte des Dreiecks.

Auch in diesem Zusammenhang stellt sich wiederum die Frage, warum BMW das Führungsdreieck, das über lange Zeit hinweg den Führungskräften als Orientierungshilfe gedient hat, einfach aufgegeben hat. Schließlich hat es eine Menge an Energie, Zeit und Aufwand gekostet, die Inhalte der drei Bilder zu vermitteln und das „BMW-Managementhaus" zeigt, daß die Anforderungen im großen und ganzen dieselben geblieben sind. Es wäre wahrscheinlich effektiver gewesen, das „BMW-Führungsdreieck" durch neue Anforderungen, wie etwa die „Prozeßorientierung", positiv zu ergänzen.

3.1.4.2.1 Unternehmerisches Denken/Handeln

Als „Unternehmer vor Ort" wird von den BMW-Führungskräften erwartet, daß sie ergebnisorientiert handeln und daher alle steuerbaren Ressourcen wirtschaftlich einsetzen. Ergebnisorientierung meint somit auch Kostenorientierung.[895] Für den eigenen Bereich sollte z.B. ein Abteilungsleiter immer wieder der Frage nachgehen, wie er seine Anlagen am besten ausnutzen kann, wie er seine Abläufe effektiver gestalten und seine Mitarbeiter optimaler einsetzen könnte. Dabei gilt es, das Unternehmensinteresse und die Gesamtkonsequenzen im Auge zu behalten.[896] Eine einseitige Kostenorientierung könnte dem Unternehmen schaden, so z.B. wenn durch die Beschleunigung eines Arbeitsschrittes die Arbeitsqualität leidet.

Ferner sollen „Qualitätsbewußtsein" und „Kundenorientierung" als Erfolgskriterien unternehmerischen Handelns das Führungsverhalten bestimmen. Dies meint, daß eine Führungskraft offen ist, die Kommunikation mit externen und internen Kunden pflegt, zuhört, Fragen zuläßt, auf andere zugeht und sich in andere hineinversetzen kann.[897] Gerade zur Optimierung von Prozeßabläufen ist es hilfreich, wenn sich beispielsweise die Meister einer Prozeßkette als nächste Partner (Kunden und Lieferanten) über ihre Probleme und Schwierigkeiten austauschen. „Kundenorientierung" meint ferner, daß eine Führungskraft als verläßlicher Partner auftritt, der nach dem Prinzip „Leistung verlangt Gegenleistung" handelt.[898] Auch in diesem Zusammenhang ist unternehmerisches Handeln gefragt, indem die Führungskraft beiden Seiten gerecht wird.

Ergebnis- und Zielorientierung zeigt sich weiter darin, daß Führungskräfte die Zielerreichung und das Ergebnis in den Vordergrund stellen und nicht sich selbst. Eine Profilierung aufgrund der Aufgabe oder der Stellung ist laut Leitbild nicht erwünscht.[899] Um die Prozesse und Systeme zu optimieren, sollte eine Führungskraft im Dienst des Unternehmens Informationen, Entscheidungen und Erfahrungen Mitarbeitern zugänglich und verwertbar machen. Dies kann durch regelmäßige Gruppen- und Teamgespräche geschehen, aber auch im persönlichen Kontakt mit den einzelnen. Dabei gilt es, als „Spielmacher" die an der Aufgabe beteiligten Mitarbeiter je nach ihren Fähigkeiten so zu motivieren, daß sie ihr Wissen, ihr Können und ihre Erfahrungen einbringen.[900]

„Unternehmerisch Denken und Handeln" bedeutet ferner, als Verantwortungsträger realistische Visionen anzuvisieren und andere für diese zu begeistern.[901] Dabei müssen gegebenenfalls sichere Wege verlassen und Risiken eingegangen werden.[902] BMW beschränkt sich auf „beherrschbare Risiken" und versucht dadurch die Unsicherheit des Risikos zu entschärfen.[903] Doch auch Verantwortung für „beherrschbare Risiken" zu übernehmen, wird für den einzelnen oft zu einer Gratwanderung werden, denn welche Risiken sind wirklich beherrschbar? Um so wichtiger wird es sein, bei Vorgesetzten, Kollegen und Mitarbeitern Gesamtzusammenhänge zu erläutern und so Klarheit zu schaffen.[904] Dies ist nicht immer ein einfaches Unterfangen. Schließlich müssen z.T. Ängste überwunden werden und unterschiedliche Menschen dazu gebracht werden, gemeinsam an einem Strang zu ziehen. Als „Spielmacher" sollte die Führungskraft, auf die verschiedenen Menschentypen eingehen können. So muß ein Vorgesetzter z.B. ängstlicheren Typen möglichst viel Sicherheit geben, während er enthusiastische Mitarbeiter durch das erhoffte, großartige Ergebnis motivieren kann.

Schließlich wird es für den Unternehmenserfolg entscheidend sein, daß Führungskräfte sensibel auf Veränderungen aus dem gesellschaftlichen, technischen und betrieblichen Umfeld reagieren.[905] So kann es etwa durch einen Wechsel in der Politik zu neuen Richtlinien und Gesetzen kommen, die umweltfreundlichere Produktionsmethoden einfordern. Oder eine Rezession in der Automobilbranche kann dazu führen, daß ein Werk auf Kurzarbeit umstellen muß. In Auseinandersetzung mit der Gesamtsituation sollte eine Führungskraft die Rahmenbedingungen ändern und die Zielvereinbarungen an die neuen Anforderungen anpassen können. Auch dies erfordert wache Sensibilität und die Bereitschaft, als „Spielmacher" Veränderungsimpulse aufzugreifen und im unternehmerischen Alltag umzusetzen. Schließlich ist die Identifikation mit dem Unternehmen dazu eine wichtige Voraussetzung. Sie zeigt sich auch dann, wenn sich Führungskräfte in der Öffentlichkeit für das Unternehmen engagieren.[906]

3.1.4.2.2 Prozeß-/Fachkompetenz

Neben den „unternehmerischen Fähigkeiten" werden von BMW-Führungskräften nach wie vor beste „fachliche Kompetenzen" gefordert. Als „Fachmann" muß etwa ein Abteilungsleiter in der Produktion über das notwendige Wissen für seinen Funktionsbereich und seinen Prozeßabschnitt verfügen, indem er z.B. die Anlagen warten oder die Arbeitsabläufe koordinieren kann. Er muß für seine Mitarbeiter erster Ansprechpartner sein, wenn es zu Problemen kommt. Seine Aufgabe ist es, die auftretenden Schwierigkeiten zu analysieren, sie richtig einzuschätzen und die entsprechende Entscheidung zu treffen. Analyse-, Beurteilungs- und Entscheidungsfähigkeit werden so zu unverzichtbaren Maßstäben der „Prozeß- und Fachkompetenz".
Um sich unterschiedliche Sichtweisen aneignen zu können, sollten Führungskräfte Interessenkonflikte zulassen.[907] In fruchtbarer Konkurrenz können sich die Teammitglieder gegenseitig weiterhelfen. Sie können neue Wege zeigen, auf die der Vorgesetzte aus seiner Perspektive selbst nicht gekommen wäre.[908] Daher ist es hilfreich, auch Mitarbeiter und Kollegen in die Problemlösung einzubeziehen. Aufgabe der Führungskraft ist es, die unterschiedlichen Auffassungen zu einer effektiven Lösung zusammenzuführen bzw. den besten Lösungsweg auszuwählen. Daß dies nicht immer einfach ist, versteht sich von selbst. Aus diesem Grund sollten sich Führungskräfte Methoden wie Gesprächsführung oder Konfliktbewältigung aneignen.
Über „fachliche Kompetenz" zu verfügen meint ferner, für Innovationen und Verbesserungen offen zu sein und diese steten Veränderungen als Chance für das Unternehmen wahrzunehmen. Mit dem prüfenden Blick auf den Markt und die Konkurrenz sollten Führungskräfte kontinuierlich der Frage nachgehen, was im eigenen Bereich verbessert werden könnte. Diese Veränderungsimpulse gilt es, falls sie für den Unternehmenserfolg entscheidend sind, möglichst schnell umzusetzen.[909] Auch dabei muß sich ein Verantwortlicher als „Fachmann" bewähren. Er muß erkennen, ob sich beispielsweise eine Neuanschaffung wirklich rentiert und sollte beurteilen können, ob es sinnvoll ist, Arbeitsabläufe umzugestalten. Ferner kennt ein „Fachmann" die Ressourcen, die er für eine effiziente Zielerreichung benötigt. Wiederum ist es hilfreich, die betroffenen Mitarbeiter in die Umsetzung mit einzubeziehen. So können beispielsweise bei der Umstellung von Abläufen Ängste vor Neuerungen abgebaut bzw. neue Ideen und Anregungen eingebracht werden. Die Mitarbeiter können auch zu konstruktiver Kritik ermutigt werden.[910] Dies verlangt, daß ein Vorgesetzter mit dieser Kritik umgehen kann, indem er zwischen Person und Sache unterscheidet. „Fachmann-sein" heißt damit auch, die „Fachkompetenz" von Kollegen und Mitarbeitern anzuerkennen.[911] Schließlich muß eine Führungskraft in ihrer „Prozeß- und Fachkompetenz" immer auf dem neusten Stand bleiben. Im lernenden Unternehmen können ihm dabei seine Kollegen und Mitarbeiter helfen. Unter dem Anspruch, lebenslang zu lernen, nut-

zen daher Führungskräfte auch die Angebote der Fort- und Weiterbildung. Hier stellt sich allerdings die Frage, inwieweit Führungskräfte dazu noch die nötige Zeit finden.

3.1.4.2.3 Führungs-/Teamverhalten

Im Blick auf die „Neuen Arbeitsstrukturen" werden die integrierenden Fähigkeiten einer Führungskraft immer entscheidender. Vom Vorgesetzten hängt es maßgeblich ab, ob die Mitarbeiter ihre Talente und Potentiale einbringen können und wollen. „Fordern und Fördern" über Zielvereinbarungen und Feedback werden zu wichtigen Führungsinstrumenten.[912]

Die Führungskraft trägt die Verantwortung für eine effiziente Zusammenarbeit im Team. Dabei ist es entscheidend, daß ein Teamleiter die unterschiedlichen Teammitglieder mit ihren originellen Fähigkeiten und Ansprüchen zu „heterogenen Teamstrukturen" zusammenführt und so Synergien nutzt.[913] Das ist nicht immer einfach, da unterschiedliche Typen auch genug Reibungsflächen haben. Hinzu kommt, daß durch die geforderte Flexibilität in einem Team ständig Teammitglieder ausscheiden und neue hinzukommen. Dieser permanente Wechsel durch personelle Veränderung erschwert häufig die Teambildung.[914] Aufgabe der Führungskraft ist es, als „Integrator" Verständnis füreinander zu schaffen, indem dem einzelnen bzw. dem neuem Teammitglied die Möglichkeit gegeben wird, sich mit seiner Originalität in die Gruppe einzubringen. Regelmäßige Teamtrainings, soweit sie ermöglicht werden können, sind dabei sehr hilfreich.

Im Blick auf die Entwicklung zum „Global Player" heißt „Integration" auch, Toleranz und Offenheit für Mitarbeiter aus anderen Kulturen zu zeigen und diese mit ihrem kulturellen Hintergrund zu integrieren.[915] Ferner helfen regelmäßige Teamsitzungen, die Mitglieder zu einem effektiven Team zusammenzuschweißen. Als „Integrator" sollte der Teamleiter darauf Wert legen, daß möglichst alle Teammitglieder daran teilnehmen.[916] Jeder kann sich mit seinem Arbeitsbereich und seinen Aufgaben als gleichberechtigtes Mitglied einbringen. Um unnötige Konflikte zu vermeiden ist darauf zu achten, daß sich die Gruppe auf verbindliche Spielregeln, wie Pünktlichkeit, Entschuldigung bei Abwesenheit, Zeitmanagement etc. einigt. Selbstverständlich sollten die Sitzungen moderiert werden. Die Gewährleistung dieser Rahmenbedingungen liegt wiederum im Aufgabenbereich der Führungskraft.

Führungskräfte sollten nicht nur in der Rolle als Teamleiter, sondern auch als Teammitglieder für die Gruppe erfahrbar sein.[917] So ist es vorteilhaft, wenn die Führungskraft als Teamleiter nicht selbst die Gruppengespräche moderiert, wenn sie sich zurücknimmt und auch andere zu Wort kommen läßt. Die Mitarbeit im Team zeigt sich ebenso in Kleinigkeiten des alltäglichen Geschäfts. Teamfähigkeit ist schließlich in der konstruktiven Zusammenarbeit mit anderen Bereichen gefragt, so z.B. in Projekten, die die interdisziplinäre Zusammenarbeit erfordern .

Für die Gruppe ist es wichtig, daß mit der Führungskraft eindeutige Ziele vereinbart und davon konkrete Maßnahmen abgeleitet werden.[918] Innerhalb der „Zielvereinbarungen" sollte der Vorgesetzte den Mitarbeitern bzw. dem Team Freiräume schaffen, die Eigeninitiativen, Veränderungen und Kreativität ermöglichen. Dies meint aber nicht, daß sich eine Führungskraft durch diese Freiräume bzw. durch die Delegation von Kompetenz aus der Verantwortung ziehen kann.[919] Sie bleibt für ihren Funktionsbereich letztverantwortlich und muß daher die Zielerreichung überprüfen und entsprechende Konsequenzen ableiten. Um so entscheidender wird es sein, daß ein Vorgesetzter intensive Kommunikation mit den einzelnen Mitarbeitern pflegt und selbst nötige Informationen weitergibt. Das kann durch regelmäßige Gespräche geschehen, wozu allerdings im Alltagsgeschäft oft die Zeit fehlt. Zuhören können, Fragen zulassen, auf andere zugehen und sich selbst zurücknehmen, sind dabei wichtige Kriterien.[920] Dies ist oft gar nicht so einfach, da es Führungskräfte in der Regel gewohnt sind, daß sie reden und andere ihnen zuhören.

Ferner ist es Führungsaufgabe, starke wie schwache Mitarbeiter zu ihrer höchsten Leistung im Team zu führen. Hier gilt es, jedem Mitarbeiter mit seinen originellen Möglichkeiten gerecht zu werden. Ein Mitarbeiter, der schon zwanzig Jahre im Betrieb ist und sich mit Veränderungen schwer tut, wird von seinem Vorgesetzten anders gefordert und gefördert werden müssen, als ein junger Kollege, der vor kurzem erst seine Ausbildung abgeschlossen hat.[921] Individuelle Personalentwicklung stellt somit eine eindeutige Führungsaufgabe dar. Das geht sogar soweit, daß BMW fordert: „Gute Führungskräfte fördern besonders jene Mitarbeiter, die sie selbst »überholen« könnten."[922] Diese Forderung verlangt eine hohe Unternehmensidentifikation und eine gefestigte Persönlichkeit auf seiten des Vorgesetzten. Daß manche Führungskräfte mit diesem Leitsatz Probleme haben, versteht sich von selbst.

Soziale Kompetenz als Führungskriterium meint auch, daß ein Vorgesetzter Konflikten nicht aus dem Weg geht, sondern sie thematisiert und ihre Lösung konstruktiv angeht.[923] Es ist hilfreich, Konflikte möglichst frühzeitig zu erkennen und lähmende Dauerkonflikte zu verhindern. Dafür sollte eine Führungskraft über die nötige Sensibilität und Menschenkenntnis verfügen. Sie versteckt sich nicht hinter Richtlinien wie Personalsystemen, sondern weiß diese wie Handwerkszeug gekonnt anzuwenden.[924]

„Führen heißt dienen", fordert das Leitbild in Anlehnung an die „Grundsätze der BMW Führungskultur" prägnant.[925] Die Führungskraft soll mit ihren Kompetenzen ihre Mitarbeiter unterstützen, Steine aus dem Weg räumen, Plattformen schaffen, Hilfe zur Selbsthilfe bieten. Dies kann auf vielfältige Weise geschehen, beispielsweise durch „training on the job", indem der Vorgesetzte einem Mitarbeiter einen neuen Arbeitsschritt erläutert. Auch kann er Kontakte zu Fachleuten aus anderen Bereichen herstellen, die dem einzelnen bei der Zielerreichung helfen können. Letztlich kommt das „Subsidiaritätsprinzip" zum Tragen. So wird auch gefordert, daß die Führungskraft Kompetenzen an das Team überträgt (z.B. Budgetverantwortung, Teambeurteilung). Der Vorgesetzte soll loslassen können und „Macht an das Team abgeben."[926] Eine Führungskraft muß nicht alles können und machen. Sie sollte sich auf das Wesentliche konzentrieren, so daß bei ihr die Fäden zusammenlaufen.

Als Vorbilder stehen die Führungskräfte „typisch" für BMW und geben durch ihr Leben, durch ihr Handeln und Tun Orientierung.[927] An ihnen lesen die Mitarbeiter ab, worauf es ankommt, was wichtig und entscheidend ist.[928] Dazu heißt es erklärend: „Führungskräfte sind Vorbild und erarbeiten sich Anerkennung durch ihre Integrität und Glaubwürdigkeit. Sie setzen hohe Standards und lassen sich daran messen. Das heißt konkret: Vorbild sein heißt, selbst vorzuleben, was die Führungskraft von anderen fordert (Vorgesetzter, Teampartner, Mitarbeiter); Integrität bedeutet auch, daß die Führungskraft als Mensch in unterschiedlichen Situationen glaubwürdig erlebt wird (Original, keine Kopie); Glaubwürdigkeit und Fairness schaffen Vertrauen. Vertrauen ist die Basis für erfolgreiche Führungsleistung."[929]

Die Vorbildfunktion zeigt sich auch darin, wie Führungskräfte als Führungsmannschaft zusammenarbeiten.[930] Selbstverständlich ist dies schwer, denn oft genug wird im Kollegen nicht der Partner, sondern der Konkurrent auf der „Karriereleiter" gesehen. Gegenseitiges Mißtrauen kennzeichnet daher häufig die Zusammenarbeit. Ziel ist es, statt dieser Mißtrauenskultur eine Vertrauenskultur zu schaffen.[931] Dies mag nicht immer einfach sein.

Auch in der Zusammenarbeit mit den Mitarbeitern wird mehr Vertrauen gefordert. Es gilt, ihnen beispielsweise durch „Verantwortungsrollen" Sicherheit und Rückendeckung zu geben. Dabei ist es die Kunst, sich auf unterschiedlichste Menschen und ihre Bedürfnisse einzulassen. Ebenso wichtig ist, daß eine Führungskraft dann eindeutige Konsequenzen zieht, wenn das Vertrauen mißbraucht wurde.[932] Dieses Stehen zu Entscheidungen und Handlungen zeigt eindeutiges Profil und gibt klare Orientierung. Die Mitarbeiter müssen die Führungskraft einschätzen können. Sie müssen wissen, woran sie sind.

Effektive Teamstrukturen, die eine hohe Mitarbeitermotivation ermöglichen, hängen maßgeblich vom Arbeitsklima und den Rahmenbedingungen ab. Auch hier ist die Führungskraft als „Integrator" gefragt, der ein Gespür für „Gemeinschaft" haben muß: „Führungskräfte schaffen – trotz aller Kosten- und Ergebnisorientierung – ein Klima, das den Mitarbeitern Spaß an der Arbeit vermittelt. Das heißt konkret: Führungskräfte erzeugen durch Sinngebung, Anerkennung und entsprechende Rahmenbedingungen »Lust auf Leistung«, das erzielte Ergebnis und der Erfolg bringen Spaß an der Arbeit, bei der Arbeit darf auch gelacht werden."[933] Daher unterstützen Führungskräfte gemeinschaftsbildende Maßnahmen wie kurze Kaffeerunden, Geburtstagsfeiern, Weißwurstfrühstück, Weihnachtsfeiern, gemeinsames Mittagessen etc., freilich im rechten Maß. Auch können Zielerreichungen der Gruppe gefeiert werden.

Die dargestellten Anforderungen werden geerdet auf dem Fundament der konkreten Persönlichkeit. So werden Führungskräfte aufgrund ihrer Originalität diese Kriterien stets unterschiedlich erfüllen. Dabei ist es BMW wichtig, daß sich eine Führungskraft immer wieder selbstkritisch hinterfragt, wo auf der Basis der eigenen Persönlichkeit Veränderung, Lernen und Weiterentwicklung notwendig sind.[934] Echtes persönliches Profil, das sich durch Konsequenz und klare Linien auszeichnet, gilt es zu bewahren. Wechselhafte Haltungen dagegen, nach der Devise: „Heute so – morgen so!" bewirken Unsicherheit und Mißtrauen. Führungskräfte handeln im guten Sinn berechenbar. Dabei wird es darauf ankommen, daß es eine Führungskraft versteht, die Aufgabe und nicht sich selbst in den Vordergrund zu stellen, wie erklärt wird: „Persönliches Profil wird akzeptiert als natürlicher Wunsch nach Anerkennung und Erfolgssuche (Profil = Konturen); Profilierung darf jedoch nicht Selbstzweck sein; die Zielerreichung bzw. das Ergebnis haben stets Priorität."[935]

3.1.4.2.4 Reflexion durch Beurteilungsgespräche

Das Führungsleitbild legt eine hohe „Meßlatte" an. Die besten Ideale nutzen nichts, wenn sie nur auf dem Papier stehen und nicht mit Leben gefüllt werden. Daher ist es wichtig, daß sie als ethische Richtgrößen im Unternehmensalltag präsent sind und von Führungskräften und Mitarbeitern kommuniziert werden. Sonst besteht die Gefahr, daß sie zusammen mit anderen Dokumenten ungelesen in einer Schublade liegen und für das Alltagsgeschäft keine Geltung haben. Sonntagsreden gleich, übernehmen sie dann „Feigenblatt- oder Alibifunktion", um etwa nach außen zu zeigen, nach welch hochstehenden ethischen Anforderungen sich die Zusammenarbeit eines Unternehmens ausrichtet.

Um das Führungsleitbild als Orientierungshilfe zu vermitteln, wird es ausführlich bei Führungskräftetrainings kommuniziert.[936] Auch bieten die Personalreferenten immer wieder Impulsveranstaltungen an, die die ethischen Anforderungen in Erinnerung rufen. Ohne diese Mühen gering zu achten, handelt es sich dabei um punktuelle Veranstaltungen. Führungskräfte und Mitarbeiter nehmen daran teil und kehren dann wieder in ihren beruflichen Alltag zurück, in dem häufig andere „Spielregeln" gelten und die Leitsätze wenig relevant sind. Aus diesem Grund wird das Führungsverhalten einmal jährlich im Rahmen der Beurteilungsgespräche und des ZVP reflektiert.[937]

In einem ausgeklügelten System von „Gesprächsrunden" wird jede Führungskraft in Orientierung an den Kriterien des „BMW-Managementhauses" einer umfassenden Beurteilung unterzogen.[938] Erster Schritt dieses „Gesprächsrundenprozesses" ist ein Vorbereitungsgespräch zwischen dem direkten Vorgesetzten und der betroffenen Führungskraft. Ein ausführlicher Fragebogen, der sich an den Kompetenzbereichen des „BMW-Managementhauses" orientiert, hilft bei dieser „persönlichen Standortbestimmung". Der Vorgesetzte bespricht mit dem Mitarbeiter die Zielerreichung des vergangenen Jahres und analysiert mit ihm Probleme oder Schwierigkeiten. Auch kann der Mitarbeiter eine eigene Selbsteinschätzung vornehmen oder schriftliche Einschätzungen von seinen Mitarbeitern, Kunden und Kollegen seinem Vorgesetzten übergeben, um so die Standortbestimmung aus verschiedenen Perspektiven abzurunden. Ebenso kann die zu beurteilende Führungskraft noch weitere Projekt-, Prozeßpartner und Kunden benennen, mit denen der Vorgesetzte zusätzliche Gespräche führen soll, um so weitere Informationen über den Betroffenen einzuholen, die das Führungsverhalten durch die Zusammenarbeit sehr gut beurteilen können.[939]

Sowohl durch die persönliche Standortbestimmung als auch durch die zusätzlichen Informationen ist der Vorgesetzte für die „Gesprächsrunde" gut gerüstet. Sie setzt sich zusammen aus den Führungskräften einer Ebene des gleichen Bereichs, die zusammen mit ihrem Vorgesetzten und dem zuständigen Personalreferent alle Mitarbeiter der nächst tieferen Ebene beurteilen.[940]

Die „Gesprächsrunde" wird vom Personalreferent moderiert und ist sehr zeitintensiv, da mehrere Mitarbeiter zu beurteilen sind. Jeder einzelne wird von seinem Vorgesetzten anhand der persönlichen Standortbestimmung vorgestellt. Die anderen Teilnehmer haben die Möglichkeit, sich mit ihren Eindrücken und Erfahrungen einzubringen. Der direkte Vorgesetzte kann in seiner Einschätzung bestätigt, ergänzt, aber auch korrigiert werden. Bei unüberbrückbaren Meinungsverschiedenheiten gilt im Konfliktfall seine Einschätzung.

Die Beurteilung der „Gesprächsrunde" zu den vier Kompetenzbereichen des „BMW-Managementhauses", die Einschätzung für zukünftige mögliche Einsatzmöglichkeiten sowie zum Entwicklungsbedarf werden umfassend in einem Kommentarblatt dokumentiert. Sie bilden die Grundlage für das auf die „Gesprächsrunde" folgende ausführliche Mitarbeitergespräch.[941] Aufgabe des Vorgesetzten ist es, der beurteilten Führungskraft ein ehrliches Feedback über Verlauf und Ergebnisse der „Gesprächsrunde" zu geben. Es gilt, für das kommende Jahr Ziele zu vereinbaren und entsprechende Maßnahmen abzuleiten. Gesprächsgrundlage ist ein Formblatt, daß sich wiederum an den Kompetenzbereichen des „BMW-Managementhauses" orientiert. Zugleich werden nochmals eine Leistungsbeurteilung und die Einsatzmöglichkeit benannt. Ebenso werden Entwicklungs- und Förderungsmaßnahmen wie z.B. Schulungen vorgeschlagen. Der Mitarbeiter hat schließlich noch die Möglichkeit, eine persönliche Stellungnahme zur Beurteilung hinzuzufügen. Diese Ergebnisse werden anschließend an das zuständige Personalreferat weitergeleitet, das dann in Abstimmung mit dem Vorgesetzten und dem beurteilten Mitarbeiter die Gehaltsplanung und die Personalentwicklung vornimmt.

Dabei kommt BMW eine Entkoppelung von „Funktionswert" und „persönlicher Rangstufe" zugute.[942] D.h. es gibt bei BMW eine Trennung zwischen Funktion und Gehalt. Die persönliche Leistung einer Führungskraft bestimmt die Gehaltsgruppe, nicht aber zugleich die funktionale Stellung. Dies hat den Vorteil, daß gute Leistung nicht sofort eine Beförderung nach sich ziehen muß, sondern durch eine höhere Gehaltsgruppe belohnt werden kann. BMW steht somit nicht mehr unter einem Beförderungszwang. Ferner können die Funktionen entsprechend ihren Anforderungen besetzt werden. Dies kann auch bedeuten, daß ein Inhaber einer niedereren Funktionsebene ein höheres Gehalt empfängt als sein Vorgesetzter.

Zwar ist der zeitliche, organisatorische und bürokratische Aufwand für den „Gesprächsrundenprozeß" sehr umfangreich, doch hat er den Vorteil, daß es zu einer umfassenden und genauen Einschätzung kommt. Das Führungsverhalten wird regelmäßig reflektiert und beurteilt, so daß die Anforderungsprofile für das alltägliche Führungsverhalten an Autorität gewinnen. Vorbildliches Verhalten kann honoriert, bzw. Fehlverhalten kann negativ sanktioniert werden. Die Führungskräfte werden motiviert, kontinuierlich an sich zu arbeiten.

Die Qualität des „Gesprächsrundenprozesses" steht und fällt mit der Ehrlichkeit, mit der die einzelnen Gespräche geführt werden. Selbstverständlich kann er auch von einzelnen genutzt werden, Antipathien gegen einen Kollegen, einen Vorgesetzten oder

Mitarbeiter loszuwerden. Zugleich wird es entscheidend sein, inwieweit die Vorgesetzten die Anforderungen des „BMW-Managementhauses" als wirklich relevante Meßkriterien einstufen. Die Ausführlichkeit und die breite Auswahl der Gesprächspartner ermöglichen aber trotz aller Subjektivität eine objektive Einschätzung.

Zusammenfassend kann konstatiert werden:

Entsprechend den neu gestalteten Organisationsstrukturen haben sich auch die Anforderungsprofile an Mitarbeiter und Führungskräfte geändert. BMW wünscht sich dabei Mitarbeiter, die sich als „Unternehmer" durch „Leistungsbereitschaft und Verantwortungsbewußtsein", durch „persönliches Engagement und solidarische Zusammenarbeit", durch „Flexibilität, Veränderungs- und Lernbereitschaft" auszeichnen. Eine Synthese, die sowohl soziale Pflichten kennt als auch den Drang zur Selbstentfaltung ernst nimmt, kann dadurch erreicht werden.

Die Führungskräfte, für die das Mitarbeiterleitbild gleichermaßen gilt, nehmen eine „Vorbildfunktion" ein. Sie stehen in besonderer Weise im „Dienst des Unternehmens" und damit auch im „Dienst für ihre Mitarbeiter". An ihnen soll deutlich werden, worauf es BMW ankommt. Grundlage jedes Führungsverhaltens ist die konkrete Persönlichkeit, die quasi als Fundament festen Grund gibt. „Unternehmerisches Denken und Handeln", „Prozeß-/Fachkompetenz" und das „Führungs-/Teamverhalten" tragen als Säulen das „BMW-Managementhaus" und sind entscheidende Führungskriterien. Diesen lassen sich die Eckpunkte des „BMW-Führungsdreiecks" (Spielmacher, Fachmann, Integrator) zuordnen. Dabei wird deutlich, daß das „BMW-Managementhaus" durch eine ausgeglichene „Soziohistologie" geprägt ist. Das Dach des „BMW-Managementhauses" bilden die „Zielerreichung" und das „Leistungsergebnis". Zur Reflexion werden die Beurteilungsgespräche genutzt. Durch den regelmäßigen Turnus werden Mitarbeiter und Führungskräfte dazu motiviert, kontinuierlich an sich zu arbeiten.

Bei der Beschäftigung mit den unterschiedlichen Anforderungsprofilen sind Defizite sichtbar geworden. Zum einen sollten die Dokumente besser aufeinander abgestimmt werden, um so eine verbindende „Unternehmenskultur" sicherzustellen. Zum anderen gilt es, mehr Kontinuität zu wahren. Es schadet der Einheitlichkeit der „Unternehmenskultur", wenn jedes Jahrzehnt neue Anforderungen benannt werden. Die alten „Werte" geraten in Vergessenheit, obwohl die neuen Leitsätze gar nicht so viel an Neuem beinhalten. Weniger Veränderung und mehr Kontinuität und Stabilität helfen, eine einheitliche „Unternehmenskultur" zu wahren. Ferner sollten „geheime Spielregeln", die den offiziellen Anforderungen zuwiderlaufen, benannt und gegebenenfalls negativ sanktioniert werden. Wenn sie allerdings noch Gültigkeit haben, sollten sie in die Anforderungsprofile aufgenommen werden. Schließlich wird ein Unternehmen lernen müssen, mit den eigenen Fehlern und Schwächen umzugehen. Es nützt nichts, hohe Ideale zu beschreiben, ohne sich dabei bewußt zu machen, daß Mitarbeiter und Führungskräfte auch ihre Schwachstellen und Fehler haben. Erst durch eine „Fehlerkultur" kann eine echte „Vertrauenskultur" geschaffen werden.

Quintessenz: Subsidiäre Zusammenarbeit kontinuierlich weiterentwickeln!

Im Zuge der umfassenden „Globalisierung" steht die BMW AG vor ähnlichen Herausforderungen wie andere Anbieter aus der Automobilbranche. Dabei kann das Unternehmen auf eine erfolgreiche Vergangenheit zurückblicken. Charakteristische Merkmale, die sich eindeutig als Stärken entpuppen, lassen sich aus der Unternehmensgeschichte ableiten. So kann das Unternehmen von seinen Anfängen an als innovatives „Techniker- und Ingenieurunternehmen" beschrieben werden. Kontinuierliche Verbesserungen und gezielte Innovationen haben das Unternehmen zum Weltkonzern gemacht. Die Beschränkung auf die Motoren-, Automobil- und Motorradfertigung wurde dabei zur verbindenden Kraft und bestärkt das Wir-Gefühl. Die Mitarbeiter haben eine sehr hohe Produkt- und Unternehmensidentifikation. Dies ist eine eindeutige Stärke von BMW. Sie zeigt sich besonders seit der Krise von 1959, in deren Folge es zum Schulterschluß zwischen Management, Aktionären und Belegschaft (Betriebsrat) kam, so daß seit vierzig Jahren ein gutes Einvernehmen zwischen den verschiedenen Akteuren besteht. Allerdings zeigt die Krise zu Beginn des Jahres 1999, daß dies keine Selbstverständlichkeit ist.

Im Blick auf den internationalen Wettbewerbsdruck steht die BMW AG vor der Herausforderung, Kunden und Markt permanent durch attraktive Innovationen zu überraschen. Dabei eröffnen sich Zielkonflikte. Auf der einen Seite gilt es, sich an den Anforderungen des Marktes und der Kunden zu orientieren und den Mut zu haben, innovative Wege zu gehen. Neue Produkte wie der „Z 3-Roadster" oder Innovationen wie Navigationssysteme und Einparkhilfen zeugen davon. Auf der anderen Seite gibt es Markenwerte wie Sportlichkeit, Dynamik etc. und klassische „BMW-Erkennungsmerkmale" wie den Heckantrieb, die Doppelscheinwerfer und die „Niere", die es als markenprägendes Proprium zu pflegen gilt. In diesem Spannungsfeld muß immer wieder neu ein Ausgleich gefunden werden.

Zugleich haben die „Erlebnisgesellschaft" und die zunehmende „Individualisierung" eine Differenzierung und Segmentierung der Produktpalette zur Folge, die sich z.B. in unterschiedlichen Farben oder Ausstattungsvarianten zeigt. Vertrieb, Entwicklung, Produktion und Marketing stehen vor gewaltigen Herausforderungen. Hinzu kommt, daß von Anbietern von Spitzenprodukten umfassende Qualität erwartet wird. Neben Produktqualität verlangt der Kunde Qualität in Service, Liefertermintreue, Komfort etc. Dabei gilt es, schneller, flexibler und innovativer als die Konkurrenz zu sein. Aufgrund dieser Veränderungen wird ein umfassendes Qualitätsmanagement im Sinn des TQM bzw. des „EFQM-Modells" für BMW zum Erfolgskriterium. Letztlich geht es darum, alle Tätigkeiten und Prozesse zu optimieren, indem die Mitarbeiter verstärkt in die Mitverantwortung genommen werden. „Qualitätsbewußtsein" und das „Prinzip der ständigen Verbesserung" machen das Unternehmen zu einer „lernenden Organisation". Ziel ist es, ein „Center of Excellence" zu werden.

Um schneller als die Konkurrenz zu sein, gilt es, die internen Prozesse zu beschleunigen. Dazu benötigt ein Unternehmen flexiblere und agilere Organisationsstrukturen. BMW hat daher Mitte der achtziger Jahre damit begonnen, die bürokratischen, zentralistischen, hierarchischen Strukturen der klassischen Linienorganisation aufzubrechen. Sie wurden durch subsidiäre, föderale Elemente ergänzt. Das Unternehmen gleicht nicht mehr so sehr einer hierarchisch geordneten Pyramide, sondern vielmehr einem „Netzwerk". Dabei wird die „Prozeßorientierung" zur entscheidenden Strategie. Ziel ist es, alle Tätigkeiten des Unternehmens an der Produktentstehung auszurichten, letztlich am externen Kundennutzen. Während in der Linienorganisation Bereichs- und Funktionsdenken die Zusammenarbeit oft behinderten, ist nun „Denken und Handeln in Kunden-Lieferanten-Beziehungen" gefragt. Dabei gilt es, gerade die internen Kunden und Lieferanten mit ihren Bedürfnissen im Blick zu haben und diese Beziehungen zu pflegen. So ist z.B. die Montage ein Kunde der Lackiererei. „Kundenorientierung" verstanden als Partnerschaft wird so neben „Qualitätsbewußtsein" und dem „Prinzip der ständigen Verbesserung" zu einer weiteren wichtigen Grundhaltung.

„Umfassendes Qualitätsmanagement, Innovationen, Prozeßorientierung und Kundenorientierung" stellen neue Anforderungen an alle Führungskräfte und Mitarbeiter. Sie werden verstärkt in die Mitverantwortung für den Unternehmenserfolg genommen. „Mitarbeiterorientierung" ist daher zunächst kein uneigennütziger Selbstzweck, sondern dient der Leistungssteigerung und ist ein Erfolgskriterium. Dabei darf allerdings auch ein Unternehmen wie BMW nicht vergessen, daß das Unternehmen nicht Selbstzweck ist, sondern Verantwortung für seine Mitarbeiter, für seine Kunden, für seine Aktionäre, für die Gesellschaft etc. hat.

Durch veränderte Rahmenbedingungen versucht BMW die Potentiale und Talente der Mitarbeiter besser und effektiver einzusetzen. Schließlich liegt darin ein wesentlicher Standortvorteil deutscher Unternehmen, die meistens über hochqualifizierte Mitarbeiter verfügen. Letztlich geht es darum, die „Humanressourcen" besser zu nutzen, indem den Mitarbeitern vermehrt Möglichkeiten geboten werden, sich mit ihren originellen Potentialen einzubringen. Dies kommt auch der gesellschaftlichen Entwicklung entgegen. Selbstentfaltung in der Arbeit wird ermöglicht. Die Identifikation mit dem Unternehmen kann erhöht werden.

Aus diesen Gründen hat sich BMW entschlossen, die strenge Arbeitsteilung des tayloristischen Systems durch „Neue Arbeitsstrukturen" umzugestalten, um so die Basis zur Mitverantwortung zu motivieren. In der Entwicklung geschieht dies durch „vernetzte Teamstrukturen", in denen Entwickler und beteiligte Kunden und Lieferanten schon in der frühen Phase der Entwicklung zusammenarbeiten. Durch die sogenannte „Baureihenorganisation" wurde ein Mittelweg zwischen einer reinen Projektorganisation und einer starren Linienorganisation, zwischen föderalen und hierarchisch/zentralistischen Strukturen gewählt. Durch die interdisziplinäre Zusammensetzung der Teams (Module) unterstützt sie die Vernetzung zwischen Produktion und Entwicklung. Der Produktentstehungsprozeß wird optimiert und beschleunigt. In den „Modulen" wird in Absprache mit den betroffenen Komponenten eigenverantwortlich eine Fahrzeugkomponente entwickelt. Dabei macht sich BMW eindeutig das „Subsidiaritätsprinzip" zunutze. Die

Teams können selbständig arbeiten, informieren sich gegenseitig und verpflichten sich zur sogenannten „Selbstanzeige", wenn Probleme auftreten.

Die vernetzten Strukturen stellen nicht die Lösung aller Probleme dar. So kann es zu Schwierigkeiten kommen. Kommunikation muß z.T. erst noch gelernt werden. Ferner sind in „vernetzten Strukturen" die Führungskompetenzen nicht mehr so eindeutig geklärt wie in der Linienorganisation. Durch die Mitarbeit im Projektteam und im eigenen Fachbereich kommt es zur dualen Führung. Dies bedeutet für die Führungskräfte, daß auch sie vernetzt führen müssen. Schließlich zeigt sich die Notwendigkeit einer verbindenden, einheitlichen „Unternehmenskultur", die die Zusammenarbeit in den verschiedenen Einheiten bestimmt und dem einzelnen bei der Orientierung hilft.

In der Produktion wurde im Zuge der „Neuen Arbeitsstrukturen" „integrierte Gruppenarbeit" eingeführt. Die Arbeitsgruppen haben die Verantwortung für einen Prozeßabschnitt. Durch die Hinzunahme von Sekundärfunktionen, beispielsweise aus der Instandhaltung oder Materialversorgung, wurde die Arbeitsaufgabe durch zusätzliche Funktionen angereichert, so daß durch Jobrotation die Monotonie der gleichbleibenden Arbeitsschritte etwas abgebaut wird. Die Gruppen sollten sich in Absprache mit ihren Meistern selbst organisieren, so etwa in der Arbeitseinteilung oder in der Urlaubsplanung. Sie wählen sich einen Gruppensprecher, der die Gruppengespräche moderiert und Sprachrohr der Gruppe ist. Er hat keine disziplinarische Verantwortung für seine Kollegen. Allerdings kann es dabei zu Schwierigkeiten kommen. Häufig werden den Gruppensprechern von seiten der Meister disziplinarische Kompetenzen übertragen. Dadurch bilden sie eine neue Hierarchieebene. Auch scheuen sich die Meister bisweilen, Verantwortung an die Gruppen abzugeben. Hier ist sicherlich noch Handlungsbedarf gegeben, so daß sich die Gruppe mit ihren unterschiedlichen Mitgliedern besser entfalten und in die Arbeit eigenverantwortlich einbringen kann. Allerdings ist die Gruppenarbeit ein erster hoffnungsvoller Schritt zu mehr „Partizipation", „Subsidiarität" und „Gemeinschaft", gerade auch in der Produktion.

Die „Neuen Arbeitsstrukturen" nehmen den Mitarbeiter sowohl mit seinen „individuellen Potentialen" als auch mit seinen „sozialen Komponenten" in die Mitverantwortung. Dabei wird es nicht immer einfach sein, die unterschiedlichen Typen so zusammenzuführen, daß sie effektiv zusammenarbeiten. Die Führungskräfte sind mit ihren integrativen Fähigkeiten zunehmend gefragt. Zugleich wird deutlich, daß für die Teams eine „ausgeglichene Soziohistologie" anzustreben ist. Sowohl in der Entwicklung als auch in der Produktion kommt es zur gegenseitigen Ergänzung, indem sich die einzelnen Gruppenmitglieder mit ihrem z.T. hoch spezialisierten Wissen und Können gegenseitig bereichern. Nach der Definition Piepers ist die Arbeitsgruppe „Organisation". Zugleich aber kommt es zur fruchtbaren Konkurrenz auf der Sachebene, indem z.B. unterschiedliche Modellvorstellungen diskutiert werden. Die Gruppe ist somit auch „Gesellschaft". Schließlich bestimmen gerade „Sympathiewerte" die effektive Zusammenarbeit. Rituale wie das Gruppengespräch, aber auch gemeinschaftsbildende Maßnahmen wie Feiern schweißen die Gruppe zusammen. Sie zeigt sich somit als „Gemeinschaft". Aufgabe der Führungskraft wird es sein, den Ausgleich zwischen den drei Grundformen immer wieder herzustellen.

Die „Neuen Arbeitsstrukturen" verlangen veränderte Führungsinstrumente. Es widerspricht den neuen Strukturen, wie vordem ausschließlich über Befehl und Anweisung zu führen. BMW macht sich daher zunehmend einen ausgeklügelten „Zielvereinbarungsprozeß" zunutze. Zusammen mit den Gruppen bzw. Mitarbeitern vereinbart die zuständige Führungskraft Ziele, die im Blick auf die Unternehmensziele eigenverantwortlich umgesetzt werden. Die „Zielvereinbarungen" sollen keine Zielvorgaben sein, sondern echte Freiräume erschließen, die es dem Mitarbeiter ermöglichen, sich selbst einzubringen. Letztlich kann es zu einem Interessenausgleich zwischen Unternehmenszielen und persönlichen Interessen kommen. Daß dabei die Unternehmensziele im Konfliktfall Vorrang haben, ist verständlich. Auch in diesem Zusammenhang wird wiederum das „Subsidiaritätsprinzip" angewendet, insofern die Mitarbeiter von sich aus anzeigen, wenn sie Hilfe von seiten der Führungskraft benötigen. Die Führungskräfte sind verpflichtet, die Zielumsetzung hilfreich zu unterstützen. Von ihnen hängt es maßgeblich ab, ob das Unternehmen über das Werkzeug des „Zielvereinbarungsprozesses" die reichhaltigen Potentiale der Mitarbeiter besser nutzen kann.

Zu einem Interessenausgleich zwischen Unternehmen und Mitarbeitern kommt es durch die „flexibleren Arbeitszeitmodelle". BMW geht auch in diesem Bereich neue Wege. Durch ausgeklügelte Schichtmodelle werden die „strukturimmanenten Paradoxien Arbeit, Produktivität und Zeit" effektiv gemanagt. Die persönliche Arbeitszeit und die Betriebszeiten der Maschinen und Anlagen konnten entkoppelt werden. Auch die Einführung der „Arbeitszeitkonten" dient dem gleichen Anliegen. Je nach Bedarf wird mehr oder weniger gearbeitet. Saisonale Schwankungen, etwa in der Cabriofertigung oder im Motorradbau, können ausgeglichen werden. Zugleich hat dies für die Mitarbeiter den Vorteil, daß das Unternehmen eine „Beschäftigungssicherheit" verspricht. Gerade in der gegenwärtigen „Risikogesellschaft" mit ihrer hohen Arbeitslosenrate stärkt diese gegenseitige Loyalität das Zusammengehörigkeitsgefühl.

Im Angestelltenbereich gilt eine neue „Gleitzeitregelung". Auch hier kommt es zum Interessenausgleich, da die Mitarbeiter nach Arbeitsbedarf und persönlichen Bedürfnissen flexibler entscheiden können, wann sie mit der Arbeit beginnen oder diese beenden. Für Führungskräfte ab der mittleren Ebene besteht volle „Zeitsouveränität". Sowohl „flexiblere Gleitzeit" als auch „Zeitsouveränität" bergen die Gefahr des „burn out". Häufig kommt es in Streßsituationen, durch sozialen Druck oder Arbeitsüberlastung zu Mehrarbeit. Hier ist Handlungsbedarf gegeben. Wenn ein Unternehmen wirklich am Wohl seiner Mitarbeiter Interesse hat, dann ist es eine neue Führungsaufgabe, im Bedarfsfall eindeutig Grenzen zu ziehen, die den einzelnen vor Überforderung und Überlastung schützen. Es sollte deutlich werden, daß das Unternehmen BMW als Subsystem dem Menschen dient und nicht Zweck an sich ist. Im Geist einer ehrlichen „Mitarbeiterorientierung" gilt es, dann als Führungskraft einzugreifen, wenn Mitarbeiter in der Gefahr sind, sich in einer Art „Ganzhingabe" für das Unternehmen aufzugeben.

Eine weitere Art der gezielten „Mitarbeiterorientierung" sind die Aktionen zur „Qualitätsverbesserung" in den Werken. Durch die verstärkte „Partizipation und Kommunikation" aller Mitarbeiter eines betroffenen Bereichs kann es zu einer „Leistungssteigerung" kommen. Das Werk München nutzt dazu Aktionen im Rahmen des KVP („Kontinuierlichen Verbesserungsprozeß"). Gemeinsam wird beispielsweise ein Prozeßabschnitt unter die Lupe genommen und nach Verbesserungsmaßnahmen untersucht. Der Vorteil des KVP ist, daß alle betroffenen Mitarbeiter die Möglichkeit haben, sich mit ihren Ideen und Vorschlägen einzubringen. Die personalen Potentiale können genutzt werden. Die Identifikation wird gestärkt. Auch verpflichtet sich das „KVP-Team", alle Vorschläge zu erfassen und auf ihre „Umsetzbarkeit" zu überprüfen. Um Resignation zu vermeiden, wird den Mitarbeitern Rückmeldung gegeben, wie ihre Ideen umgesetzt wurden, bzw. woran die Realisierung gescheitert ist. Der KVP wird nunmehr seit fünf Jahren im Münchner Werk praktiziert und genießt daher hohes Ansehen. Er ist eine unkonventionelle Möglichkeit, das Prinzip der ständigen Verbesserung anzuwenden und das „Qualitätsbewußtsein" der Mitarbeiter zu schärfen. Zugleich verdeutlicht er die innere „Vernetzung" der Prozeßabschnitte und unterstützt damit die „interne Kundenorientierung". Das Wir-Gefühl im Werk wird gestärkt.

Ähnliches kann von der „Kommunikationsoffensive" (KOMM-Offensive) im Werk Regensburg gesagt werden. Sie ist eine Art „Mega-KVP-Aktion" auf der Grundlage des „EFQM-Modells". Ziel dabei ist es, durch „Mitarbeiterorientierung" und „Mitarbeiterzufriedenheit" die gesamte Qualität zu steigern. Aufgrund einer flächendeckenden Mitarbeiterbefragung kommt es zu einer Standortbestimmung. Daraus werden Verbesserungsmaßnahmen abgeleitet. Die Mitarbeiter sind aufgefordert, für ihren Bereich eigene Lösungswege zu finden. Auch hier zeigt sich wiederum das angewandte „Subsidiaritätsprinzip". Durch eine weitere Evaluation wird die Umsetzung reflektiert und weiter vorangetrieben. Die „KOMM-Offensive" wurde schon zwei Mal angewandt, so daß auch Vergleichswerte vorliegen. Durch die kontinuierliche Wiederholung erkennen die Mitarbeiter, daß sie wirklich mitverantwortlich für „ihr Werk" sind. Dies stellt einen wesentlichen Schritt auf dem Weg zum „Mitgliederunternehmen" dar.

Die Maßnahmen im Rahmen der „Mitarbeiterorientierung" veranschaulichen, daß BMW der Selbstentfaltung des einzelnen im betrieblichen Alltag Freiraum gibt. Das „Subsidiaritätsprinzip" wird vielfach angewandt. Dabei nimmt das Unternehmen die Mitarbeiter eindeutig in die Pflicht. Es kommt zur Synthese zwischen Pflicht-/Akzeptanzwerten und Selbstentfaltungswerten, wie es auch die veränderten Anforderungsprofile der Leitbilder veranschaulichen.

Entsprechend den veränderten Organisationsstrukturen haben sich auch die Anforderungsprofile für die Mitarbeiter und Führungskräfte geändert. BMW hat sich daher als Orientierungshilfe ein Unternehmensleitbild „Wir bei BMW" und entsprechende „Kernwerte" gegeben.

BMW wünscht sich „Mitarbeiter als Unternehmer", die sich durch „Leistungsbereitschaft, Verantwortungsbewußtsein, persönliches Engagement, solidarische Zusammenarbeit, Flexibilität, Veränderungs- und Lernbereitschaft" auszeichnen. Auch hier zeigt sich wiederum die „Wertesynthese", die zum einen Selbstentfaltungswerte wie Eigenverantwortung, Kreativität etc. ernst nimmt und zum anderen Pflichtwerte wie Leistung, Qualität etc. fordert. Als Unternehmer soll der Mitarbeiter Verantwortung für sich und sein Tun, aber auch für BMW übernehmen. „Innen- und Außenorientierung" sind gleichermaßen gefragt.

Bei der Reflexion kann als Feedbackinstrument die persönliche Standortbestimmung im Rahmen der neuen Entgeltbestimmung dienen. Durch die „persönliche Zulage", die besonders Teamverhalten, Qualität und Flexibilität bewertet, sollen die Mitarbeiter motiviert werden, kontinuierlich an sich zu arbeiten. Im jährlichen „Beurteilungsgespräch" zusammen mit der zuständigen Führungskraft kommt es mit Hilfe einer „Checkliste" zur Standortbestimmung. Dabei zeigt sich ein Defizit: Mitarbeiterleitbild und „Checkliste" sind schlecht aufeinander abgestimmt, so daß Diskrepanzen sichtbar werden. Zugleich stellt sich die Frage, ob es nicht günstiger gewesen wäre, anstatt der sechs Leitsätze des Mitarbeiterleitbildes drei Grundhaltungen zu benennen. Diese könnten dann, wie es die „Checkliste" tut, sehr konkret für die entsprechenden Bereiche aufgeschlüsselt werden.

Auch die Führungskräfte stehen vor veränderten Herausforderungen. Seit Mitte der achtziger Jahre beschäftigt sich daher die BMW AG mit ihrem Führungsstil. Frucht dieser Anstrengungen sind verschiedene Dokumente, die die ideale BMW-Führungskraft beschreiben. Dabei läßt sich ein durchgehender Tenor feststellen: Führungskräfte stehen im „Dienst des Unternehmens" und damit im „Dienst für ihre Mitarbeiter". Für diese sind sie „Vorbilder", an denen sichtbar werden soll, worauf es bei BMW ankommt.

Die verschiedenen Ansätze sind in das „BMW-Managementhaus" eingeflossen, das als Grundlage bei den jährlichen „Beurteilungsgesprächen" dient. Fundament dieses Hauses ist die Persönlichkeit der Führungskraft. Das Haus wird von drei Säulen getragen: „Unternehmerisches Denken/Handeln, Fach-/Prozeßkompetenz und Führungs-/Teamverhalten." Diesen drei Kriterien lassen sich die Eckpunkte des „BMW-Führungsdreiecks" (Fachmann, Spielmacher, Integrator) zuordnen, das lange Zeit im Unternehmen kommuniziert wurde und das das „BMW-Führungsverhalten" bestimmt hat.

Als „Fachmann" ist die Führungskraft verantwortlich für die Leistungserbringung in ihrem Bereich. Sie muß daher über „Fach- und Prozeßkompetenz" verfügen. Sie soll ihren Mitarbeitern mit Rat und Tat zur Seite stehen, sie fordern und fördern. Als „Spielmacher" setzt die Führungskraft „Macht und Verantwortung" richtig ein und hat ein Gespür dafür, „wann sie wem welchen Ball zuspielen kann". „Unternehmerisches Denken und Handeln" ist gefragt. Das bedeutet auch, Verantwortung z.B. im Rahmen von „Zielvereinbarungen" an andere abzugeben. Schließlich sind die „integrativen Fähigkeiten" der Führungskraft für die Effektivität der Zusammenarbeit entscheidend. Es gilt, als „Integrator" mit einem Gespür für „Gemeinschaft" die verschiedenen Kräfte zu effektiven Synergien zu bündeln. Dabei wird das eigene „Führungs- und Teamverhalten" maßgeblich. Die Führungskraft soll als Teamleiter und als Teammitglied erfahrbar sein. Dies zeigt sich beispielsweise auch darin, wie sie sich in die Führungsriege des Unternehmens integriert und mit anderen Führungskräften konstruktiv zusammenarbeitet.

Die drei Säulen bzw. Eckpunkte veranschaulichen die Aufgabe der Führungskräfte, eine ausgeglichene „Soziohistologie" herzustellen, die der veränderten „sozialen Organologie" entspricht. Als „Fachmann" gilt es, in der „Gesellschaft" das Prinzip der „Gerechtigkeit": „Leistung verlangt Gegenleistung!" anzuwenden. Als „Spielmacher" wird in der „Organisation" die „Macht" richtig verteilt. Als „Integrator" ist das Gespür für „Gemeinschaft" entscheidend.

Das Führungsverhalten wird einmal jährlich im Rahmen eines ausgeklügelten „Gesprächsrundenprozesses" reflektiert. Die betroffene Führungskraft hat so die Chance, konsequent und kontinuierlich an sich zu arbeiten. Dabei wird es entscheidend sein, daß das Feedback ehrlich weitergegeben wird und die Kriterien des „BMW-Managementhauses" wirklich als Beurteilungsmaßstab dienen.

Bei der Beschäftigung mit den verschiedenen Anforderungsprofilen, die sich BMW im Laufe der Jahre gegeben hat, sind einige Defizite aufgetreten. Zum einen ist es für eine einheitliche, verbindliche „Unternehmenskultur" als Orientierungshilfe schädlich, wenn es immer wieder zu Änderungen und Neuansätzen kommt. Mehr Kontinuität und Stabilität wären wünschenswert. Zum anderen sollten auch „geheime Spielregeln", wie z.B. betriebsinterner sozialer Druck, benannt werden. Wenn sie für das Führungsverhalten Gültigkeit haben, dann gilt es, sie in die Leitbilder aufzunehmen. Wenn sie keine Gültigkeit haben und nicht erwünscht sind, dann sollten sie geahndet und negativ sanktioniert werden. Um ein eindeutiges und einheitliches Anforderungsprofil gewährleisten zu können, wäre es ferner hilfreich, das Unternehmensleitbild und das „BMW-Managementhaus" besser aufeinander abzustimmen. Schließlich stellt sich die Frage, ob nicht die „BMW Handlungsmaximen", die über lange Zeit im Unternehmen als Richtlinie präsent waren, neu belebt werden sollten. Immer wieder neu interpretiert, könnten sie als zeitlose Größen mit der notwendigen Flexibilität helfen, ein wenig mehr Kontinuität in die „Unternehmenskultur" zu bringen.

Abschließend ist noch zu vermerken, daß ein Unternehmen immer wieder neu lernen muß, mit den eigenen Fehlern und Schwächen umzugehen. Bei allem technischen Perfektionismus und bei den hohen Idealen, die die Leitbilder beschreiben, darf nicht vergessen werden, daß die Menschen, die das Unternehmen tragen und prägen, auch ihre Schwachstellen und Fehler haben.

Die Entwicklung der BMW AG zeigt, daß die „Unternehmenskultur" in hohem Maße durch „Mitarbeiterorientierung" geprägt ist. Nicht nur im Blick auf die wirtschaftlichen Vorteile, die die Faktoren „Mitarbeiterorientierung" und „Mitarbeiterzufriedenheit" für das Unternehmen selbst bringen, sondern auch im Blick auf die gesellschaftliche Entwicklung kann daher BMW nur darin bestärkt werden, auf dem Weg der „subsidiären Zusammenarbeit" weiterzugehen.

3.2 „Ordensspiritualität" in der Bayerischen Benediktinerkongregation (BBK)

Die Ordensgemeinschaften nehmen in der Kirche als spirituelle Bewegungen einen prophetischen Dienst wahr und halten in monastischer Tradition das „Heimweh nach der Urkirche", nach dem idealen Zusammenleben der christlichen Urgemeinde, wach.[943] „Ordensexistenz" ist von ihrer Grundintention her „Hoffnungsexistenz".[944] Gegenwärtig stehen die Klöster der Bayerischen Benediktinerkongregation (BBK) vor den selben Herausforderungen wie Kirche und Gesellschaft. Auch im klösterlichen Alltag macht sich der gesellschaftliche „Wertewandel" bemerkbar, beispielsweise im Blick auf das Gehorsamsverständnis. Ältere Mitbrüder sind meistens noch durch eine einseitig verstandene Gehorsamsethik geprägt, während jüngere mehr Partizipation und Dialog wünschen. Dabei kann es zu Spannungen kommen.
Im Folgenden soll daher gezeigt werden, wie sich die Klöster der BBK in Analogie zur Gesamtkirche auf den Grundlagen ihrer urchristlichen Quellen und Tradition den soziokulturellen Herausforderungen stellen.[945]
In einem ersten Abschnitt soll zunächst das Proprium der Benediktinischen Konföderation dargestellt werden, das sowohl föderale und pluriforme als auch flexible und beständige Elemente aufweist. Anschließend wird das grundlegende Spannungsfeld zwischen einzelnem Mönch und brüderlicher Gemeinschaft erläutert, das jedes Benediktinerkloster charakterisiert. Auf der einen Seite zeichnet sich die Regel Benedikts und damit die benediktinische Spiritualität durch eine Hochschätzung der „Individualität" aus. Auf der anderen Seite legt sie aber auch großen Wert auf das harmonische Miteinander in der klösterlichen „Communio". Um eine Synthese zwischen den beiden Polen herstellen zu können, wünscht Benedikt partizipatorische Führungsstrukturen, die sowohl hierarchische als auch synodale Elemente aufweisen. Diesen Strukturen müssen partizipatorische Umgangsformen entsprechen. Daher soll in einem letzten Abschnitt die entscheidende benediktinische Grundhaltung des Hörens, wie sie das Gelübde des Gehorsams zum Ausdruck bringt, erläutert werden. Entsprechend den partizipatorischen Strukturen ermöglicht der Gehorsam, wenn er dialogisch interpretiert wird, ein verantwortungsbewußtes Miteinander, das sowohl die Bedürfnisse des einzelnen als auch die Ansprüche der Gemeinschaft ernst nimmt.

3.2.1 Klöster als „Kirche im Kleinen"

Von ihrer Struktur und Zusammensetzung her versteht sich jede Benediktinerabtei als „Kirche im Kleinen" (vgl. Sat Sp 112).[946] Als Abbild und Fokus der Gesamtkirche ist somit auch für jedes Kloster der Grundsatz „ecclesia semper reformanda" gültig.[947]
In der Kirchengeschichte standen die Benediktinerklöster immer in der Spannung zwischen Tradition und Innovation. Sie zeigten sich föderal und pluriform, flexibel und beständig. Dabei schauen gerade die bayerischen Benediktiner auf eine 1200-jährige

Geschichte zurück, in der die Klöster kultur- und gesellschaftsprägend gewirkt haben. Dies allerdings wird für sie zum Anspruch, sich auch den gegenwärtigen soziokulturellen Herausforderungen zu stellen und auf der Grundlage ihrer Tradition ihre Spiritualität zu verheutigen.[948]

3.2.1.1 Orden und/oder Konföderation

Benedikt (+547) lebte in einer bewegten Zeit des Umbruchs, die unübersehbare Analogien zu den gegenwärtigen Herausforderungen aufweist. Das alte Römische Reich stand vor dem Zusammenbruch. Das antike Wertesystem wurde in Frage gestellt. Innerkirchlich gab es Auseinandersetzungen und Spannungen. Die gewaltige Mobilität und Unbeständigkeit der Völkerwanderungen veränderte das Bild Europas entscheidend. Eine epochale Wende kündete sich an.[949] Mit seiner Regel legte Benedikt in dieser unbeständigen Epoche einen stabilen Grundstock für eine monastische Bewegung, die über Jahrhunderte hinweg für Europa gesellschaftsprägend ist. Flexibel genug, sich den jeweiligen soziokulturellen Veränderungen zu stellen und doch fest verwurzelt in der altkirchlichen Tradition, ordnet die Regel Benedikts bis heute klösterliches Zusammenleben.

Gerne wird der „Benediktinerorden" (OSB) als ältester Mönchsorden der Kirche bezeichnet und stolz wird auf seine fast 1500-jährige Geschichte verwiesen. Benedikt hat wohl selbst nie an die Gründung eines Ordens gedacht. Sein Anliegen war es – wie das vieler anderer geistlicher Väter seiner Zeit auch – eine Regel für Mönche zu schreiben, die das Zusammenleben in einem Kloster ordnet (vgl. RB 1; 73).[950] Bei der Organisation des Klosters orientiert sich Benedikt an der Urkirche (vgl. Sat Sp 3), so daß sich jede benediktinische Gemeinschaft als selbständige Zelle im Gesamtleib der Kirche versteht, eben als „Kirche im Kleinen" (vgl. Sat Sp 112).

Benedikt legt Wert darauf, daß sich ein Kloster selbst organisiert. So ist es ihm beispielsweise wichtig, daß die Mönche einer Gemeinschaft ihren Abt selbst wählen (vgl. RB 64,1) und dieser nicht, wie es andere Regeln fordern, von seinem Vorgänger designiert wird (vgl. RM 93; 94).[951] Ferner soll der benediktinische Abt mit dem Rat seiner Brüder das Kloster leiten (vgl. RB 3), also unabhängig von äußeren Einflüssen, etwa durch den Ortsbischof (vgl. RB 65,3). Um diese Unabhängigkeit gewährleisten zu können, soll das Kloster gerade auch wirtschaftlich selbständig sein (vgl. RB 48,8).

Auch heute noch sind die meisten Benediktinerklöster exemt, d.h. sie sind der bischöflichen Leitungsgewalt entzogen (vgl. Sat Ju 5) und bilden zusammen eine Konföderation, die direkt dem Apostolischen Stuhl unterstellt ist. Um diese zutiefst föderalen Strukturen des „Benediktinerordens" verstehen zu können, kann ein kurzer Einblick in die Entwicklungsgeschichte hilfreich sein.[952]

Seit den Tagen Benedikts gibt es Klöster, die ihr Innenleben mit Hilfe seiner Regel organisieren. Dies geschah zunächst unabhängig voneinander, so daß keinesfalls von einem Orden im neuzeitlichen Sinn die Rede sein kann. Auch konkurrierte die Regel Benedikts im frühen Mittelalter mit zahlreichen anderen Mönchsregeln, die ebenso zur

Organisation hinzugezogen wurden, so daß es zu sogenannten „Mischregelobservanzen" kam.[953] Für die Vorrangstellung der Regel Benedikts über die zahlreichen anderen Regeln ist die karolingische Reform des Reichsabtes Benedikt von Aniane (+821) von großer Bedeutung. Dieser verpflichtete durch das Programm „una regula – una consuetudo" die Klöster des Frankenreiches auf die Regel Benedikts und deren einheitliche Auslegung.[954]

Die benediktinische Geschichte ist keine durchgehende Erfolgsgeschichte, sondern vielmehr eine Reformgeschichte, wie es der Wappenspruch Montecassinos treffend zum Ausdruck bringt: „Succisa virescit – Abgehauen grünt er neu". In diesem Geist gab es immer wieder Reformbewegungen, die die Klöster zum eigentlichen Geist der Regel, zu den Quellen zurück bringen wollten. Zugleich führten diese Reformbewegungen schon im Mittelalter zu Zusammenschlüssen selbständiger Klöster, d.h. zu Kongregationsbildungen, um so die Umsetzung der Reformen durch eine gemeinsame Interpretation der Regel (einheitliche Consuetudines und Satzungen) und durch gegenseitige Kontrollbesuche (Visitationen) zu sichern.[955] Die Aufforderung, sich neu an den Quellen zu orientieren und sie in Satzungen zeitgemäß zu interpretieren, hilft auch heute Gemeinschaften in Krisensituationen, sich erfolgreich zu erneuern. Dabei ist das kritische Feedback anhand von Visitationen ein wichtiges Kontrollinstrument geworden. Gerade in der Reflexion mit Außenstehenden können Mängel benannt und neue Wege gefunden werden.

Im Reformgeist der Gegenreformation gründeten im siebzehnten Jahrhundert bayerische Abteien eine föderal strukturierte Kongregation, die allerdings mit der Säkularisation 1803 aufgehoben wurde. 1858 neu errichtet, gehören heute der „Bayerischen Benediktinerkongregation" (BBK) elf selbständige Abteien an (vgl. Sat Ju 141; 144).[956] Die Satzungen der BBK beschreiben den Zweck der Vereinigung: „Aufgabe der Kongregation ist es, das Leben der ihr angehörenden Klöster im Geist des Evangeliums und der Regel des hl. Benedikt zu fördern, wechselseitigen Beistand der Klöster und Zusammenarbeit zu ermöglichen und zur gemeinsamen Bewältigung ihrer Aufgaben und Probleme beizutragen" (Sat Ju 143).[957] Die Leitung der Kongregation obliegt dem Generalkapitel. Dieses tritt im vierjährigen Turnus zusammen und besitzt in der Kongregation die höchste Gewalt sowohl in der Gesetzgebung als auch in der Rechtsprechung (vgl. Sat Ju 149).[958] Zu seinen wichtigsten Aufgaben gehört die Wahl des Abtpräses und seines Consiliums sowie die Erstellung der Satzungen und ihre Anpassung an die Bedürfnisse der Gegenwart. Der Abtpräses wiederum ist der oberste Leiter der Kongregation (vgl. Sat Ju 166). Sein Recht ist es u.a., in den Klöstern der Kongregation die Abtwahlen zu leiten und den gewählten Abt zu bestätigen (vgl. Sat Ju 167). Ebenso liegt es in seinem Kompetenzbereich, regelmäßig stattfindende kanonische Visitationen anzusetzen und durchzuführen, deren Aufgabe es ist, den allgemeinen Stand der Klöster in geistlichen und zeitlichen Dingen zu untersuchen (vgl. Sat Ju 183).[959] Ansonsten hat er nur geringen Einfluß auf das Innenleben der einzelnen Klöster.

Im neunzehnten Jahrhundert kam es unter dem Pontifikat Leo XIII. (1878-1903) zur Bildung der „Benediktinischen Konföderation", zum Zusammenschluß aller Kongregationen und Klöster, deren Koordination dem Abtprimas in Rom obliegt. Einer seiner wichtigsten Aufgaben besteht darin, als gewählter Repräsentant die Belange der „Benediktinischen Konföderation" am Hl. Stuhl zu vertreten. Zugleich ist er für gemeinsame Projekte wie etwa die benediktinische Hochschule St. Anselmo in Rom verantwortlich und gilt für die Kurie als erster Ansprechpartner, insofern es um Belange der Konföderation geht. Ansonsten hat er repräsentative Aufgaben für die Konföderation wahrzunehmen.

Von ihrer Struktur her ist die Konföderation ein äußerst föderaler Verband und damit nicht vergleichbar mit zentral organisierten Orden.[960] Um die eigene Autonomie der Klöster und Kongregationen zu wahren, war es immer ein Anliegen, die Kompetenzbefugnisse des Abtprimas innerhalb der Konföderation möglichst gering zu halten.[961] Dasselbe gilt ebenso für die Präsides der Kongregationen.

Die föderalen Strukturen haben Vor- und Nachteile. Zunächst erweist es sich als schwierig, gemeinsame Projekte wie eben eine Hochschule zu erhalten, da jede selbständige Gemeinschaft den Blick auf die eigenen Anforderungen und Aufgaben richtet. Zentral organisierte Orden wie beispielsweise die Jesuiten können im Vergleich zu den Benediktinern schneller agieren. Allerdings ist die „Benediktinische Konföderation" Abbild einer echten „Communio ecclesiarum", in der in gegenseitiger Toleranz ein „pluriformer Katholizismus" mit unterschiedlichsten Ausrichtungen erlebbar wird. Im Blick auf die kirchlichen Reformvorschläge gewinnt diese Struktur an Aktualität.[962] Durch ihre föderalen Strukturen und ihre Ortsbeständigkeit können Benediktinerklöster auf die Fragen vor Ort sensibler reagieren. Auch besteht die Möglichkeit, daß sich innerhalb der Konföderation verschiedene spirituelle Ausrichtungen ausprägen. So gibt es weltweit unterschiedlichste Klöster, von konservativeren Gemeinschaften, die ohne Anpassung streng nach der Regel Benedikts leben, über Missionsabteien, die sich durch ihre Arbeit vor Ort inkulturieren, bis hin zu benediktinischen Zellen in europäischen Großstädten, die als geistliche Wohngemeinschaften für ihr Umfeld religiöse Impulse geben wollen. Aufgabe des Abtprimas ist es, die unterschiedlichen Häuser mit ihren originellen Ausprägungen in die Konföderation zu integrieren. Gleichzeitig sollte er beispielsweise auf internationalen Äbtekonferenzen die Belange der Gesamtkirche und die Aufgaben der Benediktiner in den Blick bringen.[963]

Als kurzes Resümee kann gezogen werden: Die Klöster Benedikts bilden als „Kirchen im Kleinen" durch ihre Konföderation eine „Communio ecclesiarum". Dabei wird die Ausrichtung an der Hl. Schrift und der Regel Benedikts zum „gemeinsamen Nenner", der als verbindende Kraft die unterschiedlichen Ausrichtungen bündelt.[964]

3.2.1.2 Bibel, Regel, Satzungen

Benediktinerklöster stützen sich hauptsächlich auf drei schriftliche Grundlagen, die ihr Zusammenleben regeln und bestimmen: die Hl. Schrift, die Regel Benedikts und die verbindliche Auslegung der Regel durch Satzungen oder Kommentare.

Hauptgrundlage benediktinischer Lebensgemeinschaft ist das Evangelium (vgl. RB Prol 21) bzw. die ganze Heilige Schrift (vgl. RB 73,3). Daher hebt Benedikt sowohl am Anfang (vgl. RB Prol 21) als auch am Ende (vgl. RB 73,3) seiner Regel ihre Bedeutung hervor. Sie bildet den äußeren Rahmen benediktinischen Lebens und dient den Mönchen als maßgebliche Orientierungshilfe.[965] Aus diesem Grund wird ihr im klösterlichen Alltag sehr viel Raum geschenkt. Ob in den Psalmen des Stundengebets, in den Lesungen der Vigil oder im Wortgottesdienst der täglichen Eucharistiefeier, ob in der „Lectio divina" jedes Mönches (nach der Einteilung Benedikts zwei bis drei Stunden am Tag) oder in der Tischlesung bei den Mahlzeiten: Letztlich geht es darum, über die Tage, Wochen und Jahre verteilt den reichhaltigen Schatz der Hl. Schrift im Alltag des Mönchs zu vergegenwärtigen.[966]

Für Benedikt ist die Hl. Schrift die Autorität schlechthin im Kloster, weil sich durch sie Gott selbst an die Gemeinschaft bzw. an den einzelnen Mönch richtet.[967] So lassen sich zwölf Stellen anführen, an denen Benedikt den Begriff „scriptura" verwendet, und zwar ausnahmslos personifiziert. Die Hl. Schrift sagt, ruft, gebietet, rüttelt auf, zeigt an, mahnt etc.[968] Der Mönch ist aufgerufen, durch sein konkretes Leben auf diesen Anruf Gottes zu antworten.

Um das umfangreiche Werk der Hl. Schrift für das klösterliche Leben zu konkretisieren und aktualisieren, verfaßt Benedikt im sechsten Jahrhundert eine Regel, gleichsam als Interpretation der Hl. Schrift.[969] Alle wichtigen Kapitel der Regel bestehen aus einem Gewebe von Schriftzitaten. Benedikt pflegt die Schriftworte zu aktualisieren und verwendet sie in einem übertragenen Sinn,[970] so daß die Regel zu Recht als „Evangelium nach Benedikt"[971] bezeichnet wird.

Ferner stützt sich Benedikt auf den reichhaltigen Schatz monastischer Schriften seiner Zeit.[972] Vor allem dient ihm als Orientierungshilfe die Regel eines unbekannten, strengen „Lehrers", die „Magisterregel" (Regula Magistri, RM) genannt wird. Benedikt übernimmt z.T. längere Passagen der Magisterregel wörtlich. Allerdings ändert er sie auch ab und fügt eigenes Gedankengut hinzu, so daß in den Abweichungen das Eigengut Benedikts sichtbar wird, seine originelle theologische und anthropologische Ausrichtung. Dabei scheut er sich auch nicht, durch neue Regelungen das zeitgenössische Mönchtum zu kritisieren.[973]

Ein besonderes Kennzeichen der Regel Benedikts ist ihre Menschlichkeit (vgl. RB 53,9).[974] Benedikt ist sich bewußt, daß er es nicht mit „Mustermönchen" zu tun hat, sondern mit schwachen Menschen. Bei allem Idealismus zeichnet sich daher die Regel durch einen nüchternen Realitätssinn aus.[975] Dieser zeigt sich beispielsweise in Standardformulierungen, mit denen Benedikt auf wesentliche Elemente aufmerksam machen will. So verwendet er immer wieder die Formulierung „ante omnia – vor allem", um wichtige Inhalte des klösterlichen Lebens zu schützen.[976] Auch verwendet Benedikt öfters die Formulierung „quod absit – was ferne sei". Damit werden Umstände beschrieben, die eigentlich dem Ideal des Klosters widersprechen, aber doch immer wieder in der Realität vorkommen können. Benedikt übergeht diese Situationen nicht schweigend, sondern benennt sie. Er gibt konkret Ratschläge, wie sie am besten zu meistern sind.[977] Diese benediktinischen Standardformulierungen motivieren auch heute, in den Hausgebräuchen oder Satzungen durch klare Wendungen, wie eben „ante omnia" auf das Wesentliche aufmerksam zu machen. Ferner könnten durch eine Formulierung wie „quod absit" „geheime Spielregeln" benannt, geahndet und gegebenenfalls (negativ) sanktioniert werden. Häufig sind es nämlich diese informellen Verhaltensregeln und Umgangsformen, die konträr zu den gesatzten Anweisungen stehen, das gemeinschaftliche Zusammenleben bestimmen und die gute Atmosphäre belasten.

An den beiden Formulierungen wird die Funktion der Regel deutlich. Sie soll den Mönchen als richtungsweisendes Gesetz (vgl. RB 58,10.15) und Lebensordnung (vgl. RB 1,13; Sat Sp 9) dienen. Als Lehrmeisterin (vgl. RB 3,7.11) bietet sie Anfängern im geistlichen Leben Hilfestellungen (vgl. RB 73,1.8). Also nicht als Überforderung, sondern vielmehr als Minimalforderung will sie hinführen zu den Höhen der Lehre und der Tugenden (vgl. RB 73,9), zu erfülltem Leben (vgl. Joh 10,10).[978] Dieser Weg stellt für Benedikt ein dynamisches Geschehen dar. Daher spricht er vom „Anfang" (vgl. RB 73,1), vom „Fortschreiten" (vgl. RB Prol 49) und von der „Vollkommenheit" (vgl. RB 73,2) des klösterlichen Weges.[979] Dazu fordert Benedikt Regeltreue (vgl. RB 3,7-11; 64,20-22; 66,8).

Um die Regel verinnerlichen zu können, legt Benedikt Wert darauf, daß diese kontinuierlich verlesen wird. Sie soll im klösterlichen Alltag präsent sein (vgl. RB 66,8).[980] So wird in den meisten Gemeinschaften Tag für Tag (häufig bei den Mahlzeiten) ein Regelabschnitt vorgelesen. Eine einfache Methode, die zur Folge hat, daß die Regel permanent bewußt und unbewußt in einer Gemeinschaft kommuniziert wird. Ebenso ist die Beschäftigung mit der Regel ein wesentlicher Bestandteil des Noviziatsunterrichts (vgl. RB 58,9.12.13; Sat Sp 105). Ferner wird bei geistlichen Vorträgen etwa des Abtes, aber auch bei Exerzitien, Gesprächsrunden etc. Gedankengut der Regel ausgelegt und kommuniziert. Die Mitbrüder hören sie immer wieder, Kapitel für Kapitel, so daß die Regel in „Fleisch und Blut" übergeht. Dadurch wird sie zur spirituellen Größe, zum gelebten Evangelium. Ferner kennt Benedikt auch (negative) Sanktionen wie Ausschluß aus der Gemeinschaft oder Prügelstrafen, die den Ansprüchen der Regel Gewicht verleihen sollen (vgl. RB 23-30). Heute werden andere Methoden gefunden werden müssen. Dabei können auch neuere Formen der Reflexion, wie etwa das kritische Feedback, nutzen.

Die Regel soll dem Leben dienen, dem Mönch eine Hilfe sein und nicht mißbraucht werden für Prinzipienreiterei und Legalismus.[981] Daher ist Benedikt mit Pauschalvorschriften sehr vorsichtig, wenn es um das Wohl des einzelnen Mönches geht. Ihm ist die Unterschiedlichkeit der Menschen bewußt. So schreibt er etwa im Kapitel, in dem es um das Maß des Getränkes geht: „Jeder hat seine Gnadengabe von Gott, der eine so, der andere so. Deshalb bestimmen wir nur mit einigen Bedenken das Maß der Nahrung für andere" (RB 40,1.2). Die Regel soll dem Mönch dienen. Sie soll ihm helfen, seine originellen Gnadengaben zu entfalten. Benedikt wünscht ebenso, daß die Regel den konkreten Ortsverhältnissen des jeweiligen Klosters entsprechen soll. Auch in diesem Zusammenhang gibt er nur ungern absolut verbindliche Anweisungen, wie zu Beginn des 55. Kapitels deutlich wird, in dem Benedikt über Kleidung und Schuhe der Brüder schreibt: „Die Kleidung, welche die Brüder erhalten, soll der Lage und dem Klima ihres Wohnortes entsprechen; denn in kalten Gegenden braucht man mehr, in warmen weniger" (RB 55,1.2). Aus diesem Grund bedarf die Regel immer wieder der Auslegung und der Ergänzung durch die Anordnungen des Abtes (vgl. RB 3,5 f.; 55,3), durch den Rat geistlicher Väter (vgl. RB 46,5; 49,8), durch erfahrene Brüder (vgl. RB 27,2) und durch den Rat derer, denen der Herr offenbart, was das Bessere ist (vgl. RB 3,3).[982] Diese Offenheit der Regel für den soziokulturellen Kontext und die originellen Bedürfnisse gibt letztlich Zeugnis von einer angewandten Epikie (vgl. Sat Sp 12).

Dem Abt, der selbst unter der Autorität der Regel steht (vgl. RB 3,11; 64,20), wird in besonderer Weise die lebendige Auslegung anvertraut (vgl. RB 2,3). Benedikt ermuntert ihn sogar, wenn es ihm richtig und nötig erscheint, Anordnungen zu treffen, die sich von der Regel unterscheiden (vgl. Sat Sp 50). So etwa bei der Rangordnung innerhalb der Gemeinschaft, bei der wöchentlichen Psalmenordnung oder beim Weingenuß der Mönche (vgl. RB 2,18-20; 18,22-25; 40,5-7). Benedikt zeigt sich eben nicht als kompromißloser Legalist, sondern läßt um des Menschen willen im Blick auf Ort, Zeit und Situation Anpassungen zu.[983] Dabei bekundet er eine große Flexibilität. Die Regel kann somit als Rahmengesetz verstanden werden, die einen Spielraum zuläßt, sowohl was den Lebensstil als auch was die theologische Richtung angeht.[984]

Im Blick auf die gegenwärtigen Herausforderungen gilt auch für andere Bereiche des klösterlichen Lebens, was Benedikt etwa von der Psalmenordnung sagt, daß diese nämlich dann geändert werden kann, wenn sie den Anforderungen nicht mehr entspricht und dafür eine bessere gefunden wurde.[985] So stellt sich etwa die Frage nach einer angepaßteren Tagesordnung oder nach neuen Klausurvorschriften. Zugleich gilt es, manche Aussagen, beispielsweise über Sanktionen wie Prügelstrafen, die zur Zeit Benedikts völlig selbstverständlich waren (vgl. RB 2,28.29), dem soziokulturellen Kontext entsprechend neu zu interpretieren und zu verheutigen (vgl. Sat Ju 140).[986] Ebenso könnten Hausgebräuche auf ihren Sinn und ihre Verankerung in der Regel hinterfragt und gegebenenfalls zeitgemäß erneuert oder aufgegeben werden.

Um die Regel auf konkrete Zeit- und Ortsverhältnisse anpassen zu können, sind in den Klöstern in eigener Verantwortung immer wieder verbindliche Kommentare, Erklärungen und Satzungen entstanden, so auch in den letzten zwanzig Jahren für die Klöster der BBK. Dadurch kam es immer wieder zur Inkulturation.[987] Im Vorwort der Satzungen der BBK wird deren Anliegen benannt: „Die Satzungen einer Kongregation von Benediktinerklöstern machen die Spannung deutlich von Bleibendem und Veränderlichem, von Gemeinsamkeit und Eigenleben. Sie suchen ja die Regel des Hl. Benedikt, die sich in unseren bayerischen Landen seit dem frühen 8. Jahrhundert als eine gültige Norm bewährt hat, anzupassen an die kirchlichen und gesellschaftlichen Verhältnisse der Zeit."[988] Die Satzungen wollen also mit ihrem spirituellen und juridischen Teil einen zeitgemäßen Rahmen vorgeben, in dem klösterliches Leben nach der Regel Benedikts gelingen kann.

In Anwendung des „Subsidiaritätsprinzips" liegt es in der Kompetenz der einzelnen Klöster und Kongregationen, sich Satzungen zu geben. Diese dürfen nicht dem allgemeinen Kirchenrecht widersprechen und müssen vom Apostolischen Stuhl bestätigt werden. Dabei kommt ihnen verbindlicher Charakter zu (vgl. Sat Ju 2). Auch sie sollen in der Gemeinschaft gelesen, kommuniziert und diskutiert werden.[989] In diesem Zusammenhang sind in den einzelnen Klöstern der BBK „Bücher der Gewohnheiten" (Liber consuetudinum) entstanden, die Hausinterna, wie z.B. Rituale, die Höhe des Urlaubsgeldes, den Umgang mit Massenmedien etc., im Geist der Regel und der Satzungen ordnen sollen.[990]

In der Spannung zwischen Stabilität und Flexibilität liegt wohl ein Erfolgsfaktor benediktinischen Lebens. Über Jahrhunderte hinweg gilt unverändert die Regel Benedikts als fast zeitlose, unveränderte Autorität und zeugt von benediktinischer Stabilität, Kontinuität und Identität.[991] Zugleich aber beweisen die Satzungen, die alle zehn bis zwanzig Jahre im Blick auf die Anforderungen der jeweiligen Zeit modifiziert werden, eine große Flexibilität und Beweglichkeit.

„Bibel, Regel und Satzungen" sind somit die Grundlagen benediktinischen Lebens. Sie geben den spirituellen und ethischen Rahmen vor und werden im Alltag des Mönches auf vielfältige Weise präsent gehalten. Sie dienen zur praktischen Organisation des Klosters und sollen daher ständig neu mit Leben erfüllt werden. Die Treue zu diesen Schriften gibt den Klöstern ihre Stabilität. Zugleich aber bietet die ständig geforderte Neuinterpretation Spielraum für die Anpassung an die Erfordernisse und Herausforderungen der Zeit.

3.2.2 Spannungsfeld: Mönchsein in Gemeinschaft

Ein Benediktinerkloster lebt wie jede soziale Institution im Spannungsfeld zwischen Individuum und Gemeinschaft. Benedikt sieht zunächst den einzelnen Mönch in seiner Originalität und definiert Gemeinschaft über ihre Funktionen. Im Blick auf die gegenwärtige Hochschätzung der Individualität und die dadurch gegebenen sozialen Herausforderungen gewinnt dieser Gedanke, der auch in den Klöstern der BBK oft in Vergessenheit geraten war, an Aktualität.

3.2.2.1 Gemeinschaft als Hilfe und Korrektiv

Im 58. Kapitel seiner Regel beschreibt Benedikt die Aufnahme von neuen Brüdern (Novizen). Dabei führt er als entscheidendes Kriterium der Aufnahme an, daß die Gemeinschaft genau darauf achten soll, „ob der Novize wirklich Gott sucht" (RB 58,7).[992] Mönche sollen „Gottsucher" sein, Menschen mit einer Sehnsucht nach dem letzten Grund ihres Lebens, erfüllt vom Wunsch, „allein Gott zu gefallen", wie Gregor der Große (+604) im zweiten Buch der Dialoge Benedikt kennzeichnet.[993] Nicht Leistung oder Können, sondern „Gottsuche" wird zum entscheidenden Kriterium, zum Kern eines alternativen Lebens aus dem Bewußtsein, von Gott angesprochen zu sein. Auf der Suche nach Leben und Glück, die die Ursehnsucht des Menschen nach der „vita beata" kennzeichnet, fühlt sich der Mönch angesprochen von dem Wort: „Wer ist der Mensch, der das Leben liebt und gute Tage zu sehen wünscht?" (RB Prol 15) und hofft, vertrauend auf die Güte des Herrn, den „Weg des Lebens" zu finden (vgl. RB Prol 20). Nicht Tod oder Abtötung, sondern die Sehnsucht nach erfülltem Leben ist das Grundmotiv der „Gottsuche".[994] Dies verdeutlicht in besonderer Weise der Vers, mit dem der Mönch seine Lebensbindung durch die Ablegung der Profeß bekräftigt: „Nimm mich auf, Herr, nach deinem Wort, und ich werde leben; laß mich in meiner Hoffnung nicht scheitern" (RB 58,21).

Im Blick auf die religiösen Suchbewegungen der Gegenwart gewinnt der Gedanke der „Gottsuche" an Aktualität. Der Mönch ist ein Suchender, einer, der wie so viele andere Zeitgenossen auch, noch nicht am Ziel angelangt, sondern geprägt ist von der Sehnsucht nach erfülltem Leben. Dies könnte für benediktinische Gemeinschaften Ansporn sein, offen suchenden Menschen zu begegnen, ohne gleich Antworten oder gar Patentrezepte vorzugeben.[995] Um so wichtiger erscheint es daher, daß eine Gemeinschaft sich auch als ganze bewußt macht, daß sie noch nicht am Ziel angekommen ist, sondern daß jeder unfertig und unterwegs ist.

Die „Gottsuche" gestaltet sich individuell verschieden, und so verwundert es nicht, daß Benedikt ein für die Antike ungewöhnliches Eingehen auf das Individuum kennt.[996] Benedikt macht allerdings keine Aussagen darüber, wie sich dieser originelle Weg der „Gottsuche" gestaltet. Er respektiert den einzelnen mit seinen ihm eigenen Gnadengaben und den entsprechenden Bedürfnissen (vgl. RB 40,1). Schließlich geht es Benedikt um die Formung des „Monachus", des Menschen, der allein und einsam lebt (μονος meint allein, einsam, verlassen).[997] Hier wird deutlich, daß die monastische Bewegung ihren Ursprung im Eremitentum hat, bei jenen Männern, die in der Loslösung von allen Abhängigkeiten einsam in der Wüste (ερημος) ohne Ablenkung, in der „Konzentration auf das Wesentliche", Gott suchten.[998] Da dem Eremiten aber das soziale Korrektiv fehlt, bestand und besteht die Gefahr, daß es zu einer einseitigen und selbstgefälligen oder auch skrupulösen Ausprägung der Originalität kommen kann.[999] Daher warnt Benedikt vor Alleingängen ohne Gemeinschaft und Regel, die zu Abarten des Mönchtums führen können (vgl. RB 1). „Sarabaiten", Mönche ohne Regel und Schule, brandmarkt er durch die Feststellung, „was sie meinen und wünschen, das nennen sie heilig, was sie nicht wollen, das halten sie für unerlaubt" (RB 1,9). Ihnen fehlt das Korrektiv der Gemeinschaft. Sie sind nicht bereit zu hören, zu gehorchen, d.h. ihre Lebensweise von anderen prüfen zu lassen. Ebenso warnt er vor den „Gyrovagen", die immer unterwegs und nie beständig sind (vgl. RB 1,10.11). Als Sklaven ihres Egoismus sind sie ständig auf der Flucht vor sich selbst und meiden die Konfrontation mit anderen. Gerade ihnen könnte die Beständigkeit in einer Gemeinschaft, die trägt und formt, maßgeblich Hilfe sein.[1000]

Für Benedikt gibt es nur zwei Arten von Mönchen, die durch ihre Lebensweise ihre „Gottsuche" glaubhaft ausdrücken: „Koinobiten" und „Anachoreten" (vgl. RB 1,2). „Koinobiten" sind Mönche, die in einer Gemeinschaft leben.[1001] „Anachoreten" dagegen sind Einzelkämpfer, die geübt durch das Gemeinschaftsleben jetzt ohne Beistand eines anderen ihr geistliches Leben allein gestalten. Der Weg zum Einsiedlertum führt also auch über die Gemeinschaft.[1002]

Damit ist die grundlegende Spannung benannt, die jedes Benediktinerkloster prägt.[1003] Auf der einen Seite steht der „Monachus", der mit seinen originellen Gnadengaben (vgl. RB 40,1), mit seinen Bedürfnissen (vgl. RB 34) sich auf den Weg der „Gottsuche" begeben hat (vgl. Sat Sp 1). Auf der anderen Seite steht die Gemeinschaft – die „Congregatio", die dem einzelnen Hilfestellung geben soll, diesen aber auch für ihr Gemeinwohl in die Pflicht nimmt (vgl. Sat Sp 4;19).[1004] Dabei schwebt Benedikt weder ein kollektivistisches System vor, in dem der einzelne völlig untergeht, noch ein individualistischer Haufen von Einzelkämpfern.[1005] Sein Kloster lebt vielmehr vom Spannungsfeld zwischen Gemeinschaft und Individuum, zwischen „Congregatio" und „Monachus". Diese ausgeglichene Sicht Benedikts, die sowohl die Bedürfnisse des einzelnen Mönchs als auch die Ansprüche der Gemeinschaft zusammenführen will, entspricht der geforderten Synthese zwischen Rechten und Pflichten, zwischen Pflicht- und Selbstentfaltungswerten, zwischen innen- und außenorientierter Selbst- und Weltsicht. Benedikt setzt beim einzelnen an und erkennt die Notwendigkeit der Ergänzung und des sozialen Korrektivs. Hierin liegt die große Chance und Aktualität benediktinischer Spiritualität gerade im gegenwärtigen soziokulturellen Kontext mit seiner Hochschätzung der Individualität. Zugleich aber ergeben sich daraus auch die üblichen Schwierigkeiten, die zu Spannungen und Konflikten inter- und intrapersonal führen können.[1006] Im Blick auf die Quellen des monastischen Lebens könnte dies allerdings gerade in der gegenwärtigen Zeit für klösterliche Gemeinschaften ein Ansporn sein, gegen jede Art der Uniformität dem einzelnen seinen originellen Freiraum zuzugestehen.

3.2.2.2 Sozialisation: Zeit der Prüfung

Damit ein Interessent die klösterliche Lebensform und die konkrete Gemeinschaft in ihrer spezifischen Ausprägung besser kennenlernen und sich eingehend prüfen kann, kennt schon Benedikt eine längere Zeit der Erprobung (vgl. RB 58). Gewöhnlich dauert diese Eintrittsphase in den Klöstern der BBK fünf bis sechs Jahre. Die Aufnahme geschieht schrittweise.[1007] Die ersten Monate lebt der Kandidat als Gast des Klosters bzw. als Postulant mit (vgl. Sat Ju 96). Mit der Einkleidung, die das „Postulat" beendet, beginnt das „Noviziat". Schon das Tragen des Habits (Ordensgewand) verdeutlicht, daß der Kandidat einen Schritt weiter in die Gemeinschaft eingetreten ist. In diesem Jahr lernt der Novize im internen Unterricht und durch die Tätigkeiten in verschiedenen Arbeitsbereichen die benediktinische Spiritualität und das eigene Haus mit seinen Tätigkeitsfeldern und Traditionen kennen (vgl. Sat Sp 105; Sat Ju 100; 101). Dieses Jahr dient besonders als Phase der Erprobung. Schon Benedikt legt großen Wert darauf, daß der Interessent die Entscheidung zum Eintritt in die Gemeinschaft frei trifft (vgl. RB 58,10).[1008] Seiner freien Entscheidung obliegt es, in der Gemeinschaft zu bleiben oder wieder zu gehen. Dieser Respekt vor der personalen Würde zeigt sich auch darin, daß die Gemeinschaft darauf achten soll, daß der Eintretende über die notwendige menschliche Reife verfügt bzw. sich durch weitere Reifung in der Gemeinschaft zu einer gefestigten Persönlichkeit entwickelt (vgl. Sat Sp 101). Der Eintritt darf keine Flucht vor der Wirklichkeit sein. Freiheit der Entscheidung, Annahme seiner selbst und die Bereitschaft, sich von behindernden Bindungen zu lösen, sind somit wesentliche Kriterien der Aufnahme (vgl. Sat Sp 101). Um diese Kriterien der Berufung zu prüfen, hält das Konventkapitel im Noviziatsjahr drei „Skrutinien" ab (vgl. Sat Ju 101). In diesen geheimen Besprechungen haben alle Kapitulare (Mönche mit Feierlicher Profeß) die Möglichkeit, positive und negative Beobachtungen über die Entwicklung des Novizen auszutauschen. Allerdings fehlt oft eine Methodik, die objektive Kriterien benennt, nach denen die Berufung geprüft wird, so daß das „Skrutinium" bisweilen ausgenutzt werden kann, um persönliche Sympathien oder Antipathien zu äußern. Hier gilt es, beispielsweise anhand der Kriterien, die die Regel und die Satzungen der BBK auf- führen (vgl. RB 58,7; Sat Sp 101), konkrete Punkte zu benennen, an denen sich das Gespräch orientieren kann. Dazu könnten beispielsweise die drei Gelübde (Beständig- keit, Klösterlicher Lebenswandel, Gehorsam) dienen oder die drei sogenannten „O`s" der Regel: „Opus Dei", „oboedientia" und „obprobria" (vgl. RB 58,7). Hilfreich wäre es auch, wenn diese Anforderungen konkret erläutert werden würden, so daß der Novi- ze schon im Vorfeld wüßte, welche Erwartungen an ihn gestellt werden.

Nach dem „Skrutinium" sollte der Novizenmeister dem betreffenden Novizen ein kom- primiertes Feedback geben, so daß dieser erkennt, wo Ansatzpunkte sind, an denen er weiterarbeiten soll bzw. welche Bedenken der Konvent geäußert hat.

Um zu einem gerechten Urteil kommen zu können, soll die ganze Gemeinschaft den Novizen in seiner persönlichen Prägung kennenlernen, ihn offen annehmen und ihn in seiner Berufung fördern (vgl. Sat Sp 103). Allerdings fordert sie auch die Bereitschaft, daß sich der Neueintretende in die bestehende Gemeinschaft nach und nach immer tiefer einfügt, sie mitträgt und mitgestaltet (vgl. Sat Sp 4). Am Ende des „Noviziates" obliegt es wiederum der freien Entscheidung des Novizen, einen Antrag auf Zulassung zur „Zeitlichen Profeß" zu stellen. Dazu muß der Abt die Zustimmung des Konvent- kapitels einholen (vgl. Sat Ju 101). Durch die Ablegung der „Zeitlichen Profeß" bindet sich der Novize für drei Jahre (vgl. Sat Ju 105). Auch diese Zeit soll sowohl der inneren als auch der gegenseitigen Prüfung dienen. Daher finden auch in diesem Zeitraum drei „Skrutinien" statt, wobei im letzten das Konventkapitel über die endgültige Aufnahme des Kandidaten entscheidet. Erst dann kann dieser sich bei der Ablegung der „Feier- lichen Profeß" durch das Gelübde des Gehorsams, der Beständigkeit und des klöster- lichen Lebenswandels für immer binden (vgl. RB 58,17; Sat Ju 107 f.). Damit über- nimmt er alle Pflichten und Rechte des klösterlichen Lebens.

Klösterliche Gemeinschaft ist Lebensgemeinschaft, in die sich der einzelne mit seinen Fähigkeiten und Gaben einbringen soll, von der er getragen wird, die er aber auch mit- tragen soll (vgl. Sat Sp 1-4). Sowohl Aspekte der „Subsidiarität" als auch der „Solidari- tät" werden bestimmend für das brüderliche Miteinander. Dies verdeutlichen nach- stehende drei Bilder, mit denen Benedikt sein Gemeinschaftsverständnis charakteri- siert.[1009]

3.2.2.3 Schule, Werkstatt, Haus Gottes

Eine benediktinische Gemeinschaft soll eine „Schule" für den Dienst des Herrn sein (vgl. RB Prol 45).[1010] Ziel ist es, daß der Mönch auf seiner Suche nach Gott Christus findet und entsprechend den neutestamentlichen Vorbildern dessen Jünger und Schüler wird.[1011] Mönch sein heißt somit, lebenslang Schüler und Lernender sein.[1012] D.h. mit Ablegung der „Feierlichen Profeß" ist der Mönch noch keineswegs am Ziel seiner Suche angekommen. Er hat noch nicht ausgelernt.[1013] Ständig muß er neu den Weg der Nachfolge und des Lernens einschlagen, um im klösterlichen Leben und im Glauben voranzuschreiten, Fortschritte zu erzielen und die Weite des Herzens zu erlangen (vgl. RB Prol 49). In diesem Sinn schreibt Benedikt im Prolog seiner Regel: „Darum wollen wir uns seiner Unterweisung niemals entziehen und in seiner Lehre im Kloster ausharren bis zum Tod" (RB Prol 50). Dieses Ausharren ist kein statisches Verweilen, sondern durch Dynamik und Flexibilität gekennzeichnet.[1014] Immer wieder verdeutlicht Benedikt mit Begriffen wie „laufen" (vgl. RB Prol 44.49), „eilen" (vgl. RB 73,8) oder „Schnelligkeit" (vgl. RB 5,8.9) die Dynamik des Lernprozesses. Lernen fordert also Beweglichkeit.[1015]

Manche Mönche bzw. Gemeinschaften haben anscheinend vergessen, daß das Kloster einer „Schule", einer Lerngemeinschaft gleichen soll. Zwar wird die persönliche „Lectio divina" (mehr oder weniger) gepflegt, auch versammelt sich der Konvent zu jährlichen Exerzitien (geistliche Übungen) und der eine oder andere Mönch besucht hin und wieder Weiterbildungsmaßnahmen. Doch oft läßt sich eine Gemeinschaft durch eine lähmende Unbeweglichkeit charakterisieren, die im Verharren auf überkommene Formen sich nicht mehr neuen Anforderungen öffnen kann und will. Ihr fehlt die von Benedikt geforderte Beweglichkeit. Hier gilt es, innerhalb einer Gemeinschaft erfinderisch neue Formen der Kommunikation zu suchen, die es jung und alt ermöglichen, sich mit ihren Erfahrungen mitzuteilen, so daß das „Lernen voneinander" ermöglicht wird. Regelmäßig stattfindende thematische Gesprächsrunden oder auch ein jährlicher Gesprächstag, an dem sich der Konvent mit einer konkreten Fragestellung intensiv auseinandersetzt, helfen mit, daß das Kloster zur „Schule" wird, in der lebenslang gelernt wird. Auch eine gemeinsame Weiterbildungsveranstaltung gibt neue Impulse.[1016]

Ein weiteres Bild für die klösterliche Gemeinschaft ist die „Werkstatt". „Die Werkstatt aber, in der wir das alles sorgfältig verwirklichen sollen, ist der Bereich des Klosters und die Beständigkeit in der Gemeinschaft" (RB 4,78), so Benedikt am Ende des vierten Kapitels, in dem er den Mönchen die „Werkzeuge der geistlichen Kunst" ans Herz legt. Sowohl die Begriffe „Werkstatt" und „Werkzeuge", als auch das Verb „verwirklichen" deuten darauf hin, daß in einer klösterlichen Gemeinschaft eigentlich etwas entstehen soll.[1017] Möglichkeiten, die in einem Menschen stecken, sollen realisiert werden. Dies fordert die Bereitschaft, an sich arbeiten zu lassen, aber auch die Bereitschaft, die vorgegebenen „Werkzeuge" und Möglichkeiten zu nutzen (vgl. Sat Sp 20).[1018] In einer „Werkstatt" arbeiten heißt für Benedikt, sich abmühen und nicht gleich aufgeben (vgl. RB 58,7). Ausdauer und Beständigkeit im Gebrauch der einzelnen „Werkzeuge" begleiten den Weg der „Gottsuche" (vgl. RB 4,75-78).[1019] Auch hierin zeigt sich Benedikts realistische Sichtweise. „Wo gehobelt wird, dort fallen Späne!" – so heißt es im Sprichwort – und wo Menschen zusammen sind, dort kann es zu Meinungsverschiedenheiten und Konflikten kommen. Um so wichtiger ist es für Benedikt, daß der einzelne sich dem Konflikt stellt, in der Auseinandersetzung mit dem anderen bzw. mit der Gemeinschaft reift (vgl. RB 68) und nicht dem Konflikt aus dem Weg geht (flieht), wie es die „Gyrovagen" tun (vgl. RB 1,10.11). Zu dieser Beständigkeit gehört auch, daß der Mönch lernt, den anderen so anzunehmen, wie er ist. Das impliziert allerdings die Bereitschaft, den anderen im Rahmen der brüderlichen Zurechtweisung (correctio fraterna) auf Mißstände aufmerksam zu machen. Das Bild der Gemeinschaft als „Werkstatt", in der Menschen ein Leben lang aneinander und miteinander arbeiten, weckt den Gedanken, ob es nicht sinnvoll ist, auch nach der „Feierlichen Profeß" in regelmäßigen Abständen eine Art „Skrutiniumsgespräch" beizubehalten. Die Chance des kritischen Feedback mit positiven und negativen Aspekten, das dem einzelnen helfen könnte, seinen geistlichen Weg zu reflektieren, sollte nicht außer acht gelassen werden. Auch stellt sich die Frage nach einer Methodik, die helfen könnte, Konflikte konstruktiv zu lösen.[1020]

In diesem Zusammenhang wird verständlich, warum nach Benedikt der Mönch eigentlich immer ein Leben führen sollte wie in der Fastenzeit (vgl. RB 49,1). Die Fastenzeit ist quasi eine „Trainingszeit". In der „Konzentration auf das Wesentliche" soll der Mönch kontinuierlich an sich arbeiten. Schon Benedikt erkennt, daß dies eine Überforderung darstellt und nur wenige dazu die notwendige Kraft haben (vgl. RB 49,2). Daher empfiehlt er, daß gerade die Fastenzeit von den Mönchen zur geistlichen Erneuerung genutzt wird. So stellt beispielsweise die Abgabe der Fastenvorsätze am Aschermittwoch eine Chance dar, den „Werkstattcharakter" der Gemeinschaft in Erinnerung zu rufen. Abt und betroffener Mitbruder könnten gemeinsam Ziele vereinbaren und dann nach Ostern in einem persönlichen Gespräch die Zielerreichung reflektieren. Um den „Werkstattcharakter" der Gemeinschaft zu unterstreichen, wäre es dabei sinnvoll, auch Maßnahmen zu vereinbaren, die das Zusammenleben in der Gemeinschaft betreffen. So könnte sich beispielsweise ein Mitbruder verpflichten, einem anderen in seinem Arbeitsfeld auszuhelfen oder regelmäßig die Krankenstation zu besuchen.

Ein drittes Bild neben „Schule" und „Werkstatt" ist urchristlichen Ursprungs: Die klösterliche Gemeinschaft als „Haus Gottes" (vgl. 1 Tim 3,15; 1 Petr 4,17; Hebr 3,5-6; 10,21). Es erscheint an drei wichtigen Stellen der Regel (vgl. RB 31,19; 53,22; 64,5).[1021] Das „Haus" ist ein Bild für die Kirche, die Gemeinschaft derer, die an den Herrn glauben. Sie setzt sich zusammen aus „lebendigen Steinen" (vivis ex lapidibus).[1022] Auf beeindruckende Weise malt dieses Bild der Kirchweihhymnus aus, wenn es dort heißt: „Meißelschläge, Hammerhiebe glätten füglich jeden Stein; dann erst paßt die Hand des Meisters ihn an seine Stätte ein, mauert fest ihn, daß er halte in dem heilgen Mauerwerk."[1023] Leben im Kloster heißt also behauen, abgeschliffen und eingepaßt werden. Dies erfordert Veränderungsbereitschaft, die sich auch im schmerzvollen Verzicht auf Liebgewonnenes zeigen kann. „Lebendiger Stein", nicht „totes Gemäuer" sein bedeutet, sich von anderen in das Gesamtbauwerk einfügen zu lassen und sich in diesem von anderen Steinen getragen zu wissen. Dies beinhaltet die Bereitschaft, das „Haus" aktiv mitzutragen und mitzugestalten. Dabei spielt der Dienst der Oberen eine wichtige Rolle, den Benedikt im Zusammenhang mit dem Begriff „Haus Gottes" anspricht. Als weise (vgl. RB 53,22) und würdige (vgl. RB 64,5) Verwalter sollen sie dafür Sorge tragen, daß im „Hause Gottes" niemand traurig ist (vgl. RB 31,19). Im Ermessen und in der Verantwortung des Oberen liegt es also, wie der einzelne Mönch „bearbeitet" wird. Der eine wird eben mehr, der andere weniger brauchen. So gehört es auch zu den Aufgaben des Abtes, daß er schützend seine Hand über jene hält, auf denen der gemeinschaftliche Druck zu sehr lastet.

An den Bildern „Schule", „Werkstatt" und „Haus" fällt auf, daß Benedikt kein romantisierendes bzw. idealistisches Gemeinschaftsbild anstrebt. Benedikt bestimmt die Gemeinschaft von ihrer Funktion her, dem Mönch Hilfestellung zu geben auf seinem Weg der „Gottsuche". Oft genug wurde und wird in idealisierender und romantisierender Form die klösterliche Gemeinschaft mit einer „Familie" verglichen.[1024] Solche Erwartungen stellen eine klare Überforderung dar. Hinzu kommt, daß der heutige Sprachgebrauch von „Familie" als „schützendes Nest", in dem die einzelnen Mitglieder in Frieden und Eintracht zusammen leben, die klösterliche Wirklichkeit verkennt.[1025] Benedikt benutzt im Gegensatz zur Magisterregel das Bild der „Familie" nicht.

Benediktinische Gemeinschaft ist, um die Begriffe von Pieper und Korff zu verwenden, „Organisation" und hat durch die Verbindung der unterschiedlichen Charismen einen „sachhaft-gebrauchenden" Charakter. Ebenso ist sie „Gesellschaft". Sie sollte durch eine „gesunde Konkurrenz" geprägt sein, in der der einzelne im Konflikt reifen kann.[1026] Schließlich ist sie „Gemeinschaft", in der sich Menschen gegenseitig um ihr Wohlergehen sorgen.[1027] Im Streben nach einer ausgeglichenen „Soziohistologie" wird die klösterliche „Communio" dem „Monachus" als „Bedürfniswesen", „Konkurrent" und „Fürsorger", also in seiner ganzen Bandbreite gerecht.

3.2.2.4 Monastische Grundvollzüge

Gerne wird „Ora et labora" – „Bete und arbeite" als die Kurzformel benediktinischen Lebens bezeichnet. Diese Kurzformel ist so allerdings nicht in der Regel Benedikts zu finden.[1028] Vielmehr soll nach Benedikt das monastische Leben durch den Dreiklang von Gebet, Lesung (lectio divina) und Arbeit bestimmt sein (vgl. RB 48).[1029] Dabei geht es ihm um den maßvollen Ausgleich dieser drei Pole. Zu festgesetzten Zeiten sollen die Mönche arbeiten, lesen und beten, um dem Übel des Müßiggangs zu entgehen (vgl. RB 48,1). Benedikt gibt dem Tag eine klare Ordnung (vgl. RB 8-20; 45; 47; 50; 52). Dies geschieht mit äußerster Sorgfalt.[1030] So kennt er Zeiten des Gebetes, der Lesung und der Arbeit. Dieser Wechsel der verschiedenen Tätigkeiten kennzeichnet nicht nur den Tag, sondern auch die Woche und das Jahr.[1031] Der Müßiggang (otiositas, acedia), verstanden als Trägheit, Unlust und Widerwillen, behindert die „Gottsuche" und zeigt sich als Feind der Seelenruhe (vgl. RB 48,18.23; Sat Sp 67).[1032]

3.2.2.4.1 Gebet/Geistliche Lesung (Ora)

Eine Vorrangstellung nimmt in diesem Dreiklang das gemeinschaftliche Gebet, das „Opus Dei" ein (vgl. RB 7,63;22,6;).[1033] Es ist für Benedikt ein Existential der klösterlichen Gemeinschaft, des „Hauses Gottes", der „Kirche im Kleinen". Als „Gottsucher" glaubt der Mönch, in der ständigen Gegenwart Gottes zu leben (vgl. RB 19,1). Immer wieder sucht er das Gespräch mit ihm. Gerade das gemeinschaftliche Gebet, kontinuierlich gepflegt und geübt, ist ein dialogisches Geschehen der Begegnung. Der Mönch kommuniziert mit Gott und dieser mit ihm. Hier zeigen sich die zwei Dimensionen des „Opus Dei": Zum einen ist es Werk gegenüber Gott etwa im stellvertretenden Lobpreis (genitivus obiectivus). Zum anderen ist es zutiefst Werk Gottes am Menschen (genitivus subiectivus). Der Gottesdienst wird so zum dialogischen Geschehen zwischen Geschöpf und Schöpfer (vgl. Sat Sp 57).[1034]

Bei der Einteilung der Gebetszeiten geht Benedikt vom Rhythmus des menschlichen Lebens aus und zeigt sich gegenüber der Tradition als recht beweglich.[1035] Ihm ist eben eine sinnvolle Tageseinteilung wichtiger als eine abstrakte Einhaltung heiliger Stunden. Schließlich soll der Tag in einem gesunden, dem Menschen förderlichen Rhythmus von Gebet, Lesung und Arbeit ablaufen.[1036] Auch darin zeigt sich wieder die Menschlichkeit Benedikts. So stellt sich heute die Frage, wenn beispielsweise ein Kloster verstärkt in der Seelsorge tätig ist, ob es nicht sinnvoll und im Geiste Benedikts ist, die Tagesordnung den pastoralen Anforderungen anzupassen, indem etwa der Frühchor und auch die Komplet zu etwas späterer Stunde gehalten werden, so daß auch die Seelsorger daran teilnehmen können (vgl. Sat Sp 62). Oder ein Kloster mit Schule und Internat könnte sich in den Ferien eine eigene Ferienordnung geben, um so den Präfekten und Lehrern die Möglichkeit zu geben, morgens ein wenig länger zu schlafen.

Der Tagesrhythmus soll dem spirituellen Leben des Mönchs dienen. Dazu bedarf es der kontinuierlichen Übung (Disziplin) dieses Rhythmus, wozu die Gemeinschaft Hilfestellung leistet, indem sie beispielsweise die Anwesenheit aller erwartet und feste Formen des gemeinsamen Gebets vorgibt. Es kommt zur Verbindung von Alltag und Fest, von Erde und Himmel, von Irdischem und Transzendentem.[1037] Benedikt ist es sehr wichtig, daß dem Gebet als der Quelle des monastischen Lebens nichts vorgezogen wird (vgl. RB 43,1-3).[1038] Dahinter steckt eine alte Erfahrung. Nachlässigkeiten, aber auch ein gewisser Arbeitsdruck können schnell dazu führen, daß sowohl einzelne Mönche als auch eine Gemeinschaft in diesem Bereich großzügigere Lösungen finden.[1039] Vermutlich legt Benedikt gerade deshalb das Zeichen zum Gottesdienst in die besondere Verantwortung des Abtes (vgl. RB 47,1). Seine ausdrückliche Aufgabe ist es, klar Grenzen zu ziehen, um so dem Seelenheil der Mitbrüder zu dienen.[1040] Hier zeigt sich auch das Provokante dieser Anweisung. Schließlich widmet der Mönch wertvolle Zeiten des Tages dem Gebet. In einer Gesellschaft, in der die Maxime „Zeit ist Geld" gilt, stellt diese Tagesordnung eine ungeheure Herausforderung dar, zumal Zeit viel knapper und kostbarer geworden ist als Geld (vgl. Sat Sp 63).[1041] Doch für den Mönch ist das Gebet ähnlich wie das Spiel zweckfreies, aber nicht sinnloses Dasein.[1042]

In der Begegnung mit seinem Schöpfer findet er den sinnvollen Ausgleich zu seinem Arbeiten ebenso wie die Arbeit, das konkrete Tätigsein, eine Antwort auf das Gespräch mit Gott ist. Benediktinische Spiritualität kann so zum Korrektiv einer sinn- und zwecklosen Freizeitbeschäftigung werden.[1043]

Als Fortführung der Liturgie mißt Benedikt auch den gemeinsamen Mahlzeiten einen hohen Stellenwert bei (vgl. RB 35; 38; 43,13-19; Sat Sp 75-79). Als Orte der Begegnung sollen sie Abbild jenes letzten großen Mahles der „Communio sanctorum" im Himmel sein. In diesem Zusammenhang wird verständlich, warum in benediktinischen Gemeinschaften das Essen förmlich zelebriert wird, etwa mit einer festen Ordnung von Tischlesung und Tischdienst. Ferner wird einsichtig, wie wichtig das gemeinsame Feiern von Festen im Laufe des Jahres ist. Zum einen ist jedes Fest ein Abbild der himmlischen Kirche, zum anderen haben Feste gemeinschaftsbildende Wirkung. Zugleich werden Grundaussagen des Glaubens gefeiert, die im Festgeheimnis vergegenwärtigt werden.[1044]

Auch sollte es feste Zeiten der gemeinschaftlichen Erholung und Muße geben (vgl. Sat Sp 80-83). In diesem Zusammenhang seien nochmals die zahlreichen Riten und Hausbräuche genannt, die dem gemeinsamen Leben eine feierliche Ausrichtung geben und gemeinschaftsbildende Wirkung haben. Auch das einheitliche Ordensgewand verbindet (vgl. Sat Sp 36).[1045]

Benedikt fordert auch, daß die Mönche zu festen Zeiten für die Lesung frei sein sollen (vgl. RB 48, 4.10.13.14.17.22).[1046] Zum einen ist sie Studium und Weiterbildung. Zum anderen soll sie tiefer gehen, indem sie als „Lectio divina" den Mönch in seinem Inneren anspricht, ihn zum Gebet öffnet und sein Herz bildet. Durch die kontinuierliche Übung soll er sich einen Schatz anhäufen. Höhepunkt des Lesens ist dann die konkrete Umsetzung im alltäglichen Leben.[1047] Benedikt ist sich bewußt, daß die Mönche in dieser Herzensbildung nachlässig werden können, da sie sehr viel Selbstdisziplin erfordert. Daher wünscht Benedikt, daß Kontrollpersonen zumindest den äußeren Rahmen des Schweigens sicherstellen (ante omnia! quod absit! vgl. RB 48, 17-19).[1048] Auch heute besteht die Gefahr, daß die „Lectio divina" im Alltag des Mönchs zu kurz kommt, zumal sie der Selbstdisziplin des einzelnen unterliegt und eine Gemeinschaft nur wenig Hilfestellung geben kann (vgl. Sat Sp 63; 67). Hier kann es für den einzelnen Mönch hilfreich sein, mit einem „Geistlichen Begleiter" kontinuierlich sein geistliches Leben und Tun, wozu auch die „Lectio divina" gehört, zu reflektieren (vgl. Sat Sp 29).

Die „Lectio divina" stellt eine Herausforderung für die gegenwärtige „Wissens-" und „Informationsgesellschaft" dar, die durch Schnelligkeit und Kurzlebigkeit geprägt ist. „Lectio divina", verstanden als innere „Wertevermittlung" durch Herzensbildung, braucht Zeit und dient nicht zur oberflächlichen Informationsweitergabe und Wissensvermittlung. Sie soll in der Tiefe des Menschen sein Bewußtsein und sein Verhalten prägen (vgl. Sat Sp 63).

Gebet und Lesung als zweckfreier Ausgleich zur Arbeit erfordern ein hohes Maß an Disziplin, die sich in kontinuierlicher Übung zeigt. Inmitten einer Gesellschaft, die durch grenzenlose Flexibilität, durch sinnlose Freizeitbeschäftigungen und durch kurzlebige Erlebnisse geprägt ist, ist Disziplin anscheinend weniger gefragt. Allerdings finden sich auch Anknüpfungspunkte, etwa im Bereich des Sports als Freizeitbeschäftigung. Auch Sport ist als Spiel ein zweckloses aber nicht sinnloses Tun. Um Erfolg erzielen zu können und fit zu sein, bedarf es der kontinuierlichen Übung, des permanenten Trainings. Feste Zeiten, feste Orte und feste Übungen unterstützen dieses Streben. Auch die Erwartungshaltungen eines Vereins oder der Trainingspartner motivieren. Vielleicht hätten die Klöster durch eine Annäherung an den Bereich des Sports eine Chance, ihre ureigensten Vollzüge neu zu beleben. Zumindest aber wird über den Vergleich Verständnis für eine Lebensweise geschaffen, die sich ganz an Gott ausrichtet.

3.2.2.4.2 Arbeit (Labora)

Neben dem Gebet und der Lesung ist für Benedikt ebenso die Arbeit Ort der „Gottsuche" und „Gottesbegegnung".[1049] Gott soll in allem verherrlicht werden (vgl. RB 57,9), gerade auch in der alltäglichen Arbeit.[1050] Damit bekommt jede Tätigkeit eine transzendierende Dimension und wird zur asketischen Tat.[1051]

Benedikt gibt in seiner Regel keine konkreten Tätigkeitsfelder vor. Im Unterschied zu anderen Orden, die sich bestimmten Aufgabenbereichen von ihrem Gründer her verpflichtet fühlen (so etwa caritativer Tätigkeiten oder Bildungsarbeit), ist ein Benediktinerkloster grundsätzlich nicht auf eine bestimmte Arbeit festgelegt (vgl. Sat Sp 70). Dadurch kann sich eine Gemeinschaft den Herausforderungen der Zeit flexibler anpassen.[1052] Allerdings kann es die Tradition eines Klosters bzw. einer Kongregation mit sich bringen, daß es bleibende Aufträge gibt. So fühlen sich die Klöster der BBK besonders der Seelsorge und der Bildungsarbeit verpflichtet (vgl. Sat Sp 115;118). Dies meint aber nicht, daß sie sich nicht von altgewohnten Diensten trennen könnten, um sich neuen Herausforderungen zu widmen (vgl. Sat Sp 120). Der Auftrag der „Verherrlichung Gottes" wird zum Motor jeder benediktinischen Kultur.[1053]

„Verherrlichung Gottes" kann auf unterschiedlichste Weise geschehen, ob als Bibliothekar oder Lehrer, ob als Ökonom oder Pfarrer. Arbeit ist zugleich Dienst am Herrn (vgl. RB Prol 14) und Dienst an der Gemeinschaft (vgl. RB 35,1.6).[1054] Sie ist Teil des schöpferischen Wirkens Gottes (vgl. Sat Sp 68). Diese Ansprüche fordern von den klösterlichen Betrieben sowohl umweltfreundliche Produktionsmethoden als auch eine optimale Produktqualität, so daß die Konsumenten wirklich angeregt werden, bewußt oder unbewußt ihren Schöpfer zu loben.[1055] Um in der inneren Organisation selbständig zu sein, sollte ein Kloster im Idealfall wirtschaftlich unabhängig sein. Benedikt will, daß die Mönche von ihrer „Hände Arbeit" leben (vgl. RB 48,7.8). Nach dem Vorbild der Urkirche haben sie „Gütergemeinschaft" (vgl. RB 33,6; Sat Sp 33). Ob nun in der Küche (vgl. RB 35) oder als Handwerker (vgl. RB 57), ob als Pförtner (vgl. RB 66) oder auf dem Feld (vgl. RB 48,7): Jeder erweist seinen Dienst. Im Blick auf die wirtschaftlich angeschlagene Lage mancher Klöster stellt sich bezüglich ihrer Unabhängigkeit die Frage, ob Mönche nicht auch moderne Berufe außerhalb des Kloster ausüben sollten, um so durch ihrer „Hände Arbeit" ihre Autarkie und Autonomie zu sichern.[1056]

Die „Gütergemeinschaft" kann auch zu Fehlverhalten führen. Auf der einen Seite birgt sie für den einzelnen Mönch einen großen Freiraum (vgl. Sat Sp 37). Er braucht sich nicht täglich um seinen Unterhalt zu sorgen. Auf der anderen Seite besteht die Gefahr einer falschen Bequemlichkeit, die sich in Gleichgültigkeit bzw. Faulheit äußern kann. Zwar benennt der Spirituelle Teil der Satzungen der BBK diese Probleme (vgl. Sat Sp 34;35;38), jedoch finden sich im Juridischen Teil weder positive noch negative Sanktionen, die das richtige Verhalten fördern oder das falsche unterbinden. Auch in diesem Zusammenhang stellt sich beispielsweise die Frage, ob nicht dem einzelnen von seinem Arbeitsumfeld in regelmäßigem Abstand ein kritisches Feedback gegeben werden soll, aus dem dann zusammen mit den Oberen Maßnahmen abgeleitet werden können.

Bei der Arbeitsaufteilung zeigt sich wiederum die Menschlichkeit Benedikts. Schwächere Mitbrüder sollen eine geeignete Aufgabe bekommen, damit sie nicht durch die Arbeitslast erdrückt oder gar zum Fortgehen gezwungen werden (vgl. RB 48,24; Sat Sp 22). Jeder, der Hilfe benötigt, soll sie erhalten, damit er ohne Murren seinen Dienst verrichten kann (vgl. RB 53,18-20).[1057] Dabei fordert Benedikt von seinen Mönchen Flexibilität.[1058] Benedikt denkt eben in erster Linie nicht funktional. Ihm geht es um den konkreten Menschen. Aus diesem Grund fordert er auch jene Mitbrüder auf, die weniger beschäftigt sind, ohne Widerrede anderen, die Hilfe benötigen, zu helfen (vgl. RB 53,18-20). Für Benedikt sind die Hilfskräfte „solacia – Tröster", die mehr durch ihre Taten als durch Worte trösten sollen.[1059] Dabei offenbart sich das Grundanliegen klösterlicher Gemeinschaft: Letztlich steht die „Gottsuche" des Mönchs im Mittelpunkt, wozu ihm das gemeinschaftliche Leben Hilfestellung geben soll. Benedikt will nicht, daß der einzelne durch Überforderung resigniert, traurig wird und den Weg der „Gottsuche" wieder verläßt. Schließlich ist ein ideeller Erfolg letztes Ziel des Mönchs und nicht der wirtschaftliche Erfolg des Klosters.[1060] Im Blick auf die z.T. kleiner werdenden Konvente darf sich eine Gemeinschaft mit ihrem Aufgabenpensum nicht überlasten. Das Kloster ist für den Mönch da![1061] Bei Überforderung gilt es zu erörtern, welche Aufgabenfelder aufgegeben oder an außenstehende Kräfte abgegeben werden können bzw. müssen (vgl. Sat Sp 120).[1062]

Arbeit ist für den Mönch notwendiger Dienst (objektiver Sinn) und schöpferisches Tun (subjektiver Sinn), wie es die Satzungen der BBK umschreiben (vgl. Sat Sp 68). Dabei sollten folgende Gesichtspunkte berücksichtigt werden: die Aufgaben und Erfordernisse der Klostergemeinschaft, die Fähigkeiten und Neigungen des einzelnen, die Einbindung des einzelnen in die Gemeinschaft und der notwendige Freiraum des einzelnen (vgl. Sat Sp 69). Ohne Frage ist es häufig schwierig, diese Faktoren in Einklang zu bringen.

Die Sorge für den Bestand des Klosters und das Wohl der Gemeinschaft werden bewußt primär genannt, da sie Voraussetzung für das Einzelwohl der Mönche sind. Dies kann auch dazu führen, daß ein Mönch eine Aufgabe übernehmen muß, die nicht so sehr seinen Vorstellungen entspricht. Folglich heißt es in den Satzungen der BBK: „Der Mönch übernimmt die Arbeit in ihrer Härte und Belastung als Pflicht gegenüber der Gemeinschaft und nicht nur im Maß seiner augenblicklichen Neigungen" (Sat Sp 68).

Ferner sollte eine Gemeinschaft darauf achten, daß der einzelne sich in seiner Arbeit von der Gemeinschaft ernst genommen fühlt. Durch das Bewußtsein „gebraucht zu werden" erfährt er sich als tragendes Glied der Gemeinschaft (vgl. Sat Sp 71). Mitarbeit in verschiedenen Aufgabengebieten kann das individuelle und kreative Potential der Mönche fordern und fördern und diese zugleich stärker in die Gemeinschaft einbinden (vgl. Sat Sp 72). Der moderne Gedanke der Selbstverwirklichung durch Arbeit ist Benedikt fremd. Allerdings kennt er die Rücksichtnahme auf das individuelle Können der Mönche, wie er es am Beispiel der Handwerker zeigt (vgl. RB 57).[1063] Dabei muß eine Gemeinschaft darauf achten, daß das Verhältnis des Mönchs zur Arbeit neben dem nötigen Engagement auch die nötige Distanz aufweist. Arbeit darf nicht zum Mittel der Selbstbestätigung, des Geltungsdranges und des sozialen Prestiges werden (vgl. Sat Sp 68) und zu Stolz und Hochmut führen (vgl. RB 57,1-3), die das Zusammenleben in einer Gemeinschaft stören können. Auch einer Flucht in die Arbeit, um eine innere Leere zu überdecken, gilt es, wenn nötig, entschieden zu begegnen (vgl. Sat Sp 73; 74). Benedikt sieht als Schutzmaßnahme eine Amtsenthebung vor (vgl. RB 57,3). Zur Zeit Benedikts war das wahrscheinlich einfacher möglich. Im Blick auf die differenzierten Berufe gibt es damit heute Schwierigkeiten. Ein gelernter Elektromeister, ein examinierter Lehrer oder ein diplomierter Betriebswirt sind nicht so einfach austauschbar. Um so wichtiger ist es, daß in irgendeiner Form eine Gemeinschaft dem einzelnen Mönch regelmäßig ein kritisches Feedback gibt.

Es besteht immer die Gefahr, daß sich ein Mönch allein von seinen Aufgaben her definiert und diese absolut setzt, zumal es sonst keine Anerkennung wie Lohn und Gehalt gibt. Die Arbeit darf nicht zu einer Ganzhingabe des Mönchs an seine Aufgabe führen. Folglich muß die ganze Gemeinschaft dafür Sorge tragen, daß eine gesunde Distanz zwischen Arbeit und Freizeit durch räumliche und zeitliche Einteilungen gegeben ist (vgl. Sat Sp 73).[1064] Hier stellt sich die Frage nach Anerkennungs- und Motivationsmechanismen, die im klösterlichen Leben fehlen. Das Streben nach unsichtbarem Gotteslohn flacht im Alltag häufig ab. Um informelle Anerkennungsmechanismen zu vermeiden, ist zu überlegen, welche offiziellen Möglichkeiten geschaffen werden könnten.

In den meisten Fällen sind Benediktinerklöster als Arbeitgeber tätig. Hinzu kommt, daß Mönche in klösterlichen Betrieben häufig für externe Mitarbeiter als Führungskräfte fungieren, unabhängig davon, ob sie über die nötigen fachlichen Qualitäten bzw. Führungsqualitäten verfügen. Häufig ist allein die Zugehörigkeit zur klösterlichen Gemeinschaft das entscheidende Auswahlkriterium. Oft aber sind diese Mönche mit ihren Aufgaben überfordert und es kommt zu Konflikten zwischen Arbeitgebern und Arbeitnehmern. Daher stellt sich die Frage nach einem benediktinischen Führungsethos, der durch eine starke Einbindung der Mitarbeiter in den Entscheidungsprozeß geprägt ist. Dies bedeutet zunächst, daß die Stellung als Arbeitgeber nicht zum Nachteil der Arbeitnehmer ausgenutzt werden darf. Vielmehr offenbart sich Personalarbeit in einem Benediktinerkloster im weitesten Sinn als Seelsorge. Dabei können die Aussagen, die Benedikt über den Dienst des Abtes und seiner engeren Mitarbeiter macht, gute Impulse für das Führungsverhalten geben.

Am Ende dieses Abschnitts kann festgehalten werden:

Im Spannungsfeld zwischen einzelnem Mönch und brüderlicher Gemeinschaft gilt es, in den Klöstern der BBK entsprechend der Regel Benedikts den Weg der Mitte zu suchen. Benedikt sieht zunächst immer den konkreten Menschen auf seinem originellen Weg der „Gottsuche". Er respektiert die personale Würde. Die Gemeinschaft bzw. die klösterliche Lebensweise darf nicht Selbstzweck sein. Sie wird von ihrer Hilfsfunktion bestimmt. Es gilt also das „Subsidiaritätsprinzip". Klösterliche Gemeinschaft ist für den Mönch „Schule", „Werkstatt" und „Haus Gottes". Mit seinen originellen Charismen soll sich der einzelne einbringen können. Selbstentfaltung wird ermöglicht. Zugleich fordert Benedikt von jedem Mönch „Solidarität". Jeder soll die klösterlichen Grundvollzüge mittragen. Aber selbst hier hat Benedikt das Wohl des einzelnen im Auge. Er sucht den ausgeglichenen Weg der Mitte zwischen den Extremen des Individualismus, wie er ihn am Beispiel der „Gyrovagen" und „Sarabaiten" aufzeigt, sowie des Kollektivismus, der einer Ganzhingabe an die klösterliche Gemeinschaft „ohne Wenn und Aber" gleich käme. Auch darin zeigt sich die Synthese zwischen Rechten und Pflichten, zwischen Innenorientierung und Außenorientierung, zwischen Selbstentfaltung und sozialer Verantwortung. Dieser Weg der Mitte offenbart sich sowohl in den kooperativen Strukturen, die ein Benediktinerkloster prägen, als auch in der verbindenden Grundhaltung des Hörens, wie sie das Gelübde des Gehorsams zum Ausdruck bringt.

3.2.3 Klare Strukturen: Partizipation und Integration

Benedikt will, daß das Kloster von einem Abt geleitet wird. Als „Primus inter pares" obliegt ihm in Kooperation mit anderen Mitbrüdern die Führungsaufgabe (vgl. Sat Sp 85). Dabei ist er an den Rat der Brüder gebunden. Das benediktinische Kloster kennzeichnet so eine flache Hierarchie, die zugleich synodale Züge aufweist. Auch in diesem Zusammenhang wird deutlich, daß die Klöster der BBK in Analogie zu Kirche und Gesellschaft stehen. Vor dem II. Vatikanum waren die klösterlichen Strukturen eindeutig hierarchisch geprägt. Partizipation an der Führung gab es nur für den engeren Mitarbeiterstab des Abtes. Die sogenannten „Laienbrüder" (Mönche ohne Priesterweihe) waren nicht im Konventkapitel vertreten. Sie hatten also offiziell keine Mitwirkungsrechte. Entsprechend wurde das Gelübde des Gehorsams als bedingungsloser Gehorsam interpretiert. Im Zuge der Reformen des II. Vatikanum kam es in den Benediktinerklöstern zu Erneuerungen. Unter Berücksichtigung der Anforderungen des dritten Kapitels der Regel Benedikts wurden die klösterlichen Strukturen durch partizipatorische Elemente erweitert. [1065]

3.2.3.1 Der Abt und sein Dienst: Primus inter pares

In zwei Kapiteln beschreibt Benedikt explizit den Dienst des Abtes (RB 2; 64).[1066] Er steht in besonderer Verantwortung sowohl für das Wohlergehen jedes einzelnen Mönches als auch der ganzen Gemeinschaft. Benedikt entwirft in seiner Regel ein Abtsbild, das an den Abt hohe Anforderungen stellt.[1067] Dabei fällt auf, daß Benedikt nie schreibt, wie der Abt ist, sondern wie er sein sollte. Er ist Realist genug und weiß aus eigener Erfahrung, wie schwer es ist, den hohen Idealen zu entsprechen.[1068] Sie dienen als Orientierungshilfen, an denen sowohl der Abt als auch die Gemeinschaft ihr Führungsverhalten ausrichten und prüfen sollen. Ebenso helfen sie jenen Mönchen als Richtgrößen, die durch ihre konkrete Tätigkeit, beispielsweise als Lehrer, Pfarrer, Schulleiter, Handwerksmeister etc., mit Führungsaufgaben betraut sind.[1069]

Der Abt wird von seinen Mitbrüdern auf Lebenszeit gewählt (vgl. RB 64, 1), d.h. alle Mitbrüder, ob Priester oder Laien, haben gleichermaßen Stimmrecht. In der BBK bietet er mit Vollendung des siebzigsten Lebensjahres seinen Amtsverzicht an (vgl. Sat Ju 38).[1070]

Die vorrangige Aufgabe eines Abtes ist es, seine Mitbrüder als Seelsorger in ihrer Suche nach Gott zu unterstützen. Dieser eigentliche äbtliche Dienst tritt heute manchmal in den Hintergrund, da repräsentative Verpflichtungen, Firmreisen, Bauvorhaben, Vorträge etc. zuviel Zeit beanspruchen. Hier gilt es, sich in Erinnerung zu rufen, daß ein Abt zunächst Seelsorger für seine Mitbrüder ist und als solcher sein Kloster nach außen repräsentiert. Daher raten die Satzungen der BBK im Blick auf die Auswahlkriterien kritisch: „Es wäre kurzsichtig und unverantwortlich, sich von vordergründigen Notwendigkeiten leiten zu lassen und bei dem zu Wählenden z.B. mehr auf Ansehen und gewandtes Auftreten in der Öffentlichkeit oder Kenntnis in Wirtschaftsfragen Rücksicht zu nehmen als darauf, ob er geeignet ist, als kluger Lehrer des geistlichen Lebens und gütiger Vater die Klostergemeinde zum Frieden und zur Einheit in Christus zu führen" (Sat Sp 93).

Als „höherer Ordensoberer" und „Ordinarius" im Sinn des Kirchenrechts leitet der Abt das Kloster in allen geistlichen und zeitlichen Belangen (vgl. Sat Ju 12-17). Als äußere Zeichen seiner Stellung kann er Ring und Pektorale, bei liturgischen Handlungen Stab und Mitra tragen. Diese Insignien seiner Stellung sollen ihm bewußt machen, daß er in besonderer Weise Christus als den eigentlichen Herrn des Klosters durch sein Wirken sichtbar machen soll (vgl. RB 2,2; 63,13; Sat Sp 84). Daher darf der Dienst des Abtes nicht dem Herrschaftsanspruch eines willkürlichen Despoten oder Tyrannen gleichen (vgl. RB 27,6; 65,2), auch wenn ein falsches Autoritäts- und Gehorsamsverständnis oft genug zu diesem Mißverständnis geführt hat.[1071] Als „Primus inter pares", als von der Gemeinschaft bestimmter Mitbruder ist seine Führungsaufgabe ein „Dienst an der Gemeinschaft". Dies verdeutlichen die Titel und Bilder, die Benedikt dem Abt zuschreibt.

3.2.3.1.1 Vorbild und Lehrer

Benedikt nennt an zwei Stellen der Regel den Abt „Stellvertreter Christi" (vgl. RB 2,2; 63,13), d.h. der eigentliche Abt und Hausherr des Klosters ist Christus selbst.[1072] Der Abt ist „nur" sein „Stellvertreter".[1073] Als solcher ist er Christi Repräsentant und muß diesen den Mitbrüdern in seiner Person, seinem Amt und seinem Wirken transparent machen (vgl. RB 64,17). Um seine Vermittlerfunktion zwischen Christus und den Mönchen zu unterstreichen, soll er mit Herr und Abt (Vater) angeredet werden (vgl. RB 2,2; 63,13).[1074] Diese Anrede ist mit einer hohen Verantwortung verknüpft, wie Benedikt gleich zu Beginn des zweiten Kapitels mahnt: „Der Abt, der würdig ist, einem Kloster vorzustehen, muß immer bedenken, wie man ihn anredet, und er verwirkliche durch sein Tun, was diese Anrede für einen Oberen bedeutet" (RB 2,1; vgl. RB 63,14). Als „Stellvertreter Christi" nimmt er v.a. in der Gemeinschaft eine Dienstfunktion wahr, entsprechend dem Wort Christi: „Ich bin unter euch, wie einer der dient" (Lk 22,27).[1075] Von daher sind auch jene prägnanten Führungsgrundsätze zu verstehen: „Er wisse, daß er mehr helfen, als herrschen soll" („magis prodesse quam praeesse"; RB 64,8), „er suche mehr geliebt als gefürchtet zu werden" („plus amari quam timeri"; RB 64,15).[1076] Beide Aufforderungen bilden einen komplementären Gesichtspunkt des Gehorsams und verdeutlichen dem Abt, daß sein Auftrag nicht eine willkürliche Machtbefugnis, sondern Dienst an den Brüdern ist.[1077]

Benedikt nennt als erstes Kriterium für das äbtliche Amt die Bewährung im Leben (vgl. RB 64,2), die sich im guten Ruf und einer vorbildlichen Lebensführung zeigt (vgl. RB 21,1).[1078] „Er mache alles Gute und Heilige mehr durch sein Leben als durch sein Reden sichtbar. Einsichtigen Jüngern wird er die Gebote des Herrn mit Worten darlegen, hartherzigen aber und einfältigeren wird er die Weisungen Gottes durch sein Beispiel veranschaulichen. In seinem Handeln zeige er, was er seine Jünger lehrt, daß man nicht tun darf, was mit dem Gebot Gottes unvereinbar ist. Sonst würde er anderen predigen und dabei selbst verworfen werden." (RB 2,12.13). Daher ist der Abt in besonderer Weise an die Regel gebunden (vgl. RB 2,11; 3,7; 64,20).[1079] Er soll quasi die gelebte Regel, das vorgelebte Leitbild für seine Mönche sein. Als erster und lebendiger Interpret der Regel sollen die Mönche an seinem Verhalten ablesen können, was die Regel lehrt. Von ihm und seinem Lebensstil wird es daher maßgeblich abhängen, ob die Regel als Führungsinstrument Autorität in einer Gemeinschaft genießt.[1080] Als Vorbild für seine Mönche soll bei ihm Wort und Beispiel in Einklang sein, die Regel gelebt werden. Kurz gesagt: Der Abt soll Mönch unter Mönchen sein (vgl. Sat Sp 85), Bruder unter Brüdern.[1081]

Das zweite Kriterium, das einen würdigen Abt auszeichnen soll, ist die Weisheit der Lehre (vgl. RB 64,2). Er soll nur lehren, bestimmen und befehlen, was der Weisung des Herrn entspricht (vgl. RB 2,4).[1082] Er ist Stellvertreter des Lehrers und Meisters Jesus (Rabbi).[1083] Damit übernimmt der Abt eine hohe Verantwortung für seine Gemeinschaft. Für sie muß er einmal Rechenschaft ablegen (vgl. RB 2,6.37.38). Um dieser Verantwortung gerecht werden zu können, verlangt Benedikt, daß der Abt das göttliche

Gesetz, die Hl. Schrift genau kennt, „damit er Bescheid weiß und einen Schatz hat, aus dem er Neues und Altes hervorholen kann" (RB 64,9).[1084] Neben der Hl. Schrift und der Regel ist er die Ordnungsgröße im Kloster (vgl. RB 1,2). Diese muß er für seine Gemeinschaft verbindlich auslegen. Er trägt die Verantwortung für die Ordnung und den Frieden (vgl. Sat Sp 85).[1085] „Ein und dieselbe Ordnung lasse er für alle gelten – wie es jeder verdient" (RB 2,22). Der Abt soll also durch seine Amtsführung Klarheit schaffen, was in Ordnung ist und was nicht, damit die Mitbrüder eine eindeutige Richt-größe haben (vgl. RB 31,18).[1086] Dies meint auch, daß er „geheime Spielregeln" benennt (quod absit!), sie ahndet und die entsprechenden Konsequenzen zieht. In diesem Zusammenhang stellt sich wiederum die Frage nach zeitgemäßen Sanktionen sowohl positiver als auch negativer Art. Die Regel Benedikts kennt zahlreiche negative Sanktionen, die der Abt verhängen kann (vgl. RB 23-30). Eine der wirksamsten war wohl die zeitweise Ausschließung aus dem Gemeinschaftsleben. Heute fällt den Oberen die Verhängung von Strafen oft schwer. Zunächst ist das positiv zu werten, zeugt es doch von einer Haltung, die auf das gute Streben des einzelnen setzt, der sich quasi dann selbst bestraft, wenn er sich nicht an die Regeln hält. Allerdings kann es auch zu bleibenden Konflikten in einer Gemeinschaft kommen, wenn ein Mitbruder mit diesem Freiraum nicht umgehen kann und beispielsweise nur noch geringfügig am Gemein-schaftsleben teilnimmt. In diesem Bereich ist Handlungsbedarf gegeben. Um die Ein-heit der Gemeinschaft zu wahren, geht der Abt auf den Mitbruder zu und fordert Bes-serung. Dies kann z.B. durch eine öffentliche Entschuldigung für sein Fehlverhalten geschehen.[1087] Ansonsten besteht die Gefahr, daß eine Gemeinschaft durch informelle Wege wie Intrigen und Geschwätz den einzelnen bestraft. Bei Sanktionen sollte der Abt aber stets zwischen Person und Sache unterscheiden, gemäß der Anweisung Benedikts: „Er hasse die Fehler, er liebe die Brüder" (RB 64,11).[1088]
Der Abt soll wie Jesus „Lehrer und Meister" (magister) sein, der befähigt ist, seiner Gemeinschaft Wegweisung zu geben (vgl. Sat Sp 85). Als solcher muß er, richtungs-weisend für seine Mönche, Garant der beständigen Lehre und des kontinuierlichen Lernens in der Gemeinschaft sein. Dies kann in Predigten, geistlichen Konferenzen, im Noviziatsunterricht, aber auch in Kapitelsansprachen und Einzelgesprächen erfolgen. Zugleich wird der Abt angehalten, sich selbst im Auge zu behalten (vgl. RB 2,39). Es ist notwendig, wie es in den Satzungen der BBK heißt, „daß er um die Bildung des eigenen Herzens bemüht bleibt und sich dazu auch den Angeboten der Weiterbildung im Umgang mit Menschen nicht verschließt" (Sat Sp 87). So ist es sinnvoll, wenn er Fortbildungsveranstaltungen besucht oder sich intensiv mit theologischen Fragen und Problemen der Gegenwart auseinandersetzt.
Vorausschauend und besonnen soll der Abt alles ordnen (vgl. RB 3,6; 64,17). Damit ist wohl auch gemeint, daß er die Zukunft der Gemeinschaft im Auge behalten soll, indem er „realistische Visionen" (vgl.: „providus et consideratus", RB 64,17) entwickelt und das nicht nur für die Tätigkeitsbereiche des Klosters, sondern auch für das geistliche Leben.[1089] Als „Lehrer" gilt es, diese in der Gemeinschaft zu kommunizieren. Dabei muß ihm immer bewußt sein, daß die Gemeinschaft einer Pilgergruppe gleicht. In

seiner Verantwortung liegt es, daß alle das Ziel erreichen.[1090] So wird er oft als „Arzt" und „Hirte" gebraucht werden.

3.2.3.1.2 Arzt und Hirte

Als „Stellvertreter Christi" soll gerade der Abt ein „aufmerksam Hörender" sein (vgl. RB 3,2; Sat Sp 85).[1091] Sensibel für den Anruf Gottes, soll er versuchen, offen auf jeden Mitbruder einzugehen (vgl. RB 3,3; Sat Sp 51). Daher muß er, wie es in den Satzungen der BBK heißt, „ungeteilt zuhören können, um menschliches und geistliches Einfühlungsvermögen ringen, damit er die besonderen Gaben in jedem Bruder aufspürt und diesem hilft, sie selbst zu entdecken und den ihm gemäßen Platz in der Gemeinschaft zu finden" (Sat Sp 86). Diese Aufgabe verdeutlichen besonders die Bilder vom „Arzt" und „Hirten".

Als weiser „Arzt", als Meister für das Wohlergehen soll sich der Abt mit größter Sorge um das Wohl seiner Mitbrüder kümmern (vgl. RB 27,1.2; 28,2).[1092] Wissend um die eigene Gebrechlichkeit, soll er eine vertrauensvolle Atmosphäre schaffen (vgl. Sat Sp 86). Das Kloster soll einer „Arztpraxis" gleichen, in der sich der Patient mit seinen Schwächen und Krankheiten mitteilen kann.[1093] Diese Atmosphäre kann ein Abt nur dann herstellen, wenn er eben um die eigenen Verwundungen und Schmerzen weiß und zum Mitleiden fähig ist (vgl. RB 27,9).[1094] Als Stellvertreter des leidenden Christus soll er auch seine eigenen Leiden sichtbar machen, wobei er das Risiko der Verletzbarkeit eingeht.[1095]

Benedikt fordert einen liebevollen Umgang besonders mit Mitbrüdern, die sich verfehlt haben, „denn nicht die Gesunden brauchen den Arzt, sondern die Kranken" (RB 27,1).[1096] Durch Ermahnungen aus der Heiligen Schrift soll der Abt trösten und aufmuntern und die ganze Gemeinschaft durch das gemeinsame Gebet in die Mitverantwortung nehmen (RB 27,3.4; 28,3.4). Schwankenden Mitbrüdern soll er ältere Mönche zur Seite geben, die den Betroffenen aus den eigenen Lebenserfahrungen und Krisen trösten und aufrichten können (vgl. RB 27, 2.3). Hier kann es heute auch hilfreich sein, einem Mitbruder einen „Geistlichen Begleiter" zu empfehlen. Falls der Abt doch einen Mönch bestrafen muß, dann soll er darauf achten, daß die Strafe nicht allzu große Traurigkeit auslöst. Benedikt erklärt: „Muß er aber zurechtweisen, handle er klug und gehe nicht zu weit; sonst könnte das Gefäß zerbrechen, wenn er den Rost allzu heftig auskratzen will" (RB 64,12). D.h. die Strafmaßnahme soll nicht der Persönlichkeit schaden, sondern medizinalen, heilsamen, reinigenden Charakter haben. Folgerichtig warnt Benedikt den Abt vor einer autoritären, tyrannischen Machtausübung und ermahnt: „Er sei sich bewußt, daß er die Sorge für gebrechliche Menschen übernommen hat, nicht die Gewaltherrschaft über gesunde" (RB 27,6). Daher soll er, wenn es möglich ist, Barmherzigkeit dem strengen Gericht vorziehen (vgl. RB 64,10). Nicht Legalismus noch Prinzipienreiterei, sondern das Wissen um den Balken im eigenen Auge (vgl. RB 2,14.15) sollen sein Handeln bestimmen.[1097] Seiner eigenen Schwächen bewußt, soll er menschlich bleiben: Mönch bleiben (vgl. RB 64,13).

Als geübter Seelsorger (Bewährung im Leben vgl. RB 64,29) soll er aus eigener Initiative aktiv auf die Mitbrüder zugehen und nicht darauf warten, daß sie von sich aus kommen (vgl. RB 27,8.9). In Orientierung an Jesus, dem „Guten Hirten" (vgl. Joh 10,11), fordert Benedikt eine nachgehende Pastoral. Dabei hat er den einzelnen im Blick.[1098] Der „Gute Hirte" läßt die 99 Schafe in den Bergen allein und versucht das verirrte Schaf zu finden (vgl. RB 27,8).[1099] Es widerspricht somit der Aufgabe des Abtes, wenn er wie ein Feudalherr in seiner Abtei thront und darauf wartet, daß jemand von sich aus zu ihm kommt.[1100] Benedikt schreibt: „So wisse der Abt: Die Schuld trifft den Hirten, wenn der Hausvater an seinen Schafen zu wenig Ertrag feststellen kann" (RB 2,7). Benedikt macht also zunächst den Abt und seinen Führungsstil für Mißerfolge verantwortlich und dann erst fügt er entlastend für den Abt hinzu: „Hat ein Hirt einer unruhigen und ungehorsamen Herde all seine Aufmerksamkeit geschenkt und ihrem verdorbenen Treiben jede nur mögliche Sorge zugewandt, wird er im Gericht des Herrn freigesprochen" (RB 2,8.9).[1101] Um den einzelnen kontinuierlich begleiten zu können, ist es daher sinnvoll, wenn ein Abt regelmäßige „Sprechstunden" anbietet und institutionalisierte, regelmäßige Jahresgespräche mit jedem Mitbruder führt, beispielsweise in der Fasten- oder Adventszeit.

Der Abt soll auf seine Mitbrüder zugehen und dabei besonders jene im Blick haben, die am Rande der Gemeinschaft stehen, sei es durch ihre charakterliche Verschlossenheit, sei es aus biographischen Gründen, sei es aus körperlichen Gebrechen etc. Ihnen gehört seine besondere Sorge. Es wird ihn einige Mühe kosten, sie in die Gemeinschaft zu integrieren, manche Rückschläge werden ihm nicht erspart bleiben. Doch auch hier gilt in besonderer Weise die Aufforderung: „Von der Liebe nicht lassen" (vgl. RB 4,26).

3.2.3.1.3 Meister der Discretio

Benedikt ist es wichtig, daß der Abt ein Mann der Mitte ist und nicht der Extreme.[1102] „Er sei nicht stürmisch und nicht ängstlich, nicht maßlos und nicht engstirnig, nicht eifersüchtig und allzu argwöhnisch, sonst kommt er nie zur Ruhe" (RB 64,16).[1103] Aus der Haltung der Barmherzigkeit heraus, d.h. in der Bereitschaft, dem Armen sein Herz zu schenken, soll er sich der Mitbrüder annehmen (vgl. RB 64,9).[1104] Dabei muß er sich bewußt sein, wie Benedikt schreibt, „welch schwierige und mühevolle Aufgabe er auf sich nimmt: Menschen zu führen und der Eigenart vieler zu dienen" (RB 2,31). Der Originalität eines jeden zu dienen, ihr gerecht zu werden, ist deshalb nicht immer einfach, gerade weil der Abt ebenso angehalten wird, keinen der Mitbrüder zu begünstigen (vgl. RB 2,16-18). So warnt Benedikt ausdrücklich davor, niemanden wegen seines Ansehens zu bevorzugen (vgl. RB 34,2). Vielmehr soll der Abt alle in gleicher Weise lieben. Für ihn gilt das Verbot der Parteilichkeit, das Benedikt mit der Einheit und Gleichheit in Christus begründet (vgl. RB 2,20-22). Zugegebenermaßen ist die Umsetzung nicht immer einfach. Schließlich empfindet auch ein Abt z.B. Sympathien und Antipathien. Dies darf aber nicht zu Begünstigungen oder zu Benachteiligungen führen. Im Blick auf die allen zukommende Menschenwürde gilt der Grundsatz: „Alle Menschen ehren" (RB 4,8).[1105] Auf dieser Grundlage ist es Benedikt wichtig, daß auf die Originalität der Mitbrüder, besonders auf deren Schwächen Rücksicht genommen wird (vgl. RB 34,2). Der Abt soll als „Integrator" der Eigenart vieler dienen, d.h. integrieren und nicht polarisieren ist seine Aufgabe. So, wie es die einzelnen brauchen, soll er ihnen begegnen, dem einen mit einem aufmunternden Wort, dem anderen durch eine Zurechtweisung, wieder einem anderen mit überzeugenden Argumenten (vgl. RB 2,31). Benedikt schreibt lapidar: „Nach der Eigenart und Fassungskraft jedes einzelnen soll er sich auf alle einstellen und auf sie eingehen" (RB 2,32). Das ist eine hohe Anforderung, die gute Menschenkenntnis verlangt.[1106] Doch Akzeptanz der Persönlichkeit in ihrer Eigenart ist Voraussetzung für eine positive Integration des einzelnen in die Gemeinschaft.[1107] Die maßvolle Unterscheidung (discretio) ist dabei ein wichtiges Werkzeug (vgl. RB 33,5; 34; 55,21; 64,12-19).[1108] In Anlehnung an die Hl. Schrift fordert er: „Jedem wurde so viel zugeteilt, wie er nötig hatte" (RB 34,1; Apg 4,35). Nicht jedem das Gleiche, sondern jedem das Seine ist angewandte Gerechtigkeit im Sinne der „Discretio".[1109] Dieser Grundsatz, der Rücksicht und Weitsicht fordert, darf nicht als Opportunismus mißverstanden werden.[1110] Vielmehr zeugt die Fähigkeit, einen gewissen Pluralismus zu akzeptieren und gegenüber Schwächen Toleranz zu zeigen, von der „Weite des Herzens" (vgl. RB Prol 49), die jeden Mönch auszeichnen soll.[1111] Schließlich ist die Zufriedenheit des einzelnen eine Voraussetzung für den Frieden in einer Gemeinschaft (vgl. RB 34,5). Dabei kann es zu Konflikten kommen, so z.B. wenn ein Mitbruder eifersüchtig oder neidisch wird, weil ein anderer etwas zugestanden bekommen hat, während er leer ausgegangen ist. Hier ist es Aufgabe des Abtes, den Sachverhalt vernünftig zu erklären.

Als „Meister der Discretio" soll der Abt nicht Ursprung aller Impulse sein, sondern soll vorhandene Initiativen prüfen und lenken und zu neuen Schritten ermutigen (vgl. Sat Sp 88). Der Abt dient der Selbstentfaltung des einzelnen, indem „er die besonderen Gaben in jedem Mitbruder aufspürt und diesem hilft, sie selbst zu entdecken und den ihm gemäßen Platz in der Gemeinschaft zu finden" (Sat Sp 86). Zugleich kommt der Gedanke der Mitverantwortung jedes einzelnen Mönchs zum Tragen, und zwar unter den Gesichtspunkten von Partizipation und Integration (vgl. Sat Sp 89). In den Satzungen der BBK heißt es dazu weiter: „Der Abt beteilige alle an der Entscheidungsfindung, lasse Minderheiten nicht kurzerhand niederstimmen und versuche, auch von der Mehrheit gefaßte Beschlüsse in versöhnte Einmütigkeit zu verwandeln" (Sat Sp 90). Auch in diesem Zusammenhang ist wieder die Fähigkeit des Integrierens und nicht des Polarisierens gefordert.

Um Kritik üben, aber auch um neue Anregungen geben zu können, sollte der Abt ein Gespür für den rechten Augenblick entwickeln. Benedikt nennt es „miscens temporibus tempora" (RB 2,24), „er verbinde Zeit mit Zeit", wie es wörtlich übersetzt heißt, womit wohl auch gemeint ist, daß der Abt auf die Zeitumstände Rücksicht nehmen soll.[1112] Auch hier gilt es, das rechte Maß zu finden, denn jede Zeit birgt ihre eigenen Herausforderungen.

Beim Lesen der Abtskapitel wird bewußt, daß Benedikt ein Idealbild zeichnet und in der Realität jeder Abt hinter diesen hohen Ansprüchen zurückbleiben wird. Der Abt ist und bleibt Mensch und wird nicht durch die Weihe, durch Mitra und Stab zum Übermenschen. Daher gilt im Umgang mit ihm, was Benedikt von allen Mönchen fordert: „Ihre körperlichen und charakterlichen Schwächen sollen sie mit unerschöpflicher Geduld ertragen" (RB 72,5), bzw. wie es in den Satzungen der BBK heißt: „Umgekehrt müssen auch die Mönche bedenken, daß die Fähigkeit des Abtes, sich jedem gleichermaßen zuzuwenden, physisch nicht unbegrenzt ist. Sie sollen ihm darum auch Zeiten lassen, zu sich selbst zu kommen, und ihn nicht mit allen Nebensächlichkeiten behelligen. Unabänderliche Probleme (Charaktereigenschaften oder Sachlagen) sollen sie mit Geduld und Humor tragen" (Sat Sp 92).[1113]

Die Vergleiche „Lehrer", „Arzt/Hirte" und „Meister der Discretio" können auf die drei Grundformen „Gesellschaft", „Gemeinschaft" und „Organisation" übertragen werden, so daß es Aufgabe des Abtes ist, durch einen ausgeglichenen Führungsstil eine ausgeglichene „Soziohistologie" der klösterlichen Gemeinschaft zu gewährleisten. Als „Lehrer" fordert er seine Mitbrüder heraus, indem er ihnen immer wieder das Ideal vor Augen führt. Im „konkurrierenden Verhalten" versuchen sie dieses Ideal zu erreichen. Das Kloster ist somit „Gesellschaft". Der Einheit und Einmütigkeit dient er als „Hirte und Arzt", so daß die klösterliche Gemeinschaft im wahrsten Sinn des Wortes „Gemeinschaft" ist. Schließlich nutzt der Abt die „Discretio" als Führungsinstrument, indem er die vorhandenen Kräfte entsprechend einsetzt. Durch diese „sachhaft-gebrauchenden" Elemente ist der Konvent „Organisation".

Um den Abt zu entlasten, kennt schon Benedikt die Delegation von Verantwortung an bewährte Mitbrüder (vgl. Sat Sp 89; 94). Diese sollen in „Kooperation" den Abt unterstützen. „Discretio" meint dann eben auch, daß ein Abt auch seine eigenen Grenzen und Schwächen erkennt.

3.2.3.2 Das Seniorenkapitel: Kooperation und Subsidiarität

Benedikt sieht vor, daß der Abt in der Leitung des Klosters von bestellten Amtsträgern (Offizialen) ergänzt wird.[1114] Diese sind der Prior und der Subprior (Stellvertreter des Abtes, vgl. RB 65; Sat Ju 80; 81), der Novizenmeister (zuständig für den Nachwuchs, vgl. RB 58, 6; Sat Ju 82) und der Cellerar (wirtschaftlicher Leiter, vgl. RB 31; Sat Ju 83).[1115] Nach einer Befragung aller Mitbrüder werden diese Ämter vom Abt besetzt (vgl. Sat Ju 77; 78). Die Aufgabe der „Offizialen" ist es, dem Abt in ihren Tätigkeitsfeldern hilfreich zur Seite zu stehen.

In der Leitung des Klosters wird der Abt ferner durch das „Seniorenkapitel" unterstützt, das den engeren Rat des Abtes bildet (vgl. RB 3,13; Sat Ju 65).[1116] Es setzt sich zusammen aus „Senioren", die von Amts wegen (Prior, Subprior und Cellerar) bestellt sind, und aus gewählten „Senioren". Die Kompetenzen des „Seniorenkapitels" sind in den Satzungen der BBK eindeutig beschrieben. In bestimmten Fällen ist der Abt an die Entscheidung des „Seniorenkapitels" gebunden (vgl. Sat Ju 71), in anderen genügt es, wenn er dessen Rat einholt (vgl. Sat Ju 72). In größeren Gemeinschaften könnten auch Dekane berufen werden, die quasi als Zwischenhierarchiestufe jeweils für eine kleinere

Gruppe von Mönchen (ca. zehn Personen) zuständig sind (vgl. RB 21) und der Kommunikations- und Informationsweitergabe dienen.[1117] Gerade in den kleineren Gemeinschaften der BBK stellt sich in diesem Zusammenhang die Frage, inwieweit es sinnvoll wäre, die Kompetenzen des „Seniorenkapitels" auf das „Konventkapitel" zu übertragen, um so die Identifikation und das Zusammengehörigkeitsgefühl in der Gemeinschaft zu stärken.

In Orientierung an den Geboten Gottes und den Weisungen des Abtes und der Regel (vgl. RB 21,2; 31,4.5.12.15; 65,16.17) sollen alle Oberen eigenverantwortlich ihren Dienst an der Gemeinschaft ausüben (vgl. RB 21,2.3; 31,3; 65,12). Es zeugt von der Klugheit Benedikts, daß er die Tätigkeitsfelder der Oberen nicht fest umschreibt. Er läßt Spielraum, so daß der Abt die Ämter auf die konkreten Personen zuschneiden kann.[1118] Dieser soll in eigenem Ermessen die Kompetenzen unmißverständlich festlegen. Als seine Stellvertreter haben also die Oberen für ihre Teilbereiche echte Verantwortung und Autonomie mit klar umschriebenen Kompetenzen (vgl. Sat Ju 78).[1119] Für sie gilt wie für alle Arbeitsbereiche des Klosters das „Subsidiaritätsprinzip". Jedem soll die Möglichkeit gegeben sein, seine Initiativen zu entfalten.[1120]

Um Parteibildung, Zwietracht und Streitigkeiten zu vermeiden, ist es für Benedikt äußerst wichtig, daß alle Leitungsorgane den Abt als Garanten der klösterlichen Einheit anerkennen und seine Autorität nicht untergraben. Daher weist Benedikt die Oberen ausdrücklich darauf hin, daß nichts gegen den Willen des Abtes geschehen soll (vgl. RB 21,2.3; 31,4; 65,16). Benedikt veranschaulicht am Beispiel des Priors, wie Zwietracht zwischen Abt und Prior eine Gemeinschaft spalten kann (vgl. RB 65,1.8.9). Um eben solcher Verwirrung zu entgehen und den Frieden erhalten zu können, sollen die Oberen gleichsam an einem Strang ziehen, d.h. die Fäden müssen in der Hand des Abtes zusammenlaufen (vgl. Sat Sp 94). Das meint eben auch, daß schwierige Sachverhalte vom zuständigen Mitbruder eindeutig erläutert und nicht beschönigt bzw. dramatisiert werden. Ebenso sollte beispielsweise ein Prior oder Cellerar nicht die Abwesenheit des Abtes nutzen, um eigene Vorstellungen zu realisieren oder in der Gemeinschaft einen härteren bzw. lockereren Kurs zu fahren.

Bei allen Diensten, durch die Macht über andere ausgeübt werden kann, unterstreicht Benedikt, daß die Inhaber gottesfürchtig und demütig sein sollen (vgl. RB 31,2; 36,7; 53,21; 64,1; 65,15; 66,4).[1121] Nur in der richtigen Selbsteinschätzung, im Wissen um die eigenen Fehler und Schwächen, kann der Dienst am Mitbruder verantwortungsvoll und ehrfürchtig geleistet werden.[1122] Wiederum könnte hierzu ein regelmäßiges Feedback der Gemeinschaft hilfreich sein.

3.2.3.3 Das Konventkapitel: Mitverantwortung und Solidarität

Um das Führungsverhalten und die eigene Meinung prüfen zu können, sind Abt und „Offizialen" gehalten, den Rat der Mitbrüder einzuholen. In dieser Bindung an die Gemeinschaft sieht Benedikt eine Chance, den Willen Gottes genauer zu erkennen (vgl.

RB 3,3.13). Zugleich wird die ganze Gemeinschaft in die „Mitverantwortung" für die Geschicke des Klosters genommen (vgl. Sat Sp 89).[1123]

Das wichtigste Kommunikationsforum der Gemeinschaft ist das „Konventkapitel" (vgl. Sat Ju 42-64), der Rat der Brüder (vgl. RB 3).[1124] Hier kann sich der einzelne mit seinen Vorstellungen, Bedürfnissen und Ideen in die Gemeinschaft einbringen. Zugleich wirkt die Gemeinschaft als soziales Korrektiv.

Das „Konventkapitel" setzt sich aus allen Mönchen mit „Feierlicher Profeß" zusammen (vgl. Sat Ju 45). Alle Mitglieder des „Konventkapitels" haben das gleiche Stimmrecht, unabhängig davon, ob sie Priester oder Laien sind. Es wird bei allen wichtigen Entscheidungen zusammengerufen, um dem Abt mit seinem Rat zur Seite zu stehen (vgl. RB 3,2). So können unterschiedlichste Themenbereiche behandelt werden, wie etwa Umbaumaßnahmen, eine neue Tagesordnung, die Zulassung zur „Feierlichen Profeß" etc. Um echte Kommunikation pflegen zu können und das Bewußtsein der Mitverantwortung und der Zusammengehörigkeit zu stärken, sollte das „Konventkapitel" regelmäßig einberufen werden, beispielsweise monatlich (vgl. Sat Ju 42). Dadurch haben die Kapitulare mehr Zeit zur Verfügung. Ferner könnten neben organisatorischen, wirtschaftlichen und personellen Fragen auch einmal spirituelle Themen behandelt werden. Damit die Gemeinschaft fruchtbar und effektiv mitberaten und mitentscheiden kann, sollte der Abt früh genug die Tagesordnung der Kapitelsitzung bekannt geben, selbstverständlich unter Wahrung der notwendigen Diskretion (vgl. Sat Ju 52).[1125] Dies kann z.B. durch eine schriftliche Vorabinformation an alle Konventualen geschehen. Damit sich die Mitbrüder auf das „Konventkapitel" vorbereiten können, ist es wichtig, daß die Tagesordnungspunkte eindeutig benannt werden.

Während die Regel Benedikts nur den konsultativen Ratschlag kennt, den der Abt einholen soll, an den er aber nicht gebunden ist, ist er heute bei schwerwiegenden Angelegenheiten, wie etwa Personalfragen oder materiellen Entäußerungen, an die Zustimmung des „Konventkapitels" gebunden. Je nach Bedeutung der zu behandelnden Sache ist er gehalten, entweder den Rat oder die Zustimmung der Mitbrüder einzuholen (vgl. Sat Ju 63; 64; 71; 72).[1126] Ihr ergänzendes Wort soll dem Abt zu einer reifen und weisen Entscheidung verhelfen und sie selber in die „Mitverantwortung" nehmen. Auch ist jedem Mönch dadurch die Möglichkeit gegeben, die eigenen Vorstellungen, Interessen und Wünsche einzubringen und diese mit den Mitbrüdern zu diskutieren.[1127] Dies mag nicht immer einfach sein. Ferner kann dabei berechtigte und begründete Kritik geäußert werden, wie sie Benedikt schon kennt, etwa wenn es durch eine falsche äbtliche Entscheidung zu berechtigtem Unmut kommt („iusta murmuratio" RB 41,5).[1128]

Das „Konventkapitel" dient ebenso den „Offizialen", ihre Anliegen vorzubringen und diese in die Diskussion mit der Gemeinschaft zu stellen. Dabei ist es wichtig, etwa in wirtschaftlichen Fragen, daß die Sachverhalte eindeutig erläutert werden und den Mitbrüdern Zeit zur Entscheidungsfindung gelassen wird. So kann es für die Meinungsbildung hilfreich sein, wenn die Abstimmung erst in der nächsten Sitzung stattfindet und in der Zwischenzeit externe Fachleute zu Rate gezogen werden können.

Benedikt legt ferner großen Wert darauf, daß der Rat von allen Gliedern der Gemeinschaft eingeholt wird, auch von den jüngeren Mitbrüdern (vgl. RB 3,3). Gerade durch ihren Idealismus und Elan kann die Gemeinschaft neue Impulse bekommen. Schließlich sind sie dem Ideal, der Quelle am nächsten und hinterfragen mit ihrem Anfangseifer (fervor novicii) tradierte Formen, wie Bräuche, die ihre Legitimation nur noch aus der Tradition beziehen, nicht mehr aber aus ihrem Inhalt und Zweck.[1129] Vielleicht dachte Benedikt auch an sogenannte „Querdenker", die durch neues Gedankengut frischen Wind in eine Gemeinschaft bringen können oder durch Unkenntnis etwas in Frage stellen. Zugleich fordert die Unerfahrenheit der Jüngeren die Älteren heraus, für diese lehrend tätig zu sein. Im Erklären eines Sachverhalts können so alte Aspekte wieder neu aufgefrischt werden. Dazu können Ausspracheversammlungen hilfreich sein, zu denen eben auch Novizen, Triennalprofessen und Regularoblaten hinzugezogen werden können, die sonst keine Kapitelsrechte haben.[1130] Die Satzungen der BBK erläutern: „Jeder Teilnehmer kann zur Aussprache Fragen oder Wünsche einreichen. (...). Läßt der Abt ein Anliegen nicht behandeln, so muß dies dem Fragesteller begründet werden" (Sat Ju 74).

Wenn es notwendig ist, kann der Abt auch beratende Kommissionen einrichten, z.B. bei Umbaumaßnahmen oder liturgischen Reformen (vgl. Sat Ju 75). Hier kann es hilfreich sein, auch externe Fachleute in konsultativer Funktion hinzuzuziehen.[1131] Ferner dient es der Gesprächskultur und damit einer Gemeinschaft, wenn sich der Konvent an einem eigens angesetzten Gesprächstag unter der Leitung eines externen Moderators mit einer konkreten Thematik auseinandersetzt, z.B. Generationenkonflikt, Sorge um den Nachwuchs etc. Während im „Konventkapitel" eher sachliche Themen behandelt werden, bietet dieses Gesprächsforum die Möglichkeit, sich selbst mit der eigenen Spiritualität und ihrer praktischen Umsetzung einzubringen.

Ebenso sind lockere Formen des gegenseitigen Austauschs von großer Bedeutung für das kommunikative Geschehen innerhalb einer Gemeinschaft, so etwa die regelmäßige abendliche Rekreation. Dabei gilt es, erfinderisch auch neue Formen zu finden, wie etwa ein wöchentlicher abendlicher Stammtisch des Konvents oder Konventausflüge in ungezwungener Runde.

Die unterschiedlichen Foren der Kommunikation benötigen alle Zeit. So ist jeder einzelne aufgefordert, in seiner Zeiteinteilung klar Prioritäten zu setzen. Dabei geht es weniger um die Wahrung irgendwelcher Bürgerrechte nach demokratischem Verständnis, sondern vielmehr um die Suche nach dem Konsens, der die unterschiedlichen Initiativen zusammenführt.[1132]

Oft kann es im klösterlichen Alltag durch Informationsmangel zu Geschwätz, Unmut und Neid kommen, wenn z.B. ein Mitbruder mit Einwilligung des Abtes einige Tage außer Haus ist, aber die Gemeinschaft davon nicht informiert wurde. Eine „Informationsbörse", beispielsweise nach dem ersten gemeinsamen Gebet am Morgen, bei der jeder Mitbruder kurz über seine Vorhaben oder Anliegen informieren kann, könnte Abhilfe leisten. Zugleich hat dann jeder die Möglichkeit, im Einzelgespräch noch breitere Informationen einzuholen.

Um die Einheit in der Gemeinschaft sichern zu können, ist es Aufgabe des Abtes und der Oberen, in regelmäßigen Abständen das Einzelgespräch mit den Mönchen zu suchen. Gerade im Vier-Augen-Gespräch kann sich der einzelne häufig besser öffnen und sich mit seinen Bedürfnissen und Vorstellungen mitteilen.[1133] In größeren Gemeinschaften, in denen im „Konventkapitel" ausschließlich sachliche Themen behandelt werden und eine intensive Aussprache nur schwer möglich ist, gewinnen gerade diese Gespräche an Bedeutung. Dies allerdings erfordert bei den Oberen Geduld und die Bereitschaft, sich dafür ausreichend Zeit zu nehmen.

Durch die unterschiedlichen Möglichkeiten zur Kommunikation und aktiven Partizipation tritt der einzelne Mönch in die Verantwortung für seine Gemeinschaft. Zum einen kann er sich selbst einbringen. Zum anderen wird er aber auch für die ihn tragende soziale Institution in die Pflicht genommen. „Mitverantwortung" und wechselseitige „Solidarität" zeichnen somit das Miteinander in einer klösterlichen Gemeinschaft aus.

In diesem Zusammenhang sei auch die umfassende Einzelbefragung eines jeden Mönches bei einer „kanonischen Visitation" erwähnt (vgl. Sat Ju 180-188). Sie findet in den Klöstern der BBK im vierjährigen Turnus statt. Zur Vorbereitung der „Visitation" bekommt jeder Mönch einen ausführlichen Fragebogen. Die Fragen orientieren sich eindeutig an der Gliederung des Spirituellen Teils der Satzungen der BBK. Dadurch bekommen die Kriterien des Anforderungsprofils Relevanz für den klösterlichen Alltag. Sie werden auf ihre konkrete Umsetzung reflektiert. So werden Fragen gestellt zu den Themengebieten: „Klösterliche Berufung, Gelübde (Beständigkeit, Klösterlicher Lebenswandel, Gehorsam), Lebensordnung (Gebetsgemeinschaft, Arbeitsgemeinschaft, Tischgemeinschaft, Erholung und Muße, Dienst des Abtes, Sorge um Kranke, Alte, Neueintretende), Klösterliche Gemeinschaft in Kirche und Gesellschaft". Der einzelne Mönch hat dadurch die Möglichkeit, schon im Vorfeld seine Gemeinschaft zu reflektieren und eine ausführliche und umfassende Standortbestimmung abzugeben. Er ist für die „Visitation" gut vorbereitet.

Die „Visitation" wird von zwei externen Visitatoren durchgeführt, die Mitglieder des Consiliums der BBK sind (vgl. Sat Ju 183). Ihnen wird der ausgefüllte Fragebogen mit Namensangabe zugestellt. Auf dieser Grundlage führen sie mit jedem Mitbruder ein ausführliches Einzelgespräch. Nochmals werden die oben genannten Themenbereiche intensiv besprochen. Zugleich haben die Visitatoren die Möglichkeit, etwa sehr subjektive Sichtweisen zu relativieren, indem sie eigene Erfahrungen aus ihren Klöstern oder die Eindrücke von anderen „Visitationen" einbringen. Am Ende der „Visitation", erstellen die Visitatoren einen Bericht (Rezeß), der die wichtigsten Anordnungen und Beschlüsse der „Visitation" enthält und dem Konvent mitgeteilt wird. Drei Monate nach Beendigung der „Visitation" berichtet der Prior pflichtgemäß an den Abtpräses, ob die Rezeßpunkte umgesetzt worden sind (vgl. Sat Ju 188).

Zwar ist der zeitliche und organisatorische Aufwand einer „Visitation" sehr hoch und oft kommt es von seiten der Mitbrüder zu vielversprechenden Reformanregungen. Allerdings werden diese im erstellten Rezeß in „fromme Worthülsen" gekleidet und nicht mit der Gemeinschaft diskutiert, so daß es selten zu wirksamen Erneuerungen kommt. Ferner scheitert häufig die konsequente Umsetzung der einzelnen Punkte, was wiederum Resignation zur Folge hat. Hier ist sicherlich Lernbedarf gegeben. So sollten Defizite und Verbesserungsmaßnahmen eindeutiger benannt und mit der ganzen Gemeinschaft diskutiert werden. Danach könnten konkrete Maßnahmen vereinbart werden. Zur Umsetzung wäre es hilfreich, Kommissionen zu bilden, die über den Stand der Dinge regelmäßig im „Konventkapitel" informieren. Eine derartige Reform des „Visitationswesens" würde den „Schul- und Werkstattcharakter" der klösterlichen Gemeinschaft eindeutig unterstreichen.

Im Blick auf den äbtlichen Dienst, aber auch auf die anderen Führungsaufgaben stellt sich ferner die Frage, ob eine Gemeinschaft nicht öfters als nur alle vier Jahre ein kritisches Feedback geben sollte.

Abschließend soll noch der Rat bzw. die Kritik von Gästen genannt werden, die als Außenstehende eher auf Mißstände aufmerksam machen können und so der Gemeinschaft als Korrektiv einen Dienst erweisen (vgl. RB 61,4). Gerade sie können einen guten Blick für Schwächen und Fehler haben, besonders wenn sie Mönche aus einem anderen Kloster sind.[1134] Auf der Folie ihrer eigenen Erfahrungen können sie neue Anregungen und Denkanstöße geben. Auch hier stellt sich die Frage, wie dieser Rat besser genutzt werden könnte, beispielsweise durch ein konföderationsinternes Beratungssystem.

Am Ende dieses Abschnitts kann als Resümee gezogen werden:

Das Benediktinerkloster ist durch eine flache Hierarchie geprägt, die die Möglichkeit zur Partizipation gibt und synodale Elemente aufweist. Der Abt wird nicht eingesetzt, sondern von allen Mitbrüdern gewählt. Dabei stellt Benedikt sehr hohe Ansprüche an die Person des Abtes. Seine vorrangige Aufgabe ist es, sich als Seelsorger um das Wohl seiner Mitbrüder zu sorgen. Von seiner „Discretio" hängt es weithin ab, ob die Integration und die Kooperation in einer Gemeinschaft gelingt. Daher soll er alle in die Mitverantwortung nehmen. Schon Benedikt räumt allen Mitbrüdern das Recht und die Pflicht zum Rat, zur Mitsprache ein. So ist es prägend für eine benediktinische Gemeinschaft, daß die äbtliche Führung an das „Konventkapitel" gebunden ist. In diesem Gesprächsforum sollen alle wichtigen gemeinschaftlichen Belange diskutiert und Entscheidungen getroffen werden. Zugleich kennt Benedikt Delegation von Verantwortung an andere Mitbrüder, die in unterschiedlichen Tätigkeitsfeldern den Abt unterstützen. Auch bei der Besetzung dieser Ämter wirken alle Mitbrüder durch eine Befragung konsultativ mit. Die „Offizialen" sollen in der Rückbindung an den Abt, der der Garant der Einheit einer klösterlichen Gemeinschaft sein sollte, eigenverantwortlich in ihrem Aufgabenbereich für das Wohl ihrer Mitbrüder und der Gemeinschaft wirken.

Benedikt ist es wichtig, daß alle Mitglieder der klösterlichen Gemeinschaft möglichst offen einander begegnen. Das wachsame Hören wird für ihn dabei zur Grundhaltung, die sich in der Feststellung manifestiert: „Tu alles mit Rat, dann brauchst du nach der Tat nichts zu bereuen" (RB 3,13). Nur unter der Voraussetzung dieser gegenseitigen Offenheit können die partizipatorischen Strukturen im Spannungsfeld zwischen einzelnem Mönch und Gemeinschaft eine Synthese herbeiführen. Dies bedeutet, daß das Gelübde des „Gehorsam" in den Klöstern nicht mehr einseitig als Pflichtwert interpretiert werden darf, sondern auch von seiner dialogischen Struktur her neu gedeutet werden muß, wie es die Satzungen der BBK ansatzweise versuchen (vgl. Sat Sp 50-53).

3.2.4 Hören als spirituelle Grundhaltung

Die Satzungen der BBK überschreiben das erste Kapitel ihres Spirituellen Teils mit dem Titel: „Berufung in eine Gemeinschaft von Brüdern". „Mönch-sein" heißt, Gottes Ruf zu vernehmen, von ihm berufen zu sein und auf diesen Ruf zu antworten. Die Antwort äußert sich in verbindenden Grundhaltungen, den Gelübden, die das gemeinsame Zusammenleben regeln und bestimmen. Von daher ist es verständlich, daß das zweite Kapitel des Spirituellen Teils mit dem Titel: „Die Antwort der Mönche: Die Gelübde" überschrieben ist. Der Mönch antwortet durch das ausdrückliche Versprechen der „Beständigkeit" (stabilitas), des „klösterlichen Lebenswandels" (conversatio morum) und des „Gehorsams" (oboedientia) dem Ruf Gottes und bindet sich damit an Gott und seine Gemeinschaft (vgl. RB 58,17; Sat Sp 17; Sat Ju 94). Dabei nimmt der „Gehorsam" eine zentrale Stellung ein, quasi als Grundgelübde, insofern die ganze Regel auf ihn hingeordnet ist. Er wird zur Grundhaltung im Spannungsfeld zwischen Mönch und Konvent. Das Kloster kann zum Ort des Hörens und der Kommunikation werden, indem der einzelne seine widerfahrene und nicht nur behauptete Theozentrik der Prüfung des mitbrüderlichen Alltags unterwirft.[1135]

3.2.4.1 Gehorsam als „aufmerksames Hören"

„Gehorsam" als Grundhaltung hat heute eher einen negativen Beigeschmack und wird oft als Selbstaufgabe und -verleugnung falsch verstanden. In der gesellschaftlichen „Werteskala" ist er daher als klassischer Pflicht- und Akzeptanzwert gering eingestuft.[1136] Gerade im kirchlichen Bereich und eben auch in den Klöstern wurde und wird der „Gehorsam" noch immer allzu häufig zur Ausübung von Macht mißbraucht, indem er einseitig als blindes, widerstandsloses sich Ausliefern an einen Oberen interpretiert wird.[1137] Dies wird durch Aussagen der Regel Benedikts unterstützt, wie: „Der erste Schritt zur Demut ist Gehorsam ohne Zögern" (RB 5,1). Oder: „Sie leben nicht nach eigenem Gutdünken, gehorchen nicht ihren Gelüsten und Begierden, sondern gehen ihren Weg nach der Entscheidung und dem Befehl eines anderen" (RB 5,12). Es entsteht der Eindruck, daß Benedikt ausschließlich einen „bedingungslosen Gehorsam" gekannt hat, der heutigem Streben nach Selbstentfaltung gänzlich entgegensteht.

Allerdings läßt sich aus der Regel Benedikts auch ein „verantworteter Gehorsam" herauslesen (vgl. RB 68; Sat Sp 45).[1138] Dieser dialogisch verstandene „Gehorsam", wie ihn die Satzungen der BBK beschreiben (vgl. Sat Sp 50-53), kann zur Grundeinstellung werden, die sowohl die benediktinische Tradition als auch die soziokulturellen Herausforderungen rezipiert und so eine Synthese zwischen den Bedürfnissen des einzelnen Mönchs und den Ansprüchen der Gemeinschaft herbeiführen kann.

Um die eigentliche Bedeutung des Begriffs „Gehorsam" besser erkennen zu können, hilft ein Blick in die Etymologie sowohl des lateinischen Begriffs „oboedientia" als auch des deutschen Wortes „Gehorsam". Beide Begriffe enthalten in ihrem Stamm das

Verb „audire – hören".[1139] Gehorchen wird als „verstärktes Hören" gedeutet bzw. als „aufmerksames Hören", „Horchen", „Lauschen". Dies zeigt eine Aufspaltung des Wortes „Gehorsam" in seine einzelnen Silben: „Ge-hor-sam". Die Vorsilbe „Ge-" deutet einen Sammelbegriff an, wie z.B. „Ge-büsch" oder „Ge-duld" oder „Ge-räusch". Die Endung „-sam" bedeutet soviel wie „eifrig sein". Ein „sparsamer" Mensch ist „eifrig im Sparen", ein „aufmerksamer" Mensch ist „eifrig im Aufmerken", ein „folgsames" Kind ist „eifrig im Folgen". Ein „gehorsamer" Mensch ist somit „eifrig im Horchen", „eifrig im Hören" und bringt dieses Hören in einen Begriff.[1140]

Ein Mönch soll also „eifrig im Hören" sein, im Hören auf Gottes Wort, das sich auf unterschiedlichste Weise offenbart. Daher äußert sich „religiöser Gehorsam" in einer vertikalen und horizontalen Dimension, die schwer voneinander zu trennen sind.[1141] Die vertikale Richtung umschreibt die Gottesbeziehung des Mönchs, der sich hörend dem Wort Gottes öffnet (vgl. Sat Sp 43). Diese vertikale Richtung des „Gehorsams", die die freie, vertrauende Antwort des Menschen auf Gottes Ruf ist (vgl. Sat Sp 44), wird durch eine horizontale Ebene ergänzt. Durch das „Aufeinander-hören", auf den Abt (vgl. RB 2), auf die Brüder (vgl. RB 3; 71), auf Gäste (vgl. RB 61) etc., soll das Zusammenleben im Kloster geregelt werden (vgl. RB 72,4-7; Sat Sp 53).[1142] Eben als Hörender will der Mönch Schüler, Lernender sein in der „Schule" der Gemeinschaft (vgl. Sat Sp 43).

Einem roten Faden gleich durchziehen Begriffe aus dem Bereich des Hörens die ganze Regel, so daß sie auch als „Schule des Hörens" bezeichnet werden kann. Schon das erste Wort des Prologs ist richtungsweisend, einer Ouvertüre gleich: „Obsculta, o filii!"[1143], „Höre, mein Sohn!" (RB Prol 1). Dieses Programmwort „hören – lauschen", gleichsam der Titel der Regel, kennzeichnet auf kontinuierliche und eindringliche Weise, als ständig wiederkehrender „Cantus Firmus" den ganzen Prolog.[1144] Immer wieder folgt die Aufforderung zum Hören mit aufgeschrecktem Ohr (vgl. RB Prol 9) und bereitem Herzen (vgl. RB Prol 40), um so die Weisung des Herrn vernehmen zu können (vgl. RB Prol 23.39).

Auch die ersten Kapitel der Regel, die sich sowohl mit der Verfassung des Klosters (vgl. RB 1-3) als auch mit den wesentlichen Grundhaltungen (vgl. RB 4-7) beschäftigen, sind geprägt vom „Hören und Gehorsam". So fordert das zweite Kapitel „Gehorsam" gegenüber dem Abt, der als „Stellvertreter Christi" seine Schüler lehren und unterweisen soll (vgl. RB 2,2-5). Hören auf den Abt meint also, sich Gott auszuliefern, sich ihm zu öffnen. Im dritten Kapitel wird der Abt ermahnt, den Rat der Brüder einzuholen (vgl. RB 3,2), also die Gemeinschaft anzuhören, sie in die Mitverantwortung zu nehmen. Das vierte Kapitel über die Werkzeuge der geistlichen Kunst beginnt mit einem Zitat aus dem Alten Testament, das jeder fromme Jude des öfteren am Tag betet: „Höre, Israel! Jahwe, unser Gott, Jahwe ist einzig. Darum sollst du den Herrn, deinen Gott, lieben mit ganzem Herzen, mit ganzer Seele und mit ganzer Kraft" (Dtn 6,4.5; vgl. RB 4,1). Das „Shma Israel" (שמע ישראל)[1145], Ausdrucksform der Beziehung Gottes zu seinem Volk, kennzeichnet den biblischen Menschen in seiner Ausrichtung als „Hörer des Wortes"[1146]. Benedikt will, daß seine Mönche, wie alle anderen „Gottsucher" vor ihnen schon, offen sind für das anredende Wort Gottes. Auch ihnen gilt der

Anruf: „Hört, und ihr werdet leben" (Dtn 4,1)! Daher ist es nicht verwunderlich, daß Benedikt das fünfte Kapitel seiner Regel allein dem „Gehorsam" widmet, verstanden als Haltung derer, „denen die Liebe zu Christus über alles geht" (RB 5,2). Christus ist das Urbild des gehorsamen Menschen, da er sein Leben ganz ausgerichtet hat auf den Willen des Vaters (vgl. RB 5,13). Ihm sollen die Mönche durch ihr eifriges Hören, durch ihren „Gehorsam" nachfolgen (vgl. RB 5,10). Auch im folgenden Kapitel über die Schweigsamkeit macht Benedikt deutlich, daß den Mönchen als Schüler und Lernende das Schweigen und Hören zukommt (vgl. RB 6,6), um so in der „Schule" des Klosters offen zu sein für den Anruf Gottes, für die Belehrung durch den Meister. Im siebten Kapitel, in dem Benedikt zwölf Stufen der „Demut" erläutert, sind die dritte und vierte Stufe durch die Haltung des „Gehorsams" geprägt. Wiederum verweist Benedikt auf das Vorbild Jesu, der gehorsam war bis zum Tod. Auch an anderen Stellen zeigt sich die Regel als „Schule des Hörens", die im „gegenseitigen Gehorsam" der Mönche gipfelt (vgl. RB 71; 72,6).[1147]

„Hören" bzw. „Gehorsam" ist für Benedikt eine Grundhaltung, die jeden Mönch auszeichnen sollte. Dabei ist ihm bewußt, daß „Gehorsam" für den Menschen zunächst eine asketische Arbeit, „labor – Mühe" ist (vgl. RB Prol 2).[1148] „Gehorsam" ist keine Fähigkeit, sondern muß erlernt werden. Oft bedeutet er mühsames Sich-einlassen auf Neues und Verzicht. Erst am Ende seiner Regel spricht Benedikt im Zusammenhang des „gegenseitigen Gehorsams" vom „bonum" – vom „Gut des Gehorsams" (vgl. RB 71,1). Am Anfang ist der Weg des „Gehorsams" eng und beschwerlich, aber mit der Zeit wird er weit und beglückend (vgl. RB Prol 48.49).

3.2.4.2 Hören als dreigestufter Prozeß

Aus dem ersten Vers der Regel kann ein „Dreischritt des Hörens" abgeleitet werden.[1149]
„Höre, mein Sohn, auf die Weisung des Meisters,
neige das Ohr deines Herzens,
nimm den Zuspruch des gütigen Vaters willig an
und erfülle ihn durch die Tat" (RB Prol 1)!
„Obsculta! – Höre!" ist gleichsam der Titel der Regel. Der Mönch geht in die Schule des Meisters Jesus Christus und will sein Leben völlig nach dessen Weisung ausrichten. Daraus ergeben sich drei Schritte:
„Neige das Ohr deines Herzens!" – „Hören im Schweigen",
„Nimm den Zuspruch des gütigen Vaters willig an!" – „Hören im Dialog",
„Erfülle ihn durch die Tat!" – „Die Tat als Antwort des Hörens".

3.2.4.2.1 Hören im Schweigen

Der Mönch soll als Schüler schweigen und hören, aufnahmefähig sein für das Wort des Herrn (vgl. RB 6,6).[1150] Daher widmet Benedikt ein ganzes Kapitel der Schweigsamkeit (RB 6). Sie ist jenes vertikale Hören in der Stille, das zu einem erfülltem Leben führen soll (vgl. Sat Sp 44).[1151] Schweigen, das Ohr des Herzens neigen, sich nach innen kehren, wird zum Ort der Gottesbegegnung und der Selbstreflexion. Benedikt eröffnet das Kapitel über die Schweigsamkeit mit einem Psalmvers: „Ich sprach, ich will auf meine Wege achten, damit ich mich mit meiner Zunge nicht verfehle" (RB 6,1; Ps 39,2).[1152] Auf seine Wege achten, schauen wie sie verlaufen, zu fragen, ob das Leben den richtigen Weg nimmt oder ob es sein Ziel verfehlt – dies sind Erfahrungen, die Benedikt selber gemacht hat. Nachdem er als Abt in Vicovaro gescheitert war, berichtet Gregor, kehrte Benedikt in die geliebte Einsamkeit seiner Höhle zurück und „wohnte bei sich selbst" – „habitavit secum". Gregor erklärt auch, was „habitare secum" bedeutet: „Der heilige Mann wohnte in sich selbst, weil er stets wachsam auf sich achtete, sich immer unter den Augen des Schöpfers sah, sich allezeit prüfte und das Auge des Geistes nicht außerhalb seiner selbst umherschweifen ließ."[1153] „Bei sich selbst wohnen" heißt also: Sich selbst erforschen, sich selbst im Auge behalten,[1154] fragen: Wer bin ich (Sein), was will ich (Wollen), was kann ich (Können)? Diese Fragen nach der eigenen Person, nach den eigenen Möglichkeiten, nach dem eigenen Lebensweg bahnen den Weg zur Rückkehr zu sich selbst. Sie helfen im Prozeß der Selbstannahme und sind Voraussetzung für eine reife Persönlichkeitsentwicklung, letztlich für die Begegnung mit Gott.[1155] So kann sich der Mönch ein Urteil bilden über seine persönlichen Möglichkeiten, über seine Stärken und Schwächen (vgl. Sat Sp 54). Dazu sollen ihm sowohl räumliche als auch zeitliche Möglichkeiten helfen. Das Kloster soll an sich schon ein Ort der Sammlung und Stille sein (vgl. Sat Sp 23; 112; 115). So ist beispielsweise der abgeschlossene Bereich der Klausur, in dem die Zellen der Mönche liegen, durch Ruhe und Stille geprägt. Zu ihr sollte daher nicht allen Gästen und Besuchern der Zutritt gewährt werden (vgl. Sat Sp 112; Ju 63; 136). Durch diese Abgeschlossenheit können die Mönche die Fähigkeit erlangen, bei sich selbst einzukehren und zu wohnen (vgl. Sat Sp 23; 73), gemäß dem Rat der Mönchsväter: „Geh in deine Zelle und setze dich nieder, und deine Zelle wird dich alles lehren."[1156] Oder: „Wie der Fisch ins Wasser, so gehört der Mönch in seine Zelle."[1157] Also nicht die Flucht vor sich selbst (vgl.: „semper vagi et numquam stabiles" (RB 1,11)), sondern die Heimkehr zu sich selbst über den Weg der Einsamkeit und des Schweigens ist entscheidend.[1158]

Eine besondere Herausforderung für das monastische Leben stellen die modernen Massenmedien und Kommunikationsmittel dar (vgl. Sat Sp 82), etwa schon ein telephonischer Direktanschluß in der Zelle.[1159] Im Umgang mit diesen muß eine neue Selbstdisziplin gelernt werden. Der Mönch muß lernen, sie eigenverantwortlich zu nutzen, ohne daß sie seine Zurückgezogenheit stören. Zugleich stellt sich in diesem Zusammenhang die Frage nach einer neuen sinnvollen Regelung der Klausurvorschriften. Wenn die Klausur die stille Atmosphäre des Klosters schützen will, dann gilt es, bei der Aufnahme von männlichen Gästen keine Ausnahmen zu machen. Auch sie sollten ihre Gastzimmer wie Frauen in einem eigenen Gästebereich beziehen (vgl. RB 53,21.22).[1160]

Zu bestimmten Zeiten soll dem Mönch die Gelegenheit gegeben werden, seinen Weg zu reflektieren. Besonders die Stunden der Nacht (vgl. RB 42), aber auch Zeiten am Tag (vgl. RB 48,5; 52,2) sind durch Stillschweigen geprägt. Die tägliche Gewissenserforschung bei der Komplet, dem letzten gemeinsamen Gebet, die Aufzeichnung der Tagesreflexion in ein geistliches Tagebuch,[1161] jährlich stattfindende Exerzitien, bei denen die ganze Gemeinschaft sich im Schweigen übt, dienen als feste Zeiten zur Selbstreflexion (vgl. Sat Sp 67). Auch die Vorbereitungszeiten auf die großen Feste des Kirchenjahrs, die Advents- und die Fastenzeit, sollen der Reflexion des eigenen Weges dienen (vgl. RB 49).

Zur Selbstreflexion braucht es kontinuierliche „Übung – Disziplin", oder um es mit einem positiveren Begriff aus dem Bereich des Sports zu sagen, des ständigen Trainings.[1162] Dieses Training entspricht der Bereitschaft zur Umkehr, der Bereitschaft, sich immer wieder neu auf das einzig Wesentliche zu konzentrieren, wie es das Gelübde der „Conversatio morum" fordert.[1163] Die Satzungen der BBK stellen darum richtig fest: „Das klösterliche Leben ist immer in Gefahr, zur Routine zu werden. Deshalb prüft der Mönch täglich sein Gewissen nach der Echtheit und Lauterkeit seines Tuns, dem guten Eifer" (Sat Sp 29).[1164] Dazu kann auch ein sogenannter „Wüstentag" dienen, an dem sich der einzelne bewußt Raum und Zeit nimmt, um sein Leben zu reflektieren. Um der Gefahr der Selbsttäuschung zu entgehen (vgl. Sat Sp 29), unterstützt ferner der regelmäßige Austausch mit einem „Geistlichen Begleiter" die Selbstreflexion (vgl. RB 46, 5.6; Sat Sp 67).

„Hören im Schweigen", verstanden als „Sich-öffnen" für das Wort des Herrn, führt zu einer Selbstreflexion, die als erster Schritt der Identitätsbildung verstanden werden kann. Hier soll der Mönch zugleich erkennen, wer er ist, welche Talente seine Persönlichkeit prägen (vgl. RB 40,1).[1165] Dies meint auch, daß er den Blick für seine Bedürfnisse schärft, für das, was für ihn notwendig ist, was er von der Gemeinschaft erwartet, was er wirklich zum erfüllten Leben braucht (vgl. RB 34).[1166] Diese Frage gewinnt schon deswegen an Aktualität, weil sich auch der Mönch nicht der Angebotsflut der „Erlebnisgesellschaft" völlig entziehen kann. So muß auch er sich fragen, was er notwendig zum Leben braucht, welche „Bedürfnishierarchie" sein Leben prägt, welches für ihn Grundbedürfnisse sind, auf die er nicht verzichten kann, und welche Bedürfnisse ihn auf dem Weg seiner „Gottsuche" ablenken.

Im Schweigen beschäftigt sich der Mönch mit sich selbst. Im Blick auf die „Innenorientierung" gewinnt dieser Gedanke an Aktualität. Zugleich aber öffnet er sich nach „außen" und geht in den Dialog.

3.2.4.2.2 Hören im Dialog

Gerade in einer Zeit grenzenloser Informations- und Kommunikationsflut sind Schweigen und Selbstreflexion unverzichtbare Voraussetzung für einen fruchtbaren Dialog. Während es in diesem ersten Schritt mehr um den subjektiven Bereich des einzelnen geht, ist der zweite Schritt durch das „Aufeinander-Hören", durch die Einflußnahme der Gemeinschaft geprägt. Das Anliegen der sozialen Institution kommt in den Blick.

Das Kloster will „Werkstatt" sein, dem Mönch helfen, in der Auseinandersetzung mit der Gemeinschaft, mit den Oberen, mit einzelnen Mitbrüdern seinen Weg zu finden und zu prüfen (vgl. RB 1,6-11). Nach der Selbstreflexion im Schweigen ist es daher wichtig, sich dem Anruf der Gemeinschaft mit ihren Interessen, Aufgaben und Anforderungen zu stellen. „Hören im Dialog" meint also zuerst einmal Hinhören auf „den Zuspruch des Vaters", auf den Anruf Gottes im Abt, im Mitbruder, in der Gemeinschaft. Nichts anderes meint die Forderung des „gegenseitigen Gehorsams", den die Mönche einander leisten sollen (vgl. RB 71; Sat Sp 52).[1167] Im „Aufeinander-Hören", in der Fähigkeit zu „echter Kommunikation" soll der einzelne Mönch die Chance haben, die eigenen Möglichkeiten und Interessen, Vorstellungen und Meinungen zu äußern.[1168] Sie sollen wenn möglich in Einklang mit den Anliegen der Gemeinschaft gebracht werden. Von daher läßt sich „Gehorsam" als „Aufgabe des Eigenwillens" verstehen (vgl. RB 5,7), als Bereitschaft zum Dialog und zur Auseinandersetzung mit anderen. Er zeigt sich darin, daß der Mönch gegen alle Strebungen von Egoismus und Egozentrik sich der Prüfung anderer ausliefert, denn „sie leben nicht mehr nach eigenem Gutdünken" (vgl. RB 5,12).[1169]

Mit dem Blick auf das gemeinsame Ziel (vgl. RB 5,2) sollen die Mönche geradezu einander im Wetteifer gehorchen (vgl. RB 71,1; 72,6). Sonst besteht die Gefahr, die eigene Meinung als absolut anzusehen (vgl. Sat Sp 53).[1170] Das Ziel dieses „Gemeinschaftsgehorsams"[1171] ist die Solidarität und der Friede in der Gemeinschaft, letztlich wachsende gegenseitige Identifikation. Allerdings darf dieses „Aufeinander-Hören" nicht zu einem bloßen Konformismus führen (vgl. Sat Sp 48).[1172] Um dies zu verhindern, werden Grundhaltungen wie „gegenseitige Wertschätzung", „Demut", „Discretio" und „Beständigkeit" zu unverzichtbaren Elementen des Dialogs.

Benedikt weiß um die Unterschiedlichkeit der Menschen und um das Faktum des prosozialen Empfindens, das sich in spontaner Sympathie oder Antipathie äußern kann. Um das Zusammenleben in einer Gemeinschaft möglichst harmonisch zu gestalten, legt er äußersten Wert auf die gegenseitige Ehrfurcht (vgl. RB 71;72).[1173] Es soll im Kloster keinen Unterschied aufgrund der Person geben (vgl. RB 1,16). Vielmehr sollen sich die Brüder in gegenseitiger Achtung zuvorkommen (vgl. RB 63,17; 72,4). Die Jüngeren sollen die Älteren ehren und die Älteren die Jüngeren lieben (vgl. RB 4,70.71; 63,10), oder wie es in den Satzungen der BBK heißt: „Dialog ist nur möglich in der Ehrfurcht voreinander und in der Bereitschaft, die Wahrheit durch wachsames und liebendes Eingehen aufeinander gemeinsam zu suchen" (Sat Sp 52). Da jeder Mensch durch das Empfinden von Sympathie und Antipathie geprägt ist, ist es nicht immer einfach, sich in gegenseitiger Wertschätzung zu begegnen. So gibt es verschiedene Formen (Riten), die die gegenseitige Wertschätzung schützen sollen. Beispielsweise legt Benedikt die klösterliche Rangordnung nach dem Klostereintritt fest (vgl. RB 63). Entsprechend dem Eintrittsalter stehen die Mitbrüder im Chor, sitzen sie bei Tisch, gehen sie und beten sie vor. Unnötige Konflikte können damit vermieden werden. Zugleich ist Benedikt die respektvolle Anrede wichtig. So sollen sich die Brüder nicht mit dem bloßen Namen anreden, sondern mit „Bruder" bzw. „Nonnus" (vgl. RB 63,11.12). Auch dies ist ein Indiz für gegenseitige Wertschätzung.[1174] Selbstverständlich ist es im Alltag oft so, daß als Ausdruck persönlicher Nähe Mitbrüder „Per-Du" sind oder der Kürze wegen sich nur mit ihrem Vornamen anreden. Darunter sollte aber nicht die gegenseitige Wertschätzung leiden.

Daneben sind für Benedikt gerade im dialogischen Bereich Aspekte der „Demut" von großer Bedeutung. Ihr widmet er eines der längsten Kapitel der Regel (vgl. RB 7). Ähnlich wie der „Gehorsam" hat auch die Grundhaltung der „Demut" Prozeßcharakter. Mit zwölf Stufen entwickelt Benedikt ein dynamisches Aufstiegsschema, über das der Mönch zu erfülltem Leben gelangen soll. Dabei wird „Demut" weder als psychisches Minderwertigkeitsgefühl noch als persönliche Schwäche verstanden, sondern vielmehr als Voran- und Emporschreiten, als dynamisches Weiterkommen auf der Suche nach Gott und geglücktem Leben.[1175] „Demut" richtig verstanden hat nichts mit Verdemütigung oder Selbstaufgabe zu tun, obwohl sie als solche häufig als „asketische Großtat" fälschlicher Weise angepriesen wurde.

„Der erste Schritt zur Demut ist Gehorsam ohne Zögern" (RB 5,1), schreibt Benedikt und immer wieder macht er dabei auf den inneren Zusammenhang von „Demut" und „Gehorsam" aufmerksam (vgl. RB 7,20.31-35.44.55). „Gehorsam" als Stufe der „Demut" zeigt sich in der Offenheit für andere, im Loslassen der eigenen Ideen, im Hinhören und Aufnehmen, gemäß dem Vorbild Jesu, der nicht gekommen ist, seinen Willen zu tun, sondern den Willen seines Vaters (vgl. RB 5,13; 7,31-43). Diesen Aspekt der „Demut" veranschaulicht auch die etymologische Herleitung des Begriffs. Der lateinische Ausdruck für „Demut – humilitas" bezeichnet eigentlich etwas, das dem Boden (humus) nahe ist. „Demut" hängt also mit Bodenständigkeit, mit „Grund unter den Füßen haben" zusammen.[1176] Das deutsche Wort „Demut" kommt von „diomuoti", das eine „dienende Gesinnung" umschreibt (Mut zum Dienen).[1177] Wenn nun Benedikt von der „Gottesfurcht" (timor Dei) als erste Stufe der „Demut" spricht (vgl. RB 7,1), soll diese dem Mönch seine Bodenständigkeit bewußt machen. „Gottesfurcht" meint die Erkenntnis, daß der Mensch als kontingentes Wesen erschaffen ist. Allein Gott kommen Vollkommenheit und Allmacht zu. Der demütige Mensch aber ist sich seiner Kontingenz, seiner Fehlerhaftigkeit und seiner beschränkten Möglichkeiten bewußt. Er weiß, daß er nicht alles kann und nicht alles zu können braucht.[1178] Er bleibt bodenständig, steht mit beiden Füßen auf dem Boden der Realität. Wissend um seine Stärken und Fähigkeiten, aber auch um seine Fehler und Schwächen drückt „Demut" die Bereitschaft aus, andere als Hilfe und Korrektiv an sich arbeiten zu lassen (vgl. RB 7,34.44).[1179] In diesem Zusammenhang wird nochmals deutlich, was Benedikt unter der „Aufgabe des Eigenwillens" versteht (vgl. RB 7,31.34). Letztlich wollen die

Aussagen über den Eigenwillen den Egoismus und ein Autonomieverständnis treffen, das nur das eigene Ich als Norm gelten läßt.[1180] Damit bekommt die „Demut" „sachhaft-gebrauchende" Aspekte, indem der einzelne die Hilfe der Gemeinschaft nutzt, um verkehrte Regungen des Herzens, Zwiespältigkeiten im Verhalten bzw. Wege der Selbsttäuschung als Irrwege zu entlarven (vgl. Sat Sp 13). Diesen Dienst der brüderlichen Zurechtweisung (correctio fraterna), den sich die Brüder in gegenseitiger Verantwortung leisten (vgl. Sat Sp 29), soll dankbar und ohne Empfindlichkeit angenommen werden. Selbstverständlich besteht immer die Gefahr des Mißbrauchs, wenn beispielsweise Kritik nicht konstruktiv, sondern destruktiv ist. Hier liegt es im Aufgabenbereich der Oberen, wachsam die Antriebskräfte der Kritiker zu prüfen.

Indem der Mönch das eigene Urteil über sich und sein Tun der Prüfung seiner Mitbrüder aussetzt, kann diese Haltung der „Demut" zu neuen Perspektiven und Anregungen führen.[1181] Daher ist für Benedikt das freimütige Bekenntnis der eigenen Fehler eine wichtige Stufe der „Demut" (vgl. RB 7,44-48). Schließlich hat jeder seine Fehler und Schwächen.[1182] Die Schuld soll in die Gemeinschaft gestellt werden (vgl. Sat Sp 30). Dieses offene Bekenntnis vor Abt oder Gemeinschaft kann verhindern, daß Fehler zum Schaden aller Beteiligter vertuscht werden (vgl. RB 46,3). Eine offene Aussprache hat ferner befreiende Wirkung für den Betroffenen. Hier stellt sich die Frage nach neuen Formen der „Culpa" (öffentliches Schuldbekenntnis), die weder einem „Lippenbekenntnis" noch einer „Selbstpreisgabe" gleichen sollte (vgl. Sat Sp 30). Dadurch könnte die öfters im Jahr vollzogene „monastische Bußandacht" durch neue Formen an innerer Tiefe gewinnen, so daß sie eine echte Betroffenheit bewirkt.[1183]

In „gegenseitigem Gehorsam" sollen die Brüder aneinander arbeiten (vgl. RB 71). Dazu braucht es, um die Situation richtig einordnen und der Originalität des Gesprächspartners gerecht werden zu können, die schon erwähnte „Gabe der Unterscheidung". In der „Discretio" zeigt sich die große Menschenkenntnis und Menschlichkeit Benedikts.[1184] Er hütet sich davor, alle über einen Kamm zu scheren, da doch jeder mit seinen individuellen Gnadengaben die Gemeinschaft bereichern soll (vgl. RB 40,1.2). Für Benedikt ist es entscheidend, daß jeder Mitbruder entsprechend seinen Bedürfnissen das für ihn Notwendige erhält, damit er nicht traurig wird, resigniert und sogar das Kloster wieder verlassen will (vgl. RB 34). Daher fordert er die Mönche auf, ihre Bedürfnisse klar zu äußern: „Alles Notwendige dürfen sie aber vom Vater des Klosters erwarten" (RB 33,5), „Jedem wurde so viel zugeteilt, wie er nötig hatte" (RB 34,1) und „Zur bestimmten Stunde werde gegeben, was zu geben ist, und erbeten, was zu erbitten ist; denn niemand soll verwirrt und traurig werden im Hause Gottes" (RB 31,18.19).[1185] Wünsche, Bedürfnisse, Vorstellungen und Anregungen sollen offen in den Dialog gebracht werden. Individuelle Selbstentfaltung wird ermöglicht. Dabei ermahnt Benedikt den einzelnen, Unmäßigkeiten zu vermeiden, also klar zu unterscheiden. Er verdeutlicht dies an konkreten Beispielen des alltäglichen Lebens, so z.B. beim Maß der Speise und des Getränks oder bei gutgemeinten aber oft übertriebenen Fastenvorsätzen (vgl. RB 39; 40; 49). Hier gilt es, guten von schlechtem Eifer zu unterscheiden (vgl. RB 72). Mit dieser „Weisheit des Maßes" (nicht des Mittelmaßes) können sowohl Exzesse der Gier als auch Exzesse der Entsagung verhindert werden.[1186]

Bei all dem verlangt Benedikt wiederum Wertschätzung und Ehrfurcht. Unvernünftigen Wünschen soll nicht mit Kränkung, sondern mit gegenseitiger Achtung begegnet werden. Wenn ein Wunsch nicht erfüllt werden kann, dann soll dies vernünftig begründet werden (vgl. RB 31,7). Phrasen, wie: „Das ist unmonastisch!" oder: „Das entspricht nicht unserer Tradition!", sollten daher auch heute als solche entlarvt werden. Zugleich fordert Benedikt, daß bei einer Ablehnung wenigstens ein gutes Wort den Bittenden aufmuntern soll (vgl. RB 31,13).[1187] So kann z.B. der Obere sich für einen anderen Dienst in der Gemeinschaft bedanken oder auch ein Lob aussprechen. Die vernünftige Begründung soll den gegenseitigen Respekt zum Ausdruck bringen, Verständnis für die Situation der Gemeinschaft schaffen und Frustration verhindern. Wenn es aber möglich ist, dann soll jeder bekommen, was er benötigt. Diese Rücksichtnahme auf die individuellen Bedürfnisse fordert von jedem Glied der Gemeinschaft Toleranz, die sich in Akzeptanz der Andersartigkeit zeigt. Auch das ist ein Aspekt der „Discretio", der im Blick auf die pluriformen Bedürfnisangebote der Gegenwart immer wichtiger wird. Der eine braucht z.B. zum sportlichen Ausgleich einen Skiurlaub, der mit entsprechenden Kosten verbunden ist, einem anderen ist es Erholung genug, wenn er die Ferien bei seinen Verwandten verbringen kann. In diesem Zusammenhang mahnt Benedikt vor dem Übel des „Murrens" (vgl. RB 23,1; 34,6; 40,9; 41,5; 53,18). „Murren" ist für ihn destruktive Kritik, die aus ungeäußerten Wünschen, aus Eifersucht und Neid entsteht.[1188]

Die Satzungen der BBK machen ausdrücklich darauf aufmerksam, daß der „Gehorsam" des Mönchs nichts mit Anpassung aus Angst, Bequemlichkeit oder Verantwortungsscheu zu tun hat (vgl. Sat Sp 48). Vielmehr kann das aufmerksame „Aufeinander-Hören" zu unausweichlichen Interessenkonflikten führen, sei es zwischen einzelnen Mitgliedern, sei es mit den übergeordneten Interessen der Gemeinschaft. Benedikt fordert keinen „bedingungslosen Gehorsam", sondern gibt auch im Konfliktfall die Möglichkeit zum Dialog (vgl. RB 68).[1189] Dabei spielt wieder die „Discretio" eine wichtige Rolle. Durch kritische Selbstprüfung und durch gründliche Auseinandersetzung mit dem Problem soll der Betroffene die Wichtigkeit der Sache einschätzen (vgl. Sat Sp 55) und sich, wenn nötig, dem Konflikt stellen (vgl. RB 68,1.2). In den Satzungen der BBK heißt es dazu: „Es kann dennoch dazu kommen, daß der Mönch aus seinem Gewissen heraus dem Abt nicht gehorchen zu können glaubt: Er gelangt entweder zu einem anderen Urteil über seine persönlichen Möglichkeiten, den Auftrag des Abtes auszuführen, oder er ist der Überzeugung, seiner Verantwortung anderen gegenüber auf diese Weise nicht gerecht werden zu können" (Sat Sp 54). Zunächst also liegt die Verantwortung und die Entscheidung beim betroffenen Mönch, den Dialog nochmals aufzunehmen oder nicht. Seine Gewissensfreiheit und Gewissensbindung wird respektiert. Im Blick auf eine reife Persönlichkeitsentwicklung ist es wichtig, sich dem Konflikt zu stellen. Oft genug führt ein unreflektierter Rückzug zu unverheilten Wunden und innerer Resignation (vgl. Sat Sp 48) und belastet dauerhaft das Zusammenleben in einer Gemeinschaft.[1190] Um dies zu verhindern, sollten Konflikte möglichst rasch (noch vor Sonnenuntergang vgl. RB 4,73) und sachlich (vgl. RB 64,11) ausgetragen werden. Nicht streitsüchtig, ohne Stolz und Widerrede, sondern geduldig, emotionsfrei und angemessen soll der Betroffene seine Sache vorbringen (vgl. RB 4,68; 68,3).[1191] Benedikt will kein Dialogisieren, bis der Obere einlenkt, denn letztlich trägt er als Vertreter der Gemeinschaft die Hauptverantwortung. Bei ihm liegt die letzte Entscheidung (vgl. RB 68, 4),[1192] aber auch er muß sich seiner Verantwortung bewußt sein und die Sache vernünftig entscheiden, damit der Betroffene sich ernst genommen fühlt (vgl. RB 2,6; 68,4).[1193] Im Blick auf das Gesamtwohl kann der eingeforderte und vom Abt „verantwortete Gehorsam" für den betroffenen Mönch zu schmerzlichem Verzicht führen (vgl. Sat Sp 47). Dann ist im Blick auf das übergeordnete Ziel „Demut" im Sinn von „Mut zum Dienen" gefragt. Sie wird zur Haltung dessen, der das Wohl der Gemeinschaft im Auge hat und darin das eigene zu finden hofft (vgl. RB 35,1.6). „Solidarität" als Ausdruck der „Demut" stellt somit das Gemeininteresse über die eigenen Vorstellungen. „Gehorsam" ist daher nicht Flucht vor Eigenverantwortung, sondern Hingabe (vgl. Sat Sp 45), die sich in Mut zum Wagnis und verantwortungsvollem Einsatz für die Gemeinschaft äußert (vgl. Sat Sp 47). Zugleich können sich im Tun des Auftrags neue Möglichkeiten, ungekannte Perspektiven und Wege öffnen, die dem einzelnen in dieser Weise noch gar nicht bewußt waren (vgl. RB 68,4). Dieses Ausharren im Dialog findet seinen Ausdruck im spezifisch benediktinischen Gelübde der „Beständigkeit" (stabilitas, vgl. RB 58,9.17). Weil dem Mönch etwas an dieser Lebensausrichtung und Gemeinschaft liegt, ist er bereit, auch in widrigen Situationen auszuhalten. Es zeigt sich, ob der einzelne den Entschluß, die Gemeinschaft mitzutragen, ernst nimmt oder nicht (vgl. RB 58,7-9). „Beständigkeit" fordert daher wie „Gehorsam" ein hohes Maß an Mitverantwortung, Bereitschaft zu persönlichem Einsatz und schöpferische Initiative (vgl. Sat Sp 51). Dabei wird deutlich, daß „Beständigkeit" nicht statisches Verweilen meint, das den Prozeß der Nachfolge hemmt.[1194] Vielmehr fordert sie Mobilität.[1195] Der Mönch soll dem eingeschlagenen Weg treu bleiben, voraneilen und dem Ziel entgegenlaufen (vgl. RB Prol 47-50). Hier kommt wieder das eigentliche Ziel des monastischen Lebens in den Blick: der ideelle Erfolg auf dem Weg der „Gottsuche".

In unlösbaren Konfliktfällen kann es im Extremfall auch zur Trennung von der Gemeinschaft kommen (vgl. Sat Sp 25-27).[1196] Wenn das Wohl der Gemeinschaft auf dem Spiel steht, fordert Benedikt sogar den Abt auf, zum Messer zu greifen, um den ungesunden Trieb abzuschneiden (vgl. RB 28,4; 64,14): „Wenn er sich aber auch so nicht heilen läßt, dann erst setze der Abt das Messer zum Abschneiden an. (...). Ein räudiges Schaf soll nicht die ganze Herde anstecken" (RB 28,6-8). Dies kann heute nur noch in wenigen Fällen geschehen, wenn sich etwa ein Mitbruder aus schwerwiegenden Gründen verfehlt (vgl. Sat Ju 122; 124).

Häufiger kommt es vor, daß sich ein Mönch durch sein Verhalten emotional aus einer Gemeinschaft ausschließt, etwa wenn er kein Engagement mehr für das Gemeinschaftsleben zeigt und regelmäßig unbegründet bei Gemeinschaftszeiten fehlt. Dann reagieren Gemeinschaften meistens sehr sensibel. Der Mangel an „Stabilität" kann dazu führen, daß sich der betroffene Mönch von der Gemeinschaft nicht mehr angenommen fühlt und als Konsequenz nur die Möglichkeit des Austritts sieht (vgl. RB 28,7).[1197] Um dies zu verhindern, sollte ein Oberer, wie schon erwähnt, offen die Fehlhaltung des einzelnen ansprechen und öffentliche Genugtuung etwa durch eine Entschuldigung fordern, um so das Fehlverhalten in den Dialog mit der Gemeinschaft zu stellen. Ansonsten besteht die Gefahr, daß durch die informellen Wege eines „klosterinternen Mobbing" es zu Spannungen und Intrigen kommt. Geschwätz und destruktive Kritik sind die Folgen, die auf seiten des Betroffenen die innere Emigration stärken und auf seiten der Gemeinschaft eine wachsende Antipathie fördern. Auch in diesem Zusammenhang gilt es, Methoden und Foren zu entwickeln, die einen fairen Weg der Auseinandersetzung und des Dialogs ermöglichen.

3.2.4.2.3 Die Tat als Antwort des Hörens

Benedikt gibt sich mit dem Dialog allein nicht zufrieden, sondern nach ihm drängt der „Gehorsam" zur Tat. Er will kein Dialogisieren ohne praktische Konsequenzen.[1198] So kann er schreiben: „Daher verlassen Mönche sofort, was ihnen gerade wichtig ist, und geben den Eigenwillen auf. Schnellen Fußes folgen sie gehorsam dem Ruf des Befehlenden mit der Tat. Mit der Schnelligkeit, die aus der Gottesfurcht kommt, geschieht beides rasch wie in einem Augenblick: der ergangene Befehl des Meisters und das vollbrachte Werk des Jüngers" (RB 5,7-9). Spontan, rasch und bereitwillig folgt auf das Hören die Tat. Zwar ergibt sich diese Antwort im Alltag manchmal nicht so schnell und vielleicht nicht immer so freudig, wie es Benedikt wünscht, doch bringt er durch diese Formulierungen zum Ausdruck, daß die Tat eben Frucht des Dialogs und Zeichen der Identifikation mit der Gemeinschaft ist. Das im Dialog gefundene gemeinsame Ziel wird zum eigenen Handlungsantrieb des Betroffenen. Deshalb soll der Befehl nicht zaghaft, nicht saumselig, nicht lustlos oder gar mit Murren und Widerrede ausgeführt werden (vgl. RB 5,14).[1199] Unter Druck geleistet, wirkt der „Gehorsam" sonst erzwungen und widerspricht den Spielregeln des Dialogs. Denn ein fruchtbarer Dialog sollte zu einem Konsens der Dialogpartner führen, der sich in praktischen Konsequenzen zeigt. Die so im „Aufeinander-Hören" gefundene Identifikation mit der Gemeinschaft weckt die Bereitschaft, deren Ziele und Interessen anzuerkennen. Daher will Benedikt, daß der „Gehorsam" mit frohem Herzen geleistet wird, „denn Gott liebt einen fröhlichen Geber" (vgl. RB 5,16).[1200]

Der dargestellte „Dreischritt des Gehorsams" zeigt einen Weg auf, der über das „Hören im Schweigen" und das „Hören im Dialog" zur „Tat" führt. Im Schweigen bietet sich dem Mönch die Chance, die eigenen Vorstellungen zu eruieren. Im Dialog werden diese ins Gespräch mit der Gemeinschaft gebracht, die formend und korrigierend am Mönch arbeitet und ihn mit ihren eigenen Zielen und Interessen konfrontiert. Der Dialog soll zu einem Konsens führen, der es dem einzelnen möglich macht, sich in den Zielen und Interessen der Gemeinschaft wiederzufinden. Die so erlangte Identifikation zeigt sich in der konkreten Tat als Konsequenz des Dialogs. Auch hier äußert sich wiederum der Mittelweg und die Synthese von individueller Selbstentfaltung und sozialer Pflicht. Der dialogisch interpretierte „Gehorsam" versucht sowohl dem einzelnen Mönch als auch der tragenden Gemeinschaft gerecht zu werden. An drei Beispielen kann dies nochmals veranschaulicht werden.

Die Fastenzeit als Vorbereitungszeit auf Ostern stellt für Benedikt die „Trainingszeit" schlechthin dar (vgl. RB 49). Daher soll sich der Mönch in diesen Wochen eigene Vorsätze nehmen, indem er dem gewohnten Dienst sowohl zusätzliche Gebete als auch eine eigene Lektüre hinzufügt und bewußt einen Verzicht an Speise und Trank leistet. Es obliegt dem einzelnen in seiner Selbstreflexion, die für sich geeigneten Formen zu finden. Um extreme Verzichtleistungen zu unterbinden, die den einzelnen überfordern oder zu falschem Stolz führen könnten, will Benedikt, daß der Mönch seine Vorsätze dem Abt unterbreitet und diese mit ihm kommuniziert (vgl. RB 49,9-10). Dabei liegt es im Ermessen des Oberen, Änderungen vorzuschlagen bzw. zusätzliche Anregungen zu geben. Schließlich soll der Abt seine Zustimmung erteilen, so daß der Mönch Taten folgen lassen kann. In manchen Häusern ist es daher Brauch, daß jeder Mönch zu Beginn der Fastenzeit am Aschermittwoch seine Vorsätze dem Abt schriftlich auf einer „Fastenschedula" unterbreitet. Dieser prüft die Vorsätze, sucht das Gespräch mit dem einzelnen und gibt die „Schedula" dem Mönch unterzeichnet zurück. Es liegt dann im eigenen Verantwortungsbereich des Mönchs, seine Vorsätze zu realisieren. Eine Zielkontrolle von seiten des Abtes gibt es nicht.

Ein weiteres Beispiel, das den „Dreischritt des Hörens" veranschaulichen soll, ist die Namensvergabe zu Beginn des „Noviziates" bzw. bei der Ablegung der „Zeitlichen Profeß". Mit dem Eintritt ins Kloster vollzieht der Novize einen Neuanfang, indem er sich bewußt für ein Leben mit Christus entscheidet. Daher erinnern sowohl die Riten der Einkleidung als auch die Profeß an die Taufe. So ist es in vielen Klöstern Brauch, daß der Kandidat einen eigenen Ordensnamen erhält. Dieser soll ihm gleichsam ein Lebensprogramm sein. In der Abtei St. Bonifaz (München und Andechs) ist es z.Z. üblich, daß weder der Abt den Namen frei vergibt noch der betroffene Kandidat sich selbständig einen Namen aussucht. Vielmehr sollen beide die Zeit des „Noviziates" nutzen, geeignete Namensvorschläge zu finden. Dies geschieht meistens in unabhängiger Reflexion. Auch kann die Gemeinschaft Namensvorschläge unterbreiten. Im Vorfeld der „Zeitlichen Profeß" tauschen sich Abt und Novize in einem Gespräch aus, welche Vorschläge sie haben und einigen sich auf einen. Diesen Namen erhält dann der Novize bei Ablegung der „Zeitlichen Profeß".

Ein letztes Beispiel soll noch angeführt werden, um zu zeigen, daß dieser „Dreischritt" bei praktischen Dingen angewandt werden kann. Der Cellerar eines Klosters, das ein beliebtes Ausflugsziel ist, stellt fest, daß die Bettenkapazität des internen Gästetraktes nicht ausreicht, um den wachsenden Anfragen nach Übernachtungsmöglichkeiten gerecht zu werden. So unterbreitet er im „Konventkapitel" den Vorschlag, ein eigenes Gästehaus zu bauen. Im „Konventkapitel" können nun die Mitbrüder das „Für und Wider" dieses Projektes diskutieren. Jeder hat die Möglichkeit, seine Meinung und seine Bedenken zu äußern, aber auch Anregungen zu geben und neue Vorschläge einzubringen. Schließlich stimmt die Gemeinschaft ab und faßt einen Entschluß.

Der „Prozeß des Hörens" beschreibt die permanente Suche einer Gemeinschaft nach einem gemeinsamen Weg. Er entspricht den partizipatorischen Strukturen. Dabei wird dem einzelnen Mönch die Möglichkeit gegeben, mit Hilfe der Gemeinschaft, aber auch durch Konfrontation mit dieser, eine reife Persönlichkeit zu entwickeln.[1201] Als verbindende Grundhaltung kann ein dialogisch interpretierter „Gehorsam" helfen, die Synthese zwischen den Ansprüchen des einzelnen und den Ansprüchen einer sozialen Institution herbeizuführen. Selbstverständlich kann es dabei zu Konflikten kommen. Es gibt eben keine Patentlösung. Allerdings unterstützt der „Dreischritt des Hörens" das Anliegen, extreme Ausformungen individualistischer oder kollektivistischer Art zu vermeiden. Als Methode zur Entscheidungsfindung kann dieser „Dreischritt des Gehorsams" selbstverständlich auf andere soziale Institutionen übertragen werden.[1202]

Quintessenz: Sich kontinuierlich aus den Quellen erneuern!

Das klösterliche Leben ist wie alles sonst im Leben immer in Gefahr, zur Routine zu werden. Die benediktinische Geschichte wird daher auch als Reformgeschichte beschrieben. Entsprechend dem Wappenspruch Montecassinos: „Succissa virescit!" ist es monastische Tradition, sich regelmäßig aus den Quellen (Hl.Schrift und Regel Benedikts) zu erneuern. Im Blick auf die gegenwärtigen Herausforderungen in Gesellschaft und Kirche motiviert dies monastische Gemeinschaften auch heute, im Geist ihrer Regel Reformen zu wagen und ihre Spiritualität zu verheutigen.

Von ihrem Selbstverständnis her ist jede Abtei „Kirche im Kleinen". Der föderale Zusammenschluß aller Benediktinerklöster der Welt zur „Benediktinischen Konföderation" gleicht ebenso wie jede benediktinische Kongregation einer „Communio ecclesiarum". In den unterschiedlichen Ausprägungen benediktinischer Spiritualität kann in den verschiedenen Klöstern ein „pluriformer Katholizismus" mit seinen Vor- und Nachteilen erlebt werden. Allseitige Toleranz und die Treue zur Regel Benedikts gewährleisten als unverzichtbare Elemente „versöhnte Verschiedenheit". So zeigt sich die „Benediktinische Konföderation" weniger als ein zentral organisierter neuzeitlicher Orden, sondern vielmehr als pluriforme und föderal strukturierte „Communio ecclesiarum" und gewinnt dadurch für die kirchlichen Reformbestrebungen im Sinne der „Communio-Ekklesiologie" an Aktualität.

Die Regel Benedikts, verstanden als Anweisung zu christlichem Leben, benennt und bündelt in konsequenter Orientierung an der Hl. Schrift wesentliche Aspekte des monastischen Lebens. Sie ist eine feste, stabile Größe, die in Tradition mit ihren urchristlichen Quellen das klösterliche Zusammenleben über Jahrhunderte hinweg geordnet hat und auch weiterhin regelt. Dabei kennzeichnet die Regel Benedikts ein nüchterner Realitätssinn. In eindeutigen Formulierungen macht sie auf wesentliche Elemente des klösterlichen Lebens ebenso aufmerksam wie auf mögliche Mißstände.

Benedikt legt Wert darauf, daß die Regel im klösterlichen Alltag kommuniziert und den Anforderungen entsprechend gedeutet wird. Er will keinen Legalismus. Benedikt läßt die genuine Interpretation der Regel zu und wendet sie auf die Situation, auf die Zeit, auf den Ort, auf die konkrete Gemeinschaft und vor allem auf den konkreten Mönch an. In dieser Spannung zwischen Treue zu den Quellen und Verheutigung des Glaubens entstanden bzw. entstehen in den einzelnen Benediktinerklöstern und Kongregationen unter Anwendung des „Subsidiaritätsprinzips" „Satzungen" und „Consuetudines". Sie regeln verbindlich das klösterliche Zusammenleben. Hierin könnte das oft bewunderte Erfolgsrezept benediktinischer Spiritualität liegen. In Treue zur stabilen, fast zeitlosen Autorität der Regel sind die Benediktinerklöster stets flexibel genug gewesen, sich durch Satzungen den soziokulturellen Herausforderungen anzupassen und die Kernaussagen ihrer Spiritualität zu verheutigen. Dies müßte für die Benediktinerklöster der BBK Ansporn sein, im Blick auf die gegenwärtigen Herausforderungen von Gesellschaft und Kirche, den gesellschaftlichen „Wertewandel" aufmerksam zu rezipieren, indem sie beispielsweise auch bei sich den Selbstentfaltungswerten mehr Bedeutung zumessen. Dabei können sie sich wiederum auf Benedikt berufen. Er charakterisiert den Mönch als „Gottsucher" und geht – für die Antike auf ungewöhnliche Weise – auf das Individuum ein. Jeder soll seinen originellen Weg zu Gott und zu einem erfülltem Leben finden. Selbstentfaltung wird ermöglicht.

Allerdings sieht Benedikt auch die Gefahr, daß der einzelne ohne das soziale Korrektiv in Extreme abgleitet. Daher bekommt der Mönch durch die klösterliche Gemeinschaft Hilfestellungen. Sie ist also nicht Selbstzweck, in der der Mönch ganz und gar aufgeht, sondern definiert sich als Institution über ihre Hilfsfunktion (Subsidiarität), indem sich z.B. die Mitbrüder gegenseitig korrigieren und ergänzen. Zugleich impliziert dies die Bereitschaft des einzelnen, die Gemeinschaft durch seine Fähigkeiten und Charismen, durch sein Engagement und Mittun, etwa in einer konkreten Aufgabe, mitzutragen (Solidarität). Er wird in die soziale Pflicht genommen.

Benedikt ist es wichtig, daß die Entscheidung zum Eintritt in eine Gemeinschaft frei getroffen wird. Er respektiert die personale Würde. Durch die längere Phase der Sozialisation von „Noviziat" und „Zeitlicher Profeß", die der gegenseitigen Prüfung dient, können sowohl individualistische als auch kollektivistische Strömungen verhindert werden. Dabei fällt auf, daß Benedikt die Gemeinschaft nicht idealisiert, wie es z.T. heute geschieht. Er hat eine realistische Sicht der Dinge und benennt auch zahlreiche Schwierigkeiten sowie wiederkehrende Mißstände. Dies verdeutlichen die Bilder „Schule", „Werkstatt" und „Haus", mit denen er sein Gemeinschaftsverständnis beschreibt und die von einer ausgeglichenen „Soziohistologie" zeugen.

In der „Schule für den Herrendienst" verpflichtet sich der Mönch zu lebenslangem Lernen. Mit der „Feierlichen Profeß" hat er nicht ausgelernt. Miteinander und voneinander wollen die Mönche lernen und sich immer wieder auf Neues einlassen. Nicht statisches Verweilen oder gar Rückwärtsgewandtheit, sondern eine drängende Dynamik, die nach Fortschritt strebt, prägt daher eine benediktinische Gemeinschaft. Leider gerät das häufig in Vergessenheit.

Ferner ist das Kloster „Werkstatt", ein Ort, an dem Menschen miteinander und aneinander arbeiten. Dabei kann es durchaus zu Auseinandersetzungen kommen. Allzu schnell kommt es allerdings bei Konflikten zum unangemessenen Rückzug aus dem Gemeinschaftsleben. Um konstruktiv Kritik üben zu können, gilt es, neue Methoden einer „Konfliktkultur" zu entwickeln. Dadurch kann eine falsche Scheu vor Auseinandersetzungen, die ihren Ursprung in einer romantisierenden und idealisierenden Sicht der „Communio" hat, abgelegt werden. „Communio" meint eben auch das Reifen im Konflikt, die Profilbildung in der Auseinandersetzung mit Andersdenkenden und die Prüfung der eigenen Spiritualität in Konfrontation mit den Ansichten einer Gemeinschaft. Dies kann auch schmerzvollen Verzicht bedeuten, indem ein Mönch z.B. zugunsten der Gemeinschaft eine liebgewonnene Aufgabe abgibt, um für eine wichtigere frei zu sein. Um den „Werkstattcharakter" des Klosters im Alltag wach zu halten, ist es eine wirksame Hilfe, wenn die Gemeinschaft im Sinn der „Correctio fraterna" z.B. dem einzelnen regelmäßig ein kritisches Feedback gibt, so wie es während der Probezeiten durch die „Skrutinien" geschieht. Hier ist bestimmt in vielen Gemeinschaften noch Handlungsbedarf gegeben.

Schließlich bezeichnet Benedikt das Kloster als „Haus Gottes". Dies ist ein urchristliches Bild für die Kirche. Wie sich ein „Haus" aus unterschiedlichen „Steinen" aufbaut, so setzt sich auch die klösterliche „Communio" aus unterschiedlichen Mitbrüdern zusammen. „Tragen und getragen werden" sind somit prägende Elemente des Gemeinschaftslebens. Sie finden besonders in den gemeinsamen Grundvollzügen von „Gebet, Geistlicher Lesung und Arbeit" ihren Ausdruck. Benedikt wünscht einen maßvollen Ausgleich dieser drei Pole. Um besonders die Zeiten des gemeinsamen Gebetes und der individuellen Lesung zu schützen, gibt er eine eindeutige Tages-, Wochen- und Jahresordnung vor. Er legt Grenzen fest und ist doch wieder flexibel genug, den Rhythmus an die menschlichen Bedürfnisse anzupassen. So ist es im Sinne Benedikts, wenn sich klösterliche Gemeinschaften von Zeit zu Zeit die Frage stellen, ob ihre Tagesordnung auch den Anforderungen entspricht oder ob sie geändert werden sollte.

Als zweckfreies Dasein sind Gebet und Geistliche Lesung für den Mönch der sinnvolle Ausgleich zur täglichen Arbeit. Das gemeinsame Gebet, das „Opus Dei", ermöglicht die Begegnung zwischen Gott und Mensch. Benedikt legt daher auf die kontinuierliche Übung, das permanente Training, großen Wert, indem er beispielsweise die Verantwortung für „das Zeichen zum Gottesdienst" ausdrücklich in die Hand des Abtes legt oder die Anweisung gibt, daß dem Gottesdienst nichts vorgezogen werden darf. Nur durch die kontinuierliche Übung macht der Mönch Fortschritte auf seinem persönlichen Weg der „Gottsuche". Die Gemeinschaft gibt ihm dazu Hilfestellung, etwa durch die feste Zeiten und Formen. Dies sind provozierende Anforderungen angesichts einer Gesellschaft, die durch grenzenlose Flexibilität, durch häufig sinnlose Freizeitbeschäftigungen und durch oberflächliche Erlebnisse geprägt ist.

Ein weiteres wichtiges Element benediktinischen Lebens ist die tägliche „Lectio divina". Diese kontinuierlich geübte Lesung des Mönchs dient weniger der oberflächlichen Informationsweitergabe oder Wissensvermittlung. Sie führt zur Herzensbildung, d.h. durch die intensive Beschäftigung mit einem geistlichen Text werden Werte verinnerlicht, die dann das Bewußtsein und Handeln des Mönchs bestimmen.

Das dritte Element benediktinischen Lebens ist die „Arbeit". In „Gütergemeinschaft" leben die Mönche „von ihrer Hände Arbeit". Arbeit dient also dem wirtschaftlichen Unterhalt des Klosters. Dabei ist es Benedikt wichtig, daß Arbeit nicht Selbstzweck ist, in der der Mönch ganz und gar aufgeht oder an dem der Mönch auf seinem Weg der Nachfolge scheitern könnte. Benedikt nimmt daher bei der Aufgabenverteilung sowohl Rücksicht auf das Können als auch auf die Schwächen der Mönche. Zugleich warnt er vor Hochmut, Stolz, Müßiggang und Trägheit. Um eine Flucht in die bzw. vor der Arbeit zu vermeiden, stellt sich die Frage, wie die klösterliche Gemeinschaft heute als Korrektiv fungieren kann. Wiederum könnte ein regelmäßiges kritisches Feedback zur Reflexion dienen.

Auffallend ist, daß Benedikt keine konkreten Arbeitsfelder oder Aufgaben vorgibt. Darin gründet wohl die Flexibilität der Benediktinerklöster, die in ihrer 1500-jährigen Geschichte die unterschiedlichsten Tätigkeiten ausgeübt haben. Sie konnten sich so den jeweiligen soziokulturellen Anforderungen und den sich wandelnden Herausforderungen anpassen. Stets ist es entscheidend, daß in allen Tätigkeiten Gott verherrlicht wird. Die Arbeit hat eine transzendierende Dimension und ist Begegnungsort zwischen Gott und Mensch. Im Blick auf die mancherorts kleiner werdenden Konvente stehen diese vor der Herausforderung, Aufgaben auf- bzw. abzugeben, so daß es nicht zu Überforderungen kommt. Ganz im Sinn der Regel kann eine Gemeinschaft ferner darüber nachdenken, ob sie nicht durch neue Arbeitsformen oder in modernen Berufen ihren wirtschaftlichen Unterhalt bestreiten und dadurch ihre Unabhängigkeit sichern könnte.

Das Kloster lebt in der Spannung zwischen dem einzelnen Mönch und der Gemeinschaft. Dabei fällt auf, daß Benedikt eine sehr realistische Sicht hat. Er idealisiert nicht die klösterliche „Communio" sondern bestimmt sie von ihrer Funktion her. So ist das Kloster eine „Gemeinschaft", in der die Mitbrüder füreinander sorgen. Es ist aber ebenso „Gesellschaft", in der in individueller Entscheidung der Mönch seinen Weg prüft und einen eigenen Standpunkt findet. Schließlich ist das Kloster „Organisation", in der jeder seine Talente einbringt. Dies veranschaulichen auch die Führungskriterien, die die Regel Benedikts an den Abt stellt.

Um die unterschiedlichen Kräfte in einer Gemeinschaft zu bündeln, wünscht Benedikt einen partizipatorischen Führungsstil. Die klösterlichen Strukturen lassen sich als flache Hierarchie mit deutlich synodalen und partizipatorischen Elementen beschreiben. Die Hauptverantwortung für die Gemeinschaft trägt der Abt, der von allen Mitbrüdern gewählt wird.

Die Regel Benedikts zeichnet ein Abtsbild, das eine ideale Führungskraft beschreibt. Benedikt ist sich dessen bewußt, daß jeder Abt in irgendeinem Bereich hinter diesen hohen Ansprüchen zurückbleiben wird. Die Aussagen über den Abt dienen gleichwohl als Orientierungsimpuls.

Vorrangige Aufgabe des Abtes ist es, als „Primus inter pares", als Mönch unter Mönchen seinen Mitbrüdern als Seelsorger zu dienen. Erst danach vertritt er sein Kloster nach außen. Diese primäre Aufgabe der Seelsorge wird oft genug in den Hintergrund gedrängt, gerade durch die zahlreichen Verpflichtungen eines Klosters in der Öffentlichkeit. Als Vorbild und „Lehrer" ist der Abt „Stellvertreter Christi", indem er mehr dient als vorsteht. Durch sein Leben ist er entweder positiver oder negativer Interpret der Regel. Diese hohe Verantwortung nimmt den Abt in die Pflicht, eine klare Ordnung vorzugeben. Dazu gehört ebenso, daß er auch sogenannte „geheime Spielregeln" wie „klosterinternes Mobbing" benennt und wenn nötig (negativ) sanktioniert. Ansonsten besteht die Gefahr, daß diese informellen Spielregeln eine kontraproduktive Wirkung im Gemeinschaftsleben ausüben. Das Problem der Sanktionen stellt sich besonders in Klöstern, deren Äbte sehr stark auf das gute Wollen und Streben ihrer Mitbrüder vertrauen. Dieser Führungsstil ist zunächst positiv zu werten. Allerdings kann es zu Schwierigkeiten im sanktionsfreien Raum kommen, wenn Mitbrüder mit diesem Freiraum nicht umgehen können und sich beispielsweise völlig konträr zur klösterlichen Lebensweise und Ordnung verhalten. Im Blick auf die Regel, die einen ausführlichen Strafkodex kennt, ist sicherlich Handlungsbedarf gegeben. Auch in diesem Zusammenhang könnten regelmäßige Reflexionen und eine Form der öffentlichen Entschuldigung helfen, Fehlverhalten bewußt zu machen.

Als weiser „Arzt", der es versteht in seiner „Praxis" eine Atmosphäre des Vertrauens zu schaffen, sollte ein Abt Einfühlungsvermögen haben. Im Wissen um die eigenen Fehler und Schwächen, im Wissen um die eigene Gebrechlichkeit, hat er Mitleid mit den Mitbrüdern, die sich verfehlt haben oder die schwach sind. Hier gilt es, besonders auf jene zuzugehen, die am Rande einer Gemeinschaft stehen. Benedikt fordert daher eine nachgehende Pastoral, wie es das Bild des „Guten Hirten" veranschaulicht. Allerdings erspart diese nachgehende Pastoral Enttäuschungen nicht. Hier kann es sich sehr positiv auswirken, wenn ein Abt von sich aus auf die Mitbrüder zugeht und ihnen das Gespräch anbietet. Die Zeiten, in denen ein Abt ungestört „in seiner Abtei thronte", dürften der Vergangenheit angehören.

Um Resignation oder innere Kündigung zu vermeiden, versucht der Abt, als „Meister der Discretio" auf jeden Mönch individuell einzugehen und ihm das zuzugestehen, was er zum Leben notwendig braucht. Nicht also „Allen das Gleiche" sondern „Jedem das Seine" ist das Leitmotiv der „Discretio". „Discretio" meint auch, daß sich ein Abt selbst richtig einschätzen kann. Auch er hat seine schwachen Seiten. Dabei ist es wiederum äußerst hilfreich, wenn er, wie alle anderen Mitbrüder in Leitungsämtern, sich regelmäßig ein kritisches Feedback von der Gemeinschaft einholt, das ihn in seinem Führungsstil bestätigt bzw. diesen korrigiert.

In besonderer Weise unterstützen den Abt in seiner Leitungsfunktion die „Offizialen" und die „Senioren", bei deren Bestellung alle Mitbrüder konsultativ mitwirken. Für sie gilt das „Subsidiaritätsprinzip". Dabei ist es Benedikt wichtig, daß alle Leitungsorgane die Autorität des Abtes als Garanten der klösterlichen Einheit anerkennen. Das meint eben auch, daß schwierige Sachverhalte eindeutig erklärt werden ohne sie zu beschönigen oder zu dramatisieren. Benedikt nimmt sogar die ganze Gemeinschaft in die Mitverantwortung, indem der Abt bei allen wichtigen Entscheidungen den „Rat der Brüder" anhören sollte. Es läßt sich also aus der Regel ein partizipatorischer Führungsstil ableiten.

Als Ausdruck der Erneuerung wird „der Rat der Brüder" heute durch unterschiedliche Kommunikationsforen eingeholt. Neben dem klassischen „Konventkapitel" helfen dazu Aussprecheversammlungen, Kommissionen, Gesprächstage etc. Sie sind integrative Bestandteile des klösterlichen Lebens und geben Möglichkeiten zur aktiven Partizipation an den Geschicken der Gemeinschaft. Daher ist es gut, wenn diese Foren in einem regelmäßigen Turnus stattfinden. Ebenso ist es für eine gute Vorbereitung des „Konventkapitels" von Bedeutung, daß die Tagesordnung rechtzeitig mitgeteilt und über die Themen und Inhalte eindeutig informiert wird. Unter Einhaltung dieser Prämissen kann die Gemeinschaft einen fundierten Rat geben.

Eine weitere Form dynamischer Erneuerung ist die regelmäßig stattfindende „Visitation". Hier hat jeder Mönch die Möglichkeit, im Gespräch mit den Visitatoren, also mit Außenstehenden, positive und negative Kritik zu äußern. Jeder ist in die Mitverantwortung für die Zukunft des Klosters genommen. Der erstellte Rezeß benennt konkrete Punkte, mittels derer sich die Gemeinschaft im Geist der Regel erneuern kann. Leider scheitert häufig die konkrete Umsetzung durch eine fehlende, langfristig angelegte Methodik. Hier ist eindeutig Handlungsbedarf gegeben.

Benedikt wünscht ferner, daß der Abt bzw. die Gemeinschaft den „Rat von Gästen" einholt, besonders von Mönchen aus anderen Klöstern, die für längere Zeit im Haus mitleben. Auf dem Hintergrund ihrer eigenen Gemeinschaft machen sie sowohl auf gute Ansätze als auch auf Mißstände aufmerksam. Alltägliche Dinge, wie etwa tradierte Riten, werden von einem Unwissenden auf ihre Stimmigkeit hinterfragt. Die Gemeinschaft hat durch dieses neue „Bewußtmachen" die Möglichkeit, sich aus den Quellen heraus zu erneuern. Hier stellt sich die Frage, wie dieser externe Rat besser genutzt werden könnte, beispielsweise durch ein konföderationsinternes Beratungssystem.

Den partizipatorischen Strukturen entspricht ein erneuertes Gehorsamsverständnis. „Gehorsam" als Tugend ist in der gesellschaftlichen „Werteskala" heute negativ belegt. Das hat seine berechtigten Gründe. Um willkürlich Macht auszuüben, wurde er auch in den Klöstern oft genug als blinder bzw. als Kadavergehorsam mißbraucht. Die Regel Benedikts, die Satzungen der BBK und die soziokulturellen Herausforderungen motivieren dazu, den „Gehorsam" dialogisch zu deuten. Als solcher hilft er, im Spannungsfeld zwischen Individuum und sozialer Institution eine fruchtbare Synthese zu bilden. Echte Partizipation und wechselseitige Kommunikation werden ermöglicht.

„Gehorsam" läßt sich von seiner Etymologie her als eifriges, gesammeltes „Hin-Hören" definieren. Dieses ist keine angeborene Fähigkeit, sondern muß gelernt werden. Es kostet Kraft, sich in das Hören einzuüben. Daher spricht Benedikt zunächst von der „Mühe des Gehorsams". Erst am Ende der Regel bezeichnet er den „Gehorsam" als Gut. In Anlehnung an den ersten Vers der Regel kann dieser Prozeß in drei Schritte aufgegliedert werden: „Hören im Schweigen", „Hören im Dialog", „Die Tat als Antwort des Hörens".

Das „Schweigen" ist Ort des Lernens, der individuellen Gottesbegegnung, der Selbstreflexion. Der Mönch erforscht zunächst sich selbst und reflektiert seine Wege. Dazu kennt der klösterliche Alltag feste Zeiten, etwa die tägliche Gewissenserforschung am Abend, die jährlichen Exerzitien, die Vorbereitungszeiten auf die großen Feste etc. Aber auch der geschützte Bereich der Klausur und die Abgeschiedenheit der eigenen Zelle schaffen eine Atmosphäre der Stille. Ferner werden z.T. auch neuere Formen zur Selbstreflexion genutzt, wie beispielsweise ein Wüstentag. Gerade im Blick auf die Gefahr der alltäglichen Routine hat die kontinuierlich geübte Selbstreflexion große Bedeutung. In einer Zeit grenzenloser Informations- und Kommunikationsflut sind Schweigen und Reflexion als Standortbestimmung unverzichtbare Voraussetzung für einen fruchtbaren Dialog. Dies erfordert aber, daß sich jeder Mönch für diese Reflexion genügend Zeit nimmt. Dabei kann ihm auch eine „Geistliche Begleitung" Hilfestellung geben.

Die im Schweigen gefundenen Erkenntnisse werden im zweiten Schritt in den „Dialog" mit den Oberen und mit den Mitbrüdern eingebracht. Der Mönch stellt sich der Konfrontation mit anderen. Diese haben die Möglichkeit, die Anregungen zu prüfen, zu diskutieren und zu hinterfragen. Um die Sachlichkeit des Dialogs sicherzustellen, ist es eine zentrale Voraussetzung, daß sich die Mitbrüder in „gegenseitiger Ehrfurcht und Wertschätzung" begegnen. Eine weitere, wichtige Haltung im Dialog ist die „Demut". In nüchterner Selbsteinschätzung weiß der Mönch, daß er nicht vollkommen ist, sondern daß er bei allen starken auch seine schwachen Seiten hat. Daher läßt er die Mitbrüder an sich arbeiten. Hier stellt sich wiederum die Frage nach neuen Formen der „Culpa" etwa in Form einer öffentlichen Entschuldigung.

In Respekt und Toleranz vor der Originalität geht es letztlich im Dialog darum, jedem das für ihn Notwendige zuzugestehen. Aus diesem Grund legt Benedikt größten Wert darauf, daß die Mitbrüder ihre Bedürfnisse frei äußern und darauf eine vernünftige Antwort bekommen. Um Frustration zu vermeiden, soll der Abt bzw. die Gemeinschaft begründen, warum der Wunsch nicht erfüllt werden kann. Selbstverständlich kommt es dabei immer wieder zu Konflikten. Benedikt fordert keinen „bedingungslosen Gehorsam", sondern gibt auch im Konflikt die Möglichkeit zum Dialog. Der Mönch kann nochmals sein Anliegen, seine Nöte, seine Bedürfnisse vorbringen.

Im Blick auf das übergeordnete Ziel verlangt „Gehorsam" auch schmerzvollen Verzicht. Die Bereitschaft zur „Demut" zeigt sich nun als Bereitschaft, in und für die Gemeinschaft einen Dienst zu leisten. Dies kann z.B. ein Aufgabenwechsel sein. Zugleich gewinnt das Gelübde der „Beständigkeit" an Bedeutung. Der Mönch bleibt auch in Widrigkeiten seinem Entschluß treu, Gott mit Hilfe dieser konkreten Gemeinschaft zu suchen. Allerdings kann auch der Konflikt bei unlösbaren Problemen zur Trennung von der Gemeinschaft führen, etwa wenn es zu unüberbrückbaren Meinungsverschiedenheiten kommt.

Schließlich wird der im Dialog gefundene Konsens zum weiteren Handlungsantrieb. Die Mönche sollen den „Gehorsam" mit frohem Herzen leisten. Die „Tat" wird zur konkreten Antwort.

Dieser „Dreischritt des Gehorsams" bringt etwas mehr Methode in die diversen klösterlichen Gesprächs- und Entscheidungsfindungsprozesse. Entsprechend den partizipatorischen Strukturen ermöglicht er als Grundhaltung die Integration des einzelnen in die Gemeinschaft, ohne daß dabei die Gemeinschaft zu kurz kommt. Extreme Ausformungen sowohl individualistischer als auch kollektivistischer Art werden vermieden. Im Blick auf die kirchlichen und gesellschaftlichen Herausforderungen gehört es zum prophetischen Dienst benediktinischer Gemeinschaften, in Treue zu den Quellen der Regel und als Antwort auf die soziokulturellen Herausforderung den „Gehorsam" dialogisch auf diese Weise zu praktizieren.

3.3 BMW und BBK als Lernpartner

Im wechselseitigen Interesse wollen BMW und BBK voneinander lernen. Im Blick quasi über die „Betriebszäune und Klostermauern" können Gemeinsamkeiten entdeckt und auf dieser Basis Lernanregungen gegeben werden. Entsprechend der Zielsetzung dieser Arbeit soll dies nun abschließend geschehen.

Bevor allerdings in diesem letzten Abschnitt Berührungs- und Begegnungspunkte sowie Lernanregungen für BMW und BBK benannt werden, sollen zunächst nochmals einige Unterschiede als „Eigenprofile" beider Institutionen gegenübergestellt werden. Dadurch wird deutlich, daß mit der BMW AG als Wirtschaftsunternehmen und der BBK als „Kirche im Kleinen" quasi „Äpfel mit Birnen" verglichen werden. Sie haben eindeutige Unterschiede etwa in der Blüte, in der Form, im Fruchtgehalt etc. Zugleich wird verständlich, daß es den „Apfel" – die BMW AG schlechthin in der Realität ebenso wenig gibt wie die „Birne" – die BBK. Auch hier gibt es von Standort zu Standort, von Abteilung zu Abteilung, von Kloster zu Kloster Unterschiede.

Allerdings gehören „Äpfel und Birnen" der gemeinsamen Familie „Kernobst" an. Als soziale Institutionen gibt es für BMW und BBK auch eindeutige Berührungs- und Begegnungspunkte. Auf der Grundlage ihrer eigenständigen Profile können sie gleichwohl als „Lernpartner" Gemeinsamkeiten entdecken und sich wechselseitige Anregungen geben.

3.3.1 Eigenprofile

Soziale Institutionen bestimmen sich von ihrem Ziel her. Aus diesem ergeben sich Zweck, Funktion und Aufgabe, denen sie als Einrichtungen dienen wollen, sowie Denk- und Handlungsweisen, die das Miteinander ihrer Mitglieder bestimmen. In diesen Bereichen gibt es zwischen BMW und BBK, zwischen „Unternehmenskultur" und „Ordensspiritualität", Unterschiede, die im Folgenden benannt werden.

3.3.1.1 Zielsetzung: Materielle Wertschöpfung – Ideelle Wertschöpfung

BMW und BBK unterscheiden sich in den „Zielsetzungen".

Als Wirtschaftskonzern hat sich die BMW AG dem wirtschaftlichen Erfolg verschrieben. Hauptziel ist es, im internationalen Wettbewerb durch die Herstellung innovativer Produkte erfolgreich zu sein. Mit der verkündeten Vision: „Freude am Fahren" versucht BMW, dieses Ziel zu erreichen, indem es mit innovativen und qualitativ hochstehenden Automobilen und Motorrädern den Markt beliefert und so auf die Erwartungen der „Erlebnisgesellschaft" antwortet. Von diesem Hauptziel der „materiellen Wertschöpfung" her werden die Ziele der einzelnen Unternehmensbereiche, Produktionsstandorte, Abteilungen, Arbeitsgruppen etc. abgeleitet. Diese Ziele sind in Zahlen meßbar, etwa in Stückzahlen für ein Werk oder durch Entwicklungszeiten und Kosten für eine Baureihe.

Der „Benediktinischen Konföderation" und der BBK fehlt ein eindeutig verbindendes Ziel, etwa eine diakonisch verifizierbare Aufgabe in der Gesamtkirche, wie es andere Orden haben (Krankenpflege, Bildungsarbeit, Mission etc.). Aus der Regel Benedikts werden die „Suche nach Gott" (vgl. RB 58,7) oder die „Verherrlichung Gottes" (vgl. RB 57,9) als gemeinsame Ziele abgeleitet, die ihren Ausdruck z.B. in der Pflege der Liturgie finden.

Ziel des monastischen Lebens ist die Begegnung mit Gott. Dazu wollen die Klöster Räume (Orte und Zeiten) schaffen, die dieser Begegnung dienen. Im weitesten Sinn ist also ideelle Wertschöpfung und ideeller Erfolg Ziel des monastischen Lebens. Da Zielerreichung und Erfolg nur schwer meßbar und überprüfbar sind, gleichen sie eher verbindenden Visionen. Unter diesem schützenden Dach wird benediktinische Spiritualität in den Klöstern unterschiedlich gelebt. Die Klöster der BBK haben eigene Zielsetzungen, die stark mit ihren Aufgaben verbunden sind, wie etwa Pfarrseelsorge, Erziehungs- und Bildungsarbeit, Ökumene etc. Nach ihnen finden „Gottsuche und Verherrlichung Gottes" verschiedene Ausdrucksformen, bekommen sie ihren je eigenen Touch. Es kann auch der wirtschaftliche Erfolg zur Zielsetzung werden, insofern die benediktinischen Gemeinschaften autark leben müssen. Allerdings darf die materielle Wertschöpfung nicht zum Hauptziel einer monastischen Gemeinschaft werden (vgl. RB 2,35). Im Unterschied also zur materiellen Wertschöpfung als Zielsetzung in einem Wirtschaftsunternehmen, die notwendig meß- und kontrollierbar ist, ist die ideelle Zielsetzung in einem Kloster empirisch schwer verifizierbar.

Für den Mönch ist die erlebte Berufung, Gott in der brüderlichen Gemeinschaft suchen und dienen zu wollen, entscheidendes Motiv (vgl. RB 58,7). Letztlich zeigt sich darin die Sehnsucht nach dem verheißenen „Leben in Fülle" (vgl. Joh 10,10), nach erfülltem Leben, das sich der Mönch in seiner Ganzhingabe an Gott erhofft (vgl. RB 58,21). Die Sehnsucht nach „Lebensqualität" ist somit grundlegende Motivation zum monastischen Leben. Diese „Gottsuche" gestaltet sich unterschiedlich und ist zutiefst mit der Lebensgeschichte des einzelnen Mönchs verwoben. Die biographischen Eigenheiten zeigen sich etwa in unterschiedlichen Frömmigkeitsformen oder Tätigkeitsfeldern. Neben der Biographie spielt das konkrete Kloster mit seinen verschiedenen Ausrichtungen und Aufgaben eine entscheidende Rolle. Wenn ein junger Mann beispielsweise in ein „Schulkloster" eintritt, dann hängt das vielleicht auch damit zusammen, daß er später einmal als Lehrer tätig sein will. Die gemeinsame Aufgabe kann die unterschiedlichen Initiativen bündeln.

Im Laufe der „Klosterjahre" können sich die Bedürfnisse und Motivationen ändern. Ein Mönch, der schon seit einigen Jahren einer Gemeinschaft angehört, bleibt dieser eventuell aus Versorgungsgründen treu. Er steht in einer gewissen Abhängigkeit, da er außerhalb des Klosters nicht mehr zurecht käme. Ein anderer findet im Kloster die ideale Plattform z.B. für seine wissenschaftlichen Studien, und sieht darin eine Möglichkeit, sich selbst zu verwirklichen. Wieder ein anderer bleibt einfach aus Gewohnheit dieser Lebensweise treu, da er im Kloster rundum versorgt ist. Bei den Mönchen, die die klösterliche Gemeinschaft bilden, gibt es also durchaus unterschiedliche Motivationsfaktoren. Daraus ergeben sich entsprechende „Zieldifferenzen", die jede soziale Institution prägen. Diese finden sich auch unter den Mitarbeitern bei BMW.

Inmitten der aktuellen Unsicherheit auf dem deutschen Arbeitsmarkt ist die Arbeitsplatzsicherheit ein wichtiger Motivationsfaktor. Ferner motiviert der gute Verdienst, den BMW seinen Mitarbeitern beispielsweise durch persönliche Zulagen oder Gewinnbeteiligungen bietet. Auch der Anreiz zur Karriere wird zum Handlungsantrieb: BMW gilt als interessanter und sympathischer Arbeitgeber. So motiviert z.B. eine anspruchsvolle Stellenausschreibung einen Ingenieur, von einer anderen Firma zu BMW zu wechseln, da er hier seine Fähigkeiten besser entfalten kann. Für einen anderen, der mit Leib und Seele ein Automobilfreund ist, stellt ein Arbeitsplatz bei BMW die Erfüllung seiner Träume dar. Während er sich mit seiner Tätigkeit und dem Produkt, an dem er arbeitet, voll identifiziert, gibt es immer auch Mitarbeiter, die einfach ihren „Job machen", um Geld zu verdienen, gleich bei welchem Unternehmen. Entsprechend der „Maslowschen Bedürfnispyramide" finden sich auch bei BMW ganz unterschiedliche Zielsetzungen und Motivationen. Aufgabe des Managements ist es, diese unter dem gemeinsamen Unternehmensziel zu bündeln.

Zusammenfassend kann festgestellt werden:

Während in einem Unternehmen mit seiner materiellen Zielbestimmung die Motivationsfaktoren zunächst in den Bereichen Einkommenssicherung, Lebensunterhalt, sicherer Arbeitsplatz etc. liegen, d.h. Grundbedürfnisse durch materielle Wertschöpfung befriedigt werden, geht es in einem Kloster eindeutig um ideelle Wertschöpfung, um die Befriedigung religiöser Bedürfnisse. Diese Zieldifferenzen gilt es, bei BMW und BBK unter den übergeordneten Zielen der jeweiligen Institution zu bündeln.

3.3.1.2 Funktion: Arbeitsorganisation – Lebensgemeinschaft

Die unterschiedlichen Zielsetzungen führen zu unterschiedlichen „Perspektiven im Menschenbild".

Für ein Wirtschaftsunternehmen ist der Mitarbeiter als Arbeitskraft „Leistungs-/Erfolgsfaktor". Entsprechend seiner Leistung wird er entlohnt. BMW ist in erster Linie an den Humanressourcen seiner Mitarbeiter interessiert und will diese möglichst effizient und effektiv zur Zielerreichung nutzen. „Mitarbeiterorientierung" und „Mitarbeiterzufriedenheit" sind zweckgebunden. Dabei besteht leicht die Gefahr, daß ein Unternehmen zum „Selbstzweck" wird, indem es vergißt, daß es, wie jede andere soziale Institution auch, ein Subsystem ist, das den Menschen dienen soll. Der einzelne Mitarbeiter wird dann nur noch über seine Funktion und Aufgabe bestimmt, die er gewissenhaft zu erfüllen hat.

Die Klöster der BBK wollen Orte der „Gottsuche" sein, die dem Mönch Hilfestellung auf seinem Weg der Nachfolge geben. Der Mensch wird als „von Gott Berufener" gesehen und weniger als „Leistungs-/Erfolgsfaktor". Die monastische Gemeinschaft schafft für diese „Gottesbegegnung" notwendige Rahmenbedingungen, etwa durch die feste Tagesordnung oder die Arbeitsteilung. Dazu nimmt sie ihre Mitglieder in die Pflicht, indem z.B. Präsenz beim gemeinsamen Gebet gefordert wird oder praktische Aufgaben im Haus verteilt werden. Auch von den Mönchen wird somit Leistungsbereitschaft für die Gemeinschaft erwartet. Dabei kann es, wie in jeder sozialen Institution, kollektivistische Tendenzen geben.

Zur Zielerreichung werden im Kloster wie im Unternehmen alle Mitglieder, besonders aber die Führungskräfte, in die Pflicht genommen. So weist Benedikt des öfteren darauf hin, daß Abt und Mönche einmal vor dem „Gericht Gottes" Rechenschaft werden ablegen müssen (vgl. RB 2,6.37-39; 3,11; 4,44.76; 7,64; 31,9; 63,3; 64,7.21; 65,10.22). Der Erfolg und die Zielerreichung werden eschatologisch überprüft werden.

Ähnliches läßt sich unter irdischen Vorzeichen auch von den Mitarbeitern und Führungskräften bei BMW sagen. So muß beispielsweise der Vorstand dem Aufsichtsrat Rechenschaft ablegen, die Werksleiter dem Produktionsvorstand, die Arbeitsgruppen dem zuständigen Meister etc.

In den Klöstern der BBK reichen allerdings Zielerreichung und Zielkontrolle im Unterschied zu BMW in eine andere Zeitdimension hinein. Damit werden sie, wie schon erwähnt, schwerer kontrollier- und meßbar.

Aus den differenten Zielsetzungen ergeben sich unterschiedliche „Schwerpunkte in der Soziohistologie".

Als Wirtschaftsunternehmen ist BMW zunächst geprägt als „Organisation" und „Gesellschaft". Durch „sachhaft-gebrauchende" Arbeitsteilung erfolgt in wechselseitiger Ergänzung materielle Wertschöpfung. Die Baureihenorganisation mit ihrer Aufspaltung nach Fahrzeugkomponenten in Teilprojekte und Module ist ein gutes Beispiel dafür. Zugleich gestaltet sich die Zusammenarbeit bei BMW nach dem „konkurrierenden" Prinzip: „Leistung verlangt Gegenleistung". Im gegenseitigen „Nehmen und Geben" zwischen Arbeitnehmer und Arbeitgeber charakterisiert sich BMW als „Gesellschaft". Der Konkurrenzdruck im internationalen Wettbewerb, aber ebenso Karrierestreben und betriebsinterne Konkurrenz zeigen, daß auch „konkurrierende" Elemente die Zusammenarbeit bestimmen. Zugleich ist das Unternehmen „Gemeinschaft". „Fürsorgende" Einrichtungen, wie die Betriebskrankenkasse, Kantinen, Weihnachtsfeiern etc., sowie verbindungsstiftende Riten, wie etwa die eigene „BMW Sprache", zeugen davon.[1203] Die Einführung von Gruppen- und Teamarbeit sind weitere Indizien für mehr „gemeinschaftsbildende Elemente", doch darf dies nicht überbewertet werden. Schließlich wird BMW als Wirtschaftsunternehmen in der „Soziohistologie" die Schwerpunkte stets auf die Grundformen „Organisation" und „Gesellschaft" legen müssen. Ansonsten besteht die Gefahr, daß durch eine Überbetonung von gemeinschaftlichen Aspekten das Unternehmen in kollektivistische Tendenzen abgleitet, indem es eine grenzenlose „Hingabebereitschaft" fordert. Im Unterschied zu einem Kloster ist es eben nicht „Lebensgemeinschaft", sondern arbeitsteilige „Organisation".

Die Klöster der BBK sind dagegen „Lebensgemeinschaften", die dem Mönch Halt und Sicherheit geben wollen. Zahlreiche Riten und Bräuche, so z.B. die Anrede „Frater" oder der hohe Stellenwert von gemeinsamen Mahlzeiten und Festen, zeugen davon, daß zunächst die Gesellungsform „Gemeinschaft" im Mittelpunkt steht. Allerdings darf es nicht zu einer Idealisierung dieser Lebensweise kommen, indem die klösterliche Gemeinschaft etwa mit einer Familie verglichen wird. Dies würde eine eindeutige emotionale Überforderung darstellen. Die Bilder „Schule, Werkstatt, Haus" weisen darauf hin, daß ein Konvent auch „Gesellschaft" und „Organisation" ist. Als Arbeits- und Gütergemeinschaft geschieht täglich „sachhaft-gebrauchende" Ergänzung. Die Mönche bringen sich mit ihren Potentialen in die Gemeinschaft ein und nehmen verschiedene Aufgaben für diese wahr. Ferner ist die klösterliche Gemeinschaft soziohistologisch „Gesellschaft". In der „Werkstatt" Kloster arbeiten die Mönche aneinander. Dabei geht es um die Persönlichkeitsbildung des „Monachus", zu der er das Korrektiv der Gemeinschaft in Anspruch nimmt. Jeder bringt seine eigene Biographie, seine eigenen Vorstellungen und Bedürfnisse in die Gemeinschaft ein. Dadurch können Konflikte entstehen, die zeigen, daß auch die klösterliche „Communio" durch „konkurrierende" Elemente geprägt ist. In der Auseinandersetzung haben die Mönche die Möglichkeit, den je eigenen Weg zu prüfen und neu am gemeinsamen Ziel auszurichten.

Während also in einem Wirtschaftsunternehmen der Schwerpunkt eher auf den Grundformen „Organisation" und „Gesellschaft" liegt, betont eine klösterliche Gemeinschaft stärker die Grundformen „Gemeinschaft" und „Organisation". Dabei stehen beide Institutionen permanent vor der Herausforderung, weder eine Grundform zu idealisieren noch eine andere zu verteufeln. Vielmehr wird es bei beiden Führungsaufgabe sein, die jeweils richtige Verhältnisbestimmung herzustellen, um so dem Menschen in seiner ganzen Bandbreite gerecht zu werden.

Die unterschiedlichen Zielsetzungen zeigen sich ferner in den „Strukturen" beider Institutionen.

Als Wirtschaftskonzern ist BMW durch zentrale/hierarchische Strukturen geprägt, um so die verschiedenen Initiativen effektiv und effizient unter dem Unternehmensziel zusammenzuführen. Zur Steigerung der Flexibilität, Agilität und Innovationskraft sowie zur besseren Nutzung der reichhaltigen Humanressourcen werden diese Strukturen durch föderale/subsidiäre Elemente ergänzt. BMW wählt somit einen Mittelweg zwischen zentralistisch/hierarchischen und subsidiär/föderalen Strukturen. Die „Pyramiden-Organisation" wird zunehmend in eine „Matrix", ein „Netzwerk", umgestaltet. Die Spartenbildung, die Zusammenarbeit in Projektteams und Arbeitsgruppen, die Baureihenorganisation mit ihren Modulen etc. veranschaulichen, daß föderale Organisationsstrukturen zur Zielerreichung eingesetzt werden. Verbindung und Identifikation werden über das gemeinsame Produkt hergestellt.

Im Unterschied zu BMW fehlt der „Benediktinischen Konföderation" eine einheitliche Zielsetzung. Daher sind zentrale Strukturen nur bedingt vonnöten. Vielmehr ist die Konföderation im Vergleich zu neueren Orden, wie etwa den Jesuiten, eindeutig föderal geprägt. Diese föderale Organisationsstruktur hat ihre Vor- und Nachteile. Jedes Kloster ist selbständig und hat seine ihm eigene Aufgabe und Zielsetzung. Sowohl die meisten Präsides der Kongregationen als auch der Primas in Rom nehmen in der Konföderation in erster Linie repräsentative, koordinierende und integrierende Funktionen wahr. Im Vergleich zu anderen Ordensoberen haben sie nur geringe disziplinarische Gewalt. Zusammengehörigkeit zwischen den selbständigen Klöstern schafft vor allem die gemeinsame Regel Benedikts und die verbindende 1500-jährige Tradition. Einen personalen Austausch dagegen gibt es aufgrund der „Stabilitas loci" lediglich bei Notständen. Die „Benediktinische Konföderation" und damit auch die BBK stehen somit exemplarisch für den Föderalismus. Dagegen wählt BMW einen Mittelweg zwischen zentralistisch/hierarchischen und föderalen Strukturen.

Beide Institutionen können selbstverständlich nicht auf „Führungsstrukturen" verzichten und sind durch möglichst flache Hierarchien geprägt. Durch die verschiedenen Zielsetzungen gibt es auch in diesem Bereich Unterschiede.

Der Abt eines Benediktinerklosters wird von seinen Mitbrüdern auf Lebenszeit gewählt (vgl. RB 64).[1204] Er soll seinen Mitbrüdern beständig als Seelsorger dienen und kann nur aus schwerwiegenden Gründen zur vorzeitigen Resignation bewegt werden. Dies hat den Vorteil, daß er kontinuierlich eine Gemeinschaft prägt, und zugleich den Nachteil, daß es dadurch zu Routine und Bequemlichkeit kommen kann.

Eine BMW-Führungskraft wird in ihre Funktion eingesetzt und übt eine Aufgabe meistens nicht länger als fünf Jahre aus.[1205] Sie verfügt über keinerlei sakrale Legitimation. Durch die Flexibilität kommt es ständig zu neuen Ideen und Ansätzen. Das Unternehmen bleibt jung und innovativ. Allerdings fehlt es häufig an Kontinuität, da durch Versetzungen erfolgverheißende Ansätze oft nicht zu Ende geführt werden können. Ferner haben BMW-Führungskräfte die Möglichkeit zur Karriere. Diese soll den einzelnen zur Leistungssteigerung motivieren.

In einem Kloster dagegen gibt es Karrieremöglichkeiten nur in beschränktem Maße, etwa indem ein Mitbruder, der zuvor das Amt des Subpriors inne hatte, zum Prior ernannt wird.

Ein weiterer, meßbarer Unterschied ist die „Größe" beider Institutionen.

Der BMW AG gehörten Ende 1997 ca. 72000 Mitarbeiter an und dem BMW Konzern ca. 117000.[1206] In den Klöstern der BBK lebten Ende 1998 ca. 300 Mönche und in der „Benediktinischen Konföderation" ca. 8700.[1207] Während die Klöster in sich geschlossene „Lebensgemeinschaften" bilden, stellt BMW als Weltkonzern eine pluriforme, multikulturelle „Arbeitsorganisation" dar.

3.3.1.3 Grundhaltung: Flexibilität – Stabilität

Die unterschiedlichen Schwerpunkte in der „Soziohistologie" zeigen sich in verschieden geprägten „Denk- und Handlungsweisen".

BMW ist wirtschafts- und technikorientiert. Harte Tatsachen bestimmen das alltägliche Geschäft. Im internationalen Wettbewerb sind Qualität, Flexibilität und Schnelligkeit gefragt. Diese müssen in konkreten Zahlen meßbar sein. Ein hoher Grad an Perfektionismus bestimmt daher das unternehmerische Denken und Handeln. Hinzu kommt, daß der permanente Innovationsdruck ständige Veränderungen mit sich bringt. Dabei tritt die Sinngebung der konkreten Tätigkeiten häufig in den Hintergrund.

Fahrzeuge von BMW haben eindeutig hedonistische und individualistische Züge und geben hervorragend Antwort auf die Erwartungen der „Erlebnisgesellschaft". Dynamik,

Flexibilität, Mobilität, Sportlichkeit, Agilität, Individualität etc. sind Schlagwörter, die als „BMW-Werte" kommuniziert werden und damit auch das Denken und Handeln der Mitarbeiter bestimmen. BMW vermittelt einen eigenen Lifestyle, der viele Lebensbereiche prägt, wie etwa Kleidung oder Sprache. Allerdings kann sich dieser dynamische, sportliche Lifestyle auch schlagartig ändern. Der permanente Wettbewerbsdruck läßt Dynamik, Sportlichkeit und Agilität oft in Streß, Zeitnot und Gehetztheit umschlagen, so daß ein überall spürbarer Leistungs- und Zeitdruck auf dem Unternehmen lastet. Viele Mitarbeiter stoßen eindeutig an ihre Grenzen.

Die Klöster der BBK sind durch ihren spirituellen, religiösen Hintergrund geprägt. Feste Formen des gemeinsamen Gebets, der Mahlzeiten, des Lebensstils etc. geben Sicherheit und Kontinuität. Zugleich verweisen sie auf eine transzendente Lebensdimension, von der aus alles Denken und Handeln seinen Sinn bekommt. Gott soll in allem gesucht und verherrlicht werden, in Arbeit und Gebet. In dieser herausfordernden Spannung zwischen Kontingenz und Transzendenz gestaltet sich monastisches Leben.

Der Glaube an den allmächtigen Gott, der die Geschicke der Menschen bestimmt, gibt eine gewisse Sicherheit und Gelassenheit. Er ist im klösterlichen Alltag permanent präsent. Vieles erinnert daran: die künstlerische Ausgestaltung der Klöster, die Texte der Liturgie, die gemeinsame Sprache etc. Allerdings kann dieses „ritualisierte Leben" auch zu Traditionalismus und Unbeweglichkeit führen, indem die Mönche zu Hütern ihrer eigenen Tradition erstarren und so die Dynamik der „Gottsuche" aufgeben.[1208]

Im Vertrauen auf die Barmherzigkeit Gottes, die sich der menschlichen Schwachheit annimmt, versuchen die Mönche, wechselseitig Fehler und Defizite zu ertragen. Auch hier hat die transzendente Lebensdimension, d.h. der Glaube an den erlösenden Gott, entlastende Wirkung. Diese Ausrichtung gibt gerade in schwierigen Lebensphasen und unsicheren Zeiten Sicherheit und Stabilität, die einem Wirtschaftsunternehmen fehlen.

Als alternativer Lebensstil stellt das monastische Leben gesellschaftliche Entwicklungen in Frage. So widerspricht z.B. das ausgeprägte und häufig unreflektierte Konsumverhalten der „Erlebnisgesellschaft" der klösterlichen Lebensweise, wie sie gerade das Gelübde der „Conversatio morum" zum Ausdruck bringt. Durch bewußten Verzicht will sich der Mönch auf das Wesentliche konzentrieren. Allerdings bekommt dieser „alternative Lifestyle" durch die wirtschaftlichen Tätigkeiten der Klöster eine gewisse Bodenständigkeit. Die transzendente Ausrichtung wird im alltäglichen Leben „geerdet". Mit Hilfe der „Discretio" gilt es, eine gesunde Mischung zu finden.

Im Unterschied zu BMW, das mit seinen Produkten die „Erlebnisgesellschaft" beliefert, mitbestimmt und gestaltet, stehen die Klöster der BBK in einer grundlegenden Spannung. Sie sind Teil der Gesellschaft, sie wollen die Gesellschaft prägen und befinden sich zugleich in einem unaufhebbaren Gegensatz zu ihr (vgl. Sat Sp 144).

BMW ist als Wirtschaftsunternehmen in erster Linie erfolgs- und damit zukunftsorientiert. Die Klöster der BBK dagegen stützen sich auf ihr historisches Traditionsgut und ihre spirituelle Beständigkeit.

In einem Wirtschaftsunternehmen gilt der Grundsatz: „Zeit ist Geld!", zumal Zeit gegenwärtig zu einem der kostbarsten Güter gehört. Eine klösterliche Gemeinschaft dagegen kennt eine feste Tageseinteilung, die Außenstehenden z.T. als Zeitverschwendung erscheint, etwa wenn die Mönche sich mittags eine Stunde zum gemeinsamen Gebet und Essen Zeit nehmen. Hier zeigt sich wiederum die andere Zeitdimension, in die das klösterliche Zusammenleben hineinreicht. Das Leben wird zur „Verherrlichung Gottes" und schafft so eine Verbindung zur zeitlosen Ewigkeit.

BMW ist eine „arbeitsteilige Organisation". Spätestens mit dem 65. Lebensjahr kommt es zur Trennung zwischen Arbeitnehmer und Arbeitgeber. Das Unternehmen ist eindeutig aufgaben- und funktionsbestimmt. Dabei kommt es betriebsintern permanent zum Aufgabenwechsel. Feste Teams oder Gruppen, die über Jahre hinweg zusammenarbeiten, gibt es nur selten. Flexibilität dagegen wird groß geschrieben. Bei Konflikten und Problemen, etwa mit Kollegen, sind Versetzungen z.B. in eine andere Abteilung oder eventuell Kündigungen möglich.

Durch das Gelübde der „Beständigkeit" ist dagegen das Benediktinerkloster eine feste „Lebensgemeinschaft". Trennung und Entlassung ist nur in Ausnahmefällen möglich. Gerade im Blick auf gesellschaftliche Risiken, wie etwa Arbeitslosigkeit, gibt dies dem Mönch Sicherheit und eine innere Freiheit. Allerdings hat die „Beständigkeit" den Nachteil, daß etwa problematische Mitbrüder nicht versetzt oder gar gekündigt werden können. Dies kann zu einer gewissen Laschheit und Spannung führen.

Durch permanente Dynamik, Agilität und Flexibilität steht BMW vor der Gefahr, dem einzelnen Mitarbeiter durch fehlende Kontinuität zuwenig Halt und Sicherheit zu geben. Die Klöster der BBK dagegen müssen darauf achten, daß die Beständigkeit nicht in Bequemlichkeit oder unbeweglichen Traditionalismus abgleitet.

Die Trennung von Arbeitsplatz und Wohn-/Lebensort verlangt vom BMW-Mitarbeiter ein ausgeprägt flexibles Rollenverhalten. Dabei kann es zu Konflikten kommen zwischen persönlichen und betrieblichen Erwartungen, zwischen Familie und Beruf, zwischen Freizeit und Arbeit etc. Eine ausgeglichene Identitätsbildung wird erschwert. Allerdings kann der Mitarbeiter nach Feierabend, am Wochenende und im Urlaub Abstand von seiner Arbeit, von seinen Arbeitskollegen etc. gewinnen. Im monastischen Leben sind Arbeitsplatz und Wohnsitz am selben Ort. Dies hat den Vorteil, daß der Mönch leichter eine stabile Identität entwickeln kann. Allerdings kann er nach Feierabend nicht so leicht Abstand von seinen Aufgaben gewinnen wie ein BMW-Mitarbeiter.

Ein Weltkonzern wie BMW ist durch eine pluriforme „Wertewelt" geprägt. Die Mitarbeiter aus verschiedenen Ländern und Kulturen, aber auch die unterschiedlichen Standorte in der ganzen Welt, prägen den „Global Player". Dies ist ein eindeutiger Reichtum, der allerdings auch Schwierigkeiten mit sich bringt. Ein einheitlicher „Wertekorridor" muß erst geschaffen werden. Dazu braucht es Ausdauer und Geduld, die oft in der Schnelligkeit und Innovationshektik des Marktes fehlen. Das gemeinsame Produkt steht im Mittelpunkt und schafft Verbindung und Identifikation über Abteilungsgrenzen hinweg. Hinzu kommt der Konkurrenzdruck von außen. Gerade Krisen können alle beteiligten Akteure wie Management, Belegschaft, Aktionäre etc. zusammenschweißen.

Die Klöster der „Benediktinischen Konföderation", die auch als „Global Player" agiert, stützen ihre „Ordensspiritualität" auf die Hl. Schrift und auf die Regel Benedikts. Diese Dokumente haben eine ungeheure Autorität, nicht zuletzt durch ihre transzendente

Legitimation und spirituelle Tradition. Sie schaffen Verbindung und Identität. Ein geschlossener christlicher „Wertekorridor", der sich über Jahrhunderte hinweg bewährt und entwickelt hat, regelt das Zusammenleben. Im Unterschied zu BMW muß nichts Neues gefunden werden. Dies hat allerdings den Nachteil, daß häufig in den Klöstern Neuerungen und Veränderungen nur schwer durchgesetzt werden können.

BMW kann und muß flexibel auf gesellschaftliche und wirtschaftliche Veränderungen antworten. Das klösterliche „Wertesystem" ist dagegen durch Geschlossenheit geprägt. Zwar setzt sich auch eine monastische Gemeinschaft aus unterschiedlichen Individuen zusammen, doch ist und bleibt der christliche Grundtenor das verbindende und gemeinschaftsbildende Fundament.

Schließlich hat eine monastische „Lebensgemeinschaft" zur „Wertevermittlung" mehr Zeit als ein Wirtschaftsunternehmen. Schon allein die regelmäßig wiederkehrenden Texte der Liturgie, die den Tages-, Wochen- und Jahresablauf strukturieren, haben prägende Wirkung. In einem Wirtschaftsunternehmen hingegen bestimmen Ergebnisse und Erfolgsstreben die Abläufe. Ein Montageband z.B. wird nicht für eine gemeinsame Schulung angehalten werden, in der wöchentlich die Anforderungsprofile der Leitbilder reflektiert werden.

3.3.2 Konkrete Begegnungen und Anregungen

Neben diesen eindeutigen Unterschieden finden sich interessante Berührungs- und Begegnungspunkte zwischen BMW und BBK, zwischen „Unternehmenskultur" und „Ordensspiritualität".

Als soziale Institutionen stehen beide gleichermaßen im personalen Spannungsfeld zwischen „Individualität und Sozialität". Dabei zeigt sich, daß BMW und BBK maßgeblich durch ihren soziokulturellen Kontext geprägt sind. Beide Institutionen sind Teil des westlichen Kulturkreises, dessen Menschenbild durch eine Hochschätzung „personaler Individualität" bestimmt ist.[1209] Sie findet ihren Ausdruck im Postulat der unantastbaren Menschenwürde und den allgemeingültigen Menschenrechten.[1210]

Auf dieser soziokulturellen Grundlage vollzieht sich seit den sechziger Jahren in der westlichen Welt ein gesellschaftlicher Umbruch, der sowohl die BMW AG als „Wirtschaftsunternehmen" als auch die Klöster der BBK als „Kirchen im Kleinen" vor ähnliche Herausforderungen stellt. Pflicht-/Akzeptanzwerte, wie Gehorsam, Pünktlichkeit, Treue, Unterordnung, Fleiß etc., werden zunehmend in Frage gestellt und durch Selbstentfaltungswerte, wie Partizipation, Kreativität, Selbstverwirklichung, Autonomie etc. abgelöst. Die Tendenz zur „Individualisierung", die in einer „ichzentrierten Welt- und Selbstsicht" ihren Ausdruck findet, erschüttert soziale Institutionen wie Vereine, Kirchen, Gewerkschaften, Schulen, Unternehmen etc. In seinem Drang nach Selbstentfaltung fordert das Individuum Autonomie und will sich nicht durch vorgegebene soziale Pflichten und Konventionen Grenzen setzen lassen. Es gilt, das Leben selbst zu entwerfen. Allerdings sucht der einzelne auch inmitten der Unsicherheiten der „Risikogesellschaft" nach Sicherheit und Halt. Hier sind die sozialen Institutionen wiederum gefragt.[1211]

Diesem gesellschaftlichen „Wertewandel" müssen sich BMW und BBK quasi als „Fokus" von Wirtschaft und Kirche gleichermaßen stellen.[1212] Zum einen stützen sich ihre Strukturen und Umgangsformen auch weiterhin auf Pflicht-/Akzeptanzwerte, auf fest vorgegebene Konventionen. Zum anderen sind sie als soziale Institutionen Teil dieser Gesellschaft und unterliegen mit ihren Mitgliedern, die sie tragen und bestimmen, dem gesellschaftlichen Umbruch. Ferner wollen beide Institutionen auch weiterhin gesellschaftsprägend wirken: BMW mit seinen Produkten unter dem erlebnisorientierten Slogan „Freude am Fahren"; die Klöster der BBK mit ihrer Vision von der „Verherrlichung Gottes" in allen Lebensbereichen, vor allem durch Seelsorge und Bildungsarbeit.

Im Blick auf die soziokulturellen Veränderungen hinterfragt daher die BMW AG ähnlich wie die BBK tradierte Strukturen auf ihre Stimmigkeit. Sie reflektieren das eigene Selbstverständnis und überprüfen Umgangsformen und Anforderungsprofile auf ihre Relevanz. Ziel ist es dabei in beiden Institutionen, entsprechend dem gesellschaftlichen Wandel, dem Mitglied als Individuum mehr Freiraum zuzugestehen und es zugleich durch Partizipation und Kommunikation in die soziale Pflicht und Mitverantwortung zu nehmen. In diesem Sinne ist schon einiges an Erneuerung geschehen.

In Folge des II. Vatikanum vollzog sich in den Klöstern, wie in der Gesamtkirche, eine tiefgreifende Erneuerung. U.a. kam es zur Hinwendung zum konkreten Menschen als Person und Individuum. Der Mönch mit seinem ihm eigenen Weg der „Gottsuche" wurde neu entdeckt. Ferner wurde die Einheit der klösterlichen „Communio" verstärkt betont, etwa durch die Abschaffung der Zweiklassengesellschaft von Priestermönchen und Laienbrüdern. Dies brachte markante strukturelle Veränderungen mit sich. Das Konventkapitel wurde für die ganze Gemeinschaft (ohne Unterschiede) zum Kommunikations- und Partizipationsforum.

Unter anderer Zielsetzung vollzogen sich ähnliche Veränderungen auch bei BMW. Im Zuge des zunehmenden Wettbewerbsdrucks und der Globalisierung der Märkte wurde gerade in den westlichen Industrienationen mit ihren „Wissensgesellschaften" der Mensch mit seinem Wissen, seinen Fähigkeiten und Potentialen neu entdeckt. Dabei spielt auch die geschilderte soziokulturelle Entwicklung eine entscheidende Rolle. Die kostbaren Humanressourcen der Mitarbeiter und deren Drang nach Selbstverwirklichung sollten für den wirtschaftlichen Erfolg besser genutzt werden. So kann es auch bei BMW zu strukturellen Veränderungen kommen, die mehr Eigenverantwortung, Partizipation und Kommunikation ermöglichen. Die flächendeckende Einführung von Gruppen- und Teamarbeit ist ein Indiz dafür, daß dabei neben individuellen Aspekten auch die soziale Komponente menschlicher Personalität berücksichtigt wird.

BMW und BBK müssen sich somit dem „personalen Spannungsfeld" stellen.

BMW sieht den „Solisten" und „Einzelkämpfer" mit seinen originellen Potentialen und Fähigkeiten, der aber zugleich auch als „Gruppenspieler" gefragt ist.[1213] Sowohl „Individualität" als auch „Solidität" gelten als Kernwerte.[1214] In Ergänzung mit und durch andere Kollegen soll der einzelne Mitarbeiter seine Fähigkeiten zur gemeinsamen Zielerreichung einsetzen.

Ähnliches ergibt sich unter einer anderen Zielsetzung für die Klöster der BBK. Zunächst geht es um die „Gottsuche" des Monachus, die sich individuell gestaltet (vgl. RB 58). Dazu nimmt dieser die Hilfe und das Korrektiv der Gemeinschaft in Anspruch (vgl. RB 1). Als Teil der klösterlichen „Communio" wird er von dieser in die gemeinschaftliche Pflicht genommen, etwa als Gebets-, Arbeits- und Gütergemeinschaft.

„Mitarbeiter – Unternehmen", „Monachus – Congregatio", „Individuum – Soziale Institution", das sind die beiden Pole, denen BMW wie BBK unter unterschiedlichen Zielsetzungen gerecht werden wollen. BMW hat dabei letztlich den materiellen Erfolg im Blick. In den Klöstern dagegen geht es im weitesten Sinn um die spirituellen Fortschritte von Mönch und Gemeinschaft. Der Mönch benötigt dazu die Gemeinschaft. Sie ist für ihn „Schule" und „Werkstatt", in denen die Brüder miteinander und aneinander lernen und arbeiten. Dazu nimmt die Gemeinschaft den einzelnen in die Pflicht. Als „lebendiger Stein" soll er das gemeinsame „Haus" tragen und mitgestalten.

In diesem Zusammenhang gibt es Berührungspunkte zu BMW, das als „lernendes Unternehmen", als „Center of Excellence", als „Netzwerk" im internationalen Konkurrenzdruck erfolgreich agieren will. Diese Bezüge bilden die Grundlage für weitere Analogien in den Wegen zur Zielerreichung und in den Anforderungsprofilen, die anschließend dargestellt werden.

Um beiden Institutionen in ihren Eigenprofilen gerecht zu werden, werden in den folgenden Ausführungen zunächst für BMW und BBK getrennte Anwege gewählt und auf dieser Basis dann Vergleiche gezogen. Dabei werden sowohl Unterschiede als auch Begegnungspunkte sichtbar. Auf diesem Fundament können schließlich konkrete Anregungen gegeben werden.

3.3.2.1 Selbstverständnis: Institutionen kontinuierlicher Erneuerung

BMW steht unter einem permanenten Innovationsdruck. Um im internationalen Wettbewerb bestehen zu können, gilt es, die Humanressourcen der Mitarbeiter, d.h. ihr Wissen, ihr Know-how, ihre Ideen etc. zu nutzen. In der „Wissensgesellschaft" wird miteinander und voneinander gelernt. Dies allerdings verlangt von allen Mitarbeitern Lernbereitschaft, Veränderungsbereitschaft und Flexibilität.[1215] Mit dem Ende der Ausbildung oder des Studiums haben sie noch lange nicht ausgelernt. Vielmehr müssen sie sich kontinuierlich neuen Herausforderungen, Techniken, Methoden, Arbeitsabläufen etc. stellen. Das Anliegen z.B., den Produktentstehungsprozeß zu verkürzen, verlangt von den Mitarbeitern im Entwicklungsbereich, von der Herstellung teurer und zeitaufwendiger Prototypen Abschied zu nehmen und sich vermehrt auf die Arbeit mit virtuellen PC-Simulationen einzulassen. Auch die Integration von Sekundärfunktionen in der Produktion, etwa durch Instandhaltungsaufgaben, stellt die betroffenen Mitarbeiter vor neue Herausforderungen. Sie müssen sich neue Fertigkeiten aneignen, damit sie die Anlagen und Maschinen in ihrem Arbeitsbereich warten können. Permanentes „Training on the job", indem also Mitarbeiter voneinander und miteinander lernen, aber auch gezielte Schulungen und Trainings, sind unverzichtbare Elemente dieses kontinuierlichen Lernprozesses. Die hohen Ausgaben für den Bildungsbereich veranschaulichen, daß BMW als „lernendes Unternehmen" der Fort- und Weiterbildung einen sehr hohen Stellenwert beimißt.[1216]

Dabei gilt es, auf seiten der Mitarbeiter hemmende Lernbarrieren abzubauen. Sie müssen tradierte Sicherheiten aufgeben und sich auf Neues einlassen.[1217] Eine Büroassistentin z.B., die vor zwanzig Jahren in ihren Beruf eingetreten ist, muß sich neuen Kommunikationswegen wie E-Mail öffnen. Oder ein Meister in der Produktion macht sich mit einer neuen Soft- und Hardware vertraut, um die PC-gesteuerten Anlagen in seinem Bereich einrichten zu können. Für jeden Mitarbeiter wird somit „lebenslanges Lernen – life long learning" zur unverzichtbaren Voraussetzung, damit er auch zukünftig mit seinen Humanressourcen für das Unternehmen interessant ist.[1218] Zugleich ist dies die Voraussetzung dafür, daß auch ein ganzes Unternehmen innovativ und jung bleibt.

Benedikt beschreibt das Kloster als „Schule des Herrendienstes" (vgl. RB 2,5). Die Mönche stehen in der Nachfolge Christi. Sie wollen wie die Apostel Schüler des Magisters Jesus sein (discipuli; vgl. RB 2,5). In der „Schule" des Klosters lernen sie miteinander und voneinander. Regelmäßige geistliche Exerzitien, die dem englischen Begriff „training" durchaus entsprechen, dienen ebenso der spirituellen Erneuerung wie die Vorsätze in der Fastenzeit. Die kontinuierlich geübte „Lectio divina" unterstützt die permanente Auffrischung und Vertiefung. Ferner wird voneinander gelernt, indem beispielsweise ein älterer Mitbruder einem jüngeren Tips gibt, wie er seine pastorale Arbeit gestaltet. Für einen anderen wird ein Novize zum Vorbild, der mit großem Eifer an den gemeinsamen Gottesdiensten teilnimmt oder durch seine korrekten Formen auf das monastische Ideal aufmerksam macht.

Somit können die Klöster der BBK als „lebenslang lernende Organisationen" bezeichnet werden, so daß es Anknüpfungspunkte zu BMW gibt.

Mönche verpflichten sich zum „lebenslangen Lernen". Mit Ablegung der „Feierlichen Profeß" haben sie das Ziel noch nicht erreicht. „Gottsuche" und „Nachfolge" bedeutet „Unterwegssein", sich permanent auf Neues einlassen. Motivationsfaktor ist die persönliche Berufung.

Unter einer anderen Zielsetzung und mit anderen Motiven verpflichten sich auch BMW-Mitarbeiter zum „Life-long-learning". BMW will innovativ und offensiv den Markt beliefern. Daher gilt es, sich auf Neues einzulassen. Die Mitarbeiter müssen sich weiterbilden. So werden z.B. bei einem Neuanlauf in der Produktion Arbeitsabläufe umgestellt, Maschinen neu eingerichtet, neue Arbeitsmethoden eingeführt etc.

Von den Mönchen und BMW-Mitarbeitern wird daher Offenheit gefordert, allerdings unter verschiedenen Zielsetzungen: im Kloster mit dem Ziel, wach den Anruf Gottes zu vernehmen, bei BMW mit dem Ziel, immer auf dem neuesten Stand zu bleiben.

Als „Schule" und als „lernendes Unternehmen" sind beide Institutionen durch wechselseitige Offenheit, Lern- und Veränderungsbereitschaft geprägt.

In einer „Lerngemeinschaft" kommt es, wie in jeder sozialen Institution, immer wieder zu Auseinandersetzungen und Konflikten. So gibt es auch in diesem Bereich Berührungspunkte zwischen BMW und BBK.

BMW fordert seine Mitarbeiter auf, konstruktiv Kritik zu üben.[1219] Dies kann auf unterschiedlichste Weise geschehen, indem z.B. ein Mitarbeiter seinen Kollegen auf dessen nachlässige und ungenaue Arbeitsweise anspricht und ihm erklärt, welche Schwierigkeiten es dadurch im nachfolgenden Arbeitsschritt gibt und wie darunter die Produktqualität leidet. Dabei geht es eindeutig um die Verbesserung, um die Erneuerung, letztlich um den gemeinsamen Erfolg. Mit Hilfe von TQM als Führungsstrategie will BMW ein „Center of Excellence" werden. Indem alle Mitarbeiter in die Qualitätsverantwortung genommen werden, ist ein kontinuierlicher Verbesserungsprozeß in Gang gesetzt worden. Durch Maßnahmen wie „KVP-Aktionen" oder „KOMM-Offensive" werden Routineabläufe, Arbeitsmethoden und -bedingungen etc. kontinuierlich überprüft, erneuert und verbessert. Auch die konsequente „Prozeßorientierung", verstanden als Konzentration auf das Wesentliche, ist Teil dieser umfassenden „Qualitäts-Offensive".

Benedikt beschreibt die monastische Gemeinschaft als „Werkstatt", in der die Mönche miteinander und aneinander arbeiten (vgl. RB 4,78). Die Gemeinschaft soll den Mönchen als Korrektiv dienen. Dazu gibt Benedikt ihnen die nötigen „Werkzeuge" mit an die Hand (vgl. RB 4). Mit Stabilität wird aneinander gearbeitet, d.h. kontinuierlich und mit Ausdauer, ohne vor schwierigen Situationen zu fliehen (vgl. RB 1,11). Unter Anwendung der „Correctio fraterna", der brüderlichen Zurechtweisung, korrigieren sich die Mitbrüder gegenseitig (vg. Sat Sp 29). Dies kann auf unterschiedlichste Weise geschehen, indem z.B. ein Mitbruder einen anderen darauf aufmerksam macht, daß er in letzter Zeit permanent zu spät zum Chorgebet kommt und ihm so seine Sorge zeigt. Dabei geht es um „konstruktive Kritik", die aufbauen und der inneren Erneuerung dienen will, und nicht um destruktive, die den einzelnen verletzt. Die „Correctio fraterna" schließt immer mit ein, daß das Ziel dabei die Verbesserung, letztlich das Gute und der Erfolg ist. Ähnliches beinhaltet die Aufforderung zum „gegenseitigen Gehorsam", der jeden Mitbruder in die Mitverantwortung für das Wohl des anderen und der Gemeinschaft nimmt (vgl. RB 71,1.2). In der „Werkstatt" sollte mit Feingefühl aufmerksam aneinander gearbeitet werden.

Damit können zwischen BMW und BBK folgende Bezüge hergestellt werden:
Der BMW-Mitarbeiter setzt sich ein für die Optimierung des Produkts, der Prozesse, der eigenen Tätigkeit und Arbeitsbedingungen, der eigenen Zufriedenheit.
Dem Mönch geht es in der „Werkstatt Kloster" um die persönliche Vervollkommnung, aber auch um die Vervollkommnung der Gemeinschaft, letztlich um spirituelles Wachstum.

In beiden Fällen dient die soziale Institution als Korrektiv:
Der Konvent setzt dann eindeutig Grenzen, wenn ein Mitbruder über die Stränge schlägt, z.B. durch ein extravagantes Hobby oder durch übertriebene Frömmigkeitsübungen. Er wird von seinen Mitbrüdern auf den Boden der „monastischen Realität" zurückgeholt.

Vergleichbar wird auch ein Entwicklungsteam einen euphorischen Mitarbeiter korrigieren, wenn dieser etwa mit utopischen Produktinnovationen den Produktentstehungsprozeß behindert oder nur sporadisch an den Teilgruppengesprächen teilnimmt.

Auf der einen Seite ist dabei Sensibilität für den Betroffenen gefragt, auf der anderen Seite eine gewisse Gelassenheit und Offenheit für Kritik.

Dabei müssen folgende Unterschiede bedacht werden:

Ziel des monastischen Lebens ist es, durch die kontinuierliche Arbeit aneinander und miteinander gemeinsam in der „Werkstatt Kloster" im weitesten Sinn echte „Lebensqualität" zu erlangen. Hier zeigt sich, daß das Kloster als „Lebensgemeinschaft" eine höhere Identifikation seiner Mitglieder fordert als ein Wirtschaftsunternehmen. Ferner können Konflikte nicht durch Kündigung oder Versetzung gelöst werden.

Ziel von BMW dagegen ist es, durch das effektive und effiziente Zusammenwirken aller Bereiche und Mitarbeiter umfassende „Unternehmensqualität" zu gewährleisten. Die Verbesserung und Erneuerung dienen letztlich der Gewinnmaximierung.

In beiden Institutionen werden die Mitglieder für die Zielerreichung in die Mitverantwortung genommen. Daher gibt es auch Analogien in den Bildern „Netzwerk" und „Haus", die letztlich das „personale Spannungsfeld" beschreiben.

BMW gleicht in seinen Organisationsstrukturen deutlicher einem „Netz" als einer hierarchisch aufgebauten „Pyramide". Im gegenseitigen Austausch geschieht funktions- und bereichsübergreifende Zusammenarbeit. Die Baureihenorganisation, in der Mitarbeiter aus den verschiedenen Entwicklungsbereichen, aus der Produktion und externe Lieferanten zusammenwirken, veranschaulicht, wie bei der Zusammenarbeit Bereichsgrenzen und Hierarchieebenen überschritten werden. Aber auch die „Prozeßorientierung" in der Produktion und das Denken und Handeln nach „Kunden-Lieferanten-Beziehungen" unterstützen die „Vernetzung". Die Mitarbeiter werden motiviert, über ihren eigenen Aufgabenbereich hinaus zu blicken und das gemeinsame Ziel ins Visier zu nehmen. Dabei ist jeder mit seinen individuellen Potentialen gefragt, so daß die Identifikation mit dem Unternehmen gesteigert werden kann. Echte Mitarbeit und Selbstentfaltung werden dadurch möglich.

Benedikt beschreibt das Kloster als „Haus Gottes" (vgl. RB 31,19; 53,22; 64,5). Im Idealfall nimmt darin jeder die ihm eigene Aufgabe pflichtbewußt wahr. So sorgt sich beispielsweise der Pförtner um Obdachlose, ein Internatspräfekt um die Schüler, ein Pfarrer um seine Pfarrgemeinde, ein Cellerar um das wirtschaftliche Wohlergehen etc. Dabei legt Benedikt großen Wert darauf, daß niemand durch seine Aufgabe überlastet wird (vgl. RB 31,9). Wenn Hilfe benötigt wird, dann sollen sich die Mitbrüder gegenseitig unterstützen (vgl. RB 48,24; 53,18). Dies kann auf unterschiedlichste Weise geschehen, etwa dadurch, daß z.B. ein Mitbruder für einen überlasteten Seelsorger einen Sonntagsgottesdienst übernimmt oder daß vor einem hohen Festtag die „freien Mitbrüder" dem Sakristan bei den Vorbereitungen in der Kirche helfen. Die Mitbrüder sind „lebendige Steine", die gemeinsam das schützende Dach „Gemeinschaft" tragen. Dies verlangt auch, daß sich der einzelne an seinen Platz einpassen läßt, was mitunter Verzicht und Opfer für die Gemeinschaft bedeuten kann.

Das Bild des „Netzes" läßt sich gut auf die „Benediktinische Konföderation" und die BBK übertragen. Die unterschiedlichen Klöster sind als föderale „Communio ecclesiarum" auf vielfältige Weise in der Kirche tätig. Ob durch Pfarrseelsorge, wissenschaftliche Arbeit, Mission, Bildungsarbeit etc. – in allem gilt es, „Gott zu verherrlichen" (vgl. RB 57,9). Die einzelnen Tätigkeiten sind gleichsam die Fäden, aus denen das föderale „Netz" geknüpft wird. Ebenso gleicht jede benediktinische Gemeinschaft einem „Netz". Jeder soll sich mit seinen originellen Charismen einbringen (vgl. RB 40,1). Die Mitbrüder sollen in ihren verschiedenen Tätigkeiten effektiv zusammenwirken, gleichsam ein „Netz" im Dienst des Menschenfischers bilden (vgl. Mk 1,17). Auch dabei gilt es, ähnlich wie bei BMW, Bereichsdenken aufzugeben und das gemeinsame Ziel im Auge zu behalten. Das Kloster ist „Netzwerk" und gemeinsames „Haus".

Im Gegenzug kann BMW mit einem „Haus" verglichen werden. Schon in der betrieblichen Umgangssprache wird vom „Hause BMW" gesprochen, das von verschiedenen „Säulen" getragen wird und sich aus zahlreichen „Bausteinen" zusammensetzt.[1220] Dabei sind im „Mitgliederunternehmen" alle wichtig, ob es nun die Mitarbeiter am Montageband, in der Entwicklung oder im Außendienst sind oder die Dienstleister aus dem Personalwesen. In der Ausrichtung am gemeinsamen Unternehmensziel wird jeder Unternehmensteil zur tragenden „Säule", zum „lebendigen Stein".

Allerdings gilt es, in diesem Zusammenhang nochmals auf zwei wesentliche Unterschiede aufmerksam zu machen:
In den Klöstern der BBK wird die Identifikation über die gemeinsame Vision der „Verherrlichung Gottes" hergestellt, in der BMW AG dagegen über den gemeinsamen Erfolg und über das gemeinsame Produkt. BMW motiviert seine Mitarbeiter über Lohn/Gehalt. In einem Kloster dagegen motiviert die persönliche Berufung.

Die Vergleiche „Netz" und „Haus" veranschaulichen, daß es in beiden Institutionen von großer Bedeutung ist, Kompetenzen zu klären, Kommunikation sicherzustellen und den Umgang mit Verantwortung zu lernen. Ansonst besteht die Gefahr, daß das gemeinsame Ziel nicht mehr gemeinsamer Handlungsantrieb ist. Damit das „Netz" nicht zerreißt oder das „Haus" nicht zusammenstürzt, muß es bei BMW eine gemeinsame Ethik, eine gemeinsame „Unternehmenskultur" als „Knotenpunkt" bzw. in den Klöstern der BBK eine verbindende „Spiritualität" als „Mörtel" geben, deren Aufgabe es ist, das „Netz" bzw. das „Haus" zusammenzuhalten. Als Orientierungshilfe schaffen sie Ordnung und fördern die Identifikation und das Zusammengehörigkeitsgefühl. Nur durch diese innere Geschlossenheit können beide Institutionen erfolgreich agieren.

Abschließend kann festgestellt werden:
Die Analogien im „Selbstverständnis" veranschaulichen, daß BMW und BBK verstärkt auf „Partizipation und Kommunikation" setzen. Alle Beteiligten und Betroffenen werden in die „Mitverantwortung" für die je eigene „Zielerreichung" genommen. Im Blick auf die soziokulturellen Herausforderungen bedeutet dies auch, daß den veränderten Strukturen, die „Kommunikation und Partizipation" ermöglichen, eine veränderte Ethik entspricht, die neben den klassischen Pflicht-/Akzeptanzwerten den Selbstentfaltungswerten mehr Bedeutung beimißt. „Solidarität und Subsidiarität" werden so zu unverzichtbaren „Gestaltungsprinzipien". Dabei gilt es, das Spannungsfeld zwischen Individuum und sozialer Institution und die wechselseitige Abhängigkeit zu nutzen. „Tragen" und „Getragen-werden", „Stützen" und „Gestützt-werden" kennzeichnen die wechselseitigen Ansprüche.
Als soziale Institutionen sind BMW und BBK nicht Selbstzweck, sondern sie sollen auf je eigene Weise einer gemeinsamen „Zielerreichung" dienen. Hier liegen auch eindeutig ihre Grenzen. Weder ein Kloster noch ein Unternehmen dürfen von ihren Mitgliedern eine Ganzhingabe an die soziale Institution fordern, die sich z.B. in willenlosem Gehorsam oder totalem Engagement zeigt, so daß der einzelne nur von seiner Funktion und Aufgabe bestimmt wird. Vielmehr ist für beide Institutionen die Einhaltung des „Personalitätsprinzips", d.h. die Einhaltung der unantastbaren Menschenwürde, die Grundvoraussetzung dafür, daß sie ihre Mitglieder in die soziale Pflicht und Verantwortung nehmen können.

3.3.2.2 Zielerreichung über Kommunikation und Partizipation

Um ihre unterschiedlichen Ziele erreichen zu können, erwarten BMW als „lernendes Unternehmen" und die Klöster der BBK als „Schulen des Herrendienstes" von allen Mitgliedern „Lernbereitschaft", die sich in einer grundsätzlichen und vielseitigen Offenheit zeigt. Der Schüler, der Lernende muß nach vielen Seiten hin offen sein. Er muß zuhören können und das Aufgenommene reflektieren und prüfen, um so einen Ausgleich zwischen den unterschiedlichen Eindrücken schaffen zu können.

3.3.2.2.1 Interessenausgleich durch wechselseitige Offenheit

In Zeiten der Massenproduktion wurde bei BMW unter „Kundenorientierung" lediglich die Belieferung des Marktes mit einem bestimmten Produkt verstanden. Individuelle Rücksichtnahme auf spezielle Kundenwünsche gab es meistens nicht. Produziert und angeboten wurde nach dem Motto: „Sie können den Wagen in jeder Farbe haben, vorausgesetzt, diese Farbe ist schwarz."[1221] In Folge der Globalisierung der Märkte und des verstärkten Wettbewerbsdrucks kam es zu einer verstärkten „Hinwendung zum Kunden". Unter dem Anspruch von Innovation und Qualität muß BMW darum permanent der Frage nachgehen, welche Erwartungen Kunde und Markt an das Unternehmen stellen und durch welche Innovationen diese positiv überrascht werden können. Dabei besteht eine gewisse Abhängigkeit zwischen Kunde und Unternehmen, insofern der Kunde durch seinen Kauf für BMW quasi zum „Arbeitgeber" wird.[1222]

Durch Individualisierung und Segmentierung der Modellpalette antwortet BMW auf die soziokulturellen Entwicklungen. Der Kunde kann sich seinen Vorstellungen entsprechend sein Auto zusammenstellen. Durch die Auswahl von Modell, Farbe, Komfort und Extras bringt er seinen ganz persönlichen Lifestyle zum Ausdruck. Zugleich versucht BMW, den Kunden durch zusätzlichen Kundenservice langfristig an die Marke zu binden.[1223] „Kundenorientierung" und „Kundenzufriedenheit" werden somit zu Überlebensfragen für BMW.[1224]

Dabei ist die „Kundenorientierung" nicht nur ein bilateraler Prozeß zwischen Kunde und Produzent. Der Begriff „Kunde" muß sehr weit gefaßt werden.[1225] Kunden sind auch die internen Prozeßpartner, die Aktionäre, die Mitarbeiter, die Öffentlichkeit etc. Bei der Zusammenführung dieser unterschiedlichen Interessensgruppen kann es zu Zielkonflikten kommen, zumal auch das Unternehmen konkrete Vorstellungen von seinen Produkten hat. Es gibt Markenwerte wie Dynamik, Sportlichkeit, Agilität etc. Hinzu kommen äußere und technische Erkennungsmerkmale wie etwa die Doppelscheinwerfer oder der Heckantrieb. Sie bilden das unveränderliche Proprium eines BMW und stehen quasi für die Tradition. Zugleich aber muß BMW innovativ den Markt beliefern, d.h. sich mit der Konkurrenz messen, neue Varianten wagen. Auch hier gilt es, durch Marktforschung offen zu sein und Trends zu setzen, zumal der Kunde häufig gar nicht weiß, was er eigentlich will. So steht BMW in einem Spannungsfeld zwischen Markenwerten/eigenen Produktvorstellungen und Kundenwünschen, zwischen Proprium und Novum, zwischen Tradition und Innovation.

Durch die „Prozeßorientierung" der Organisation werden bei BMW auch die internen Abläufe nach dem „Kunden-Lieferanten-Prinzip" geregelt. „Prozeßorientierung" ist damit „interne Kundenorientierung" und zeigt sich in „wechselseitiger Offenheit" der Prozeßpartner. So arbeiten z.B. bei der Entwicklung eines neuen Fahrzeugmodells schon im frühen Stadium Ingenieure der Produktentwicklung mit ihren Kunden/Partnern aus der Produktion zusammen.

Auch dabei kann es zu Zielkonflikten kommen. Als klassisches Techniker- und Ingenieurunternehmen haben die Mitarbeiter Ideen und Vorstellungen, welche Eigenschaften ein neues Fahrzeug haben soll. Während sich z.B. die Konstrukteure für einen größeren Kofferraum aussprechen, wollen die Designer das sportliche, dynamische Erscheinungsbild nicht aufgeben; während die einen eine benzinverbrauchsarme Variante präferieren, fordern die anderen eine leistungsstarke Lösung. Auch die Partner im Produktentstehungsprozeß verstehen sich als Lieferanten und Kunden, so etwa die Sparte Motor und die Montage. Wiederum ist „wechselseitige Offenheit" gefragt, die den Prozeßpartner mit seinen Bedürfnissen und Anforderungen ernst nimmt, um so gemeinsam ein optimales Produkt herstellen zu können.

Faßt man den Begriff des Kunden sehr weit, so läßt sich auch die „Mitarbeiterorientierung" unter der „Kundenorientierung" ansiedeln. Laut Unternehmensleitbild sind die Führungskräfte Dienstleister für ihre Mitarbeiter.[1226] Sie sollen durch „Zielvereinbarungen" einen „Interessenausgleich" zwischen Unternehmenszielen und Interessen der Mitarbeiter schaffen. Bei der gemeinsamen Zielfindung ist wiederum „wechselseitige Offenheit" gefragt, indem der Mitarbeiter sich den Unternehmenszielen öffnet und die Führungskraft die Vorstellungen des Mitarbeiters aufnimmt.

In den Benediktinerklöstern nimmt der „Gehorsam" als Grundgelübde eine besondere Stellung ein (vgl. Sat Sp 43-56). Gott ist Adressat des monastischen Lebens und „Lebens-Partner" des Mönchs. „Gehorsam" kann daher als die permanente Offenheit des Menschen für den Anruf Gottes beschrieben werden. Diesen Anruf nimmt der Mönch durch unterschiedliche Medien wahr. Offenheit ist gefragt für die Hl.Schrift und die Regel, für sich selbst, für den Mitbruder, für die Gemeinschaft, für die Oberen, für die Tradition, für die Anforderungen der Zeit etc. In allem offenbart sich Gott. „Gehorsam" meint eben nicht gedankenloses, bedingungsloses Parieren, im Sinne eines „blinden Gehorsams", sondern aufmerksames, vielseitiges Hören. Er ist ein kommunikatives Geschehen.
Vielseitige Offenheit ist ferner von jeder klösterlichen Gemeinschaft gefragt. Dabei kann es zu Zielkonflikten kommen. Zum einen sind die Klöster durch jahrhundertealte Traditionen geprägt. Die Gelübde, die Treue zur Regel Benedikts, der geregelte Tagesablauf etc. bilden das Proprium. Zum anderen gilt es, sich als „Vorhut des pilgernden Gottesvolkes" durch richtungsweisende Innovationen den soziokulturellen Herausforderungen zu stellen.[1227] „Gehorsam", verstanden als „aufmerksames Hören", fordert Offenheit für die Belange von Kirche und Gesellschaft. Entsprechend dem Grundsatz: „Vox temporis – Vox Dei" ist es gute benediktinische Tradition, sich dem Anruf Gottes in der jeweiligen Zeit zu öffnen, ohne dabei das eigene spirituelle Fundament aufzugeben. In „wechselseitiger Offenheit" werden so zwischen Tradition und Innovation, zwischen Proprium und Novum erfolgreiche Wege in die Zukunft gesucht.[1228]
Um eine wachsende „Ungleichzeitigkeit" zu vermeiden, stehen die benediktinischen Gemeinschaften auch intern vor der Herausforderung, ihre Spiritualität und Lebensform zu verheutigen. Dabei kann es in einer Gemeinschaft zu Zielkonflikten kommen. Die einen hängen z.B. an tradierten Riten, während andere neue Formen des gemeinsamen Gebetes ausprobieren wollen. Im „gegenseitigen Gehorsam", der sich als „wechselseitige Offenheit" zeigt, gilt es, einen Weg zu finden, der möglichst alle Beteiligten zum ersehnten „Leben in Fülle" führt (vgl. Joh 10,10).

Zwischen „Kundenorientierung" und „Gehorsam" lassen sich auf dieser Grundlage folgende Vergleiche anstellen:
Obwohl „Kundenorientierung" und „Gehorsam" völlig verschiedene Zielrichtungen haben, können beide als „wechselseitige Offenheit" beschrieben werden, deren Ziel es ist, einen „Interessenausgleich" herzustellen.

„Kundenorientierung" meint nicht, die willenlose „Ganzausrichtung" eines Unternehmens am Willen des Endkäufers im Sinne eines „bedingungslosen Gehorsams". Sie gleicht vielmehr dem „dialogischen, gegenseitigen Gehorsam", der versucht, verschiedene Interessengruppen zusammenzuführen.

Ähnlich zeigt sich der dialogisch interpretierte „Gehorsam" als Offenheit nach vielen Seiten. Er wird, wie die „Kundenorientierung", zum kommunikativen Geschehen, an dem möglichst alle Beteiligten partizipieren.

Im Spannungsfeld zwischen Tradition und Innovation, zwischen Proprium und Novum gilt es, in beiden Institutionen einen Ausgleich zu schaffen; bei BMW z.B. zwischen Markenwerten und Kundenwünschen, in der BBK z.B. zwischen den tradierten Aufgaben einer Gemeinschaft und neuen Anforderungen aus dem soziokulturellen Kontext.

Die konsequente interne „Prozeßorientierung" bei BMW könnte im übertragenen Sinn „dialogischer Kunden-/Partnergehorsam" genannt werden. Damit läßt sich die Feststellung der Regel Benedikts: „Sie leben nicht nach eigenem Gutdünken, (...) sondern gehen ihren Weg nach der Entscheidung und dem Befehl eines anderen" (RB 5,12) für BMW frei übertragen folgendermaßen lauten: „Sie arbeiten nicht nach eigenem Gutdünken, nach eigenen Vorstellungen, sondern berücksichtigen die Wünsche und Anforderungen ihrer Kunden und Partner!" Dies entspricht der „BMW Handlungsmaxime": „Nur der Kunde entscheidet über die Güte unserer Leistung."[1229]

Im Gegenzug kann der monastische „Gehorsam" als konsequente Lebensausrichtung (Orientierung) am Willen Gottes (Lebenspartner des Mönchs) beschrieben werden (vgl. RB 5,13). Dieser offenbart sich auf vielfältige Weise. Indem aber der Mönch seine spirituelle Leistung letztlich nicht beurteilen kann, kann die oben zitierte „BMW Handlungsmaxime" auf das monastische Leben folgendermaßen übertragen werden: „Nur Gott entscheidet über die Güte unserer Leistung" (vgl. RB 4,76 f.).

Bei allen diesen Vergleichen und Übertragungen darf allerdings nicht der grundlegende Unterschied zwischen BMW und BBK vergessen werden:

Für BMW ist „Kundenorientierung" ein Erfolgskriterium, um den „Produktentstehungsprozeß" möglichst effektiv zu gestalten.

Für die Klöster der BBK ist „Gehorsam" als „Partnerorientierung" eine Grundhaltung, die das Zusammenleben bestimmt und das Leben ganz am „Lebenspartner" Gott ausrichtet.

Damit sind eindeutig unterschiedliche Motivationen gegeben.

Bei BMW motiviert die Gewinnbeteiligung oder das berufliche Weiterkommen.

In einem Kloster dagegen sind die persönliche Berufung und der Drang zur Nachfolge wesentliche Handlungsmotive.

Die „Kundenorientierung" tangiert ferner die benediktinische Haltung der „Demut". Auch sie kann als „wechselseitige Offenheit" beschrieben werden.

Die „Demut" des Mönchs zeigt sich in der Annahme der eigenen Unvollkommenheit. Im Wissen um die persönlichen Defizite ist der Mönch bereit, das Korrektiv der Gemeinschaft, des Abtes, des Geistlichen Begleiters etc. anzunehmen. Sein Ziel ist dabei die kontinuierliche Erneuerung, letztlich der Fortschritt auf dem geistlichen Weg. Daher ist der Mönch bereit, in der Gemeinschaft, die ihn mit seinen Stärken und Schwächen trägt, einen Dienst zu übernehmen. Er hat „Mut zum Dienen".

Diese Gedanken lassen sich auf BMW übertragen:

Das Unternehmen, und damit jeder einzelne Mitarbeiter, sollte die Bereitschaft zeigen, seinem konkreten Kunden/Partner einen Dienst zu leisten. Nicht umsonst wird vom „Kundendienst" und vom „Kundenservice" gesprochen. Aber auch der Kunde kann dem Hersteller einen Dienst erweisen, indem er z.B. praktische Verbesserungsvorschläge gibt. Gerade in der internen „Kunden-Lieferanten-Kette" wird dieser Dienst sehr wichtig. So macht z.B. ein Mitarbeiter aus der Produktion ein Entwicklungsteam darauf aufmerksam, daß beim Neuanlauf Defizite auftreten. Bei Folgemodellen können so diese Qualitätsmängel beseitigt werden.

In gewisser Weise kann somit die Bereitschaft von BMW, sich vom Kunden/Partner korrigieren zu lassen, als „Demut" bezeichnet werden.[1230] Dies bringt BMW mit der Einsicht zum Ausdruck, daß der Kunde über die Leistung von BMW entscheidet und das Urteil des Kunden/Partners wichtiger ist als die eigene Selbsteinschätzung.[1231] Daher stellt sich das Unternehmen z.B. internationalen Wettbewerben, um herauszufinden, wie die Öffentlichkeit auf die neuen Produkte reagiert und sie einschätzt.[1232] Im Blick auf die Konkurrenz und die Erwartungen des Marktes kann das eigene Produkt deutlich verbessert werden. „Marktorientierung" zeigt sich in gewisser Weise als „Aufgabe des Eigenwillens" (vgl. RB 5,7), als Bereitschaft die eigenen Vorstellungen prüfen zu lassen, sie gegebenenfalls hintanzustellen und von anderen zu lernen (vgl. RB 6,6).

Bei diesen Bezügen muß wiederum auf die grundlegende Divergenz zwischen „Unternehmenskultur" und „Ordensspiritualität" hingewiesen werden.

Im Unterschied zur Bereitschaft, dem Kunden einen Dienst zu leisten bzw. die Korrektur des Kunden anzunehmen, haben „Gehorsam und Demut" im monastischen Leben eine andere Dimension. Als Schüler Christi ahmt der Mönch Jesus, seinen Lehrer nach, der seinen Jüngern gedient hat und der gehorsam war bis zum Tod am Kreuz (vgl. Phil 2,8; RB 7,34). Dieses Vorbild motiviert den Mönch zur Nachfolge, indem er z.B. Aufgaben in der Gemeinschaft als Dienst übernimmt oder sich von anderen korrigieren läßt.

Somit kann festgehalten werden:

„Wechselseitige Offenheit" ist in beiden Institutionen die Haltung dessen, der sensibel ist für den Anruf und die Anforderung eines anderen. Sie dient dem „Interessenausgleich" und fordert „Kommunikation und Partizipation".

BBK und BMW haben dabei unterschiedliche Ziele vor Augen; die BBK spirituelles Wachstum und Lebensqualität, die BMW AG materiellen Erfolg und Unternehmensqualität.

Dabei kann es in beiden Institutionen unerwartete Überraschungen geben, so daß Flexibilität gefragt ist. Nicht umsonst werden „Gehorsam" und „Kundenorientierung" als dynamische Prozesse beschrieben, die von allen Beteiligten Mobilität und Agilität fordern.

Diese Prozesse, die der „Kommunikation" dienen, können in drei Schritte gegliedert werden:
„Selbstreflexion", „Dialog" (Suche nach einem Konsens), „Konsequenzen".
Auch bei diesen Prozeßschritten können Bezüge zwischen „Unternehmenskultur" und „Ordensspiritualität" hergestellt werden.

„Selbstreflexion":
BMW fordert seine Mitarbeiter auf, Arbeitsprozesse und sich selbst zu hinterfragen.[1233]
Dahinter steht das Anliegen des Unternehmens, die Leistungsfähigkeit, die Leistungsbereitschaft und die Leistungsmöglichkeit der Mitarbeiter zu erhöhen.[1234] So erkennt
z.B. ein Mitarbeiter, daß er Ideen schnell und konsequent umsetzt, daß er Konzen-
trationsschwächen hat, daß er in der Arbeitsgruppe integrierend wirkt etc.
Auch das Unternehmen als ganzes, ein Werk, ein Bereich, eine Arbeitsgruppe etc.
stellen sich der Reflexion, indem Fragen gestellt werden, wie: Was ist unser originäres
Angebot, was sind unsere Markenwerte? Für was stehen wir (z.B. Dynamik, Flexibilität, Freude am Fahren)? Welche Zielgruppe wollen wir ansprechen (z.B. gehobene
Mittelschicht)? Über welche Möglichkeiten (z.B. Kapital, Ressourcen etc.), über
welches Know-how verfügen wir? Wo liegen unsere Stärken und Schwächen (z.B.
Innovation)?
Durch die Selbstreflexion wird der eigene Standpunkt im Markt, im Unternehmen etc.
bestimmt.[1235]
Beim monastischen „Gehorsam" dient das Schweigen der Selbstreflexion. Im Schwei-
gen zeigt der Mönch seine Lernbereitschaft, seine Offenheit für Gott, für sich selbst, für
Veränderung und Neues (vgl. RB 6,1-6). Indem er auf seine Wege achtet und sich
selbst erforscht, erkennt er seine Fähigkeiten, Bedürfnisse und Möglichkeiten, seine
Fehler und Schwächen. Er weiß z.B., daß er zuhören kann, daß er eine spitze Zunge
hat, daß er schnell zornig wird etc. Zur Selbstreflexion dienen ihm feste Zeiten und
Orte. Der Mönch kann sein persönliches Proprium eruieren. Eine positive „Ich-
Identität", die um eigene Stärken und Schwächen weiß, wird zur Grundlage des
Dialogs.
Auch eine klösterliche Gemeinschaft stellt sich von Zeit zu Zeit, etwa im Rahmen einer
Visitation oder eines Gesprächstages, Fragen, wie: Was sind unsere Aufgaben in Kirche
und Gesellschaft, welche Geschichte, welche Tätigkeitsfelder (Seelsorge, Schule etc.),
welche Menschen prägen uns? Wie werden wir der Nachfolge Christi und den Idealen
der Regel gerecht?

Die Selbstreflexion dient sowohl der BMW AG als auch der BBK zur Standortbestimmung. Das Proprium wird benannt.

BMW nutzt die Standortbestimmung als Grundlage, um sich dann dem Prozeßpartner bzw. dem Kunden mit seinen Wünschen und Vorstellungen öffnen zu können. Das eigene Angebot kann überprüft und korrigiert werden.

In den Klöstern hat die Selbstreflexion im Schweigen eine transzendente Dimension. Sie dient der „Gottesbegegnung". Zugleich ist sie Öffnung nach innen. Das Proprium sowohl eines Mönches als auch einer Gemeinschaft kann beschrieben werden. Auf dieser Grundlage soll es zum Dialog kommen, zur Öffnung nach außen.

Wiederum zeigt sich der fundamentale Unterschied zwischen BMW und BBK:

Bei BMW geht es um materielle Wertschöpfung, in den Klöstern dagegen um Fortschritte im spirituellen Leben. Um so überraschender ist es, daß die Wege zur Zielerreichung Parallelen aufweisen.

„Dialog":

Zweiter Schritt zum „Interessenausgleich" ist der Dialog als gemeinsame Suche nach einem Konsens. Die eigene Standortbestimmung soll aus der Sicht eines anderen reflektiert werden.

BMW legt im Rahmen der „Kundenorientierung" Wert darauf, daß der Kunde Wünsche äußert, beispielsweise über zusätzlichen Komfort oder individuelle Ausstattungsvarianten. Dessen Zufriedenheit mit Angebot und Service bestimmt den Unternehmenserfolg, nicht aber die eigene Selbsteinschätzung.[1236] Auch in der Sensibilität für den Markt und die Konkurrenz prüft, reflektiert und vitalisiert BMW die eigenen Vorstellungen. Dies erfordert gegebenenfalls auch die Bereitschaft, eigene Überzeugungen zu hinterfragen. So gilt es z.B. der Frage nachzugehen, ob BMW, wie die Konkurrenz, einen Kleinwagen anbieten sollte? Entspricht dieser dann noch dem sportlichen, dynamischen Markenimage? Ferner stellt sich intern die Frage, ob das Unternehmen über das notwendige Know-how, über die notwendigen Potentiale für eine derartige Neuentwicklung verfügt. Desweiteren rezipiert BMW die gesellschafts-politischen Entwicklungen. So hat z.B. die neue „Ökosteuer" steigende Benzinpreise zur Folge. Die Kunden werden eventuell zunehmend an verbrauchsarmen Fahrzeugen interessiert sein. Im Spannungsfeld zwischen eigener Überzeugung und Markt/Kundenerwartung gilt es, im Dialog mit externen und internen Partnern, einen Konsens, einen „Interessenausgleich" zu finden.

Auf ähnliche Weise öffnet sich eine klösterliche Gemeinschaft nach außen, indem sie sich Fragen stellt, wie: Was sind für uns „Weckrufe" Gottes (vgl. Sat Sp 120), beispielsweise die zunehmende Zahl von Obdachlosen an der Klosterpforte oder die Nachfrage nach Gastaufenthalten von suchenden Menschen? Welche Erwartungen haben Kirche und Gesellschaft?

BMW und BBK öffnen sich als soziale Institutionen ihrem jeweiligen Kontext und treten mit diesem in den Dialog.

Bei BMW geht es letztlich darum, ein Produkt zu entwickeln und anzubieten, das den Anforderungen der Kunden, des Marktes und der Öffentlichkeit entspricht.
In den Klöstern der BBK ist es das Ziel, durch diese Öffnung der Verantwortung in Kirche und Gesellschaft gerecht zu werden.

Auch zum internen „Interessenausgleich" ist der Dialog bei BMW und BBK sehr wichtig.
In beiden Institutionen haben interne Kommunikationsforen wie Teamgespräche oder Konventkapitel an Bedeutung gewonnen. Der einzelne soll sich mit seinen Vorstellungen einbringen können. Er soll sich von der Institution ernst genommen fühlen, aber auch diese mit ihren Interessen ernst nehmen. Auch dabei können Vergleiche angestellt werden.

Voraussetzung für einen fruchtbaren Dialog ist bei BMW und BBK die gegenseitige Wertschätzung und Achtung, Offenheit und Fairneß (vgl. RB 71; 72; Sat Sp 52).[1237]
Ein Mönch, der sich von seinem Konvent nicht angenommen fühlt, wird sich ebenso schwer öffnen und mitteilen wie ein Produktionsmitarbeiter, der von seiner Arbeitsgruppe nicht akzeptiert wird. Letztlich können diese Grundvoraussetzungen nicht verordnet werden. Es wird immer Mitbrüder und Mitarbeiter geben, die durch ihre Art anecken oder die einfach nicht bereit sind, für die Gemeinschaft, für das Team offen zu sein.

BMW fordert seine Mitarbeiter auf, Ideen und Vorstellungen in den Dialog einzubringen, etwa wenn es um die Arbeitsplatzorganisation geht.[1238] Zugleich ist dazu die Bereitschaft notwendig, sich selbst und seine Vorstellungen vom Team prüfen und reflektieren zu lassen.
Ähnliches verlangt Benedikt, wenn er schreibt: „Alles Notwendige dürfen sie vom Vater des Klosters erwarten" (RB 33,5). Um allerdings feststellen zu können, was wirklich notwendig, machbar und umsetzbar ist, wird die Hilfe und das Korrektiv der Gemeinschaft in Anspruch genommen. Wiederum wird die Haltung der „Demut" entscheidend, d.h. die Erkenntnis der eigenen Unvollkommenheit und der notwendigen Ergänzung und Korrektur durch andere.

Dabei kennen BMW und BBK durchaus vergleichbare Formen des Dialogs:
Wenn es um persönliche Entscheidungen geht, etwa um die Übernahme einer Aufgabe oder um die Abwesenheit für einige Tage, wird dies der Mönch zunächst mit seinem Abt besprechen. Ähnlich wird ein BMW-Mitarbeiter mit seinem Vorgesetzten seine Urlaubsplanung koordinieren.
Abt und BMW-Führungskraft haben dabei die Möglichkeit, ihre eigene Meinung und die Perspektive von Gemeinschaft und Team einzubringen.
So kann der Abt seinem Mitbruder erklären, daß momentan eine längere Abwesenheit von der Gemeinschaft nicht denkbar ist, da schon einige Mitbrüder verreist und andere

erkrankt sind, oder daß die Ablenkung zum gegenwärtigen Zeitpunkt der inneren Stabilität des Mitbruders schaden könnte.

Ebenso wird ein Meister einem Mitarbeiter verdeutlichen, daß ein Urlaub gegenwärtig nicht möglich ist, da z.B. ein Neuanlauf ansteht.

Wenn es um Belange der Gemeinschaft geht, werden im Kloster möglichst alle Mitbrüder in den Dialog miteinbezogen (vgl. RB 3,3). So stellt der Cellerar etwa bei einer größeren Neuanschaffung dieses Vorhaben im nächsten Konventkapitel zur Diskussion, oder der Gastmeister bringt einen geplanten längeren Gastaufenthalt eines fremden Mönches ins gemeinsame Gespräch. Im Dialog kann jeder seine Meinung äußern und neue Anregungen geben. So wird z.B. darauf aufmerksam gemacht, daß das Kloster derzeit schon einige Dauergäste hat, oder es wird die Notwendigkeit der Neuanschaffung in Frage gestellt. Gastmeister und Cellerar können den eigenen Standpunkt aus unterschiedlichen Blickwinkeln reflektieren und beleuchten.

Auf analoge Weise wird bei BMW z.B. in regelmäßigen Teilprojektgesprächen der Baureihenorganisation der aktuelle Projektstand vor allen Beteiligten zur Diskussion gestellt. Die Vertreter der einzelnen Komponenten, die voneinander abhängig sind, haben die Möglichkeit zum wechselseitigen Austausch. Ebenso bespricht eine Arbeitsgruppe der Produktion im Gruppengespräch etwa die Umstellung von Materialbehältern, um so ergonomische Vorteile zu bekommen. Dabei äußern auch die Mitarbeiter, die für die Materialbeschaffung zuständig sind, ihre Vorstellungen und Bedenken.

In beiden Institutionen hat das übergeordnete Ziel vor den Einzelinteressen Priorität. In der Offenheit für die Belange der Institution kann dies auch bedeuten, daß sich der einzelne mit seinen Interessen gegebenenfalls zurücknehmen muß.

In den Klöstern geschieht dies letztlich aus „Liebe zu Christus" (vgl. RB 5,2). Dies kann selbstverständlich stärker motivieren, als ein an der Basis zunächst nicht spürbarer Unternehmenserfolg. Daher versucht BMW, über Gewinnbeteiligungen zu motivieren. Über derartige Motivationsfaktoren verfügt wiederum ein Kloster nicht.

„Konsequenzen":

Als dritter Schritt sollen die konkreten Konsequenzen folgen.

Benedikt will, daß die Umsetzung schnell und freudig erfolgt, d.h. die im Dialog vereinbarten Maßnahmen sollen zur eigenen Sache gemacht werden (vgl. RB 5,9.10).

Vergleichbar drängt BMW auf eine konsequente und schnelle Umsetzung.

In beiden Institution gilt es, gegebenenfalls über den eigenen Schatten zu springen. Letztlich hängt mit dem Wohlergehen der übergeordneten Institution auch das eigene zusammen.

In der Haltung der „Demut" wird ein Mönch auch einen unangenehmen Dienst übernehmen, weil er weiß, daß dies ein wichtiger Dienst an der Gemeinschaft ist. Oder ein Kloster wird eine neue Aufgabe übernehmen, beispielsweise in der geistlichen Begleitung oder Obdachlosenarbeit, um so der Entwicklung in Gesellschaft und Kirche durch konkrete Taten gerecht zu werden.

Auch bei BMW sind die Konsequenzen entscheidend. So verschiebt z.B. eine Führungskraft ihren Urlaub, weil ihr bewußt geworden ist, daß sie in ihrer Abteilung gegenwärtig unabkömmlich ist. Ferner kann es eine konkrete Konsequenz sein, daß BMW den Kundenwünschen entsprechend einen Kleinwagen baut, wie es z.B. bei der „Isetta" der Fall gewesen ist.

Bei der konsequenten Umsetzung zeigen sich allerdings wiederum die diversen Handlungsmotive, die BMW und BBK eindeutig unterscheiden.

Damit kann festgehalten werden:

„Wechselseitige Offenheit" ist in und von beiden Institutionen gefordert. Selbstverständlich zeigt sich diese Offenheit in den Klöstern der BBK auf andere Weise als bei BMW. Dies hängt sowohl mit den differierenden Zielen als auch mit den unterschiedlichen Motivationen zusammen. Doch lassen sich Vergleiche anstellen bei den Prozessen, die zur „Zielerreichung" dienen. Diese sind nach demselben Schema aufgebaut. Über Selbstreflexion, Dialog und konkrete Konsequenzen soll ein „Interessenausgleich" durch „Kommunikation und Partizipation" gefunden werden.

Abschließend sollen nun noch Vergleiche zwischen „Mitarbeiterorientierung" und „Gehorsam" gezogen werden. Am Beispiel der Fastenvorsätze, die quasi einem Zielvereinbarungsprozeß (ZVP) entsprechen, wird dies veranschaulicht.

BMW nutzt im Rahmen der „Mitarbeiterorientierung" den ZVP zum „Interessenausgleich" zwischen Unternehmenszielen und Mitarbeiterinteressen.

Der erste Schritt des ZVP ist die Zielfindung. Bei persönlichen Zielfindungen geht es um die konkrete Zukunft eines Mitarbeiters bezüglich seiner Aufgabe und Funktion. Er macht sich z.B. mit seiner zuständigen Führungskraft darüber Gedanken, welche Zusatzqualifikationen er im nächsten Jahr erwerben will, um im Folgejahr eine neue Funktion übernehmen zu können. Gemeinsam werden Möglichkeiten benannt. Die Führungskraft macht deutlich, was für den entsprechenden Bereich, für das Unternehmen wichtig wäre. Ebenso bringt der Mitarbeiter seine eigenen Vorstellungen mit ein. Ziel ist es, im Sinne des Unternehmens Verbesserungen herbeizuführen, die auch dem Mitarbeiter von Nutzen sind. Vorgesetzter und Mitarbeiter vereinbaren z.B., daß er ein Weiterbildungsseminar über Personalführung besucht, um danach eine neue Funktion übernehmen zu können. Im Dialog wird ein Konsens gefunden. Schließlich folgt die Umsetzung, die konkrete Tat und die Zielkontrolle. Der Mitarbeiter besucht das Weiterbildungsseminar und übernimmt gut qualifiziert eine neue Funktion in der Personalführung.

Ein vergleichbares Prozedere findet sich im monastischen Leben bei den „Fastenvorsätzen".[1239] Der Mönch überlegt sich zu Beginn der Fastenzeit, wie er sich durch zusätzliche spirituelle Übungen auf das Osterfest vorbereiten will, etwa durch die Lektüre eines Buches, durch besondere Gebete oder durch einen bewußten Verzicht auf Fleisch, Alkohol, Nikotin etc. Dabei reflektiert er, was ihm persönlich in diesem Zusammenhang wichtig ist, was ihn weiterbringt, aber auch was für seine Gemeinschaft von Bedeutung sein könnte. Ziel dabei ist die spirituelle Erneuerung. So schlägt er bei-spielsweise vor, einmal wöchentlich die kranken Mitbrüder in der Krankenabteilung (Infirmerie) zu besuchen oder den Kreuzgang neu zu bepflanzen. Die Vorsätze schreibt er auf seine Fastenschedula und unterbreitet sie seinem Abt. Der Abt prüft die Fasten-vorschläge des Mönchs und erkundigt sich, welche Bedeutung sie für den betreffenden Mitbruder haben. Ferner kann er auch andere benennen und damit verstärkt die Anlie-gen der Gemeinschaft einbringen. Quasi als gemeinsame „Zielvereinbarung" unter-zeichnen Abt und Mönch anschließend die Schedula.

Bei den Fastenvorsätzen fehlt, wie auch sonst häufig im klösterlichen Alltag, die Ziel-kontrolle. Zunächst ist dies positiv zu werten, denn dadurch wird die Eigenverantwor-tung des Mönches unterstrichen. Allerdings könnte es hilfreich sein, die „Zielvereinba-rung" und deren Umsetzung in einem nachfolgenden Einzelgespräch kritisch zu reflek-tieren. In einem Gespräch stellen Abt und Mitbruder gemeinsam fest, welche Früchte die Fastenvorsätze gebracht haben, welche Anregungen davon in das alltägliche Leben übernommen werden können, was für das nächste Jahr zu bedenken ist.
Der persönliche ZVP findet bei BMW jährlich statt. Dies hat den Vorteil, daß Füh-rungskräfte und Mitarbeiter kontinuierlich an sich arbeiten und ein regelmäßiges Feed-back bekommen.
In manchen Klöstern gibt es diesen regelmäßigen Turnus nicht. So wäre es eine weitere Anregung, im Zuge der „Fastengespräche" nicht nur Maßnahmen für die Fastenzeit, sondern auch für das ganze Jahr zu vereinbaren. In Absprache mit seinem Geistlichen Begleiter benennt der Mönch seinem Abt Punkte, an denen er im künftigen Jahr inten-siv arbeiten will. Seinerseits bringt der Abt seine Perspektive und die der Gemeinschaft ein. Die Fastenzeit dient somit als „Auftakt- und Intensivphase". Vor Beginn der näch-sten Fastenzeit wird die „Zielerreichung" wiederum in einem „Dreier-Gespräch" reflek-tiert und auf dieser Grundlage die neuen Ziele vereinbart.
Schließlich kann auch von seiten der BBK für BMW eine Anregung gegeben werden. Die Klöster der BBK kennen feste Zeiten zur Selbstreflexion: die abendliche Gewis-senserforschung, regelmäßige geistliche Gespräche und Schuldkapitel, die jährlichen Exerzitien, die alle vier Jahre stattfindende Visitation etc.
Bei BMW fehlt solche Regelmäßigkeit. Oft genug bleibt für den einzelnen keine Zeit zur echten Reflexion, da der Arbeitsdruck zu groß ist. So könnte es schon eine wirk-same Verbesserung sein, die Mitarbeiter in regelmäßigen Abständen zu Trainings und zu Gesprächen mit ihrem Personalreferenten zu verpflichten. Feste Formen nehmen bei der Selbstreflexion unverzichtbare Hilfsfunktionen wahr. Schließlich wird im streß-reichen Unternehmensalltag an dieser Stelle zuerst gespart.

Zusammenfassend kann konstatiert werden:
BMW und BBK fördern auf ähnliche Weise den „Interessenausgleich". „Wechsel-seitige Offenheit", die sich bei BMW in der „Kunden-, Prozeß- und Mitarbeiter-orientierung" zeigt und in den Klöstern im dialogisch interpretierten „Gehorsam" ihren Ausdruck findet, wird in beiden Institutionen zum Grundprinzip. Dabei können sich die

Mitglieder mit ihren Vorstellungen einbringen und aktiv an der Zielerreichung partizipieren. Nicht mehr ein „bedingungsloser Gehorsam" gegenüber der leitenden Instanz bestimmt das Miteinander. „Gehorsam" wird vielmehr zum kommunikativen Geschehen, der einerseits Selbstentfaltung ermöglicht und andererseits die Mitglieder in die soziale Pflicht nimmt. Extreme sowohl kollektivistischer als auch individualistischer Art müssen dabei vermieden werden. Vielmehr soll es zum richtigen Arrangement zwischen individuellen und sozialen Ansprüchen kommen, das die Voraussetzung für eine reife Identitätsbildung ist. Im Konfliktfall allerdings haben unter Wahrung der personalen Würde die Anliegen der Institution den Vorrang.

3.3.2.2.2 Kontinuierliche Erneuerung durch gemeinsame Reflexion

BMW und BBK wollen sich als soziale Institutionen kontinuierlich erneuern; BMW mit der Zielsetzung, dadurch ganzheitliche „Unternehmensqualität" sicherzustellen; die Klöster der BBK, um spirituelle Fortschritte zu machen. Auch in diesem Bereich gibt es zwischen beiden Berührungspunkte.

BMW steht unter einem permanenten Innovationsdruck. Markt und Kunde fordern kontinuierlich Verbesserungen und Spitzenqualität, nicht nur auf Produktebene. Mit TQM als Führungsstrategie nimmt BMW alle Mitarbeiter in die Qualitätsverantwortung. Ziel dabei ist es, mit dem Gütesiegel „Made by BMW" eine Spitzenposition im Markt einzunehmen.

Qualität kann allerdings nicht einfach verordnet werden. Sie wird von Menschen hergestellt. Daher werden Qualitätsbewußtsein und das Streben nach Innovation und ständiger Verbesserung zu unverzichtbaren Grundhaltungen, die die Zusammenarbeit bei BMW bestimmen.[1240] Durch Maßnahmen wie „KVP-Aktionen" oder die „KOMM-Offensive" können sich die Mitarbeiter mit ihren eigenen Ideen, Verbesserungsvorschlägen und Potentialen einbringen. „Partizipation" wird ermöglicht.

Zugleich dienen diese Maßnahmen der permanenten Reflexion, die eine „kontinuierliche Erneuerung" gewährleistet. Unter der Macht der Gewohnheit schleichen sich im Arbeitsalltag unbewußt Fehlerquellen ein, die das Qualitätsniveau mindern. So tragen beispielsweise die Mitarbeiter wegen der Sommerhitze nicht mehr die vorgeschriebenen Arbeitshandschuhe und führen dies auch im Herbst und Winter fort. Eine Zunahme an Betriebsunfällen ist die Folge. Ferner bekommen Traditionen nach dem Motto: „Das wurde bei uns schon immer so gemacht!" fast unantastbare Autorität. Durch die tägliche Routine werden Arbeitsabläufe nicht mehr auf ihre Logik und innere Stimmigkeit hinterfragt. Auch wirtschaftlicher Erfolg saturiert, wie es die BMW-Geschichte zeigt, und birgt die Gefahr, daß sich ein Unternehmen auf seinen „Lorbeeren" ausruht.[1241]

Aus diesen Gründen motiviert BMW seine Mitarbeiter, unternehmerisch Verantwortung für sich selbst, für die Qualität ihrer Arbeit und für die Unternehmensziele zu übernehmen. Sie verpflichten sich zur konstruktiven Mitarbeit.[1242] Kontinuierlich und beständig sollen sie ihre Arbeitsabläufe, Anlagen und Methoden hinterfragen, um

Fehlerquellen aufzudecken und Verbesserungsmöglichkeiten zu finden.[1243] Dies können Kleinigkeiten sein, wie z.B. die Erhöhung einer Gitterbox, um so ergonomische Vorteile zu haben. Aber auch weitreichendere Vorschläge können gemacht werden, indem beispielsweise ein Mitarbeiter eine Idee zur Produktverbesserung im Rahmen des Ideenmanagements „i-motion" einbringt. Auch hier kann von einem „Voranschreiten auf dem Weg zur Qualität" gesprochen werden, das von jedem Betriebsmitglied Mobilität und Veränderungsbereitschaft fordert.[1244] Eine konzentrierte Arbeitsweise ist gefragt.

Benedikt beschreibt das Kloster als „Werkstatt", in der kontinuierlich miteinander und aneinander gearbeitet wird. Im Alltag besteht ständig das Problem, daß sich die Mönche vom Ideal der Regel entfernen. Die tägliche „Lectio divina" wird z.B. aus Bequemlichkeit oder wegen Arbeitsüberlastung aufgegeben. Oder mit zunehmenden Klosterjahren nimmt die Freude und die Teilnahme am gemeinsamen Chorgebet ab. Das klösterliche Leben wird zur Routine (vgl. Sat Sp 29), die Nachlässigkeit und Selbstgefälligkeit zur Folge haben kann (vgl. Sat Sp 34). Eine gewisse Bequemlichkeit und Sattheit stellen sich ein.

Die benediktinische Geschichte, die gerne als Reformgeschichte beschrieben wird, veranschaulicht, daß sich die Konvente von Zeit zu Zeit die Frage stellen müssen, wo Erneuerungen und Verbesserungen notwendig sind. Als „Kirche im Kleinen" trifft auch für Klöster der Grundsatz zu: „Ecclesia semper reformanda!" Auf dem spirituellen Fundament der Regel Benedikts und der eigenen Tradition gilt es, unter Berücksichtigung der soziokulturellen Herausforderungen zeitgemäße Formen des Mönchtums zu entwickeln.[1245]

Diese kontinuierliche Erneuerung intendieren in der benediktinischen Spiritualität besonders die Gelübde „Beständigkeit" und „Conversatio morum".

„Beständigkeit" kann als „kontinuierliches Voranschreiten" auf dem Weg der Nachfolge beschrieben werden. Indem sich der Mönch einer klösterlichen Gemeinschaft (Werkstatt) anschließt, bekundet er die Bereitschaft, beständig an sich und an seinen Mitbrüdern zu arbeiten (vgl. RB 4,78; Sat Sp 20). Er ist sich dessen bewußt, daß er durch diese „Beständigkeit" reift.

In diesem Zusammenhang wird die „Conversatio morum" bedeutsam. Mönche sind auf der Suche. Sie sind noch nicht vollendet, sondern haben sich mit dem Eintritt bereit erklärt, ihr Leben überzeugt zu führen. Um sich allein auf Gott ausrichten zu können, der für sie die Lebensfülle darstellt (vgl. Joh 10,10), verzichten sie auf Ablenkung und Zerstreuung, auf Bindungen wie Besitz und Familie (vgl. Sat Sp 28-42). Das Gelübde der „Conversatio morum" kann somit als „Konzentration auf das Wesentliche", als „Umkehr und Hinkehr zu Gott" beschrieben werden. Wichtig dabei ist, daß diese Umkehr kontinuierlich geübt wird und daß so das Gute zur Gewohnheit und die Tugend zur Freude wird, wie es Benedikt umschreibt (vgl. RB 7,69).

Besonders die gemeinsamen Zeiten des Gebets dienen der „kontinuierlichen Erneuerung" des Mönches. Dabei ist Disziplin gefragt. Ein Mönch, der z.B. nur sporadisch zum Chorgebet erscheint, wird nie erkennen, wie die kontinuierliche Übung sein Leben wirklich bereichert. Indem er sich dem festen Tagesrhythmus stellt, wird ihm dieser auch in zunehmendem Maß Halt und Richtung geben. Aber auch geistliche Gespräche, die tägliche Gewissenserforschung, Exerzitien, die Lektüre eines Buches etc. führen zu spirituellen Erneuerungen.

Damit können folgende Bezüge zwischen BMW und BBK hergestellt werden:
BMW und BBK stehen vor ähnlichen Herausforderungen. Als soziale Institutionen, die von Menschen mit Schwächen und Fehlern getragen werden, müssen sich beide permanent erneuern, indem sie sich immer wieder neu an ihren diversen Zielen ausrichten. Bei BMW geht es um die Produkt- und Unternehmensqualität; im monastischen Leben dagegen um die spirituelle Erneuerung und um die kontinuierliche Vervollkommnung.
In beiden Institutionen besteht die Gefahr, daß sich im Alltag unreflektierte Routine, Sattheit und Bequemlichkeit einschleichen. Bei BMW leidet darunter die Arbeitsqualität, in den Klöstern kommt es zur Entfremdung vom monastischen Ideal.
BMW und BBK verpflichten daher ihre Mitglieder zur kontinuierlichen Reflexion und Erneuerung. Dazu ist ein hohes Maß an Disziplin, d.h. permanentes Üben, Training gefordert. Die Angesprochenen müssen sich die Verbesserung, die Erneuerung, das Voranschreiten zur Pflicht im positiven Sinn machen (vgl. RB Prol 49.50).[1246]
Bei BMW geschieht dies durch Maßnahmen wie „Zertifizierungen, KVP, KOMM-Offensive". Auch die jährlichen Beurteilungsgespräche und die damit verbundenen Zulagen sollen zu Qualitätsbewußtsein und kontinuierlicher Verbesserung anregen.
In den Klöstern der BBK dagegen hat die „kontinuierliche Erneuerung" durch die Gelübde der „Beständigkeit" und der „Conversatio morum" eine stärkere Verbindlichkeit. Die persönliche Berufung ist für den Mönch Handlungsmotiv, das nicht mit einer materiellen Entlohnung vergleichbar ist. Zum Einüben dient zunächst die Vorbereitungszeit von „Noviziat" und „Zeitlicher Profeß" mit ihrem kritischen Feedbacksystem (Skrutinien). Ferner gibt es auch für die klösterliche Gemeinschaft Maßnahmen zur „kontinuierlichen Erneuerung", wie Schuldkapitel, Exerzitien, Visitationen etc. Ebenso fördern Kommunikationsforen, wie Konventkapitel oder Gesprächstag, die gemeinsame Reflexion.
Auf dieser Grundlage können auch im methodischen Bereich Vergleiche zwischen BMW und BBK angestellt werden, zwischen „KVP-Aktion"/„KOMM-Offensive" und „Visitation", zwischen „Gesprächsrundenprozeß" und „Skrutinium".

„KVP-Aktion"/„KOMM-Offensive" und „Visitation" sind Maßnahmen der „gemeinsamen Reflexion". Sie sind nach einem ähnlichen Schema aufgebaut.[1247]

Erster Schritt ist sowohl in einem BMW-Werk als auch im Benediktinerkloster eine flächendeckende Standortbestimmung. Dabei werden alle Beteiligten in die Mitverantwortung genommen.
BMW erkennt, daß eine kontinuierliche Verbesserung nur durch das Mitwissen, Mitdenken und Mitwirken aller Beteiligten herbeigeführt wird.[1248] Sie kennen am besten ihren Arbeitsplatz und wissen um Schwierigkeiten und Probleme, um Stärken und

Schwächen. Ferner können sie sich selbst mit ihren Eindrücken und Bedürfnissen, mit ihren Ideen und Verbesserungsvorschlägen einbringen.[1249]

Analog fordert Benedikt den Abt auf, in allen wichtigen Fragen den Rat aller Brüder einzuholen (vgl. RB 3,1.3). Daher werden auch bei einer „Visitation" alle Mitbrüder befragt. Die Erkenntnis: „Tu alles mit Rat, dann brauchst du nach der Tat nichts zu bereuen" (RB 3,13) gilt somit für beide Institutionen.

Wenn Benedikt die jüngeren Mitbrüder mahnt, die Älteren zu ehren und die Älteren anhält, die Jüngeren zu lieben, will er sowohl die Weisheit des Alters als auch den Idealismus der Jugend nutzen (vgl. RB 63,10).

Auf ähnliche Weise führt die „BMW-Personalpolitik" die Vorteile einer ausgewogenen Mitarbeiterstruktur auf. Indem die Erfahrungskapazität älterer Mitarbeiter ebenso zählt wie neue Denkansätze, werden alle im Unternehmen vorhandenen Potentiale und Kompetenzen genutzt.[1250] So erkennt eventuell ein älterer Mitarbeiter aus seinem Erfahrungsschatz leichter Fehlerquellen als ein jüngerer Kollege, der noch nicht so lange im Berufsleben steht.[1251]

Im Kapitel über den „Rat der Brüder" macht Benedikt ausdrücklich darauf aufmerksam, daß der Abt gerade auch den Rat des Jüngsten einholen soll (vgl. RB 3,3). In seinem „Novizeneifer" (fervor novicii) kann er der Gemeinschaft als Korrektiv gute Dienste leisten.

Ähnliches nutzt BMW, wenn bei „KVP-Aktionen" häufig die Auszubildenden beteiligt sind. Durch ihren Anfangseifer stehen sie dem Ideal meistens noch näher. Auszubildende, die z.B. gerade in der Berufsschule über potentielle Gefahrenquellen am Arbeitsplatz unterrichtet wurden, werden unter diesem Aspekt ihren Arbeitsplatz mit geschärftem Blick betrachten. Zugleich hinterfragen sie aufgrund von Neugierde und Unverständnis Routineabläufe und Traditionen.

BMW setzt zur Standortbestimmung ferner die Unkenntnis und Neugierde „fremder Augen" ein, indem bei „KVP-Aktionen" auch Mitarbeiter aus fremden Bereichen mitwirken oder bei der „KOMM-Offensive" externe Berater hinzugezogen werden. Mit ihren Erfahrungen aus anderen Unternehmen können sie besser Vergleiche ziehen (Benchmarking).

Vergleichbar fordert Benedikt den Abt auf, den Rat und die Kritik fremder Mönche aufmerksam zu rezipieren (vgl. RB 61,4). Zum einen bringen sie Ideen aus der Perspektive ihres Klosters ein. Zum anderen hinterfragen sie aufgrund ihrer eigenen Unkenntnis selbstverständliche Abläufe und können auf versteckte Defizite aufmerksam machen.

Im Rahmen der „KOMM-Offensive" bewerten alle Mitarbeiter anhand eines Fragebogens ihren Arbeitsplatz. Auch bei einer „KVP-Aktion" haben alle Mitarbeiter die Möglichkeit, Ideen und Verbesserungsvorschläge in Ideenspeicher einzutragen. Durch die kritische Auswertung können in beiden Fällen Defizite und Verbesserungsvorschläge benannt werden.

Entsprechendes geschieht zu Beginn der „Visitation". Auf der Grundlage eines Fragebogens führen die externen Visitatoren mit jedem Mönch ein ausführliches Einzelgespräch über alle wichtigen Punkte des klösterlichen Lebens. Dabei ist der Fragebogen organisch auf das Anforderungsprofil der Satzungen der BBK abgestimmt. Jeder Mönch hat die Gelegenheit, ein ausgewogenes Feedback mit positiven und negativen Aspekten zu geben. Dies kann Kritik sowohl im spirituellen Bereich sein, z.B. die fehlende Zeit zur „Lectio divina", als auch ganz praktische Anregungen, wie etwa die Qualitätsverbesserung der Klosterküche. Mißstände können eindeutig benannt werden und daraus Verbesserungsvorschläge abgeleitet werden. Auch haben die Visitatoren im Gespräch die Möglichkeit, die Aussagen aus ihrer Perspektive zu hinterfragen und ihre Erfahrungen einzubringen.

Gemäß der Anweisung Benedikts an den Cellerar sollten die Visitatoren alle Vorschläge gleichermaßen ernst nehmen. Benedikt mahnt diesen: „Falls ein Bruder unvernünftig etwas fordert, kränke er ihn nicht durch Verachtung, sondern schlage ihm die unangemessene Bitte vernünftig und mit Demut ab" (RB 31,7). Indem Benedikt die Mönche auffordert, ihre Bedürfnisse und Anregungen zu äußern (vgl. RB 33,5), hofft er, Traurigkeit (Resignation vgl. RB 31,19), und Murren (destruktive Kritik vgl. RB 34, 6), zu verhindern. Ferner legt Benedikt größten Wert darauf, daß eine Ablehnung vernünftig erläutert wird (vgl. RB 31,19). Die Visitatoren sollten erklären, warum Erneuerungsvorschläge nicht realisiert werden können.

Am Ende der „Visitation" erstellen die Visitatoren einen Visitationsbericht (Rezeß), in dem sie auf positive und negative Sachverhalte aufmerksam machen. Er wird vor dem versammelten Konvent verlesen. Dem Prior wird die Umsetzung der Erneuerungsanregungen anvertraut. Nach drei Monaten soll er darüber an die Visitatoren berichten.

Vergleichbare Anleitung gibt es auch bei den „KVP-Aktionen" und den Workshops der „KOMM-Offensive": Alle Mitarbeiter sollen Verbesserungsvorschläge machen, auch wenn sie noch so utopisch erscheinen mögen.[1252] Um z.B. mehr Platz für die Materiallagerung zu schaffen, wird die Verlegung des Sozialraums an einen anderen Standort vorgeschlagen. Zur Steigerung des Teamgeistes wird beispielsweise angeregt, einmal monatlich nach Schichtende gemeinsam etwas zu unternehmen. Alle Vorschläge werden aufgenommen und auf ihre Realisierbarkeit hin überprüft. Dadurch erkennen die Mitarbeiter, daß ihre „Partizipation" ernst genommen wird. Um den Mitarbeiter nicht zu enttäuschen, ist es wichtig, daß der „Einreicher" eine begründete Rückmeldung bekommt. Frustration und innere Kündigung können vermieden werden. So erklärt z.B. die zuständige Führungskraft, warum die Verlegung des Sozialraums nicht möglich ist, etwa aus finanziellen Gründen, oder die Gruppe gibt von vornherein zu bedenken, daß nie alle Teammitglieder zu einer gemeinsamen Aktion in der Freizeit motiviert werden können.

Aufgrund dieser Standortbestimmung gibt das „KVP-Team" bzw. „Projektteam" der „KOMM-Offensive" die Ergebnisse bekannt und benennt Verbesserungsmaßnahmen. Wiederum sollen die Mitarbeiter in die Verantwortung genommen werden. In Workshops werden für den eigenen Bereich gemeinsam Wege benannt. Auf möglichst unkonventionelle Art und Weise sollen Verbesserungen herbeigeführt werden. Folgetreffen zu „KVP-Aktionen" bzw. eine Evaluation der „KOMM-Offensive" werden vereinbart.

Im Vergleich mit den Verbesserungsmaßnahmen bei BMW können nun der BBK folgende Anregungen gegeben werden:

Zum einen sollten die Klöster die „Visitationen" intensiver zur „kontinuierlichen Erneuerung" nutzen. Ein Rezeß, der am Ende größtenteils aus „frommen Floskeln" besteht, wird dem „Werkstattcharakter" des Klosters nicht gerecht. Hier gilt es, analog zu einer „KVP-Aktion" oder einer „KOMM-Offensive" in eindeutiger Sprache Defizite und Verbesserungsvorschläge zu benennen, diese mit der Gemeinschaft offen zu diskutieren und konkrete Maßnahmen zu vereinbaren.

Zum anderen zeigen sich häufig bei der Umsetzung der Rezeßpunkte Schwierigkeiten. Es fehlt eine konkrete Strategie und Methode, die es versteht, alle Mitbrüder in die Mitverantwortung für die Umsetzung zu nehmen. Ferner gibt es keine Evaluation als öffentliches Feedback wie z.B. bei einer „KOMM-Offensive".

Daher könnten am Ende der „Visitation" Workshops gebildet werden. In regelmäßigen Abständen informieren sie die Mitbrüder über den Stand der Dinge und geben so die Möglichkeit, daß alle an der Verwirklichung partizipieren können. In einer erneuten Umfrage, etwa nach einem halben Jahr, wird dann die „Erneuerung" reflektiert.

Weitere Anknüpfungspunkte zwischen BMW und BBK finden sich bei den „Feedbackgesprächen für Führungskräfte" und den „Skrutinien für Novizen/Zeitliche Professen". In beiden Institutionen gibt das soziale Umfeld im regelmäßigen Turnus ein kritisches Feedback, das zur persönlichen Standortbestimmung dient und aus dem dann Verbesserungsmaßnahmen abgeleitet werden.

Während bei BMW Stellung, Funktion und Gehalt/Lohn motivierende Faktoren sind, ist es für den jungen Mönch die volle Aufnahme in der Gemeinschaft.

In beiden Fällen geht es letztlich um die permanente Verbesserung und kontinuierliche Erneuerung; bei BMW mit dem Ziel, die Führungskräfte zu fordern und zu fördern; in der BBK mit dem Zweck, sich gegenseitig zu prüfen.

Im Vergleich zu den „Beurteilungsgesprächen" bei BMW weisen die „Skrutinien" einige Defizite auf.

In den Klöstern sind die „Skrutinien" nicht durch eine Art Checkliste oder durch einen Fragebogen als Gesprächsgrundlage strukturiert. Zum einen hätte dies den Vorteil, daß der betroffene Novize schon im Vorfeld weiß, worauf es der Gemeinschaft ankommt, etwa der regelmäßige Besuch des Chorgebets oder das soziale Engagement z.B. durch die freiwillige Mithilfe in verschiedenen Arbeitsbereichen. Zum anderen könnte besser vermieden werden, daß persönliche Sympathie und Antipathie seitens einzelner Mitbrüder über eine Berufung entscheiden.

Ferner ist es auch für eine Gemeinschaft wichtig, sich von Zeit zu Zeit darüber Gedanken zu machen, was für sie wesentlich und wichtig ist. In der gemeinsamen Erstellung dieser Checkliste, beispielsweise im Rahmen eines Gesprächstages, werden auch unterschiedliche Ansichten deutlich. Für den einen zeigt sich z.B. „Eifer für den Gottesdienst" in der Pünktlichkeit. Für den anderen wird er deutlich in der konzentrierten Teilnahme am Stundengebet. Wieder ein anderer sieht darin die Bereitschaft, in der

Liturgie einen Dienst zu übernehmen. Hier gilt es, als Gemeinschaft einen Konsens zu finden, an dem sich der Novize orientieren kann.

Häufig ist die Vor- und Nachbereitung des „Skrutiniums" mangelhaft. Analog zu den Vorbereitungsgesprächen bei BMW könnte auch der Novizenmeister als zuständiger Vorgesetzter im Vorfeld ein ausführliches Gespräch mit dem Novizen führen. Dabei wäre es gerade in größeren Gemeinschaften hilfreich, ähnlich wie im „Gesprächsrundenprozeß" für BMW-Führungskräfte, Mitbrüder in das Vorbereitungsgespräch einzubeziehen, die mit dem Novizen in direktem Kontakt stehen. So führt der Novizenmeister z.B. ein Gespräch mit dem Bibliothekar, dem der Novize zweimal wöchentlich hilft, oder mit dem Zeremoniar, der den Novizen täglich in Fragen der Liturgie unterrichtet. Auf dieser Grundlage ist der Novizenmeister gut gerüstet, der Gemeinschaft den Novizen vorzustellen.

Nach dem „Skrutinium" sollte der Novizenmeister den Novizen gründlich über das interne Konventgespräch informieren und mit ihm Maßnahmen vereinbaren, die helfen, an den anstehenden Punkten bis zum nächsten „Skrutinium" zu arbeiten. Um z.B. das Engagement für die Gemeinschaft zu unterstreichen, kann vereinbart werden, daß der Novize am Sonntagnachmittag ab und zu mit einem älteren Mitbruder einen Spaziergang unternimmt. Zugleich motiviert ein positives Feedback den Novizen, den eingeschlagenen Weg mit gesteigertem Eifer weiterzugehen.

Nach Ablegung seiner „Feierlichen Profeß" bekommt der Mönch von seiner Gemeinschaft kein kritisches Feedback mehr. Es gibt keine „Skrutinien" für „Feierliche Professen". Entsprechend dem „Schul-/Werkstattcharakter" des Klosters wäre es jedoch überaus hilfreich, beispielsweise im vierjährigen Turnus der „Visitationen", ein solches Feedbacksystem auf freiwilliger Basis einzuführen. Auf der Grundlage des regelmäßigen „Skrutiniums" könnte der Mönch zusammen mit Abt und Geistlichem Begleiter Verbesserungsmaßnahmen benennen. Einer „Zielvereinbarung" gleich, erklärt er sich bereit, an der Umsetzung bis zum nächsten „Skrutinium" zu arbeiten. Ein jährlich stattfindendes Einzelgespräch, etwa in Verbindung mit dem Gespräch zu Beginn der Fastenzeit, könnte helfen, die Umsetzung kontinuierlich mit Abt und Geistlichem Begleiter zu reflektieren und gegebenenfalls zu korrigieren.

Schließlich kann auch BMW von der BBK eine Anregung gegeben werden. Durch den gut abgestimmten Fragebogen der „Visitation" gewinnt das Anforderungsprofil der Satzungen für das klösterliche Leben an Relevanz. Ähnlich könnte BMW die Checklisten und Fragebögen bei den Beurteilungsgesprächen besser auf die Anforderungen der Leitbilder abstimmen.

Ferner kann BMW darin bestärkt werden, Verbesserungs- und Erneuerungsmaßnahmen wie die „KOMM-Offensive" oder die „KVP-Aktionen" in regelmäßigen Abständen durchzuführen und für alle Bereiche zu institutionalisieren. Durch die Kontinuität in der Methode werden sie so zu stabilisierenden Faktoren der „Unternehmensqualität".

Damit kann zusammenfassend festgestellt werden:
BMW und BBK sind gleichermaßen an „kontinuierlichen Erneuerungen und Verbesserungen" interessiert, selbstverständlich mit verschiedenen Zielsetzungen und

Motiven. In beiden Institutionen werden möglichst alle Mitglieder an der Reflexion beteiligt. Indem sich der einzelne mit seinen Ideen, Vorschlägen etc. einbringen kann, wird Selbstentfaltung ermöglicht. Zugleich wird jedes Mitglied in die soziale Pflicht genommen.

3.3.2.3 Gestaltungsprinzipien: Solidarität und Subsidiarität

Mönch und Gemeinschaft, Mitarbeiter und Unternehmen stehen vergleichbar in einer wechselseitigen Beziehung. Um Extreme individualistischer sowie kollektivistischer Art zu vermeiden, gilt es, einen Ausgleich zu schaffen.
Während in früheren Jahren bei BMW und BBK durch hierarchisch/zentralistische Strukturen und klare Pflicht-/Akzeptanzwerte eindeutig die Interessen der sozialen Institution im Vordergrund standen, gestehen beide Institutionen nach dem soziokulturellem Umbruch der siebziger Jahre dem Individuum mehr Freiraum zu. Selbstentfaltung wird im Rahmen der institutionellen Zielsetzung ermöglicht, wie es etwa die Abkehr von eindeutigen Anweisungsstrukturen zu mehr föderalen, subsidiären Strukturen veranschaulicht.
Anhand der Bilder „Netzwerk" und „Haus" wurde dieses veränderte Selbstverständnis schon dargestellt. Daraus ergeben sich erstaunliche Berührungspunkte in den Anforderungsprofilen.
BMW und BBK setzen dabei vermehrt auf die Anwendung der Prinzipien „Solidarität" und „Subsidiarität". Dadurch fördern beide Institutionen die „Wertesynthese", die dem einzelnen in seinem Streben nach Selbstentfaltung gerecht werden will und die ihn zugleich durch die Einforderung von Pflicht-/Akzeptanzwerten in die Mitverantwortung der ihn tragenden Institution nimmt.

3.3.2.3.1 Mitgliedschaft als Mitverantwortung

Das Mitarbeiterleitbild von BMW dient als Anforderungsprofil und Orientierungshilfe für alle BMW-Mitarbeiter. Es zeigt, welche Erwartungen das Unternehmen an seine Mitarbeiter stellt.
Die sechs Leitsätze können mit folgenden Stichworten überschrieben werden: „Leistungsbereitschaft, Verantwortungsbewußtsein, Persönliches Engagement, Solidarische Zusammenarbeit, Veränderungsbereitschaft, Lernbereitschaft".[1253]
Mit Hilfe dieser Schwerpunkte versucht BMW, die Mitarbeiter als „Unternehmer im Kleinen" in die „Mitverantwortung" zu nehmen. Ziel dabei ist es, die reichhaltigen Potentiale der Mitarbeiter besser einzusetzen.
Den sechs Stichworten können nicht zuletzt unter dem Gesichtspunkt, daß ein Kloster auch eine „Arbeitsorganisation" ist, Anforderungen aus der Regel Benedikts und den Satzungen der BBK zugeordnet werden.[1254] Sie sind spirituelle Anforderungsprofile und Orientierungshilfen für die klösterliche Gemeinschaft. Ziel dabei ist es, das Zusam-

menleben und damit auch die Zusammenarbeit der Mönche möglichst harmonisch zu gestalten.

„Leistungsbereitschaft":

BMW erwartet von allen Mitarbeitern „Leistungsbereitschaft", die sich in („sehr") guten Arbeitsergebnissen zeigen soll.[1255] Als „Gesellschaft", nach der Definition Piepers, d.h. als Arbeitgeber, fordert das Unternehmen von seinen Arbeitnehmern vollen Einsatz. Das ist für die Mitarbeiter nicht immer einfach. Es kostet Kraft, Anstrengung und Ausdauer, sich z.B. acht Stunden lang bei der Montage von Einzelteilen zu konzentrieren oder als Führungskraft täglich an Sitzungen und Besprechungen aufmerksam teilzunehmen.

Das klösterliche Leben fordert zunächst im spirituellen Bereich vom Mönch „Leistungsbereitschaft". Die zahlreichen „Instrumente der geistlichen Kunst" veranschaulichen (vgl. RB 4), welch reichhaltiges Anforderungspensum an den Mönch gestellt wird. Der Weg der Nachfolge ist anstrengend und mühsam. Er ist eng und beschwerlich, wie Benedikt schreibt (vgl. RB Prol 47.48). Gerade die Einhaltung geistlicher Übungen, wie die tägliche Gewissenserforschung oder die „Lectio divina", verlangen Disziplin und Durchhaltevermögen.

Auch in seiner konkreten Arbeitsaufgabe soll der Mönch Leistung erbringen (vgl. RB 48,8; Sat Sp 68). Eine klösterliche Gemeinschaft achtet darauf, daß sie ihre Kräfte präzise und effizient einsetzt. Allerdings sind ihr als „Lebensgemeinschaft" eindeutige Grenzen gesetzt.

Hier zeigt sich ein wesentlicher Unterschied zu BMW. Das Kloster ist geistliche Gemeinschaft. Das eigentliche Ziel des monastischen Lebens liegt nicht im irdischen Leben. Daher gilt es, auf Schwächen Rücksicht zu nehmen, damit nicht etwa ein Mitbruder aufgrund von Arbeitsüberlastung das Kloster wieder verläßt (vgl. RB 48,24). Derartige Rücksicht braucht BMW als „Arbeitsorganisation" auf seine Mitarbeiter nicht zu nehmen. Verständlicherweise ist BMW an der konkreten Leistung des Mitarbeiters interessiert, so daß es auch zur Kündigung kommen kann, wenn ein Mitarbeiter den Leistungserwartungen nicht gerecht wird.

In diesem Zusammenhang kann BMW eine Anregung von der benediktinischen Spiritualität gegeben werden: Benedikt weist des öfteren darauf hin, daß die Mönche als kontingente Menschen ihre Schwächen haben und Fehler machen (vgl. RB 64,12-14). Dieser Gedanke wird in den BMW-Leitbildern nirgendwo berücksichtigt. Es könnte eine entlastende Wirkung haben, diese Tatsache nicht länger zu verschweigen, sondern damit konstruktiv umzugehen. Im Sinne der siebten „BMW Handlungsmaxime" sollte sich BMW um eine echte Fehlerkultur bemühen.[1256]

„Verantwortungsbewußtsein":

BMW erwartet von seinen Mitarbeitern „Verantwortungsbewußtsein".[1257] Durch eindeutige „Zielvereinbarungen" soll jeder seinen individuellen Beitrag zur Zielerreichung einbringen. Die Kompetenzen werden im Rahmen des Zielvereinbarungsprozesses geklärt. Die Mitarbeiter sind selbst verantwortlich für die Qualität ihrer Arbeit, für ihre

Qualifizierung, ihre Gesunderhaltung. Dies zeigt sich, wenn sie z.B. in ihrer Freizeit selbständig an Weiterbildungsveranstaltungen teilnehmen, an ihrem Arbeitsplatz auf Gefahrenquellen achten oder die Qualität ihrer Arbeit selbst kontrollieren. Im Sinne des „Subsidiaritätsprinzip" werden die Kompetenzen der Mitarbeiter anerkannt.

Auf ähnliche Weise sollte der Mönch in seinen Arbeitsaufgaben „Verantwortungsbewußtsein" zeigen. Die Satzungen der BBK erläutern: „Die Arbeit ist für ihn notwendiger Dienst, aber auch schöpferisches Tun und Quelle der Freude. (...). Der Mönch übernimmt die Arbeit in ihrer Härte und Belastung als Pflicht gegenüber der Gemeinschaft" (Sat Sp 68). Benedikt ist die Übereinstimmung mit dem Oberen, d.h. mit den Zielen der Gemeinschaft, sehr wichtig (vgl. RB 57,1). Besonders deutlich veranschaulicht Benedikt dies am Dienst des Cellerars (vgl. RB 31). In Absprache mit dem Abt, quasi in einer „Zielvereinbarung", werden seine Kompetenzen geklärt. Ansonsten hat der Cellerar in seinen Aufgabenbereichen freie Hand, etwa wenn es um die Neueinstellung eines externen Mitarbeiters geht. Allerdings ist er gehalten, sich immer wieder mit seinem Vorgesetzten abzustimmen (vgl. RB 31,4.5.12.15), indem er ihn etwa über die Neueinstellung informiert. Die Fäden sollen in der Hand des Abtes zusammen laufen. So können Unsicherheit, Verwirrung, Konflikte und Streit vermieden werden (vgl. RB 31,16).

Im angewandten „Subsidiaritätsprinzip" zeigt sich sowohl bei BMW als auch in der BBK die „Wertesynthese". Zum einen hat der einzelne den nötigen Freiraum, sich mit seinen Fähigkeiten einzubringen. Zum anderen nimmt ihn die soziale Institution in die gemeinsame Verantwortung und Pflicht.

„Persönliches Engagement":
BMW motiviert seine Mitarbeiter zu „persönlichem Engagement".[1258] Dieses soll sich im Einbringen von unkonventionellen Ideen und Verbesserungsvorschlägen, in konstruktiver Kritik, im Mitdenken und Mitgestalten zeigen. Die Mitarbeiter sollen von sich aus aktiv werden, indem sie beispielsweise das betriebsinterne Ideenmanagement „i-motion" nutzen und so über den Tellerrand der eigenen Arbeitsaufgabe hinaus sehen. Ferner sind ihre individuellen Fähigkeiten, ihr Wissen und ihre Potentiale gefragt. So kann ein Mitarbeiter, der ein Talent hat, Menschen zu motivieren, z.B. als sogenannter „Co-Trainer" bei einem Führungskräftetraining mitwirken oder als Gruppensprecher eine Arbeitsgruppe moderieren. Der Mitarbeiter soll sich mit seinen Fähigkeiten und mit seinem eigenen Profil einbringen: „Persönliches Profil wird akzeptiert als natürlicher Wunsch nach Anerkennung und Erfolgssuche (Profil = Konturen); Profilierung darf jedoch nicht Selbstzweck sein; die Zielerreichung bzw. das Ergebnis haben Priorität."[1259]

Benedikt spricht vom persönlichen Eifer in guten Werken und Gehorsam (vgl. RB 2,17). Er ist sich dessen bewußt, daß jeder Mönch über bestimmte Talente verfügt, die er in die Gemeinschaft einbringt (vgl. RB 40,1; 33,5). Im Kapitel über die Handwerker erlaubt er daher die Ausübung unterschiedlicher Tätigkeiten (vgl. RB 57; Sat Sp 71). So wird der eine mit seinen künstlerischen Fähigkeiten als Florist durch farbenprächtige Blumengebinde die Klosterkirche verschönern, während ein anderer mit seinem wissenschaftlichen Scharfsinn einen Artikel für eine philosophische Fachzeitschrift schreibt. Allerdings warnt Benedikt vor Hochmut (vgl. 57,2). Die Arbeit darf „nicht zum Mittel der Selbstbestätigung und des Geltungsdranges werden" (Sat Sp 68). „Persönliches Engagement" ist erwünscht. Es darf allerdings nicht zur Profilierung dienen (vgl. Sat Sp 71).

Hier zeigt sich wiederum ein wesentlicher Unterschied zur „Arbeitsorganisation" BMW. Ein Kloster ist in erster Linie geistliche Gemeinschaft. Ziel ist und bleibt die „Gottsuche" und die „Verherrlichung Gottes". Damit bekommt die Arbeit einen transzendenten Sinn. Nicht umsonst schließt Benedikt das Kapitel über die Handwerker, in dem er vor Hochmut und Habgier warnt, mit dem Zitat: „Damit in allem Gott verherrlicht werde" (RB 57,9). Dies aber bedeutet, daß der Mönch sich nicht ausschließlich von seiner Aufgabe her definieren darf. Das Verhältnis des Mönches zur Arbeit sollte engagiert und zugleich distanziert sein (vgl. Sat Sp 68).

Bei BMW ist die Arbeit Teil der materiellen Wertschöpfung. Daher ist dem Unternehmen daran gelegen, daß sich die Mitarbeiter mit ihrer Aufgabe und Tätigkeit identifizieren, und, so weit sie dazu bereit sind, sich ganz und gar einbringen. Es wäre freilich fatal, dies auf irgend eine Weise religiös oder ideologisch zu verbrämen.

Allerdings muß wiederum darauf hingewiesen werden, daß es eindeutige Grenzen gibt. BMW darf für einen Mitarbeiter nicht alles sein. Dem „persönlichen Engagement" des Mitarbeiters sollte dann eine Grenze gesetzt werden, wenn er in Gefahr ist, sich ganz an eine Aufgabe hinzugeben. Hier gilt es, die „personale Würde" zu schützen, z.B. durch einen Funktionswechsel.

„Solidarische Zusammenarbeit":

Aufgrund der zunehmenden „Vernetzung" arbeiten BMW-Mitarbeiter häufig in unterschiedlichen Arbeits- und Organisationsstrukturen mit anderen Kollegen zusammen, wie es etwa die Baureihenorganisation veranschaulicht. Dabei hat der einzelne, z.B. als Elektroingenieur, die Möglichkeit und die Verantwortung, sich mit seinem Spezialwissen einzubringen. Gemeinsames Ziel ist es, in gegenseitiger Ergänzung ein neues Fahrzeug zu entwickeln. Jeder übernimmt dabei seinen eigenen „Part". Dieses Anliegen bringt der vierte Leitsatz zum Ausdruck, indem er von allen Mitarbeitern die Bereitschaft verlangt, manchmal als Solist, manchmal als Gruppenspieler, aber immer als Teil des ganzen „Orchesters" zu handeln.[1260] BMW ist nach der Definition Piepers eine arbeitsteilige „Organisation". In gegenseitiger Ergänzung kommt es zur gemeinsamen Wertschöpfung (sachhaft-gebrauchende Grundeinstellung). Daher fordert das Mitarbeiterleitbild wechselseitige „Solidarität": „Ich unterstütze und lasse mich unterstützen; ich kommuniziere aktiv mit Kollegen und Vorgesetzten; ich vertraue auf die eigenen und auch auf die Fähigkeiten und Leistungen der anderen; ich werde dem Vertrauen gerecht, das mir entgegengebracht wird; ich schaue über mein Aufgabengebiet hinaus."[1261] „Solidarische Zusammenarbeit" wird zur verbindenden Klammer.

Auch ein Benediktinerkloster ist eine arbeitsteilige „Organisation", in der jeder seine Aufgabe wahrnimmt. Entsprechend seinen Potentialen kann der Mönch dabei eigene Schwerpunkte setzen, etwa ein Pfarrer in der Familienarbeit oder ein Ökonom in der

Schafzucht (vgl. Sat Sp 71). Zugleich aber steht der Mönch in Verbindung mit den anderen Tätigkeitsfeldern (vgl. Sat Sp 72), indem er z.B. bei Engpässen einem Mitbruder hilft. Die Regel fordert daher wechselseitige „Solidarität" und bringt dies mit folgenden Anweisungen zum Ausdruck: „Die Brüder sollen einander dienen. (...). Den Schwachen aber gebe man Hilfe, damit sie ihren Dienst verrichten, ohne traurig zu werden. Überhaupt sollen alle je nach Größe der Gemeinschaft und nach den örtlichen Verhältnissen Hilfe bekommen" (RB 35,1-4). „(...) für alle Aufgabenbereiche im Kloster gelte der Grundsatz: Wer Hilfe braucht, soll sie erhalten, wer jedoch frei ist, übernehme gehorsam jeden Auftrag" (RB 53,20). „Sie sollen einander in gegenseitiger Achtung zuvorkommen" (RB 72,4).

„Solidarität und Mitgliedschaft" ist somit bei BMW und BBK gefragt. Der einzelne soll sich von der sozialen Institution getragen wissen, aber auch die Bereitschaft zeigen, diese entsprechend seinen Fähigkeiten mitzutragen. Dabei machen sich wiederum die unterschiedlichen Motive bemerkbar. Bei BMW motiviert z.B. die Arbeitsplatzsicherheit oder die interessante Aufgabe, im Kloster letztlich die persönliche Berufung.

„Veränderungsbereitschaft":
BMW wünscht, daß Veränderungen als Chance und nicht als Gefahr wahrgenommen werden.[1262] Der Mitarbeiter soll zuhören und nicht gleich sagen: „Das geht nicht!" Wenn es z.B. um die Übernahme einer neue Aufgabe geht, läßt er sich zunächst die Notwendigkeit und die Chancen von seinem Vorgesetzten erläutern und verschließt sich nicht von vornherein. Anschließend geht der Angesprochene mit sich selbst zu Rate und denkt darüber nach, wie er seine Fähigkeiten und Fertigkeiten in die neue Aufgabe einbringen könnte. Zugleich soll der Mitarbeiter die Bereitschaft zeigen, sich selbst und sein Tun zu hinterfragen, indem er beispielsweise reflektiert: Wo kann ich Neues an mir entdecken, wo kann ich mich auf Neues einlassen?
Veränderungen können zu Unsicherheiten führen, die oft hemmende Angst verursachen. Ein Mitarbeiter fühlt sich etwa mit dem neuen Aufgabenpensum gänzlich überlastet. In diesem Zusammenhang ist es BMW wichtig, daß der einzelne nicht aufgibt, innerlich kündigt und resigniert, sondern auch in diesen unsicheren Situationen handelt, so gut er es eben kann. Ferner ist die aktive Teilnahme an Veränderungen erwünscht, d.h. daß sich der Mitarbeiter mit seinen Vorstellungen einbringt, indem er seinem Vorgesetzten z.B. eine Umstellung der Arbeitsabläufe oder der Gruppenorganisation vorschlägt.
„Veränderungsbereitschaft" ist auch das Thema des 68. Kapitel der Regel Benedikts, so daß dieses dem fünften Leitsatz des Mitarbeiterleitbildes gegenübergestellt werden kann: „Wenn einem Bruder etwas aufgetragen wird, das ihm zu schwer oder unmöglich ist, nehme er zunächst den erteilten Befehl an, in aller Gelassenheit und im Gehorsam. Wenn er aber sieht, daß die Schwere der Last das Maß seiner Kräfte völlig übersteigt, lege er dem Oberen dar, warum er den Auftrag nicht ausführen kann, und zwar geduldig und angemessen, ohne Stolz, ohne Widerstand, ohne Widerrede. Wenn er seine Bedenken geäußert hat, der Obere aber bei seiner Ansicht bleibt und auf seinem Befehl

besteht, sei der Bruder überzeugt, daß es so für ihn gut ist; und im Vertrauen auf Gottes Hilfe gehorche er aus Liebe" (RB 68).

„Veränderungsbereitschaft" kann in beiden Institutionen Verzicht und Opfer bedeuten. Dabei sind die Motive unterschiedlicher Art. Ein BMW-Mitarbeiter läßt sich auf schmerzvolle Veränderungen ein, um so z.B. seinen Arbeitsplatz zu sichern. Bei einem Mönch dagegen bekommen Verzicht und Opfer im Blick auf das Vorbild Jesu eine spirituelle Deutung.

Zugleich wird hier wiederum deutlich, daß im Konfliktfall die Ziele der Institution Vorrang haben. „Solidarität" zeigt sich dann darin, daß der einzelne seine „Mitgliedschaft und Mitverantwortung" ernst nimmt, indem er sich mit seinen Fähigkeiten einbringt.

Hier macht sich noch ein weiterer, wesentlicher Unterschied zwischen BMW und BBK bemerkbar. In der „Lebensgemeinschaft Kloster" ist die Bindung durch die Ablegung der Profeß und das Gelübde der Beständigkeit viel intensiver als bei BMW durch einen Arbeitsvertrag. In Krisensituationen kann und wird es daher bei BMW schneller zur Trennung kommen als in einem Kloster.

Zusammenfassend kann demnach festgestellt werden:

Sowohl BMW als auch BBK nehmen ihre Mitglieder in die „Mitverantwortung". Auf der einen Seite wird individuelle Selbstentfaltung ermöglicht. Der einzelne kann sich mit seinen Fähigkeiten einbringen. Auf der anderen Seite wird er in die soziale Pflicht genommen, indem von ihm „Solidarität" erwartet wird.

3.3.2.3.2 Führung als Dienst

In den „Grundsätzen der BMW-Führungskultur" heißt es einleitend: „Führen heißt dienen und Vorbild für andere sein."[1263] An den BMW-Führungskräften soll deutlich werden, worauf es dem Unternehmen ankommt, nach welchen Regeln und Umgangsformen sich die „Unternehmenskultur" gestaltet.[1264] Das Führungsleitbild führt dazu aus: „Führungskräfte sind Vorbild und erarbeiten sich Anerkennung durch ihre Integrität und Glaubwürdigkeit. Sie setzen hohe Standards und lassen sich daran messen."[1265]

Ähnliche Anforderungen werden auch an den Abt gestellt. Seine Aufgabe ist es, entsprechend dem Vorbild Jesu, seinen Mitbrüdern und seiner Gemeinschaft zu dienen (vgl. Lk 22,27; Joh 13,1-15). Er soll mehr dienen/helfen als vorstehen/herrschen (vgl. RB 64,8). Am Abt, an seinem Leben und Vorbild können die Mönche erkennen, worauf es in der Nachfolge Christi ankommt. In diesem Sinn ist er „Stellvertreter Christi" (vgl. RB 2,2-6). Durch sein Leben wird er zum lebendigen Interpreten der Regel. „Er mache alles Gute und Heilige mehr durch sein Leben als durch sein Reden sichtbar" (RB 2,12).

BMW und BBK beschreiben somit „Führung als Dienst". Führung hat „Vorbildfunktion" für die jeweilige „Kultur" (Unternehmenskultur/Spiritualität).[1266]

Ferner zeigen die Anforderungsprofile von BMW und BBK, daß beide Institutionen einen ausgeglichenen Führungsstil wünschen, der zu einer ausgeglichenen „Soziohistologie" führen soll.

BMW will dadurch die Komponenten „Technik, Organisation, Mensch" effektiv und effizient zusammenbringen.

In den Klöstern der BBK soll im Spannungsfeld zwischen Mönch und Gemeinschaft ein Ausgleich geschaffen werden, der dem harmonischen Miteinander dient.

Wie schon dargestellt, setzen BMW und BBK entsprechend ihren diversen Zielsetzungen und Funktionen in der „Soziohistologie" eindeutig unterschiedliche Schwerpunkte.

Ein Kloster ist als „Lebensgemeinschaft" durch die Grundformen „Gemeinschaft und Organisation" geprägt.

BMW als „Arbeitsorganisation" dagegen bestimmen vorrangig die Grundformen „Organisation und Gesellschaft".

Daraus ergeben sich zwangsläufig Unterschiede in den Anforderungsprofilen:

Beim äbtlichen Dienst steht das Anliegen der Seelsorge als „fürsorgendes" Element im Vordergrund. Benedikt wünscht, daß der Abt gerade auf die Schwächen Rücksicht nimmt und integrierend wirkt (vgl. RB 27,6; Sat Sp 86). Von ihm wird Barmherzigkeit im Umgang mit den Mitbrüdern erwartet (vgl. RB 64,10).

Eine BMW-Führungskraft dagegen fordert von den Mitarbeitern Leistung. Dabei ist es ihre Aufgabe, die verschiedenen Potentiale effizient zusammenzubringen. Ferner muß der Vorgesetzte sich überlegen, wie er z.B. die Schwächen eines Mitarbeiters so in den Griff bekommt, daß dieser dennoch effektiv eingesetzt werden kann.[1267] Im Notfall gilt es, eindeutige Konsequenzen zu ziehen.[1268]

Neben diesen grundlegenden Unterschieden gibt es auch zahlreiche Berührungspunkte bei den Anforderungsprofilen. Diese sollen anhand der Stichworte „Verantwortung, Fachkompetenz und Integration" näher erläutert werden. Sie helfen, Bezüge herzustellen zwischen den BMW-Kriterien „Unternehmerisches Denken und Handeln", „Fach-/Prozeßkompetenz", „Führungs-/Teamverhalten" und den Anforderungen an den Abt als „Meister der Discretio", „Hirte/Arzt", „Lehrer".

„Verantwortung":

Die erste Säule des „BMW-Managementhauses" ist „Unternehmerisches Denken und Handeln". Als „Spielmacher" versteht es eine BMW-Führungskraft, die Kräfte, Ressourcen und Potentiale in seinem Aufgabenbereich richtig einzusetzen.[1269] Dies wird folgendermaßen erläutert: „Führungskräfte entwickeln effiziente Teams. Sie fordern und fördern, damit starke wie schwache Mitarbeiter zu ihrer höchsten Leistung im Team geführt werden."[1270] So wird ein Bereichsleiter beispielsweise einen ideenreichen Abteilungsleiter für die Mitarbeit in einem Modul vorschlagen, während er mit einem anderen, der Defizite in seinem Aufgabenbereich zeigt, eine fachliche Weiterbildung vereinbart.

Vergleichbar sollte der Abt als „Meister der Discretio" für jeden Mitbruder das rechte Maß finden (vgl. RB 64,18). Die Anweisung der Regel Benedikts: „Jedem wurde so viel zugeteilt, wie er nötig hatte" (RB 34,1) zeigt an, daß die „Discretio" für den Abt ein wichtiges Führungsinstrument ist: „So halte er in allem Maß, damit die Starken finden, wonach sie verlangen, und die Schwachen nicht davonlaufen" (RB 64,19). Daher wird der Abt z.B. einen Mitbruder, der gut mit Jugendlichen umgehen kann, im Internat einsetzen, während er einem anderen, der sehr naturverbunden ist und praktische Anlagen hat, eine Aufgabe im Garten überträgt (vgl. Sat Sp 71).

Somit kann festgehalten werden:

Bei BMW und BBK ist die Führung für den richtigen Kräfteeinsatz verantwortlich. Dabei gilt es beide Seiten im Blick zu haben, die der Institution und die des einzelnen. Ebenso sind sich beide Institutionen der Unterschiedlichkeit ihrer Mitglieder bewußt. Es wird immer Starke und Schwache geben. Entsprechend werden sie auch unterschiedlich behandelt. Daß ein Kloster nachsichtiger mit Schwächen und Fehlern umgehen muß, ist selbstverständlich.

„Discretio" und „Unternehmerisches Denken und Handeln" motivieren ferner dazu, im Sinne des „Subsidiaritätsprinzips" Freiräume zu schaffen und Eigenverantwortung zu fördern.

Dieser Gedanke wird bei BMW folgendermaßen erläutert: „Führungskräfte schaffen Rahmenbedingungen, die eigenverantwortliches Handeln fördern."[1271] Dabei gilt es, gut zu unterscheiden. Ein Mitarbeiter z.B., der seinem Meister als erfolgreicher „Tüftler" bekannt ist und diesem einen Vorschlag zur Verbesserung eines Arbeitsablaufs macht, wird dazu von seiten seines Vorgesetzten Unterstützung finden. Dagegen wird die Führungskraft einen anderen, der mit seinem Freiraum nicht umzugehen weiß und beispielsweise ständig zu spät zur Arbeit kommt, in seine Schranken weisen und zukünftig häufiger kontrollieren.

Die Satzungen der BBK fordern ähnliches vom Abt: „Von seinem Amt her ist der Abt nicht der Ursprung aller Impulse des klösterlichen Lebens, er hat vielmehr die vorhandenen Initiativen zu prüfen und zu lenken und immer wieder zu neuen Schritten zu ermuntern (...)" (Sat Sp 88). Dabei muß der Abt klug unterscheiden, indem er Macht und Verantwortung in der Gemeinschaft richtig verteilt. So nimmt er z.B. einen Mitbruder stärker in die Verantwortung, indem er ihn zum Subprior ernennt, als einen anderen, der in den Kapitelssitzungen nur durch destruktive Kritik auffällt.

BMW-Führungskraft und Abt müssen als „Spielmacher" wissen, wem sie wann welchen Ball zuspielen können. In beiden Institutionen geht es letztlich um das effektive Zusammenwirken und um die innere Harmonie.

„Unternehmerisches Denken und Handeln" als BMW-Führungskriterium zeigt sich auch in der Fähigkeit, die Unternehmensziele zu vermitteln, Zielvereinbarungen zu treffen und als verläßlicher Partner aufzutreten.[1272] Ein Abteilungsleiter in der Fertigung kann etwa bei einem Neuanlauf den Meistern verdeutlichen, wie wichtig ihr Engagement für den Erfolg des Unternehmens ist und jedem einzelnen seinen Beitrag dazu erläutern. Im Rahmen konkreter Zielvereinbarungen werden sie in die Mitverantwortung genommen.

Vergleichbar vermittelt der Abt die Ziele der klösterlichen Gemeinschaft, etwa im Rahmen einer Predigt oder Kapitelsansprache (vgl. RB 2,4.5.13). Im Einzelgespräch mit den Mitbrüdern vereinbart er dann konkrete Maßnahmen.

BMW-Führungskraft und Abt sind für die Zielvermittlung verantwortlich. Dabei gilt es, die Zukunft der jeweiligen Institution im Blick zu behalten und die Ziele weiterzuentwickeln.

Eine BMW-Führungskraft soll „realistische Visionen" haben.[1273] Indem sie Veränderungen im gesellschaftlichen oder technischen Umfeld sensibel wahrnimmt und entsprechend reagiert, zeigt sie, daß sie für Neues offen ist.[1274] Ein Abteilungsleiter in der Produktion z.B. überprüft neue Arbeitsmethoden und Anlagen, die er auf einer Maschinenbaumesse kennengelernt hat, auf ihre Relevanz für den eigenen Bereich.

Ähnliches trifft für den Abt zu: „Vorausschauend und besonnen" bestimmt der Abt die Geschicke seines Klosters (vgl. RB 3,6; 64,17). Er soll über die Fähigkeit verfügen, „Zeit mit Zeit zu verbinden" (vgl. RB 2,24). Mit dem „Gespür für den rechten Augenblick" (vgl. RB 2,24) gibt er unter dem Eindruck der soziokulturellen Veränderungen und in Treue zur tradierten Lebensform neue Impulse für das klösterliche Leben (vgl. Sat Sp 120). So regt er etwa den Bau eines neuen Gästehauses an, da die Anfragen nach Besinnungstagen und Einkehrwochen in den letzten Jahren stark gestiegen sind. Aber auch dabei ist das rechte Maß gefragt.

Wiederum zeigt sich in beiden Institutionen die Spannung zwischen Tradition und Innovation und das Anliegen der kontinuierlichen Erneuerung; selbstverständlich unter verschiedenen Zielsetzungen. BMW-Führungskraft und Abt tragen Verantwortung für die Zukunft. Dabei wird es entscheidend sein, daß sich eine BMW-Führungskraft mit dem Unternehmen identifiziert[1275] und der Abt mit der klösterlichen Lebensweise (vgl. RB 64,3). Nur dann werden sie als „Spielmacher" ansteckend für die gemeinsame Sache motivieren können.

„Fachkompetenz":
Die zweite Säule des „BMW-Managementhauses" ist „Fach- und Prozeßkompetenz". Ein Meister in der Produktion kennt die Anlagen und Abläufe in seinem Bereich und schafft bei Problemen als kompetenter Ansprechpartner für seine Mitarbeiter Abhilfe. Das bedeutet nicht, daß er nicht auf die Ergänzung, das Know-how seiner Mitarbeiter angewiesen ist. Vielmehr nimmt er sie in die Mitverantwortung und fördert sie mit ihrem fachlichen Können.[1276] Dabei ist der Vorgesetzte für seine Mitarbeiter „Trainer on the job", indem er ihnen z.B. bei Defiziten neue Arbeitsmethoden beibringt.[1277] Als „Fachmann" fordert eine BMW-Führungskraft Leistung von seinen Mitarbeitern und kontrolliert dies auch.[1278] Im gegenseitigen Geben und Nehmen ist das Unternehmen eindeutig „Gesellschaft".[1279]

Als geistlicher „Lehrer" muß der Abt „das göttliche Gesetz genau kennen, damit er Bescheid weiß und einen Schatz hat, aus dem er Neues und Altes hervorholen kann" (RB 64,9). Er verfügt über die nötige Lebenserfahrung (vgl. RB 64,2) und schöpft dabei aus der reichen spirituellen Tradition. Zugleich ist er offen für Neues und ist selber ein Lernender (vgl. Sat Sp 87). Als „Lehrer" gibt er z.B. in den geistlichen Konferenzen seinen Mitbrüdern spirituelle Impulse, begleitet sie individuell im Einzelgespräch und ist offen für neue spirituelle Anregungen.

BMW-Führungskraft und Abt müssen in ihrem je eigenen Funktionsbereich über „Fachkompetenz" verfügen. Dies könnte besonders für benediktinische Führungskräfte, die Verantwortung für externe Mitarbeiter haben, eine Anregung sein, sich auch im Bereich Personalführung durch entsprechende Bildungsangebote „Fachkompetenz" anzueignen. Allein der Eintritt in eine klösterliche Gemeinschaft oder die Priesterweihe verleihen diese Fähigkeiten noch nicht.

Über „Prozeßkompetenz" verfügen heißt bei BMW u.a., Konflikte zuzulassen, sie zu steuern und zu managen. Dazu führt das Führungsleitbild aus: „Führungskräfte gehen Konflikten nicht aus dem Weg und thematisieren auch »heiße« Themen – in angemessener Form; durch Kommunikation kann Konfliktlösung erfolgen, und dies bedeutet Entwicklung für Führungskräfte und Mitarbeiter."[1280] Die Konkurrenz zwischen den Gruppenmitgliedern kann für die Zielerreichung sehr fruchtbar sein, da sie häufig Klarheit schafft. Ein Mitarbeiter muß z.B. seine Verbesserungsvorschläge vor dem Team begründen und erkennt dadurch Schwierigkeiten bei der Umsetzung. Gerade bei schwerwiegenden Problemen hilft es, die Mitarbeiter schon früh in die Problemlösung einzubeziehen.[1281] Ebenso wird es Aufgabe der Führungskraft sein, eine Fehlerkultur herauszubilden, die sehr wohl zwischen der Sachebene und der persönlichen Ebene zu unterscheiden weiß.[1282] Kurz und prägnant bringt dies eine „BMW Handlungsmaxime" zum Ausdruck: „Probleme lösen – nicht Schuldige suchen."[1283] Selbstverständlich wird die Unterscheidung zwischen Sachverhalt und Person nicht immer einfach sein, gerade dann, wenn es sogenannte „problematische" Mitarbeiter gibt.

Vor vergleichbaren Herausforderungen steht auch der Abt. Im regelmäßigen Konventkapitel pflegt er den Dialog mit der ganzen Gemeinschaft. Bei schwerwiegenden Angelegenheiten hilft das, die Mitbrüder an der Entscheidungsfindung zu beteiligen (vgl. RB 3; Sat Sp 90). Dabei kann es zu Interessenkonflikten kommen. Neuerungen, wie etwa eine neue Tagesordnung, werden gemeinsam auf ihre Realisierbarkeit überprüft (vgl. Sat Sp 90). Auch gilt es, zwischenmenschliche Konflikte zuzulassen. Im konkurrierenden Verhalten zeigen sich eigene Profile. Benedikt legt Wert darauf, daß noch vor dem Abend Frieden geschlossen wird (vgl. RB 4,73). In der „Lebensgemeinschaft Kloster" dürfen Konflikte nicht zum „Dauerbrenner" werden. Dabei ist es wichtig, diese möglichst auf der Sachebene auszutragen. Benedikt schreibt: „Er hasse die Fehler, er liebe die Brüder" (RB 64,11). Der Abt soll quasi zwischen Sachverhalt und Person unterscheiden, um so die Einheit der Gemeinschaft nicht zu gefährden. Daß dies gerade in einer „Lebensgemeinschaft" nicht immer einfach ist, versteht sich von selbst.

Damit gilt für BMW und BBK:

BMW-Führungskraft und Abt sollten Konflikte nicht scheuen, sondern als (geistliche) Meister und Konfliktmanager sie zulassen und steuern. Konflikte haben häufig für eine Institution „reinigende" Wirkung. Um Parteibildung zu vermeiden ist es von Bedeutung, Konflikte möglichst transparent auszutragen.

So kann ein Abt ein Problem beispielsweise im Konventkapitel oder im Schuldkapitel thematisieren und es so in den Dialog mit der Gemeinschaft stellen.

Analog haben BMW-Führungskräfte die Möglichkeit, im Rahmen eines Teamgesprächs einen unterschwelligen Konflikt zur Sprache zu bringen. Indem Positionen geklärt werden, können Intrigen und unterschwelliges Mobbing vermieden werden.

Ferner werden Abt und BMW-Führungskraft an ihrer Konsequenz, an ihrer Eindeutigkeit und ihrem Profil bemessen. Eine BMW-Führungskraft soll für ihre Mitarbeiter einschätzbar sein und Klarheit schaffen.[1284] Ähnlich soll der Abt als „Lehrer" eindeutige Richtlinien vorgeben (vgl. RB 2,22). So gilt es, in beiden Institutionen dann auch entschieden Konsequenzen zu ziehen, wenn entgegengebrachtes Vertrauen enttäuscht wurde.

Eine Konsequenz kann auch die Trennung von der Institution sein. Während BMW die Möglichkeit hat, persönliche Konflikte durch Versetzung oder Entlassung zu entschärfen, ist dies in der „Lebensgemeinschaft Kloster" nicht so einfach möglich, da sich der Mönch durch die Gelübde lebenslang an die Gemeinschaft gebunden hat. Allerdings kennt auch Benedikt im Extremfall die Trennung (vgl. RB 28, 6).

Gerade für die Einheit einer klösterlichen Gemeinschaft ist es von großer Bedeutung, dann eindeutig Konsequenzen zu ziehen, wenn ein Mitbruder diese Einheit durch seine Lebensweise in Frage stellt. Es genügt nicht, sich damit zu begnügen, daß er sich selbst ausschließt. Um ihn wieder für die Gemeinschaft zu gewinnen, müssen die Mißstände schon frühzeitig benannt und in den Dialog mit der Gemeinschaft gestellt werden.

Weiter wird von einem Abt wie von einer BMW-Führungskraft erwartet, daß sie mit persönlicher Kritik umgehen können, indem sie Kritik als Chance betrachten, ihre „Fachkompetenz" zu verbessern. So erkennt beispielsweise eine BMW-Führungskraft, daß sie in letzter Zeit einen Mitarbeiter unbewußt bevorzugt hat, oder ein Abt versteht, warum seine Mitbrüder mit seinen Predigten nichts anfangen können.

Basis dazu sind ein echtes persönliches Profil und Autorität, die ihren Grund nicht in Titeln oder Funktionen hat (vgl. RB 2,1).[1285]

„Integration":

Als dritte Säule des „BMW-Managementhauses" wird das „Führungs- und Teamverhalten" benannt. Führungskräfte sollen integrieren, das Team zusammenschweißen können, ein Gespür für „Gemeinschaft" haben. Damit ist nicht uniforme Gleichmacherei einer idealisierten „Gemeinschafts-Ideologie" gemeint. Vielmehr sind heterogene Teamstrukturen gefragt, in denen die unterschiedlichen Potentiale der Teammitglieder als Synergien zusammenwirken, wie es die Baureihenorganisation mit ihren Modulen exemplarisch veranschaulicht.[1286] Unter der gemeinsamen Zielsetzung ist es Aufgabe der Führungskraft, die unterschiedlichen Kräfte zu bündeln und die Mitarbeiter für den „Unternehmenserfolg" zu motivieren.[1287]

BMW legt Wert darauf, daß Führungskräfte eine Atmosphäre des gegenseitigen Vertrauens schaffen. Die Führungskraft soll Einfühlungsvermögen für den einzelnen Mitarbeiter haben,[1288] indem sie von sich aus auf ihn zugeht, ihn zu Wort kommen läßt und ihm aufmerksam zuhört.[1289] Diese „fürsorgenden Aspekte" zeigen sich schon in Kleinigkeiten, etwa in der Frage nach dem persönlichen Wohlbefinden, nach der Familie etc., aber auch in konkreten Zielvereinbarungen. Ferner soll eine BMW-Führungskraft im Sinne des „Subsidiaritätsprinzips" „Hilfe zur Selbsthilfe" geben. Erläuternd heißt es: „Führen heißt dienen, d.h. Mitarbeiter bei der Erreichung der vereinbarten Ziele zu unterstützen im Sinne von: »Steine aus dem Weg räumen«; sich nicht in den Vordergrund stellen heißt, den Mitarbeitern oder Kollegen Hilfe zur Selbsthilfe zu geben, Plattformen schaffen."[1290] Die Führungskraft hat für die Personalentwicklung Verantwortung, indem sie diese individuell mit dem einzelnen Mitarbeiter abstimmt.[1291] Dies kann auf vielfältige Weise geschehen, etwa dadurch, daß eine Führungskraft für einen Mitarbeiter notwendige Kontakte herstellt oder im regelmäßigen Einzelgespräch den Mitarbeitern bei der Zielerreichung unterstützt. Aufgabe der Führungskraft ist es, die verschiedenen Initiativen unter das Gesamtziel zu integrieren und auszurichten.

Auch der Abt soll in der klösterlichen Gemeinschaft integrierend wirken. Das Kloster ist ein „Haus", in dem unterschiedliche Kräfte effektiv zusammenwirken. Als „Hirte und Arzt" soll der Abt sowohl der Gemeinschaft als auch dem einzelnen gerecht werden (vgl. RB 27; 28; Sat Sp 85). Wie in einer guten „Arztpraxis" schafft er eine Atmosphäre des Vertrauens (vgl. Sat Sp 139). Indem er jedem ungeteilt zuhört, menschliches und geistliches Einfühlungsvermögen hat, hilft er dem einzelnen Mönch, seine besonderen Gaben aufzuspüren und den ihm gemäßen Platz in der Gemeinschaft zu finden (vgl. Sat Sp 86). Benedikt bringt das prägnant mit folgenden Wortspielen zum Ausdruck: „Er wisse, daß er mehr helfen als herrschen soll. (...). Er suche, mehr geliebt als gefürchtet zu werden" (RB 64,8.15). Der Abt soll der Eigenart vieler dienen, um so möglichst alle in die Gemeinschaft zu integrieren (vgl. RB 2,31).

Damit können folgende Bezüge hergestellt werden:

BMW-Führungskraft und Abt geben auf ähnliche Weise im Sinne des „Subsidiaritätsprinzips" „Hilfe zur Selbsthilfe". Selbstverständlich wird die individuelle Sorge und Rücksichtnahme in einem Kloster intensiver gepflegt als in einem Betrieb. Unter den verschiedenen Zielsetzungen ist es dabei in beiden Institutionen Aufgabe der Führung, integrierend zu wirken.

Zur Teambildung sind bei BMW regelmäßige Gruppengespräche und Teamtrainings wichtig. Dabei gilt es, besonders neue und fremde Mitglieder aufmerksam zu integrieren. Durch die geforderte Flexibilität kommt es permanent zu Veränderungen, so daß „Integration" eine wichtige Führungsaufgabe ist. Hinzu kommt, daß das Unternehmen als „Global Player" multikulturell geprägt ist.[1292] Um Vorurteile abzubauen und um die Einheit zu stärken, wird speziell von den Führungskräften Offenheit und Verständnis erwartet. Dies zeigt sich z.B. darin, daß die Führungskraft neue Mitarbeiter in ihr Arbeitsumfeld einführt, ihnen den Bereich und die Kollegen vorstellt und sie einem anerkannten Mitarbeiter anvertraut, der ihnen als Ansprechpartner zur Verfügung steht.

Auch hier finden sich Anknüpfungspunkte zum äbtlichen Dienst. Die klösterliche Einheit wird durch regelmäßige Konventkapitel, durch Einkehr- und Gesprächstage etc. gestärkt (vgl. Sat Ju 74; 75). In besonderer Weise ist dem Abt die Sorge um die Neueintretenden (vgl. RB 58), um Gäste und Fremde (vgl. RB 53), um Schwache und Kranke anvertraut (vgl. RB 36; 37). Zum einen begegnet in ihnen der Gemeinschaft Christus, zum anderen dienen sie der gemeinschaftlichen Erneuerung.

Gemeinschaftsbildende, integrierende Maßnahmen sind auch gemeinsame Riten, Mahlzeiten, Feiern etc. Benedikt legt auf sie größten Wert (vgl. RB 8-20; 38-41). Feste wie Jubiläen oder gemeinsame Ausflüge etc. unterstützen die „Integration" und den Zusammenhalt in der monastischen Gemeinschaft.

Entsprechende integrierende Faktoren wie gemeinsames Mittagessen oder Geburtstagsfeiern etc. kennt auch BMW. Selbstverständlich zeigt sich in diesem Zusammenhang der Unterschied zwischen „Lebensgemeinschaft" und „Arbeitsorganisation". So wird es Aufgabe der BMW-Führungskraft sein, das richtige Maß für gemeinschaftsbildende Elemente zu finden.

Die BMW-Führungskraft soll in der Rolle des Teamleiters, aber auch des Teammitglieds erlebbar sein.[1293] Der Teamleiter ist Teil der Gruppe. Dies zeigt sich z.B. darin, daß er im Teamgespräch als gleichberechtigtes Mitglied teilnimmt, eine offene Zusammenarbeit pflegt, gemeinsam mit der Gruppe zum Essen geht oder kleinere Dienste selbst verrichtet.

Analog ist der Abt „Mönch unter Mönchen" (vgl. Sat Sp 85). Auch er versieht den wöchentlichen Tischdienst, spielt in der abendlichen Recreation mit Karten, übernimmt für einen Mitbruder, der als Pfarrer tätig ist, eine Beerdigung etc.

Durch entgegengebrachtes Vertrauen vermitteln BMW-Führungskräfte „Spaß an der Arbeit" und „Lust auf Leistung", heißt es im Führungsleitbild.[1294] Bei der Arbeit darf gelacht werden. Damit ist jener Humor angesprochen, der sich z.B. darin zeigt, daß Führungskräfte ihre eigenen Schwächen karikieren oder auf Defizite mit Humor aufmerksam machen.

Auch wenn Benedikt das Lachen als unmonastisch verurteilt (vgl. RB 4,53.54; 6,8), legt er größten Wert darauf, daß die Oberen dafür verantwortlich sind, daß im „Haus Gottes" niemand traurig wird (vgl. RB 31,19). Es darf keine Arbeitsüberlastung geben, die den einzelnen zur Resignation führt (vgl. RB 53,19.20). Deswegen bestimmt Benedikt eindeutig die Grenzen und legt sie in die Verantwortung des Abtes. Er gibt das Zeichen zum Gottesdienst (vgl. RB 47,1), er teilt genügend Essen und Trinken zu (vgl. RB 40,5), er sorgt sich um die Schlafräume, daß genügend Betten vorhanden sind (vgl. RB 53,21.22). Im übertragenen Sinn wird deutlich, daß der Abt als „Fürsorger" für das Wohlbefinden seiner Gemeinschaft verantwortlich ist. So ist es seine Aufgabe, dann Grenzen zu setzen, wenn sich ein Mitbruder z.B. völlig in seine Aufgabe hineingibt und sich ganz und gar von dieser bestimmen läßt (vgl. RB 57,2.3; Sat Sp 74).

Hier kann BMW eine Anregung gegeben werden:

Mit dem Ziel, daß die Arbeit längerfristig Spaß machen soll und nicht in permanentem Streß und kontinuierlicher Überforderung endet, sollte eine BMW-Führungskraft dort eindeutig Grenzen setzen, wo die Gefahr eines „burn out" besteht. Gerade die Flexibilisierung der Arbeitszeit kann dazu führen, daß aus einem „Acht-Stunden-Tag" ein „Vierzehn-Stunden-Tag" wird. Hier ist es Führungsaufgabe, gegen allen sozialen Druck eindeutig Position zu beziehen und für den Selbstschutz der Mitarbeiter zu „sorgen".

Schließlich soll noch ein weiterer Gesichtspunkt zum Thema „Integration" benannt werden.

Für den Erfolg beider Institutionen ist das „Zusammenspiel" zwischen den Führungskräften entscheidend. Gerade in föderaleren, subsidiären Strukturen ist es wichtig, daß die Führungskräfte nicht gegeneinander stehen, sondern als Team eindeutig vorleben, wie das Miteinander sein sollte.

Daher legt Benedikt größten Wert darauf, daß die klösterlichen Führungskräfte wie Dekane, Prior, Cellerar in Einklang mit dem Abt stehen (vgl. RB 21; 31; 65).

Analog sollen BMW-Führungskräfte ihre Teamfähigkeit unter Beweis stellen, indem sie als Führungsmannschaft vorbildlich zusammenarbeiten.[1295]

„Verantwortungsverteilung", „Fachkompetenz" und „integrative Fähigkeiten" sind bei BMW und BBK wichtige Führungsinstrumente. Sie dienen in beiden Institutionen dazu, zwischen den Grundformen „Organisation, Gesellschaft, Gemeinschaft" eine ausgeglichene „Soziohistologie" herzustellen. BMW und BBK sind durch „sachhaft-gebrauchende", „konkurrierende" und „fürsorgende" Elemente geprägt und werden so dem Menschen in seiner ganzen Bandbreite gerecht. Auf dieser Grundlage lassen sich die benediktinischen Vergleiche „Lehrer, Hirte/Arzt, Meister der Discretio" mit Einschränkungen auch auf die BMW-Führungskraft übertragen.

Die BMW-Führungskraft ist als „Fachmann" und Spezialist für die Mitarbeiter ein „Lehrer", der es z.B. versteht, hochdifferenzierte technische Abläufe zu entschlüsseln. Mit dem richtigen „Führungs- und Teamverhalten" motiviert der Vorgesetzte quasi als „Hirte" unterschiedliche Menschen für ein gemeinsames Ziel. Er führt die Mitarbeiter in dieselbe Richtung. Es würde sicherlich zu weit gehen, den Vorgesetzten zum „Seelsorger" seiner Mitarbeiter zu deklarieren. Das ist eine eindeutige Überforderung und widerspräche der Zielsetzung eines Wirtschaftsunternehmens. Allerdings ist es im Rahmen der „Mitarbeiterorientierung" eine Führungsaufgabe, sich wie ein „Arzt" in die Mitarbeiter hineinzuversetzen und eine Atmosphäre gegenseitigen Vertrauens zu schaffen.[1296] Als „Meister der Discretio" ist schließlich „Unternehmerisches Denken und Handeln" gefragt, indem die Mitarbeiter mit ihren unterschiedlichen Potentialen und Kenntnissen individuell gefordert und gefördert werden.

Im Gegenzug können die Kriterien des „BMW-Führungsdreiecks" „Fachmann, Spielmacher, Integrator" und die Säulen des „BMW-Managementhauses" „Unternehmerisches Denken/Handeln, Fach-/Prozeßkompetenz, Führungs-/Teamverhalten" bedingt auf den äbtlichen Dienst angewandt werden.

Der Abt ist als „Lehrer" seiner Gemeinschaft „Fachmann". Er benötigt „Fach- und Prozeßkompetenz", um z.B. die Regel interpretieren und gemeinschaftsinterne Vorgänge analysieren zu können. Als „Hirte und Arzt" ist er „Integrator", der es durch sein „Team- und Führungsverhalten" versteht, unterschiedliche Menschen zusammenzuführen. Als „Meister der Discretio" ist er „Spielmacher" der Gemeinschaft. Indem er die Mitbrüder entsprechend ihren Talenten in der Gemeinschaft einsetzt, zeigt er „Unternehmerisches Denken und Handeln".

Abschließend kann konstatiert werden:
BMW und BBK sind gleichermaßen an einem ausgeglichenen Führungsstil interessiert. Dadurch kommt es zu einer analogen „Soziohistologie", selbstverständlich mit unterschiedlichen Schwerpunkten. Führung bedeutet „Dienst an der Zielerreichung" (Fach-/ Prozeßkompetenz – Lehrer), „Dienst an der Institution" (Unternehmerisches Denken und Handeln – Meister der Discretio) und „Dienst an den Mitgliedern" (Führungs-/ Teamverhalten – Hirte/Arzt). Diese Dienstfunktionen können nicht voneinander getrennt werden, sondern bedingen sich und durchdringen sich wechselseitig. Letztlich geht es darum, durch die Anwendung des „Solidaritäts-" und „Subsidiaritätsprinzips" und die Klärung der entsprechenden Strukturen dem Menschen in seiner ganzen Bandbreite gerecht zu werden, ohne dabei das jeweilige Institutionsziel aus dem Auge zu verlieren. Daß dies nicht immer gelingt, versteht sich von selbst.

3.3.2.4 Wertevermittlung zwischen Kontinuität und Flexibilität

Das klösterliche Zusammenleben organisiert sich unter Anleitung der Regel Benedikts. Sie genießt eine „unangetastete" Autorität und ist als solche Richtschnur für die zeit- und ortsgemäße Gestaltung monastischen Lebens nach den Satzungen und Consuetudines. Sie geben einer klösterlichen Gemeinschaft den ethischen Korridor und die entsprechenden Anforderungsprofile vor. Sie bringen Orientierung, schaffen Verbindung, zeigen Grenzen und geben Anweisungen, so daß das klösterliche Zusammenleben gelingen kann.
BMW versucht seit einigen Jahren, eine einheitliche „Unternehmenskultur" zu schaffen. Hier macht sich die gesellschaftliche Entwicklung der letzten Jahrzehnte bemerkbar. Mit dem „Wertewandel" Ende der sechziger Jahre ist der alle gesellschaftliche Bereiche und Institutionen umfassende gemeinsame „Wertekorridor" verloren gegangen. Das Individuum mit seiner „ichzentrierten Ethik" und einer „innenorientierten Weltsicht" gibt sich seine eigene „Wertewelt". Pluriformität prägt somit das soziokulturelle Umfeld und damit auch ein Unternehmen wie BMW. Um eine effektive und effiziente Zusammenarbeit gewährleisten zu können, steht BMW vor der Herausforderung, für das Unternehmen eine einheitliche und verbindende „Unternehmenskultur" zu schaffen. Dabei bilden Dokumente, wie die „Grundsätze der BMW Führungskultur", die „BMW Handlungsmaximen", das „BMW-Führungsdreieck", das Unternehmensleitbild „Wir bei BMW", das „BMW Managementhaus" etc., die Grundlagen. Als Orientierungshilfen sollen sie die Zusammenarbeit bei BMW bestimmen und die pluriforme „Wertewelt" der Mitarbeiter zusammenführen, soweit dies in einem global agierenden Unternehmen überhaupt möglich ist. In diesem Bereich kann BMW einiges aus der benediktinischen Tradition lernen.
Die Zeit Benedikts weist einige Parallelen zur Gegenwart auf.[1297] Die Völkerwanderungen des sechsten Jahrhunderts beendeten die Epoche, in der der Mittelmeerraum durch die römische „Wertewelt und Kultur" einheitlich geprägt war. Das Kloster Benedikts setzte sich daher aus unterschiedlichsten Menschen mit divergierenden Bedürfnis-

sen und Werten zusammen: Arme und Reiche, ehemalige Sklaven und Handwerker, vornehme Römer und ungebildete Goten etc. In dieser Zeit der Instabilität und Pluriformität gibt Benedikt mit seiner Regel den Klöstern eine feste Ordnung und eindeutige Orientierung. Im Gegensatz zur Mobilität und unkontrollierten Flexibilität der Völkerwanderungen wird für ihn das Kontinuum wichtig. Benedikt fordert Stabilität. Dies meint keinesfalls Unbeweglichkeit. Benedikt zeigt sich als äußerst flexibel, wenn es um die Interpretation der Regel geht. Zeit-, orts- und situationsspezifische Auslegungen läßt er zu.

BMW hat die grundlegenden Dokumente seiner „Unternehmenskultur" in den letzten Jahrzehnten permanent verändert. Es findet sich kaum ein Dokument, das für längere Zeit bleibende Gültigkeit genießt. „Wertevermittlung" bedarf jedoch eines langen Atems. Ausdauer und Geduld sind bei der Verinnerlichung gefragt. Daher ist es dem Unternehmen zu empfehlen, analog zur benediktinischen Tradition im Bereich „Werteorientierung" stärker auf Kontinuität zu setzen und nicht so häufig Veränderungen zu vollziehen. Ansonsten besteht die Gefahr, daß sich informelle Spielregeln, Umgangsformen und Strukturen bilden, die der gesatzten „Unternehmenskultur" widersprechen. Den Mitarbeitern fehlt dann die perspektifische Orientierung. Unsicherheit und Unzufriedenheit sind die Folge.

Um mehr Kontinuität in die „Unternehmenskultur" zu bringen, könnte es z.B. hilfreich sein, die „BMW Handlungsmaximen", die immer noch im Unternehmen Autorität genießen, neu und zeitgemäß zu interpretieren. Ebenso kann BMW ermutigt werden, das neue Unternehmensleitbild „Wir bei BMW", wie es ja auch vorgesehen ist, zeit- und ortsgemäß auszulegen.[1298] Analog zu den benediktinischen Satzungen, die die Regel Benedikts in Südafrika anders deuten als in Oberbayern, könnte das Leitbild auch spezifisch für die weltweiten BMW-Standorte interpretiert werden. Ebenso werden die Leitsätze für einen Werksleiter anders ausgelegt werden müssen als für einen Meister.

Ferner ist zu bedenken, daß manche Anforderungen der Leitbilder mit der Zeit an Aktualität verlieren werden, da sich die wirtschaftlichen und soziokulturellen Rahmenbedingungen ändern. Dies trifft auch auf die Regel Benedikts zu. So schlafen beispielsweise die Mönche längst nicht mehr in einem gemeinsamen Schlafsaal, wie es die Regel noch vorsieht (vgl. RB 22,3). Obwohl die Anweisungen dieses Kapitels nicht mehr zeitgemäß sind, werden sie nicht aus der Regel gestrichen. Sie werden vielmehr im Kontext ihrer Entstehungszeit gedeutet und auf ihre Relevanz für das heutige Mönchtum überprüft. Ebenso kämen Benediktiner nie auf die Idee, das Bild des „Hirten" für den äbtlichen Dienst, das in einer Agrargesellschaft allen verständlich war, in der gegenwärtigen „Erlebnisgesellschaft" beispielsweise durch die Trainermethapher eines Fußballteams zu ersetzen, um so der soziokulturellen Entwicklung gerecht zu werden.

Die Regel genießt durch diese Beständigkeit eine fast zeitlose Autorität. Durch diese Kontinuität kann „Gemeinschaft" entstehen, die im Bereich der „Unternehmenskultur" Identifikation schafft. Die Anforderungsprofile bekommen Gewicht und Autorität für das alltägliche Leben. So ist zu bedenken, ob BMW z.B. die Bilder des „BMW-

Führungsdreiecks" „Fachmann, Spielmacher, Integrator" im Zusammenhang mit dem „BMW-Managementhaus" neu belebt oder die Erfolgskriterien „Qualität, Kundenorientierung, Ständige Verbesserung" als verbindende BMW-Grundhaltungen einfordert, um so mehr Kontinuität und Sicherheit in die „BMW-Unternehmenskultur" zu bringen.

Selbstverständlich wird ein Unternehmensleitbild nie die selbe Autorität haben, die die Regel Benedikts für das monastische Leben genießt. Und mit Sicherheit ist das auch für BMW vorteilhafter, insofern ein Wirtschaftsunternehmen von seiner Zielsetzung her flexibler auf soziokulturelle Veränderungen reagieren muß als ein Kloster. Allerdings wird sich BMW fragen müssen, wie die Anforderungen der Leitbilder im Alltag präsent gehalten werden können.

Die Regel Benedikts wird regelmäßig und in Abschnitten (meistens bei den Mahlzeiten) verlesen. Sie ist ausführlich Inhalt im Noviziatsunterricht, in geistlichen Konferenzen und Exerzitien. Diese Möglichkeiten hat BMW nicht. So würde es etwas befremdlich wirken, beim Mittagessen in der Kantine das Unternehmensleitbild zu verlesen. Allerdings könnte BMW erfinderisch neue Vermittlungswege suchen z.B. via Videoclips, Bildschirmschoner, Tonkassetten etc., wie es z.T. auch schon geschieht.[1299] Hier kann es auch hilfreich sein, neue Rituale zu schaffen, indem etwa die wöchentliche Teamsitzung mit einer kurzen „Leitsatzbesprechung" beginnt, in der die Teammitglieder einen Gedanken des Leitbildes auf seine Relevanz für ihre Zusammenarbeit reflektieren.

Im Gegenzug können auch die Klöster der BBK bei der „Wertevermittlung" von BMW lernen. Benedikt legt großen Wert auf Sanktionen (vgl. RB 23-30). Sie sollen helfen, den Anweisungen der Regel Geltung zu verschaffen. In den meisten Klöstern gibt es kaum noch ausgebildete Sanktionssysteme, wie es die Regel vorsieht. Auch fehlen Feedbackschleifen und Motivationsfaktoren, die dem einzelnen helfen, seinen Weg mit Hilfe der Gemeinschaft kritisch zu reflektieren. Hier wären regelmäßige „Skrutinien" entsprechend den „Gesprächsrunden" äußerst hilfreich. Ebenso gilt es, entsprechend der Zielkontrolle sich über neue Formen der „Culpa" Gedanken zu machen.

Schließlich können BBK und BMW gleichermaßen von Benedikt lernen. Die Regel Benedikts benennt mit der Formulierung „quod absit" eindeutige Mißstände. Obwohl diese Mißstände dem Ideal widersprechen, ist sich Benedikt dessen bewußt, daß sie immer wieder vorkommen und gibt daher Anweisungen, wie sich die Mönche in solchen Fällen verhalten sollten. Dies könnte eine Anregung für beide Institutionen sein, ehrlich auch Mißstände und „informelle Spielregeln" zu benennen, um sie dadurch besser in Griff zu bekommen.

Ausblick: Zusammenwirken – um der Menschen willen!

„Unternehmenskultur" und „Ordensspiritualität":
Durch die Konfrontation dieser unterschiedlichen Welten konnten zahlreiche Berührungs- und Begegnungspunkte zwischen BMW und BBK benannt werden. Eine Fülle von überraschenden Bezügen wurde dabei sichtbar.

BMW und BBK, die die Erstellung dieser Arbeit initiiert und begleitet haben, können auf diesem Fundament fortan die beschriebenen Lernanregungen in der Praxis erproben, so daß daraus „anstiftende" Innovationen erwachsen müßten.

Diese vorbildliche Offenheit könnte wiederum andere Institutionen in Wirtschaft, Kirche und Gesellschaft motivieren, sich auf ähnliche Weise solchen stimulierenden Lernbewegungen zu stellen. Entsprechend dem Anliegen von Praktischer Theologie kann es somit aus der Praxis zu hilfreichen Neuerungen für die Praxis kommen.

Im gemeinsamen Interesse am Menschen begegnen sich „Unternehmenskultur" und „Ordensspiritualität". Dabei ist einschränkend zu bedenken, daß es in der Realität weder den idealen BMW-Mitarbeiter noch den „Muster-Mönch" gibt. Bei allem Streben um Erneuerung und Verbesserung werden BMW und BBK als soziale Institutionen somit auch weiterhin durch menschliche Unzulänglichkeiten geprägt sein. Um so höher ist jedoch ihr Ringen um und für den Menschen zu werten. Dadurch leisten beide Institutionen einen wichtigen Beitrag zur „Humanisierung der Gesellschaft": BMW mit der Zielsetzung, durch wirtschaftlichen Erfolg die Zukunft von Unternehmen und Mitarbeitern zu sichern, die Klöster der BBK mit der Vision: „Ut in omnibus glorificetur Deus!"

Anmerkungen

[1] Vgl. Definition „Unternehmenskultur" und Literaturhinweise bei: Osterloh, Unternehmenskultur, in: Enderle/Homann/Honecker/Kerber/Steinmann (Hrsg.), Lexikon der Wirtschaftsethik, 1139-1142. Vgl. Definition „Ordensspiritualität" und Literaturhinweise bei: Lippert, Ordensspiritualität/Ordensleben, in: Schütz (Hrsg.), Praktisches Lexikon der Spiritualität, 951-958.

[2] Zur Bedeutung der Benediktinerklöster als „Wirtschaftsunternehmen" vgl. Stutzer, Die Säkularisation 1803, Der Sturm auf Bayerns Kirchen und Klöster, Rosenheim 1979.

[3] In diesem Zusammenhang findet sich folgende Literatur:
Zunächst sei die Deutung der Regel von Risak erwähnt: Risak, Benedikt: Menschenführer und Gottsucher, Wien/Köln/Weimar 1991. Auf kurze, prägnante und praktische Weise deutet Risak die Regel Benedikts für das moderne Management. Allerdings stützt er seine Aussagen nicht durch fachspezifische Sekundärliteratur, so daß sie nicht als „Kommentar" verwendet werden können.
Ferner findet sich von Kirchner: Kirchner, Benedikt für Manager, Die geistigen Grundlagen des Führens, Wiesbaden 1994. Zwar benennt Kirchner zahlreiche Führungsanregungen aus der Regel Benedikts, allerdings wird deutlich, daß auch ihm die Kenntnis der monastischen/spirituellen Sekundärliteratur gänzlich fehlt, so daß die Regel z.T. falsch gedeutet wird. So behauptet er u.a., daß die Regel keinen Spielraum für die persönliche Interpretation zuließe (vgl. Kirchner, Benedikt für Manager, 66). Ferner fehlen ihm sowohl die praktischen Erfahrungen als auch die Hintergründe des klösterlichen Lebens, so daß er bei seinen belehrenden Anregungen im theoretischen Bereich verbleibt.
Weiter beschäftigen sich mit der Thematik folgende Aufsätze:
Oppen, Der benediktinische Abt und das technische Zeitalter, in: RBS 2 (1973), 99-115. Von Oppen beschreibt sehr gut die Spannung zwischen „einzelnem Mönch" und „klösterlicher Gemeinschaft", so daß dieser Beitrag nicht an Aktualität verloren hat.
Beier, Die Regula Benedicti und die modernen Managementlehren, Der Versuch eines Vergleichs, in: RBS 5 (1976), 353-370. Die Managementlehren der siebziger Jahre sind z.T. überholt, so daß dieser Beitrag nicht mehr aktuell ist.
Grün, Führungsgrundsätze in der Regel Benedikts, in: Langer /Bilgri (Hrsg.), Weite des Herzens – Weite des Lebens, Beiträge zum Christsein in moderner Gesellschaft, Festschrift für Abt Odilo Lechner, Bd.1, Regensburg 1989, 129-138. Ein sehr guter und brauchbarer Beitrag, der beiden Seiten (Wirtschaft und Kirche) gerecht wird.

[4] Die Literatur zum Thema „Unternehmensethik" ist sehr umfangreich und kann als Indiz gewertet werden, daß „Unternehmensethik" gegenwärtig sehr gefragt ist. Vgl. dazu die Literaturangaben bei Steinmann/Zerfaß, Unternehmensethik, in: Enderle/Homann/Honecker/Kerber/Steinmann (Hrsg.), Lexikon der Wirtschaftsethik, 1113-1122, hier: 1121 f.

[5] Vgl. Beck/Beck-Gernsheim, Individualisierung in modernen Gesellschaften – Perspektiven und Kontroversen einer subjektorientierten Soziologie, in: Beck/Beck-Gernsheim (Hrsg.), Riskante Freiheiten, 10-42.

[6] BMW AG, Grundsätze der BMW Führungskultur, 5.

[7] BMW AG, Grundsätze der BMW Führungskultur, 13.

[8] Die Diplomarbeit wurde 1995 „zur Erlangung des Diploms der Theologie der Katholisch-Theologischen Fakultät der Ludwig-Maximilians-Univeristät München" am Lehrstuhl für Religionspädagogik und Homiletik angefertigt.

[9] Seit 1993 bestehen intensive Kontakte zur BMW AG, so daß der Autor in diesen sechs Jahren Entwicklungen und Veränderungen verfolgen konnte, die deren „Unternehmenskultur" bestimmen.

[10] Regelmäßig wird zu Beginn eines Kapitels bzw. Abschnitts eine kurze Übersichtsskizze gegeben, so daß hier auf eine detailliertere Darstellung verzichtet werden kann. Ferner schließt jeder Teilabschnitt mit einem sichtenden Resümee, das die wesentlichen Aussagen nochmals benennt.

[11] „Was ist los mit unserer Zeit?" ist ein Zitat aus dem Gedicht „Entschleunigen" von Andrea Schwarz, vgl.: Grün/Schwarz, Und alles lassen, weil er mich läßt. Lebenskultur aus dem Evangelium, Freiburg i.Brg.[3] 1996, hier: 9-13.

[12] Vgl. Wetter, Was ist los mit unserer Zeit? Bilanz und Ausblick, Silvesterpredigt 1996 in der Münchener Liebfrauenkirche, München 1997.

[13] Vgl. Kuenheim, Erziehung-Bildung-Ausbildung: Das Kapital unserer Gesellschaft, Rede anläßlich der Zusammenkunft des Bremer Tabak-Collegiums in Salem am Mittwoch, 30. Oktober 1996, o.O..

[14] Vgl. Schmidt, Zum Geleit, in: Schmidt (Hrsg.), Allgemeine Erklärung der Menschenpflichten, 7-17, hier: 13 f.

[15] Da die Wirtschaft gegenwärtig die bestimmende gesellschaftliche Kraft ist, soll zunächst das Augenmerk auf sie gerichtet werden. Anschließend wird die Entwicklung der katholischen Kirche eingehend dargestellt. Beide Organisationen bewegen sich im selben gesellschaftlichen Kontext. Daher wird abschließend die Frage nach den gesellschaftlichen Veränderungen gestellt, um so nochmals aus einer anderen Perspektive Antwort auf die Frage: Was ist los mit unserer Zeit? geben zu können.

In diesem einleitenden Kapitel sollen die Autoren immer wieder selbst mit direkten Zitaten zu Wort kommen, um so die Aktualität der unterschiedlichen Zeitdiagnosen zu unterstreichen.

[16] Vgl. Drucker, Umbruch im Management, 140.

[17] Vgl. Ries, Die Strategie der Stärke, 10.

[18] Vgl. Thurow, Die Zukunft des Kapitalismus, 1996; Drucker, Die postkapitalistische Gesellschaft, 1993; Drucker, Umbruch im Management, 1996; Handy, Die Fortschrittsfalle, Der Zukunft neuen Sinn geben, 1994; Reich, Die neue Weltwirtschaft, 1993; Kennedy, In Vorbereitung auf das 21. Jahrhundert, 1993.

Die folgenden Aussagen wollen eine Gesamtsicht geben. Die unterschiedlichen Perspektiven und Deutungsmodelle konnten nur z.T. berücksichtigt werden, da eine differenzierte Darstellung den Rahmen der Arbeit sprengen würde.

[19] Thurow, Die Zukunft des Kapitalismus, 12.

[20] Thurow verweist auf fünf komplexe Bereiche: 1. Das Ende des Kommunismus, 2. Eine Ära wissensbasierter Technologien, 3. Die Weltbevölkerung wächst, wird mobiler und älter, 4. Die Globalisierung der Wirtschaft, 5. Eine multipolare Welt ohne dominierende Einzelmacht.

Diese Bereiche, die sich gegenseitig bedingen und durchdringen, scheinen maßgeblich die neue Weltordnung zu bestimmen. Thurow vergleicht sie mit Tektonikplatten, die aneinander reiben und arbeiten, Erdbeben verursachen und so das Antlitz der Wirtschaft verändern. Vgl. Thurow, Die Zukunft des Kapitalismus, 18 ff.

Auch Kennedy benutzt das Bild der Tektonikplatten. Maßgebliche Problemfelder stellen für ihn das schnelle Bevölkerungswachstum, die verminderten Ressourcen, die Arbeitslosigkeit, die Verstädterung und Landflucht und schließlich das mangelnde Bildungswesen dar. Diese globalen Entwicklungen werden in Zukunft für soziale und politische Explosionen sorgen. Vgl. Kennedy, In Vorbereitung auf das 21. Jahrhundert, 440.

Mit Handy kann festgestellt werden, daß momentan nicht von einer neuen Weltordnung gesprochen werden kann, sondern vielmehr von einer Unordnung. Vgl. Handy, Die Fortschrittsfalle, 23.

[21] Ein kurzer Überblick über Geschichte und Möglichkeiten des Internet findet sich bei Höfling, Informationszeitalter – Informationsgesellschaft – Wissensgesellschaft, 13.

[22] Vgl. Drucker/Nakauchi, Die globale Herausforderung, 103 f.

Höfling erläutert den Umbruch: „Zum ersten Mal in der Geschichte der Menschheit konzentrieren sich die technologischen Bemühungen nicht mehr auf die körperliche Entlastung des Menschen, sondern auf die Erweiterung seines geistigen Vermögens. Allerdings ist die Informations- und Wissensverwertung eng verknüpft mit dem Wissen über den kompetenten Umgang mit den modernen Informations- und Kommunikationstechnologien." Höfling, Informationszeitalter – Informationsgesellschaft – Wissensgesellschaft, 9.

[23] Vgl. Härtel/Jungnickel, Grenzüberschreitende Produktion und Strukturwandel, 67.

Mit Reich lassen sich daraus folgende Schlüsse ziehen: „Dadurch, daß die Welt durch Fortschritte in der Telekommunikation ständig schrumpft, wird es möglich, daß Gruppen eines Landes ihre Talente mit denen von Gruppen anderer Länder zusammentun, um Kunden weltweit den größtmöglichen Wert zu vermitteln. Computer, Faxgeräte, Satelliten, hochauflösende Monitore und Modeme zur Datenfernübertragung bilden die Fäden dieses globalen Netzes – durch sie sind Designer, Ingenieure, Auftraggeber, Lizenznehmer und Händler weltweit miteinander verbunden." Reich, Die neue Weltwirtschaft, 126.

[24] Reich verdeutlicht diese Entwicklung am Beispiel des amerikanischen Unternehmens AT&T:
„Bis in die späten 70er Jahre hatte AT&T seine Standard-Fernsprechgeräte ausschließlich von Routinearbeitern in Shreveport (Lousiana) montieren lassen. Dann entdeckte das Unternehmen, daß Routinearbeiter in Singapur die gleiche Aufgabe zu sehr viel geringeren Kosten erledigen konnten. Unter dem immensen Konkurrenzdruck, dem das Unternehmen von seiten anderer globaler Netzwerke ausgesetzt

war, sahen sich die strategischen Vermittler bei AT&T zur Verlagerung der Produktion gezwungen, und so verhängten sie Anfang der 80er Jahre einen Einstellungsstopp über das Werk in Shreveport und begannen in Singapur billige Routinearbeiter anzuwerben. Doch unter dem ständigen Druck, die Kosten der Massenproduktion immer weiter zu senken, wird es den Arbeitern in Singapur bald genauso ergehen wie zuvor denen in Lousiana. Bereits Ende der 80er Jahre stellten die Strategen von AT&T fest, daß Routinearbeiter in Thailand nur allzu begierig waren, Telefone für einen Bruchteil der in Singapur üblichen Löhne zusammenzubauen. So hörte AT&T bereits 1989 wieder auf, in Singapur Arbeitskräfte für die Telefonmontage einzustellen, und begann in Thailand noch billigere Routinearbeiter anzuwerben." Reich, Die neue Weltwirtschaft, 234.

[25] Vgl. Drucker, Die postkapitalistische Gesellschaft, 29.
Es zeigt sich, daß nun von einem internationalen bzw. globalen Arbeitsmarkt die Rede sein muß, der alle Kontinente umfaßt. Arbeitsuchende in den alten Industrienationen konkurrieren heute mit Arbeitskräften in den Entwicklungsländern. Vgl. Reich, Die neue Weltwirtschaft, 192; Höfling, Informationszeitalter – Informationsgesellschaft – Wissensgesellschaft, 14 f.

[26] Reich, Die neue Weltwirtschaft, 127.

[27] Reich, Die neue Weltwirtschaft, 136.
„Globalisierung" meint daher sowohl das Zusammenwachsen von Produktionsmärkten über nationale Grenzen als auch direkte Unternehmensverflechtungen mit dem Ausland. Man unterscheidet daher zwischen „Globalisierung" von Märkten und Unternehmen. Vgl. Härtel/Jungnickel, Grenzüberschreitende Produktion und Strukturwandel, 39.

[28] Vgl. Porter, Wettbewerbsvorteile, 335. Zur Bedeutung des Markenzeichens, vgl. Hamel/Prahalad, Wettlauf um die Zukunft, 382.

[29] Vgl. Porter, Wettbewerbsvorteile, 164 ff.

[30] Ries/Trout, Fokussieren in einer Welt der Unschärfen, in: Gibson (Hrsg.), Rethinking the Future, 264-285, hier: 273. Vgl. Porter, Wettbewerbsvorteile, 35 ff.; Ries, Die Strategie der Stärke, 68 f.

[31] Dabei kann es hilfreich sein, sich auf eine „Nische" zu beschränken. Vgl. Ries, Die Strategie der Stärke, 146 f.
Auch die Konzentration auf Kernkompetenzen spielt dabei eine Rolle. Vgl. Hamel/Prahalad, Wettlauf um die Zukunft, 310.

[32] Als Wettbewerb muß daher nicht mehr die Konkurrenz zwischen verschiedenen Staaten, sondern die Konkurrenz zwischen international agierenden Unternehmen bezeichnet werden. Vgl. Hamel, Innovative Wettbewerbsbasis, in: Gibson (Hrsg.), Rethinking the Future, 123-147, hier: 141.

[33] Wiederum kann mit Reich diese Entwicklung verständlich erläutert werden: „In der im Entstehen begriffenen internationalen Wirtschaft stehen kaum noch amerikanische Unternehmen und Industrien im Konkurrenzkampf mit ausländischen Unternehmen und Industrien – wenn wir unter amerikanisch verstehen, wo Arbeit und Wertschöpfung stattfinden. Statt dessen bilden sich globale Netzwerke, die zwar vielleicht ihren Hauptsitz in den Vereinigten Staaten haben und sich dort auch überwiegend finanzieren, deren Forschungs-, Konstruktions- und Produktionseinrichtungen jedoch über Japan, Europa und Nordamerika verstreut sind, die in Südostasien und Lateinamerika weitere Produktionsstätten sowie auf allen Kontinenten Marketing- und Vertriebseinrichtungen unterhalten und deren Kreditgeber und Investoren außer in den Vereinigten Staaten auch in Taiwan, Japan und Deutschland sitzen. Dieses ökumenische Unternehmen konkurriert mit ähnlichen ökumenischen Unternehmen, die ihren Hauptsitz in anderen Ländern haben. Dabei verlaufen die Fronten naturgemäß nicht mehr entlang der Staatsgrenzen." Reich, Die neue Weltwirtschaft, 191.

[34] Zu den verschiedenen Wettbewerbsvorteilen, vgl. Porter, Wettbewerbsvorteile, Frankfurt 1986.

[35] In diesem Zusammenhang seien nur die wechselvollen Schwankungen auf den Weltfinanzmärkte erwähnt. Vgl. Martin/Schuman, Die Globalisierungsfalle, 63 ff.

[36] Vgl. Ries, Die Strategie der Stärke, 70 ff.

[37] Prahalad, Wachstumsstrategien, in: Gibson (Hrsg.), Rethinking the Future, 104-121, hier: 120.

[38] Drucker stellt in diesem Zusammenhang fest: „Vor zwanzig Jahren hat niemand von der »Weltwirtschaft« gesprochen. Damals hieß das »Internationaler Handel«. Die Veränderung des Sprachgebrauchs – denn heute redet jeder von Weltwirtschaft – macht einen tiefgreifenden Wandel in der wirschaftlichen Realität deutlich." Drucker, Umbruch im Management, 141; vgl. Thurow, Die Zukunft des Kapitalismus, 169-204.

[39] Vgl. Thurow, Kopf an Kopf , Wer siegt im Wirtschaftskrieg zwischen Europa, Japan und den USA?, Düsseldorf 1993.

[40] Vgl. Drucker/Nakauchi, Die globale Herausforderung, 18 f.

[41] Gemeint sind die sogenannten „Tigerstaaten" Japan, Singapur, Taiwan, Korea, Hongkong, Malaysia und Thailand. Seit den achtziger Jahren machen sie den westlichen Industrienationen durch technologie-intensive Produkte wie Büromaschinen oder Telekommunikationsausrüstungen zunehmend Konkurrenz. Vgl. Härtel/Jungnickel, Grenzüberschreitende Produktion und Strukturwandel, 70.
In diesem Zusammenhang wirft Hamel Europa „kontinentale Kurzsichtigkeit" vor und sieht ähnlich wie Naisbitt die große wirtschaftliche Zukunft Südostasiens. Vgl. Hamel, Innovative Wettbewerbsbasis, in: Gibson (Hrsg.), Rethinking the Future, 122-145, hier: 142; Naisbitt, Megatrends Asien. 8 Megatrends, die unsere Welt verändern, Wien 1995.
Thurow dagegen räumt Europa gute Chancen ein. Vgl. Thurow, Die Zukunft des Kapitalismus, 468-471.

[42] Hammer/Champy beschreiben den hohen Stellenwert der Kundenorientierung (vgl. Hammer/Champy, Business Reengineering, 30 ff.) und fordern konkrete Konsequenzen für die Unternehmensorganisation im Sinne des „Business Reengineering". Sie erläutern an einem Beispiel: „Die Xerox Corporation sagt ihren Mitarbeitern nicht einfach, daß die Kunden ihre Gehälter bezahlen, sondern macht diese Verbindung auch explizit deutlich. Ein großer Teil der Prämien der Xerox-Manager hängt jetzt von den Messungen der Kundenzufriedenheit ab. Als ihre Prämien ausschließlich von der Leistung der einzelnen Abteilungen abhingen, gab es pausenlos böses Blut wegen Schuldzuweisungen, Kompetenzkriegen und Ressourcenverteilung. Inzwischen gibt es kaum noch derartige interne Grabenkämpfe, denn für die Manager steht nunmehr die maximale Kundenzufriedenheit an erster Stelle." Hammer/Champy, Business Reengineering, 102.
Marktorientierung verlangt ferner eine „Konkurrenz-Orientierung" bzw. Benchmarking. Hammer/Champy erklären: „Im Grunde bedeutet Benchmarking, nach Unternehmen zu suchen, die in einem bestimmten Bereich eine Spitzenposition einnehmen, und zu lernen, wie sie das erreichen, damit man dies dann nachvollziehen kann." Hammer/Champy, Business Reengineering, 171.

[43] Mit dem Ende des Kalten Krieges ging dem System der freien Marktwirtschaft sein gemeinsames Feindbild verloren, das die westliche Welt unter der Führung der USA einigte. Während im neunzehnten und zwanzigsten Jahrhundert westliche Politik und Wirtschaft damit beschäftigt waren, sich nach innen gegen den Sozialismus abzugrenzen und sich nach außen gegen den Kommunismus zu verteidigen, gibt es nun kein alternatives Wirtschaftssystem mehr. So fehlt dem marktwirtschaftlichen System die einigende Kraft, die sich darin zeigte, daß verschiedene Volkswirtschaften gegen einen gemeinsamen Feind zusammenstehen mußten. Vgl. Thurow, Die Zukunft des Kapitalismus, 96.

[44] Vgl. Thurow, Die Zukunft des Kapitalismus, 72.
Damit stehen, wie Reich richtig erkennt, „plötzlich Arbeitskräfte zur Verfügung, die sich glücklich schätzen, für niedrige Löhne zu arbeiten, die mit denen auf den Philippinen vergleichbar sind, nur mit dem wichtigen Unterschied, daß die Osteuropäer nur wenige Kilometer von den größten und lukrativsten Märkten der Welt entfernt leben." Reich, Die neue Weltwirtschaft, 138.

[45] Neugründungen werden in vielen Ländern durch die Niederlassungsfreiheit für Auslandsinvestoren erleichtert. Auch Privatisierung und Deregulierung von wichtigen Dienstleistungen im Transportsektor, in den Bereichen Telekommunikation, Versicherungen und Banken unterstützen diese Entwicklung. Vgl. Härtel/Jungnickel, Grenzüberschreitende Produktion und Strukturwandel, 65 f.
So kann beispielsweise ein Konzern, der Produkte entwickelt, die von staatlicher Seite stark sanktioniert werden (z.B. in der biotechnischen Industrie), ihre Herstellung in Weltgegenden verlegen, in denen es solche Einschränkungen nicht gibt. Vgl. Kennedy, In Vorbereitung auf das 21. Jahrhundert, 73.
Höfling stellt prägnant dazu fest: „Stoffliche Produktionen erfolgen dort, wo Löhne niedrig sind, geforscht wird dort, wo Gesetze (siehe Gentechnologie) großzügig und Wissenschaftler preiswert sind, Gewinne werden dort ausgegeben, wo wenig Steuern anfallen." Höfling, Informationszeitalter – Informationsgesellschaft – Wissensgesellschaft, 14.

[46] Vgl. Kennedy, In Vorbereitung auf das 21. Jahrhundert, 162-177.
Von Weizsäcker erläutert: „Die Globalisierung schaltet das angestammte demokratische Korrektiv der Marktwirtschaft weitgehend aus. Die Demokratie bietet in der Form von freien Wahlen die Möglichkeit, daß sich die Schwächeren gegen eine zu unverschämte »Spreizung« seitens der Stärkeren zur Wehr setzen. So müssen sich die Firmen eine soziale Politik gefallen lassen. Das ging so lange gut, wie das Kapital nicht allzu mobil war, weil es an Produktionsstätten im Inland gebunden war und im Ausland hohe Risiken in Kauf nehmen mußte. (...) . Jetzt, da das Kapital fast unbeschränkt mobil geworden ist, braucht es auch vor der Rache des Wählers in einem Land keine Angst mehr zu haben. Es wandert

einfach aus, wenn ihm ein Land nicht mehr gefällt." Weizsäcker, Vorwort, in: Gruppe von Lissabon, Grenzen des Wettbewerbs, 11-12, hier: 12.

[47] So ermöglichten z.B. die „Uruguay-Runde" 1992 und das GATT (Allgemeines Zoll- und Handelsabkommen) eine Liberalisierung des Güterhandels durch Zollsenkung und Abbau des Protektionismus. Allerdings wäre es auch Aufgabe solcher supranationaler Organisationen, eine international gültige Sozialgesetzgebung zu entwerfen und einzufordern. Vgl. Gruppe von Lissabon, Grenzen des Wettbewerbs, 25.

Ähnlich wie die Staaten Europas und Nordamerikas zu Beginn des zwanzigsten Jahrhunderts nationale Rahmenordnungen für die Volkswirtschaften schaffen mußten, stehen nun die Nationen vor der schwierigen Aufgabe, eine globale Rahmenordnung der Märkte zu schaffen. Ansonsten besteht die Gefahr, daß die Weltwirtschaft in einen ökonomischen Imperialismus und Neoliberalismus verkommt, der verkennt, daß auch die Wirtschaft nur ein Subsystem ist, das dem Wohl des Menschen dienen muß. Darauf macht besonders Küng aufmerksam, indem er vor den verheerenden Folgen einer totalen Marktwirtschaft eindringlich warnt. (Vgl. Küng, Weltethos für Weltpolitik und Weltwirtschaft, 283 f.) Er spricht vom Primat des Ethos vor der Wirtschaft und fordert die Kontrolle von Ökonomie und Technologie durch eine globale Politik und Ethik. Vgl. Küng, Weltethos für Weltpolitik und Weltwirtschaft, 279.

[48] Diese Wanderungsbewegungen werden unterstützt durch die sogenannte „Informationsrevolution", „welche bedeutet, daß auch sehr arme Menschen heute wissen, wie andere Menschen in anderen Teilen der Welt leben. Und sie werden versuchen, dort hinzukommen, auf dem Landweg, über das Meer oder durch die Luft." Kennedy, In Vorbereitung auf das 21. Jahrhundert, 65.

[49] Die Gruppe von Lissabon listet globale Probleme auf: „Globalisierung wird heute nicht nur mit Umweltproblemen in Verbindung gebracht, sondern auch mit Bevölkerungswachstum, Massenarbeitslosigkeit, Migrationsbewegungen, der Ausbreitung organisierter Kriminalität (besonders im Drogenhandel), wachsender Unsicherheit durch die Verbreitung atomarer Waffen, ethnische und religiöse Konflikte und die Ausbreitung neuer (AIDS) und das Wiederauftauchen besiegt geglaubter traditioneller Epidemien (wie der Malaria). Vor allem nährt Globalisierung die Angst vor einem Zusammenstoß zwischen »Besitzenden« und den »Besitzlosen«." Gruppe von Lissabon, Grenzen des Wettbewerbs, 20.

[50] Nach Kennedy schwanken die Prognosen zwischen 7,6 Milliarden und 9,4 Milliarden im Jahr 2025. Vgl. Kennedy, In Vorbereitung auf das 21. Jahrhundert, 39. Vgl. auch Thurow, Die Zukunft des Kapitalismus, 132.

[51] Die Sorge um die Zukunft und die Erhaltung der Umwelt fordert eine Selbstbeschränkung des Menschen. Ob dies gerade in der westlichen Welt, die sich so sehr an ihren Wohlstand gewöhnt hat, möglich ist, wird sich zeigen. Auch in diesem Zusammenhang wird die Weltwirtschaft umdenken und schnell handeln müssen, um den globalen Problemen die Stirn bieten und so ihrer Verantwortung gegenüber nachfolgenden Generationen gerecht werden zu können. Vgl. Kennedy, In Vorbereitung auf das 21. Jahrhundert, 129-161; Thurow, Kopf an Kopf, 247 ff.
Küng fordert als „Parole für die Zukunft" eine planetarische Verantwortung für die Mitwelt, Umwelt und Nachwelt. Vgl. Küng, Projekt Weltethos, 51 f.

[52] Vgl. Thurow, Die Zukunft des Kapitalismus, 49.

[53] Kennedy erläutert diese Problematik: „Die offensichtliche Implikation, die sich aus diesen unterschiedlichen Altersstrukturen ergibt, bedeutet, daß die Entwicklungsländer unter der Bürde ächzen, Millionen von Jugendlichen unter 15 ernähren zu müssen, und die entwickelten Länder die schnell wachsenden Millionen der über 65jährigen zu versorgen zu haben. Der Grund dafür ist ganz einfach. Die Altersstruktur einer schnell wachsenden Gesellschaft ist eine Pyramide, deren breite Basis die große Zahl der unter 20jährigen darstellt und deren enge Spitze die kleine Zahl der Älteren vertritt. Gibt es eine scharfe Reduktion in der Geburtenrate, wird die Basis der Pyramide schmaler werden, was bedeutet, daß eine relativ kleinere Zahl von jüngeren Menschen eine relativ größere Gruppe von älteren Menschen unterstützen muß." Kennedy, In Vorbereitung auf das 21. Jahrhundert, 55.

[54] Vgl. Drucker, Umbruch im Management, 228; Waterman, Die neue Suche nach Spitzenleistungen, 368.

[55] Vgl. Drucker, Umbruch im Management, 80.

[56] Thurow stellt fest: „In Zeiträumen gestörten Gleichgewichts ist alles im Fluß. Das Ungleichgewicht wird zur Norm und regiert die Ungewißheit." Thurow, Zukunft des Kapitalismus, 20.

[57] Vgl. Handy, Die Fortschrittsfalle, 29-50. Auch Drucker und Waterman machen auf „Paradoxien" bzw. Spannungsfelder und Mehrdeutigkeiten aufmerksam. Vgl. Drucker, Umbruch im Management, 81; Waterman, Die neue Suche nach Spitzenleistungen, 88.

[58] Handy, Die Fortschrittsfalle, 25.

[59] Mit Handy läßt sich diese verständlich an einem Beispiel erläutern: „In fünf Jahren werden halb so viele Mitarbeiter im Kernbereich des Unternehmens, die doppelt so gut bezahlt werden, dreimal so viel produzieren. Das heißt Produktivität und Profit." Handy, Die Fortschrittsfalle, 17.

[60] Dabei fehlt es der wachsenden Zahl von Arbeitslosen an bezahlter Arbeit und damit an Geld. Allerdings haben sie Reichtum an einem anderen kostbaren Gut, nämlich an Zeit. Diese wiederum fehlt in zunehmenden Maße jenen, die über gut bezahlte Arbeit verfügen. Unter der Last ihrer Arbeit brechen vielgeplagte Manager zusammen, da es ihnen an Zeit für Erholung und Muße fehlt. Handy stellt dazu prägnant fest: „Manche haben mehr Zeit, als sie sinnvoll nutzen können, andere aber zu wenig Zeit, um tun zu können, was sie möchten." Handy, Die Fortschrittsfalle, 38.

[61] Mit der „Paradoxie der Zeit" stellt sich die Frage nach Reichtum und Wohlstand. Wer sind in der gegenwärtigen Gesellschaft die wirklich Reichen, die, die Geld haben, aber keine Zeit, es auszugeben, oder die, die Zeit haben, aber keine sinnvolle Beschäftigung, sie zu füllen? Waterman bemerkt: „Wir sollten danach streben, zweifach reich zu sein. Um das zu tun, müssen wir das Wort Reichtum neu definieren. Wir sind so lange keine reiche Nation, bis unser Maßstab von Reichtum nicht den Fortschritt bei der erfolgreichen Bekämpfung der uns alle beschäftigenden sozialen Probleme einschließt. Sollten wir angesichts unseres mächtigen Inlandprodukts pro Kopf zufrieden sein mit unserem Bildungswesen? Mit unserer verrotteten Infrastruktur? Mit dem Zustand unserer Umwelt? Mit dem Ausmaß des Drogenkonsums? Mit der Gewalt? Mit der inzwischen großen Armut?" Waterman, Die neue Suche nach Spitzenleistungen, 368

[62] Vgl. Handy, Die Fortschrittsfalle, 30.

[63] Vgl. Hamel/Prahalad, Wettlauf um die Zukunft, 427.

[64] Vgl. Drucker, Umbruch im Management, 81. Waterman spricht von straffen und lockeren Eigenschaften, die ein erfolgreiches Unternehmen auszeichnen (gesteuerte Autonomie). „Diese Firmen sind bei wenigen wichtigen Dingen straff zentralisiert – bei allen anderen hingegen radikal dezentralisiert. (...). Die Führungskräfte müssen das Spiel, die Regeln, das Spielfeld und die Grenzen vorgeben. Dann überlassen sie alles einem sorgfältig ausgewählten und ausgebildeten Team, das seinen eigenen Arbeitsstil findet (und dabei durchaus auch einmal die Grenzen in Frage stellen kann)." Waterman, Die neue Suche nach Spitzenleistungen, 88.

[65] Handy, Die Fortschrittsfalle, 47.

[66] Vgl. Thurow, Die Zukunft des Kapitalismus, 405.

[67] Thurow bemerkt kritisch: „Was aber kann die einigende Geschichte sein, die der Kapitalismus der Gemeinschaft zu erzählen hat, wenn er von vornherein Gemeinschaften für unnütz erklärt? Der Kapitalismus ist an einem einzigen Ziel interessiert – dem Interesse des einzelnen an der Maximierung des persönlichen Verbrauchs. Die Gier des einzelnen ist aber kein Ziel, mit dem sich die Gesellschaft langfristig zusammenhalten ließe. In einem solchen Umfeld gäbe es vielleicht Dinge, die es erleichtern würden, den Lebensstandard zu erhöhen, wenn alle an einem Strick zögen. In einem System aber, das nur die Rechte des einzelnen anerkennt und jede soziale Verantwortung weit von sich schiebt, werden die äußeren sozialen Faktoren erst gar nicht erkannt, geschweige denn aktiv in Angriff genommen." Thurow, Die Zukunft des Kapitalismus, 379. Für die Zukunft gilt es daher, aus der Geschichte zu lernen. „Wenn man den sozialen Aspekt der Menschheit ignoriert, entwirft man eine Welt für eine Spezies Mensch, die es nicht gibt." Thurow, Die Zukunft des Kapitalismus, 407. Auch Drucker macht auf die Spannung zwischen Organisation und Individuum aufmerksam und fordert gegenseitige Verantwortung. Vgl. Drucker, Umbruch im Management 81.

[68] Die Literatur zur Industriellen Revolution ist sehr umfangreich. Stellvertretend seien drei Titel genannt:
Buchheim, Industrielle Revolutionen, Langfristige Wirtschaftsentwicklung in Großbritannien, Europa und in Übersee, München 1994. Paulinyi, Industrielle Revolution, Vom Ursprung der modernen Technik, Reinbek bei Hamburg 1989. Kiesewetter, Industrielle Revolution in Deutschland 1815-1914, Frankfurt a.M. 1989.

[69] Vgl. Kennedy, In Vorbereitung auf das 21. Jahrhundert, 112.

[70] Reich erläutert: „Zwischen 1870 und 1900 überschwemmte ein Strom von Erfindungen, von denen viele ihren Ursprung in Großbritannien hatten, ganz Europa und Amerika: die Dampfmaschine, die Lokomotive, der Telegraf, die Elektroturbine sowie Maschinen aus Eisen und Stahl mit austauschbaren Teilen. Jede dieser Neuerungen spielte eine entscheidende Rolle bei der Transformation des Fertigungsprozesses. Sie machten es möglich, alle Arten von Erzeugnissen in großen Mengen herzustellen, indem

Rohstoffe und sonstige Komponenten über Hunderte und Tausende von Kilometern herbeigeschafft, sodann in riesigen Fabriken massenweise verarbeitet, zusammengesetzt oder vermischt und die Fertigprodukte wiederum in alle Welt verschickt wurden." Reich, Die neue Weltwirtschaft, 33.

[71] Massenproduktion wurde zum wirtschaftlichen Erfolgsfaktor und prägte die Wirschaft bis in die Zeit nach dem Zweiten Weltkrieg entscheidend. Hammer/Champy erläutern: „Das wirtschaftliche Umfeld war damals geprägt von einer unersättlichen in- und ausländischen Nachfrage nach Waren und Dienstleistungen. Die Kunden, denen es erst infolge der Weltwirtschaftskrise und später wegen des Krieges an materiellen Gütern gemangelt hatte, kauften begeistert alles, was die Unternehmen ihnen vorsetzten. Nur selten verlangten sie hohe Qualität und Service. Irgendein Haus, irgendein Auto und irgendein Kühlschrank waren sehr viel besser als nichts." Hammer/Champy, Business Reengineering, 28.

[72] Mit Reich kann ausgeführt werden: „Nicht nur zogen Massen von Arbeitskräften vom Land in die Stadt, sondern auch aus weniger entwickelten Ländern in die großen Industrieregionen der Welt. In jenen Jahren wanderten zum Beispiel 15 Prozent der Einwohner des polnischen Territoriums auf der Suche nach Arbeit nach Deutschland." Reich, Die neue Weltwirtschaft, 40.
Die Migrationen aus den Ländern der Zweiten und Dritten Welt stellen die entwickelten Ländern des Westens heute vor ähnliche Probleme.

[73] Hammer zeigt die Folgen der Industriellen Revolution auf: „Erst die Industrielle Revolution führte die Vorstellung vom geistlosen Arbeiter ein: Der Arbeiter trug keinerlei Verantwortung und hatte keinerlei Entscheidungsbefugnis, sondern mußte lediglich geisttötende Arbeitsaufgaben verrichten, und dies unter den prüfenden Blicken eines Aufsehers." Hammer, Über Management hinaus, in: Gibson (Hrsg.), Rethinking the Future, 149-163, hier: 153.

[74] Kennedy, In Vorbereitung auf das 21. Jahrhundert, 113.

[75] Mit Hammer/Champy können die Vorteile dieser Organisationsstruktur benannt werden: „Die übliche pyramidenförmige Organisationsstruktur der meisten Unternehmen eignete sich vorzüglich für ein rasch expandierendes Umfeld, denn sie konnte beliebig erweitert werden. Wenn ein Unternehmen sich vergrößern mußte, konnte es einfach die zusätzlich benötigten Arbeitnehmer am unteren Ende des Organigramms einstellen und dann die darüberliegenden Führungsebenen auffüllen. Diese Organisationsstruktur war auch ideal für Kontrolle und Planung. (...). Diese Organisationsstruktur führte auch zu kurzen Ausbildungszeiten, da nur wenige Arbeitsgänge kompliziert oder schwierig waren." Hammer/ Champy, Business Reengineering, 28.

[76] Thurow, Die Zukunft des Kapitalismus, 410.
Auch die Terminologie von Industrie und Militär ähneln sich, so ist z.B. von Kommandokette, Kontrollbefugnis, Abteilungsleiter, etc. in beiden Organisationen die Rede. Vgl. Reich, Die neue Weltwirtschaft, 60.

[77] Hammer, Über Management hinaus, in: Gibson (Hrsg.), Rethinking the Future, 149-163, hier: 149.

[78] Vgl. Drucker, „Ein Jahrhundert des sozialen Wandels", in: Drucker, Umbruch im Management, 192-243.

[79] Vgl. Drucker, Umbruch im Management, 203.
So war etwa die Arbeit in der Industrie besser bezahlt als in der Landwirtschaft oder in den Haushalten. Zwar war die Wochenarbeitszeit der Industriearbeiter extrem hoch, aber doch noch kürzer als die der Bauern und Hausangestellten. Feste Arbeitszeiten ermöglichten eine feste Zeit der Freizeit. Auch wenn die Arbeit in den Industriebetrieben des frühen zwanzigsten Jahrhunderts „Knochenarbeit" war, darf nicht vergessen werden, daß gerade auch die Arbeit in Haus und Hof extreme körperliche Anforderungen an den Menschen stellte. Daher ist es verständlich, daß viele Männer und Frauen in die Städte zogen, um in den dort expandierenden Industriebetrieben eine Arbeitsstelle anzutreten. Allerdings machten schlechte Arbeitsverhältnisse und schwere körperliche und gesundheitliche Belastungen die Arbeit in einer Fabrik oft zur „Hölle".

[80] Vgl. Drucker, Umbruch im Management, 205.
Prognosen sagen, daß um das Jahr 2010 Industriearbeiter nur noch ein Zehntel bis ein Achtel der Arbeitskraft der entwickelten, marktwirtschaftlichen Länder ausmachen werden. Vgl. Drucker, Umbruch im Management, 201.

[81] Vgl. Hammer/Champy, Business Reengineering, 30 ff.

[82] Hammer/Champy, Business Reengineering, 32.
Dabei ist es Ziel erfolgreicher Unternehmen, die Kunden mit neuen Angeboten zu überraschen. Hamel/Prahalad erläutern: „Unternehmen, welche die Zukunft erschaffen, stellen ihre Kunden nicht nur zufrieden. Sie verblüffen sie ständig." Hamel/Prahalad, Wettlauf um die Zukunft, 163.

[83] Hammer/Champy, Business Reengineering, 35.

[84] Waterman spricht vom Vorabend einer Revolution, die tiefgreifende Veränderungen – ähnlich wie die Industrielle Revolution im neunzehnten Jahrhundert – mit sich bringen wird. Vgl. Waterman, Die neue Suche nach Spitzenleistungen, 26.
An anderer Stelle weist Waterman darauf hin, daß diese Revolution schon voll im Gange ist. „Der wahre Grund hinter unserem Unbehagen scheint für mich darin zu liegen, daß wir uns höchstwahrscheinlich schon voll in einer Revolution befinden, die genauso dramatisch ist wie jene, die die Menschen von den Bauernhöfen in die Fabriken strömen ließ. Vor jener Revolution bearbeiteten 70 Prozent der amerikanischen Arbeitsbevölkerung den Boden, damit alle zu essen hatten. Heute ernähren wir uns besser (...), und das bei nur 5 Prozent unserer arbeitenden Bevölkerung in der Landwirtschaft. Nennen Sie es die Wissens- oder Informationsrevolution. Sie verändert das Wesen der Arbeit, und sie wird die Struktur unserer Gesellschaft verändern." Waterman, Die neue Suche nach Spitzenleistungen, 361.
Bennis/Nanus beschreiben stichwortartig diesen Umbruch, vgl. Bennis/Nanus, Führungskräfte, 23.

[85] Vgl. Porter, Vorteile für den Wettbewerb von morgen, in: Gibson (Hrsg.), Rethinking the Future, 86-103, hier: 94; Hamel, Innovative Wettbewerbsbasis, in: Gibson (Hrsg.), Rethinking the Future, 122-145, hier: 126.
Hammer/Champy erläutern: „Unternehmen sind kein Anlagenportfolio, sondern bestehen aus Menschen, die zusammenarbeiten, um etwas zu erfinden, zu produzieren, zu verkaufen oder Dienste zu leisten. Wenn Unternehmen in ihren Geschäftszweigen keinen Erfolg haben, liegt das daran, daß die Leistungen ihrer Mitarbeiter in der Erfindung, in der Produktion, im Verkauf und in der Erbringung von Dienstleistungen zu wünschen übrig lassen." Hammer/Champy, Business Reengineering, 39.

[86] Drucker prägte den Begriff von der „wissensbasierten Arbeit" in seinem erstmals 1959 erschienen Buch „Die Meilensteine von morgen". Vgl. Drucker, Umbruch im Management, 205.

[87] Neue Berufsgruppen in allen Bereichen zeigen diese Entwicklung zur „Spezialistengesellschaft" an. Handy verdeutlicht die Entwicklung zur „wissensbasierten Gesellschaft" bzw. zur „Wissensgesellschaft" am Beispiel Singapurs. „Singapur, das sich selbst zur »intelligenten Insel« erklärt hat, erkennt in seinem jüngsten staatlichen Plan an, daß alle traditionellen Quellen des Wohlstandes und Wettbewerbsvorteils – Land, Rohstoffe, Geld, Technologie – im Bedarfsfall zugekauft werden können, sofern Menschen mit ausreichenden geistigen Fähigkeiten und Know-how vorhanden sind, um diese auch richtig anzuwenden. Singapur hat alle Produktionsaktivitäten an billigere Orte wie Sumatra, die Philippinen oder Guangdong in China verlagert, behält aber weiterhin Übersicht und Kontrolle, sorgt für Design und Vertrieb: das ist der Intelligenzbonus." Handy, Die Fortschrittsfalle, 30.

[88] Vgl. Drucker, Die postkapitalistische Gesellschaft, 269.

[89] Thurow, Die Zukunft des Kapitalismus, 104.

[90] Dabei sollten Synergien genutzt werden. Vgl. Covey, Die effektive Führungspersönlichkeit, 32.

[91] Hammer, Über Management hinaus, in: Gibson (Hrsg.), Rethinking the Future, 148-163, hier: 153.
Wenn sich früher ein Unternehmen in die zwei Klassen von Arbeitgeber (Kapitaleigner und Besitzer der Produktionsmittel) und Arbeitnehmer (Arbeitskraft) spaltete, so finden sich heute zwei neue Gruppen, die Drucker mit den Begriffen „Kopfarbeiter" bzw. „Wissensarbeiter" und „Dienstleister" klassifiziert. Er erläutert diese neue Dichotomie: „Die führende gesellschaftliche Gruppe der Wissensgesellschaft werden die »Geistesarbeiter« stellen: Wissensführungskräfte, die in der Lage sind, Wissen produktiv einzusetzen, vergleichbar den Kapitalisten, die wußten, wie man Kapital produktiv einsetzt. Zu dieser gesellschaftlichen Elite werden auch »Wissensfachkräfte« und »Wissensarbeiter« gehören. (...). Die wirtschaftliche Herausforderung für die postkapitalistische Gesellschaft wird folglich in der Produktivität der Wissensarbeit und damit der »Kopfwerker« liegen. Die soziale Aufgabe der postkapitalistischen Gesellschaft wird allerdings die Bewahrung der Würde der zweiten Klasse dieser Gesellschaft sein: der Dienstleistungsarbeiter. »Dienstwerker« verfügen meist nicht über die für die Wissensarbeit unerläßliche Ausbildung und werden in allen Ländern, auch in den am höchsten entwickelten, die Mehrheit bilden." Drucker, Die postkapitalistische Gesellschaft, 19.
Es wird sich zeigen, ob es ein Unternehmen schafft, als Solidargemeinschaft diese Dichotomie zu überwinden.

[92] Hammer/Champy können feststellen: „Es ist nicht mehr sinnvoll oder wünschenswert, daß Unternehmen ihre Tätigkeit nach Adam Smiths Grundsätzen der Arbeitsteilung organisieren. Einzelaufgabenorientierte Arbeitsplätze sind in der heutigen Welt der Kunden, des Wettbewerbs und des Wandels nicht mehr zeitgemäß. Statt dessen müssen die Firmen die Arbeit prozeßorientiert organisieren." Hammer/Champy, Business Reengineering, 43.

[93] Vgl. Goldratt, Konzentration auf Engpässe – nicht auf Kosten, in: Gibson (Hrsg.), Rethinking the Future, 165-185, hier: 165.

[94] Vgl. Porter, Vorteile für den Wettbewerb von morgen, in: Gibson (Hrsg.), Rethinking the Future, 86-103, hier: 94; Hamel, Innovative Wettbewerbsbasis, in: Gibson (Hrsg.), Rethinking the Future, 122-145, hier: 126.

[95] Senge definiert: „Eine lernende Organisation ist eine Gruppe von Menschen, die einander brauchen, um etwas zu erreichen, und die im Laufe der Zeit kontinuierlich ihre Fähigkeit ausweiten, das zu erreichen, was sie wirklich anstreben." Senge, Die fünfte Disziplin, 500.
Bennis/Nanus definieren: „Der Lernprozeß einer Organisation ist der Vorgang, durch den diese sich neues Wissen, Werkzeuge, Verhaltensweisen und Wertvorstellungen aneignet und benutzt. Er vollzieht sich auf allen Ebenen der Organisation – bei einzelnen und Gruppen ebenso wie in bezug auf das ganze System." Bennis/Nanus, Führungskräfte, 175.
Im Blick auf überkommene Strukturen und Vorstellungen geben Hamel/Prahalad kritisch zu bedenken: „Obwohl es groß in Mode ist, bedeutet die Umwandlung in eine »lernende Organisation« nur die halbe Lösung. Ebenso wichtig ist die Schaffung einer »verlernenden Organisation«." Hamel/Prahalad, Wettlauf um die Zukunft, 105.

[96] Senge, Durch das Nadelöhr, in: Gibson (Hrsg.), Rethinking the Future, 186-220, hier: 196.
Ähnliches fordert Porter: „Als erstes müssen wir uns das Lernen zum Ziel setzen. Unternehmen, die in Zukunft erfolgreich bleiben wollen, müssen in der Lage sein, schnell zu lernen, das Gelernte zu verarbeiten und neue Einsichten zu entwickeln. Ich vermute, daß Unternehmen in weitaus höherem Maß als bisher den Charakter von Universitäten annehmen müssen." Porter, Vorteile für den Wettbewerb von morgen, in: Gibson (Hrsg.), Rethinking the Future, 86-103, hier: 102.

[97] Bezugnehmend auf die Entwicklung zur Wissens- und Spezialistengesellschaft kann mit Handy festgestellt werden: „Da aber die Menschen immer gebildeter und teurer werden, erscheint es nicht mehr sinnvoll, sie wie Automaten zu behandeln, und derart gebildete Mitarbeiter geben sich auch nicht mit wenig Entscheidungsfreiheit in ihrer Arbeit zufrieden." Handy, Die Fortschrittsfalle, 172.
An anderer Stelle schreibt er: „Wollen wir Menschlichkeit und Wirtschaft wieder versöhnen, müssen wir den persönlichen und lokalen Belangen wieder mehr Einfluß einräumen, um das Gefühl zurückzugewinnen, daß wir etwas bewirken können und daß es auf uns und die Menschen um uns herum ankommt." Handy, Die Fortschrittsfalle, 101.
Drucker erkennt ähnliches: „Am Ende des Glaubens an das Heil durch die Gesellschaft (gemeint ist der Untergang des kommunistischen Systems) steht eine Wendung zum Inneren. Die Rolle des Individuums wird aufgewertet. Vielleicht kommt es sogar – und dies wäre zu wünschen – zu einer Rückkehr zur Verantwortung des einzelnen." Drucker, Die postkapitalistische Gesellschaft, 27.

[98] Handy erläutert: „Im Föderalismus kann der Kleine Einfluß auf Mächtige nehmen, und auch das Individuum kann seine Muskeln spielen lassen." Handy, Die Fortschrittsfalle, 101.

[99] Hammer/Champy stellen fest: „Das Problem vieler Unternehmen besteht darin, daß sie an der Schwelle zum einundzwanzigsten Jahrhundert die Bürde eines organisatorischen Aufbaus zu tragen haben, die im neunzehnten Jahrhundert entstand und im zwanzigsten gute Dienste geleistet hat." Hammer/Champy, Business Reengineering, 46.
An anderer Stelle heißt es dazu: „Menschen, die sich früher lediglich an ihre Anweisungen zu halten hatten, treffen nun eigene Entscheidungen. Fließbandarbeit wird abgeschafft. Fachabteilungen verlieren ihre Existenzberechtigung. Manager hören auf, wie Aufseher zu agieren, und verhalten sich mehr wie ein Coach. Ihre Mitarbeiter konzentrieren sich stärker auf die Anforderungen ihrer Kunden und weniger auf die ihrer Vorgesetzten. Als Reaktion auf neue Anreize findet ein Einstellungs- und Wertewandel statt." Hammer/Champy, Business Reengineering, 90.
Hamel/Prahalad stehen dem Ansatz des „Reengineering" kritisch gegenüber, da viele Unternehmen in diesem Zusammenhang nur an Kostenreduktion denken. Vgl. Hamel/Prahalad, Wettlauf um die Zukunft, 35.

[100] Drucker, Umbruch im Management, 96. An anderer Stelle erläutert Drucker den Umbruch folgendermaßen: „Im traditionellen Unternehmen – dem der letzten hundert Jahre – entsprach das Skelett, oder die innere Struktur, einer Kombination aus Rang und Macht. Die neu entstehenden Unternehmen müssen auf gegenseitiges Verständnis und Verantwortung setzen." Drucker, Umbruch im Management, 28.

[101] Im Blick auf Deutschland gibt Hammer daher zu Recht zu bedenken: „Wenn man andererseits bedenkt, welche Führungskultur in einem Land wie der Bundesrepublik Deutschland vorherrscht, so erweist sich die Vorstellung einer Übertragung von Verantwortlichkeit und Autorität von der Spitze der

Hierarchie an die Basis als geradezu unvorstellbar. Die Deutschen sind Weltmeister in Sachen »General-stabskonzept«, demzufolge Pläne zentral von den besten Köpfen ausgearbeitet werden und die Ausfüh-rung dieser Pläne den »Frontkämpfern« obliegt." Hammer, Über Management hinaus, in: Gibson (Hrsg.), Rethinking the Future, 148-163, hier: 158.

[102] Kelly, Die neue Biologie des Unternehmens, in: Gibson (Hrsg.), Rethinking the Future, 356-380, hier: 358.

[103] Reich, Die neue Weltwirtschaft, 109. Vgl. Kelly, Die neue Biologie des Unternehmens, in: Gibson (Hrsg.), Rethinking the Future, 356-380, hier: 372.

[104] Handy verdeutlicht dies: „Der Föderalismus ist nicht das einfachste Konzept, um etwas zum Funktio-nieren zu bringen oder etwas zu vermitteln. (...). Und trotzdem müssen wir darauf beharren, weil wir auf diesem Wege unseren größeren Institutionen am besten wieder einen Sinn geben können, weil das ein Weg ist, die Zwecke der Institutionen mit den Anliegen der ihnen zugehörigen Menschen zu verbinden." Handy, Die Fortschrittsfalle, 103.

[105] Bennis, Zur „Vorhut von Anführern" gehören, in: Gibson (Hrsg.), Rethinking the Future, 222-241, hier: 227.

[106] Vgl. Handy, Die Fortschrittsfalle, 119.

[107] Vgl. Reich, Die neue Weltwirtschaft, 111; Senge, Die fünfte Disziplin, 349; Waterman, Die neue Suche nach Spitzenleistungen, 356.

[108] Auch ist ein engerer Kontakt zum Kunden möglich. Vgl. Hammer, Über Management hinaus, in: Gibson (Hrsg.), Rethinking the Future, 148-163, hier: 151 ff.

[109] Waterman kann daher feststellen: „In einem solchen System geht es nicht darum, die Zahl der Mana-ger zu reduzieren, sondern vielmehr, daß jeder einzelne Management- und Führungsverantwortung zu übernehmen bereit ist." Waterman, Die neue Suche nach Spitzenleistung, 59.

[110] Dies bedeutet aber auch, daß der einzelne sich für sein Handeln verantworten muß.

[111] Vgl. Hammer, Über Management hinaus, in: Gibson (Hrsg.), Rethinking the Future, 148-163, hier: 153.

[112] Allerdings können die internen Kommunikationsmedien auch eine Informationsflut bewirken, die nicht mehr rezipiert werden kann.

[113] Vgl. Drucker, Die postkapitalistische Gesellschaft, 251.

[114] Pree, Die Kunst des Führens, 27.

[115] Waterman, Die neue Suche nach Spitzenleistung, 91.

[116] Thurow, Die Zukunft des Kapitalismus, 122.
Waterman erkennt den Wert der Selbstkontrolle: „Menschen, die spüren, daß sie zumindest einen Teil ihres Lebens unter Kontrolle haben, sind meistens gesünder, glücklicher und effektiver. Manager des alten Stils glaubten, ihre Aufgabe sei es, andere zu steuern und zu kontrollieren. Führungskräfte von heute jedoch begreifen, daß sie die Kontrollfunktion aufgeben müssen, um Resultate erzielen zu können. Darum wird so viel über Mitbestimmung und selbstverantwortliche Entscheidungsbildung gesprochen." Waterman, Die neue Suche nach Spitzenleistung, 12.

[117] Vgl. Covey, Die effektive Führungspersönlichkeit, 137.
Mit Kelly kann erläutert werden: „Es geht nicht mehr um eine Führung, die alles kontrolliert. Es geht um eine Führung, die eine bestimmte Zielrichtung aufzeigt. Es geht um eine Führung, die Visionen von der Zukunft in ihre Zielsetzung einbezieht." Kelly, Die neue Biologie des Unternehmens, in: Gibson (Hrsg.), Rethinking the Future, 356-380, hier: 365.

[118] Vgl. Waterman, Die neue Suche nach Spitzenleistungen, 63; Covey, Paradigmen und Prinzipien, in: Gibson (Hrsg.), Rethinking the Future, 66-83, hier: 68 f.

[119] Dabei kann es zu Rückschlägen kommen, da Mitarbeiter nicht verantwortlich mit dem neuen Frei-raum umgehen können. Um dies zu verhindern, empfiehlt Bennis Führung über Honorierung und Feed-back. Er erläutert: „Die Vision muß gemeinsam getragen werden. Und dies ist nur zu erreichen, wenn die Vision für die Beteiligten von Bedeutung ist. Führungspersönlichkeiten müssen die mit dieser Vision in Einklang stehenden Verhaltensweisen benennen und die Leute belohnen, wenn sie sich daran halten. Und sie brauchen Feedback-Schleifen, um zu gewährleisten, daß die Vision immer noch relevant ist (...)." Bennis, Zur „Vorhut von Anführern" gehören, in: Gibson (Hrsg.), Rethinking the Future, 222-241, hier: 233.

[120] Vgl. Handy, Die Fortschrittsfalle, 146.

[121] Vgl. Handy, Die Fortschrittsfalle, 146.

[122] Mit Handy kann kritisch angemerkt werden, daß der Grundsatz: „Ein Unternehmen befindet sich im Eigentum seiner Aktionäre" einem seltsamen Eigentumsbegriff entspricht, da die Eigentümer nur beschränkt haftbar sind und das Eigentum im wissensbasierten Unternehmen aus Menschen besteht. Vgl. Handy, Die Fortschrittsfalle, 149.

[123] Vgl. Drucker, Die postkapitalistische Gesellschaft, 98; Handy, Die Fortschrittsfalle, 149 f.

[124] Vgl. Drucker, Die postkapitalistische Gesellschaft, 115; Hamel/Prahalad, Wettlauf um die Zukunft, 212.

[125] Vgl. Waterman, Die neue Suche nach Spitzenleistungen, 76.
De Pree verweist auf die Vorzüge von Belegschaftsaktien, da dadurch das Unternehmen im Besitz seiner Mitarbeiter ist. So sind z.B. bei dem amerikanischen Möbelhersteller Herman Miller hundert Prozent der regulären Vollzeitbeschäftigten Anteilseigner. Vgl. Pree, Die Kunst des Führens, 103 f.
Mit Thurow kann dieses neue „Mitgliederunternehmen" folgendermaßen beschrieben werden: „Wenn wir uns Firmen anschauen, deren strategischer Vorteil schon jetzt in Qualifikation, Bildungsgrad und Wissensvorsprung liegen (Unternehmensberatungen, Anwaltskanzleien, Emissionshäuser, Wirtschaftsprüfer), sehen wir, daß die Eigentumsverhältnisse andere sind und sie auch ganz anders geführt werden als traditionell kapitalistische Unternehmen. Nur wenige sind an der Börse notiert. Die Gesellschafter sind aktiv im Unternehmen tätig. Gesellschaftsanteile werden nicht von Außenstehenden gehalten. Selbst die wenigen, die an der Börse notiert sind, werden ganz anders geführt. Die Mitarbeiterbezüge bestehen zu einem großen Teil aus einer gewinnabhängigen Tantieme (eine Form der Beteiligung am Unternehmen), wobei die Gewinne nicht ganz ausgeschüttet werden, sondern zum großen Teil in der Firma verbleiben. Der akkumulierte Gewinnanteil wird erst dann ausgezahlt, wenn der Mitarbeiter in Pension geht. (...). Der Vorsitzende der Geschäftsführung hat eine ganz andere und sehr viel weniger bedeutende Rolle. Die Gesellschafter wählen den Vorsitzenden der Geschäftsführung. Die Mitarbeiter haben in ihren Entscheidungen sehr viel mehr Spielraum als in traditionell hierarchisch gegliederten Industrieunternehmen." Thurow, Die Zukunft des Kapitalismus, 411.

[126] Vgl. Reich, Die neue Weltwirtschaft, 119.

[127] Vgl. Covey, Paradigmen und Prinzipien, in: Gibson (Hrsg.), Rethinking the Future, 67-83, hier: 67.

[128] Drucker, Umbruch im Management, 91; vgl. Hamel/Prahalad, Wettlauf um die Zukunft, 33.

[129] Handy schlägt beispielsweise folgendes Entlohnungssystem vor:
50% der Bezahlung: Bezahlung für den Job
20% der Bezahlung: Beteiligung am Gewinn
20% der Bezahlung: Beteiligung am Mehrwert der Arbeit
10% der Bezahlung als persönlicher Bonus.
Vgl. Handy die Fortschrittsfalle, 113

[130] Thurow, Die Zukunft des Kapitalismus, 452.

[131] Handy, Die Fortschrittsfalle, 176.

[132] Vgl. Senge, Die fünfte Disziplin, 371.

[133] Höfling nennt Prognosen für Deutschland: „Feste Arbeitsplätze und Arbeitsorte lösen sich auf. Bis zum Jahr 2000 werden in Deutschland 800 000 Telearbeitsplätze entstehen, das mittelfristige Potential soll bei 4 Millionen Telearbeitsplätzen liegen. (...). Feste Stellenbeschreibungen gehören der Vergangenheit an, Angestellte bestimmen selbst über ihren Arbeitseinsatz, brauchen keine Aufpasser mehr. Diejenigen Organisationsformen erhalten einen Wettbewerbsvorteil, die Mitarbeitern Freiheiten in der Arbeitsgestaltung und Zielsetzung lassen. Die Arbeit des Managements wird ebenfalls umdefiniert: Es ordnet nicht mehr an, sondern motiviert und versucht den Ausbildungsstand der Mitarbeiter zu steigern. Der Führungsstil wird demokratisch." Höfling, Informationszeitalter – Informationsgesellschaft – Wissensgesellschaft, 15.

[134] Vgl. Kotter, Kulturen und Koalitionen, in: Gibson (Hrsg.), Rethinking the Future, 242-261, hier: 244 ff.
Porter erkennt: „Die Unternehmenskultur ist ein Mittel zum Erreichen von Wettbewerbsvorteilen, kein Zweck an sich." Porter, Wettbewerbsvorteile, 48.

[135] Vgl. Drucker, Umbruch im Management, 96.

[136] Hamel/Prahalad, Wettlauf um die Zukunft, 214.

[137] Drucker, Die postkapitalistische Gesellschaft, 85.

[138] Vgl. Drucker, Umbruch im Management, 221.

[139] Zur regelmäßigen Reflexion kann eine sogenannte „360°-Überprüfung" helfen, wie Covey erklärt: „Zumindest einmal im Jahr wird jede Person, jede Abteilung, jedes Team und jede Sparte in jedem Un-

ternehmen an diesen Prinzipien gemessen. Keiner der Beteiligten ist ausgenommen. Wer seinen Stil, seine Strukturen und Systeme nicht anpassen kann, muß gehen: entweder richtig oder gar nicht." Covey, Paradigmen und Prinzipien, in: Gibson (Hrsg.), Rethinking the Future, 66-83, hier: 76.

[140] Vgl. Drucker, Die postkapitalistische Gesellschaft, 133.

[141] Vgl. Thurow, Die Zukunft des Kapitalismus, 31.
Der seit dem Zweiten Weltkrieg bestehende Gesellschaftsvertrag zwischen Arbeitgebern und Arbeitnehmern hat inzwischen seine Gültigkeit verloren. Bisher galt, daß Arbeitgeber ihre Mitarbeiter nach Leistung entlohnten. Um Arbeitnehmer mit guten Qualifikationen für das Unternehmen gewinnen und halten zu können, wurden z.T. höhere Löhne als notwendig gezahlt. Diese überdurchschnittlichen Löhne dienten als Anreiz zu Kooperation und Loyalität, zu Fleiß und Qualität. Sie sollten Ansporn sein, dem einmal gewählten Unternehmen treu zu bleiben und nicht sein erworbenes Wissen etwa einem anderen Arbeitgeber anzubieten. Heute sind jährliche Lohnsteigerungen nicht mehr selbstverständlich. Konjunkturbedingte Entlassungen sind üblich geworden. Auch Angestellte und Führungskräfte zählen zu den Betroffenen. Sichere Arbeitsplätze sind rar geworden und die Motivation der Arbeitnehmer ist nicht mehr von überdurchschnittlichen Leistungslöhnen, sondern eher durch die Angst vor einem Arbeitsplatzverlust geprägt.

[142] Drucker, Die postkapitalistische Gesellschaft, 102.

[143] Hamel/Prahalad, Wettlauf um die Zukunft, 213.

[144] Bennis, Zur „Vorhut von Anführern" gehören, in: Gibson (Hrsg.), Rethinking the Future, 222-241, hier 240. Vgl. Waterman, Die neue Suche nach Spitzenleistung, 13. Vgl. Bennis/Nanus, Führungskräfte, 93 ff.

[145] Waterman, Die neue Suche nach Spitzenleistungen, 95.

[146] Vgl. Senge, Die fünfte Disziplin, 172.

[147] Pree, Die Kunst des Führens, 72 f.

[148] Vgl. Thurow, Die Zukunft des Kapitalismus, 420.

[149] Senge sieht richtig, „daß die Grundlagen unserer heutigen Industriegesellschaft einfach nicht länger tragfähig sind. Wir leben auf Kosten unserer Enkel und Urenkel und Ururenkel und belasten ihre Zukunft mit einer enormen Hypothek. (...). Wir ignorieren die Ethik eines größeren natürlichen Systems." Senge, Die fünfte Disziplin, 528.

[150] Handy führt aus: „Nur Familienbetriebe sind gezwungen, über das Grab hinaus zu denken, und nicht einmal sie tun dies über mehr als drei Generationen hinaus." Handy, Die Fortschrittsfalle, 243.

[151] Handy beschreibt: „Die Gesellschaft ist eigentlich ein Vertrag, (...), nicht nur zwischen den Lebenden, sondern auch zwischen den Lebenden, den Toten und jenen, die erst geboren werden." Handy, Die Fortschrittsfalle, 241. Vgl. Hamel/Prahalad, Wettlauf um die Zukunft, 211.

[152] Vgl. Küng, Weltethos für Weltpolitik und Weltwirtschaft, 319.

[153] Thurow erkennt: „Wenn man den sozialen Aspekt der Menschheit ignoriert, entwirft man eine Welt für eine Spezies Mensch, die es nicht gibt." Thurow, Die Zukunft des Kapitalismus, 407.

[154] Handy, Die Fortschrittsfalle, 249.

[155] Vgl. Rheingold, Virtuelle Gemeinschaft, Soziale Beziehungen im Zeitalter des Computers, Bonn 1994.

[156] Drucker, Die postkapitalistische Gesellschaft, 255.

[157] Gabriel, Christentum zwischen Tradition und Postmoderne, 11.

[158] Vgl. Hauer/Zulehner, Aufbruch in den Untergang? Das II. Vatikanische Konzil und seine Auswirkungen, Wien 1991.

[159] Vgl. Zulehner (Hrsg.), Kirchenvolks-Begehren und Weizer Pfingstvision, Kirche auf Reformkurs, Düsseldorf 1995.

[160] Kehl, Wohin geht die Kirche, 19.

[161] Vgl. Kasper, Die Kirche angesichts der Herausforderung der Postmoderne, in: StZ 215 (1997), 651-664, hier: 652.
Kaufmann erklärt den Zusammenhang zwischen Christentums- und Gesellschaftsgeschichte: „Das Christentum ist also ein eminent historisches Phänomen, und wenn wir nach den Möglichkeiten einer »Kirche für die Gesellschaft von Morgen« fragen, so müssen wir eben diese Geschichtlichkeit, d.h. die wechselseitige Abhängigkeit von Gesellschaftsgeschichte und Christentumsgeschichte klarer bedenken, als dies bisher im Rahmen der theologischen und praktischen Kirchenlehre geschehen ist." Kaufmann/ Metz, Zukunftsfähigkeit, Suchbewegungen im Christentum, 18.

[162] Vgl. Kaufmann, Religion und Modernität, 217.

¹⁶³ Vgl. Gabriel, Christentum zwischen Tradition und Postmoderne, 47-68.

¹⁶⁴ Vgl. Hürten, Deutscher Katholizismus unter Pius XII.: Stagnation oder Erneuerung?, in: Kaufmann/ Zingerle (Hrsg.), Vatikanum II und Modernisierung, 53-66.

¹⁶⁵ Gabriel stellt dazu fest: „Die kirchlich-klerikalen Fesseln der Kultur werden zunehmend als Anachronismus erfahren und der wirtschaftliche Aufstieg drängt die Religion als Mittel gesellschaftlicher Integration zurück." Gabriel, Katholizismus und katholisches Milieu in den fünfziger Jahren der Bundesrepublik: Restauration, Modernisierung und beginnende Auflösung, in: Kaufmann/Zingerle (Hrsg.), Vatikanum II und Modernisierung, 67-84, hier: 79.

Als entscheidendes Jahr des Umbruchs gilt 1968, das Jahr der amerikanisch-europäischen Studentenrevolution, des Prager Frühlings und der Publikation der Enzyklika „Humanae Vitae".

¹⁶⁶ Hausberger, Die gegenwärtige Kirchenkrise – ein Rückblick auf die Geschichte, in: Beinert (Hrsg.), Kirchenbilder – Kirchenvisionen, Variationen über eine Wirklichkeit, 13-42, hier: 27.

Zu den Ausführungen Hausbergers vgl.: Gabriel, Christentum zwischen Tradition und Postmoderne, 121-163.

¹⁶⁷ Vgl. Gabriel, Christentum zwischen Tradition und Postmoderne, 28.

¹⁶⁸ Kehl, Wohin geht die Kirche?, 26 f.

¹⁶⁹ Kehl konstatiert: „Nicht mehr die Außenorientierung, die durch Arbeit, sozialen Aufstieg, Altersversorgung o.ä. das Leben und Überleben sichern soll, steht jetzt im Vordergrund, sondern die Innenorientierung: Was schafft mir angenehme Empfindung? Was verhilft dazu, daß mein Leben schön und lebenswert wird?" Kehl, Wohin geht die Kirche?, 39.

¹⁷⁰ Vgl. Beinert, Kirchenbilder in der Geschichte, in: Beinert (Hrsg.), Kirchenbilder – Kirchenvisionen, 58-127, hier: 59.

¹⁷¹ Gabriel, Christentum zwischen Tradition und Postmoderne, 63.

¹⁷² Vgl. Kehl, Wohin geht die Kirche?, 35.

¹⁷³ Vgl. Metz, Jenseits bürgerlicher Religion, 115.

Kehl macht darauf aufmerksam, daß etwa achtzig Prozent der Getauften die Kirche vor allem als „religiöse Dienstleistungsgesellschaft" ansehen. Vgl. Kehl, „Communio" – eine verblassende Vision?, in: StZ 215 (1997), 448-456, hier: 453.

¹⁷⁴ Vgl. Metz/Peters, Gottespassion, 24.

¹⁷⁵ Vgl. Kehl, Wohin geht die Kirche?, 36.

¹⁷⁶ D.h.: Prinzipiell ist kein Verlust an Religion festzustellen. Religion wird allerdings individueller und informeller. Sie ist zu einer Gefühlssache geworden. Vgl. Gabriel, Christentum zwischen Tradition und Postmoderne, 67; Kehl, Wohin geht die Kirche?, 29.

¹⁷⁷ Kehl, Wohin geht die Kirche?, 37.

¹⁷⁸ Vgl. Rahner, Strukturwandel der Kirche als Aufgabe und Chance, 38 ff.

Fries führt die „Ungleichzeitigkeit" des christlichen Glaubens mit der Gegenwart vor allem auf die hierarchisch und monokausal verfestigten kirchlichen Strukturen zurück. Vgl. Fries, Werden die Kirchen überflüssig?, in: Christ in der Gegenwart 46 (1994), 301-302, hier: 301.

¹⁷⁹ Dialog statt Dialogverweigerung, in: Schavan (Hrsg.), Dialog statt Dialogverweigerung, 25-78, hier: 28.

¹⁸⁰ Beinert, Wenn zwei sich streiten. Über die Wiedergewinnung des Konsenses, in: Beinert (Hrsg.), Kirche zwischen Konflikt und Konsens, 13-45, hier: 31 f.

¹⁸¹ Vgl. Beinert, Wenn zwei sich streiten. Über die Wiedergewinnung des Konsenses, in: Beinert (Hrsg.), Kirche zwischen Konflikt und Konsens, 13-45, hier: 17.

¹⁸² Vgl. Greinacher, Demokratisierung der Kirche, in: ThQ 170 (1990), 253-266, hier: 264 f.

¹⁸³ In diesem Zusammenhang sei das päpstliche Schreiben an die deutschen Bischöfe zur Streitfrage um die kirchliche Schwangerschaftsberatung erwähnt. Vgl. Johannes Paulus II., Brief an die deutschen Bischöfe, Evangelium vom Leben: Bekenntnis – Hilfestellung – Zuwendung, in: L'Osservatore Romano, 28. Jahrgang, Nr.5, 30.Jan.1998, 1; 11.

¹⁸⁴ Vgl. Zulehner (Hrsg.), Kirchenvolks-Begehren und Weizer Pfingstvision, Kirche auf Reformkurs, Düsseldorf 1995; Kehl, Wohin geht die Kirche?, 60.

¹⁸⁵ Schon 1960 beklagt Ratzinger „Hochwürdigkeitskult und Hierarchismus". Vgl. Ratzinger, Die christliche Brüderlichkeit, 85.

Rahner wünscht ein Jahrzehnt später eine entklerikalisierte Kirche und versteht darunter „eine Kirche, in der auch die Amtsträger in fröhlicher Demut damit rechnen, daß der Geist weht, wo er will, daß er keine exklusive Erbpacht bei ihnen eingerichtet hat (...)." Rahner, Strukturwandel der Kirche als Aufgabe und Chance, 62.

[186] Beinert, Kirchenbilder in der Kirchengeschichte, in: Beinert (Hrsg.), Kirchenbilder – Kirchenvisionen, 58-127, hier: 110.

Greinacher erläutert mit anderen Worten: „Die monarchisch-absolutistische, hierarchische Herrschaftsausübung der katholischen Kirche steht im strikten Gegensatz zum Prozeß der Fundamentaldemokratisierung der Gesellschaft. Dieses Problem spitzt sich heute konkret zu bei der Bestimmung eines neuen Bischofs. Weite Kreise von katholischen Christinnen und Christen – jenseits aller politischen Parteien – sehen es als nicht mehr tolerierbar an, daß ihnen gleichsam als Schafen, als unmündigen Diözesankindern, als »geliebten Söhnen und Töchtern« ein Hirte, ein »Diözesanvater« vorgesetzt wird, auf dessen Auswahl sie überhaupt keinen Einfluß haben." Greinacher, Demokratisierung der Kirche, in: ThQ 179 (1990), 253-266, hier: 262.

[187] Vgl. Zulehner, Wider die Resignation in der Kirche, 35-41.

[188] Vgl. Zulehner, Das Gottesgerücht, 73.

[189] Rahner macht schon Anfang der siebziger Jahre aufgrund der sinkenden Priesterzahlen auf eine rechtzeitige und weitsichtige Zukunftsplanung aufmerksam. So fordert er in Zeiten der pastoralen Not, erprobte verheiratete Männer zur Priesterweihe zuzulassen, den Verzicht auf den Pflichtzölibat und die Priesterweihe von Frauen. Vgl. Rahner, Strukturwandel der Kirche als Aufgabe und Chance, 55, 117, 121.

[190] Vgl. Johannes Paulus II., Instruktion zu einigen Fragen über die Mitarbeit der Laien am Dienst der Priester, in: Sekretariat der Deutschen Bischofskonferenz (Hrsg.), Verlautbarungen des Apostolischen Stuhls, Nr.129, Bonn 1997.
Vgl. dazu die kritischen Stellungnahmen in: Hünermann (Hrsg.), Und dennoch ..., Die römische Instruktion über die Mitarbeit der Laien am Dienst der Priester, Klarstellungen – Kritik – Ermutigungen, Freiburg i.Brg. 1998.

[191] Dialog statt Dialogverweigerung, in: Schavan (Hrsg.), Dialog statt Dialogverweigerung, 25-78, hier: 61.

[192] Vgl. Bayerlein, Haben wir keine anderen Sorgen?, „Ordnung für Schiedsstellen und Verwaltungsgerichte der Bistümer in der Bundesrepublik Deutschland", in: Schavan (Hrsg.), Dialog statt Dialogverweigerung, 150-171.

[193] Vgl. Kehl, Wohin geht die Kirche?, 128.

[194] Vgl. Gabriel, Christentum zwischen Tradition und Postmoderne, 177-195.

[195] Vgl. Zulehner, Religion nach Wahl, Grundlegung einer Auswahlchristenpastoral, Wien 1974.

[196] Pottmeyer, Auf dem Weg zu einer dialogischen Kirche, in: Fürst (Hrsg.), Dialog als Selbstvollzug der Kirche?, 117-132, hier: 129.

[197] Vgl. Zulehner, Wider die Resignation in der Kirche, 45 f.

[198] Vgl. Gabriel, Christentum zwischen Tradition und Postmoderne, 81-104.

[199] Vgl. Gabriel, Christentum zwischen Tradition und Postmoderne, 87-90.

[200] Gabriel, Christentum zwischen Tradition und Postmoderne, 91.

[201] Vgl. Vaticanum I, Erste dogmatische Konstitution „Pastor aeternus" über die Kirche Christi: DH 3050-3075, hier: 3074.
Vgl. Zinnhobler, Pius IX. in der katholischen Literatur seiner Zeit, in: Schwaiger (Hrsg.), Konzil und Papst, 387-432; Pottmeyer, Unfehlbarkeit und Souveränität, Die päpstliche Unfehlbarkeit im System der ultramontanen Ekklesiologie des 19. Jahrhunderts, Mainz 1975.

[202] Um das standesgemäße Verhalten sicherstellen zu können, beginnt die Priesterausbildung schon im Knabenalter. Bischöfliche Konvikte und Seminarien, aber auch Schulen und Bildungseinrichtungen der Ordensgemeinschaften geben die Möglichkeit, den Nachwuchs schon in jungen Jahren zu rekrutieren.

[203] Gabriel definiert: „Wenn hier vom »katholischen Milieu« die Rede ist, so ist ein abgrenzender und ausgrenzender katholisch-konfessioneller Gruppenzusammenhang mit einem gewissen Wir-Gefühl gemeint." Gabriel, Katholizismus und katholisches Milieu in den fünfziger Jahren der Bundesrepublik: Restauration, Modernisierung und beginnende Auflösung, in: Kaufmann/Zingerle (Hrsg.), Vatikanum II und Modernisierung, 67-84, hier: 68 f.

[204] Klöcker, Katholisch – von der Wiege bis zur Bahre, 28 f.

[205] Der Jahresrhythmus wird bestimmt durch die Feier zahlreicher Hochfeste und Gedenktage für das Leben der Gläubigen bedeutsamer Heiliger. Sie gelten als Vorbilder und Patrone, an denen der einzelne, aber auch ganze Gruppen ihr Leben ausrichten. Religiöses Brauchtum, wie Segnungen von Naturalien,

geben den Festen im Volksbewußtsein einen eigenen Gehalt und Wert. Der Wochenrhythmus der Katholiken ist geprägt durch die Erfüllung der Sonntagspflicht und das Einhalten des Fleischverbotes am Freitag. Angelusläuten und Gebete zu den Tagzeiten geben dem Tag eine rituelle Struktur. Vgl. Gabriel, Christentum zwischen Tradition und Postmoderne, 102.

[206] Kaufmann, Wie entsteht Autorität?, in: Schavan (Hrsg.) Dialog statt Dialogverweigerung, 123-131, hier: 126.

[207] Vgl. Gabriel, Christentum zwischen Tradition und Postmoderne, 165-177.

[208] Vgl. Beinert, Was gilt in der Kirche?, in: Beinert (Hrsg.), „Katholischer" Fundamentalismus, 15-44, hier: 43.

[209] Zulehner/Denz, Wie Europa lebt und glaubt, 261 f.

[210] Vgl. Institut für Demoskopie Allensbach, Das Kirchenverständnis der Katholiken und Protestanten. Repräsentativbefragung im Auftrag der Redaktion Kirche und Leben des ZDF, Tab. 7a. 7b.

[211] Vgl. Kehrer, Die Kirchen im Kontext der Säkularisierung, in: Baadte/Rauscher (Hrsg.), Neue Religiosität und säkulare Kultur, 9-24, hier: 22 f.

[212] Vgl. Gabriel, Christentum zwischen Tradition und Postmoderne, 144.

[213] Vgl. Gabriel, Christentum zwischen Tradition und Postmoderne, 196 ff.

[214] Kehl, „Communio" – eine verblassende Vision?, in: StZ 215 (1997), 448-456, hier: 455.

[215] Vgl. Kasper, Theologie und Kirche, 273; Greshake, Communio – Schlüsselbegriff der Dogmatik, in: Biemer/Casper/Müller (Hrsg.), Gemeinsam Kirche sein, 90-121; Pesch, Das Zweite Vatikanische Konzil, 192.

[216] Zum Sprachgebrauch der Konzilsdokumente insgesamt vgl. die umfassende Studie von Saier, „Communio" in der Lehre des Zweiten Vatikanischen Konzils, München 1973.
Um den Aspekt der Teilhabe zu betonen, übersetzt Hilberath „Communio" nicht mit Gemeinschaft sondern mit Gemeinsamkeit. Vgl. Hilberath, Communio hierarchica, in: ThQ 177 (1997), 202-219, hier: 218.
Von der Etymologie lassen sich zwei Wurzeln feststellen, die helfen, Begriff und Wesen der „Communio" besser zu beschreiben. Greshake erläutert: „(Com-)munio verweist erstens auf die Wurzel »-mun«, welche soviel wie Schanze, Umwallung besagt (vgl. moenia = Stadtmauer). Menschen, die in communio stehen, befinden sich zusammen hinter einer gemeinsamen Umwallung, sie sind zusammengefügt durch einen gemeinsamen Lebensraum, der ihnen abgesteckt ist und der sie zu einem gemeinsamen Leben, in dem jeder auf den anderen angewiesen ist, zusammenbindet. (Com-)munio verweist zweitens auch auf jene Wurzel »-mun«, die sich im lateinischen Wort munus = Aufgabe, Dienstleistung bzw. auch Gnade, Gabe, Geschenk niederschlägt. Wer in communio steht, ist zu gegenseitigem Dienst verpflichtet, jedoch so, daß diesem Dienst die vorgegebene Gabe, die man empfängt, um sie einander weiterzugeben, vorangeht." Greshake, Communio – Schlüsselbegriff der Dogmatik, in: Biemer/Casper/Müller (Hrsg.), Gemeinsam Kirche sein, 90-121, hier: 95.
Vgl. Balthasar, Communio – Ein Programm, in: IKaZ 1 (1972), 4-17, hier: 5.

[217] Paulus schreibt: „Ist das Brot, das wir brechen, nicht Teilhabe am Leib Christi? Ein Brot ist es. Darum sind wir viele ein Leib; denn wir alle haben teil an dem einen Brot"(1 Kor 10,16f.).
In diesem Zusammenhang sei auch auf die Liturgiereform des II. Vatikanum und deren Anliegen der „actuosa participatio" aller Gläubigen in der Liturgie verwiesen (vgl. SC 19; 21).

[218] Vgl. Beinert, Kirchenbilder in der Kirchengeschichte, in: Beinert (Hrsg.), Kirchenbilder – Kirchenvisionen, 58-127, hier: 68 f.

[219] Vgl. Ratzinger, Das neue Volk Gottes, 117; Beinert, Eucharistie wirkt Kirche – Kirche wirkt Eucharistie, in: StZ 215 (1997), 665-677.

[220] Vgl. Cordes, Communio – Utopie oder Programm?, 66. Vgl. Hilberath, Communio hierarchica, in: ThQ 177 (1997), 202-219, hier: 208.

[221] Schulz, Zeichen der Gegenwart Gottes – erkennen und setzen, in: Seibel/Wenz (Hrsg.), Was schulden die Christen der Welt?, 91-129, hier: 118.

[222] Vgl. Kasper, Theologie und Kirche, 276.

[223] Kehl, Wohin geht die Kirche?, 72. Vgl. Kunz, Eucharistie – Ursprung von Kommunikation und Gemeinschaft, in: ThPh 58 (1983), 321-345.
In der Heilsgeschichte hat Gott beharrlich den Dialog mit den Menschen gesucht. Diese Suche gipfelt in der Inkarnation Jesu Christi. Indem Gott selbst Mensch wird, kommuniziert er unmittelbar mit den Menschen. Pottmeyer verdeutlicht den Zusammenhang zwischen Menschwerdung Gottes und Wesen der Kirche: „Wenn ( ) Jesus unter seinen Jüngern und mit seinem Volk eine dialogische Existenz führte,

dann entspricht eine dialogische Kirche dem Willen Gottes, den Jesus durch sein Leben offenbarte. Wenn Jesus ferner das anbrechende Gottesreich, dessen Keim und Anfang die Kirche ist, mit Bildern vom Mahl und anderen Dialoggeschehen kennzeichnet, dann entspricht eine dialogische Kirche dem Willen und Reich Gottes." Pottmeyer, Auf dem Weg zu einer dialogischen Kirche, in: Fürst (Hrsg.), Dialog als Selbstvollzug der Kirche?, 117-132, hier: 131 f. Vgl. Beinert, Wenn zwei sich streiten. Über die Wiedergewinnung des Konsenses, in Beinert (Hrsg.), Kirche zwischen Konflikt und Konsens, 13-45, hier: 14.

[224] Vgl. Kasper, Theologie und Kirche, 277.

[225] Marx, Ist Kirche anders?, in: StZ 211 (1993), 123-130, hier: 126.

[226] Vgl. Hilberath, Kirche als communio, in: ThQ 174 (1994), 45-65, hier: 47.

So warnt z.B. die außerordentliche Bischofssynode, einberufen zwanzig Jahre nach Abschluß des Konzils, Vielfalt nicht mit einem „bloßen Pluralismus" zu verwechseln und sich zu sehr an die gesellschaftlichen Strukturen anzupassen. „Wir können die falsche, einseitig nur hierarchische Sicht der Kirche nicht durch eine neue, ebenfalls einseitige soziologische Konzeption ersetzen." Zukunft aus der Kraft des Konzils, Die außerordentliche Bischofssynode '85, 26. Vgl. Ratzinger, Communio – ein Programm, in: IKaZ 21 (1992), 454-463, hier: 460.

[227] Nientiedt, Überforderte Gemeinschaft, in: HerKorr 45 (1991), 293-295, hier: 293. Vgl. Kasper, Der Geheimnischarakter hebt den Sozialcharakter nicht auf, in: HerKorr 41 (1987), 232-236.

[228] Vgl. Hilberath, Kirche als communio, in: ThQ 174 (1994),45-65, hier: 59.

[229] Hünermann fordert: „Soll ihr Anspruch glaubwürdig sein, Zeichen des angebrochenen Reiches Gottes zu sein, so muß die Kirche dem Menschsein in seiner ganzen Breite und Fülle in sich Raum geben." Hünermann, Wandel im Umgang mit Konflikten, in: ThQ 173 (1993), 18-31, hier: 21.

[230] Schulz erläutert: „Koinonia/Communio wird als kompensatorischer Begriff (miß-)verstanden, der alles ausgleichen soll, was Gesellschaft, Gesamt- und Ortskirche nicht mehr leisten. Koinonia wird jetzt nicht nur überfordert, sondern blendet bei diesem einseitig anthropologischen Verständnis substantielle theologische Aspekte aus." Vgl. Schulz, Koinonia: Sammlung der Zerstreuten, in: Konferenz der bayerischen Pastoraltheologen (Hrsg.), Das Handeln der Kirche in der Welt von heute, 145-161, hier: 153.

[231] Schulz, Zeichen der Gegenwart Gottes – erkennen und setzen, in: Seibel/Wenz (Hrsg.), Was schulden die Christen der Welt?, 91-129, hier: 118.

[232] Marx, Ist Kirche anders?, in: StZ 211 (1993), 123-130, hier: 130.

[233] Vgl. Schulz, Im Auftrag des Menschenfischers, 49.

Der Initiator des II. Vatikanum, Johannes XXIII. (+1963), umschrieb diesen Vorgang mit dem Wort „Aggiornamento" – „Verheutigung". Sein Nachfolger Paul VI. (+1978), der das Konzil zu Ende führte, verstand darunter „die Beziehung zwischen der unveränderlichen Gültigkeit der christlichen Wahrheiten und ihrer praktischen Einwurzelung in unsere dynamische und außerordentlich wandelbare Gegenwart, hin in das Leben des Menschen, das sich in unserer unruhigen, aufgeregten und doch fruchtbaren Zeit ständig und in vielerlei Weise ändert. (...). Dieses Wort kann ausgelegt werden als unterwürfige Konzession an den schnellebigen Zeitgeist (...). In Wirklichkeit mißt dieses Wort den raschen und unerbittlich sich wandelnden Erscheinungsformen unseres Lebens die ihnen zukommende Bedeutung bei." Zitiert nach: Klinger, Das Aggiornamento der Pastoralkonstitution, in: Kaufmann/Zingerle (Hrsg.), Vatikanum II und Modernisierung, 171-188, hier: 172.

[234] Im Blick auf die gegenwärtige Krise fordert Heller ein schnelleres Lernen. „Die Krise speziell der katholischen Kirche ist ihre »strukturelle Selbstwiderlegung«, die Diskrepanz zwischen biblischer Botschaft und kirchlichem Arbeitsalltag, zwischen liturgischem Wort und faktischem Handeln, zwischen proklamierter Geschwisterlichkeit und erlebten patriarchalen Strukturen, zwischen liturgischer Partizipation und rechtlich-ökonomischem Ausgeschlossensein etc. Gerade in den letzten drei Jahrzehnten hat die Kirche als Organisation allzu langsam gelernt. Der lapidare Hinweis, die Kirche denke in Jahrhunderten, mag in der Retrospektive noch mit einer gewissen Erfolgsgeschichte verbunden werden können. Für die Gegenwart und die Zukunft ist ein etwas schnelleres Lernen angesagt, um in einer rasant sich wandelnden Gesellschaft nicht völlig in die Bedeutungslosigkeit zu verschwinden." Heller, Kirchenreform als Organisationsreform, in: Zulehner (Hrsg.), Kirchenvolks-Begehren und Weizer Pfingstvision, 232-244, hier: 234.

[235] Vgl. Marx, Ist Kirche anders?, in: StZ 211 (1993), 123-130, hier: 129.

[236] So Pius XII. in einer Ansprache vor neu kreierten Kardinälen am 20.Feb.1946, vgl. Pius XII., Allocutiones, in: AAS 38 (1946), 141-151, hier 145; deutsch in: Utz/Groner, Aufbau und Entfaltung des gesell-

schaftlichen Lebens. Soziale Summe Pius`XII., Bd.2, 4080-4111, hier: 4094. Zur Definition des Subsidiaritätsprinzips vgl.: Nell-Breuning, Subsidiarität in der Kirche, in: StZ 204 (1986), 147-157, hier: 147.

[237] Vgl. die Beiträge: Nell-Breuning, Subsidiarität in der Kirche, in: StZ 204 (1986), 147-157; Kerber, Die Geltung des Subsidiaritätsprinzips in der Kirche, in: StZ 202 (1984), 662-672; Kasper, Der Geheimnischarakter hebt den Sozialcharakter nicht auf, Zur Geltung des Subsidiaritätsprinzips in der Kirche, in: HerKorr 41 (1987), 232-236.
Es würde den Rahmen dieser Arbeit sprengen, die theologische Diskussion um die Geltung des „Subsidiaritätsprinzips" ausführlich darzustellen.

[238] Vgl. Nell-Breuning, Subsidiarität in der Kirche, in: StZ 204 (1986), 147-157, hier: 156.

[239] Vgl. Häring, Meine Hoffnung für die Kirche, 42; Greshake, Zentralismus oder Communio der Kirchen? Zur Notwendigkeit regionalkirchlicher Strukturen, in: Struppe/Weismayer (Hrsg.), Öffnung zum heute, 31-54, hier: 36 f.

[240] Vgl. Dialog statt Dialogverweigerung, in: Schavan (Hrsg.), Dialog statt Dialogverweigerung, 25-78, hier: 65.

[241] Hünermann sieht daher die Notwendigkeit, „eine Restrukturierung des kirchlichen Leitungsamtes auf den verschiedenen Ebenen im Sinne des Subsidiaritätsprinzips vorzunehmen. Dies ist aus den geschilderten theologischen Gründen ebenso notwendig wie aufgrund der praktischen Bedürfnisse einer weltweit agierenden Kirche, die im Verlauf der letzten 25 Jahre um rund 40 Prozent gewachsen ist." Hünermann, Wandel im Umgang mit Konflikten, in: ThQ 173 (1993), 18-31, hier: 30.

[242] Vgl. Rahner, Strukturwandel der Kirche, 130.
So wäre z.B. zu überlegen, ob die Kirchensteueraufteilung durch Schlüsselzuweisung an die Gemeinden neu zu regeln ist. Vgl. Dialog statt Dialogverweigerung, in: Schavan (Hrsg.), Dialog statt Dialogverweigerung, 25-78, hier: 69.

[243] Vgl. Schulz, Koinonia: Sammlung der Zerstreuten, in: Konferenz der bayerischen Pastoraltheologen (Hrsg.), Das Handeln der Kirche in der Welt von heute, 145-161, hier: 159.

[244] Vgl. Rahner, Strukturwandel der Kirche, 127-130.

[245] Lehmann, Zur dogmatischen Legitimation einer Demokratisierung in der Kirche, in: IKaZ 7 (1971), 171-181, hier: 173; 175.
Der Verweis Heinemanns, daß die Ausgestaltung synodaler Elemente in der Kirche den Ruf nach Demokratisierung der Kirche überflüssig mache, scheint nicht zu genügen. Vgl. Heinemann, Demokratisierung der Kirche oder Erneuerung synodaler Einrichtungen?, Eine Anfrage an das Kirchenverständnis, in: Fürst (Hrsg.), Dialog als Selbstvollzug der Kirche?, 270-283, hier: 283.
Greinacher erläutert die Forderung nach Demokratisierung: „Wenn hier von Demokratisierung der Kirche gesprochen wird, so wird damit natürlich nicht der »heilige Ursprung« oder der »heilige Anfang« der Kirche bestritten. Ganz im Gegenteil! Die Kirche ist begründet im Willen des Heiligen Gottes, trinitarisch auseinandergefaltet im Willen des Vaters, im Gehorsam und der Liebe des Sohnes und dem Wirken des Heiligen Geistes. Wird dagegen unter »Hierarchie« die »heilige Herrschaft« der im Namen des Heiligen Gottes herrschenden Amtsträger verstanden, so ist damit Demokratisierung unvereinbar. Der Begriff Demokratisierung der Kirche richtet sich also zentral gegen ein Selbstverständnis von Kirche als »heiliger Herrschaft« von Beauftragten Gottes. Demokratisierung der Kirche in diesem Sinne meint eine demokratische Verfassung, ein demokratisches Verfahren, Amtsträger zu bestimmen, eine demokratische Rechtsordnung, meint kirchliche Öffentlichkeit, meint mutige Kritik und viele andere Elemente des Bewußtseins, der Ordnung und des Verhaltens, die man demokratisch nennt. (....). Wenn alle Gewalt von Gott ausgeht, kann sie nicht von Petrus und den Zwölfen oder den Aposteln und ihren Nachfolgern ausgehen." Greinacher, Demokratisierung der Kirche, in: ThQ 170 (1990), 253-266, hier: 254.

[246] Kehl, Wohin geht die Kirche, 88.
Auch historisch gesehen spricht einiges für eine stärkere Mitbeteiligung der Ortskirche. Bis ins Mittelalter wurden Bischofsernennungen nicht durch den Papst vollzogen. Erst seit dem vierzehnten Jahrhundert hat sich das Prinzip durchgesetzt, daß der Papst in seiner „plenitudo potestatis" die Bischöfe frei ernennen kann. Weltweit wurde dies in der kirchlichen Praxis allerdings erst im zwanzigsten Jahrhundert realisiert. So hatten z.B. in Deutschland sowohl weltliche Machthaber als auch die Domkapitel gewichtige Mitbestimmungsrechte. Vgl. Schatz, Bischofswahlen, in: StZ 207 (1989), 291-307.
Auch nach dem Kirchenrecht ist eine stärkere Beteiligung der Betroffenen bei der Wahl möglich. Dort heißt es relativ offen: „Der Papst ernennt die Bischöfe frei oder bestätigt die rechtmäßig Gewählten." Vgl. CIC/1983, can. 377,1.

[247] Zuerst ins Wort gebracht durch Cölestin I., Epistula ad episcopus Viennenses et Narbonenses titulorum XI., PL 56, 579 c.

[248] In der frühen Kirche hatten diese Funktion die Patriarchate. Kehl fordert eine Aufwertung der Bischofssynoden, Partikularkonzilien und Bischofskonferenzen. Vgl. Kehl, Wohin geht die Kirche?, 85 f.

[249] Ferner ist es in den mit Rom unierten Ostkirchen Brauch, verheiratete Männer zu Priestern zu weihen.

[250] Vgl. Schulz, Koinonia: Sammlung der Zerstreuten, in: Konferenz der bayerischen Pastoraltheologen (Hrsg.), Das Handeln der Kirche in der Welt von heute, 145-161, hier: 159.

[251] CIC/1983, can. 208.

[252] Bezugnehmend auf die Sendung des Laien drückt z.B. LG 33 eine tiefe Wertschätzung aus.

[253] Gemeinsame Synode der Bistümer in der Bundesrepublik Deutschland, Beschlüsse der Vollversammlung, 602. Metz spricht von einem subjektorientierten Kirchenverständnis. Vgl. Kaufmann/Metz, Zukunftsfähigkeit, 150 f.

[254] Vgl. Schulz, Im Auftrag des Menschenfischers, 31.

[255] Vgl. Schulz, Zeichen der Gegenwart Gottes – erkennen und setzen, in: Seibel/Wenz (Hrsg.), Was schulden die Christen der Welt?, 91-129, hier: 109.

[256] Zulehner, Das Gottesgerücht, 18.

[257] Vgl. Schulz, Zeichen der Gegenwart Gottes – erkennen und setzen, in: Seibel/Wenz (Hrsg.), Was schulden die Christen der Welt?, 91-129, hier: 114 ff.

[258] Weiser erläutert: „Unter kooperativer Pastoral wird (...) eine solche Weise der kirchlichen Heilssorge verstanden, in der ein möglichst hohes Maß der Mitbeteiligung aller Christen in einer Vielfalt von Diensten und Dienstämtern gewährleistet ist und deren Träger ihre je eigene Aufgabe in möglichst enger Zusammenarbeit mit anderen wahrnehmen." Weiser, Neutestamentliche Grundlagen einer kooperativen Pastoral, in: TThZ 89 (1980), 265-281, hier: 265.
Vgl. Mette, „Kooperative Seelsorge" – ein zukunftsfähiges pastorales Konzept? in: Fuchs/Greinacher/Karrer/Mette/Steinkamp (Hrsg.), Der pastorale Notstand, 9-27.

[259] Vgl. Schulz, Koinonia: Sammlung der Zerstreuten, in: Konferenz der bayerischen Pastoraltheologen (Hrsg.), Das Handeln der Kirche in der Welt von heute, 145-161, hier: 160.

[260] Vgl. Stecher, Integrieren und motivieren, in: Schavan (Hrsg.), Dialog statt Dialogverweigerung, 114-122.

[261] Vgl. Heller, Kirchliche Organisationskultur entwickeln, in: Schavan (Hrsg.), Dialog statt Dialogverweigerung, 204-220, hier: 205.

[262] Heller fordert daher: „Als Teil der Wertschätzung und der Standardentwicklung werden den Ehrenamtlichen systematisch Möglichkeiten der Qualifizierung und Weiterbildung angeboten. Gerade weil es keine materielle Gratifikation dieser Arbeit gibt (Kostenersatz für Materialien und Fahrten ist im gesellschaftlichen Bereich selbstverständlich, in kirchlichen Kreisen oft genug ideologisierter Stein des Anstoßes), ist die Investition in die Person und ihre Kompetenzen ein zentraler Faktor der Motivationsbildung." Heller, Kirchliche Organisationskultur entwickeln, in: Schavan (Hrsg.), Dialog statt Dialogverweigerung, 204-220, hier: 208.

[263] Vgl. Sternberg, Katholisches Milieu in veränderter Gesellschaft, in: Schavan (Hrsg.), Dialog statt Dialogverweigerung, 226-234, hier: 234.

[264] Stecher, Integrieren und motivieren, in: Schavan (Hrsg.), Dialog statt Dialogverweigerung, 114-122, hier: 121.

[265] Zulehner/Denz, Wie Europa lebt und glaubt, 262.

[266] Häring, Meine Hoffnung für die Kirche, 46.

[267] Vgl. Kehl, Wohin geht die Kirche?, 115.

[268] Kehl, „Communio" – eine verblassende Vision?, in: StZ 215 (1997), 448-456, hier: 455 f.
Vgl. Karrer, Dialogische Strukturen in einer synodalen Kirche, in: Fuchs/Greinacher/Karrer/Mette/Steinkamp (Hrsg.), Der pastorale Notstand, 50-66.

[269] Vgl. CIC/1983, can. 212 Abs. 3.

[270] Vgl. Zulehner, Wider die Resignation in der Kirche, 81.

[271] Ihre Verweisfunktion auf eine endgültige Versöhnung fordert geradezu diese institutionelle Ausgestaltung. Vgl. Hünermann, Wandel im Umgang mit Konflikten, in: ThQ 173 (1993), 18-31, hier: 22.

[272] Dialog statt Dialogverweigerung, in: Schavan (Hrsg.), Dialog statt Dialogverweigerung, 25-78, hier: 48 f.
Hünermann spricht im Zusammenhang mit „Konfliktregelungsmechanismen" die Frage der Gewaltenteilung innerhalb der Kirche an: „Die Ausführungen (...) haben gezeigt, daß Konfliktregelungsmechanis-

men jeweils die Minderung der Spannung und die Einbindung der Gegensätzlichkeit in produktive Prozesse durch Vermittlung einer dritten Instanz erreichen, nie aber durch den Versuch einer unmittelbaren Konfliktlösung, weil hier – abgesehen von ganz seltenen Ausnahmen – im Grunde nur die Anpassung eines Konfliktpartners an den anderen oder eine Verschärfung bzw. Polarisierung eintritt. Das damit angesprochene Problem führt notwendiger Weise vor die Frage der Gewaltenteilung. Gewaltenteilung in der Kirche stellt die grundsätzliche Einheit des sakramentalen Leitungsdienstes, wie er im Bischofsamt und entsprechend beim Papst gegeben ist, nicht in Frage, muß allerdings zu einer durchgängigen funktionalen Trennung der administrativen und richterlichen Aufgaben und Kompetenzen führen." Hünermann, Wandel im Umgang mit Konflikten, in: ThQ 173 (1993), 18-31, hier: 31.

[273] Vgl. Dialog statt Dialogverweigerung, in : Schavan (Hrsg.), Dialog statt Dialogverweigerung, 25-78, hier: 42.

[274] Kehl, „Communio" – eine verblassende Vision?, in: StZ 215 (1997), 448-456, hier: 456.

[275] Vgl. Hauer/Zulehner, Aufbruch in den Untergang?, 101.

[276] Kehl, Wohin geht die Kirche?, 83.

[277] Kehl, Wohin geht die Kirche?, 83.

[278] Ratzinger verweist darauf, daß jede Gemeinde als eucharistische Tischgemeinschaft das ganze Kirchesein der Kirche verwirklicht. Kirche ist daher ein Netz von Kommunionen. Vgl. Ratzinger, Das neue Volk Gottes, 117. Nachtwei knüpft an diesen Gedanken Ratzingers an und spricht vom „Netzwerk Kirche". Vgl. Nachtwei, Kirche ist Dialog, in: Schavan (Hrsg.), Dialog statt Dialogverweigerung, 172-179, hier: 172.

[279] Lebendiger Ausdruck eines „pluriformen Katholizismus" war und ist die Existenz der verschiedenen Orden. Um die unterschiedlichen Ideale, Ziele und Ideen vom Leben in der Nachfolge Christi verwirklichen zu können, entstanden unterschiedlichste Gemeinschaften mit spezifischer Spiritualität und zahlreichen praktischen Ausrichtungen. Diese Pluralität des katholischen Ordenswesen ist Vorbild für eine pluriforme Kirche. Vgl. Heller, Kirchenreform als Organisationsreform, Schavan (Hrsg.), Dialog statt Dialogverweigerung, 232-244, hier: 234 f.

[280] Vgl. Kehl, Wohin geht die Kirche?, 128-131.

[281] Vgl. Brox, Konflikt und Konsens, in: Beinert (Hrsg.), Kirche zwischen Konflikt und Konsens, 63-83; vgl. Beinert, Wenn zwei sich streiten. Über die Wiedergewinnung des Konsenses, in: Beinert (Hrsg.), Kirche zwischen Konflikt und Konsens, 13-36.

[282] Vgl. Communio/Koinonia. Ein neutestamentlich-frühchristlicher Begriff und seine heutige Wiederaufnahme und Bedeutung. Eine Stellungnahme des Instituts für Ökumenische Forschung Strasbourg 1990.

[283] Vgl. Kaufmann, Religion und Modernität, 272 ff.

[284] Schulze, Die Erlebnisgesellschaft, Kultursoziologie der Gegenwart, Frankfurt a.M.^{2} 1992.
Beck, Risikogesellschaft, Auf dem Weg in eine andere Moderne, Frankfurt a.M. 1986.
Klages, Wertedynamik, Über die Wandelbarkeit des Selbstverständlichen, Osnabrück 1988.
Elias, Die Gesellschaft der Individuen, Frankfurt a.M. 1987.

[285] Vgl. Schulze, Erlebnisgesellschaft, 14.

[286] Vgl. Schulze, Erlebnisgesellschaft, 2.

[287] Schulze, Erlebnisgesellschaft, 37.

[288] Vgl. Schulze, Erlebnisgesellschaft, 428.

[289] Vgl. Schulze, Erlebnisgesellschaft, 427.

[290] Vgl. Schulze, Erlebnisgesellschaft, 33 ff.

[291] Vgl. Schulze, Erlebnisgesellschaft, 541.

[292] Schulze, Erlebnisgesellschaft, 59.

[293] Schulze, Erlebnisgesellschaft, 446.

[294] Vgl. Schulze, Erlebnisgesellschaft, 548.

[295] Beck/Beck-Gernsheim kennzeichnen dieses Verhalten als „Landstreicher-Moral". Der Landstreicher „weiß nicht, wie lange er dort, wo er ist, noch bleiben wird, und zumeist ist nicht er es, der über die Dauer seines Aufenthalts befindet. Unterwegs wählt er sich seine Ziele, wie sie kommen und wie er sie von den Wegweisern abliest; aber selbst dann weiß er nicht sicher, ob er an der nächsten Station Rast machen wird, und für wie lange. Er weiß nur, daß seines Bleibens sehr wahrscheinlich nicht lange sein wird. Was ihn forttreibt, ist die Enttäuschung über den Ort seines letzten Verweilens sowie die nie versagende Hoffnung, der nächste Ort, von ihm noch nicht besucht, oder vielleicht der übernächste möchte frei sein von Mängeln, die ihm die bisherigen verleidet haben." Beck/Beck Gernsheim, Individualisie-

rung in modernen Gesellschaften – Perspektiven und Kontroversen einer subjektorientierten Soziologie, in: Beck/Beck-Gernsheim (Hrsg.) Riskante Freiheiten, 10-39, hier: 13.

[296] Vgl. Schulze, Erlebnisgesellschaft, 65.

Rauschenbach erkennt: „Die Möglichkeit, etwas Bestimmtes machen zu können, dafür aber auf etwas anderes verzichten zu müssen, das Wissen um Kontingenz, sich für etwas und damit gleichzeitig gegen viele andere Möglichkeiten entscheiden zu können: derartige Dilemmata in den großen wie den kleinen Entscheidungen des tagtäglichen Lebens erfordern immer mehr an psychischer, zeitlicher und sozialer Energie. Als neues Zivilisationserfordernis stellt es eine latente Überforderung dar, nicht selten mit der Folge einer Sehnsucht nach den einfachen Antworten und starken Männern, nach den identifikations-würdigen Idolen, nach den Vorbildern und Verführern, nach den mystischen und esoterischen Deu-tungsmustern, kurz: nach Entlastung davon, dauernd selbst entscheiden und diese Entscheidungen dann auch noch selbst verantworten zu müssen." Rauschenbach, Inszenierte Solidarität: Soziale Arbeit in der Risikogesellschaft, in: Beck/Beck-Gernsheim (Hrsg.), Riskante Freiheiten, 89-111, hier: 102.

[297] Vgl. Kochanek, Die Erlebnisgesellschaft – eine postmoderne Herausforderung für Seelsorge und Pastoral, in: Kochanek, Religion und Glaube in der Postmoderne, 151-220, hier: 179.

[298] Vgl. Schulze, Erlebnisgesellschaft, 59.

[299] Vgl. Schulze, Erlebnisgesellschaft, 112 ff.

[300] Vgl. Schulze, Erlebnisgesellschaft, 538.

[301] Vgl. Lay, Ende der Neuzeit, 241.

[302] Beck, Jenseits von Stand und Klasse?, in: Beck/Beck-Gernsheim (Hrsg.), Riskante Freiheiten, 43-60, hier: 55.

[303] Vgl. Schulze, Erlebnisgesellschaft, 102.

[304] Schulze, Erlebnisgesellschaft, 68.

[305] Beck, Risikogesellschaft, 156. Vgl. Beck, Jenseits von Stand und Klasse?, in: Beck/Beck-Gernsheim (Hrsg.) Riskante Freiheiten, 43-60, hier: 55.

[306] So ist es z.B. leichter, sich zweckmäßig für eine Arbeit zu kleiden, als geschmackvoll für eine Abend-veranstaltung.

[307] Vgl. Beck, Risikogesellschaft, Auf dem Weg in eine andere Moderne, Frankfurt a.M. 1986.

[308] Vgl. Beck, Risikogesellschaft, 25 ff.

[309] Beck definiert Risiko folgendermaßen: „Risiken haben also wesentlich etwas mit Vorausschau, noch nicht eingetretenen, aber drohenden Zerstörungen zu tun, die allerdings gerade in dieser Bedeutung bereits heute real sind. (...). Mit anderen Worten: die Zeitbombe tickt. In diesem Sinne meinen Risiken eine Zukunft, die es zu verhindern gilt." Beck, Risikogesellschaft, 44.

[310] Beck, Risikogesellschaft, 66.

[311] Beck, Risikogesellschaft, 48.

[312] Beck, Risikogesellschaft, 54.

[313] Beck, Risikogesellschaft, 115.

[314] Vgl. Beck, Risikogesellschaft, 190. An anderer Stelle erkennen Beck/Beck-Gernsheim: „Das histo-risch Neue besteht darin, daß das, was früher wenigen zugemutet wurde – ein eigenes Leben zu führen –, nun mehr und mehr Menschen, im Grenzfall allen abverlangt wird." Beck/Beck-Gernsheim, Individuali-sierung in modernen Gesellschaften – Perspektiven und Kontroversen einer subjektorientierten Soziolo-gie, in: Beck/Beck-Gernsheim (Hrsg.), Riskante Freiheiten, 10-39, hier: 21.

[315] Beck/Beck-Gernsheim, Individualisierung in modernen Gesellschaften – Perspektiven und Kontro-versen einer subjektorientierten Soziologie, in: Beck/Beck-Gernsheim (Hrsg.), Riskante Freiheiten, 10-39, hier: 11.

[316] Vgl. Rauschenbach, Inszenierte Solidarität: Soziologische Arbeit in der Risikogesellschaft, in: Beck/Beck-Gernsheim (Hrsg.), Riskante Freiheiten, 89-111, hier: 91.

[317] Vgl. Beck, Risikogesellschaft, 206; Schulze, Erlebnisgesellschaft, 75.

[318] Beck, Risikogesellschaft, 251 f. Beck/Beck-Gernsheim stellen fest: „Individualisierung, so gesehen, ist eine gesellschaftliche Dynamik, die nicht auf einer freien Entscheidung der Individuen beruht. Um es mit Jean-Paul Sartre zu sagen: Die Menschen sind zur Individualisierung verdammt." Beck/Beck-Gernsheim, Individualisierung in modernen Gesellschaften – Perspektiven und Kontroversen einer sub-jektorientierten Soziologie, in: Beck/Beck-Gernsheim (Hrsg.), Riskante Freiheiten, 10-39, hier: 14.

[319] Hitzler/Honer, Bastelexistenz, Über subjektive Konsequenzen der Individualisierung, in: Beck/Beck-Gernsheim (Hrsg.), Riskante Freiheiten, 307-315, hier: 312 f.

[320] Vgl. Keupp, Ambivalenzen postmoderner Identität, in: Beck/Beck-Gernsheim (Hrsg.), Riskante Freiheiten, 336-350, hier: 341.

[321] Vgl. Beck/Beck-Gernsheim, Individualisierung in modernen Gesellschaften – Perspektiven und Kontroversen einer subjektorientierten Soziologie, in: Beck/Beck-Gernsheim (Hrsg.), Riskante Freiheiten, 10-39, hier: 12.

[322] Beck, Risikogesellschaft, 237.
Lay beschreibt den Prozeß der „Individualisierung": „Instabile Zeiten dagegen erzwingen eine andere Form der Lebensgestaltung. Insofern nicht mehr das Unternehmen dem Leben des einzelnen Ordnung, Werte und Ziel gibt, sondern sozialstaatliche Regelungen, tragen die traditionellen Vorgaben nicht mehr. Sie müssen einer sich an die sozialstaatlichen Regelungen (Ausbildungssystem, Arbeitsmarkt, Arbeits- und Sozialrecht, Wohnungsmarkt (...) angepaßten Dynamik weichen. Es gibt kaum mehr Sicherheiten und Selbstverständlichkeiten: Menschen werden genötigt, ihr eigenes Leben in Szene zu setzen, ihre eigene Biographie zu erzählen, ihre eigene Identität zu schaffen – und das ohne das Stützskelett, das die Industriemoderne mitlieferte." Lay, Ende der Neuzeit, 228.

[323] Luhmann erkennt: „Vieles, was früher im Laufe des Lebens sich mehr oder weniger von selbst ergab, wird jetzt als Entscheidung verlangt – und dies vor einem größeren Hintergrund von Auswahlmöglichkeiten und deshalb mit höheren Informationswerten." Luhmann, Soziologie des Risikos, 52.
Rauschenbach beschreibt den Entscheidungszwang etwas ironisch am Beispiel eines Kindes, das fragt: „Vati, muß ich schon wieder spielen, was ich will?" Vgl. Rauschenbach, Inszenierte Solidarität: Soziale Arbeit in der Risikogesellschaft, in: Beck/Beck-Gernsheim (Hrsg.), Riskante Freiheiten, 89-111, hier: 102.

[324] Vgl. Dahrendorf, Das Zerbrechen von Ligaturen und der Utopie der Weltbürgergesellschaft, in: Beck/Beck-Gernsheim (Hrsg.), Riskante Freiheiten, 421-436, hier: 423.

[325] Beck, Risikogesellschaft, 218. An anderer Stelle machen Beck/Beck-Gernsheim darauf aufmerksam, daß mit der Durchsetzung der Moderne an die Stelle von Gott, Natur, System das auf sich selbst gestellte Individuum tritt. Durch die Entmachtung des Schicksals wird vom einzelnen erwartet, daß er vieles, ja alles entscheidet. Um der „Tyrannei der Möglichkeiten" zu entkommen, wird ein Ausweg durch die Flucht in Magie, Mythos und Metaphysik gesucht. Vgl. Beck/Beck-Gernsheim, Individualisierung in modernen Gesellschaften – Perspektiven und Kontroversen einer subjektorientierten Soziologie, in: Beck/Beck-Gernsheim (Hrsg.), Riskante Freiheiten, 10-39, hier: 18.

[326] Zu Wahlbiographie vgl. Ley, Von der Normal- zur Wahlbiographie?, in: Kohli/Robert (Hrsg.), Biographie und soziale Wirklichkeit, 239-260.
Zu Bastelbiographie vgl. Gross, Bastelmentalität: ein „postmoderner" Schwebezustand?, in: Schmid, (Hrsg.), Das pfeifende Schwein, 63-84; Hitzler, Kleine Lebenswelten – Ein Beitrag zum Verstehen von Kultur, Opladen 1988; Hitzler/Honer, Bastelexistenz; Über subjektive Konsequenzen der Individualisierung, in: Beck/Beck-Gernsheim (Hrsg.), Riskante Freiheiten, 307-315.

[327] Vgl. Beck, Risikogesellschaft, 217.

[328] Beck/Beck-Gernsheim, Individualisierung in modernen Gesellschaften – Perspektiven und Kontroversen einer subjektorientierten Soziologie, in: Beck/Beck-Gernsheim (Hrsg.), Riskante Freiheiten, 10-39, hier: 13.
Jede „Lebenslaufphase" birgt dabei ihre spezifischen Risiken. Vgl. Rauschenbach, Inszenierte Solidarität: Soziale Arbeit in der Risikogesellschaft, in: Beck/Beck-Gernsheim (Hrsg.), Riskante Freiheiten, 89-111, hier: 103 f.

[329] Vgl. Beck, Risikogesellschaft, 217.

[330] Vgl. Beck, Risikogesellschaft, 157; Beck, Jenseits von Stand und Klasse?, in: Beck/Beck-Gernsheim (Hrsg.), Riskante Freiheiten, 43-60, hier: 56.

[331] Hepp definiert: „Werte sind verinnerlichte Verhaltensstandards, die von einer Person im Prozeß der Erziehung bzw. Sozialisation, der wiederum in ein bestimmtes kulturelles Umfeld eingebettet ist, erworben werden." Hepp, Wertewandel, 4.
Vgl. die Definitionen von Kaase und Lutz: Kaase, Wert/Wertewandel, in: Nohlen (Hrsg.), Wörterbuch Staat und Politik, 787; Lutz, Wertewandel, in: Weidenfeld/Korte (Hrsg.), Handwörterbuch zur deutschen Einheit, 741-747, hier: 741.

[332] Vgl. Klages, Wertedynamik, 13.

[333] Werte prägen den Lebensstil eines Menschen, da sie seinem Selbst- und Umweltkonzept den Sinn geben. Wo Werte fehlen, kann es daher zu Sinn- und Identitätsverlusten kommen. Vgl. Hepp, Wertewandel, 4. Durch einen „Wertewandel" kommt es zu einer Neuordnung der Hierarchie der Werte. Bestimmte

Werte steigen auf der gesellschaftlichen Rangskala auf und andere ab. So wurden Werte beispielsweise wie Ordnung, Disziplin, Pünktlichkeit zur preußischen Kaiserzeit höher eingestuft als etwa Geduld oder Spontanität. Manche Werte, die am Ende des zwanzigsten Jahrhunderts die oberen Ränge der Skala zieren, wie Kreativität und Selbstverwirklichung, traten als Werte erst gar nicht in Erscheinung, da sie zu dieser Zeit nicht gesellschaftlich relevant waren. Auch kann es zu inhaltlichen Neudeutungen bzw. Umdeutungen von Werten kommen. So wurde beispielsweise die Familie im neunzehnten Jahrhundert mit ihrer sozialen Sicherheitsfunktion anders als Wert interpretiert als am Ende des zwanzigsten Jahrhunderts. Vgl. Hepp, Wertewandel, 5.

[334] Vgl. Klages, Wertedynamik, 46 ff.
Vgl. dazu die interessante Analyse von Hirscher, Wertewandel in Bayern und Deutschland, Klassische Ansätze, Aktuelle Diskussionen, Perspektiven, in: Hanns Seidel Stiftung, Akademie für Politik und Zeitgeschehen (Hrsg.), Aktuelle Analysen 2, München 1995.

[335] Im Unterschied zu Klages spricht Inglehart in seiner „Postmaterialismus-Theorie" von einer „stillen Revolution". Zu ihren Symptomen gehört der Verlust traditioneller religiöser Vorstellungen, der Niedergang sozialer und sexueller Normen und die Gewichtsverlagerung von materialistischen zu postmaterialistischen Werthaltungen. In Anlehnung an Maslows „Bedürfnistheorie", der von einer festen Rangordnung von Bedürfnissen und Werten ausgeht, deutet Inglehart den gesellschaftlichen Wertewandel und die neuen Wertprioritäten anhand der geänderten Bedürfnislage. Vgl. Inglehart, Wertwandel in den westlichen Gesellschaften. Politische Konsequenzen von materialistischen und postmaterialistischen Prioritäten, in: Klages/Kmieciak (Hrsg.), Wertwandel und gesellschaftlicher Wandel, 279-316, hier: 286.

[336] Klages, Wertedynamik, 54.
An anderer Stelle hat Klages das Jahr 1963 – und damit das Ende der „Ära Adenauer" – als eigentliches Startjahr des Wertewandelsschubes bezeichnet. Vgl. Klages, Verlaufsanalyse eines Traditionsbruchs. Untersuchungen zum Einsetzen des Wertewandels in der Bundesrepublik Deutschland in den 60er Jahren, in: Bracher (Hrsg.), Staat und Parteien, 517-544, hier: 542.

[337] Als Pflicht- und Akzeptanzwerte nennt Klages beispielsweise Disziplin, Gehorsam, Pflichterfüllung, Treue, Unterordnung, Fleiß, Bescheidenheit, Selbstlosigkeit, Hinnahmebereitschaft, Fügsamkeit, Enthaltsamkeit. Vgl. Klages, Wertedynamik, 57.

[338] Klages, Wertedynamik, 64 f.

[339] Vgl. Klages, Wertedynamik, 66.

[340] Vgl. Klages, Wertedynamik, 81-111.

[341] Klages, Wertedynamik, 83.

[342] Vgl. Klages, Wertedynamik, 108. Baethge nennt drei Momente, die wichtig werden: Arbeit soll Spaß machen, soll selbstverantwortetes Handeln ermöglichen und soll zur Entfaltung eigener Qualifikationen sowie zu Kompetenzerweiterungen führen. Vgl. Baethge, Arbeit und Identität, in: Beck/Beck-Gernsheim (Hrsg.) Riskante Freiheiten, 245-261, hier: 245.

[343] Allerdings setzt die bedrohliche Situation des Arbeitsmarktes am Ende des zwanzigsten Jahrhunderts diesem Streben klare Grenzen. Arbeit ist rar geworden und manch einer muß eine Arbeitsstelle übernehmen, die nicht so sehr zu seinem Selbstkonzept paßt.

[344] Klages, Wertedynamik, 109 f.

[345] Vgl. Klages, Wertedynamik, 112 ff.

[346] Vgl. Klages, Wertedynamik, 132.

[347] Klages, Wertedynamik, 117 f.

[348] Klages, Wertedynamik, 124 f.

[349] Vgl. Klages, Wertedynamik, 142.

[350] Vgl. Klages, Wertedynamik, 150.

[351] Vgl. Elias, Die Gesellschaft der Individuen, Frankfurt a.M. 1987.
Auch Lay macht auf den Zusammenhang aufmerksam: „Zeiten des Übergangs sind Zeiten zerbrochener sozialer Werte. Nicht mehr ein Gemeinwohl steht im Mittelpunkt des organisierten Interesses, sondern das Eigenwohl." Lay, Ende der Neuzeit, 97.

[352] Vgl. Jaeggi, Ich sag` mir selber Guten Morgen, Single – eine moderne Lebensform, München 1992.

[353] Mit Keupp läßt sich dieser Trend im Kontext der zunehmenden „Individualisierung" erklären: „Das »Soziale« ist nicht mehr das schicksalhaft Gegebene. Ich kann mich davon lösen, ich kann spezifische Kontexte verlassen. Der Trend zur Single-Gesellschaft (in einer Stadt wie München gibt es schon mehr als 50% Ein-Personen-Haushalte) setzt sich fort. Ich kann mir meine eigene soziale Szene aufbauen, deren Zustandekommen von Kriterien der Entscheidungsfreiheit, Freiwilligkeit und Interessenhomo-

genität bestimmt sind. Einen gesellschaftlichen Zwangszusammenhang verlassen zu können, ist eine Chance, ebenso, sich ein eigenes Netzwerk aufbauen zu können." Keupp, Ambivalenzen postmoderner Identität, in: Beck/Beck-Gernsheim (Hrsg.), Riskante Freiheiten, 336-350, hier: 338.

[354] Vgl. Elias, Gesellschaft der Individuen, 10.

[355] Vgl. Elias, Gesellschaft der Individuen, 244.

[356] Vgl. Elias, Gesellschaft der Individuen, 23 f.

[357] Vgl. Elias, Gesellschaft der Individuen, 210 f.

[358] Vgl. Elias, Gesellschaft der Individuen, 218.

[359] Vgl. Elias, Gesellschaft der Individuen, 210 f.

[360] Elias, Gesellschaft der Individuen, 241 f.

[361] Elias definiert: „Wenn man von Menschenrechten spricht, dann sagt man, daß der einzelne Mensch als solcher, als Mitglied der Menschheit, auf Rechte Anspruch hat, die die Verfügungsgewalt des Staates gegenüber dem Individuum begrenzen, gleichgültig, was die Staatsgesetze sind." Elias, Gesellschaft der Individuen, 309.

[362] Vgl. Elias, Gesellschaft der Individuen, 309 f.

[363] Von Stietencron faßt das Gesagte zusammen: „Heute steht im Zentrum ethischen Interesses der Industriegesellschaften nicht mehr der Clan, auch nicht mehr der Staat, sondern das menschenwürdige Leben des Individuums. Gegen den Anspruch des Staates auf Verfügungsgewalt über den Bürger und gegen die ausbeuterischen Tendenzen der besitzenden Klassen in Landwirtschaft, Industrie und Handel wurden in der Deklaration der Allgemeinen Menschenrechte und in den meisten Verfassungen demokratischer Staaten unveräußerliche Rechte des einzelnen festgeschrieben, (...). Das anvisierte Ziel ist nicht mehr der Erhalt der Gruppe (...), sondern die freie Selbstentfaltung des einzelnen." Stietencron, Menschenrechte?, Sichtweise Südasiatischer Religionen, in: Odersky (Hrsg.), Menschenrechte, 65-89, hier: 72.

[364] Vgl. Elias, Gesellschaft der Individuen, 290.

[365] Allerdings erweisen sich auf der einen Seite diese Institutionen als zu schwach, auf der anderen Seite ist das Verantwortungsgefühl für die bedrohte Menschheit noch minimal. Vgl. Elias, Gesellschaft der Individuen, 301 ff.

[366] Vgl. Hilpert, Menschenrechte 167.

[367] Vgl. Hilpert, Menschenrechte, 201.
Saladin verweist zu Recht auf den Sozialcharakter der Menschenrechte, der meistens vergessen wird: „Wenn Menschenrechte Freiheit gewähren, so gewähren sie Freiheit zum Nächsten. Wenn Menschenrechte den Erwerb von Macht und Vermögen ermöglichen und sichern, so ermöglichen sie ihn, damit der Besitzende sein Vermögen und seine Macht für sich und für seinen Nächsten einsetze. Wenn sie dem Begabten die Entfaltung seiner Gaben erlauben, so erlauben sie es, damit er sie für sich und für andere nutze. Menschenrechte werden so an ihrer Wurzel zu Menschenpflichten." Saladin, Menschenrechte und Menschenpflichten, in: Böckenförde/Spaemann (Hrsg.), Menschenrechte und Menschenwürde, 267-291, hier: 281.

[368] Vgl. Schmidt, Zum Geleit, in: Schmidt (Hrsg.), Allgemeine Erklärung der Menschenpflichten, 7-18, hier: 9.

[369] Vgl. Schmidt, Zum Geleit, in: Schmidt (Hrsg.), Allgemeine Erklärung der Menschenpflichten, 7-18, hier: 8.

[370] Vgl. Schmidt, Zum Geleit, in: Schmidt (Hrsg.), Allgemeine Erklärung der Menschenpflichten, 7-18, hier: 15.

[371] Vgl. den Entwurf in: Schmidt (Hrsg.), Allgemeine Erklärung der Menschenpflichten, 25-35.

[372] Vgl. Elias, Die Gesellschaft der Individuen, 10.

[373] Ditfurth, Im Anfang war der Wasserstoff, 341.

[374] GG der Bundesrepublik Deutschland, Art 1,Abs 1.2, (Seifert/Hömig, 36).
Hilpert erläutert: „Mit der Verwendung des in der Gerichts- und Kirchensprache beheimateten Wortes „bekennen" (es meint ursprünglich: Zeugnis ablegen) soll also offensichtlich zum Ausdruck gebracht werden, daß die Menschenrechte Rechte sind, die nicht erst durch den Staat erlassen oder verliehen werden, sondern Rechte, die der staatlichen Gewalt schon vorausliegen und die diese deshalb nur »anerkennen« kann." Hilpert, Menschenrechte, 23.

[375] Um nicht den Rahmen der Arbeit zu sprengen, muß sich die nachfolgende Darstellung auf die wichtigsten Entwicklungsstränge begrenzen.

[376] Vgl. Schockenhoff, Ethik des Lebens, 170 ff; Hilpert, Die Menschenrechte, 93; Bielefeldt, Die Menschenrechte als „das Erbe der gesamten Menschheit", in: Bielefeldt/Brugger/Dicke (Hrsg.), Würde und Recht des Menschen, 143-160, hier: 152.

[377] Vgl. Cancik, Gleichheit und Freiheit. Die antiken Grundlagen der Menschenrechte, in: Kehrer (Hrsg.), „Vor Gott sind alle gleich", 190-211, hier: 198.

[378] Seneca, De beneficiis, 3, 18, (Rosenbach 245 ff.). Vgl. Cancik, Gleichheit und Freiheit, in: Kehrer (Hrsg.), „Vor Gott sind alle gleich", 190-211, hier: 204.

[379] Vgl. Cicero, De inventione II, 166, (Friedrich, 232).

[380] Vgl. Aristoteles, Politik I, 2, 1253a ff, (Flashar, 13 f).

[381] Vgl. Schockenhoff, Ethik des Lebens, 148.

[382] Vgl. Ambrosius, De dignitate conditionis humanae, PL 17, 1105 ff.

[383] Rauscher macht auf die Folgen aufmerksam, die bis in die Gegenwart reichen: „Die Gleichwertigkeit und die Würde der Person wurden in der Geschichte der Menschheit immer wieder mißachtet und mit Füßen getreten. Wären sie anerkannt und in die Praxis umgesetzt worden, dann wäre sozialistischen Maximen der Gleichmacherei weithin der Boden entzogen gewesen. Die Behandlung der Menschen, als ob sie erster, zweiter oder dritter Klasse wären, Macht und soziales Prestigedenken, Nationalismus und Rassismus sowie jede Art von Elite-Dünkel, haben eine verhängnisvolle Rolle gespielt und spielen sie immer noch. Obwohl das Christentum von Anfang an die Gleichheit der Menschen vor Gott verkündete, den Menschen als Bild Gottes erkannte und entscheidend dazu beitrug, daß die personale Betrachtungsweise Fuß faßte und sich in der Welt allmählich durchsetzte, haben auch Christen häufig versagt und daraus nicht die notwendigen Konsequenzen gezogen. Die gleiche Menschenwürde fordert in erster Linie gegenseitige Achtung und Toleranz, und zwar nicht nur in der Theorie, sondern in der Praxis." Rauscher, Personalität, Solidarität, Subsidiarität, 12.

[384] Vgl. Pico della Mirandola, Über die Würde des Menschen, 5 f.

[385] Vgl. Hilpert, Menschenrechte, 98.

[386] Vgl. Luther, Ausgewählte Schriften, Bd.1, 155; 248 ff.

[387] Vgl. Punt, Die Idee der Menschenrechte, 98 f., 243 f.

[388] Dabei ging es in der Aufklärung keineswegs um einen radikalen Traditionsbruch mit den christlichen Wurzeln, wie häufig behauptet wird. Punt erläutert: „Die Aufklärung wollte das Christentum umformen, an sich ziehen und nicht auf dessen moralische Kraft verzichten. Im Einklang mit der christlichen Tradition wurden die natürliche Welt und mit ihr der Mensch als Schöpfung Gottes bejaht. Auch die von den Aufklärern als selbstverständlich vorausgesetzte Würde des Menschen und der Gedanke der Zusammengehörigkeit des ganzen Menschengeschlechtes zeigen die latente Fortwirkung der Idee der Schöpfungswürde und -gleichheit aller Menschen als ein genuin christliches Moment der Aufklärungsphilosophie. Mehr noch weist die stark betonte Unantastbarkeit der menschlichen Person und ihrer Rechte auf die Erhabenheit des Menschen über alles nur materielle und natürliche Sein hin, wie sie die Lehre von der Gottebenbildlichkeit des Menschen aussagt." Punt, Die Idee der Menschenrechte, 97.

[389] Pufendorf, De iure naturae et gentium libri octo, II, 1 a. 5; zitiert nach: Gründel, Christliche Moral und Menschenrechte, in: Odersky (Hrsg.), Menschenrechte, 90-137, hier: 108.

[390] Vgl. Gründel, Christliche Moral und Menschenrechte, in: Odersky (Hrsg.), Menschenrechte, 90-137, hier: 108 f; Punt, Die Idee der Menschenrechte, 130-132.

[391] Zitiert nach Heidelmeyer (Hrsg.), Die Menschenrechte, 56.

[392] Kant, Grundlegung zur Metaphysik der Sitten, 61.
Bezugnehmend auf Kants Imperativ stellt Korff fest: „Der Kantsche Imperativ (...) bezieht seine moralische Überzeugungskraft im Grunde aus einer säkularisierten Imago-Dei-Lehre: Die »Menschheit« im Menschen, der »Homo noumenon« als das sich selbst gebende »vernünftige Wesen« hat für Kant letztlich divine Appellqualität." Korff, Theologische Ethik, 39.

[393] Vgl. Hilpert, Menschenrechte, 48 ff.

[394] Vgl. Heidelmeyer (Hrsg.), Die Menschenrechte, 59 f.

[395] Zitiert nach Heidelmeyer (Hrsg.), Die Menschenrechte, 271.

[396] Punt, Die Idee der Menschenrechte, 223.
Spaemann vertieft diese Frage: „Was ist der Grund dafür, daß wir den Menschen als unbedingt zu achtenden Selbstzweck anzusehen von jedermann fordern? Also etwas, was schlechthin in sich steht und seinen Sinn nicht erst in einer Funktion für irgend etwas anderes gewinnt. Liegt der Grund hierfür nur darin, daß wir dem Exemplar unserer eigenen Gattung, eben weil es unsere eigene ist, eine Vorrang-

stellung einräumen?" Spaemann, Über den Begriff der Menschenwürde, in: Böckenförde/Spaemann (Hrsg.), Menschenrechte und Menschenwürde, 295-313, hier: 300 f.
Vgl. Rauscher, Personalität, Solidarität, Subsidiarität, 7 f.

[397] Vgl. Korff, Norm und Sittlichkeit, 110 f.

[398] Vgl. Schockenhoff, Ethik des Lebens, 144; Rauscher, Personalität, Solidarität, Subsidiarität, 11; Gründel, Christliche Moral und Menschenrechte, in: Odersky, Menschenrechte, 90-118, hier: 105.

[399] Splett, Der Mensch ist Person, 28.
In Auseinandersetzung mit Kant bekräftigt Gründel diese Überzeugung. „Wenn heute von einer unaufhebbaren Würde des Menschen gesprochen wird und selbst Kant im Postulat der praktischen Vernunft sowie im kategorischen Imperativ jede Verzweckung des Menschen ablehnt, dann fehlt einer solchen Aussage doch die eigentliche letzte Begründung. Sie wird von der alttestamentlichen Theologie durch den weiteren biblischen Gedanken aufgezeigt, daß Gott den Menschen nach seinem Bild geschaffen habe (Gen 1,27). Dies ist nicht als Zusatz zu verstehen, sondern als Explikation: Insofern Gott den Menschen geschaffen hat, trägt dieser Mensch Gottes Abbild." Gründel, Christliche Moral und Menschenrechte, in: Odersky, Menschenrechte, 90-118, hier: 99 f.

[400] Vgl. Maier, Christentum und Menschenrechte, Historische Umrisse, in: Odersky (Hrsg.) Menschenrechte, 49-64, hier: 49.
Von Stietencron erläutert die Zusammenhänge: „Unsere Menschenrechte (...) orientieren sich nämlich an einem Menschenbild, das einerseits im Leben des einzelnen eine einmalige Chance erblickt, dies Leben als Geschenk Gottes zu genießen; und das andererseits die Notwendigkeit betont, sich in dieser kurzen Zeitspanne des Lebens der Gnade Gottes würdig zu erweisen. Von der Gestaltung dieses Lebens und seiner heilswirksamen Nutzung hängt es ab, ob man der Verdammnis anheimfällt, oder aber das Paradies erhoffen darf." Stietencron, Menschenrechte?, Sichtweise Südasiatischer Religionen, in: Odersky (Hrsg.), Menschenrechte, 65-89, hier: 66 f.

[401] Pannenberg, Anthropologie in theologischer Perspektive, 75.
In Abgrenzung gegenüber der Orphik und den Mysterienkulturen der Spätantike zeigt Pannenberg, daß die Verselbständigung des Individuums eine Frucht der jüdisch-christlichen Religionsgeschichte ist. Vgl. Pannenberg, Anthropologie in theologischer Perspektive, 160 ff.

[402] Vgl. Harnack, Das Wesen des Christentums, 40 ff.

[403] Vgl. Rotter, Person und Ethik, 15.
Meier erläutert dies am Beispiel des Buddhismus: „Der Buddhismus lehrt eine Apersonalität des menschlichen Wesens. Er behauptet das Nicht-Selbst des Menschen, und daher werden Werte wie Liebe oder Nächstenliebe zunächst im Ansatz nicht zwischenmenschlich oder personal, also personbezogen, gedacht. Der Mensch ist nicht eine geschöpfliche Einheit wie im Christentum, sondern unpersönlicher Bestandteil eines Stromes von Daseinsfaktoren, die selbst ebenfalls unpersönlich sind. Erst ein existentiell grundlegender Irrtum läßt den Menschen glauben, er sei oder habe ein Selbst, sei eine Person, und es gäbe andere Personen neben ihm." Meier, Die Nächstenliebe im Buddhismus als Übung der Güte, in: Khoury/Hünermann (Hrsg.), Wer ist mein Nächster?, 59-82, hier: 59.

[404] In seinem Genesiskommentar führt Westermann unterschiedliche Deutungsmöglichkeiten an, die den Gedanken der „Gottebenbildlichkeit" näher erklären und seine unterschiedliche Wirkungsgeschichte nachzeichnen sollen. Zwei davon sollen im Folgenden dienen, um konkretere Aussagen über das Menschenbild der jüdisch-christlichen Tradition machen zu können:
- Der Mensch als Gottes Gegenüber.
- Der Mensch als Gottes Repräsentant.
Vgl. Westermann, Genesis, 203-214. Zum genaueren Stand der exegetischen Forschung und Diskussion vgl.: Groß, Die Gottebenbildlichkeit des Menschen nach Gen 1,26.27 in der Diskussion des letzten Jahrzehnts, in: BN 68 (1993), 35-48.

[405] Im Unterschied zu den anderen Geschöpfen befiehlt Gott bei der Erschaffung des Menschen nicht „Es werde (...)", sondern spricht die Aufforderung: „Laßt uns (...)". Groß erläutert: „Die Priesterschrift hebt in Gen 1 die Erschaffung der Menschheit formal und strukturell von den vorhergehenden Schöpfungswerken ab. Elohim eröffnet sie in 1,26 im pluralis deliberationis (»laßt uns machen«), dessen altorientalische Herkunft aus der Beratung der Götterversammlung noch durchscheint." Groß, Die Erschaffung des Menschen als Bild Gottes, in: Koltermann (Hrsg.), Universum – Mensch – Gott, 157-164, hier: 160.

[406] Vgl. Maag, Sumerische und babylonische Mythen von der Erschaffung des Menschen, in: AsSt 8 (1954), 85-106, hier: 97.

[407] Vgl. Westermann, Genesis, 206.

[408] Vgl. Barth, Kirchliche Dogmatik III,1, 207.

[409] Vgl. Barth, Kirchliche Dogmatik III,1, 221.

[410] Barth, Kirchliche Dogmatik III,1, 209.
Thielicke führt weiter aus: „Der Mensch erhält seine Privilegierung gegenüber dem Tier und damit seine Sonderstellung im Kosmos nicht dadurch, daß er »über dem Tier« steht, sondern dadurch, daß er in einzigartiger Weise unter Gott steht." Thielicke, Mensch sein – Mensch werden, 426.

[411] Vgl. Hafner, Kirchen im Kontext der Grund- und Menschenrechte, 162 f.

[412] Schockenhoff, Ethik des Lebens, 144.

[413] Heinzmann, Das Christliche – das Humane, in: Gründel (Hrsg.), Leben aus christlicher Verantwortung, Bd.1, 86-112, hier: 104.

[414] Vgl. Westermann, Genesis, 221.

[415] Vgl. Heinzmann, Das Christliche – das Humane, in: Gründel (Hrsg.), Leben aus christlicher Verantwortung, Bd.1, 86-112, hier: 105.

[416] In Anlehnung an die biblischen Schöpfungsberichte erläutert Schockenhoff: „Menschliches Leben, (...), kann nur in menschlicher Gemeinschaft und in der polaren Zuordnung der Geschlechter gelingen; die Bestimmung des Menschen erschöpft sich noch nicht in seiner Beziehung zur Tierwelt, so sehr diese zu seinem Dasein gehört. Als dialogisches, beziehungsfähiges Wesen kann der Mensch nur in einer Relation zu seinem personalen Gegenüber existieren, wie sie in seiner Zweigeschlechtlichkeit und in seiner Verantwortung vor dem Schöpfer zur Erfüllung kommen." Schockenhoff, Ethik des Lebens, 114.

[417] Daferth/Jüngel, Person und Gottebenbildlichkeit, in: Böckle/Kaufmann/Rahner/Welte (Hrsg.), Christlicher Glaube in moderner Gesellschaft, Bd.24, 57-99, hier: 72.

[418] Vgl. Pannenberg, Anthropologie in theologischer Perspektive, 72.

[419] Ockinga, Die Gottebenbildlichkeit im Alten Ägypten und Alten Testament, 153.
Groß verfolgt in diesem Zusammenhang eine interessante Hypothese, warum die Priesterschrift den Gedanken der Gottebenbildlichkeit nicht analog zu den anderen orientalischen Völkern nur dem König zuerkennt. „Nach dem katastrophalen Ende des israelitischen, dann des Jerusalemer Königtums hat der priesterschriftliche Theologe altorientalische königsamtstheologische Vorstellungen von der Erschaffung des Königs und vom König als Bild Gottes universalisiert und zu Aussagen über die schöpfungsgemäße Funktion des Menschen umgestaltet." Groß, Die Erschaffung des Menschen als Bild Gottes, in: Koltermann (Hrsg.), Universum – Mensch – Gott, 157-164, hier: 158.

[420] Vgl. Ebeling, Dogmatik des christlichen Glaubens I, 379.

[421] Vgl. Schmidt, Die Schöpfungsgeschichte der Priesterschrift, in: WMANT 17 (1964), 127-148, hier: 144.

[422] Pannenberg verweist in diesem Zusammenhang auf die Entmystifizierung der Natur. „Dieser Zusammenhang von religiöser Thematik und menschlicher Herrschaft über die Natur konnte erst in einer Religion erfaßt werden, die die göttliche Wirklichkeit der Welt klar gegenüberstellt, Gott nicht vermischt mit den Naturmächten, und die ferner den Menschen an die Seite Gottes und so ebenfalls der Welt gegenüberstellt." Pannenberg, Anthropologie in theologischer Perspektive, 73 f.
Vgl. Gogarten, Verhängnis und Hoffnung der Neuzeit, 12 ff; Weizsäcker, Die Tragweite der Wissenschaft, 196 ff; Altner, Schöpfung am Abgrund, 72 f.

[423] Vgl. Pannenberg, Anthropologie in theologischer Perspektive, 74.

[424] Vgl. Amery, Das Ende der Vorsehung, Die gnadenlosen Folgen des Christentums, 16.

[425] Korff, Kernenergie und Moraltheologie, 49. Vgl. Korff, Wie kann der Mensch glücken?, 134.

[426] Vgl. Rendtorff, Verantwortung für die Welt als Schöpfung Gottes – Ethische Grundlagen ökologischer Forderungen, in: Hunold /Korff (Hrsg.), Die Welt für Morgen, 20-30, hier: 24.

[427] Vgl. Auer, Der Mensch – „Partner" der Natur? Wider theologische Überschwenglichkeit in der ökologischen Diskussion, in: Gauly/Schulte/Balmer/Dangelmayr (Hrsg.), Der Mensch, Ein interdisziplinärer Dialog, 65-78, hier: 73 f.
So kann Lehmann feststellen: „Der Mensch ist als Gottes Ebenbild nicht schlechthin das letzte Maß. Es ist ihm eine ursprüngliche göttliche Verfügungsgewalt gegeben. Er ist vornehmlich Repräsentant, Geschäftsträger sowie Mandator Gottes und verwaltet die Schöpfung als ein ihm anvertrautes Lehen. So wird zwar der Herrschaftsauftrag des Menschen in seiner Ausdehnung nicht begrenzt, aber er ist darum nicht mit irgendeiner Form von barer Willkür und totaler Unterdrückung zu verwechseln." Lehmann, Kreatürlichkeit des Menschen als Verantwortung für die Erde, in: IKaZ Communio (1978), 38-54, hier: 47 f.

[428] Auer erläutert diesen Gedanken: „Je entschiedener der Mensch sich weigert, sich als Ebenbild Gottes zu verstehen, desto mehr gerät er in die Gefahr, Vorstellung und Wirklichkeit seiner Herrschaft in der Welt zu pervertieren." Auer, Der Mensch – „Partner" der Natur? Wider theologische Überschwenglichkeit in der ökologischen Diskussion, in: Gauly/Schulte/Balmer/Dangelmayr (Hrsg.), Der Mensch, Ein interdisziplinärer Dialog, 65-78, hier: 76.

[429] Daferth/Jüngel fordern daher: „In der Gemeinsamkeit menschlicher Existenz – allerdings eben nur so! – ist der Mensch zum Beherrschen der Erde berufen (Gen 1,28). Das dominium (nicht: imperium!) terrae ist deshalb wiederum vor der menschlichen Gemeinschaft zu verantworten. Die Vor-Sicht, die die Verantwortung für kommende Generationen gebietet, nötigt zur Rücksicht im Umgang mit der übrigen Kreatur. Rücksichtslose Selbstverwirklichung widerspricht dem dominium terrae. Verantwortungsloser Mißbrauch des Herrschaftsauftrags über die Erde ist immer auch Index der Mißachtung des anderen Menschen und insofern Verfehlung der Gottebenbildlichkeit." Daferth/Jüngel, Person und Gottebenbildlichkeit, in: Böckle/Kaufmann/Rahner/Welte (Hrsg.), Christlicher Glaube in moderner Gesellschaft, Bd.24, 57-99, hier: 72.

[430] Vgl. Pannenberg, Anthropologie in theologischer Perspektive, 75.

[431] Vgl. Korff, Wie kann der Mensch glücken?, 133.

[432] Mit Pannenberg ist darauf hinzuweisen, daß die christliche Anthropologie mit ihrem Anspruch der Verantwortung im Vergleich zum neuzeitlichen Prinzip der Autonomie, die leicht in Willkür abgleiten kann, der Erhaltung der Umwelt dienlicher sein kann. „Das neuzeitliche Prinzip der Autonomie des Menschen gewährt der Natur sehr viel weniger Schutz gegen ihre schrankenlose Ausbeutung durch den Menschen als die christliche Anthropologie. Insbesondere gilt das dann, wenn der Autonomiegedanke nicht an einen über dem Individuum stehenden Vernunftbegriff gebunden ist, sondern mit dem neuzeitlichem Verständnis individueller Freiheit als unbeschränkter Selbstverfügung verbunden wird, die nur durch die Erfordernisse des gesellschaftlichen Zusammenlebens faktischen Beschränkungen unterliegt. Der aus solchem Verständnis menschlicher Autonomie herleitbare Anspruch des Menschen auf unumschränkte Herrschaft über die Natur ist durch die ökologische Krise in der Tat erschüttert. Das heißt aber nicht, daß der Mensch auf jede Herrschaft über die Natur verzichten könnte oder dürfte: Nur durch verantwortliche Wahrnehmung solcher Herrschaft kann die ökologische Krise überwunden werden." Pannenberg, Anthropologie in theologischer Perspektive, 76.

[433] Vgl. Rendtorff, Verantwortung für die Welt als Schöpfung Gottes – Ethische Grundlagen ökologischer Forderungen, in: Hunold/Korff (Hrsg.), Die Welt für Morgen, 20-30, hier: 21.

[434] Daferth/Jüngel, Person und Gottebenbildlichkeit, in: Böckle/Kaufmann/Rahner/Welte (Hrsg.), Christlicher Glaube in moderner Gesellschaft, Bd.24, 57-99, hier: 68.

[435] Vgl. Lehmann, Kreatürlichkeit des Menschen als Verantwortung für die Erde, in: IKaZ Communio (1978), 38-54, hier: 42.

[436] Vgl. Schockenhoff, Ethik des Lebens, 118 f.

[437] Die „Gottebenbildlichkeit", so definiert Seibel, besteht in der personalen Würde, „die beim Menschen Geist und Leib in einem umgreift. Er trägt also das Gottesbild nicht wie eine Eigenschaft an sich, sondern ist selbst Bild. Als ein Selbst, das sich in Erkenntnis und Liebe selbst besitzt, das nicht mehr Zweck für andere ist, sondern seinen Sinn in sich trägt und in Freiheit sich verwirklicht, als solches personhaftes Sein ist der Mensch Gottes Ebenbild." Seibel, Imago Dei, in: Feiner/Löhrer (Hrsg.), Mysterium Salutis, Bd.2, 805-844, hier: 815.

[438] Daferth/Jüngel, Person und Gottebenbildlichkeit, in: Böckle/Kaufmann/Rahner/Welte (Hrsg.), Christlicher Glaube in moderner Gesellschaft, Bd.24, 57-99, hier: 61.

[439] Der Gedanke der Personalität hat Eingang gefunden in zahlreiche staatliche Verfassungen und internationale Dokumente, so z.B. in die Präambel der UN-Menschenrechtserklärung von 1948. Dort wird daran erinnert, daß die Völker der Vereinten Nationen in dieser Satzung ihren Glauben „an die Würde und den Wert der Person" bekräftigt und beschlossen haben. Vgl. Heidelmeyer (Hrsg.), Die Menschenrechte, 271.
Kobusch kann daher urteilen: „Die Völker der Erde haben sich somit am Personbegriff als der Grundlage ihrer allgemeinen Menschenrechtserklärung orientiert." Kobusch, Die Entdeckung der Person, 11.

[440] Schmidinger, Der Mensch ist Person, 9.
Es ist das anredende Wort Gottes, das das Personsein des Menschen begründet. Indem der Schöpfer „Laßt uns (...)" spricht und somit auf seine Personalität als souveränes „Ur-Ich" verweist, schafft er sich im Menschen, der befähigt ist, „Du" zu sagen, ein personales Gegenüber. Daher kann der Mensch auch

313

nicht aufhören, Person zu sein, da er mit seinem Dasein, seiner Existenz, über die er keine Gewalt hat, Antwort auf den Anruf des Schöpfers ist. Vgl. Guardini, Welt und Person, 144.

Heinzmann verweist auf die Notwendigkeit der theologischen Begründung: „Die Begründung für das Verständnis des Menschen als Person mit allen Konsequenzen, die sich daraus ergeben, bietet allein das Christentum. Wenn die Verbindlichkeit dieses Fundaments verloren geht, wird sich die personale Würde des Menschen gegen andrängende Interessen anderer Provenienz nicht lange halten lassen." Heinzmann, Das Christliche – das Humane, in: Gründel (Hrsg.), Leben aus christlicher Verantwortung, Bd.1, 86-112, hier: 107.

[441] Der Begriff der Personalität gewinnt erst in der Neuzeit für die Anthropologie an Bedeutung. Seine Entwicklungsgeschichte ist eng mit der Trinitätstheologie verwoben. Vgl. Greshake, Der dreieine Gott, 77 ff. Zur genaueren Entwicklung des Personbegriffs und zu seiner zeitgenössischen Problematik vgl. Fuhrmann, Person, in: Ritter/Gründer (Hrsg.), Historisches Wörterbuch der Philosophie, Bd.7, 269-283; Rotter, Person und Ethik, 13-26; Kobusch, Die Entdeckung der Person, 23 ff.

[442] Boethius, Liber de persona et duabus naturis III, PL 64, 1343.

[443] Vgl. Hilberath, Der Personbegriff der Trinitätstheologie in Rückfrage an Karl Rahner zu Tertullians „Adversus Praxean", 104-114.

[444] Greshake, Der dreieine Gott, 102.

[445] Werbick, Person, in: Eicher (Hrsg.), Neues Handbuch theologischer Grundbegriffe, Bd.3, 339-350, hier: 343 f.

[446] Der Begriff „Persönlichkeitsentwicklung" erscheint im Vergleich zum Begriff „Selbstentfaltung" als präziser. So kann mit dem Begriff „Persönlichkeit" leichter an die Aussagen zur Personalität angeknüpft werden. Zugleich findet er auch in der psychologischen Fachsprache Verwendung. Dabei muß beachtet werden, daß die Persönlichkeitspsychologie keine scharfe Abgrenzung zwischen den Begriffen „Person" und „Persönlichkeit" kennt, wie es etwa der theologischen Anthropologie eigen ist. Vielmehr werden meistens beide Begriffe synonym benutzt. Vgl. Blattner/Plewa, Beschreibung und Erklärung der Persönlichkeit, in: Blattner/Gareis/Plewa, Handbuch der Psychologie für die Seelsorge, Bd.1, 398-442, hier: 400.

[447] Zur Unterscheidung von „Menschenbild-Anthropologie" und „Empirischer Anthropologie" erklärt Schulz: „Während die Menschenbild-Anthropologie das Wesen des Menschen von einer vorgegebenen metaphysischen Auffassung – also statisch – interpretiert, vermag die empirische Anthropologie die Komplexität der Persönlichkeitsentwicklung des Menschen in ihrer Dynamik sichtbar zu machen. Sie betrachtet den Menschen in seinem Lebenslauf nicht als isoliertes Einzelwesen, sondern sieht ihn innerhalb der zwischenmenschlichen und kulturellen Beziehungen, in denen er lebt und von denen er Halt und Richtung erfährt." Schulz, Religiöse Elternbildung als Lebenshilfe, 109 f.

[448] Vgl. Schockenhoff, Ethik des Lebens, 134.

[449] Vgl. Gründel, Person und Gewissen, in: Gründel (Hrsg.), Leben aus christlicher Verantwortung, Bd.1, 63-86, hier: 65.

[450] Vgl. Daferth/Jüngel, Person und Gottebenbildlichkeit, in: Böckle/Kaufmann/Rahner/Welte (Hrsg.), Christlicher Glaube in moderner Gesellschaft, Bd.24, 57-99, hier: 67.

[451] Vgl. Schockenhoff, Ethik des Lebens, 134.

[452] Sieland, Grundlagen der Entwicklungspsychologie, in: Blattner/Gareis/Plewa (Hrsg.), Handbuch der Psychologie für die Seelsorge, Bd.1, 215-230, hier: 218.

[453] So werden die unterschiedlichen Perspektiven deutlich, aus denen die personale Entwicklung betrachtet werden kann und muß. Vgl. Zimbardo, Psychologie, 5; Hamann, Pädagogische Anthropologie, 13.

[454] Die psychologischen Ansätze werden, insofern sie für die Thematik relevant sind, benannt und kurz dargestellt. Sie können allerdings nicht in ihrer Problematik ausführlich diskutiert werden, da dies im Rahmen dieser Arbeit zu weit führen würde.

[455] Individualität meint, daß jede Person einzigartig ist, besonders in ihrem konkreten Sosein, ihrer Originalität. Brieskorn grenzt die Begriffe Individualismus, Individualität und Individuum voneinander ab. „Vom Individualismus ist die »Individualität« abzugrenzen; sie meint die natürlich-kulturelle, die geerbte und erworbene Eigenart eines Menschen, die ihm unverwechselbare und von anderen Menschen sich abhebende Kontur verleiht. Während das »Individuum«, (...), den Menschen in seiner besonderen Einmaligkeit und nicht bloß eine Eigenschaft meint. Individualismus bezeichnet eine Geistesrichtung." Brieskorn, Der Mensch als zoon politikon, in: Koltermann (Hrsg.), Universum – Mensch – Gott, 248-267, hier: 248.

[456] Vgl. Zimbardo, Psychologie, 53.

[457] Schon im fünften Jahrhundert v. Chr. stellt Hippokrates die Theorie auf, daß der Körper vier Flüssigkeiten enthält, von denen jede mit einem bestimmten Temperament zusammenhängt. Er beschreibt vier Temperamentstypen, nämlich den leichtblütigen Sanguiniker, der sich durch Sorglosigkeit auszeichnet und den Augenblick lebt, den schwerblütigen Melancholiker, der sich durch Selbstbezogenheit, Bedrücktheit und eine grundsätzliche pessimistische Lebenshaltung beschreiben läßt, ferner den warmblütigen Choleriker, der leicht erregbar, aufbrausend und unbeherrscht ist und zuletzt den kaltblütigen Phlegmatiker, den Untätigkeit, Langsamkeit und geringe Lebendigkeit charakterisieren. Dabei kann es Mischformen geben. Die unterschiedlichen Charaktere geben dem einzelnen seine individuelle Note, prägen dessen Originalität und Persönlichkeit. „Selbstannahme" bedeutet also auch, lernen, seinen je eigenen Typ anzunehmen. Im Bewußtsein, daß einer beispielsweise ein Choleriker ist, kann er diese Eigenschaft positiv nutzen, indem er für Mitmenschen leichter für eine Sache begeistert als etwa ein phlegmatischer Typ. Vgl. Schneewind, Persönlichkeitstheorien I, 104.
In der Persönlichkeitspsychologie hat Kretschmer (+1964) eine „Konstitutionstypologie" aufgestellt, bei der er anhand des Körperbaus drei Menschentypen unterscheidet, denen er entsprechende Charakterzüge und Verhaltensweisen zuordnet. Der pyknische Typ ist bestimmt durch eine mittelgroße, gedrungene Figur und hat weiche, runde Formen. Menschen dieses Typs sind gemütvoll, gesellig, umgänglich, hilfsbereit und selten feindselig. Der mesomorphe Typ dagegen, dessen Körperbau athletisch, kräftig und muskulös ist, zeichnet sich durch Eigenschaften wie Treue, Mut und Selbstsicherheit aus. Schließlich gibt es noch den leptosomen Typ, der hager, schlank, schmal und gebrechlich wirkt. Introvertiert, kopflastig und wenig aufgeschlossen tritt er auf. Eine gewisse Kühle und Empfindlichkeit charakterisieren sein Wesen. Vgl. Kretschmer, Körperbau und Charakter, 20-28.
Sheldon (+1977) verfeinert später den Ansatz Kretschmers. Vgl. Sheldon, The varietes of temperament, 26.
[458] Vgl. Schneewind, Persönlichkeitstheorien, Bd.I, 133.
[459] Vgl. Blattner/Plewa, Beschreibung und Erklärung der Persönlichkeit, in: Blattner/Gareis/Plewa (Hrsg.), Handbuch der Psychologie für die Seelsorge, Bd.1, 398-442, hier: 407.
[460] Vgl. Heinzmann, Das Christliche – das Humane, in: Gründel (Hrsg.), Leben aus christlicher Verantwortung, Bd.1, 86-112, hier: 106.
[461] Vgl. Rotter, Person und Ethik, 30; Rauscher, Personalität, Solidarität, Subsidiarität, 11.
[462] Ein Beispiel dafür ist auch der „Muster-Katholik" des Milieukatholizismus. Die guten Katholiken sollten sich durch einheitliche Frömmigkeitsübungen, Gebetshaltungen, Umgangsformen, Sonntagskleidung etc. möglichst konform verhalten.
[463] „Substantialität" meint, daß jeder Mensch von sich aus einen Selbstand hat. Als Person ist er allein durch seine Existenz schon legitimiert. Der Mensch ist philosophisch gesprochen „Zweck an sich selbst" und kein Funktionär, der nur von seiner Tätigkeit oder Leistung her bestimmt wird, wie es oft in totalitären Systemen, aber auch im neoliberalen Kapitalismus der Fall ist. Als selbständige Existenz ist er mehr als ein Rädchen im großen Getriebe der Menschheit, das ameisengleich als unpersönliches Teil der übergeordneten Masse seine Aufgabe erfüllt. Wird der Mensch allerdings nur von seiner Funktion her definiert, bleibt er nur ein Exemplar der Gattung „geistbegabtes Sinnenwesen". Heinzmann erläutert: „Seine Funktion, die ihm innerhalb dieser Gattung zukommt, steht im Vordergrund. Sein Wert als Exemplar bemißt sich nach der Funktion, die er wahrnimmt, und der Art und Weise, wie er sie durchführt. Er ist ein Exemplar mit besonderen Fähigkeiten. Verliert der Mensch die Funktion oder ist er nicht mehr imstande, sie angemessen auszuführen, dann kann man auf ihn verzichten. Das Ganze muß funktionieren, der Einzelne ist beliebig austauschbar. So ist der Mensch, verstanden als Funktionär, identisch mit seiner Funktion. Verliert er die Funktion, dann verliert er seinen Sinn und damit seine Existenzberechtigung." Heinzmann, Das Christliche – das Humane, in: Gründel (Hrsg.), Leben aus christlicher Verantwortung, Bd.1, 86-112, hier: 107. Vgl. Guardini, Welt und Person, 121 f.
[464] Vgl. Jung, Die Syzygie. Anima und Animus, 31. Vgl. Rotter, Person und Ethik, 31; Guardini, Die Annahme seiner selbst, 7-35.
[465] Jung unterscheidet bei der Bestimmung der menschlichen Psyche zwischen den Begriffen „Ich" und „Selbst". Während das „Ich" jenen Teil der Psyche umfaßt, der bewußt ist, meint das „Selbst" die seelische Ganzheit, also auch die Tiefenschichten, das Verdrängte, das Unter- und Unbewußte. Daher steht der einzelne ständig vor der Aufgabe, mit den hellen auch die dunklen Teile der Psyche, den Schatten ernst zu nehmen. Vgl. Jung, Psychologische Typen, 525 f.
[466] Jacobi, Die Psychologie von C.G. Jung, 112.

[467] Bei allem Eifer und aller Mühe im Rahmen der persönlichen Vervollkommnung werden so z.B. Ordensleute immer wieder feststellen müssen, daß auch sie Menschen mit Stärken und Schwächen sind und an ihre Grenzen stoßen.

[468] Daher nennt Portmann (+1982) das neugeborene Kind eine „physiologische Frühgeburt". Vgl. Portmann, Die Menschengeburt im System der Biologie, in: Baumberger (Hrsg.), Das Kind in unserer Zeit, 51.

[469] Es bestimmt auch später die Persönlichkeit eines Menschen, ob er etwa als Kleinkind von seinen Eltern Zuneigung oder Abneigung erfahren hat, ob ihn seine Mutter angenommen oder abgelehnt hat.

[470] Nach Gehlen sind Institutionen anzusehen „als geschichtlich bedingte Weisen der Bewältigung lebenswichtiger Aufgaben und Umstände, (...) als stabilisierende Gewalten und als die Formen, die ein seiner Natur nach riskiertes und unstabiles, affektüberlastetes Wesen findet, um sich selbst und um sich gegenseitig zu ertragen." Gehlen, Moral und Hypermoral, 97.

[471] Dabei beschreibt der Begriff Sozialisation „den lebenslangen Prozeß der Entstehung individueller Verhaltensmuster, Werte, Maßstäbe, Fähigkeiten und Motive in der Auseinandersetzung mit den entsprechenden Maßstäben einer bestimmten Gesellschaft. Viele Menschen sind in diesen Prozeß einbezogen – Mutter, Vater, Geschwister, Freunde und Arbeitskollegen. Institutionen wie Schule, Kirchen, das Rechtswesen und der Strafvollzug halten dazu an, bestimmte Werte zu akzeptieren und sich an bestimmten Handlungsmaßstäben zu orientieren." Zimbardo, Psychologie, 73.
Mit den verschiedenen Antriebskräften zur Sozialisation beschäftigen sich die nachfolgenden Ausführungen: 2.2.1 Grundformen menschlicher Sozialisation.

[472] „Relationalität" meint, daß jede Person auf Begegnung und Beziehung angelegt ist. Sie ist letztlich Grund dafür, daß menschliches Miteinander zustande kommt und gelingen kann. Vgl. Brieskorn, Der Mensch als zoon politikon, in: Koltermann (Hrsg.), Universum – Mensch – Gott, 248-267, hier: 255.
Rotter erklärt: „Die menschliche Person verwirklicht sich nicht einfach in individualistischer Isolation, sondern nur in der Beziehung zum Du. Diese Ich-Du-Beziehung ist nicht zu denken als eine Beziehung, die beide Pole in einer Einheit aufhebt und ausgleicht, sondern als eine Beziehung, die die Spannung zwischen zwei Personen mit ihrer je unaufgebbaren Individualität festhält. Den andern lieben heißt deshalb wesentlich: auch das Anderssein des andern anerkennen und bejahen." Rotter, Person und Ethik, 34.

[473] Hier wird die Einsicht, daß der einzelne allein die globalen Probleme nicht bewältigen kann, zur sozialen Antriebskraft. Gerade in bedrohenden Konfliktsituationen kann die Erkenntnis: „Wir sitzen alle im gleichen Boot!" zu Kompromißbereitschaft führen und „Einheit in Vielheit" ermöglichen. Vgl. Korff, Wie kann der Mensch glücken ?, 250 ff.

[474] Watson fordert: „Geben Sie mir ein Dutzend gesunder Kinder, wohlgebildet, und meine eigene besondere Welt, in der ich sie erziehe! Ich garantiere Ihnen, daß ich blindlings eines davon auswähle und es zum Vertreter irgendeines Berufes erziehe, sei es Arzt, Richter, Künstler, Kaufmann, oder auch Bettler, Dieb, ohne Rücksicht auf seine Talente, Neigungen, Fähigkeiten, Anlagen, Reize oder Vorfahren." Watson, Der Behaviorismus, 134 f.

[475] Vgl. Schneewind, Persönlichkeitstheorien I, 150 f.

[476] Pestalozzi kann daher feststellen: „Soviel sah ich bald: Die Umstände machen den Menschen. Aber ich sah ebenso bald: Der Mensch macht die Umstände; er hat eine Kraft in sich, selbige vielfältig nach seinem Willen zu lenken." Pestalozzi, Grundlehren Mensch, Staat, Erziehung, 110.

[477] Interessanterweise führt Jonas als Archetyp alles verantwortlichen Handelns die „Pflicht gegenüber den Nachkommen" auf. „Nun gibt es schon in der herkömmlichen Moral einen (...) Fall elementarer nicht-reziproker Verantwortung und Pflicht, die spontan anerkannt und praktiziert wird: die gegen die Kinder, die man gezeugt hat, und die ohne die Fortsetzung der Zeugung in Vor- und Fürsorge zugrunde gehen müßten." Vgl. Jonas, Das Prinzip Verantwortung, 85.

[478] Brieskorn definiert: „Egoismus ist die Haltung, welche das Ich, seinen unterstellten Nutzen und sein Wohl in alle Überlegungen einbringt und zum obersten Gesichtspunkt erhebt: Was dem Ich nützt, ist vorzuziehen, was ihm schadet, abzulehnen. Die Gegenhaltung wäre die Haltung des »Altruismus«, die sich dem anderen zuwendet und dabei die Selbstverschwendung in seinem Dienst nicht scheut, den sie in einer Haltung der Ichvergessenheit verrichtet. (...). Beide, Egoismus und Altruismus, können sich übersteigern und verkehren, der eine in den »Egotismus«, eine übersteigerte Ichbezogenheit, Altruismus kann zur mißbilligenswerten Vernachlässigung der eigenen Belange ausarten." Brieskorn, Der Mensch als zoon politikon, in: Koltermann (Hrsg.), Universum – Mensch – Gott, 248-267, hier: 248 f.
Zum Begriff und Phänomen des Totalitarismus vgl. Gadshijew, Totalitarismus als Phänomen des 20. Jahrhunderts, in: Maier, (Hrsg.), Totalitarismus und Politische Religionen, 335-356, hier: 337.

[479] Von Nell-Breuning verweist auf die „Gemeinverstrickung" des einzelnen als Grundlage für Solidarität. Vgl. Nell-Breuning, Baugesetze der Gesellschaft, 17.

[480] Vgl. Berkel, Konfliktforschung und Konfliktbewältigung, 88 ff.

[481] Molinski, Umgang mit Konflikten, in: Gründel (Hrsg.), Leben aus christlicher Verantwortung, Bd.2, 134-149 ,hier: 136.

[482] Vgl. Berkel, Konfliktforschung und Konfliktbewältigung, 343 ff.

[483] Cohn, Von der Psychoanalyse zur Themenzentrierten Interaktion, 113 f.

[484] Vgl. Korff, Kernenergie und Moraltheologie, 91 ff.

[485] Vgl. Hamann, Pädagogische Anthropologie, 166 ff.

[486] Schmidinger, Der Mensch ist Person, 13 f.

[487] So kann man z.B. nicht zeitgleich Urlaub in einem afrikanischen und asiatischen Land machen oder sich nicht in gleicher Intensität an mehrere Lebenspartner binden. Auch die Entscheidung für eine bestimmte Berufsausbildung birgt zugleich die Entscheidung gegen eine Anzahl anderer beruflicher Möglichkeiten.

[488] Vgl. Gründel, Person und Gewissen, in: Gründel (Hrsg.), Leben aus christlicher Verantwortung, Bd.1, 63-85, hier: 71.

Allein die Vernunft, so Korff, „setzt den Menschen instand, zwischen gut und böse zu unterscheiden. Diese Fähigkeit kommt der Vernunft ihrem Wesen nach zu und ist ihr ebenso elementar eigen wie die Fähigkeit zur Unterscheidung von wahr und falsch. Im einen Fall bezieht sie sich auf die Bestimmung dessen, was ist bzw. nicht ist, im anderen Fall auf die Bestimmung dessen, was sein soll bzw. nicht sein soll." Korff, Wie kann der Mensch glücken ?, 269.

[489] Vgl. Gründel, Person und Gewissen, in: Gründel (Hrsg.), Leben aus christlicher Verantwortung, Bd.1, 63-85, hier: 74.

[490] Schneewind erklärt: „Ein mit dem theoretischen Ansatz von Freud eng zusammenhängender Aspekt ist in der Entwicklung einer neuen Perspektive vom Menschen zu sehen. Freuds Gedanken führten zur Abkehr von einem während des Viktorianischen Zeitalters vorherrschenden Menschenbild, wonach der Mensch ein durch und durch rationales, willenskontrolliertes und bewußtseinsgesteuertes Individuum sei." Schneewind, Persönlichkeitstheorien I, 204.

Nach Freuds psychoanalytischer Persönlichkeitstheorie bestimmen drei „Provinzen" die menschliche Persönlichkeit: das „Es", das „Über-Ich" und das „Ich". Das „Es" ist der unbewußte Teil der Persönlichkeit, es ist der Sitz der primären Triebe, des Sexualtriebes und des Aggressionstriebes. (Vgl. Freud, Neue Folge der Vorlesungen zur Einführung in die Psychoanalyse, 511.) Vom Lustprinzip bestimmt ist der Handlungsantrieb des „Es" das individuelle Überleben. Hier liegt die menschliche Neigung der Triebbefriedigung begründet. Das „Über-Ich" ist der Sitz der Werte, es entspricht dem Gewissen als bestrafende Instanz. (Vgl. Freud, Neue Folge der Vorlesungen zur Einführung in die Psychoanalyse, 504 f.) Zugleich ist es der innere Repräsentant der Gesellschaft, der dem Individuum sagt, was es tun darf und was nicht. Geprägt durch moralische Grundsätze enthält das „Über-Ich" aber auch das „Ich-Ideal", an dem der einzelne sich ausrichtet. Damit bekommt das „Über-Ich" als belohnende Instanz auch eine positive Seite. Zwischen diesen beiden Teilen der Persönlichkeit, zwischen „Es" und „Über-Ich" herrscht ein ständiger Kampf. Im Konflikt zwischen lustbezogenen Wünschen und vernünftigen Entscheidungen ist es Aufgabe des „Ich", ständig neu einen Kompromiß zu arrangieren. Es steht in einer permanenten Spannung zwischen den Ansprüchen der Außenwelt, dem „Über-Ich" und dem „Es". Als denkendes, vorausschauendes und planendes System nimmt es die Funktion einer inneren Vermittlungsinstanz wahr. An das „Ich" ist also sowohl das Bewußtsein als auch die Triebregulierung gebunden. (Vgl. Freud, Neue Folge der Vorlesungen zur Einführung in die Psychoanalyse, 512.)

Zur Kritik an Freuds Theorie vgl. Zimbardo, Psychologie, 413 f.

[491] Dabei werden auch gut ausgeklügelte pastorale Modelle an ihre Grenzen stoßen, da es den idealtypischen Menschen so nicht gibt.

[492] Vgl. Maslow, Motivation und Persönlichkeit, 78 ff.

[493] Maslow, Motivation und Persönlichkeit, 78.

[494] Maslow, Motivation und Persönlichkeit, 233.

[495] Im Blick auf das Anliegen der ganzen Arbeit soll in diesem Zusammenhang darauf verwiesen werden, daß mit Hilfe der „Maslowschen Bedürfnishierarchie" auch gesellschaftliche Entwicklungen erklärbar werden, wie etwa der dargestellte „Wertewandel" und die Tendenz zur „Individualisierung". In einer Gesellschaft, die nach einer schweren Naturkatastrophe oder nach einem verheerenden Krieg mit dem Wiederaufbau beschäftigt ist, stehen die ersten beiden Grundbedürfnisse im Vordergrund. Schließlich

gilt es, die Bevölkerung mit Nahrungsmittel zu versorgen und die zerstörten Gebäude wieder aufzurichten. Wenn der Wiederaufbau abgeschlossen ist und es mit der Zeit zu wachsendem Wohlstand kommt, dann werden andere Bedürfnisse wach. Die ständig befriedigten Bedürfnisse treten im gesellschaftlichen Bewußtsein in den Hintergrund und sind nicht mehr motivationsbestimmend. Vielmehr will nun der einzelne sein Leben gestalten und erleben, wie es in den Ausführungen zur „Erlebnisgesellschaft" deutlich wurde. Damit werden individuelle Ansprüche Hauptziele der „Bedürfnisbefriedigung".

[496] Brakelmann führt aus: „In verantwortlicher Freiheit tritt der Mensch in ein permanentes Austauschverhältnis mit der Natur. Er nutzt ihre Kräfte und Stoffe, um sich selbst eine menschliche Wohnstatt auf dieser Erde zu schaffen." Brakelmann, Arbeit, in: Böckle/Kaufmann/Rahner/Welte (Hrsg.), Enzyklopädische Bibliothek, Bd.8, 99-135, hier: 104 f.

[497] Vgl. Auer, Der Mensch als Subjekt verantwortlichen Handelns, in: Gründel (Hrsg.), Leben aus christlicher Verantwortung, Bd.1, 14-40, hier: 24; Rotter, Person und Ethik, 37.

[498] Vgl. Kerber, Arbeit IV, in: Kasper (Hrsg.), LThK³, Bd.1, 921-923, hier: 921. Kerber definiert Arbeit folgendermaßen: „Man darf aber den Arbeitsbegriff nicht eingeengt verstehen auf die bezahlte Erwerbsarbeit und noch weniger auf die Produktion bloß materieller Güter. Wer immer zielbewußt etwas schafft, was für ihn selber oder für andere von Wert ist, leistet Arbeit." Kerber, Arbeit und Arbeitslosigkeit, in: Gründel (Hrsg.), Leben aus christlicher Verantwortung, Bd.2, 70-80, hier: 74.

[499] Vgl. Honecker, Arbeit VII, in: Krause/Müller (Hrsg.) TRE, Bd.3, 639-657, hier: 654 f. Brakelmann erläutert die soziale Dimension der Arbeit: „Der einzelne ist nur lebensfähig, weil andere vor ihm in der Vergangenheit gearbeitet haben und andere in der Gegenwart mit ihm zusammen ein Leistungsgesamt bilden, um gemeinsame Zukunft haben zu können. (...) Der Mensch als arbeitender Mensch ist immer mitarbeitender Mensch." Brakelmann, Arbeit, in: Böckle/Kaufmann/Rahner/Welte (Hrsg.), Enzyklopädische Bibliothek, Bd.8, 99-135, hier: 108.

[500] Kerber beschreibt diese Auswirkungen: „Für das Lebensglück des einzelnen hängt nun viel von dieser gesellschaftlichen Organisation der Arbeit ab, ob nämlich die gesellschaftlichen Bindungen ihm eine gewisse Selbstverwirklichung in der Arbeit ermöglichen oder durch gesellschaftliche Entfremdung noch zusätzlich erschweren. Wieweit erlaubt die gesellschaftliche Ordnung dem einzelnen, seine Anlagen und Fähigkeiten zu entfalten?" Kerber, Arbeit und Arbeitslosigkeit, in: Gründel (Hrsg.), Leben aus christlicher Verantwortung, Bd.2, 70-80, hier: 75.

[501] Vgl. Korff, Kernenergie und Moraltheologie, 21. Beer/Erl führen aus: „Kreativität ist der modernere, aber auch der bescheidenere Ausdruck für das, was man früher etwas anspruchsvoller Schöpferkraft nannte. Jene geheimnisvolle Fähigkeit, die den Menschen zu originellen Leistungen und Werken beflügelt und so die Menschheit bereichert, den Fortschritt der Kultur garantiert. Kreativität umfaßt einen Komplex von Kräften, wie sie dem Maler, dem Dichter oder dem Komponisten, aber auch dem Entdecker und Erfinder innewohnen." Beer/Erl, Entfaltung der Kreativität, 9.

[502] Vgl. Le Goff, Arbeit V, in: Krause/Müller (Hrsg.), TRE, Bd.3, 626-635, hier: 627.

[503] Brakelmann erklärt die Begriffe: „Unter job rotation versteht man den Wechsel von Arbeitsplätzen und Arbeitsaufgaben, um einseitige körperliche und nervliche Belastungen wie Dauermonotonie zu verringern. Mit seiner Anwendung wird ein Abbau einseitiger Streßsituationen erreicht. Berufsmäßig ergibt sich eine Zunahme der Qualifikationen des Arbeitenden. Unter job enlargement versteht man eine Arbeitsvergrößerung oder Aufgabenerweiterung durch eine Aneinanderreihung von mehreren strukturell gleichartigen oder ähnlichen Arbeitselementen, wodurch der Arbeitsumfang vergrößert wird. Es bedeutet eine Summierung von mehreren Tätigkeiten und damit eine Vergrößerung des Bewegungsraumes, eine Erweiterung des technologischen Horizontes und eine Einübung in verschiedene Tätigkeiten. Unter job enrichment versteht man eine Aufgabenbereicherung durch Zusammenfügung strukturell verschiedenartiger Arbeitselemente zu einer größeren Handlungseinheit. Es geht um eine integrierte Kombination von Planungs-, Fertigungs- und Kontrollaufgaben." Brakelmann, Arbeit VIII, in: Krause/Müller (Hrsg.), TRE, Bd.3, 657-669, hier: 659; vgl. Brakelmann, Arbeit, in: Böckle/Kaufmann/Rahner/Welte (Hrsg.), Enzyklopädische Bibliothek, Bd.8, 99-135, hier: 121.

[504] Selbstverständlich muß in diesem Zusammenhang differenziert werden, da auf dem Arbeitsmarkt eine Sekretärin leichter zu finden ist als eine gute Führungskraft. Allerdings gilt grundsätzlich, daß in jeder Position eine gute Arbeitsleistung Voraussetzung für die Gesamteffizienz eines Unternehmens ist.

[505] Vgl. Korff, Orientierungslinien einer Wirtschaftsethik, in: Hunold/Korff (Hrsg.), Die Welt für morgen, 67-80, hier: 72 f.

[506] Vgl. Rahner, Der Spielende Mensch, 11 ff.

[507] „Persönliche Identität" meint die Summe aller individuellen Verhaltensweisen und Charakterzüge einer Person, während die Zuweisung und Übernahme von sozial vorgeprägten Rollen die „soziale Identität" umschreibt. Vgl. Wendel, Identität, in: Bitter/Miller (Hrsg.), Handbuch Religionspädagogischer Grundbegriffe, Bd.1, 100-105, hier: 101.

[508] Mit Hamann soll darauf aufmerksam gemacht werden, daß das „Identitätsthema" in den Humanwissenschaften gegenwärtig „Hochkonjunktur" hat, was sich im Nebeneinander einer Mehrzahl von Identitäts- und Selbstkonzepten zeigt. Vgl. Hamann, Pädagogische Anthropologie, 142.

Für Erikson (+1993) ist Identitätsbildung das fortwährende Arrangement von Selbstverständnis (Vorstellung des einzelnen von sich selbst) und Rollenerwartung (Vorstellung der anderen über ihn), das sich in einem permanenten Reifungs- und Veränderungsprozeß vollzieht, der durch verschiedene Lebensphasen geprägt ist. Erikson gliedert dieses ständige Wachstum der Persönlichkeit in eine stufenweise Abfolge von acht Phasen. Vgl. Erikson, Identität und Lebenszyklus, 150.

Zwischen „Ideal-Ich" und sozialer Rolle muß sich ein Selbstgefühl entwickeln, das zu der Überzeugung erstarkt, so Erikson, „daß das Ich wesentliche Schritte in Richtung auf eine greifbare kollektive Zukunft zu machen lernt und sich zu einem definierten Ich innerhalb einer sozialen Realität entwickelt." Erikson, Identität und Lebenszyklus, 17.

[509] Vgl. Dahrendorf, Homo Sociologicus, 19.

[510] Nach dem Motto: „Jetzt erst recht!" werden „Trotz, Verachtung und Rache" zu bestimmenden Handlungsantrieben. Sie führen zur Herausbildung einer sogenannten „negativen Identität", die sich darin gefällt, eine Gegenrolle zu der geforderten einzunehmen. Vgl. Erikson, Identität und Lebenszyklus, 165 ff.

[511] „Interaktion" meint den Prozeß der gegenseitigen Beeinflussung zwischen Individuum und sozialer Institution. Vgl. Schuh, Interaktion, in: Bitter/Miller, Handbuch Religionspädagogischer Grundbegriffe, Bd.1, 74-78, hier: 78.

[512] Um diesen Abschnitt parallel zum vorhergehenden Abschnitt zu gestalten, wo zunächst die philosophisch-theologischen und dann die empirischen Erkenntnisse aufgezeichnet wurden, wird auch im Folgenden zunächst der philosophische Ansatz Piepers dargestellt und im Anschluß daran der empirische Ansatz von Korff.

[513] Höffner, Christliche Gesellschaftslehre, 40.

[514] Da die Überlegungen von Tönnies für die Ausführungen von Pieper grundlegend sind, sollen sie zunächst dargestellt werden.

[515] Vgl. Tönnies, Das Wesen der Soziologie, in: Tönnies, Soziologische Studien und Kritiken, Bd.I, 350-368, hier: 361.

[516] Vgl. Tönnies, Gemeinschaft und Gesellschaft, 73 ff.

[517] Dabei stellt die Familie die reinste Form von „Gemeinschaft" dar, da sich in ihr alle drei Elementarformen verbinden. Für Tönnies ist sie „das dauernde und echte Zusammenleben" schlechthin. Vgl. Tönnies, Gemeinschaft und Gesellschaft, 3.

[518] Baumgartner, Sehnsucht nach Gemeinschaft, 44.

[519] Tönnies erläutert diesen Sachverhalt: „Die Theorie der Gesellschaft konstruiert einen Kreis von Menschen, welche, wie in Gemeinschaft, auf friedliche Art nebeneinander leben und wohnen, aber nicht wesentlich verbunden, sondern wesentlich getrennt sind, und während dort verbunden bleibend trotz aller Trennungen, hier getrennt bleiben trotz aller Verbundenheit." Tönnies, Gemeinschaft und Gesellschaft, 34.

[520] Vgl. Tönnies, Das Wesen der Soziologie, in: Tönnies, Soziologische Studien und Kriterien, Bd.I, 350-368, hier: 365.

[521] Baumgartner erläutert: „Jedes konkrete Sozialverhältnis stellt eine Mischform aus gemeinschaftlichen und gesellschaftlichen Elementen dar. Die Realität des sozialen Lebens bewegt sich zwischen den beiden Polen von Gemeinschaft und Gesellschaft. Aufgrund ihrer jeweiligen Zusammensetzung neigt sie sich mehr dem einen oder dem anderen Typus zu. Der reine Typus bleibt nur als absolute Grenzmöglichkeit denkbar." Baumgartner, Sehnsucht nach Gemeinschaft, 48.

[522] Tönnies, Gemeinschaft und Gesellschaft, 3.

[523] Tönnies, Gemeinschaft und Gesellschaft, 211.

[524] Vgl. Plessner, Grenzen der Gemeinschaft, Bonn 1924; Guardini, Möglichkeit und Grenzen der Gemeinschaft (1932), in: Guardini, Unterscheidung des Christlichen, 76-94.

[525] Vgl. Pieper, Grundformen sozialer Spielregeln, München[7] 1987.

[526] Pieper erläutert diese hilfreiche Unterscheidung: „Gemeint aber ist, daß auch im menschlichen Gemeinleben die mehrfach strukturierten Beziehungen unter den Einzelnen zu unterscheiden sind von den durch ihre Funktion bestimmten sozialen Organen (Familie, Staat, Kirche, Armee, Betrieb – und so fort), in welchen allein (...) sich jene zwischenmenschlichen Gewebeformen auf jeweils charakteristische Weise realisiert finden." Pieper, Grundformen sozialer Spielregeln, 15.

[527] Pieper spricht in diesem Zusammenhang von „sozialen Spielregeln" und versteht darunter „die jeweils verschiedenen Verhaltensnormen, die mit einer bestimmten Gestalt menschlichen Zusammenseins natürlicherweise gegeben sind." Pieper, Grundformen sozialer Spielregeln, 18.

[528] Pieper, Grundformen sozialer Spielregeln, 22.

[529] Pieper, Grundformen sozialer Spielregeln, 19.

[530] Das gemeinsame Warten verschiedener Menschen an einer Bushaltestelle oder der Einkauf im selben Supermarkt stellen daher keine Formen menschlicher Gesellung dar.

[531] Pieper, Grundformen sozialer Spielregeln, 23.

[532] Eine Familie z.B. darf sich daher nie nur als „reine Gemeinschaft" verstehen, sondern wird immer auch durch Aspekte der Sozialisationsformen „Gesellschaft" und „Organisation" gekennzeichnet sein.

[533] Pieper, Grundformen sozialer Spielregeln, 27.

[534] Vgl. Pieper, Grundformen sozialer Spielregeln, 45.

[535] Pieper erkennt: „Sie wählen jeweils den kürzesten Weg von einem zum andern." Pieper, Grundformen sozialer Spielregeln, 29.

[536] Vgl. Plessner, Grenzen der Gemeinschaft, 53-71.

[537] Pieper, Grundformen sozialer Spielregeln, 31. Vgl. Guardini, Möglichkeit und Grenzen der Gemeinschaft, in: Guardini, Unterscheidung des Christlichen, 76-94, hier: 84.

[538] Pieper, Grundformen sozialer Spielregeln, 37.

[539] Hier zeigen sich z.B. innerhalb der Familien klar die Grenzen der Grundform „Gemeinschaft".

[540] Vgl. Pieper, Grundformen sozialer Spielregeln, 40 ff.

[541] Pieper, Grundformen sozialer Spielregeln, 43.

[542] Thomas von Aquin, Super Evangelium Matthaei, 5,2, (Busa 147-149, hier: 149).

[543] Pieper, Grundformen sozialer Spielregeln, 45.

[544] Plessner, Grenzen der Gemeinschaft, 38.

[545] Kierkegaard, Entweder – Oder, 84 f.; vgl. Pieper, Grundformen sozialer Spielregeln, 49.

[546] Pieper, Grundformen sozialer Spielregeln, 50. Vgl. Schopenhauer, Parerga und Paralipomena, § 396, (Löhneysen 765).

[547] Pieper definiert: „Takt heißt: Haltmachen vor der Intimsphäre des anderen, niemandem die eigenen Privatangelegenheiten aufdrängen, aber dennoch Anteil nehmen am Mitmenschen und ihn respektieren in seiner eigenständigen Würde." Pieper, Grundformen sozialer Spielregeln, 51.

[548] Pieper, Grundformen sozialer Spielregeln, 52.

[549] Pieper, Grundformen sozialer Spielregeln, 55.

[550] Pieper, Grundformen sozialer Spielregeln, 57.

[551] Pieper, Grundformen sozialer Spielregeln, 61.

[552] Pieper, Grundformen sozialer Spielregeln, 62 f.

[553] Pieper, Grundformen sozialer Spielregeln, 65.

[554] Pieper, Grundformen sozialer Spielregeln, 72.

[555] Vgl. Pieper, Grundformen sozialer Spielregeln, 67.

[556] Seneca, De beneficiis, Liber VII, 1,7 (Rosenbach 528).

[557] Vgl. Thomas von Aquin, Summa Theologica I-II, 94, 2; Korff, Kernenergie und Moraltheologie, 18.

[558] Vgl. Korff, Naturale Bedingungsstrukturen des Sittlichen, in: Hertz/Korff/Rendtorff/Ringeling (Hrsg.), Handbuch der christlichen Ethik, Bd.1, 152-158, hier: 153.

[559] Vgl. Korff, Norm und Sittlichkeit, 77.

[560] Vgl. Korff, Norm und Sittlichkeit, 92; Korff, Naturale Bedingungsstrukturen des Sittlichen, in: Hertz/Korff/Rendtorff/Ringeling (Hrsg.), Handbuch der christlichen Ethik, 152-158, hier: 154. Vgl. Vierkandt, Die drei Sozialmoralen, in: Vierkandt, Gesellschaftslehre, 394-405; Gadamer, Wahrheit und Methode, 340-344.

[561] Korff erläutert: „Denn das Unterscheidende der höheren sozialen Lebensformen liegt (...) darin, daß sie sich in der Weise eines wesenhaft interindividuell verfaßten Miteinanders darstellen, das sich seiner ganzen Struktur nach aus einem eigentümlichen antagonistischen, in sich nochmals reich variierenden

Spannungsgefüge von verbindendem Zueinander und konkurrierendem Gegeneinander aufbaut." Korff, Norm und Sittlichkeit, 78 f.

Ebenso gilt als erwiesen, daß erst höhere Formen tierischen Lebens die Ausprägung von „Individualität" kennen. Portmann erläutert: „Nicht die Individuen schließen sich zu den Sozialgruppen zusammen, sondern die höhere Lebensform kennt Individuen nur in dieser obligatorischen Ordnung von Gruppen." Portmann, Das Tier als soziales Wesen, 331.

[562] Vgl. Korff, Norm und Sittlichkeit, 90.

[563] Eibl-Eibesfeldt, Liebe und Haß, 71.

[564] Vgl. Eibl-Eibesfeldt, Liebe und Haß, 139.

[565] Vgl. König, Soziologie, 224.

[566] Vgl. Wickler/Seibt, Das Prinzip Eigennutz, 76.

[567] Vgl. Wickler/Seibt, Das Prinzip Eigennutz, 77.

[568] Eibl-Eibesfeldt, Liebe und Haß, 73.

[569] Korff, Naturale Bedingungsstrukturen des Sittlichen, in: Hertz/Korff/Rendtorff/Ringeling (Hrsg.), Handbuch der christlichen Ethik, 152-158, hier: 154.
Entsprechend der „Sachmoral" Vierkandts (vgl. Vierkandt, Gesellschaftslehre, 399) verweist Korff auch auf Gadamer. Dieser erläutert die „sachhaft-gebrauchende Grundeinstellung" anhand des Nutzwerts der „Menschenkenntnis". „Nun gibt es eine Erfahrung des Du, die aus dem Verhalten des Mitmenschen Typisches heraussieht und auf Grund der Erfahrung Voraussicht des anderen gewinnt. Wir nennen das Menschenkenntnis. Wir verstehen den anderen, wie wir einen typischen Vorgang in unserem Erfahrungs-feld sonst verstehen, d.h. wir können mit ihm rechnen. Sein Verhalten dient uns genauso als Mittel zu unseren Zwecken wie als Mittel sonst." Vgl. Gadamer, Wahrheit und Methode, 341.
Diese „Du-Erfahrung" des Menschen, die den anderen einschätzt und berechnet, um seine individuellen Fähigkeiten und Eigenarten nutzen zu können, entspricht der „sachhaft-gebrauchenden Grundein-stellung".

[570] Eibl-Eibesfeldt, Liebe und Haß, 101.

[571] Korff, Norm und Sittlichkeit, 81.

[572] Vgl. Eibl-Eibesfeldt, Liebe und Haß, 80 ff.

[573] Aggression darf daher nicht verdrängt bzw. als negativ und böse abgetan werden.

[574] Korff, Naturale Bedingungsstrukturen des Sittlichen, in: Hertz/Korff/Rendtorff/Ringeling (Hrsg.), Handbuch der christlichen Ethik, 152-158, hier: 154.
Indem der einzelne für sich einfordert, was ihm nach eigener Einschätzung zusteht, entspricht diese soziale Haltung der „Gesellschaftsmoral" bei Vierkandt. Vgl. Vierkandt, Gesellschaftslehre, 397.
Wiederum verweist Korff auch auf Gadamer und ordnet der „konkurrierenden Grundeinstellung" das entsprechende „Ich-Du Verhältnis" zu. Gadamer erkennt: „Das Ich-Du Verhältnis ist ja kein unmittelba-res, sondern ein Reflexionsverhältnis. Allem Anspruch entspricht ein Gegenanspruch. (...). Die innere Geschichtlichkeit aller Lebensverhältnisse zwischen Menschen besteht darin, daß die gegenseitige Aner-kennung ständig umkämpft ist. Sie kann verschiedene Grade der Spannung annehmen, bis zur völligen Beherrschung des einen Ichs durch das andere Ich." Gadamer, Wahrheit und Methode, 341 f.

[575] Eibl-Eibesfeldt, Liebe und Haß, 148; vgl. Korff, Norm und Sittlichkeit, 90 f.

[576] Vgl. Wickler/Seibt, Das Prinzip Eigennutz, 205.

[577] Korff, Norm und Sittlichkeit, 91; vgl. Eibl-Eibesfeldt, Liebe und Haß, 142 f.

[578] Wickler/Seibt stellen fest: „Großmütter, Mütter und Töchter halten zusammen, und die Älteren unter-stützen die Jüngeren bei der Aufzucht ihrer Kinder." Wickler/Seibt, Das Prinzip Eigennutz, 205.

[579] Vgl. Wickler/Seibt, Das Prinzip Eigennutz, 178 f.

[580] Eibl-Eibesfeldt, Liebe und Haß, 111. An anderer Stelle erläutert Eibl-Eibesfeldt, was mit Liebe gemeint ist. „Ich verwende in diesem Buch des öfteren den Begriff Liebe. Es ist dabei nicht allein die geschlechtliche Liebe gemeint, sondern allgemeiner die gefühlsmäßige, persönliche Bindung eines Men-schen an einen anderen oder die daraus erwachsende Bindung über Identifikation mit einer bestimmten Gruppe. Das Gegenstück zur Liebe ist der Haß als individualisierte emotionelle Ablehnung und der dar-aus erwachsende Gruppenhaß. Wir können in diesem Sinne genaugenommen nur beim Menschen von Liebe und Haß sprechen." Eibl-Eibesfeldt, Liebe und Haß, 17.

[581] Korff, Naturale Bedingungsstrukturen des Sittlichen, in: Hertz/Korff/Rendtorff/Ringeling (Hrsg.), Handbuch der christlichen Ethik, 152-158, hier: 154. Nach Korff entspricht das „fürsorgende Verhalten" der „Gruppenmoral" bei Vierkandt. „Sie fordert, kurz gesagt, Liebe gegen die Gruppe und Achtung gegen die Genossen; (...)." Vierkandt, Gesellschaftslehre, 395. Gadamer umschreibt die Haltung der

Liebe mit dem Begriff der Offenheit für das „Du". „Im mitmenschlichen Verhalten kommt es darauf an, (...) das Du als Du wirklich zu erfahren, d.h. seinen Anspruch nicht zu überhören und sich etwas von ihm sagen zu lassen. Dazu gehört Offenheit. Aber diese Offenheit ist am Ende nicht nur für den einen da, von dem man sich etwas sagen lassen will, vielmehr: wer sich überhaupt etwas sagen läßt, ist auf eine grundsätzliche Weise offen. Ohne eine solche Offenheit füreinander gibt es keine echte menschliche Bindung. Zueinandergehören heißt immer zugleich Auf-einander-Hören können." Gadamer, Wahrheit und Methode, 343.

[582] Vgl. Korff, Norm und Sittlichkeit, 91.

[583] Vgl. Korff, Norm und Sittlichkeit, 97.

[584] Korff, Naturale Bedingungsstrukturen des Sittlichen, in: Hertz/Korff/Rendtorff/Ringeling (Hrsg.), Handbuch der christlichen Ethik, 152-158, hier: 154.

[585] Vgl. Korff, Norm und Sittlichkeit, 97. Der Begriff „Perichorese" kommt vom griechischen περιχωρειν = (inne)wohnen.

[586] Vgl. Korff, Norm und Sittlichkeit, 98.

[587] Schneider beschreibt diese Spannung: „In dieser polaren Spannung nun steht der Mensch wie in einem elektrischen Wechselfeld, herausgefordert von seiner personalen Unverwechselbarkeit einerseits und seiner Sozialnatur andererseits." Schneider, Soziale Vernetzung, 40.
Sozialität und Individualität charakterisieren das Hauptproblem christlicher Sozialethik, wie Schwer in seiner „Katholischen Gesellschaftslehre" schon 1928 treffend feststellt: „Individuum und Gesellschaft sind unlösbar miteinander verbunden. Es gibt keinen Einzelmenschen, der nicht vom ersten Augenblick seines Daseins an auch Gesellschaftswesen wäre, und keine Gesellschaft, die je anders als in den Individuen und durch sie bestünde. Diese geheimnisvolle Verschränkung bildet das Grundproblem der Gesellschaftslehre, denn aus ihr erwächst die Frage, wie diese beiden Pole der Spannung zwischen Individuum und Gemeinschaft, die in jedem gesellschaftlichen Gebilde zutage tritt, zueinanderzuordnen seien (...). Daher steht auch jede Gesellschaftslehre vor der Notwendigkeit, sich über die Zueinanderordnung der individuellen und sozialen Kräfte im Gesellschaftsleben und den Ausgleich ihres Widerstreites grundsätzlich zu entscheiden. Die Antwort bestimmt von Grund auf die ganze Gesellschaftsauffassung und nimmt die Lösung fast aller anderen gesellschaftlichen Probleme (Ehe, Familie, Staat, Recht, Arbeit, Eigentum) vorweg." Schwer, Katholische Gesellschaftslehre, 112 f.

[588] Gründel, Christliches Menschenbild und Fundamentalismus, Theologische Perspektiven zum Menschenbild, in: Weis (Hrsg.), Bilder vom Menschen, 259-282, hier: 267.

[589] „Soziale Institutionen" lassen sich als Zusammenschlüsse einzelner Personen zur Verfolgung gemeinsamer Interessen und Ziele beschreiben.

[590] Vgl. Rauscher, Personalität, Solidarität, Subsidiarität, 22.

[591] D.h. soziale Institutionen sind für den Menschen da und nicht umgekehrt. Vgl. Rauscher, Personalität, Solidarität, Subsidiarität, 19.

[592] Vgl. Rauscher, Personalität, Solidarität, Subsidiarität, 22; Rendtorff, Kritische Erwägungen zum Subsidiaritätsprinzip, in: Münder/Kreft (Hrsg.), Subsidiarität heute, 184-210, hier: 203.

[593] Vgl. Höffner, Gemeinschaft, in: HThG 1 (1962), 462-468, hier: 465.

[594] Vgl. Nell-Breuning, Baugesetze der Gesellschaft, 35.

[595] Von Nell-Breuning beschreibt treffend den Individualisten: „Für den Individualismus ist der Einzelmensch (das Individuum) alles, die Gemeinschaft dagegen nur etwas, dessen der einzelne sich insoweit bedient, als er davon einen Nutzen für sich selbst erwartet. Im Grunde genommen kennt der Individualist überhaupt keine »Gemeinschaft«, sondern nur Beziehungen, die wie Drähte zwischen ihm und anderen hin und her laufen und an denen er zieht, wenn er von anderen etwas will." Nell-Breuning, Baugesetze der Gesellschaft, 44.

[596] Vgl. Schneider, Subsidiäre Gesellschaft, 24.

[597] Von Nell-Breuning unterscheidet in „Gemeingut" und „Gemeinwohl": „Das ganze Leben der Gemeinschaft kreist um ihr Gemeingut und zielt auf ihr Gemeinwohl." Nell-Breuning, Baugesetze der Gesellschaft, 30.

[598] Unter Wahrung der „Personalität" ist gemeint, daß der einzelne nicht gezwungen werden darf, gegen sein Gewissen zu handeln. Im Gewissenskonflikt muß ihm die Möglichkeit gegeben sein, die betreffende soziale Institution zu verlassen, da er sich nicht mehr mit deren Interessen und Zielen identifizieren kann. Selbstverständlich wird dies nicht immer so einfach möglich sein. Wenn man z.B. die schlechte Lage auf dem Arbeitsmarkt betrachtet, ist es verständlich, daß Arbeitnehmer auch bei Unternehmen tätig sind, mit

deren Zielen sie sich nicht voll identifizieren können. Hier stellt sich die Frage nach dem ethischen Kompromiß. Vgl. Korff, Kernenergie und Moraltheologie, 76.

[599] Vgl. Nell-Breuning, Baugesetze der Gesellschaft, 39.

[600] Für von Nell-Breuning stellen sie die beiden wichtigsten „Baugesetze" menschlicher Sozialität dar, „darunter an erster Stelle (...) das Solidaritätsprinzip oder, wie wir es verdeutschen, das Grundgesetz der gegenseitigen Verantwortung. Diese gegenseitige Verantwortung bestimmt das ganze Baugerüst (die »Struktur«) der menschlichen Gesellschaft und trägt damit die Gesellschaft, wie die Pfeiler und Strebepfeiler den Bau des gotischen Domes oder das Stahlskelett den modernen Wolkenkratzer. Als zweites Baugesetz kommt hinzu das Prinzip, das den Namen »Subsidiaritätsprinzip« führt, von uns verdeutscht mit »hilfreicher Beistand«. Auch ihm kommt die Würde eines Baugesetzes (»Strukturprinzips«) zu, denn es gibt Auskunft darüber, wer jeweils Träger der Verantwortung ist." Nell-Breuning, Baugesetze der Gesellschaft, 11.

[601] Vgl. Höffner, Christliche Gesellschaftslehre, 47.

[602] Vgl. Amengual, Zu einer begrifflichen Bestimmung von Solidarität, in: Fraling/Hoping/Scannone (Hrsg.), Kirche und Theologie im kulturellen Dialog, 237-254, hier: 238.

[603] Rauscher, Personalität, Solidarität, Subsidiarität, 23.

[604] Vgl. Höffner, Christliche Gesellschaftslehre, 47.

[605] Daraus folgt, daß das „Solidaritätsprinzip" von seinem Wesen her nicht gegen das „Personalitätsprinzip" angewendet werden kann, da es auf diesem aufbaut. Rauscher erläutert: „Die Solidarität erschöpft sich nicht in der Achtung des anderen, sie fängt überhaupt erst an mit der wechselseitigen Verbundenheit und der daraus erwachsenden Pflicht zur gegenseitigen Hilfeleistung." Rauscher, Personalität, Solidarität, Subsidiarität, 35.

[606] Amengual führt aus: „So drückt Solidarität zwei Sachverhalte gleichzeitig aus: 1) die Verbindung zwischen Personen, d.h. den sozialen Bezug; 2) die gegenseitige Verantwortung aller Individuen jedem einzelnen und allen gemeinsam gegenüber. Dadurch wird nicht nur der Bezug zum Kollektiv angesprochen, sondern auch die persönliche Verantwortung. Das Individuum geht so nicht in der kollektiven Masse unter. Auch die Verantwortung des Gemeinwesens bleibt erhalten." Amengual, Zu einer begrifflichen Bestimmung von Solidarität, in: Fraling/Hoping/Scannone (Hrsg.), Kirche und Theologie im kulturellen Dialog, 237-254, hier: 238.

[607] So kann Rauscher richtig feststellen: „Der Verstoß gegen die Solidarität ist ein Verstoß gegen die menschliche Natur, gegen das eigene Personsein." Rauscher, Personalität, Solidarität, Subsidiarität, 25.

[608] In seiner geschöpflichen Begrenztheit und Unzulänglichkeit auf andere Menschen verwiesen, wird die Erkenntnis „Wir sitzen alle im gleichen Boot!" zum einheitsstiftenden Band. Vgl. Nell-Breuning, Baugesetze der Gesellschaft, 17.

[609] Vgl. Nell-Breuning, Baugesetze der Gesellschaft, 54.

[610] Vgl. Nell-Breuning, Baugesetze der Gesellschaft, 11.

[611] Nell-Breuning, Baugesetze der Gesellschaft, 45. Vgl. Pesch, Lehrbuch der Nationalökonomie I, Freiburg i.Brg. 1924.

[612] Vgl. Amengual, Zu einer begrifflichen Bestimmung von Solidarität, in: Fraling/Hoping/Scannone (Hrsg.), Kirche und Theologie im kulturellen Dialog, 237-254, hier: 240.

[613] Vgl. Amengual, Zu einer begrifflichen Bestimmung von Solidarität, in: Fraling/Hoping/Scannone (Hrsg.), Kirche und Theologie im kulturellen Dialog, 237-254, hier: 243.
Auch in der UN-Menschenrechtserklärung erscheint die „Brüderlichkeit" eher als Anhängsel, wenn es dort heißt: „Alle Menschen sind frei und gleich an Würde und Rechten geboren. Sie sind mit Vernunft und Gewissen begabt und sollen einander im Geiste der Brüderlichkeit begegnen." Heidelmeyer (Hrsg.), Die Menschenrechte, 271.

[614] Vgl. Ulrich, Solidarität, in: Enderle/Homann/Honecker/Kerber/Steinmann (Hrsg.), Lexikon der Wirtschaftsethik, 959-963, hier: 960.
Im Blick auf die gegenwärtigen Herausforderungen der „Leistungs-" und „Spezialistengesellschaft" läßt sich mit Amengual feststellen: „Nun ist es aber so, daß die Forderung nach gesteigerter Leistungsfähigkeit des Einzelnen nicht immer einhergeht mit der entsprechenden Ausstattung seiner selbst und seines Umfeldes, sondern im Gegenteil erweist es sich als Normalfall, daß, je weiter der Vereinzelungsprozeß voranschreitet, der Einzelne sich um so mehr einer immer dichteren und subtileren Anonymität ausgesetzt sieht, in der jegliche gegenseitige Unterstützung fehlt, während das Bedürfnis nach Schutz zunimmt. So gesehen bedingt der Individualisierungsprozeß nicht nur gesteigerte Forderungen an den Einzelnen, sondern er entwaffnet ihn zugleich und überläßt ihn der Anonymität und Vermassung. Dies führt

zu der Erfahrung, den Anderen unausweichlich ausgeliefert zu sein, ohne den gesuchten Beistand zu finden. (...). Diesem geänderten Kontext hat ein heutiges Überdenken der Solidarität Rechnung zu tragen; auszugehen ist nicht mehr von einem festgefügten Lebenszusammenhang, sondern von Isolation und Anonymität, d.h. von der Erfahrung des umfassenden Indvdidualisierungsprozesses, wobei sowohl die durch diesen Prozeß bestätigte Autonomie des Individuums zu berücksichtigen ist als auch die damit einhergehende Isolierung. In eben dieser gegenseitigen Abhängigkeit von Individualisierung und Sozialisierung werden die Bande deutlich, die zwischen den Menschen und ihrer sozialen Umwelt bestehen: ein Faktum, das Solidarität (auch wenn sie ungelebt bleibt) evident werden läßt." Amengual, Zu einer begrifflichen Bestimmung von Solidarität, in: Fraling/Hoping/Scannone (Hrsg.), Kirche und Theologie im kulturellen Dialog, 237-254, hier: 242.

[615] Vgl. Pieper, Subsidiarität, 30.

[616] Vgl. Nell-Breuning, Baugesetze der Gesellschaft, 11; 79.

[617] Vgl. Pius XI., Enzyklika „Quadragesimo anno", 15. Mai 1931: DH 3725-3744, hier: 3738 ff.

[618] Vgl. Pieper, Subsidiarität, 36.

[619] Vgl. Rauscher, Personalität, Solidarität, Subsidiarität, 38.

[620] Pius XI., Enzyklika „Quadragesimo anno", 15. Mai 1931, Nr. 79: DH 3738 ff. Hier zitiert nach Schneider, Subsidiäre Gesellschaft, 19.

[621] Rauscher, Personalität, Solidarität, Subsidiarität, 42.

[622] Vgl. Nell-Breuning, Das Subsidiaritätsprinzip, in: Münder/Kreft (Hrsg.), Subsidiarität heute, 173-184, hier: 181; Nell-Breuning, Baugesetze der Gesellschaft, 79; Pieper, Subsidiarität, 37.

[623] Vgl. Nell-Breuning, Baugesetze der Gesellschaft, 87.

[624] Nell-Breuning, Das Subsidiaritätsprinzip, in: Münder/Kreft (Hrsg.), Subsidiarität heute, 173-184, hier: 176.

[625] Vgl. Rauscher, Personalität, Solidarität, Subsidiarität, 46.

[626] Nell-Breuning, Baugesetze der Gesellschaft, 95.

[627] Vgl. Pieper, Subsidiarität, 38.

[628] Vgl. Nell-Breuning, Baugesetze der Gesellschaft, 114.

[629] Nell-Breuning, Das Subsidiaritätsprinzip, in: Münder/Kreft (Hrsg.), Subsidiarität heute, 173-184, hier: 182.

[630] Vgl. Nell-Breuning, Baugesetze der Gesellschaft, 103 f.

[631] Vgl. Nell-Breuning, Baugesetze der Gesellschaft, 117.

[632] Vgl. Schneider, Subsidiäre Gesellschaft, 35.

[633] Vgl. Pieper, Subsidiarität, 39.

[634] Vgl. Schneider, Subsidiäre Gesellschaft, 136.

[635] Vgl. Schneider, Subsidiäre Gesellschaft, 61.

[636] Nell-Breuning, Das Subsidiaritätsprinzip, in: Münder/Kreft (Hrsg.), Subsidiarität heute, 173-184, hier: 177.

[637] Roos, Subsidiarität, in: Enderle/Homann/Honecker/Kerber/Steinmann (Hrsg.) Lexikon der Wirtschaftsethik, 1045-1049, hier: 1046.

[638] Von Nell-Breuning erläutert. „Zuständigkeitsverteilung ist Verantwortungsverteilung. Zuständig für etwas zu sein heißt verantwortlich dafür zu sein." Nell-Breuning, Baugesetze der Gesellschaft, 115.

[639] Vgl. Osterloh, Unternehmenskultur, in: Enderle/Homann/Honecker/Kerber/Steinmann (Hrsg.), Lexikon der Wirtschaftsethik, 1139-1142, hier: 1139.

[640] Vgl. Lippert, Ordensspiritualität/Ordensleben, in: Schütz (Hrsg.), Praktisches Lexikon der Spiritualität, 951-958, hier: 957.

[641] Für die „Bayerischen Motoren Werke" wird im Folgenden die Abkürzung BMW verwendet, für die „Bayerische Benediktinerkongregation" die Abkürzung BBK.

[642] Die folgenden Ausführungen beschränken sich vor allem auf die BMW AG. Tochtergesellschaften wie z.B. die „Rover Group" werden nur dann erwähnt, wenn sie von besonderer Bedeutung für die Entwicklung der Muttergesellschaft sind. Die Quellenlage bei BMW erweist sich als schwierig. Zum einen gibt es zahlreiche nicht autorisierte Schriften. Zum andern unterliegen fast alle Schriftstücke der betrieblichen Geheimhaltungspflicht. Die aufgeführten Schriften sind daher nicht öffentlich einsichtig. Die Korrektoren dieser Schriften haben selbstverständlich die Möglichkeit der Einsichtnahme. Das Unternehmensleitbild „Wir bei BMW" sowie das „BMW-Managementhaus" konnten in den Anhang dieser Arbeit aufgenommen werden. Als Quellen fanden vor allem Verwendung autorisierte Schriften wie Geschäftsberichte, Referate/Ansprachen von Vor-

standsmitgliedern, Betriebsvereinbarungen, Fachartikel etc., sodann die betriebsinterne Zeitung, die bis 1995 „Bayernmotor" hieß und dann in „Die BMW Zeitung" umbenannt wurde, ferner grundlegende Führungsinstrumente, erläuternde Informationsunterlagen etc., die z.T. im BMW Intranet veröffentlicht wurden, und schließlich zahlreiche Unterlagen, die dem Autor persönlich von Mitarbeitern der BMW AG übergeben wurden.

[643] Zu einem umfassenden historischen Überblick vgl. Mönich, BMW, Eine deutsche Geschichte, München 1991.

[644] Vgl. Mönich, BMW, Eine deutsche Geschichte, 124 ff.

[645] Vgl. Reichart, BMW Kultur, 3, 7, 10; Die BMW Zeitung 3/97, 10.
„Bayernmotor" und „Die BMW Zeitung" werden wie bei BMW üblich folgendermaßen zitiert: Erscheinungsmonat, Erscheinungsjahr, Seitenzahl.

[646] Vgl. Mönich, BMW, Eine deutsche Geschichte, 187.

[647] Als individuelles Fortbewegungsmittel, besonders für die freien Berufe angepriesen, erfüllte der „Dixi" sowohl durch einige Innovationen als auch durch den geringen Anschaffungspreis und die niedrigen Betriebskosten die Kundenerwartungen. Vgl. Mönich, BMW, Eine deutsche Geschichte, 189 f.

[648] Vgl. Mönich, BMW, Eine deutsche Geschichte, 337.

[649] Vgl. Mönich, BMW, Eine deutsche Geschichte, 554.

[650] Vgl. Bayernmotor 10/95, 12; Mönich, BMW, Eine deutsche Geschichte, 622 ff.

[651] 34 Jahre nach der Krise war dazu zu lesen: „Auch 34 Jahre nach dem Blick in den Abgrund herrscht in München noch immer ein Wir-Gefühl, das Betriebsrat, Mitarbeiter und Management zusammenhält. Eine der Folgen: Bei BMW sind so wenige Mitarbeiter krank wie sonst nirgends in der Branche. Die Krankheitsquote liegt bei 5,4 Prozent, rund ein Drittel unter dem Durchschnitt. »Trotz überdurchschnittlich hoher Abhängigkeit von den deutschen Lohnkosten«, heißt es in einer Studie der französischen Großbank Credit Lyonnais, »hat BMW die günstigste Kostenstruktur im deutschen Autobau.« Rigides Personalmanagement ist in München nicht gefragt. Bis heute hat der Vorstand noch keine mit dem Betriebsrat geschlossene Vereinbarung gekündigt. Bei Mercedes dagegen erfuhren die Betriebsräte aus der Zeitung, daß das Weihnachtsgeld gekürzt wird." Schlote, BMW/Fix wie Japaner, in: Wirtschaftswoche Nr.5/28.01.1994, 40.

[652] Vgl. Mönich, BMW, Eine deutsche Geschichte, 783.

[653] Vgl. Die BMW Zeitung 12/96, 16.

[654] Vgl. Kuenheim, Souveränität durch Stärke, 14.06.91, 11.

[655] In seiner 23jährigen Amtszeit hat sich der Umsatz um das Achtzehnfache, die Produktion von Automobilen um das Vierfache und von Motorrädern um das Dreifache erhöht. Vgl. Bayernmotor 6/93, BMW-Extra.

[656] Vgl. Glöckner, BMW/Sicheres Gespür, in: Wirtschaftswoche, Nr.1/05.01.95, 28.

[657] Vgl. Die BMW Zeitung 4/99, 1.

[658] So z.B. in der Sprache: Funktionsinhaber werden in der Regel nach ihrem Kurzzeichen benannt und nicht mit ihrem Namen. Oder es ist von „Stellschrauben und Ventilen" die Rede, die helfen sollen, menschliche Abläufe in Griff zu kriegen. Vgl. Reichart, BMW Kultur, 7.
Allerdings ist auch darauf hinzuweisen, daß Arbeitsmethoden und -abläufe in vielen anderen Unternehmen wesentlich detaillierter beschrieben und befolgt werden als bei BMW.

[659] Vgl. Kuenheim, Durch Effizienzsteigerung die Spitzenleistung halten, 23.05.90, 2.

[660] Hinzu kommt, daß z.B. durch „Jahreswagen" viele BMW-Mitarbeiter selbst ein Fahrzeug von BMW fahren. Sie haben somit eine sehr hohe Produktidentifikation und sind ihre eigenen Kunden. Vgl. IG Metall Betriebsrat am BMW Standort München, Vorfahrt für Arbeitnehmer, 82 f.

[661] Vgl. Kuenheim, Souveränität durch Stärke, 14.06.91, 16.
Aus diesem Grund wurde 1993 ein neues Vorstandsressort „Wirtschaft und Politik" eingerichtet. Vgl. Bayernmotor 1/93, 3.

[662] Reichart erläutert, daß einige Merkmale heutiger BMW Kultur ihre Wurzeln aus dieser schwierigen Zeit haben: „Aus dem Erlebnis gemeinsamer Überwindung der Probleme resultiert – neben anderen Gründen, wie der hohen Produktidentifikation – die besondere Identifizierung der Mitarbeiter mit ihrem Unternehmen. Auch die für BMW typischen konstruktiven Beziehungen zwischen Betriebsrat und Unternehmen haben hier einen Ursprung." Reichart, BMW Kultur, 8.
Ebenso könnte die Krise Anfang des Jahres 1999 für BMW eine Chance sein, die Kräfte neu zu bündeln. Milberg erklärt daher in seiner Antrittsrede: „In jeder Krise steckt eine Chance, nutzen wir sie. Nutzen wir den Druck, der von außen auf uns einwirkt, die innere Geschlossenheit wieder zu finden und die

notwendigen Entscheidungen und Umsetzungen zu beschleunigen. Besinnen wir uns auf das, was wir hervorragend können, nämlich faszinierende Automobile in den Markt zu bringen. Dabei können wir uns auf die kompetenteste Mitarbeiterschaft stützen, die ein Automobilunternehmen hat." Milberg, Antrittsrede, 08.02.1999, 9.

[663] Im Unterschied zu anderen Automobilherstellern verfügt die BMW AG nicht über eine Produktpalette, die vom Kleinwagen bis zur Limousine reicht. Auch zeigen die Produktionszahlen, daß die BMW AG im Vergleich mit ihren Konkurrenten ein eindeutiger „Nischenanbieter" ist. Dagegen gilt im internationalen Wettbewerb gegenwärtig auch Größe als Erfolgskriterium, wie die unterschiedlichen Fusionen verdeutlichen. Im Blick auf die Übernahmegerüchte der letzten Zeit erklärt Milberg eindeutig: „Diese Vermutung ist Unsinn und entbehrt jeder Grundlage, (...). Die erklärte Stärke von BMW ist die Selbständigkeit. Deshalb wollen wir – aktiv – am Umstrukturierungs-Prozeß in der Automobilindustrie teilnehmen. BMW hat dazu die Stärke, die Kraft und vor allem den Willen." Milberg, Antrittsrede 08.02.1999, 5. Vgl. Kuenheim, Souveränität durch Stärke, 14.06.1991, 11; Reichart, BMW Kultur, 4; Die BMW Zeitung 9/98, 2; 10/98, 3.

[664] Vgl. Pischetsrieder, Personalführung eines bayerischen Weltunternehmens , 16.07.97, 2.

[665] Vgl. Kuenheim, Durch Effizienzsteigerung die Spitzenleistung halten, 23.05.90, 2.

[666] Vgl. Kuenheim, Zukunftssicherung durch Innovation, 24.-26.06.1982, 83; Reichart, BMW Kultur, 4.

[667] Vgl. Bayernmotor 6/93, 2; 12/93, 1; 4/94, 1.

[668] Der Personalstand ist seit 1948 von 1.572 Mitarbeitern auf 121.313 Mitarbeiter (30.10.98) kontinuierlich gewachsen. Nur in den Krisenjahren 1959-1961 gab es Rückgänge. Vgl. Die BMW Zeitung, 2/98, 2; 9/98, 3; 12/98,1.
Für 1998 rechnet BMW damit, daß das Unternehmen mit Fahrzeugen der Hauptmarke BMW neue Rekorde in Absatz, Umsatz und Ergebnis erzielt. In der Geschichte der BMW AG ist es das beste Jahr. Vgl. Milberg, Antrittsrede, 08.02.1999, 6; Pischetsrieder, Ist die deutsche Wirtschaft für den Jahrtausendwechsel gerüstet?, 19.11.98, 3; Die BMW Zeitung 12/98, 1,12; 4/99, 1 f.

[669] Schon 1982 warnte von Kuenheim vor der Gefahr, daß beständiger Erfolg saturiert und die innovative Kraft eines Unternehmens hemmt. Vgl. Kuenheim, Zukunftssicherung durch Innovation, 24.-26.06.1982, 2.
Milberg gibt ähnlich zu bedenken: „Zunächst müssen wir uns vor unserem eigenen Erfolg schützen. Er scheint für viele zu einer Selbstverständlichkeit geworden zu sein. Es hat sich immer wieder bestätigt: Erfolg macht träge!" Milberg, Produktion – eine treibende Kraft, 27.02.97, 8.

[670] Vgl. Behrens, Unternehmensranglisten/Quantensprung, in: Wirtschaftswoche Nr.33/06.08.98, 56; Pischetsrieder, in: Die BMW Zeitung 9/98, 2; 10/98, 3.
Gerade die aktuellen Probleme mit der englischen Tochtergesellschaft Rover zeigen, wie schnell sich das Blatt wenden kann. Milberg erkennt: „Der BMW Konzern macht derzeit einen gewaltigen Spagat, er vereint sozusagen das stärkste und das momentan schwächste Automobilunternehmen der Welt unter einem Dach. Dieser Spagat und die unterschiedlichen Meinungen über den richtigen Weg haben unsere innere Führung gelähmt." Milberg, Antrittsrede, 08.02.1999, 6.

[671] Mit von Kuenheim kann festgestellt werden: „Nicht die Großen fressen die Kleinen, sondern die Schnellen fressen die Langsamen." Kuenheim, Grundsätze für die Führung des BMW-Konzerns, 26.11.1988, 7.

[672] Vgl. Kuenheim, Grundsätze für die Führung des BMW Konzerns, 26.11.1988, 4, 6.

[673] Pischetsrieder führt wiederholt aus, daß es die oberste Maxime wirtschaftlichen Handelns sein müßte, „sich beständig bewußt zu sein, daß wirtschaftlicher Erfolg und Arbeitsplätze einzig durch vom Kunden bezahlte Leistungen geschaffen werden." Pischetsrieder, Personalführung eines bayerischen Weltunternehmens, 16.07.97, 5. Vgl. Pischetsrieder, Arbeitsplatz Deutschland – Perspektiven für das 21. Jahrhundert, 05.03.98, 3.

[674] Vgl. BMW AG, BMW Handlungsmaximen, Handlungsmaxime Nr. 11; Kuenheim, BMW Handlungsmaximen, April 1985, 56.

[675] Zur Bedeutung der Markenbindung heißt es: „Marken dienen gerade nicht nur dazu, den Profit im nächsten Quartal zu erhöhen, sondern die Grundlage dafür zu schaffen, auch in Jahrzehnten noch erfolgreich zu sein." Die BMW Zeitung 10/98, 3.

[676] Vgl. Pischetsrieder, Antrittsrede, 29.06.93, 4.

[677] Vgl. Pischetsrieder, Ansprache bei BMW France, 12.11.98, 3; Reichart, BMW Kultur, 2.

[678] Vgl. Pischetsrieder, Zum Abschluß des 10. BMW Tages 1995, 19. An anderer Stelle erläutert Pischetsrieder: „Durch die Betonung unserer Stärken gewinnen wir Profil. Unser Ziel ist nicht, jeder-

mann zu befriedigen, weil »Jedermann« nicht unser Kunde ist. Wir bauen Automobile für Menschen mit besonderem Anspruch!" Pischetsrieder, Antrittsrede, 29.06. 93, 4.

[679] Vgl. Pischetsrieder, Arbeitsplatz Deutschland – Perspektiven für das 21. Jahrhundert, 05.03.98, 8.

[680] Vgl. Ziebart, Das Aus für die Linie, in: Automobil-Entwicklung 1994, 26-32, hier: 28.

[681] Reichart erklärt: „Ein typisches Ingenieursunternehmen wie BMW tut sich mit dem Kunden manchmal auch ein bißchen schwer. Der Ingenieur glaubt ja besser zu wissen, was gut und richtig ist für den Kunden. Und ganz abwegig ist das auch nicht. Als exzellentes Unternehmen wollen wir nicht nur die Erwartungen des Kunden erfüllen, sondern ihn auch positiv überraschen. Aber diese richtige Grundhaltung darf nicht in Arroganz gegen den Kunden umschlagen." Reichart, BMW Kultur, 3. Vgl. Kuenheim, Grundsätze für die Führung des BMW Konzerns, 26.11.1988, 4.

[682] Dabei kann es zu Überzeugungskonflikten kommen, die an der „Kundenorientierung" völlig vorbeigehen. Von Kuenheim warnt: „Unsere Kunden müssen auf Dauer bereit sein, unsere (teureren) Produkte zu kaufen. Bei manchen hausinternen Diskussionen hatte ich das Gefühl, daß wir uns zu häufig mit uns selbst beschäftigen und uns an internen Maßstäben orientieren, statt auf den Kunden und seine Forderungen an BMW zu achten. Mancher Glaubenskrieg im Haus könnte schneller beendet werden, wenn diese Maxime stärker beachtet würde. Um es ganz klar zu sagen: Wir bauen keine Autos für den Vorstand, sondern nur für einen internationalen Kundenkreis." Kuenheim, BMW Handlungsmaximen, April 1985, 56.

[683] Im Blick auf den gesellschaftlichen Umbruch erkennt von Kuenheim: „Der Kunde von heute erwartet nichts – er hat alles. Wir stehen – in den entwickelten Industrieländern – im Übergang vom Massenzeitalter der kollektiven Bedürfnisse zum Zeitalter der individuellen Wünsche – der Individualität. Solche Lebenspläne waren früher nur kleinen Eliten vergönnt, etwa den Medici in Florenz. Heute steht diese Welt vielen Menschen offen." Kuenheim, Souveränität durch Stärke, 14.06.1991, 18.

[684] BMW benötigt also eine „Konkurrenzorientierungskultur". Vgl. Reichart, BMW Kultur, 3 f.

[685] Vgl. Kacher, Auto/Lust auf mehr, in: Wirtschaftswoche Nr.46/09.11.95, 159.

[686] Vgl. Teltschik, Spitzenleistungen im Wettbewerb – Das Beispiel BMW, 17.11.97, 6.

[687] Vgl. Die BMW Zeitung 5/98, 7.

[688] Gerade bei BMW-Käufern steht nicht so sehr der Gebrauchswert, die Möglichkeit der individuellen Fortbewegung im Mittelpunkt (dazu würde auch ein billigerer Kleinwagen reichen), sondern das gesellschaftliche Prestige und der versprochene Erlebniswert.

[689] Vgl. Dürand, Produktion auf die einfache Art, in: Wirtschaftswoche Nr.17/16.04.1998, 112; Milberg, Produktion – Eine treibende Kraft, 27.02.97, 8.
Mit dem Angebot einer „Personal Line" versuchte BMW, den individuellen Anfragen gerecht zu werden. Der Bayernmotor berichtet: „Das Automobil ist Ausdruck von Lebensstil und persönlicher Note seines Fahrers. Denn genauso wie die Kleidung ist das Auto nicht nur ein Gebrauchsgegenstand. Der Kunde will auch hier bei Farbe und Ausstattung nach seinem persönlichen Geschmack auswählen. Ein neues Ausstattungskonzept von BMW ermöglicht jetzt, die »Freude am Fahren« noch abwechslungsreicher und individueller zu gestalten: die »Personal Line«. »Personal Line« steht für mehr Persönlichkeit in der Serie. Das bedeutet: Neue Farben für innen und außen sowie neue Kombinationen für die textile Innenausstattung." Bayernmotor 4/93, 15. Vgl. Die BMW Zeitung 2/96, 5;
Entsprechend wird auch eine entsprechende „BMW Lifestyle Kollektion" entwickelt, deren Angebot sich über exklusive Lederwaren, Reisegepäck, Sonnenbrillen, Schreibgeräte, Feuerzeuge, Schlüsselanhänger bis zu einer Textilkollektion erstreckt. Vgl. Die BMW Zeitung 9/97, 4.

[690] Das Angebot, sich beispielsweise via Internet über die unterschiedlichen Möglichkeiten und Komponenten zu informieren und sich sein gewünschtes Fahrzeug virtuell zusammenzustellen, stellt eine neuere Form des Kundenservices dar. Im direkten Kontakt mit dem Händler, kann dann das gewünschte Fahrzeug mit seinen originellen Kriterien bestellt werden. Vgl. Die BMW Zeitung 7/98, 9.

[691] Für das Unternehmen hat das den Vorteil, daß es weniger Lagerfahrzeuge gibt und geringere Lagerkosten entstehen. Vgl. Die BMW Zeitung 5/98, 10. Gerade die genaue Einhaltung der zugesagten Liefertermine ist ein unverzichtbares Qualitätsmerkmal. „Wer zu spät liefert, riskiert, den Kunden zu verlieren." Die BMW Zeitung 6/96, 14; vgl. 7/96, 11; 3/97, 14.

[692] Milberg umschreibt mit einer „etwas lockeren Formulierung": „Qualität ist, wenn der Kunde wiederkommt und nicht die Ware." Milberg, in: Die BMW Zeitung 9/98, 3.

[693] Vgl. Kuenheim, Souveränität durch Stärke, 14.06.91, 15 f.

[694] Pischetsrieder erläutert: „Die Fahrzeuge, gerade in unseren Segmenten, müssen viel breitere Akzeptanz finden; Akzeptanz nicht nur beim Kunden, beim Käufer; Akzeptanz auch in dessen Umfeld. Unsere

Aufgabe ist es daher, für die Zukunft bei unseren Produktentscheidungen weiter zu denken als nur bis zum Markt, bis zum konkreten Kunden. Unser Anteil am Weltmarkt beträgt 1,7 Prozent. Selbst bei Erreichung unseres Zieles eines Weltmarktanteils von 2 Prozent sind automatisch über 98 Prozent der Autofahrer in der Welt nicht unsere Kunden. Und in vielen Ländern entscheidet eine noch sehr viel größere Zahl von »Nicht-Autokäufern« ebenso über den Erfolg eines so öffentlichen Produktes wie eines Automobils. Gerade bei diesen gilt es, Akzeptanz für unsere Produkte zu gewinnen. Das erfordert für die Zukunft eine noch stärkere Konzentration auf Kompetenz, aber auch auf Sympathie. Aus den Marktbefragungen wissen wir, daß BMW bei der Fragestellung »Ich mag die Marke« hervorragend abschneidet und dies mit Kauf-entscheidend ist. Also müssen wir uns auf die Kompetenz und Sympathie unserer Produkte und unseres Unternehmens konzentrieren." Pischetsrieder, Antrittsrede, 29.06.93, 3. Vgl. Die BMW Zeitung 2/98, 1; 4/98, 4.
Dabei sind die Kunden in ihrem Umfeld gleichsam „Anwalt der Marke". Vgl. Kuenheim, Souveränität durch Stärke, 14.06.91, 22.
[695] Vgl. Kuenheim, Souveränität durch Stärke, 14.06.91, 16.
BMW steht etwa vor der Herausforderung, durch Neuentwicklungen den Wasser- und Ölverbrauch zu reduzieren oder durch eine verstärkte Leichtbauweise den Kraftstoffverbrauch zu drosseln. Auch die Erforschung neuer Antriebsformen etwa mit Erdgas- und Wasserstoff schafft Sympathie gerade auch bei Nichtkäufern. Vgl. Die BMW Zeitung 6/98, 1,2; 8/98, 12; 10/98, 9.
[696] Vgl. Pischetsrieder, Zum Abschluß des 10. BMW Tages 1995, 18; Die BMW Zeitung 4/97, 5; 10/96, 2.
In diesem Zusammenhang wird auch das hohe Engagement von BMW bei Verkehrskonzepten verständlich. Mit Milberg kann ausgeführt werden: „BMW setzt sich in der öffentlichen Diskussion daher nicht nur mit dem eigenen Produkt auseinander, sondern sucht auch nach Wegen, wie das Bedürfnis der Menschen nach Mobilität insgesamt befriedigt werden kann. Das Automobil ist hier nur ein Bestandteil einer umfassenden Mobilitätsstrategie. Daneben stehen öffentliche Verkehrsmittel, elektronische Verkehrsplanung und in einzelnen Fällen sogar Mobilitätsverzicht." Milberg, Produktion – Eine treibende Kraft, 27.02.97, 10. Vgl. Pischetsrieder, Wertorientierte und werteorientierte Unternehmensführung – ein Gegensatz?, 29.07.94, 6; Bayernmotor 9/93, 3,9; 6/94, 8; 1/95, 1,3; Die BMW Zeitung 4/97, 3; 5/97, 7; 5/98, 3.
Das gesellschaftliche Engagement von BMW zeigte sich ferner beim Neubau der Maschinenbaufakultät der Technischen Universität München. Die AG unterstützte sowohl durch ihr „Know-how" als auch durch die Investition von dreißig Millionen DM dieses Projekt. Vgl. Bayernmotor, 4/94, 6; Die BMW Zeitung 6/97, 3.
[697] Vgl. Pischetsrieder, Antrittsrede, 29.06.93, 1.
Im Qualitätsmanagement-Handbuch heißt es dazu ausführlicher: „Übergeordnetes Ziel der BMW AG ist es, auf dem Automobil- und Motorradmarkt durch höchste Qualität und Zuverlässigkeit der Produkte und Dienstleistungen langfristig Erfolg zu haben. Erfolg bedeutet hier sowohl Ertrag als auch Attraktivität der Produkte und Dienstleistungen sowie Akzeptanz in der Öffentlichkeit. Qualität erreichen, bedeutet Anforderungen erfüllen. Diese ergeben sich aus dem Ziel der Ergebnissicherung, aus den Kunden- und Mitarbeitererwartungen, aus Vorgaben des Gesetzgebers und Erwartungen der Gesellschaft. Unternehmensqualität ist eine umfassende Strategie zur Führung des Unternehmens, die dazu beiträgt, diese Anforderungen zu erfüllen." BMW AG, Unternehmensqualität, Qualitätsmanagement-Handbuch der BMW AG, Kurzfassung, 12.
Im Blick auf die zunehmende Globalisierung erläutert Teltschik die Bedeutung des Qualitätsniveaus für BMW: „Qualität ist der Schlüssel zur Kundenzufriedenheit. Aber Qualität ist und muß gerade in Deutschland und auch für BMW der Joker bleiben, ein Joker, der manche Standortschwächen ausgleicht. Nur mit Qualität gewinnt ein Standort und seine Unternehmen dauerhaft das Vertrauen der Kunden – und damit ihre Treue. Unternehmensqualität ist daher auch die Basis für den Sympathiewert der Marke BMW." Vgl. Teltschik, Spitzenleistungen im Wettbewerb – Das Beispiel BMW, 17.11.97, 7.
[698] Vgl. Teltschik, Spitzenleistungen im Wettbewerb – Das Beispiel BMW, 17.11.97, 3; Bayernmotor 7/93, 4.
Dazu heißt es erläuternd: „Es wäre jedoch falsch, Qualitätsziele allein an unseren Produkten festzumachen und nur auf die Stellen zu schauen, die neue Produkte konstruieren oder planen sowie bestehende Produkte herstellen. Die Qualität unserer Produkte ist nur die Folge der Arbeit jedes Einzelnen. Jeder im Unternehmen trägt direkt oder indirekt zur Unternehmensqualität bei. Die Qualität unserer Produkte und

aller Dienstleistungen, die unsere Kunden von uns empfangen, ist letztlich nur das sichtbare Ergebnis der Qualität der Führung in unserem Hause." BMW AG, Unternehmensqualität, Qualität zieht an, 2.

[699] In diesem Zusammenhang soll auf die Wirtschaftlichkeit bzw. auf die Kosten für „Nicht-Qualität" verwiesen werden. Die herausragenden Kostenblöcke sind dabei: Kosten für Ausschuß und Nacharbeit, Gewährleistungs- und Kulanzkosten, Kosten des Imageverlustes (Abwanderung, erschwerte Eroberung). Vgl. BMW AG, Unternehmensqualität, Qualitätsmanagement-Handbuch der BMW AG, Kurzfassung, 12.

[700] Vgl. Kuenheim, Souveränität durch Stärke, 14.06.91, 6; BMW AG, Unternehmensqualität, Qualität zieht an, 1, 9.

[701] Zur historischen Entwicklung, vgl. BMW AG, TQM-Beauftragter, Ein Weg zu Business Excellence, 20 f.
Eine Fülle von Handbüchern, Checklisten, Broschüren etc. dokumentieren diese Entwicklung. Stellvertretend seien aufgeführt: BMW AG, Unternehmensqualität, Qualität zieht an, Leitfaden zur Unternehmensqualität, Februar 1992. BMW AG, Unternehmensqualität, Qualitätssicherungs-Handbuch, Teil 1/2, November 1992. BMW AG, Unternehmensqualität bei BMW, März 1995. BMW AG, Unternehmensqualität, Qualitätsmanagement-Handbuch der BMW AG, Langfassung, Stand 11/96, aktualisiert 7/97. BMW AG, Unternehmensqualität, Qualitätsmanagement-Handbuch der BMW AG, Kurzfassung, November 1996. European Foundation for Quality Management, Broschüre, Brüssel 1995.

[702] Vgl. Teltschik, Spitzenleistungen im Wettbewerb – Das Beispiel BMW, 17.11.97, 3.

[703] Von Kuenheim bemerkt dazu: „Qualitätsverbesserung als Schlüsselaufgabe steht also nicht im Widerspruch zu unseren Bemühungen um Effizienzsteigerung. Es ist einfacher und wirtschaftlicher, Qualität zu konstruieren als nachzubessern." Kuenheim, Souveränität durch Stärke, 14.06.91, 5.

[704] Der Begriff „Audit" wird bei BMW vielschichtig für Nachprüfungen/Bewertungen/Beurteilungen verwendet. Grundschema dabei ist, daß die Ist-Situation aufgrund von Festlegungen (Soll) überprüft und beurteilt wird. Meist werden im Anschluß daran Verbesserungsmaßnahmen entwickelt und verfolgt. „Zertifizierung" wird die „System-Auditierung" eines Unternehmens bzw. Unternehmensteils nach einer Norm (z.B. DIN ISO 9000) durch eine akkreditierte Institution (z.B. TÜV, Lloyd) genannt. D.h. eine neutrale Institution untersucht einen Unternehmensbereich und bestätigt, daß ein Qualitätsmanagementsystem vorhanden ist und angewendet wird. Dies wird durch ein Zertifikat dokumentiert. Die „Zertifizierung" muß alle drei Jahre wiederholt werden. Dazwischen findet jährlich eine Überprüfung statt. Vgl. BMW AG, Unternehmensqualität, Qualitätssicherungs-Handbuch, Teil 1, 24 ff; BMW AG, Unternehmensqualität bei BMW, 14 f.
Besonders durch die Bewertung mit der Norm ISO 9000-9004, die von einer neutralen, akkreditierten Institution durchgeführt wird (z.B. durch den TÜV), und durch das davon abhängige notwendige Zertifikat, konnten die Qualitätszahlen konzernweit verbessert werden. Vgl. Bayernmotor 9/93, 4,10; 12/93, 8; 3/94, 4; 8/95, 4.

[705] Vgl. Deutsch, Qualitätsmanagement/Eigenes Konterfei, in: Wirtschaftswoche Nr.34/19.08.1994, 60.
Die „Zertifizierung" hat Schwachstellen. Durch die Konzentration auf die Produktqualität und die damit verbundenen Prozesse berücksichtigt sie nicht die „Kunden- und Mitarbeiterorientierung" und ist zu stark fertigungsorientiert. Vgl. BMW AG, Unternehmensqualität, Qualitätsmanagement-Handbuch, Langfassung, 21 f.; BMW AG, TQM-Beauftragter, Ein Weg zu Business Excellence, 25.

[706] TQM kann als ganzheitliches Qualitätsmanagement definiert werden. „Diesen Gedanken – mit Qualität produktiver zu werden – kann man auf alle Aktivitäten eines Unternehmens anwenden. Darunter fallen alle Kernprozesse wie z.B. Produzieren, Entwickeln, Verkaufen und Finanzwesen, aber auch alle Unterstützungsprozesse wie z.B. Personalwesen, Gesundheitsdienst, Informationsverarbeitung oder Verpflegung. Das Übertragen des Qualitätsgedankens auf alle Unternehmensprozesse nennt man TQM. (...). TQM ist eine Unternehmens-Führungsstrategie, bei der mit Qualität der langfristige Unternehmenserfolg sichergestellt werden soll." BMW AG, TQM-Beauftragter, Ein Weg zu Business Excellence, 9.
BMW ist der EFQM 1996 beigetreten. Vgl. Die BMW Zeitung 5/96, 3; 3/98, 12.
Das „EFQM-Modell" findet bei BMW schon zahlreiche Anwendung in den Werken, Sparten und Bereichen. Vgl. Die BMW Zeitung 3/98, 12,13; 4/98, 14; 9/98, 12,14; 12/98, 14.
Es dient gleichsam als Dach für die zahlreichen eigenständigen TQM-Ansätze, wie Münchner Weg, KDH (Kundenorientiertes Denken und Handeln) und KVP (Kontinuierlicher Verbesserungsprozeß). Vgl. Die BMW Zeitung 8/96, 11; 9/96, 12; 3/98, 13.

[707] Vgl. European Foundation for Quality Management, Broschüre, 7

[708] Vgl. European Foundation for Quality Management, Broschüre, 7. Die neun Kriterien werden dabei in sogenannte „Befähiger-" und „Ergebniskriterien" eingeteilt. Wenn ein Unternehmen mit einem Baum verglichen wird, entsprechen die „Befähiger-Kriterien" (also Führung, Mitarbeiterorientierung, Strategie/Politik, Ressourcen) den Wurzeln sowie dem Stamm und den Ästen des Baumes (die Prozesse). Die „Ergebnis-Kriterien" (Kunden- und Mitarbeiterzufriedenheit, Image und Geschäftsergebnisse) sind mit den Früchten vergleichbar. Die Wurzeln nehmen die Nährstoffe – also die Maßnahmen des Unternehmens – auf, der Baumstamm verwandelt diese über Prozesse in Früchte, also den Ergebnissen des ganzheitlichen Qualitätsstrebens. Vgl. Die BMW Zeitung 3/98, 12.
[709] Teltschik erläutert: „Das Denken und Handeln mit Null-Fehler-Anspruch ist die eigentliche Substanz für erfolgreiche Unternehmen. Gelebtes Qualitätsbewußtsein ist der Grund, weshalb der Mitarbeiter immer mehr zum wertvollsten Kapital erfolgreicher Unternehmen wird. (...). Qualität setzt sich durch, ebenso das Unternehmen, das Qualität als den zentralen strategischen Erfolgsfaktor erkannt hat." Teltschik, Spitzenleistungen im Wettbewerb – Das Beispiel BMW, 17.11.97, 8.
[710] Vgl. BMW AG, Entwicklung Gesamtfahrzeug, Prozeßverbesserungs-Impulse, Nr. 1.3.
[711] Zur „lernenden Organisation" heißt es: „Das Schlagwort »Lernende Organisation« wirkt heute schon etwas verbraucht. Dennoch bedeutet es etwas Richtiges und Wichtiges: Inmitten der allseitigen Veränderungsprozesse, die heute die Wirklichkeit in Unternehmen und Organisationen ausmachen, müssen diese – in ihren Mitgliedern, aber auch als soziale Seinsformen – beständig dazulernen, um überleben und sich entfalten zu können. Eine lernende Organisation ist eine Organisation, die in Struktur und Kultur auf Problemlösungen und experimentelles Verhalten orientiert ist und aus Rückkoppelungen lernt." Ritter/Reichart/Herrmann, Personalentwicklung als Veränderungsstrategie, in: Bundesakademie für öffentliche Verwaltung (Hrsg.), Verwaltung und Fortbildung 25 (1997), Heft 1, 50-70, hier: 67; vgl. Gloger, Lernende Organisation, in: Wirtschaftswoche Nr.42/10.10.1996, 233.
[712] Schließlich wissen sie am besten, wo Verbesserungen nötig und möglich sind. Vgl. BMW AG, Unternehmensqualität, Qualität zieht an, 18.
[713] Vgl. BMW AG, Entwicklung Gesamtfahrzeug, Prozeßverbesserungs-Impulse, Nr. 2.2.
[714] Vgl. Kuenheim, Zukunftssicherung durch Innovation, 24.-26.06.1982, 81.
[715] Vgl. Milberg, Produktion – Eine treibende Kraft, 27.02.97, 11. Oft genug wird daher auch heute noch bei BMW von Schnittstellen und nicht von Berührungspunkten gesprochen.
[716] Vgl. Kuenheim, Zukunftssicherung durch Innovation, 24.-26.06.1982, 81.
[717] Vgl. Kuenheim, Zukunftssicherung durch Innovation, 24.-26.06.1982, 81 f.
Ähnliche Schwierigkeiten sieht Milberg auch im Zusammenhang mit der Krise Anfang des Jahres 1999: „Unsere Organisation ist schwerfällig geworden und die Entscheidungswege sind viel zu lang. Entscheidungskonsequenz und Entscheidungskonstanz müssen eindeutig verbessert werden. Wir müssen die Anzahl von Gremien wieder verkleinern. Wir müssen uns so organisieren, daß mit möglichst wenigen Teilnehmern die nötigen Entscheidungen fallen können, aber dennoch alle eingebunden sind." Milberg, Antrittsrede, 08.02.1999, 6.
Daher fordert Milberg gerade von den Führungskräften, daß sie in Zukunft Konflikte miteinander und nicht durch ihre Abteilungen austragen sollen. Milberg, Antrittsrede, 08.02.1999, 7.
[718] Vgl. Spänle, Planung/Material und Serienanlauf. Mehr Abstimmung bringt Zeitgewinn, in: Handelsblatt Nr. 202/19.10.1995, 34.
[719] Vgl. Kuenheim, Durch Effizienzsteigerung die Spitzenposition halten, 23.05.90, 8 f.; Kuenheim, Zukunftssicherung durch Innovation, 24.-26.06.82, 83; BMW AG, Business Excellence, „fit" durch Selbstverantwortung, 49.
[720] Vgl. Kuenheim, Souveränität durch Stärke, 14.06.1991, 28.
Dazu heißt es erklärend: „Wir werden weiterhin bestehende Organisationsformen und Abläufe in Frage stellen, zentralistische und stark arbeitsteilige Strukturen weiter auflösen zugunsten eines mehr und mehr netzwerkartigen Gesamtsystems aus sich selbst organisierenden, selbstähnlichen Elementen." Ritter/Reichart/Herrmann, Personalentwicklung als Veränderungsstrategie, in: Bundesakademie für öffentliche Verwaltung (Hrsg.), Verwaltung und Fortbildung 25 (1997), Heft 1, 50-70, hier: 51.
[721] Vgl. Kuenheim, Durch Effizienzsteigerung die Spitzenleistung halten, 23.05.90, 9.
So gibt es in der Produktion keine Fertigungsgruppenleiter als Ebene zwischen Abteilungsleiter und Meister und auch keine Vorarbeiter als Ebene zwischen Meister und Produktionsmitarbeiter mehr. Die Hierarchie gliedert sich folgendermaßen: Vorstand (für die Produktion mit dem Kürzel T für Technik), Werkleitung (für den Standort München mit dem Kurzzeichen TM für Technik München), Technologieleiter (für die Montage des Werkes München z.B. mit dem Kurzzeichen TM-4), Abteilungsleiter

(für die Aggregate und Endmontage in der Montage München mit dem Kurzzeichen TM-42), Meister, Produktionsmitarbeiter. Zwischen Abteilungsleiter und Meister gibt es z.T. Produktionsteams mit einem Gruppenleiter.

Die „Kurzzeichen" spielen in der internen Kommunikation eine große Rolle. So werden Funktionsinhaber in der Regel nicht nach ihrem Namen, sondern nach ihrem „Kurzzeichen" benannt und angeschrieben. Sie sind vielleicht auch ein Indiz für ein überkommenes, unpersönliches Bereichsdenken. Im Folgenden wird darauf verzichtet, für die erwähnten Funktionen die jeweiligen „Kurzzeichen" zu verwenden, da sie Außenstehende nicht deuten können.

[722] Als „Unternehmen im Unternehmen" sind sie weitgehend selbständig und eigenverantwortlich. So wurden die Sparten Gießerei, Karosserieausstattung, Labore, Motor und Fahrwerk, Preßwerk, Werkzeug- und Anlagenbau, Bau- und Energietechnik, Motorrad, Finanzdienstleitungen etc. eingerichtet. Die Spartenorganisation wird folgendermaßen erläutert: „Mit der Bildung von Sparten sind für spezielle Geschäftsprozesse weitgehend eigenständige Einheiten (»Unternehmen im Unternehmen«) geschaffen worden, die sich verstärkt am Nutzen/Aufwand ihrer Produkte orientieren. Sie bieten ihre Leistung auch außerhalb von BMW an und stellen sich dem internen und externen Wettbewerb." BMW AG, Unternehmensqualität, Qualitätsmanagement-Handbuch der BMW AG, Kurzfassung, 9.
Zur Spartenbildung vgl. Kuenheim, Souveränität durch Stärke, 14.06.1991, 27 ff.
Die Vorteile der Spartenbildung wurden nach fünf Jahren zusammenfassend beschrieben: „Die Bildung der Sparten hat für das Gesamtunternehmen wichtige Veränderungen gebracht. Dies sind im wesentlichen verstärktes unternehmerisches Handeln, das Aufbrechen von Strukturen und das Denken in Kunden-Lieferanten-Beziehungen. (...). Die bisherigen Entwicklungen zeigen, daß mit der Dezentralisierung der Verantwortung nicht nur die teilweise komplexen Ablaufstrukturen vereinfacht werden konnten, sondern auch die Motivation der Mitarbeiter zu mehr Leistung gefördert wurde. Ebenso konnte die Kostenproduktivität erhöht werden. Ein weiterer positiver Schritt ist das Drittkundengeschäft (...)." Die BMW Zeitung 12/96, 4.

[723] Sie setzen sich zusammen aus den Meistern eines Bereichs und den zuständigen Dienstleistern aus den unterstützenden Bereichen Zeitwirtschaft, Qualitätsmanagement, Instandhaltung, Controlling, Personalwesen etc., die im Team ihre Zusammenarbeit planen und koordinieren. Die einzelnen Prozeßstationen können so besser mit den zuständigen Instanzen vernetzt werden. Unnötige Mehrarbeit durch Kommunikationsmangel kann vermieden werden. Vgl. Kuenheim, Durch Effizienzsteigerung die Spitzenleistung halten, 23.05.90, 9; Bayernmotor 5/95, 11.

[724] Den Produktentstehungsprozeß gilt es, in allen seinen Teilabschnitten zu beschleunigen, wie Milberg erklärt:
„Es kommt darauf an
- schneller von der Grundlagenforschung zur Produktidee zu kommen (Time to product)
- schneller von der Produktidee zum Produkt zu kommen (Time to market)
- die Lieferzeit von der Kundenbestellung bis zur Produktübergabe zu verkürzen (Time to customer)
und um das zu erreichen
- die Versorgungszeiten für die Produktion zu verkürzen (Time to production)."
Milberg, Produktion – eine treibende Kraft, 27.02.97, 6 f.

[725] Die Produktion wird damit selbst zum „Dienstleistungsbetrieb". Vgl. Milberg, Produktion – eine treibende Kraft, 27.02.97, 13.
Reichart stellt fest: „Zugleich durchdringt die Kundenorientierung immer stärker das Unternehmen auf einem Markt, der nicht mehr wie früher vom Verkäufer, sondern von den Käufern dominiert wird. Insofern gehen auch die technischen Ressorts und der Vertrieb aufeinander zu, und das Bonmot, daß der Vertrieb als »Entsorgung der Produktion« bezeichnet wurde, hat heute nur mehr historische Bedeutung." Vgl. Reichart, BMW Kultur, 7.

[726] In einer Schulungsunterlage für BMW Führungskräfte wird dies erläutert: „Kunden sind Personen und Organisationen. Sie sind in Leistungsketten über Funktions-, Ressort- und Unternehmensgrenzen hinweg miteinander verbunden, z.B.: Endnutzer, Großhandel, BMW Marketingabteilungen, Konstrukteure, Fertigungsplaner, Werker, Lieferanten, (...). Jeder von uns muß den Empfänger/Abnehmer seines eigenen Arbeitsergebnisses, also den jeweils nächsten Mitarbeiter, die nächste Abteilung, die nächste Werkstatt im Arbeitsablauf als Kunden einstufen – als Kunden, der dasselbe Recht auf immer bessere Qualität, geringere Kosten, schnellere Reaktionszeiten und größere Flexibilität hat wie der BMW Käufer als zahlender Kunde am Ende der Kette. In einer Kette voneinander abhängiger Funktionen ist jeder Mitarbei-

ter, jede Abteilung zugleich Abnehmer/Kunde der vorhergehenden und Anbieter/Lieferant für die nachfolgende Stelle." BMW AG, Unternehmensqualität bei BMW, 24.
In einem anderen Schriftstück wird erklärt: „Das Prinzip »Kunden-Lieferanten-Beziehung« ist die Entdeckung der marktwirtschaftlichen Mechanismen als Basis für die Gestaltung der innerbetrieblichen Arbeitsbeziehungen. Geschwindigkeit triumphiert über Größe. Der Gegensatz von Management und Ausführung wird durch den Mitarbeiter als Unternehmer aufgehoben. Damit wird alles Handeln auf die Erzielung bzw. den Ausbau einer Weltspitzenposition im Preis-Leistungs-Verhältnis, d.h. auf den Kundennutzen ausgerichtet. Ziel ist die Maximierung der externen Kundenzufriedenheit." BMW AG, Entwicklung Gesamtfahrzeug, Prozeßverbesserungs-Impulse, Nr. 1.3.
Im Werk Dingolfing wird daher die Qualitätsverbesserungsmethode „Kundenorientiertes Denken und Handeln"(KDH) genannt. Vgl. Die BMW Zeitung 3/98, 13.
[727] Vgl. BMW AG, Unternehmensqualität bei BMW, 30; BMW AG, Entwicklung Gesamtfahrzeug, Prozeßverbesserungs-Impulse, Nr. 1.3.1; BMW AG, Business Excellence, „fit" durch Selbstverantwortung, 13 ff.
[728] Dazu heißt es: „Jeder muß seinen Kunden nach Verbesserungsmöglichkeiten fragen und sie bei seinem Lieferanten einfordern. (...) Wichtig ist, daß man sich in Schritten mit seinem Kunden auf die einzuleitenden Verbesserungen einigt und dies möglichst auch in einem gemeinsamen Kontrakt schriftlich niederlegt." BMW AG, Unternehmensqualität, Qualität zieht an, 19.
[729] Im „Leitfaden zur Unternehmensqualität" erklärt der Vorstand: „In einer Klausur des Vorstandes am 09. Dezember 1991 wurde deshalb beschlossen, die Unternehmensqualität deutlich weiter gefaßt zu definieren und auf drei Säulen zu stellen: 1. Die Unternehmenspriorität Nr.1: Qualität. Die Qualität unserer Produkte, aller Dienstleistungen und letztlich die Qualität der Führung hat für BMW höchste Priorität. Qualität soll damit nicht mehr in Konkurrenz stehen zu Kosten, Stückzahl oder anderen Zielen, sondern eindeutig den Vorrang haben. 2. Die Kundenorientierung: Wir müssen die Aufgabenausrichtung weg vom Ressortdenken hin zum Kundendenken verändern. Hierbei sind nicht nur die externen Kunden gemeint, sondern auch die Kollegen im eigenen Unternehmen. 3. Das Prinzip der ständigen Verbesserung: Wir müssen ständig bemüht sein, in allen Kriterien besser zu werden, in den Qualitätskennzahlen und damit auch bei den Kosten oder bei der Zeit, die für eine Leistungserbringung benötigt wird." BMW AG, Unternehmensqualität, Qualität zieht an, 9. Vgl. BMW AG, Unternehmensqualität, Qualitätssicherungs-Handbuch, Teil 1, 6; BMW AG, Entwicklung Gesamtfahrzeug, Prozeßverbesserungs-Impulse, 1.3.
[730] In diesem Zusammenhang zeigt sich allerdings ein leidiges BMW Problem: Die Kurzlebigkeit von Bezeichnungen, Methoden und Modellen. Um im internationalen Wettbewerb „am Ball zu bleiben", werden ständig neue Managementansätze rezipiert und eingeführt. Oft bleiben dabei die Inhalte im großen und ganzen dieselben. Die Bezeichnungen aber ändern sich. Zum einen bekunden die Änderungen nach außen die Aktualität, die ständige Erneuerung und die Flexibilität des Unternehmens und geben ihm einen innovativen Touch. Zum anderen führen sie auf seiten der Mitarbeiter zu Verunsicherungen, da die neue Sprache nicht mehr verstanden wird. Wenn die Erneuerungen wirklich keine feststellbaren Veränderungen bringen, kommt noch hinzu, daß sich die Mitarbeiter resigniert zurückziehen. Dabei ist zu bedenken, daß es für ein Unternehmen ein ungeheurer Aufwand ist, ständig neue Ansätze einzuführen. Im Blick auf das Ziel einer kontinuierlichen und verbindenden Unternehmenskultur könnte manchmal etwas mehr Beständigkeit hilfreich sein. Mit Bihl kann daher festgestellt werden: „All die »neuen« Managementmethoden der letzten Jahre wie TQM, Lean Production, Kaizen, Business Reengineering, Lernende Organisation, von denen uns heute oft nur einige Schlagworte in Erinnerung sind, haben – entkleidet man sie ihres modischen »Outfits« – einen zentralen Leitgedanken: Aufgegeben wird das Konzept eines starren Hierarchieaufbaus mit oftmals unüberwindlich horizontalen und vertikalen Barrieren, aufgegeben wird die Vorstellung, daß ein Management, das alles weiß und (besser) kann, den gewöhnlichen Mitarbeitern sagt, was zu tun ist. Statt dessen wird das Wissen, die Erfahrung, die Kreativität, die Einsatzbereitschaft jedes einzelnen im Team gefordert, mobilisiert und im Wertschöpfungsprozeß eingesetzt." Bihl, Personalpolitik zwischen Flexibilität und Kontinuität, in: Schwuchow/Gutmann (Hrsg.), Weiterbildung Jahrbuch 1997, 14-19, hier: 14.
[731] Seit März 1999 werden bei BMW intensiv fünf sogenannte „Core Values" – „Kernwerte" diskutiert und kommuniziert: „Individualität, Innovation, Leadership, Verantwortung, Solidität". Sie sollen sowohl die Markenwerte bestimmen als auch als Orientierungshilfe die interne Zusammenarbeit prägen. Da sie noch nicht offiziell durch einen Vorstandsbeschluß als verbindliche Unternehmenswerte verabschiedet

wurden, werden sie im Folgenden nur z.T. rezipiert. Ferner gibt es noch keine offiziellen Dokumente, in denen sie Erwähnung finden.

[732] Hinzu kommen eine Fülle sogenannter „geheimer Spielregeln" und informeller Umgangsformen, die sich über Jahrzehnte hinweg in einem hierarchisch/bürokratisch strukturierten Unternehmen etabliert haben und nun vielleicht kontraproduktiv zu den neuen Anforderungen stehen.

[733] Vgl. Milberg, in: Bayernmotor 7/94, 5.

[734] Vgl. Pischetsrieder, Personal- und Führungspolitik eines deutschen Unternehmens im weltweiten Wettbewerb, 22.01.97, 4 f.

[735] Vgl. Pischetsrieder, Arbeitsplatz Deutschland – Perspektiven für das 21. Jahrhundert, 05.März 1998, 5.

[736] Pischetsrieder gibt daher zu bedenken: „Die Mitarbeiter jedes Unternehmens sind ein Mikrokosmos der Gesellschaft; sie folgen – ob wir es wollen oder nicht – gesellschaftlichen Wertvorstellungen. Dies kann die Führung »erleiden« oder aktiv fördern und in Mehrwert umsetzen." Pischetsrieder, Wertorientierte und werteorientierte Unternehmensführung – ein Gegensatz?, 29. Juli 1994, 4.

[737] Ihre Grundthese lautet: „Die Mitarbeiterorientierung der Personalpolitik sichert die Wirtschaftlichkeit des Unternehmens, denn auf Dauer wird eine Personalpolitik, die nicht mitarbeiterorientiert ist, immer zu negativen Kostenauswirkungen führen und damit unwirtschaftlich sein." BMW AG, AK-4, ALex – Aktuelles Lexikon, Die langfristige Personalpolitik im BMW Konzern, 1996, 2. Vgl. Bayernmotor 8/95, 10.
Panke erläutert die Schlüsselbegriffe der Personalpolitik: „Im Unternehmen muß eine Atmosphäre geschaffen werden, in der sich jeder Mitarbeiter herausgefordert fühlt. Es soll nicht »pro forma«, sondern »pro firma« gearbeitet werden. Die Mitarbeiter müssen sich voll einbringen mit ihrem Wissen und Können. (...). Bei BMW sprechen wir in diesem Zusammenhang von den drei Standbeinen unserer Langfristigen Personalpolitik: 1. Wir bieten unseren Mitarbeitern die Leistungsmöglichkeit im Sinne von »Dürfen«, 2. wir wecken und fördern bei unseren Mitarbeitern die Leistungsbereitschaft im Sinne von »Wollen«, und 3. wir unterstützen unsere Mitarbeiter bei Ihrer Leistungsfähigkeit im Sinne von »Können«." Panke, Unternehmer braucht das Land, 17.06.97, 6.

[738] Vgl. Pischetsrieder, Personal- und Führungspolitik eines deutschen Unternehmens im weltweiten Wettbewerb, 22.01.97, 5; Pischetsrieder, Personalführung eines bayerischen Weltunternehmens, 16.07. 97, 6; Pischetsrieder, Arbeitsplatz Deutschland – Perspektiven für das 21. Jahrhundert, 05.03.98, 5.
Zur Bedeutung der Humanressourcen für BMW vgl. Reischauer, Elite der Zukunft/Klare Zeichen setzen, in: Wirtschaftswoche Nr.40/25.09.1997, 136.

[739] BMW verfolgt daher eine „Langfristige Personalpolitik" (LPP). Dabei geht es dem Unternehmen nicht um eine einseitige, kurzfristige Effizienzsteigerung ausschließlich durch Kostensenkung. Pischetsrieder erkennt: „Von der öffentlichen Diskussion der letzten Jahre hatte ich den Eindruck, daß Effizienzsteigerung gleichgesetzt wurde mit Kostensenkung, verkürzt auch noch auf Lohn- und Gehaltskosten. Dabei wurde häufig übersehen, was wir alle bereits seit unserer Schulzeit kennen, nämlich: Effizienz – mathematisch gesehen – beschreibt das Verhältnis von Leistung zu Aufwand. Und wenn die These richtig ist – und davon bin ich überzeugt –, daß die Mitarbeiter das herausragende Unterscheidungsmerkmal zwischen erfolgreichen und weniger erfolgreichen Unternehmen sind, dann liegt der Weg zur Effizienzsteigerung deutlich vor uns: Gemeinsam müssen alle Mitarbeiter über Leistungssteigerungen eine höhere Effizienz erzielen und nicht einseitig Kostenverringerungen anstreben. Genau dies ist also die zentrale These der BMW Personalpolitik. Damit setzen wir uns auch bewußt von einseitigen Diskussionen ab, die nur Kostensenkung im Sinne von »lean production« und »lean management« zum Ziel haben. Wir sind der festen Überzeugung, daß die notwendige Effizienz nur gemeinsam zu erreichen ist." Pischetsrieder, Personalführung eines bayerischen Weltunternehmens, 16.07.97, 6. Vgl. Pischetsrieder, Arbeitsplatz Deutschland – Perspektiven für das 21. Jahrhundert, 05.03.98, 5; Bihl, Personalpolitik zwischen Flexibilität und Kontinuität, in: Schwuchow/Gutmann (Hrsg.), Weiterbildung Jahrbuch 1997, 14-19, hier: 14 f.

[740] Vgl. Pischetsrieder, Wertorientierte und werteorientierte Unternehmensführung – ein Gegensatz?, 29. Juli 1994, 5.
An anderer Stelle erklärt Pischetsrieder einleuchtend: „Um Spitzenleistungen zu erbringen und um in der Lage zu sein, schnell auf Marktänderungen reagieren zu können, müssen alle Mitarbeiter eines Unternehmens »Mitdenker und Mitgestalter« sein. Dies impliziert, daß eine hierarchie- und funktionsorientierte Zusammenarbeit der Vergangenheit angehören muß. (...). Unternehmerische Funktionen müssen zunehmend den Mitarbeitern übergeben werden. Verantwortung muß dorthin delegiert werden, wo sie am besten getragen werden kann – so weit wie möglich in die operativen Bereiche hinein. Die veränder-

ten Ansprüche von hochqualifizierten Mitarbeitern erfordern Strukturen, die ihnen mehr Chancen bieten, eigenverantwortlich, kreativ und mit Freude zu arbeiten. Die Möglichkeit, sich selbst verwirklichen zu können und in der Arbeit Sinn zu finden, motiviert zur Leistung. Wer Sinn und Wert seiner Arbeit erfährt, produziert auch Sinn- und Wertvolles. Wer Verantwortung trägt, arbeitet auch verantwortungsbewußt. Wer nachvollziehen kann, warum welche Arbeit nötig ist, tut auch einmal mehr als verlangt. So ergänzen sich die Bedürfnisse der Mitarbeiter und betriebliche Notwendigkeiten." Pischetsrieder, Personal- und Führungspolitik eines deutschen Unternehmens im weltweiten Wettbewerb, 22.01.97, 13 f.

[741] Milberg gibt zu bedenken: „Gruppenarbeit und auch die KVP-Prozesse haben sich bisher voll und ganz bewährt. Sie sind allerdings kein Ziel an sich. Sie sollen Dezentralisierung und Eigenverantwortlichkeit fördern, bringen höhere Verantwortung und eine Verbreiterung der Tätigkeiten für den Mitarbeiter mit sich. Die Mitarbeiter haben hier die Chance, ihr Wissen und Können voll einzubringen. Das bedeutet Veränderung, und ich weiß, jede Veränderung kann auch zu Verunsicherung führen." Milberg, in: Bayernmotor 7/94, 5.

[742] Zum FIZ, vgl. BMW AG, AK-2, ALex – Aktuelles Lexikon, BMW Forschung und Entwicklung, 1997, 2.

[743] Vgl. Ziebart, Das Aus für die Linie, in: Automobil-Entwicklung 1994, 26-32, hier: 26 f.; BMW AG, Unternehmensqualität, Qualitätsmanagement-Handbuch der BMW AG, Kurzfassung, 9.

[744] Dazu heißt es: „In der Prozeßkette sollte so die Vorentwicklung künftig ihre Regale voll mit fertigen Ideen haben, die unabhängig von konkreten Projekten entstehen, aber schnell für eben diese aufgegriffen und umgesetzt werden können." Die BMW Zeitung 12/96, 13.

[745] Entsprechend den drei Modellen „Dreier", „Fünfer", „Siebener" wurde eine „Kleine Baureihe", eine „Mittlere Baureihe" und eine „Große Baureihe" und für Sondermodelle eine eigene Baureihe eingerichtet. Vgl. Bayernmotor 7/93, 1,6.
Selbstverständlich sind die Fachbereiche nach wie vor wesentlich an der Neuentwicklung beteiligt. Um Mehraufwand und ineffizientes Nebeneinander zu vermeiden, sollte der Zielvereinbarungsprozeß der Fachbereiche mit dem Fahrzeugprojekt-Zielvereinbarungsprozeß aufeinander abgestimmt sein. Vgl. BMW AG, GG/EB-1, Der Zielvereinbarungsprozeß (ZVP) in Fahrzeugprojekten, Handbuch, 8.

[746] D.h. auch wenn das neu entwickelte Fahrzeug in die Produktion geht, muß sich der entsprechende Projektleiter bis zum Auslauf um das Projekt kümmern. Das hat den Vorteil, daß es schon in der frühen Phase der Projektentwicklung Kontakte mit den Werken gibt. Es kommt zur Vernetzung zwischen Produktion und Entwicklung. Um einen möglichst problemlosen Anlauf sicherzustellen, werden sie in den Entstehungsprozeß miteinbezogen. Ferner treten bei einem Anlauf in den Werken häufig Schwierigkeiten auf, die in der Entwicklungsphase noch nicht absehbar waren. Der Projektleiter kann dann zur Problemlösung die zuständigen Entwicklungsteams hinzuziehen. Aus den Fehlern kann für die Folgemodellen gelernt werden.

[747] Sie gehören nicht einem eigenen Fachbereich an, sondern unterstehen der Leitung des Baureihenleiters.

[748] Vgl. BMW AG, Unternehmensqualität, Qualitätsmanagement-Handbuch der BMW AG, Kurzfassung, 9

[749] Bei den „Modulen" des Teilprojekts Fahrwerk z.B. sollten das vor allem Mitarbeiter sein aus dem Entwicklungsbereich Fahrwerk, aus der Sparte Motor, genauer gesagt aus der Abteilung Prozeßentwicklung und Produktion Fahrwerk/Antrieb und eventuell aus den Montagebereichen der Werke. Vgl. Die BMW Zeitung 11/98, 17.
Das „Modul" ist quasi die Plattform für die Zusammenarbeit aller beteiligten Bereiche: Entwicklung, Planung, Einkauf, Controlling, Produktion, Baureihe. Ein Erfolg der interdisziplinären Zusammenarbeit sind z.B. die Vorder- und Hinterachsen aus Aluminium. Vgl. Die BMW Zeitung 9/98, 11.

[750] Gerade auch die offene Zusammenarbeit mit externen Lieferanten, die beispielsweise ganze Teile fertigen und liefern, wird immer bedeutsamer. Letztlich hängt ja die Produktqualität auch von der Qualität der gelieferten Komponenten ab. Ziebart erläutert die Einbindung externer Lieferanten in sogenannten „Simultaneous-Engineering-Teams": „Wesentlicher Bestandteil der neuen Arbeitsweise ist nach wie vor die Einbindung der Systemlieferanten. Sie arbeiten, räumlich integriert, als gleichberechtigte Teammitglieder. Das führt, neben vereinfachter und verbesserter Kommunikation, vor allem zu einer höheren Identifikation der Lieferanten mit dem Gesamtprodukt und nicht nur mit der von ihnen zuzuliefernden Komponente." Vgl. Ziebart, Das Aus für die Linie, in: Automobil-Entwicklung 1994, 26-32, hier: 31 f. Vgl. BMW AG, Unternehmensqualität, Qualitätsmanagement-Handbuch der BMW AG, Kurzfassung, 9; Dürand, Innovationen/Schonzeit vorbei, in: Wirtschaftswoche Nr.45/02.11.1995, 150.

[751] Vgl. Bayernmotor 7/93, 6.

[752] Ziebart macht noch auf ein weiteres Problem aufmerksam: „Schwieriger allerdings gestaltet sich das Verhältnis dieser Mitarbeiter zu ihrer zugehörigen Einheit in der Funktionalorganisation. Nachdem die Entscheidung überwiegend nicht mehr in der dortigen Hierarchie, sondern in den Teams gefällt wird, fühlten erstere sich ausgegrenzt. Wichtig ist daher, das Verständnis dieser Führungskräfte über ihre Aufgabe zu verändern: Weg vom Entscheidungsträger in fachlichen Details und hin zu den Aufgaben der Personalführung und Komponentenstrategie." Ziebart, Das Aus für die Linie, in: Automobil-Entwicklung 1994, 26-32, hier: 32.

[753] Vgl. BMW AG, GG/EB-1, Der Zielvereinbarungsprozeß (ZVP) in Fahrzeugprojekten, Handbuch, 9.

[754] So könnte sich beispielsweise ein Konzeptteam mit einer verbrauchsoptimalen Fahrzeuggestaltung beschäftigen, ein anderes mit einem Modell mit möglichst vielen repräsentativen Komponenten, wieder ein anderes mit einem möglichst hohen Gleichteileanteil des Vorläufermodells. Die verschiedenen Konzepte werden nur „grob" ausgearbeitet, so daß die Grundstrukturen erkennbar sind. Eine detaillierte Ausformung wäre an dieser Stelle noch zu früh, da das Konzept noch verworfen werden kann. Daher gilt als Ziel: Konzeptreife vor Detailreife. Vgl. Die BMW Zeitung 12/97, 15.

[755] Vgl. BMW AG, GG/EB-1, Der Zielvereinbarungsprozeß (ZVP) in Fahrzeugprojekten, Handbuch, 7 ff.; 26.

[756] In ihr werden der Zielrahmen, das Projekt, der Prozeß, Produkteigenschaften wie z.B. Beschleunigung, Sicherheitsanforderungen, Design etc. und Produktbauteile festgelegt, die wiederum in sogenannten Lastenheften aufgefächert und detaillierter dargestellt werden. Vgl. BMW AG, GG/EB-1, Der Zielvereinbarungsprozeß (ZVP) in Fahrzeugprojekten, Handbuch, 16.

[757] Dabei wurde bewußt die Terminologie geändert. Um das Zusammenwirken aller beteiligten Stellen zu betonen, wird nicht mehr von der „Produkt-Entwicklung" sondern vom „Produktentstehungsprozeß" gesprochen. Vgl. Die BMW Zeitung 12/97, 15; 5/98, 10; 7/98, 1,12,13; 9/98, 11.
Indem Prozesse, die eigentlich voneinander abhängig sind, parallel nebeneinander stattfinden, soll Zeit gewonnen werden. So hat z.B. die Entwicklung der Heckscheibe Einfluß auf den Innenklimakomfort. Diese Parallelisierung erfordert Arbeit mit sogenannten „unreifen Daten", die eben noch nicht die hundertprozentige Endlösung darstellen. Von den betroffenen Mitarbeitern wird daher Mut und Risikobereitschaft verlangt. Auch gilt es, den Kosten- und Zeitaufwand, der durch den Bau von teuren Prototypen entsteht, durch computergesteuerte Simulation zu verringern. Mit dem Einsatz von neuen Hardware- und Softwaresystemen ist gerade auf seiten der Mitarbeiter, die häufig an dem gewohnten Bau von Prototypen festhalten wollen, Umdenken, Flexibilität und Lernbereitschaft gefragt. Vgl. Die BMW Zeitung 11/97, 12; 10/98,6.

[758] Die Sprache ist verräterisch. BMW spricht von der „Selbstanzeige". Dies hat einen sehr negativen Beigeschmack. Wer zeigt sich schon gerne selbst an? Es wäre sinnvoller, beispielsweise von selbständiger Problemanzeige zu sprechen. Vgl. BMW AG, GG/EB-1, Der Zielvereinbarungsprozeß (ZVP) in Fahrzeugprojekten, Handbuch, 25.

[759] Vgl. BMW AG, AK-4, ALex – Aktuelles Lexikon, Neue Arbeitsstrukturen bei BMW, 1996, 3; Bihl, Personalpolitik zwischen Flexibilität und Kontinuität, in: Schwuchow/Gutmann (Hrsg.), Weiterbildung Jahrbuch 1997, 14-19, hier: 15.

[760] Im Vergleich zu anderen Modellen heißt es dazu erklärend: „Bekannt ist zum einen das schwedische Modell, das sich hauptsächlich an der Attraktivität des Arbeitsprozesses orientiert und eine hohe Arbeitszufriedenheit in den Vordergrund stellt. Zum anderen sind es die japanischen Ansätze. Sie setzen mehr auf Produktivitätssteigerung und vernachlässigen die Arbeitszufriedenheit. BMW berücksichtigt beide Ziele – die Produktivitätssteigerung und die Arbeitszufriedenheit – gleichermaßen und setzt auf einen eigenen Weg: Effizienz durch Motivation." BMW AG, AK-4, ALex – Aktuelles Lexikon, Neue Arbeitsstrukturen bei BMW, 1996, 3.
Im Dienstleistungsbereich wird die „Gruppenarbeit" „Teamarbeit" genannt. Im großen und ganzen haben „Gruppen-" und „Teamarbeit" dieselben Rahmenbedingungen. Die folgenden Aussagen über die „Gruppenarbeit" in der Produktion stützen sich v.a. auf eine Betriebsvereinbarung zwischen Unternehmensleitung und Gesamtbetriebsrat der BMW AG zum Thema „Neue Arbeitsstrukturen". Vgl. Betriebsvereinbarung zwischen Unternehmensleitung und Gesamtbetriebsrat der Bayerischen Motorenwerke Aktiengesellschaft, Neue Arbeitsstrukturen, München 22.06.95; Bihl, Personalpolitik zwischen Flexibilität und Kontinuität, in: Schwuchow/Gutmann (Hrsg.), Weiterbildung Jahrbuch 1997, 14-19, hier: 15.

[761] Vgl. BMW AG, AK-4, ALex – Aktuelles Lexikon, Neue Arbeitsstrukturen bei BMW, 1996, 3.

[762] Zu den Chancen und Schwierigkeiten der Integration von Sekundäraufgaben, vgl. Die BMW Zeitung 4/98, 10.

[763] Mit Bihl kann erläutert werden: „Für den Erfolg ist es unabdingbar, mit den Mitarbeitern die Unternehmensziele zu besprechen und mit der Gruppe und den Mitarbeitern die abgeleiteten Ziele zu vereinbaren. Dazu werden auf allen Ebenen mit jedem Mitarbeiter Zielvereinbarungsgespräche geführt, und es werden die Unternehmensziele für alle Ebenen in beeinflußbare Zielwerte übertragen. In den Gruppengesprächen erarbeiten die Mitarbeiter ihren Beitrag und die dazu notwendigen Maßnahmen für ihren Aufgabenbereich. Werden die Ziele von der Gruppe als erreichbar zurückgemeldet, gelten sie als vereinbart. Durch diesen Prozeß wird jedem Mitarbeiter deutlich, daß sein individueller Beitrag am Unternehmensergebnis wichtig ist und dazu führt, die Wettbewerbsfähigkeit des Unternehmens zu sichern." Bihl, Personalpolitik zwischen Flexibilität und Kontinuität, in: Schwuchow/Gutmann (Hrsg.), Weiterbildung Jahrbuch 1997, 14-19, hier: 16. Vgl. BMW AG, AK-4, ALex – Aktuelles Lexikon, Neue Arbeitsstrukturen bei BMW, 1996, 4.

[764] Zu den Möglichkeiten der Gruppenarbeit, vgl. Die BMW Zeitung 11/96, 15.

[765] Zur Problematik der Zielvorgaben, vgl. Die BMW Zeitung 9/96, 12.

[766] Vgl. Die BMW Zeitung 4/97, 11.

[767] Vgl. Bayernmotor 8/95, 10.

[768] Vgl. BMW AG, AK-4, ALex – Aktuelles Lexikon, Neue Arbeitsstrukturen bei BMW, 1996, 3; Die BMW Zeitung 1/97, 9.

[769] Er kann aber auch vom Meister eingesetzt werden. Vgl. BMW AG, AK-4, ALex – Aktuelles Lexikon, Neue Arbeitsstrukturen bei BMW, 1996, 3.

[770] Vgl. Bayernmotor 11/95, 13.

[771] Daher wurde er bewußt nicht Gruppenleiter, sondern Gruppensprecher genannt.

[772] D.h. seine eigentliche Aufgabe wäre es, z.B. die Urlaubseinteilung zu koordinieren, indem er einen Plan erstellt und diesen im nächsten Gruppengespräch mit der Gruppe diskutiert und verabschiedet. In manchen Abteilungen, so z.B. in der Montage des Münchener Werkes, wurden sogenannte „Problemlösungsverantwortliche" oder im Rohbau „Fertigungsfachmänner" eingesetzt, die zugleich Gruppensprecher sind. Als „Feuerwehrmänner" vor Ort sollen sie dort helfen, wo es gerade „brennt". Bei einem Maschinenschaden müssen sie diesen möglichst schnell beheben oder wenn ein Mitarbeiter überraschend krank wird, sollen sie flexibel seine Aufgaben übernehmen. Wie früher die Vorarbeiter, nehmen sie durch ihre fachlichen Qualifikationen eine Sonderposition ein und bilden eine Art Zwischenhierarchiestufe. Dabei besteht wiederum die Gefahr, daß die Gruppensprecher Kompetenzen an sich ziehen, die eigentlich die Gruppe selbst übernehmen könnte und sollte.

[773] Selbstverständlich ist das nicht sehr viel und es stellt sich die Frage, wie es in so knapp bemessener Zeit wirklich zu einer echten Gruppenbildung kommen kann. Allerdings darf auch nicht vergessen werden, daß zwei Stunden Bandstillstand für das Unternehmen eine hohe Investition darstellt. BMW AG, AK-4, ALex – Aktuelles Lexikon, Neue Arbeitsstrukturen bei BMW, 1996, 4.
Zur Bedeutung des Gruppengesprächs vgl. das Beispiel der Teamentwicklung in der Lackiererei im Werk München. Vgl. Die BMW Zeitung 7/96, 12.

[774] Vgl. Bayernmotor 7/95, 13; BMW AG, Unternehmensqualität, Qualität zieht an, 18.

[775] Hier macht sich BMW eine ausgewogene Mitarbeiterstruktur zunutze, in der die Erfahrungskapazität der älteren Mitarbeiter ebenso zählt wie neue Denkansätze von jüngerer Seite. Dazu heißt es: „Das bedeutet, daß insbesondere das Kriterium »Lebensalter« in den Hintergrund tritt; denn nur in einer ausgewogenen Mitarbeiterstruktur, in der Erfahrungskapazität ebenso zählt wie neue Denkansätze, können alle im Unternehmen vorhandenen Potentiale und Kompetenzen optimal genutzt werden." Vgl. BMW AG, AK-4, ALex – Aktuelles Lexikon, Die langfristige Personalpolitik im BMW Konzern, 3.

[776] Vgl. Ritter/Reichart/Herrmann, Personalentwicklung als Veränderungsstrategie, in: Bundesakademie für öffentliche Verwaltung (Hrsg.), Verwaltung und Fortbildung 25 (1997) Heft 1, 50-70, hier: 53; Bihl, Personalpolitik zwischen Flexibilität und Kontinuität, in: Schwuchow/Gutmann (Hrsg.), Weiterbildung Jahrbuch 1997, 14-19, hier: 16.

[777] Die folgenden Ausführungen stützen sich auf die Unterlage aus dem BMW-Intranet mit dem Titel „Zielvereinbarungsprozeß". Vgl. Bihl, Personalpolitik zwischen Flexibilität und Kontinuität, in: Schwuchow/Gutmann (Hrsg.), Weiterbildung Jahrbuch 1997, 14-19, hier: 16; Die BMW Zeitung 9/96, 12.

[778] Durch einen Zielvereinbarungsprozeß (ZVP), der über drei Gesprächsebenen stattfindet, sollten jährlich für alle Ebenen und für jeden Mitarbeiter meßbare bzw. überprüfbare Ziele vereinbart werden. Die

erste Gesprächsrunde setzt sich aus dem zuständigen Vorstandsmitglied, Bereichsleiter und Hauptabteilungsleiter zusammen. Die nächste Ebene bilden dann der jeweilige Bereichsleiter mit seinen Hauptabteilungsleitern und Abteilungsleitern und die dritte Ebene die jeweiligen Hauptabteilungsleiter mit ihren Abteilungsleitern und Mitarbeitern. Entsprechend den vom Vorstand vorgegebenen Unternehmenszielen werden auf allen Ebenen und für alle Mitarbeiter Ziele vereinbart. Über die drei Ebenen soll dann über die Zielerreichung entsprechendes Feedback gegeben werden.

[779] So kann es hilfreich sein, das Gespräch zu unterbrechen und erst nach einigen Tagen wieder aufzunehmen, um so den Führungskräften die Möglichkeit zu geben, mit ihren Mitarbeitern die Ziele zu diskutieren. Dieses Meinungsspektrum können dann die Führungskräfte in das Folgetreffen einbringen.

[780] So kann beispielsweise eine Beschleunigung der Arbeitsabläufe auch die Ziele des Kunden in der Prozeßkette beeinflussen, indem er in seinen Abläufen schneller werden muß.
Ferner sollte der Frage nachgegangen werden, welche Ressourcen und Informationen noch benötigt werden. Dies können beispielsweise Daten aus Mitarbeiterbefragungen, Kundenbefragungen oder Selbstbewertungen sein.

[781] Bei der „persönlichen Zielfindung" ist es hilfreich, sich zuerst mit sich selbst zu beschäftigen. Folgende Fragen können bei dieser Selbstreflexion helfen: Welche Ziele habe ich? Über welche Möglichkeiten und Talente verfüge ich? Was ist der Zweck meiner Leistung? Was ist mein Beitrag zur Erreichung der Ziele? Dazu muß sich der betroffene Mitarbeiter im Vorfeld des Gesprächs genügend Zeit nehmen. Auch der Vorgesetzte sollte nicht unvorbereitet in das Gespräch gehen, sondern sich überlegen, welche Möglichkeiten er für den Mitarbeiter sieht.

[782] BWM kennt ca. dreihundert Arbeitszeitmodelle, die von unterschiedlichsten Formen der Teilzeitarbeit bis hin zu Freizeitblöcken (Sabbatical) reichen. Vgl. BMW AG, AK-4, ALex – Aktuelles Lexikon, Flexible Arbeitszeit bei BMW, April 1998; Die BMW Zeitung 12/98, 3. Zum Sabbatical vgl. Die BMW Zeitung 19/94, 12; 2/97, 14; 3/97, 17; 12/98, 3. Zu den verschiedenen Arbeitszeitmodellen an den Standorten vgl. Die BMW Zeitung 11/97, 10; 3/98, 3.

[783] Dazu heißt es erklärend: „Die deutsche Industrie muß im internationalen Wettbewerb schwerwiegenden Belastungen standhalten. So erreichen die Arbeitskosten im Automobilbereich mit über 60 DM je geleisteter Arbeitsstunde eine Spitzenposition im internationalen Vergleich. Auf die erheblich gestiegenen Personalkosten haben die Unternehmen mit verstärkter Automatisierung von Fertigungsabläufen reagiert – und zahlen einen hohen Preis: Neue Arbeitsplätze in den BMW Werken kosten teilweise zwischen 500.000 und 1 Million DM. Kein Land der Erde hat außerdem kürzere tarifliche Arbeitszeiten. Seit Oktober 1995 beträgt die Wochenarbeitszeit in der deutschen Metall- und Elektroindustrie und damit auch bei BMW nur noch 35 Stunden. Mit der kürzeren Arbeitszeit der Belegschaften haben sich in Deutschland zugleich die Betriebszeiten der Produktionsmaschinen und -anlagen verringert. Je kürzer aber die Betriebszeiten, desto höher die Herstellkosten für das Produkt – ein weiterer Wettbewerbsnachteil. Hochkonjunktur daher für flexible Arbeitszeiten." BMW AG, AK-4, ALex – Aktuelles Lexikon, Flexible Arbeitszeit bei BMW, April 1998, 2.

[784] Vgl. Die BMW Zeitung 12/98, 3.

[785] Vgl. BMW AG, AK-4, ALex – Aktuelles Lexikon, Flexible Arbeitszeit bei BMW, April 1998, 2; Bayernmotor 4/93, 3.

[786] Vgl. Die BMW Zeitung 12/98, 3.

[787] Ein Pendler, der z.B. einen Anfahrtsweg von dreißig Minuten hat, spart wöchentlich im Schnitt eine Stunde.

[788] Eigentlich sind es fast sechs Tage, da die Freizeitphase nach einer Frühschicht um 14.30 beginnt und mit der Spätschicht um 14.30 endet. Allerdings fällt auch alle drei Wochen eine Samstags-Frühschicht an.
Auch im Münchener Werk wurde eine „Vier-Tage-Woche" im Zweischicht-Betrieb eingerichtet (Frühschicht: 5.50-14.55; Spätschicht: 14.55-24.00). Die Folgen für das Unternehmen und die Mitarbeiter sind ähnlich wie in Regensburg. „Der Schichtplan wurde so gestaltet, daß die Mitarbeiter alle fünf Wochen von Freitag bis einschließlich Montag ein langes Wochenende genießen können." BMW AG, AK-4, ALex – Aktuelles Lexikon, Flexible Arbeitszeit bei BMW, April 1998, 3; vgl. IG Metall Betriebsrat am BMW Standort München, Vorfahrt für Arbeitnehmer, 39.

[789] Vgl. Die BMW Zeitung 12/98, 3; Hoffritz, Arbeitszeit/Hohe Kante, in: Wirtschaftswoche Nr.26/20.06.1996, 90.

[790] Vgl. Die BMW Zeitung 3/96, 1,11; 4/97, 1,11. Die Motorradfertigung in Berlin hat eine marktorientierte Regelung gefunden. Am Jahresbeginn steigt der Motorradabsatz, während er zum Jahresende ab-

nimmt. Entsprechend arbeiten die Mitarbeiter in der ersten Jahreshälfte überdurchschnittlich mehr. In der zweiten Jahreshälfte verkürzt sich entsprechend die tägliche Arbeitszeit. Vgl. BMW AG, AK-4, ALex – Aktuelles Lexikon, Flexible Arbeitszeit bei BMW, April 1998, 3.

[791] Dazu heißt es: „Obwohl derartige kollektive Maßnahmen einen grundsätzlichen Vorrang vor einer Freizeitnahme einzelner Mitarbeiter genießen, sind daneben vermehrt auch individuelle Vereinbarungen mit dem jeweils zuständigen Meister möglich." BMW AG, AK-4, ALex – Aktuelles Lexikon, Arbeitszeitkonto und Beschäftigung bei BMW, 1996, 2. Vgl. Bihl, Personalpolitik zwischen Flexibilität und Kontinuität, in: Schwuchow/Gutmann (Hrsg.), Weiterbildung Jahrbuch 1997, 14-19, hier: 17.

[792] BMW ist eine „Beschäftigungssicherung" mit seinen Mitarbeitern eingegangen. Damit ist nicht eine Arbeitsplatzgarantie gemeint. „Als Beschäftigungssicherung wird in diesem Zusammenhang verstanden, daß diejenigen Mitarbeiter, die mit dem neuen Konto arbeiten, davon ausgehen können, bei BMW einen Arbeitsplatz sicher zu haben. Dieser Platz kann auch in einer anderen Abteilung oder – im Sinne der Mitarbeiterflexibilisierung zwischen den bayerischen Werken – an einem anderen Standort sein." BMW AG, AK-4, ALex – Aktuelles Lexikon, Arbeitszeitkonto und Beschäftigung bei BMW, 1996, 4; vgl. IG Metall Betriebsrat am BMW Standort München, Vorfahrt für Arbeitnehmer, 31.
Zugleich wird deutlich, in welchem Ausmaß die Beschäftigung vom Unternehmenserfolg und damit von der Kundennachfrage abhängt.

[793] Vgl. BMW AG, AK-4, ALex – Aktuelles Lexikon, Flexible Arbeitszeit bei BMW, April 1998, 4; IG Metall Betriebsrat am BMW Standort München, Vorfahrt für Arbeitnehmer, 40 f.

[794] Erläuternd heißt es: „Mit der »Neuen Gleitzeit« delegiert BMW die Verantwortung für die Aufgabenerfüllung nicht nur in sachlicher, sondern ebenso in zeitlicher Hinsicht konsequent an Mitarbeiter und Führungskräfte." BMW AG, AK-4, ALex – Aktuelles Lexikon, Flexible Arbeitszeit bei BMW, April 1998, 4.

[795] Vgl. BMW AG, AK-4, ALex – Aktuelles Lexikon, Flexible Arbeitszeit bei BMW, April 1998, 6; Die BMW Zeitung 3/96, 11; 3/98, 11, 12/98, 3.

[796] Reichart spricht von einer „Rekreationskultur" versus „Burn-out-Kultur": „Im Grunde ist jeder selbst dafür verantwortlich, daß er nicht »ausbrennt«, sondern rechtzeitig wieder neue Kräfte schöpft – nach der Methode, die sich jeder dafür zugelegt hat, seien sie im Sport, in Natur oder Kultur oder in sonst etwas zu suchen. Aber wir müssen schon zugeben, daß das Unternehmen von jedem viel fordert, und daß der Rekreationsgedanke bisher nicht im Vordergrund stand. Personalpolitisch haben wir durch flexible Arbeitszeiten, Teilzeitangebote und die Einrichtung des »sabbaticals« dafür gesorgt, daß sich das ändert." Reichart, BMW Kultur, 6.
Es stellt sich die Frage, ob das auch wirklich genügt?

[797] Der Anspruch „sich kontinuierlich zu verbessern", ist dabei als Grundhaltung zu verstehen. Die alltäglichen Abläufe sollen immer wieder auf ihre Stimmigkeit, Effizienz und Effektivität überprüft werden. Vgl. BMW AG, KVP Handbuch, KVP bei TM, 13.

[798] Wiederum geht es um einen „Interessenausgleich". Unternehmensziele, wie „Produktivität und Produktqualität erhöhen, Dienstleistungsqualität verbessern, Zeit und Kosten sparen", sollen in Einklang mit den Zielen der Mitarbeiter gebracht werden, wie „Wertschätzung der eigenen Arbeit, die Arbeit vereinfachen und interessanter gestalten, Störendes beseitigen, Sicherheit vergrößern, den Arbeitsplatz ergonomischer gestalten und die Arbeit selbst mitgestalten". Vgl. BMW AG, Leitfaden für KVP-Moderatoren – Schulungsunterlage, August 1997, 1. Auflage, 9.
Die KVP-Maßnahmen in den einzelnen Werken sind unterschiedlich. Der Verbesserungsansatz in Regensburg z.B. wird FRIDA (Fehler-Reduzierung durch Integration und Einbeziehung aller) genannt. In Dingolfing gibt es Super-KVP. Beide Methoden unterscheiden sich in ihrer Methodik, Ausprägung und ihren Werkzeugen von der Münchener Variante. Der Grundgedanke des KVP ist aber in allen Werken derselbe.
Um das Gedankengut des KVP besser verankern zu können, wurde im Münchener Werk ein „KVP-Büro" eingerichtet und in den einzelnen Bereichen „KVP-Verantwortliche" ausgebildet, die die KVP-Aktivitäten vor Ort anstoßen und unterstützen sollen. Vgl. BMW AG, KVP Handbuch, KVP bei TM, 4.
Zahlreiche Beispiele zu unterschiedlichen „KVP-Aktivitäten" finden sich allein für die Jahre 1997 und 1998 in der BMW Zeitung. Auch dies zeigt die Aktualität des „KVP-Gedankens". Vgl. Die BMW Zeitung 1/97, 11; 2/97, 14; 3/97, 9; 4/97, 15; 5/97, 14; 7/97, 12; 8/97, 11; 9/97, 15; 10/97, 6; 4/98, 19; 5/98, 16; 10/98, 14.

[799] Vgl. BMW AG, KVP Handbuch, KVP bei TM, 3.

[800] Vgl. BMW AG, KVP Handbuch, KVP bei TM, 13 f.

[801] Oder es werden sieben Arten der Verschwendung aufgezählt, wie Verschwendung durch Überproduktion, Wartezeiten, Transport, Herstellungsprozeß, Umlaufbestände, Bewegungen, auftretende Fehler. Auch können Talente verschwendet werden, indem die Fähigkeiten und Kenntnisse der Mitarbeiter nicht genutzt werden. Vgl. BMW AG, KVP Handbuch, KVP bei TM, 27 ff.; BMW AG, Leitfaden für KVP-Moderatoren – Schulungsunterlage, 64-104.

[802] Vgl. BMW AG, KVP Handbuch, KVP bei TM, 9.

[803] Es ist wichtig, daß der Mitarbeiter in jedem Fall eine Rückmeldung bekommt. Dann ist er auch in Zukunft bereit, konstruktive Verbesserungsvorschläge einzubringen. So kann z.B. ein Meister einem Mitarbeiter, der die Neugestaltung des Sozialraumes vorgeschlagen hat, erklären, daß es dazu momentan kein Geld gibt.

[804] Vgl. Die BMW Zeitung 12/98, 13; 5/98, 14; 2/98, 13.
Das Ideenmanagement will besonders das Innovationsklima bei BMW verbessern und das Ideenpotential der Mitarbeiter nutzen. Es würde zu weit führen, das ausgeklügelte Bewertungssystem eingehender zu erläutern. Es gibt dazu eine ausführliche Betriebsvereinbarung zwischen Unternehmensleitung und Gesamtbetriebsrat. Vgl. Betriebsvereinbarung zwischen Unternehmensleitung und Gesamtbetriebsrat der Bayerischen Motoren Werke Aktiengesellschaft, Ideenmanagement, München 30.04.1998.

[805] Dieses setzt sich aus dem „Einreicher" der Idee und seinem direkten Vorgesetzten zusammen, der zugleich der Leiter des Verbesserungsteams ist. Wenn weitere Fachbereiche durch den Vorschlag betroffen sind, werden auch Vertreter aus diesen Bereichen hinzugezogen.

[806] Bei Schwierigkeiten oder Meinungsverschiedenheiten können die Ansprechpartner des Ideenmanagements konsultiert werden.

[807] Handelt es sich um besonders gute Verbesserungsvorschläge, können diese in einer zweiten Stufe durch ein sogenanntes „Top-Team" mit einer höheren Prämie honoriert werden. Die Höchstprämie für einen Verbesserungsvorschlag beträgt maximal 100.000.- DM.

[808] Im Werk München werden jährlich im Rahmen des ZVP eine Anzahl von „KVP-Aktionen" vereinbart und dann auf die Technologiebereiche und deren Abteilungen herunter gebrochen. Innerhalb der Abteilung werden, je nach Problemstellung, Priorität und Kapazität, die Intensivphasen thematisch und terminlich festgelegt. Die „KVP-Aktionen" orientieren sich also meistens an den Zielen der jeweiligen Bereiche und Abteilungen und dienen als Werkzeuge bei der Zielerreichung. Vgl. BMW AG, KVP Handbuch, KVP bei TM, 15.

[809] Vgl. BMW AG, KVP Handbuch, KVP bei TM, 16 f.

[810] Dabei wird das Problem in einer meßbaren Ist/Soll-Darstellung beschrieben, um so den Hintergrund der Aktion zu verdeutlichen. So kann beispielsweise für einen Produktionsabschnitt vereinbart werden, daß der Abfall auf eine bestimmte Zahl reduziert werden soll, um so die Entsorgungskosten zu verringern. In der Vorbereitungsphase werden auch organisatorische Dinge für die anschließende Intensivphase abgestimmt, wie z.B. Räumlichkeiten, Termine, Materialien etc. Vgl. BMW AG, KVP Handbuch, KVP bei TM, 17.

[811] Das „KVP-Team" setzt sich aus einem Kernteam (2/3) und sogenannten „Fremden Augen" (1/3) zusammen. In der Regel sind es ca. zwölf Mitglieder. Vgl. BMW AG, KVP Handbuch, KVP bei TM, 15.

[812] Auch fördert dies indirekt die gegenseitige Wertschätzung. So hat z.B. ein Mitarbeiter aus der Entwicklung die Möglichkeit, den Bandalltag mit seinem Stückzahldruck aus einer anderen Perspektive kennenzulernen.

[813] Dazu heißt es erklärend: „Um den Erfolg langfristig und flächendeckend zu gewährleisten, holt das Werk München seine Moderatoren aus den Fertigungsbereichen, anstatt externe Moderatoren einzukaufen. Vorteil: Sie leiten nicht nur die Intensivphasen, sondern treiben darüber hinaus auch den »Alltags-KVP« voran und sind zusätzlich die Know-how-Träger für den gesamten Prozeß im Werk. Sie stehen ihren Kollegen zur Verfügung als Berater (...)." Die BMW Zeitung 9/97, 11;

[814] Alle Teammitglieder sind zu hundert Prozent für die Mitarbeit im „KVP-Team" freigestellt. Um die Mitarbeiter beider Schichten zu erreichen, trifft sich das „KVP-Team" täglich von 9 bis 17.30 Uhr.

[815] Zu Aufbau und Inhalten der Intensivphase vgl. BMW AG, KVP Handbuch, KVP bei TM, 17.

[816] Dadurch können auf seiten der Produktionsmitarbeiter Vorurteile gegen den KVP abgebaut und diese nochmals konkret nach Problemen und Verbesserungsvorschlägen befragt werden. Wenn der zu untersuchende Bereich zu groß ist, dann kann sich das „KVP-Team" auch in Kleingruppen aufteilen, die die einzelnen Abschnitte analysieren.

[817] Die „Ideenspeicher" werden in der Nähe der jeweiligen Arbeitsplätze ausgehängt und ständig aktualisiert. Sie sollen vor Ort den aktuellen Stand der Aktivitäten verdeutlichen und die Mitarbeiter zu weiteren Innovationen anregen.

[818] Gelegentlich kann es dabei zu Problemen kommen, da die Experten nicht so schnell verfügbar sind. Daher werden für die offenen Themen eindeutig Zuständigkeiten benannt, um so durch die Delegation von Verantwortung die weitere Verfolgung der Verbesserungsvorschläge zu gewährleisten.

[819] Wenn möglich, sollte einer der Produktionsmitarbeiter, der an der Startwoche teilgenommen hat, die Ergebnisse präsentieren. Im Rahmen der Präsentation können sich neue Kommunikationswege ergeben. So hat beispielsweise ein Produktionsmitarbeiter die Möglichkeit, mit Entwicklern, Planern, Abteilungsleitern etc. zu sprechen. Ferner werden diese durch die Präsentation sensibler für die Bedürfnisse und Schwierigkeiten der Mitarbeiter vor Ort.

[820] Vgl. BMW AG, KVP Handbuch, KVP bei TM, 21.

[821] Zwei neuere „KVP-Aktionen", von denen die BMW Zeitung berichtete, sollen das Dargestellte veranschaulichen. Eine „KVP-Aktion" in der Endmontage des Werkes München brachte folgende Ergebnisse: „Ziel war es, die Materialbereitstellung am Band zu optimieren. Von den 30 eingegangenen Verbesserungsvorschlägen konzentrierte sich das KVP-Team auf zwei Ideen: einen Vormontageablauf umzustrukturieren sowie einen Sozialraum zu verlegen. Das Team selbst bestand aus Vertretern der Logistik, Planung, Zeitwirtschaft, Fertigung und des Controllings. Durch die Verbesserungsmaßnahmen kann jetzt mehr Material in gleichmäßigerer Verteilung am Band bereitgestellt werden. Dies führt gleichzeitig zu Kostenreduzierung im Logistikbereich und vermindert die Gefahr der Beschädigung durch Teiletransport zwischen Fahrzeugen. Wegezeiten zur Teileherstellung verringerten sich von 337 auf 97 Minuten pro Schicht. Nicht zuletzt können Vormontagearbeiten an einem ergonomisch verbesserten Arbeitsplatz ausgeführt werden, der durch die Umbaumaßnahmen zudem heller und übersichtlicher wurde." Die BMW Zeitung 10/98, 14.
Von einer „KVP-Intensivphase" in der Lackiererei im Werk Dingolfing wird berichtet: „Im Rahmen der Intensivphase wurden insgesamt 73 Verbesserungspotentiale bezüglich Unfallverhütung und Arbeitssicherheit vorgeschlagen, so unter anderem fehlende Bodenmarkierungen, Stoß- und Rutschgefahren, Stolperstellen, mangelnde Beschilderung, Flucht- und Rettungswege. Als häufigste Unfallarten kristallisierten sich dabei Wegeunfälle und Schnittverletzungen heraus. Rund 30 Prozent der Ideen wurden bereits während der drei KVP-Tage umgesetzt. Zwei Teams, bestehend aus Gruppensprechern, Gästen aus anderen Technologien und Sicherheitsbeauftragten, haben gemeinsam die Lackiererei untersucht. In einer Abschlußpräsentation stellten die jeweiligen Teamsprecher dann prägnante Punkte vor. Noch offen gebliebene Themen werden nun von Kernteams aus den Bereichen Planung, Methodik und Fertigung weiter bearbeitet, die in regelmäßigen Folgetreffen über den Ist-Stand berichten." Die BMW Zeitung 9/98, 14.

[822] 1998 wurde auch erstmals im Werk München eine flächendeckende Mitarbeiterbefragung im Rahmen des „EFQM-Modells" durchgeführt. Da die Auswertung und die Umsetzung noch nicht abgeschlossen sind, soll im Folgenden die Regensburger Variante erläutert werden.

[823] Das Ziel wird folgendermaßen beschrieben: „Die Einbindung und Aktivierung aller Mitarbeiter in einen umfassenden Verbesserungsprozeß ist das Ziel des Projektes. Voraussetzung hierfür ist eine umfassende Standortbestimmung, für die die Mitarbeiterbefragung ein geeignetes Instrument ist. Die Erhebung von aktuellen Meinungsbildern der verschiedenen Mitarbeitergruppen, die Ermittlung von Stärken und Schwächen, wie sie die Mitarbeiter erkennen, und die Überprüfung der Wirksamkeit des Kommunikationsnetzwerkes sind dabei nur Beispiele, worauf sich die Standortbestimmung beziehen kann." BMW AG, EFQM-Fachkreis, TR-60, Die Mitarbeiterbefragung als Instrument im Verbesserungsprozeß, 8.

[824] In Regensburg wurde die Durchführung der „KOMM-Offensive" im Abstand von drei bis fünf Jahren festgelegt, so daß 1998 die „KOMM-Offensive II" gestartet wurde. Vgl. Die BMW Zeitung 12/96, 15. Allerdings gab es auch Zweifel, ob der Abstand nicht zu kurz ist und sich Mitarbeiter und Organisation damit überfordern würden. Knappe Ressourcen, insbesondere bei den Moderatoren, die Kosten und der organisatorische Aufwand kristallisierten sich als Gegenargumente heraus. Für eine kontinuierliche Wiederholung sprachen dagegen die Stärkung der Glaubwürdigkeit durch die Fortführung der „KOMM-Offensive I", die von den Mitarbeitern sehr positiv aufgenommen wurde. Die „KOMM-Offensive II" ist somit ein deutliches Signal der Wertschätzung der Mitarbeitermeinung. Zugleich ermöglicht sie ein aktuelles Erfassen der sich ständig wandelnden Erwartungen und Einstellungen und aktiviert die Eigeninitiative und Mitverantwortung der Mitarbeiter und Führungskräfte für das Werk. Das Selbstwert- und Wir-Gefühl wird gestärkt. Erstaunliches Ergebnis dieser zweiten Aktion ist, daß sich die Grundstimmung

gegenüber der 1995 durchgeführten Aktion in fast allen befragten Themengebieten eindeutig verbessert hat. Vgl. BMW AG, Personal- und Sozialwesen, Werk Regensburg, Kommoffensive II, Auszug aus Ergebnisse, 6 ff.; Die BMW Zeitung 10/98, 14.

[825] Vgl. BMW AG, EFQM-Fachkreis, TR-60, Die Mitarbeiterbefragung als Instrument im Verbesserungsprozeß, 3; 5.

[826] Zur Zusammensetzung, vgl. BMW AG, EFQM-Fachkreis, TR-60, Die Mitarbeiterbefragung als Instrument im Verbesserungsprozeß, 14.

[827] Ein persönliches Anschreiben an jeden Mitarbeiter, Informationen in der Betriebsversammlung und in Gruppengesprächen, Publikationen etc. sollen Akzeptanz für die geplanten Aktionen schaffen.
Bei der Befragung 1995 fanden es 84 Prozent der Befragten gut, daß im Werk Regensburg eine Mitarbeiterbefragung mit Aktionsplanung durchgeführt wird. 1998 waren es schon 89 Prozent. Vgl. BMW AG, Personal- und Sozialwesen, Werk Regensburg, Kommoffensive II, Auszug aus Ergebnisse, 5.

[828] Nicht zuletzt verfügen externe Spezialisten über die nötigen Datenverarbeitungskapazitäten, um so eine professionelle Datenanalyse und -aufbereitung zu gewährleisten. Durch die Erfahrungen in anderen Unternehmen ist ferner „Benchmarking" möglich. Das Regensburger Projektteam hat sich aus diesen Gründen sowohl 1995 als auch 1998 für eine externe Beratung und Betreuung entschieden. Vgl. BMW AG, EFQM-Fachkreis, TR-60, Die Mitarbeiterbefragung als Instrument im Verbesserungsprozeß, 17.

[829] Bei der „KOMM-Offensive II" wurden in Anlehnung an die Befragung von 1995 folgende Themengebiete befragt: „Arbeitsbedingungen; Tätigkeit; Persönliche Entwicklung und Weiterbildung; Bezahlung, Sozial- und Zusatzleistungen; Kolleginnen/Kollegen; Direkte Führungskraft (z.B. Meister); Höhere Führungskräfte; Information und Kommunikation; Unternehmen und Organisation (mit drei Fragen zum Betriebsrat); Image und Kultur des Werkes; Allgemeine Arbeitszufriedenheit; Zur Umfrage".
Die Fragen wurden bewußt positiv gehalten, wie z.B.: „Mit den Gesundheitsschutz und der Arbeitssicherheit in meinem Arbeitsumfeld bin ich sehr zufrieden." Oder: „In meiner Gruppe wird viel getan, um sinnvoll Kosten einzusparen." Vgl. BMW AG, Werk 6, Kommunikationsoffensive II und Aktionsplanung 1998, 4.

[830] Bei der „KOMM-Offensive I" fanden 87 Prozent der Befragten die Fragen klar und verständlich, bei der „KOMM-Offensive II" 92 Prozent. Vgl. BMW AG, Personal- und Sozialwesen, Werk Regensburg, Kommoffensive II, Auszug aus Ergebnisse, 5.

[831] Auch beim Aufkleber bestanden Bedenken, daß er aus Anonymitätsbefürchtungen heraus nicht verwendet werden würde. Diese Bedenken wurden nicht bestätigt. Bei der Kommoffensive II zeigte sich eine hohe Akzeptanz des Aufklebers. Nur ein Prozent verwendeten ihn nicht. Vgl. BMW AG, Personal- und Sozialwesen, Werk Regensburg, Kommoffensive II, Auszug aus Ergebnisse, 3.

[832] Bei der „KOMM-Offensive I" wurden über zweitausend Aktionen in über vierhundert Workshops auf Meisterei-, Schicht-, Abteilungs-, Hauptabteilungs- und Werkleitungsebene geplant und umgesetzt, die sich mit den unterschiedlichsten Verbesserungsmaßnahmen beschäftigten. Vgl. Die BMW Zeitung 4/96, 14; 9/96, 13; 12/96, 15.

[833] So kann beispielsweise eine Gruppe, die Probleme mit der Arbeitsplatzsauberkeit hat, dazu eine eigene „KVP-Aktion" starten oder für das nächste Jahr entsprechende Zielvereinbarungen treffen.

[834] Bei der „KOMM-Offensive I" wurden nochmals ca. tausend Mitarbeiter befragt. Erklärend heißt es: „Der hierfür entwickelte Fragebogen enthielt insgesamt 67 Fragen zu den Themen Erarbeitung und Umsetzung der Aktionspläne, Kommunikation und Mitarbeiterorientierung, Auswirkungen der Mitarbeiterumfrage, globale Bewertung der Mitarbeiterumfrage. Auch bei dieser Umfrage wurde absolute Anonymität gewahrt, die Teilnahme war wieder freiwillig." Die BMW Zeitung 9/96, 13.
Bei der Evaluation 1996 wurden alle ausgegebenen Fragebögen ausgefüllt zurückgeschickt. Die Kommunikationsoffensive und Aktionsplanung wurde insgesamt sehr positiv bewertet. 58 Prozent der Befragten bestätigten, daß die Aktion viele Verbesserungen zustande gebracht hat, während sechzehn Prozent keine spürbaren Fortschritte erkannten. Vgl. Die BMW Zeitung 9/96, 13.
Die Umfrageergebnisse der „KOMM-Offensive II" bestätigen, daß in der Zwischenzeit vieles verbessert wurde. Vgl. BMW AG, Personal- und Sozialwesen, Werk Regensburg, Kommoffensive II, Auszug aus Ergebnisse.

[835] Die „soziale Organologie" und die „Soziohistologie" müssen zusammenpassen bzw. wie es Milberg ausdrückt: „Den veränderten Strukturen müssen veränderte Verhaltensweisen entsprechen". Vgl. Milberg, Produktion – Eine treibende Kraft, 27.02.97, 11.

[836] Ferner werden bei BMW seit Frühjahr 1999 sogenannte „Kernwerte" kommuniziert. „Individualität, Innovation, Leadership, Verantwortung und Solidität" bilden quasi das „Dach" der „BMW-Unterneh-

menskultur". Sie sollen sowohl als Grundwerte die Zusammenarbeit als auch als Markenwerte die Produkte und das Unternehmen bestimmen und werden im Unternehmensleitbild konkretisiert.

Über die Kernwerte (Core Values) gibt es noch keine offiziellen Dokumente, so daß keine autorisierte Quelle benannt werden kann.

[837] Sinn und Zweck des Unternehmensleitbildes „Wir bei BMW" wird in einer Hinführung erläutert: „Die Zusammenarbeit bei BMW beruht auf Vertrauen. Unsere Vertrauenskultur fördert Eigenverantwortung und Selbstorganisation. Vertrauen bedeutet insbesondere, sich auf den anderen verlassen zu können. Dafür benötigen wir ein gemeinsames Verständnis, wie wir bei BMW zusammenarbeiten wollen. Die Grundlage für diese Zusammenarbeit bilden das Mitarbeiter- und das Führungsleitbild. Unsere Leitbilder beschreiben Anforderungen und geben damit Orientierung. Dabei gilt das Mitarbeiterleitbild für alle – unabhängig von Aufgaben und Hierarchie; es wird für die Führungskräfte erweitert. Beide Leitbilder gelten für den gesamten BMW Konzern. Die Leitbilder unterstützen den Veränderungsprozeß zur team- und prozeßorientierten Zusammenarbeit, die ein wichtiger Baustein für Spitzenleistungen und dauerhaften Unternehmenserfolg ist." BMW AG, Wir bei BMW, Mitarbeiter- und Führungsleitbild.

Das Mitarbeiter- und Führungsleitbild „Wir bei BMW" befindet sich im Anhang dieser Arbeit.

Weder das Mitarbeiterleitbild noch das Führungsleitbild weisen Seitenzahlen auf. Im fortlaufenden Text werden daher die Leitsätze nach ihren Nummern zitiert.

Da das Mitarbeiterleitbild bewußt vor das Führungsleitbild gestellt wurde, um so zu unterstreichen, daß es auch für die Führungskräfte gilt, soll es auch zuerst erläutert werden.

[838] Bihl erläutert: „Um flexible Systeme einführen zu können, um neue, integrierte Arbeitsstrukturen zu schaffen, Prozesse zu verbessern und diese »entfeinerten« Prozesse zu beherrschen, brauchen wir Mitarbeiter, die diese Veränderungen mittragen, ja mitgestalten. Die Anforderungen, die wir an die Mitarbeiter stellen, haben sich deshalb in den letzten Jahren verändert. Das Bild vom »Mitarbeiter als Unternehmer« wirkt schon etwas überstrapaziert, ist aber dennoch richtig: Die Mitarbeiter werden in Zukunft viel mehr unternehmerisch denken und handeln und die Zukunft aktiv gestalten müssen." Bihl, Personalpolitik zwischen Flexibilität und Kontinuität, in: Schwuchow/Gutmann (Hrsg.), Weiterbildung Jahrbuch 1997, 14-19, hier: 17; vgl. Ritter/Reichart/Herrmann, Personalentwicklung als Veränderungsstrategie, in: Bundesakademie für öffentliche Verwaltung (Hrsg.), Verwaltung und Fortbildung 25 (1997), Heft 1, 50-70, hier: 51.

[839] Dies bringen auch die sechs Kriterien zum Ausdruck, die in kurzen Sätzen erläutert werden. Da es inhaltliche Bezüge gibt, können die sechs Leitsätze paarweise zusammengefaßt werden.

[840] BMW AG, Wir bei BMW, Mitarbeiterleitbild, Nr. 1.

[841] In diesem Zusammenhang werden auch die hohen Investitionen von BMW im Bildungsbereich verständlich. Als „lernende Organisation" gilt es, auch in Zukunft durch das aktualisierte Wissen der Mitarbeiter eine Spitzenposition auf dem Weltmarkt zu halten. Vgl. Pischetsrieder, Ist die deutsche Wirtschaft für den Jahrtausendwechsel gerüstet?, 19.11.98, 6.

[842] Vgl. BMW AG, Wir bei BMW, Mitarbeiterleitbild, Nr. 2.

[843] Vgl. Ritter/Reichart/Herrmann, Personalentwicklung als Veränderungsstrategie, in: Bundesakademie für öffentliche Verwaltung (Hrsg.), Verwaltung und Fortbildung 25 (1997), Heft 1, 50-70, hier: 57-61.

[844] Vgl. BMW AG, Wir bei BMW, Mitarbeiterleitbild, Nr. 3.

[845] Was konstruktive Kritik ist, wird in den Leitsätzen nicht näher erläutert. Eine Erklärung findet sich allerdings in den „BMW Handlungsmaximen". Dort heißt es unter Nr. 5: „Konstruktiv Kritik zu üben und zu ertragen ist Pflicht jedes Mitarbeiters. Wenn wir bessere Leistungen, bessere Produkte anbieten wollen, dann müssen wir das Vorhandene kritisch prüfen und auch unsere eigenen Entscheidungen in Frage stellen. Wir müssen bereit sein, uns selbst jeden Tag kritisch zu prüfen in unseren Meinungen und Handlungen. Die Verpflichtung zu kritischer Haltung, die aber nicht in Rund-um-Kritik am Mittagstisch ausarten darf, sondern konstruktiv auf Veränderung, auf Verbesserung gerichtet sein muß, sollte BMW typisch sein." BMW AG, BMW Handlungsmaximen, Nr. 5.

[846] BMW AG, Wir bei BMW, Mitarbeiterleitbild, Nr. 4.

In den drei Steigerungen klingen die drei Grundformen der Sozialisation an: Im Solisten zeigt sich die „Gesellschaft", in der Gruppe die „Gemeinschaft", im Orchester die „Organisation".

[847] Im Blick auf die Realität kann mit Reichart festgestellt werden: „Zur Teamarbeitskultur fehlt uns noch einiges. Der Einzelkämpfer spielt bei BMW immer noch eine große Rolle, manchmal übrigens nicht zum Schaden der Kreativität. Wir wollen den Individualisten – wie er auch zu unserer Markenkultur paßt. Aber wir wollen den Individualisten im Team, der auch bereit ist, über seinen Tellerrand hinauszusehen und Netzwerke aufzubauen." Reichart, BMW Kultur, 5. In anderem Zusammenhang wird auf den hohen

Stellenwert der Individualität aufmerksam gemacht: „Es gibt kein Großunternehmen in Deutschland, in dem der Individualismus (z.B. Entwicklung »Cabrio«) so weitreichend zugelassen wird, wie bei BMW. Grundsätzlich ist alles, was dem Unternehmensziel dient, nicht verboten und darf gemacht werden. Man kann jedoch nicht darauf bauen, daß man dafür auch Mitkämpfer findet, denn die wollen ihre eigene Individualität durchsetzen." BMW AG, TQM-Beauftragter, Ein Weg zu Business Excellence, 31.

[848] Wiederum übernehmen die Führungskräfte eine Vorbildfunktion. An ihrem Handeln und ihrer Zusammenarbeit sollten die Mitarbeiter ablesen können, wie die Anforderung: „Ich unterstütze und lasse mich unterstützen" im Alltag umgesetzt werden kann. Vgl. BMW AG, Wir bei BMW, Mitarbeiterleitbild, Nr. 4.

[849] Vgl. BMW AG, Wir bei BMW, Mitarbeiterleitbild, Nr. 5.

[850] Schließlich könnte die Selbstreflexion ja auch für die Führungskräfte Konsequenzen haben, beispielsweise daß sie aufgefordert werden, ihren Führungsstil zu ändern.

[851] BMW AG, Wir bei BMW, Mitarbeiterleitbild, Nr. 5.

[852] Vgl. BMW AG, Wir bei BMW, Mitarbeiterleitbild, Nr. 6.

[853] Eigentlich ist dieser Leitsatz überflüssig. Er enthält keine neuen Gedanken mehr und könnte ohne weiteres in die anderen fünf Leitsätze integriert werden.

[854] Hier sollen nochmals die „drei Säulen des Erfolgs": Qualität, Kundenorientierung und das Prinzip der ständigen Verbesserung genannt werden, die BMW als verbindende Grundhaltungen eine Zeit lang eingefordert hat.

[855] Sie wird im nächsten Abschnitt noch eingehender erläutert. Vgl. BMW AG, Checkliste, Berechnung der persönlichen Zulage.

[856] Für einen Mitarbeiter im Rohbau bedeutet Flexibilität z.B., daß er bereit ist, in einer anderen Schicht aushilfsweise einzuspringen, während eine Mitarbeiterin im Personalwesen unter Flexibilität die Bereitschaft versteht, im Rahmen der Gleitzeitregelung spontan länger in der Arbeit zu bleiben.

[857] Vgl. Deutsch, Entgeltsysteme/Heißes Eisen, in: Wirtschaftswoche Nr.6/02.02.1995, 94.

[858] Mit der Formulierung „Entgelt" wurde ein neutraler Begriff gewählt, der schon als solcher ein Signal setzen soll. Als einheitlicher Begriff soll er die Trennung zwischen Lohn- und Gehaltsempfänger aufbrechen. Vgl. BMW AG, AK-4, ALex – Aktuelles Lexikon, Entgelt bei BMW, 1996, 2; Bihl, Personalpolitik zwischen Flexibilität und Kontinuität, in: Schwuchow/Gutmann (Hrsg.), Weiterbildung Jahrbuch 1997, 14-19, hier: 16.
Zur Einführung vgl. Die BMW Zeitung 2/96, 11; 2/97, 12.
Vor der Einführung neuer Arbeitsstrukturen war die Entlohnung der Produktionsmitarbeiter durch quantitative Vorgaben bestimmt. Innerhalb der zu leistenden Arbeitszeit mußte eine vorgeschriebene Stückzahl erreicht werden. Mehrarbeit wurde durch einen zusätzlichen Akkordlohn honoriert. Der Monatslohn setzte sich also in der Regel aus zwei Teilen zusammen. Zum einen gab es den Grundmonatslohn entsprechend der Lohngruppe, in der sich der einzelne Arbeiter befand. Zum anderen kam noch der variable Akkordlohn hinzu, der sich anhand der abgeleisteten Stückzahlen berechnete. Honoriert wurde also weniger „Qualität", als vielmehr die „Quantität". Entsprechend wurde motiviert, möglichst viel abzuarbeiten. Die Frage der „Qualität" war sekundär.
BMW kennt zwei Formen des Entgelts, „Prämienentgelt" und „Zeitentgelt", die sich allerdings sehr ähneln. Daher soll im Folgenden nur das „Prämienentgelt" eingehender dargestellt werden. Vgl. BMW AG, AK-4, ALex – Aktuelles Lexikon, Entgelt bei BMW, 1996, 2; IG Metall Betriebsrat am BMW Standort München, Vorfahrt für Arbeitnehmer, 66 f.

[859] Dazu heißt es: „Wenn die Mitarbeiter sehen, daß das Unternehmen hohes Engagement, vor allem hinsichtlich Teamgeist und verantwortlichem Handeln, und Beiträge zur Effizienzsteigerung besser honoriert, ist dies für den Mitarbeiter eine Anerkennung. Das alte Akkordsystem hat dagegen nur die Stückzahl belohnt, dies ist heute kein ausreichendes Anreizsystem mehr." Bayernmotor 7/95, 2.
Neben dem neu gestalteten Entgeltsystem kennt BMW eine Erfolgsbeteiligung, die an die Dividende und den Bonus für die Aktionäre gekoppelt und deshalb abhängig vom Geschäftserfolg ist. Sie wird einmal jährlich im Juni/Juli ausbezahlt. Ziel ist es, ein breites Verantwortungsbewußtsein bei den Mitarbeitern für den Erfolg bzw. für den Mißerfolg des Unternehmens zu schaffen. Auch dies ist ein Schritt in Richtung „Mitgliederunternehmen". Vgl. IG Metall Betriebsrat am BMW Standort München, Vorfahrt für Arbeitnehmer, 78; Die BMW Zeitung 4/98, 1; 2.

[860] So wird beispielsweise die „Entgeltgruppe 1" mit einfachen Arbeiten von geringer Vielseitigkeit, geringer Entscheidungsbefugnis und fest vorgegebenen Abläufen und Aufgaben charakterisiert, während die „Entgeltgruppe 3" durch fachliche Aufgaben vielseitiger Art, Treffen von Entscheidungen im

Arbeitsablauf bestimmt ist. Hier zeigt sich, daß zwischen den Leistungsanforderungen, die an die Mitarbeiter gestellt werden, klar unterschieden wird. Vgl. BMW AG, AK-4, ALex – Aktuelles Lexikon, Entgelt bei BMW, 1996, 3.

[861] Vgl. Die BMW Zeitung 2/97, 12.

[862] Die Entgeltgruppen können so auch einen Qualifizierungsdruck ausüben, den das Lohngruppensystem so nicht hatte. Vgl. Bayernmotor 11/95, 11.

[863] Dazu wird erläutert: „Die Festschreibung der Prämienhöhe ist Vertrauensvorschuß an die Mitarbeiter und Verpflichtung für die Mitarbeiter zugleich. Basisentgelt und Prämie werden auch dann gezahlt, wenn der einzelne oder die Gruppe einmal die vereinbarte Leistung kurzfristig unter- oder überschreitet. Es wurde bewußt darauf verzichtet, mit Kürzungen zu »drohen«, um eine gegenseitige Vertrauensbasis zu schaffen." BMW AG, AK-4, ALex – Aktuelles Lexikon, Entgelt bei BMW, 1996, 3.

[864] Vgl. Die BMW Zeitung 4/99, 15.

[865] Vgl. BMW AG, Checkliste, Berechnung der persönlichen Zulage.
Im Unterschied zu der Anordnung der Beurteilungskriterien für Gehaltsempfänger fällt hier auf, daß das Zusammenwirken in der Gruppe an erster Stelle genannt wird. Vgl. IG Metall Betriebsrat am BMW Standort München (Hrsg.), Vorfahrt für Arbeitnehmer, 73.

[866] Allerdings gibt es dabei aus arbeitsrechtlichen Gründen Schwierigkeiten.

[867] Bei Meinungsverschiedenheiten kann der Mitarbeiter sowohl die Hilfe des Betriebsrates als auch des Personalreferates in Anspruch nehmen. Vgl. Bayernmotor 7/95, 2.

[868] So kann vereinbart werden, daß der Mitarbeiter einen Kurs in Arbeitssicherheit belegt, einen neuen Kollegen einarbeitet etc. Wenn die persönlichen Ziele im Verlauf des Jahres erreicht werden, dann kann es beim nächsten Mitarbeitergespräch zu einer besseren Bewertung kommen, so daß die „Persönliche Zulage" evt. steigt. Wenn ein Mitarbeiter aber die Vereinbarungen nicht einhält und sich vielleicht sogar dagegen stellt, dann kann der Vorgesetzte entsprechende Konsequenzen ziehen.

[869] In einem Statement erläutert ein Mitarbeiter: „Ich finde aber auch, daß die Meister zu weit von der Gruppe entfernt sind, um jeden beurteilen zu können. Deshalb sollten die Gruppenmitglieder daran beteiligt werden. Leider gibt es manche, die sich nur dann besonders engagieren, wenn gerade jemand zuschaut, der ihre Leistung später auch beurteilt." Die BMW Zeitung 2/97, 12.

[870] Vgl. IG Metall Betriebsrat am BMW Standort München (Hrsg.), Vorfahrt für Arbeitnehmer, 68 f.; 72 ff.

[871] Milberg erläutert: „Strukturen bestimmen Verhalten. Das Verhalten der Führung eines Unternehmens bestimmt aber letztlich auch dessen Strukturen. Also kann Veränderung von Strukturen nur durch Verhaltensänderung der Führung erreicht werden. Aus Angst vor dem Unbekannten und vor Risiken entstehen dabei oft Widerstände, die einer Veränderung im Wege stehen und sie blockieren." Milberg, Produktion – eine treibende Kraft, 27.02.98, 9.

[872] Reichart macht auf den veränderten Führungsstil aufmerksam: „Wie sich die Kultur entwickelt, so entwickelt sich der Führungsstil. Die Zeiten, in denen autoritäres Verhalten noch als ein möglicher Führungsstil galt, sind gründlich vorbei. Führungskräfte vereinbaren heute mit ihren Mitarbeitern verbindliche Ziele, unterstützen sie bei der Zielerreichung ebenso wie in ihrer persönlichen Entwicklung." Reichart, BMW Kultur, 12.

[873] In der Linienorganisation war es z.B. eine gute Möglichkeit, Karriere zu machen, indem sich der Mitarbeiter klar an den Wünschen seines Vorgesetzten orientierte und die Führungskräfte derselben Ebene als Konkurrenten betrachtete. So wurden Einzelkämpfer geprägt, die den neuen Strukturen nicht mehr entsprechen. Es wird allerdings einige Zeit dauern, solche Verhaltensregeln zu ändern.

[874] Vgl. BMW AG, Grundsätze der BMW Führungskultur; BMW AG, BMW Handlungsmaximen. Von Kuenheim erläutert: „Die Handlungsmaximen kennzeichnen die Geisteshaltung, in der alle Aktivitäten im Unternehmen ablaufen, sie legen die »ethischen« Prinzipien dieser Normen fest, an denen sich alle Handlungen zur Realisierung unserer Strategien orientieren. Sie machen damit gewissermaßen alle BMW Mitarbeiter (...) erkennbar an ihren typischen Handlungsweisen." Kuenheim, BMW Handlungsmaximen, April 1985, 49 f.

[875] Schließlich waren gerade die „BMW Handlungsmaximen" lange Zeit Inhalt bei Führungskräftetrainings. Auch genießen sie durch die offizielle Einsetzung durch von Kuenheim auf dem BMW Tag 1985 immer noch hohe Anerkennung. Vgl. Kuenheim, BMW Handlungsmaximen, April 1985; Reichart, BMW Kultur, 3.

[876] BMW AG, Grundsätze der BMW Führungskultur, 5.

[877] Vgl. BMW AG, Grundsätze der BMW Führungskultur, 5.

344

[878] Vgl. BMW AG, Grundsätze der BMW Führungskultur, 10.

[879] Vgl. BMW AG, Grundsätze der BMW Führungskultur, 3; BMW AG, Unternehmensqualität bei BMW, 4 f.

[880] Dabei fällt auf, daß sich BMW nicht so sehr auf die „fachlichen Qualitäten" einer Führungskraft beschränkt. Im Zuge des veränderten, umfassenden Qualitätsbewußtseins fallen die „organisatorischen" und „menschlich-sozialen Qualitäten" mehr ins Gewicht.

[881] Vgl. BMW AG, BMW Handlungsmaximen, Nr. 5, 6, 10, 11.

[882] Vgl. BMW AG, BMW Handlungsmaximen, S. 4.

[883] Bihl erklärt das Anliegen des Führungsleitbildes: „Das neue Führungsleitbild von BMW (...) gilt erstmals für den gesamten BMW Konzern – auch für unsere ausländischen Werke, auch für unsere europäischen und außereuropäischen Tochtergesellschaften, auch für Rover. Dahinter steht die Überzeugung, daß BMW Führungskräfte nur erfolgreich sein können, wenn sie – ganz gleich ob in Deutschland, Großbritannien, Südafrika oder den USA – bestimmte Werthaltungen leben, die wir gemeinsam für wichtig halten. Angesichts der eingangs beschriebenen Herausforderungen kann es in Zukunft nicht verschiedene zulässige Führungsstile innerhalb des Konzerns geben. Um das gesamte Potential der Mitarbeiter zu nutzen, bedarf es eines einheitlichen teamorientierten Führungsstils." Bihl, Personalpolitik zwischen Flexibilität und Kontinuität, in: Schwuchow/Gutmann (Hrsg.), Weiterbildung Jahrbuch 1997, 14-19, hier: 18.

[884] Dabei geht es um folgende Themenbereiche: 1. Persönliche Leistung, 2. Realistische Visionen, 3. Vorbild/hohe Standards, 4. Aufgabenorientierung, 5. Zielvereinbarung/Veränderungsbereitschaft, 6. Kommunikationsfähigkeit/belastbare Arbeitsbeziehungen, 7. Spaß an der Arbeit, 8. Vertrauen/Konsequenzen, 9. Teamentwicklung/Mitarbeiterförderung, 10. Internationalität. Vgl. Ritter/Reichart/Herrmann, Personalentwicklung als Veränderungsstrategie, in: Bundesakademie für öffentliche Verwaltung (Hrsg.), Verwaltung und Fortbildung 25 (1997), Heft 1, 50-70, hier: 62.

[885] Vgl. BMW AG, BMW-Managementhaus. Das „BMW-Managementhaus" befindet sich im Anhang dieser Arbeit.
Das „BMW-Managementhaus" wird anhand eines Fragebogens, der zur persönlichen Standortbestimmung dient, eingehender erläutert. Vgl. BMW AG, Intranet, Der Gesprächsrundenprozeß bei BMW.

[886] Vgl. BMW AG, BMW Handlungsmaximen, Nr. 11.

[887] Bihl warnt vor dieser „Flexibilitätssucht": „Blinder Aktionismus, permanent (vor dem Erreichen) wechselnde Ziele oder auch sich sprunghaft verändernde Strategien (»Strategie-Zapping«) lösen in manchen Unternehmen Verunsicherung und Orientierungslosigkeit aus. Mitarbeiter und Führungskräfte warten dann ab, bis das »Pendel wieder zurückschwingt« oder bis die »Modewelle« abgeebbt ist. Dadurch geht viel Engagement und Motivation verloren. Deshalb ist aus unserer Sicht eine gesunde Mischung aus Flexibilität und Kontinuität wesentlich erfolgsversprechender." Bihl, Personalpolitik zwischen Flexibilität und Kontinuität, in: Schwuchow/Gutmann (Hrsg.), Weiterbildung Jahrbuch 1997, 14-19, hier: 19.

[888] Bei BMW wird immer wieder betont, daß es sich bei den „Grundsätzen der BMW Führungskultur", den „BMW Handlungsmaximen" und dem „BMW-Führungsdreieck" einerseits und bei dem Unternehmensleitbild „Wir bei BMW", dem „BMW-Managementhaus" und den Kernwerten andererseits um unterschiedliche Modelle handelt. Wie noch gezeigt wird, können aber zwischen diesen scheinbar differenten Modellen eindeutige Bezüge hergestellt werden.

[889] Dies läßt sich am Beispiel der „BMW Handlungsmaximen" erläutern. Anfangs waren es zehn Sätze. Später wurden diesen nochmals drei Sätze hinzugefügt. Schließlich gab es nochmals eine Ergänzung, so daß am Ende viele Mitarbeitern nicht wußten, wie viele Handlungsmaximen es überhaupt gibt. Vgl. BMW AG, BMW Handlungsmaximen, S. 32.

[890] Vgl. BMW AG, Wir bei BMW, Führungsleitbild; BMW AG, BMW Handlungsmaximen; BMW AG, Intranet, Der Gesprächsrundenprozeß bei BMW.

[891] BMW AG, BMW Handlungsmaximen, Nr. 7.

[892] Dazu heißt es erklärend: „Grundsätzlich gibt es öffentliche, allen Mitarbeitern zugängliche Regeln (bei BMW Handlungsmaximen), die das »Soll« darstellen. Daneben gibt es die sogenannten »geheimen Spielregeln des Unternehmens«, die nicht festgeschrieben sind und nicht allen Mitarbeitern zugänglich sind. Sie werden vielfach nur intuitiv angewendet und stellen das »Ist« dar. Abweichungen gegenüber den Maximen werden, wenn sie den geheimen Spielregeln entsprechen, tabuisiert." BMW AG, TQM-Beauftragter, Ein Weg zu Business Excellence, 13.

[893] Vgl. BMW AG, BMW-Managementhaus.

[894] Vgl. BMW AG, Unternehmensqualität bei BMW, 4.

[895] Vgl. BMW AG, Wir bei BMW, Führungsleitbild Nr. 7.

[896] Vgl. BMW AG, BMW Handlungsmaximen, Nr. 2.

[897] Vgl. BMW AG, Wir bei BMW, Führungsleitbild Nr. 6; 8.

Die Handlungsmaxime Nr. 11 beschreibt Kundenorientierung als Grundlage unternehmerischen Handelns: „Nur der Kunde entscheidet über die Güte unserer Leistungen. Man kann auch sagen, nur der Kunde entscheidet über die Existenzberechtigung von BMW. Jeder von uns sollte immer wieder bei allen Entscheidungen prüfen, was damit für den Kunden erreicht wird. Nur wenn wir zufriedene Kunden und von BMW überzeugte Kunden haben, können wir auf Dauer Erfolg haben. Grundvoraussetzung ist, daß wir die Bedürfnisse unserer Kunden wirklich ganzheitlich akzeptieren und zum Maßstab unserer Entscheidungen machen." BMW AG, BMW Handlungsmaximen, Nr. 11.

[898] Vgl. BMW AG, BMW Handlungsmaximen, Nr. 10; 12.

[899] Vgl. BMW AG, Wir bei BMW, Führungsleitbild, Nr. 4.

[900] Häufig wurde die „Spielmacher-Funktion" mißverstanden als „Ausspielen" oder „Austricksen" der Mitarbeiter.

[901] Mit realistischen Visionen sind hochgesteckte Ziele gemeint. Vgl. BMW AG, Wir bei BMW, Führungsleitbild, Nr. 2; 5.

[902] Vgl. BMW AG, Wir bei BMW, Führungsleitbild, Nr. 1; BMW AG, BMW Handlungsmaximen, Nr. 9.

[903] Die Handlungsmaxime Nr. 9 erläutert, was damit gemeint ist: „Je größer das absolute Risiko erscheint, desto mehr Aufwand zur Informationsbeschaffung sollte betrieben werden, aber wir sollten alle Risiken eingehen, die nach bestem Wissen und Gewissen beherrschbar erscheinen. Dort, wo Überzeugung und Kompetenz zu spüren ist, wo persönliches Engagement besteht, das Risiko eines Vorhabens auf sich zu nehmen, werden auch riskant erscheinende Projekte akzeptiert." BMW AG, BMW Handlungsmaximen, Nr. 9.

[904] Vgl. BMW AG, Wir bei BMW, Führungsleitbild, Nr. 2.

[905] Vgl. BMW AG, Wir bei BMW, Führungsleitbild, Nr. 5.

[906] Die Führungskräfte sind gleichsam Botschafter des Unternehmens in der Gesellschaft. Vgl. BMW AG, BMW Handlungsmaximen, Nr. 3; 13.

[907] Vgl. BMW AG, Wir bei BMW, Führungsleitbild, Nr. 9.

[908] Oft ist es ja so, daß der einzelne von seinen Vorstellungen so besetzt ist, daß er andere gar nicht mehr zuläßt.

[909] Vgl. BMW AG, Wir bei BMW, Führungsleitbild, Nr. 5.

[910] Vgl. BMW AG, BMW Handlungsmaximen, Nr. 5.

[911] Vgl. BMW AG, BMW Handlungsmaximen, Nr. 8.

[912] Vgl. BMW AG, Wir bei BMW, Führungsleitbild, Nr. 9.

[913] Vgl. BMW AG, Wir bei BMW, Führungsleitbild, Nr. 9.

Panke erläutert, wann ein Team erfolgreich ist: „Doch dann, wenn alle Positionen richtig, das bedeutet nicht zu eng, nicht zu ähnlich, besetzt sind. Nehmen sie doch als Vergleich das Beispiel Fußball. Wenn alle nur die besten Torwarte sind, dann dürfte es mit dem Toreschießen schwer werden. Wir bei BMW brauchen richtig zusammengesetzte Teams, in denen jeder die Position des anderen versteht. Vor allem brauchen wir lauter Aktive. Zuschauen gibt`s im Stadion, aber nicht bei BMW. Ich sehe nicht den Gegensatz: Teamkultur oder Individualkultur, ich bin der Überzeugung, wir brauchen starke Individuen, um als Team erfolgreich zu sein." Panke, in: Die BMW Zeitung 5/97, 11.

[914] Er kann allerdings auch eine Chance sein, sich von „nicht-passenden" Teammitgliedern zu trennen.

[915] Die Führungskraft nimmt dabei eine Vorbildfunktion ein. Bei der Zusammenführung unterschiedlicher Kulturen kann es mit der pluriformen Wertewelt zu Problemen kommen. Um so wichtiger werden die Leitbilder als einheitlicher und verbindender „Wertekorridor". Vgl. BMW AG, Wir bei BMW, Führungsleitbild, Nr. 10.

[916] Dies ist besonders wichtig bei Gruppen, deren Mitglieder nicht am selben Arbeitsplatz zusammenarbeiten, sondern etwa durch Aufgaben im Außendienst örtlich voneinander getrennt sind. Diese Problematik stellt sich auch bei der zunehmenden Zahl von Telearbeitsplätzen.

[917] Vgl. BMW AG, Wir bei BMW, Führungsleitbild, Nr. 9.

[918] Vgl. BMW AG, Wir bei BMW, Führungsleitbild, Nr. 5.

[919] Vgl. BMW AG, Wir bei BMW, Führungsleitbild, Nr. 2.

[920] Vgl. BMW AG, Wir bei BMW, Führungsleitbild, Nr. 6.

[921] Daher sollte auch eine Führungskraft bestehende Ängste aufmerksam wahrnehmen und überwinden helfen. Vgl. BMW AG, Wir bei BMW, Führungsleitbild, Nr. 9.

[922] BMW AG, Wir bei BMW, Führungsleitbild, Nr. 9.

923 Vgl. BMW AG, Wir bei BMW, Führungsleitbild, Nr. 6.

924 Vgl. BMW AG, Wir bei BMW, Führungsleitbild, Nr. 1.

925 BMW AG, Wir bei BMW, Führungsleitbild, Nr. 4. Vgl. BMW AG, Grundsätze der BMW Führungs-kultur, 6.

926 BMW AG, Wir bei BMW, Führungsleitbild, Nr. 4. Vgl. Pischetsrieder, Zum Abschluß des 10. BMW Tages 1995, 18.

927 In der Handlungsmaxime Nr. 1 heißt es dazu erklärend: „Ein Unternehmen kann auf Dauer nur so gut sein wie die Führungsspitze und die Mitarbeiter nur so gut wie das Vorbild des Vorgesetzten. Dieses Vorbild gibt jedem Mitarbeiter genau die Orientierungshilfe jenseits konkret meßbarer Ziele und direkter Anweisungen, um zu erkennen, was – im Sinne des Unternehmens – erwünscht ist." BMW AG, BMW Handlungsmaximen, Nr. 1.

928 Die Vorbildfunktion ist für die Autorität von Leitbildern entscheidend. Orientieren sich Führungs-kräfte nicht an ihnen, kommt es zu „geheimen und kontraproduktiven Spielregeln", die auf seiten der Mitarbeiter, statt positiver Motivation, Resignation und Frustration zur Folge haben können.

929 BMW AG, Wir bei BMW, Führungsleitbild, Nr. 3. Vgl. BMW AG, BMW Handlungsmaximen, Nr. 1.

930 Der Vorstand steht in einer besonderen Verantwortung. Von seiner erfolgreichen Zusammenarbeit hängt es maßgeblich ab, ob auch die verschiedenen Bereiche sich erfolgreich ergänzen.

931 Daher sollte eine Führungskraft in der Lage sein, sich in andere Menschen hineinzuversetzen. Vgl. BMW AG, Wir bei BMW, Führungsleitbild, Nr. 8.

932 Mißbrauchtes Vertrauen bringt die Handlungsmaxime Nr. 7 zum Ausdruck: „Jeder darf Fehler machen – nur nicht zu viele und vor allem nicht den Fehler, ihn zum Schaden des Unternehmens zu ver-schleiern." BMW AG, BMW Handlungsmaximen, Nr. 7.

933 BMW AG, Wir bei BMW, Führungsleitbild, Nr. 7.

934 Dazu bedarf es aber fester Zeiten zur Selbstreflexion, die oft im Alltagsgeschäft nicht vorhanden sind. Regelmäßige Führungstrainings können dabei unterstützen.

935 BMW AG, Wir bei BMW, Führungsleitbild, Nr. 4.

936 BMW verfolgt eine „lebensphasenorientierte Führungsqualifizierung". Vgl. Ritter/Reichart/Herr-mann, Personalentwicklung als Veränderungsstrategie, in: Bundesakademie für öffentliche Verwaltung (Hrsg.), Verwaltung und Fortbildung 25 (1997), Heft 1, 50-70, hier: 61-65.

937 Die Zielkontrolle und die neue Zielvereinbarung bilden das Dach des „BMW-Managementhauses".

938 Von besonderer Bedeutung ist neben dem Führungsverhalten das konkrete Leistungsergebnis und die Zielerreichung im Beurteilungszeitraum. Die folgenden Aussagen stützen sich auf eine Unterlage aus dem BMW-Intranet, die mit „Gesprächsrundenprozeß" überschrieben ist. Vgl. BMW AG, Intranet, Gesprächsrundenprozeß bei BMW; BMW AG, Neues Portfolio für AT-Mitarbeiter ab September `95; Ritter/Reichart/Herrmann, Personalentwicklung als Veränderungsstrategie, in: Bundesakademie für öffentliche Verwaltung (Hrsg.), Verwaltung und Fortbildung 25 (1997), Heft 1, 50-70, hier: 53 ff.

939 Auf freiwillige Basis kann es so zu einem sogenannten „360°-Feedback" kommen, indem Mitarbeiter, Kollegen, Partner und Vorgesetzte befragt werden.

940 Die betroffenen Mitarbeiter, mit denen die jeweiligen Vorgesetzten das geschilderte Vorbereitungsge-spräch geführt haben, nehmen an der Gesprächsrunde nicht teil.

941 In der „Gesprächsrunde" werden ferner alle betrachteten Mitarbeiter im Portfolio „Leistungseinschät-zung" positioniert. Dieses wird zur Basis für die Entgeltfindung bzw. Umstufung. So können Mitarbeiter aufgrund ihrer Leistung höher eingestuft, aber auch zurückgestuft werden. Aufgrund dieser Leistungs-einschätzung wird ein Portfolio über die „Einsatzmöglichkeiten" der beurteilten Mitarbeiter erstellt, um so die Personalplanung zu erleichtern.

942 Vgl. BMW AG, BMW Führungskräftestruktur, Stärkere Betonung der persönlichen Leistung, 1.

943 Vgl. Morin, Mönchtum und Urkirche, München 1922; Lechner, Benedikt – Ursprung und Gegenwart eines Segens, in: Braulik (Hrsg.), Herausforderung der Mönche, 27-40, hier: 28.
Im Blick auf die gesellschaftlichen und kirchlichen Veränderungen spricht Metz schon in den siebziger Jahren den Orden zwei Funktionen zu. Zum einen sollen sie eine „innovatorische Kraft" für die Kirche sein, die durch ihr „produktives Vorbild" einen zeitgemäßen Wandel ermöglicht. Zum anderen dienen sie als „Korrektiv", gleichsam als „Schocktherapie des Heiligen Geistes", indem sie gerade in Zeiten der Unsicherheit in neuen provokanten Formen auf das Wesentliche des Christlichen aufmerksam machen. Vgl. Metz, Zeit der Orden?, 10.

[944] Füglister erläutert den Anspruch: „Denn die Zeitdimension, aus der und für die der Benediktiner lebt (bzw. leben sollte), ist nicht die Vergangenheit, sondern die Zukunft." Füglister, Zeugnis gelebter Hoffnung, in: Braulik (Hrsg.), Herausforderung der Mönche, 131-153, hier: 132.

[945] Der Fokussierung wegen stützen sich die folgenden Ausführungen besonders auf das Selbstverständnis und die gelebte Spiritualität in den Klöstern der BBK. Dabei ist es verständlich, daß der Autor durch die Erfahrungen in seiner eigenen Gemeinschaft (St. Bonifaz in München und Andechs) geprägt ist.
Die wichtigsten schriftlichen Grundlagen sind dabei die Regel Benedikts und die Satzungen der BBK.
Die Regel wird im fortlaufenden Text mit der gebräuchlichen Abkürzung RB, abgeleitet von Regula Benedicti, zitiert. Die erste Zahl danach gibt das zitierte Kapitel an, die folgende Zahl den Vers. Die Abkürzung Prol verweist auf den Prolog der Regel. Direkte Regelzitate sind der Regelübersetzung „Die Benediktusregel", herausgegeben im Auftrag der Salzburger Äbtekonferenz, Beuron 1992 entnommen.
Die Satzungen der Bayerischen Benediktinerkongregation (BBK) werden mit der Abkürzung Sat zitiert.
Die Kürzel Sp und Ju verweisen auf den Spirituellen bzw. Juridischen Teil der Satzungen.

[946] Vgl. Wolter, Praecipua Ordinis monastici Elementa, 704; Tschudy/Renner, Der heilige Benedikt und das benediktinische Mönchtum, 87; Steidle, Die Regel St. Benedikts, 17.
Benedikt orientiert sich an der Urgemeinde, wie später noch dargestellt wird. In der Gemeinschaft der Brüder nimmt der Abt das Leitungsamt wahr (vgl. Sat Ju 12 ff.), ähnlich wie der Bischof in seiner Ortskirche (vgl. CIC/1983, can. 381). Das Vorbild des Klosters als einer „Kirche im Kleinen" ist somit die bischöfliche Ortskirche, wie Hegglin ausführlich und überzeugend erläutert. Vgl. Hegglin, Der benediktinische Abt, 27-30; Kleiner, Zuerst Gott dienen, 401.
Doppelfeld beschreibt das Kloster vorsichtiger als „Gemeinde". Vgl. Doppelfeld, Das Kloster als Gemeinde nach der Regula Benedicti und in seiner Bedeutung für heute, in: EuA 63 (1986), 190-200.

[947] Vgl. Schulz, Unter der Führung des Evangeliums, in: Ordenskorrespondenz 22 (1981), 402-419, hier: 403; Doppelfeld, Das Kloster als Gemeinde nach der Regula Benedicti und in seiner Bedeutung für heute, in: EuA 62 (1986), 190-200, hier: 197.
Denn aufbrechen, ausbrechen, hindurchschreiten und hineinziehen sind, wie Füglister feststellt, die zentralen biblischen Leitmotive, um die es im monastischen Leben geht. „Der Ruf, der einstmals an Abraham, den Vater aller Gläubigen, ergangen ist, ergeht in besonderer Weise an jeden, der Mönch wird: »Zieh weg aus deinem Land, aus deiner Heimat und aus deinem Vaterhaus in das Land, das ich dir zeigen werde (...). Ein Segen sollst du sein« (Gen 12,1-3). Dasselbe geschieht im Exodus Israels, des durch die Wüste wandernden Gottesvolkes, das unterwegs ist zum verheißenen Land der Ruhe – wie jetzt die Kirche. Sie ist ja (...) das durch diese Zeitlichkeit seiner ewigen Bestimmung entgegenwandernde Gottesvolk, dessen wegweisende und wegbahnende Spitze und Vorhut die Mönche sein sollten. Wären sie statt dessen in diesem ganzen Pilgerzug die mit viel Weh und Ach hinterher humpelnden und immerzu nostalgisch zurückschielenden Nachzügler, so verrieten sie ihre ureigenste Berufung und Sendung." Füglister, Zeugnis gelebter Hoffnung, in: Braulik (Hrsg.), Herausforderung der Mönche, 131-153, hier: 139.

[948] Sonst könnte es wirklich zutreffen, wie Füglister etwas zynisch schreibt, daß sie sich als Jubelmönche sonnen im Glanz ihres vergangenen Ruhmes, sich auf den Lorbeeren der Vergangenheit ausruhen, sich feiern und feiern lassen und rückwärtsblickend an der Gegenwart vorbei in die Zukunft stolpern. Vgl. Füglister, Zeugnis gelebter Hoffnung, in: Braulik (Hrsg.), Herausforderung der Mönche, 131-153, hier: 131 f.

[949] Vgl. Schütz, Gelebtes Evangelium: Der heilige Benedikt und sein Lebensprogramm, in: Schütz/Rath (Hrsg.), Der Benediktinerorden, 54-90, hier: 55; Paus, Unterwegs zum Sinn der Zeit, in: Langer/Bilgri (Hrsg.), Weite des Herzens – Weite des Lebens, 173-182, hier: 173 f.; Böckmann, Perspektiven der Regula Benedicti, 65.

[950] Vgl. Angerer, Zur Problematik der Begriffe: Regula – Consuetudo – Observanz und Orden, in: SMGB 88 (1977), 312-323, hier: 316.

[951] Die Abkürzung RM steht für die Regula Magistri, eine ältere Regel. Die Bedeutung der RM als Vorlage für die RB wird im nachfolgenden Abschnitt erläutert.

[952] Einen guten, kurzen Überblick über die geschichtliche Entwicklung des „Benediktinerordens" gibt Engelbert, Zwischen Regel und Reform: Zur Geschichte des Benediktinerordens, in: Schütz/Rath (Hrsg.), Der Benediktinerorden, 28-53. Vgl. Puzicha, Die geschichtliche Entwicklung des Benediktinerordens im deutschen Sprachgebiet, in: Braulik (Hrsg.), Herausforderung der Mönche, 197-209.

[953] Frank erläutert: „Lange Jahre hindurch bezeugen Mönchsleben und Klostergeschichte, daß man in bestimmten Klöstern nach mehreren Regeln gelebt hatte; man wählte dabei aus verschiedenen Regeln

Texte aus oder setzte verschiedene Regeltexte nebeneinander und schuf so eine neue, für das betreffende Kloster verbindliche Regel." Vgl. Frank, Geschichte des christlichen Mönchtums, 52 f.

[954] Vgl. Hilpisch, Geschichte des benediktinischen Mönchtums, 117 ff.

Engelbert schreibt: „Die karolingische Mönchsreform, deren Hauptträger Benedikt von Aniane war, hat eigentlich erst dem benediktinischen Mönchtum sein unverwechselbares Gepräge verliehen. Mit größerem Recht als der nursinische kann der anianische Benedikt Gründer des Benediktinertums genannt werden." Engelbert, Zwischen Regel und Reform: Zur Geschichte des Benediktinerordens, in: Schütz/Rath (Hrsg.), Der Benediktinerorden, 28-53, hier: 33.

[955] Stellvertretend seien für den deutschen Sprachraum die Reformbewegungen von Gorze, Cluny, Bursfeld und Melk erwähnt. Vgl. Hilpisch, Geschichte des benediktinischen Mönchtums, Dritter Teil: Die Zeit der Reformkongregationen, 253-365.

[956] Zur BBK gehören heute die Abteien Metten, St. Bonifaz (München und Andechs), Weltenburg, Scheyern, Schäftlarn, St. Stephan in Augsburg, Ottobeuren, Ettal, Plankstetten, Niederaltaich und Rohr. Zur Geschichte der BBK, vgl. Fink, Beiträge zur Geschichte der bayerischen Benediktinerkongregation, Metten 1934; Bayerische Benediktinerakademie (Hrsg.), Die Bayerische Benediktiner-Kongregation 1684-1984, St. Ottilien 1984.

[957] Zum Aufbau der BBK, vgl. den kurzen Überblick bei Fischer, St. Benedikt in Bayern, 15 ff.

[958] Zur Zusammensetzung des Generalkapitels und zu seinen Kompetenzen vgl. Sat Ju 150-165.

[959] Vgl. Steidle, Die Regel St. Benedikts, 108 f.

[960] Vgl. Angerer, Zur Problematik der Begriffe: Regula – Consuetudo – Observanz und Orden, in: SMGB 88 (1977), 312-323, hier: 322.

[961] Vgl. Hofmeister, Das Breve Pius XII. „Pacis vinculum" vom 21. März 1952 für die benediktinische Konföderation, in: SMGB 68 (1957), 5-39, hier: 7; Kleiner, Das Prinzip der Subsidiarität in Regel und Leben der Benediktiner, in: EuA 41 (1965), 29-35, hier: 33.

[962] Vgl. Lechner, Benedikt – Ursprung und Gegenwart eines Segens, in: Braulik (Hrsg.), Herausforderung der Mönche, 27-40, hier: 31.
Ferner ist die ökumenische Relevanz föderaler Strukturen nicht zu unterschätzen. Mit Dammertz kann erläutert werden: „Nicht wenige protestantische, vor allem aber orthodoxe Christen sehen in der Struktur des »Benediktinerordens« ein Modell der anzustrebenden christlichen Einheit. Im Gegensatz zu streng zentralisierten Orden führt die föderale Verfassung der Benediktiner ja dazu, daß sich jedes Kloster in seiner Lebensweise und in den Aufgaben leicht der sozialen, kulturellen und kirchlichen Umwelt anpassen kann. So entsteht eine Vielfalt von Ausprägungen benediktinischen Ordenslebens, die dennoch wegen der Verwurzelung in der einen, gemeinsamen Benediktusregel und wegen des Festhaltens an den fundamentalen Prinzipien die Einheit des »Ordens« wahrt. Das Amt des Abtprimas, der im Kreis der Äbte eher ein primus inter pares ist als ein Generaloberer, steht ganz im Dienst dieser Einheit. Könnte das, so fragen manche nichtkatholische Gesprächspartner, vor allem aus den orthodoxen Schwesterkirchen, nicht ein Modell sein für das Verhältnis der Kirchen zueinander, bei dem die Einheit im Glauben durch das Bekenntnis zu den fundamentalen Aussagen der Offenbarung gewährleistet wird, zugleich aber auch unter einem Primat des Bischofs von Rom Raum bleibt für eine Vielfalt des Ausdruckes dieses einen gemeinsamen Glaubens?" Dammertz, Das Erbe Benedikts und die Zukunft der Kirche, in: Bader (Hrsg.), Benedikt von Nursia, 30-46, hier: 40.

[963] Auch die Klöster der BBK zeugen von dieser Pluriformität. So gibt es klassische Schulklöster wie z.B. St. Stephan in Augsburg, Schäftlarn oder Metten. Niederaltaich fühlt sich besonders der Ökumene verpflichtet, während St. Bonifaz in München durch die Großstadtpastoral geprägt ist. Andechs und Weltenburg sind beliebte Ausflugsorte mit bekannten Brauereien.

[964] Vgl. Bamberg, Unter der Führung des Evangeliums, 89 f.

[965] Vgl. Schütz, Gelebtes Evangelium: Der heilige Benedikt und sein Lebensprogramm, in: Schütz/Rath (Hrsg.), Der Benediktinerorden, 54-90, hier: 56; Doppelfeld, Eine Regel für Anfänger, in: EuA 65 (1989), 345-358, hier: 357.

[966] Vgl. Pawlowsky, Die biblischen Grundlagen der Regula Benedicti, 50-54; Schildenberger, Sankt Benedikt und die Heilige Schrift, in: EuA 56 (1980), 449-457.

[967] Auffallend ist, daß Benedikt nur im Zusammenhang mit der Hl. Schrift (vgl. RB 73,3; 9,8) bzw. der Regel (vgl. RB 37,1) den Begriff „auctoritas" verwendet, ihn aber nicht auf Leitungsfunktionen überträgt. Vielleicht ist darin ein Indiz zu sehen, daß im Kloster die einzige Autorität Gott sein soll, der sich in der Heiligen Schrift, aber auch in den Anweisungen der Regel offenbart. Vgl. Pawlowsky, Die bib-

lischen Grundlagen der Regula Benedicti, 42; Böckmann, Perspektiven der Regula Benedicti, 114; Böckmann, „Von den Greisen und Kindern", in: EuA 71 (1995),125-136, hier: 132.

[968] Vgl. Pawlowsky, Die biblischen Grundlagen der Regula Benedicti, 36.

[969] Vgl. Schulz, Unter der Führung des Evangeliums, in: Ordenskorrespondenz 22 (1981), 402-419, hier: 404 f.

Zur Autorenschaft Benedikts vgl. Frank, „Siehe das Gesetz, unter dem du dienen willst." – Der geschichtliche Ort der Benediktusregel, in: Bader (Hrsg.), Benedikt von Nursia, 47-60, hier: 53 f.

[970] Vgl. Holzherr, Die Benediktsregel, 333.

[971] Mit Schulz kann der Gedanke vertieft werden: „Die RB ist nicht mehr, aber auch nicht weniger als das Evangelium Jesu Christi nach dem hl. Benedikt. Wenn dem so ist, kann sie wie andere, dem Evangelium verpflichtete Ordensregeln, auch Impulse für die Christenheit insgesamt anbieten, da diese ja dazu berufen ist, unter und nach dem gleichen Evangelium zu leben, wenn auch in mancher Hinsicht in anderen legitimen Ausdrucksformen." Schulz, Unter der Führung des Evangeliums, in: Ordenskorrespondenz 22 (1981), 402-419, hier: 405 f.

Dieses Anliegen verdeutlicht auch der Untertitel des Regelkommentars von Holzherr: „Die Benediktsregel, eine Anleitung zu christlichem Leben". Vgl. Schütz, Gelebtes Evangelium: Der heilige Benedikt und sein Lebensprogramm, in: Schütz/Rath (Hrsg.), Der Benediktinerorden, 54-90, hier: 56; Kleiner, Zuerst Gott dienen, 91; Jaspert, Existentiale Interpretation der Regula Benedicti, in: Schneider (Hrsg.), Und sie folgten der Regel St. Benedikts, 120-132, hier: 126.

[972] Zu den Quellen der RB, vgl. Holzherr, Die Benediktsregel, 11-16.

[973] Zum strengen Charakter der RM, vgl. Böckmann, Discretio im Sinn der Regel Benedikts und ihrer Tradition, in: EuA 52 (1976), 362-373, hier: 365 f.; Steidle, St. Benedikts Kritik am zeitgenössischem Mönchtum, in: Steidle, Beiträge zum alten Mönchtum und zur Benediktusregel, 240-250; Borias, Die Regel Benedikts – Spiegel eines monastischen Reifungsprozesses, in: EuA 65 (1989), 270-291, hier: 291.

[974] Vgl. Grün, Benediktinische Erziehung, in: EuA 53 (1977), 323-331, hier: 331; Löpfe, Die Menschlichkeit in der Regel Benedikts, in: EuA 56 (1980), 194-202, hier: 194; Böckmann, Die Sicht des Menschen nach der Regula Benedicti auf dem Hintergrund ihrer Tradition, besonders der Regula Magistri, in: Schramm/Zelinka (Hrsg.), Um des Menschen willen, 181-207, hier: 181.

[975] Vgl. Aulinger, Das Humanum in der Regel Benedikts von Nursia, 48.

[976] Daher darf der Abt „vor allem" nicht das Heil der ihm Anvertrauten vernachlässigen (RB 2,33), der Cellerar soll „vor allem" Demut haben (vgl. RB 33,13) und es darf „vor allem" nicht gemurrt werden (vgl. RB 34,6; 40,9). Um das Schweigen während der Lesung sicher zu stellen sollen „vor allem" zwei Brüder herumgehen und „vor allem und über allem" sorge sich die Gemeinschaft um die Kranken (vgl. RB 36,1).

Die RM kennt die Formulierung „ante omnia" dagegen nicht. Vgl. Böckmann, „Von den kranken Brüdern", in: EuA 70 (1994), 389-407, 461-482, hier: 402 f.; Böckmann, „Ob alle in gleichem Maß das Notwendige erhalten sollen", in: EuA 67 (1991), 169-194, hier: 183; Puzicha, „Ante omnia" in der Regel Benedikts, in: Monastische Informationen 57 (1988), 16-19.

[977] Böckmann veranschaulicht: „Was möchte Benedikt absolut fernhalten? Zum Beispiel Ansehen der Person (34,2), daß jemand das Kloster verläßt und sich verblenden läßt (58,28; 59,6 und 28,2), daß die Gemeinschaft einen mit ihren Lastern einverstandenen Abt wählt (64,3) und daß der Abt anders handelt als er lehrt (4,61). Überall läßt Benedikt durchblicken, daß solche Dinge de facto vorkommen und er sie schon erlebt hat. Aber er möchte doch alles tun, um sie zu vermeiden." Böckmann, „Ob alle in gleichem Maß das Notwendige erhalten sollen", in: EuA 67 (1991), 169-195, hier: 175.

Vgl. Lechner, Scienter Nescius – Sapienter Indoctus, in: Möde/Unger/Woschnitz (Hrsg.), An-Denken, Festgabe für Eugen Bieser, 525-530, hier: 529; Böckmann, Die Sicht des Menschen nach der Regula Benedicti auf dem Hintergrund ihrer Tradition, besonders der Regula Magistri, in: Schramm/Zelinka (Hrsg.), Um des Menschen willen, 181-207, hier: 184.

[978] Vgl. Frank, „Siehe das Gesetz unter dem du dienen willst." – Der geschichtliche Ort der Benediktusregel, in: Bader (Hrsg.), Benedikt von Nursia, 47-60, hier: 55.

[979] Vgl. Holzherr, Die Benediktsregel, 331.

[980] Das Kloster wird so zur Lern- und Erinnerungsgemeinschaft. Vgl. Wiegard, Benedikts Kloster als Lebensort einer Lern- und Erinnerungsgemeinschaft, in: RBS 18 (1993), 177-186, hier: 178 ff.

Von Oppen schreibt dazu: „Aber auch die Regel selbst (...) wird durch die tägliche, laufende Lesung (66,8) dem Gedächtnis aller Klostergenossen unverlierbar eingeprägt, und dadurch ist ständig der kritische Vergleich mit dem praktischen Leben herausgefordert worden. Nichts prägt so tief wie die bewußte Form. Bewußte Form aber ist reflektierte Form." Oppen, Der benediktinische Abt und das technische Zeitalter, in: RBS 2 (1973), 99-115, hier: 107.

[981] Vgl. Holzherr, Die Benediktsregel, 303; Böckmann, Perspektiven der Regula Benedicti, 130.

[982] Die Regel ist eben auf die Praxis, auf das zu lebende Leben ausgerichtet. Sie ist keine theologische Reflexion in abgehobener Spiritualität. Vgl. Bamberg, Unter der Führung des Evangeliums, 90. Es stimmt also nicht, wenn z.B. Kirchner behauptet, daß die Regel keinen Spielraum für persönliche Interpretation zuließe. Das Gegenteil ist der Fall! Die Regel läßt zuweilen sogar sehr viel Spielraum zu. Vgl. Kirchner, Benedikt für Manager, 66.

[983] Vgl. Steidle, St. Benedikts Kritik am zeitgenössischem Mönchtum, in: Steidle, Beiträge zum alten Mönchtum und zur Benediktusregel, 240-250; Schütz, Benediktinisches Gemeinschaftsleben, in: EuA 53 (1977), 5-14, hier: 9.

[984] Vgl. Bamberg, Zur Aktualität des benediktinischen Lebens, in: Bader (Hrsg.), Benedikt von Nursia, 15-29, hier: 18.

[985] Vgl. Friedmann, Hermeneutische Überlegungen zum Verständnis der Regula Benedicti heute, in: RBS 5 (1976), 335-351, hier: 342.

[986] Hier zeigt sich nochmals, daß die Schriften der Bibel und die RB in einem bestimmten soziokulturellen Kontext entstanden sind und entsprechend interpretiert werden müssen. De Vogüé kann daher feststellen: „Die Melodie ist dieselbe, die musikalische Besetzung ist jeweils anders." Vogüé, Unter der Führung des Evangeliums, Die Regel des hl. Benedikt und das Evangelium, in: Schneider (Hrsg.), Und sie folgten der Regel St. Benedikts, 169-180, hier: 171.

[987] Bamberg stellt dazu fest: „Man kann und darf benediktinisches Leben also – die Geschichte zeigt es wahrlich – weiterentfalten, wie man die Regel selbst »übersetzen« und weiterentfalten muß. Sie selbst, die Regula, versteht sich ja als Interpretin der Tradition für ihre Zeit; so legt sie auch denen, die nach ihr leben, eine solche Dynamik nahe." Bamberg, Unter der Führung des Evangeliums, 93.
Vgl. Bamberg, Zur Aktualität des benediktinsichen Lebens, in: EuA 56 (1980), 274-288, hier: 275; Schulz, Unter der Führung des Evangeliums, in: Ordenskorrespondenz 22 (1981), 402-419, hier: 405; Wolf, Kirche und Mönchtum auf dem Weg in die Zukunft: Inkulturation und Transfiguration, in: EuA 69 (1993), 279-295, hier: 283; 292.

[988] Lechner, Zum Geleit, in: Bayerische Benediktinerkongregation, Die Satzungen der Bayerischen Benediktinerkongregation, 7.
Zu den unterschiedlichen Satzungen vgl. Meier, Die neuen Satzungen der deutschsprachigen Benediktinerkongregationen, in: EuA 67 (1991), 229-232; Haering, Renovatio accommodata – die neuen Satzungen der Bayerischen Benediktinerkongregation, in: EuA 65 (1989), 490-491, hier: 491.

[989] Auch im Blick auf die gegenwärtigen Satzungen der BBK stellt sich die Frage nach Korrekturen. So ist es z.B. fragwürdig, ob die Post wirklich „grundsätzlich über den Abt gehen muß" (vgl. Sat Ju 138), bzw. ob dies in den einzelnen Klöstern noch so praktiziert wird.

[990] Zur Bedeutung der „Consuetudines" im Innenleben der Klöster schreibt Angerer: „In diesem Sinne waren und sind also die Klöster untereinander verschieden, Familien für sich, die ihre eigenen Gewohnheiten ausbildeten, notwendigerweise ausbilden mußten, womit einerseits eine recht pluralistische Entwicklung ermöglicht wurde, andererseits die Eigenständigkeit immer, wenn nicht anders, dann aus der Kontinuität der eigenen Tradition vorhanden war." Angerer, Zur Problematik der Begriffe: Regula – Consuetudo – Observanz und Orden, in: SMGB 88 (1977), 312-323, hier: 318.

[991] Vgl. Lechner, Benedikt – Ursprung und Gegenwart eines Segens, in: Braulik (Hrsg.), Herausforderung der Mönche, 31; Schütz, Prophetische Zeichen: Die Ordensgelübde als Ausdrucksform christlichen Lebens, in: Schütz/Rath (Hrsg.), Der Benediktinerorden, 91-126, hier: 122.

[992] Vgl. Doppelfeld, Ein anderes Leben, Gedanken zu Regel und Profeß, in: EuA 71 (1995), 316-323.

[993] Vgl. Gregorius I., Der hl. Benedikt, 103.

[994] Senger stellt prägnant fest: „Auf der Suche nach Gott verwirklicht sich nach christlichem Verständnis der Mensch." Senger, St. Benedikt, 37 f.

[995] Allerdings darf das Kloster nicht mit einem „christlichen Freizeitklub für religiös angelegte Typen" oder als ein weiteres Angebot auf dem Esoterikmarkt verwechselt werden. Braulik kann daher feststellen: „Wer sich aufmacht, Gott zu suchen, gerät in ein Spannungsfeld. Sein selbstentworfenes Konzept, die Ich-Inflation eines religiösen Narzißmus wird ihm von der Unbegreiflichkeit Gottes durchkreuzt." Braulik, Leben in der Brudergemeinde des Klosters, in: Braulik (Hrsg.), Herausforderung der Mönche, 65-107, hier: 100 f. Vgl. Doppelfeld, Eine Regel für Anfänger, in: EuA 65 (1989), 345-358,

hier: 347; Jaspert, Benedikts Botschaft am Ende des 20. Jahrhunderts, in: RBS 16 (1989), 205-232, hier: 225.

[996] Vgl. Aulinger, Das Humanum in der Regel Benedikts von Nursia, 57.
Steidle erläutert: „Die Heilige Regel verrät auf Schritt und Tritt eine geradezu staunenswerte Kenntnis der vielfältigen Eigenart des menschlichen Wesens und des menschlichen Herzens. Sie weiß, daß es kein Schema gibt, in das man alle Mönche, ungeachtet ihrer Eigenart, hineinzwängen kann." Steidle, Die Regel St. Benedikts, 96.

[997] Gordan stellt prägnant fest: „Am Anfang war der Mönch." Gordan, Mönche oder Klöster, 119-127, in: Langer/Bilgri (Hrsg.) Weite des Herzens – Weite des Lebens, Bd.1, hier: 119.

[998] Vgl. Tschudy/Renner, Der heilige Benedikt und das benediktinische Mönchtum, 17.
Die Wüste ist gleichsam das „Trainingslager" der Mönche. Sie bietet ihnen das ideale Umfeld zum Ein-üben der christlichen Tugenden, da es keine Ablenkung gibt, die sie von der Konzentration auf das Wesentliche abhalten könnte. Nichts anderes meint übrigens Askese (ασκειν bedeutet sich üben). Vgl. Louf, Demut und Gehorsam, 44.
Sartory/Sartory erläutern: „Der Mönch ist – wenn er wirklich Mönch ist – auf exemplarische Weise Christ, und das Kloster ist gewissermaßen (nur!) eine Übungsstätte mit besonders idealen Trainings-bedingungen (Askese heißt wörtlich »Übung«, Training), um ein »Christ« zu werden, der diesen Namen verdient." Sartory/Sartory, Benedikt von Nursia – Weisheit des Maßes, 112.

[999] Vgl. Aulinger, Das Humanum in der Regel Benedikts von Nursia, 66.

[1000] Steidle erläutert mit einem alten Väterspruch: „Wie ein Baum nicht Frucht bringen kann, wenn er öfters verpflanzt wird, so kann auch der Mönch nicht Frucht bringen, wenn er öfters wandert." Steidle, Die Regel St. Benedikts, 289. Vgl. Kleiner, Zuerst Gott dienen, 369; Maier, Gebet und Arbeit, in: Ballestrem/Ottmann (Hrsg.), Theorie und Praxis, 79-96, hier: 81.

[1001] Der Begriff „Koinobiten" kommt vom Griechischen „κοινος βιος" und meint gemeinschaftliches Leben. Vgl. Tschudy/Renner, Der heilige Benedikt und das benediktinische Mönchtum, 24 f.

[1002] Mit Steidle läßt sich dieser Gedanke fortführen: „Nur in der Gemeinschaft ist wahrer innerer Fort-schritt möglich." Steidle, Die Regel St. Benedikts, 17.

[1003] Vgl. Oppen, Der benediktinische Abt und das technische Zeitalter, in: RBS 2 (1973), 99-115, hier: 104.

[1004] Gollnik kann feststellen: „In seiner Regel faßt Benedikt den Menschen zunächst als Individuum und Persona, gleichzeitig aber auch als soziales Wesen im Sinne des geselligen Wesens. (...). Es ist bezeich-nend, daß Benedikt den Begriff »congregatio« für die klösterliche Gemeinschaft setzt. Etymologisch gehört dieses Wort zur Wortfamilie »gredi« (gehen, schreiten); »congredi« bedeutet zusammenkommen, zusammentreffen; »congregare« hat die Bedeutung von herdenweise oder zu einer Herde zu vereinigen, sich gesellen, sich vereinigen." Gollnik, Die Bedeutung des stabilitas-Begriffes für die pädagogische Konzeption der Regula Benedicti, in: EuA 69 (1993), 296-313, hier: 301 f.
Vgl. Doppelfeld, Das Kloster als Gemeinde nach der Regula Benedicti und in seiner Bedeutung für heute, in: EuA 62 (1986), 190-200, hier: 194 f.

[1005] Mit Laurien kann dieser Gedanke vertieft werden: „Gemeinschaft als Alternative zum Nebeneinander der sich selbst bespiegelnden Individuen und Gemeinschaft als Alternative zum Kollektiv, in dem der einzelne verplant und gnadenlos einsam wird." Laurien, Benediktinerkloster heute – Herausforderung für die Gesellschaft, in: EuA 56 (1980), 337-346, hier: 338.
Vgl. Kleiner, Zuerst Gott dienen, 460; 469; Oppen, Der benediktinische Abt und das technische Zeitalter, in: RBS 2 (1973), 99-115, hier: 103.

[1006] Mit Friedmann kann dieses ausgeführt werden: „Es ist nicht übertrieben, zu behaupten, daß die Regel Benedikts alle modernen Probleme des menschlichen Zusammenlebens kennt und nach wie vor wirk-same Hilfen für ihre Bewältigung in die Hand gibt. In den Kontext unserer Zeit hinein übersetzt und in kritischer Offenheit für heutige sozial-anthropologische Gegebenheiten und Gesetze gelebt, bietet sie den Mönchen die gewaltige Chance, unserer Kirche und Gesellschaft überzeugende Modelle menschlichen Miteinanders vorstellen und vorleben zu können." Friedmann, Mönche im Dienst der Kirche für die Menschen, in: Braulik (Hrsg.), Herausforderung der Mönche, 175-196, hier: 189.

[1007] Steidle beschreibt sehr prägnant die einzelnen Phasen. Vgl. Steidle, Die Regel St. Benedikts, 281.
Immer häufiger bitten Kandidaten ohne christliche Sozialisation und Erziehung um die Aufnahme. Ihr Motiv der „Gottsuche" ist eindeutig. Allerdings fehlt ihnen sowohl Grundlagenwissen als auch Beheima-tung im Glauben. Dadurch kann es im klösterlichen Alltag zu Verständnisproblemen sowohl auf seiten des Interessenten als auch auf seiten der Gemeinschaft kommen. Hier stellt sich die Frage, ob nicht eine

längere Phase der Kandidatur, die einem ausgedehnten Katechumenat angepaßt wäre, dem Eintritt vorausgehen sollte (vgl. Sat Sp 102).

[1008] Im Unterschied zum Magister respektiert Benedikt auch die freie Entscheidung zum Austritt. Vgl. Holzherr, Die Benediktsregel, 277; Böckmann, Perspektiven der Regula Benedicti, 171; Puzicha, Achtung, Würde und Ehrfurcht: ein Grundthema der Benediktusregel, in: Monastische Information Nr. 94 (1998), 14-20, hier: 16.

[1009] Weitere Bilder und Begriffe der RB für die Gemeinschaft, vgl. Schütz, Gelebtes Evangelium: Der hl. Benedikt und sein Lebensprogramm, in: Schütz/Rath (Hrsg.), Der Benediktinerorden, 54-90, hier: 67; Pawlowsky, Die biblischen Grundlagen der Regula Benedicti, 91.

[1010] Vgl. Steidle, Dominici schola servitii: Zum Verständnis des Prologes der Regel St. Benedikts, in: Steidle, Beiträge zum alten Mönchtum und zur Benediktusregel, 206-215.

[1011] Im NT wird ein Jünger, der Jesus folgt, „μαθητης – discipulus – Schüler" genannt. Wie diese gehen auch die Mönche in die Schule Christi. Vgl. Vogüé, Die Regula Benedicti, 21; Böckmann, Die Sicht des Menschen nach der Regula Benedicti auf dem Hintergrund ihrer Tradition, besonders der Regula Magistri, in: Schramm/Zelinka (Hrsg.), Um des Menschen willen, 181-207, hier: 200. Vgl. Exkurs „scola" bei Böckmann, Perspektiven der Regula Benedicti, 44-47; Nahmer, „Dominici scola servitii", Über Schultermini in Klosterregeln, in: RBS 12 (1983), 143-185.

[1012] Bezugnehmend auf RB 73,1 gleicht das Kloster eher einer „Grund- und Hauptschule" als einem „Gymnasium". Vgl. Sartory/Sartory, Benedikt von Nursia – Weisheit des Maßes, 112; Doppelfeld, Die bleiben wollen, in: EuA, 66 (1990), 116-128, hier: 119; Gollnik, Die Bedeutung des stabilitas-Begriffes für die pädagogische Konzeption der Regula Benedicti, in: EuA 69 (1993), 296- 313, hier: 303; Schlögl, Der heilige Benedikt als Pädagoge und Psychologe, 154.

[1013] Vgl. Böckmann, Perspektiven der Regula Benedicti, 46. An anderer Stelle gibt Böckmann zu bedenken: „Schließlich ist unser ganzes Leben eine Art Noviziat für die endgültige Profeß in unserem Tod." Böckmann, Perspektiven der Regula Benedicti, 135.

[1014] Füglister beschreibt den idealen Mönch: „Er ist Zeit seines Lebens nie am Ziel, sondern immerzu unterwegs (das heißt, theologisch ausgedrückt, »in statu comprehensoris«, sondern stets »in statu viatoris«, im Zustand der Wanderschaft zur »perfectio acquirenda«, zur noch nicht erreichten, sondern fortlaufend mehr und mehr zu erstrebenden Vollkommenheit). Das gibt seinem Leben eine ungeheure Dynamik (...)." Füglister, Zeugnis gelebter Hoffnung, in: Braulik (Hrsg.), Herausforderung der Mönche, 131-153, hier: 137. Vgl. Exkurs „Dynamik" Böckmann, Perspektiven der Regula Benedicti, 131-134. Kardong macht darauf aufmerksam, daß Beweglichkeit und Veränderung oft schmerzvolle Erfahrungen mit sich bringen. Vgl. Kardong, The Abbot as Leader, in: ABenR 42 (1991), 53-72, hier: 58.

[1015] Füglister veranschaulicht: „Der Mönch ist aus dem Grunde seines Wesens ein progressiver Mensch. Mönchtum ist nicht ein Stand, sondern eine Bewegung, ein Wandel. (...). Dieses »Wandeln« ist jedoch kein gemächlich-geruhsames Dahinschlendern, es ist ein »Eilen« und »Laufen«." Füglister, Zeugnis gelebter Hoffnung, in: Braulik (Hrsg.), Herausforderung der Mönche, 131-153, hier: 138. Vgl. Böckmann, Die Sicht des Menschen nach der Regula Benedicti auf dem Hintergrund ihrer Tradition, besonders der Regula Magistri, in: Schramm/Zelinka (Hrsg.), Um des Menschen willen, 181-207, hier: 200.

[1016] Vgl. Dammertz, Promittat de conversatione morum suorum (RB 58,17), in: EuA 70 (1994), 5-14, hier: 12 f.

[1017] Böckmann erkennt auch in dem Begriff „regula" einen Bezug zur „Werkstatt Kloster": „Regula – das ist ein Handwerksinstrument, um etwas gerade zu halten, ein Lineal, mit dem man gerade Linien ziehen kann. So ist die Regel (...), Hilfe zum geraden Wandel ohne Umwege, so »daß wir geraden Laufs zu unserem Schöpfer gelangen« (73,4)." Böckmann, Perspektiven der Regula Benedicti, 168.

[1018] Doppelfeld erläutert: „Um die Gestaltung des Lebens geht es, um ein Arbeiten an sich selbst, nicht stümperhaft und gelegentlich, sondern fachmännisch wie ein Handwerker, der sein Werkzeug und seine Werkstatt zu nutzen weiß." Doppelfeld, Die bleiben wollen, in: EuA 66 (1990), 116-128, hier: 118.

[1019] Zum Stellenwert der Beständigkeit bzw. des Bleibens in der RB vgl. Doppelfeld, Die bleiben wollen, in: EuA, 66 (1990), 116-128.

[1020] Auf diese Problematik weist Godel hin. Vgl. Godel, „... wieder Frieden schließen!", Der Umgang mit dem Konflikt in der Benediktsregel, in: Langer/Bilgri (Hrsg.), Weite des Herzens – Weite des Lebens, Dd.1, 107-117.

[1021] Vgl. Luislampe, Aspekte einer Theologie der Gemeinschaft in der Regula Benedicti im Licht der Basilius-Regeln, in: RBS 8/9 (1982), 35-50, hier: 41.

[1022] Vgl. Kleiner, Zuerst Gott dienen, 418 ff.

[1023] Im lateinischen Text heißt es: „Tunsionibus, pressuris expoliti lapides suis coaptantur locis per manus artificis; disponuntur permansuri sacris aedificiis." Vgl. Salzburger Äbtekonferenz (Hrsg.), Monastisches Stundenbuch, Bd. 1, 576.

[1024] Vgl. Décarreaux, Die Mönche und die abendländische Zivilisation, 219; Butler, Benediktinisches Mönchtum, 196; Mitterer, Die Familie als Grundlage benediktinischen Mönchtums, in: BenM 6 (1924), 81-94.

[1025] Vgl. Doppelfeld, Das Kloster als „Familie", Kritische Anmerkungen zu einem Stereotyp monastischer Literatur, in: EuA 50 (1974), 5-20; Grün, Benediktinische Erziehung, in: EuA 53 (1977), 323-331, hier: 331.
Aus diesem Grund muß Kirchner widersprochen werden, wenn er feststellt: „Die Mönchsgemeinschaft ist durchaus mit einer Familie vergleichbar, in der persönliche Nähe die stützende Säule für emotionales Wachsen geworden ist." Kirchner, Benedikt für Manager, 35.
Steidle versucht im Vergleich mit der RM zu beweisen, daß Benedikt die Vorstellung von der Familie sogar bewußt zurückdrängt. Vgl. Steidle, St. Benedikts Kritik am zeitgenössischem Mönchtum, in: Steidle, Beiträge zum alten Mönchtum und zur Benediktusregel, 240-250, hier: 246.
Böckmann macht auf weitere Gefahren des Vergleichs aufmerksam: „Der Familienvergleich hat auch seine Gefahren: man könnte ein harmonisierendes Bild entwerfen und damit Konflikte vertuschen; man könnte mit der Angleichung der Obern an die Eltern und der Mönche an die Kinder einerseits Infantilismus begünstigen, andererseits die Obern überfordern." Böckmann, Perspektiven der Regula Benedicti, 90. Vgl. Böckmann, Exkurs „Familie – Bruderschaft", in: Böckmann, Perspektiven der Regula Benedicti, 88-90; Felten, Herrschaft des Abtes, in: Prinz (Hrsg.), Herrschaft und Kirche, 147-296, hier: 153 f; Schützeichel, Die Regel Benedikts als Leitfaden für ein christliches Leben (II), in: EuA 61 (1985), 434-459, hier: 453.

[1026] In diesem Zusammenhang sei darauf verwiesen, daß Benedikt sehr viele Termini aus dem militärischen Sprachgebrauch verwendet. Vgl. Kleiner, Zuerst Gott dienen, 66.
Zu „militia – Kriegsdienst" in der RB, vgl. Böckmann, Perspektiven der Regula Benedicti, 33-36.

[1027] Den drei Bildern „Schule", „Werkstatt" und „Haus Gottes" lassen sich auch die benediktinischen Gelübde zuordnen. Insofern der Mönch im „Gehorsam" seine Offenheit für andere verspricht, wird die Gemeinschaft zur „Schule". Zugleich erklärt sich der Mönch durch das Gelübde der „Beständigkeit" bereit, sein ganzes Leben lang in der „Werkstatt" Kloster auszuhalten und an sich zu arbeiten. Schließlich ist das Kloster „Haus Gottes", d.h. Kirche. Im Versprechen des „klösterlichen Lebenswandels" bekundet der Mönch den Entschluß, sein Leben allein auf Gott zu konzentrieren und sich entsprechend zu verhalten.

[1028] Vgl. Gordan, Ora et labora, in: EuA 67 (1991), 253-254, hier: 253.

[1029] Vgl. Vogüé, Die Regula Benedicti, 279; Senger, St. Benedikt, 23; Böckmann, Von der täglichen Handarbeit, in: EuA 74 (1998), 183-203, 285-305, 373-392, hier: 294.
Die drei Bilder „Schule", „Werkstatt" und „Haus Gottes" lassen sich schön auf diese drei Tätigkeiten übertragen. Insofern das Kloster als „Haus Gottes" „Kirche im Kleinen" ist, wird das Gebet, das Gespräch mit Gott zur wesentlichen Tätigkeit des Mönches. Zugleich ist das Kloster auch „Schule". Daher verpflichtet sich der Mönch in der täglichen „Lectio divina" zur Auseinandersetzung mit den Hl. Schriften, um so im geistlichen Leben Fortschritte zu machen. Schließlich ist das Kloster Arbeitsgemeinschaft, d.h. „Werkstatt", in der Mönche miteinander den gemeinsamen Lebensunterhalt erwirtschaften.

[1030] Schütz erläutert: „Benedikt regelt sehr genau den Tagesablauf, das Gebet und die verschiedenen Dienste. Dahinter steht die Überzeugung, daß eine klare Ordnung dem äußeren und inneren Frieden der Gemeinschaft und ihrer Glieder dient. Menschliches Zusammenleben braucht Rituale. Eine gesunde Ordnung enthebt der Gefahr des Zufalls, der Willkür und Launenhaftigkeit, setzt Energien frei und gewährt Halt, Geborgenheit und Heil. Benedikts Regel legt großen Wert darauf, daß alle Glieder der Gemeinschaft im Frieden leben (Vgl. RB 34,5)." Schütz, Gelebtes Evangelium: Der heilige Benedikt und sein Lebensprogramm, in: Schütz/Rath (Hrsg.), Der Benediktinerorden, 54-90, hier: 71.
Vgl. Böckmann, Von der täglichen Handarbeit, in: EuA 74 (1998), 183-203, 285-305, 373-392, hier: 295; Huerre, Von Tag zu Tag, 250-254. Zur Tageseinteilung nach der RB, vgl. Buddenborg, Zur Tagesordnung in der Benediktusregel, in: BenM 18 (1936), 88-100, hier: 98.

[1031] Vgl. Böckmann, Von der täglichen Handarbeit, in: EuA 74 (1998), 183-203, 285-305, 373-392, hier: 194.

[1032] Vgl. Luislampe, Leben in der Gegenwart Gottes, in: EuA 63 (1987), 14-23, 127-138, hier: 15. Böckmann schreibt zur „acedia": „Als Dämon der Mitte befällt sie den Mönch um die Mittagszeit, aber auch zur Lebensmitte, und man kann sagen: in fast alle »Mitten« geistlichen und geistigen Tuns. Der Anfang hat einen eigenen Charme; und wenn das Ende nahe ist, gibt man so schnell nicht auf. Aber die Mitte ist eine schwierige Wegstrecke." Böckmann, Von der täglichen Handarbeit, in: EuA 74 (1998), 183-203, 285-305, 373-392, hier: 380.

[1033] Mit Ruppert/Grün kann prägnant festgestellt werden, daß das Gebet für Benedikt das Wichtigste, aber nicht das einzige ist. Vgl. Ruppert/Grün, Bete und arbeite, 9.

[1034] Vgl. Steidle, Die Regel St. Benedikts, 182 f.; Bamberg, Zur Aktualität des benediktinischen Lebens, in: Bader (Hrsg.), Benedikt von Nursia, 15-29, hier: 20.

[1035] So verschiebt er etwa den Beginn der Terz, Sext und Non ein wenig, so daß eine sinnvolle Arbeitszeit entstehen kann (vgl. RB 48,6.11). Böckmann führt aus: „Benedikt zeigt hier seinen Mut zum Neuen gegenüber der monastischen Tradition. Er richtet sich im Stundengebet nicht mechanisch nach der Sonne, sondern zieht auch die »innere Uhr« des Menschen und seinen Arbeitsrhythmus in Betracht." Böckmann, Von der täglichen Handarbeit, in: EuA 74 (1998), 183-203, 285-305, 373-392, hier: 197, 373 f. Bei der Aufstellung des detaillierten Tages-, Wochen- und Jahresplanes läßt Benedikt sowohl zeitliche als auch örtliche Anpassungen zu, was wieder für die Flexibilität seiner Regel spricht. So kennt er beispielsweise eine Winter- und Sommerordnung. Vgl. Kleiner, Zuerst Gott dienen, 236-238.

[1036] Vgl. Ruppert/Grün, Bete und arbeite, 20.

[1037] Vgl. Maier, Gebet und Arbeit, in: Ballestrem/Ottmann (Hrsg.), Theorie und Praxis, 79-96, hier: 91.

[1038] Der hohe Stellenwert, den das gemeinsame Gebet einnimmt, zeigt sich auch darin, daß RB 52 „Vom Oratorium des Klosters" das einzige Kapitel ist, das ausdrücklich einem Ort gewidmet ist. Vgl. Böckmann, Vom Oratorium des Klosters, in: EuA 72 (1996), 213-238, hier: 222.

[1039] Böckmann schreibt dazu: „Die Arbeit abbrechen (...). Das ist für uns Heutige eine Form moderner Askese. Im allgemeinen werden wir dieses Wort nicht mehr so legalistisch auffassen, daß wir automatisch in einem Augenblick alles stehen und liegen lassen, (...). Wir haben gelernt, vernünftig zu sein, aber manchmal gehen wir dabei in das andere Gegenteil. Oft meinen wir, dieses und jenes noch schnell beenden oder ordnen zu müssen. So kann in uns eine Gewohnheit wachsen, daß wir jeweils im letzten Augenblick noch gerade rechtzeitig zum Gottesdienst kommen oder sogar ein wenig zu spät." Böckmann, Von der täglichen Handarbeit, in: EuA 74 (1998), 183-203, 285-305, 373-392, hier: 374.

[1040] Vgl. Ruppert/Grün, Bete und Arbeite, 20.

[1041] Vgl. Dammertz, Das Erbe Benedikts und die Zukunft der Kirche, in: Bader (Hrsg.), Benedikt von Nursia, 30-46, hier: 32.

[1042] Rahner kann daher feststellen: „Der spielende Mensch ist darum ein Mensch des Ernstes, weil er immer um beides zugleich weiß, um die Sinnhaftigkeit sowohl als auch um die Nichtnotwendigkeit seines geschaffenen Daseins." Rahner, Der spielende Mensch, 28. Im Blick auf benediktinische Erziehung kann mit Grün angefügt werden: „Ein Benediktiner wird in seiner Erziehung nie die Leistung als höchstes Ziel setzen, weder die schulische Leistung noch die sportliche. Die Dimension, die durch das ora angedeutet wird, ist ihm wichtiger: die Dimension des zwecklosen Daseins vor Gott, das Lob des Schöpfers, der Kult, Meditation und Stille, der Primat des Empfangens gegenüber dem des Leistens." Grün, Benediktinische Erziehung, in: EuA 53 (1977), 323-331, hier: 330.

[1043] Vgl. Maier, Gebet und Arbeit, in: Ballestrem/Ottmann (Hrsg.), Theorie und Praxis, 79-96, hier: 94.

[1044] Vgl. Maier, Gebet und Arbeit, in: Ballestrem/Ottmann (Hrsg.), Theorie und Praxis, 79-96, hier: 92.

[1045] Vgl. Voss, Der Weg zum Leben nach der Regel des heiligen Benedikt, in: Braulik (Hrsg.), Herausforderung der Mönche, 41-64, hier: 60.

[1046] Zur „Lectio divina" vgl. Vogüé, Die Regula Benedicti, 284; Vogüé, Die tägliche Lesung in den Klöstern (300-700), in: EuA 66 (1990), 96-105. Zu „vacare – frei sein" vgl. Böckmann, Von der täglichen Handarbeit, in: EuA 74 (1998), 183-203, 285-305, 373-392, hier: 202, 298. Böckmann erläutert an anderer Stelle: „Gerade für vielbeschäftigte Menschen ist es wichtig, eine Tagesordnung aufzustellen. Lectio kann nicht mehr nur »Begleitmusik« bei der Arbeit sein; (...)." Böckmann,

Von der täglichen Handarbeit, in: EuA 74 (1998), 183-203, 285-305, 373-392, hier: 287 f. Vgl. Vogüé, Die Regula Benedicti, 288.

[1047] Vgl. Böckmann, Von der täglichen Handarbeit, in: EuA 74 (1998), 183-203, 285-305, 373-392, hier: 286.

[1048] Vgl. Böckmann, Von der täglichen Handarbeit, in: EuA 74 (1998), 183-203, 285-305, 373-392, hier: 193, 378-383.

[1049] Vgl. Schütz, Gelebtes Evangelium: Der heilige Benedikt und sein Lebensprogramm, in: Schütz/Rath (Hrsg.), Benediktinerorden, 54-90, hier: 82; Böckmann, Von der täglichen Handarbeit, in: EuA 74 (1998), 183-203, 285-305, 373-392, hier: 193.

[1050] Für die Antike, die durch die Geringschätzung körperlicher Arbeit geprägt war, ist das geradezu revolutionär. Vgl. Aulinger, Das Humanum in der Regel Benedikts von Nursia, 186; Frei, Die Stellung des alten Mönchtums zur Arbeit, in: EuA 53 (1977), 332-336.

[1051] Vgl. Aulinger, Das Humanum der Regel Benedikts von Nursia, 192; Böckmann, Von der täglichen Handarbeit, in: EuA 74 (1998), 183-203, 285-305, 373-392, hier: 187.
Deutlich wird dies z.B. am Krankendienst, der geleistet wird, um im Mitbruder Christus zu begegnen (vgl. RB 36,4). Vgl. Böckmann, „Von den kranken Brüdern", in: EuA 70 (1994), 389-407, 461-482.

[1052] Mit Pausch kann dieser Gedanke veranschaulicht werden: „Zu Zeiten, als es nötig war, das Land zu kultivieren, haben die Mönche Sümpfe trocken gelegt, Wälder gerodet und Häuser gebaut. Als es nötig war, abendländische Tradition, Kultur und Geisteshaltung zu retten, haben sie Bücher abgeschrieben, Schulen eingerichtet und an Universitäten gelehrt. Sie haben sich nie gescheut, Aufgaben der praktischen Seelsorge und kulturelle Aufgaben zu übernehmen. Ihr Leben war immer eine Antwort auf die Not der Zeit." Pausch, Neues Leben lernen für Europa, in: EuA 67 (1991), 358-367, hier: 361.
Bamberg stellt ähnliches fest: „Faktisch war benediktinisches Mönchtum stets für fast alles verfügbar, wofür Orden sich in der Kirche einsetzten." Bamberg, Zur Aktualität des benediktinischen Lebens, in: EuA 56 (1980), 274-288, hier: 275.
Vgl. Schulz, Unter der Führung des Evangeliums, in: Ordenskorrespondenz 22 (1981), 402-419, hier: 406; Sudbrack, An einem Ort beständig leben – In vielen Gegenden unterwegs sein, in: EuA 56 (1980), 441-448, hier: 442.

[1053] Vgl. Ellegast, Den Glauben leben: Die Benediktiner als unfreiwilliger Kulturträger, in: Schütz/Rath (Hrsg.), Der Benediktinerorden, 140-145, hier: 145.

[1054] Vgl. Böckmann, „Von den Wochendienern in der Küche", in: EuA 67 (1991), 266-292.

[1055] Benedikt meint auch, daß entgegen den wirtschaftlichen Gesetzen alles etwas billiger verkauft werden soll, als es sonst außerhalb des Klosters üblich ist, „damit in allem Gott verherrlicht werde" (RB 57,9). Im Blick auf klösterliche Wirtschaftsunternehmen schreibt Gordan: „In diese freie und soziale Marktwirtschaft ist und bleibt auch die wirtschaftliche Produktivität kirchlicher Unternehmen und somit auch die der Klöster eingebunden – etwas, woran Benedikt nie gedacht hätte, das aber für heutige Benediktiner bedenkenswert ist, damit auch in der modernen Industriegesellschaft Gott in allem verherrlicht wird." Gordan, Ora et labora, in: EuA 67 (1991), 253-254, hier: 254.
Vgl. Frank, „Immer ein wenig billiger verkaufen ...", in: EuA 53 (1977), 251-257.
Kurtz zieht aus dem Kirchenbegriff der RB und der Tatsache, daß es im Kloster keinen profanen Bereich gibt, interessante Schlüsse für das wirtschaftliche Handeln: „Der entscheidende Punkt, durch den sich das benediktinische Wirtschaftssystem sowohl vom privatwirtschaftlichen System der westlichen Industrieländer als auch vom System des staatlichen Kapitalmonopols des marxistischen Ostens unterscheidet, ist die Auffassung des Kapitals als anvertrautes Pfund, d.h., ökonomisch ausgedrückt, als Kredit. Credere heißt anvertrauen. Wenn es möglich ist, dieses System, in dem Kapital weder Privatbesitz noch Staatsmonopol, sondern nach demokratischen Grundsätzen vergebener Kredit ist und in freier Unternehmerinitiative im Rahmen demokratisch beschlossener Entwicklungspläne verwaltet wird, auf den volkswirtschaftlichen Bereich zu übertragen, so wäre das Resultat eine Wirtschaft im Gleichgewicht, das weder von privaten Egoismen noch von kollektiven Verteilungskämpfen oder dem Machtstreben der den Staat beherrschenden Parteien und ihrer Ideologien gefährdet werden könnte." Kurtz, Domus Dei, in: RBS 5 (1976), 119-130, hier: 130.

[1056] Vgl. Friedmann, Mönche mitten in der Welt, 45.
So gehen in München ein großer Teil der Schwestern der Kommunität Venio ihren Zivilberufen in der Stadt nach.

[1057] Kleiner erkennt darin das „Subsidiaritätsprinzip": „Nach den Vorschriften der Regel beginnt das Subsidiaritätsprinzip zu funktionieren, sobald der einzelne seiner Aufgabe nicht mehr gewachsen ist:

Sobald der Zellerar, der Gästebetreuer, die Küchen- und Tischdiener nicht mehr allein ihre Sache leisten können, muß ihnen der Abt Hilfen (»solacia«) aus der Gemeinschaft zuweisen (Kap. 33; 35; 53).“ Kleiner, Das Prinzip der Subsidiarität in Regel und Leben der Benediktiner, in: EuA 41 (1965), 29-35, hier: 32.

[1058] Vgl. Böckmann, Perspektiven der Regula Benedicti, 267.

[1059] Vgl. Böckmann, „Von den Wochendienern in der Küche“, in: EuA 67 (1991), 266-292, hier: 276; Bamberg, Trost und Tröstung im monastischen Leben, in: EuA 63 (1987), 249-259.

[1060] Böckmann erkennt: „Die menschliche Person und ihr Heil steht über allen materiellen Gütern, über der Effektivität, über allem Ansehen und Erfolg.“ Böckmann, Discretio im Sinn der Regel Benedikts und ihrer Tradition, in: EuA 52 (1976), 362-373, hier: 370.

[1061] Vgl. Gordan, Mönche oder Klöster, 119-127, in: Langer/Bilgri (Hrsg.) Weite des Herzens – Weite des Lebens, Bd.1, hier: 125.

[1062] Mit Böckmann kann dieser Gedanke weitergeführt werden: „Wir können so weit Aufgaben annehmen, als die Glieder der Gemeinschaft den Dienst ohne Verwirrung (53,16), ohne gerechtes Murren (53,18; vgl. 41,5), in seelischer Ruhe (vgl. 31,17), ohne Traurigkeit (vgl. 35,3) und ohne Depression (48,24 – alle Stellen im Zusammenhang mit der Arbeit!) tun können, solange noch wirkliches Gemeinschaftsleben möglich ist. Wenn aber das nicht gewährleistet ist, müssen wir die schwere Entscheidung treffen, die Arbeit einzuschränken und eventuell Aufgaben abzugeben.“ Böckmann, Perspektiven der Regula Benedicti, 268.

[1063] Vgl. Aulinger, Das Humanum der Regel Benedikts von Nursia, 65.

[1064] Ruppert/Grün erkennen zu Recht: „Jede Arbeit hat die Tendenz, den Arbeitenden ganz in Beschlag zu nehmen. Macht die Arbeit Spaß und hat man das Gefühl, sich in ihr selbst verwirklichen zu können, so geht man ganz in ihr auf. Sie vermittelt einem Erfolgserlebnisse und die nötige Abwechslung. Gegen diese Gefahr, daß die Arbeit den Mönch vereinnahmt, wendet sich Benedikt im 57. Kapitel. (...). Für Benedikt ist die Haltung bei der Arbeit wichtiger als das Ergebnis. Selbst wenn die Arbeit eines einzelnen für das Kloster wirtschaftlich noch so viele Vorteile bringt, darf das kein Grund sein, an dieser Arbeit festzuhalten, wenn sie dem Betreffenden in seiner Seele schadet.“ Vgl. Ruppert/Grün, Bete und arbeite, 42.
Bamberg stellt richtig fest, daß gegenwärtig Arbeit oft nur die einzige Funktion hat, Freizeit zu ermöglichen, und Freizeit lediglich als Arbeitspause betrachtet wird. Daher fordert sie ein neues Einüben von Muße. Vgl. Bamberg, Von Wert und Würde menschlicher Muße, in: GuL 57 (1984), 13- 27, hier: 14 ff.

[1065] Weist kann daher im Blick auf die gegenwärtigen Herausforderungen schreiben: „Der partizipatorische Führungsstil scheint heute besonders geeignet, alle Kräfte einer Gemeinschaft zu mobilisieren, da er der Forderung der Zeit entsprechend die Gemeinschaft sich fortentwickeln läßt, indem er Initiative und verantwortungsbewußtes Mitplanen der Schwestern nicht nur zuläßt, sondern sogar fördert. Talente und Fähigkeiten der einzelnen Schwestern können sich dabei entwickeln. Die Rolle des Oberen ist nicht mehr so sehr an der Spitze einer Pyramide gesehen, sondern als tragende Mitte der Gemeinschaft. Die Oberen haben die Balance zu halten im gemeinschaftlichen Planen und Discernment.“ Weist, Bedeutung der Benediktusregel für uns Benediktinerinnen von heute in bezug auf Autorität und Gehorsam, in: EuA 64 (1988), 288-299, hier: 295. Vgl. Bamberg, Entscheidungsfindung in der monastischen Gemeinschaft, in: EuA 65 (1989), 20-34, hier: 20 f.

[1066] Schütz erläutert: „Man hat die Regel Benedikts als eine Abtsregel bezeichnet. Bis zu einem gewissen Grad trifft diese Beobachtung zu. Ein flüchtiger Leser stößt sich an der nahezu absoluten Macht- und Entscheidungsfülle, die in der Regel dem Abt bzw. der Äbtissin eingeräumt wird. Wer dem Wort der Regel aber genauer zuhört, der wird feststellen, daß an keine Adresse so viele Warnungen ergehen wie an die des Abtes. Die Regel rechnet offen damit, daß er vieles falsch macht und begegnet ihm mit einer großen Portion Skepsis und Mißtrauen. Sie läßt keinen Zweifel aufkommen, daß Macht nichts anderes als Dienst ist, und erinnert den Abt unablässig an die Kontrolle der Rechenschaft beim Gericht Gottes (vgl. RB 2,6.9.34.38; 3,11 u.ö.).“ Schütz, Gelebtes Evangelium: Der heilige Benedikt und sein Lebensprogramm, in: Schütz/Rath (Hrsg.), Der Benediktinerorden, 54-90, hier: 72.

[1067] Ebenso die Satzungen der BBK. Vgl. Sat Sp 84-94.

[1068] Vgl. Ruppert, Der Abt als Mensch, 11.

[1069] Mit Aulinger kann ausgeführt werden: „Für die Anwendung der äbtlichen Gewalt hat Benedikt eine Reihe von Grundsätzen angegeben, die für die Leitung jeden Gemeinwesens, auch eines rein weltlichen, vorbildlich und wegweisend sein könnten.“ Aulinger, Das Humanum der Regel Benedikts von Nursia, 168.

[1070] Auch der Vorgang der Abtswahl ist genau geregelt (vgl. Sat Ju 18-37).

[1071] In einer interessanten Studie stellt Steidle das Tyrannenbild der Antike dem Abtsbild der RB gegenüber und macht darauf aufmerksam, daß Benedikt einen „Anti-Tyrannen" zeichnet. Vgl. Steidle, Abbas/Tyrannus. Die Abtsidee der Regel St. Benedikts, in: Steidle, Beiträge zum alten Mönchtum und zur Benediktusregel, 192-205.

[1072] Vgl. Steidle, Abba Vater! Zur Abtsidee der Regel St. Benedikts, in: Steidle, Beiträge zum alten Mönchtum und zur Benediktusregel, 179-191, hier: 180.

[1073] Vgl. Holzherr, Die Benediktsregel, 69; Vogüé, Der Abt als Stellvertreter Christi bei Sankt Benedikt und beim Magister, in: EuA 59 (1983), 267-278.

[1074] Vgl. Holzherr, Die Benediktsregel, 69.

[1075] Vgl. Löpfe, Die Menschlichkeit in der Regel Benedikts, in: EuA 56 (1980), 194-202, hier: 197; Weist, Bedeutung der Benediktusregel für uns Benediktinerinnen von heute in bezug auf Autorität und Gehorsam, in: EuA 64 (1988), 288-299, hier: 290.

[1076] Im Gegensatz dazu sagt der antike Tyrann: „Sie mögen mich hassen, wenn sie mich nur fürchten." Vgl. Steidle, Abbas/Tyrannus. Die Abtsidee der Regel St. Benedikts, in: Steidle, Beiträge zum alten Mönchtum und zur Benediktusregel, 192-205, hier: 201.
Der Abt soll seine Mönche für sich gewinnen, d.h.: Er soll sie dort abholen, wo sie gerade stehen (vgl. RB 58,6). Vgl. Grün, Benediktinische Erziehung, in: EuA 53 (1977), 323-331, hier: 326; Böckmann, Perspektiven der Regula Benedicti, 157.

[1077] Vgl. Kleiner, Zuerst Gott dienen, 339; Holzherr, Die Benediktsregel, 302.

[1078] Vgl. Puzicha, Achtung, Würde und Ehrfurcht: ein Grundthema der Benediktsregel, in: Monastische Information Nr. 94 (1998), 14-20, hier: 16.

[1079] Vgl. Vogüé, Die Regula Benedicti, 87; Böckmann, „Daß die Brüder zur Beratung beigezogen werden sollen.", in: EuA 69 (1993), 95-113, 200-222, hier: 212.

[1080] Hegglin führt diesen Verweiszusammenhang aus: „Die Regel ist gleichsam dem Abte anvertraut, damit er sie (...) unversehrt bewahre, sie aber auch selber hält. Weder kann der Abt auf die Regel verzichten: Sie ist ihm Licht und in gewissem Sinn auch Zaum und Zügel; noch kann die Regel allein sich selbst genügen wegen ihres abstrakten und allgemeinen Charakters. Regel und Abt ergänzen sich und stellen zusammen das Gesetz dar, auf das der Zönobit verpflichtet ist." Hegglin, Der benediktinische Abt, 44.
In metaphorischer Sprache schreibt Gordan, die Regel sei für den Abt „so etwas wie eine Partitur: Er muß sie singen; oder wie ein Libretto: Er muß sie in seinem Kloster inszenieren und aufführen." Gordan, Vom Schreiben. Eine Bildbetrachtung, in: EuA 56 (1980), 208-209, hier: 209. Vgl. Angerer, Zur Problematik der Begriffe: Regula – Consuetudo – Observanz und Orden, in: SMGB 88 (1977), 312-323, hier: 316 f.

[1081] Vgl. Kleiner, Zuerst Gott dienen, 323; 328.

[1082] Holzherr führt aus: „Der Abt ist Lehrer, aber nur wenn er gleichsam Christus die Stimme leiht!" Holzherr, Die Benediktsregel, 69.

[1083] Vgl. Dürig, Abt, das heißt Vater, in: Langer/Bilgri (Hrsg.), Weite des Herzens – Weite des Lebens, 63-76, 68 ff.

[1084] Vgl. Pawlowsky, Die biblischen Grundlagen der Regula Benedicti, 44.

[1085] Zugleich verhindert die Bindung an die Regel den willkürlichen Machtmißbrauch (vgl. RB 3,11; 64,20).
Böckmann erläutert: „In der ganzen Regel sieht man, daß der Abt die Regel anpaßt entsprechend den Umständen. Benedikt hat sehr viel Sinn für Epikie. (...). Man weicht von einem geschriebenen Dokument ab, um den Zeitumständen zu entsprechen, indem man den Kriterien der Regel als Richtschnur folgt, aber anders ins Heute umsetzt." Böckmann, „Daß die Brüder zur Beratung beigezogen werden sollen.", in: EuA 69 (1993), 95-113, 200-222, hier: 213.

[1086] Vgl. Grün, Führungsgrundsätze in der Regel Benedikts, in: Langer/Bilgri (Hrsg.), Weite des Herzens – Weite des Lebens, Bd.1, 129-138, hier: 135; Schützeichel, Die Regel Benedikts als Leitfaden für ein christliches Leben (II), in: EuA 61 (1985), 434-459, hier: 444 f.

[1087] Grün schreibt: „Benedikt spricht von harten und konsequenten Strafen, die durchgehalten werden müssen. Er redet nicht einem falschen Mitleid das Wort, das den Bestraften nicht leiden sehen kann, weil es sich selbst bemitleidet. Freilich, trotz aller Härte hat für Benedikt die Strafe immer heilenden Charakter." Grün, Benediktinische Erziehung, in: EuA 53 (1977), 323-331, hier: 327. Vgl. Jacobs, Über den

Strafkodex der Regula Benedicti, in: EuA 60 (1984), 110-118; Jacobs, Zur juristischen Struktur des benediktinischen Sanktionssystems, in: RBS 12 (1983), 111-119; Vogüé, Die Regula Benedicti, 215 ff.

[1088] Ruppert/Grün können daher feststellen: „Wie die Gefahr besteht, einen Fehler gutzuheißen oder darüber hinwegzusehen, weil man den betreffenden Menschen mag, so besteht auch die umgekehrte Gefahr, daß man einen Mensch ganz und gar wegen eines Fehlers ablehnt." Ruppert/Grün, Bete und Arbeite, 48.

[1089] Kardong spricht von der Notwendigkeit einer Vision für ein Kloster und sieht den Abt als „steward of the dream". Kardong, The Abbot as Leader, in: ABenR 42 (1991), 53-72, hier: 67.

Weist gibt zu bedenken: „Zu der prophetischen Aufgabe des Abtes gehört, daß er die Ansprüche seiner Zeit erkennen kann, daß er sie richtig deutet und an die Gemeinschaft heranbringt und mit dieser zusammen entsprechend dem eigenen Charisma sie in die konkrete Tat umsetzt." Weist, Bedeutung der Benediktusregel für uns Benediktinerinnen von heute in bezug auf Autorität und Gehorsam, in: EuA 64 (1988), 288-299, hier: 297. Vgl. Böckmann, „Daß die Brüder zur Beratung beigezogen werden sollen.", in: EuA 69 (1993), 95-113, 200-222, hier: 211.

[1090] Vgl. Kardong, The Abbot as Leader, in: ABenR 42 (1991), 53-72, hier: 60; Böckmann, Perspektiven der Regula Benedicti, 97 f.

[1091] Domek stellt fest: „Nirgends in der Regel wird der Abt ermuntert zu befehlen, aber er wird sehr gemahnt zu hören, gewarnt vor der Verantwortung, den eigenen Fehlern und dem Gericht Gottes." Domek, Gehorsam, in: EuA 70 (1994), 187-197, hier: 197.

Im Vergleich zur RM, der dieser Zug fehlt, zeichnet RB 3,2 den Abt als „Horchenden". Vgl. Böckmann, „Daß die Brüder zur Beratung beigezogen werden sollen.", in: EuA 69 (1993), 95-113, 200-222, hier: 201.

Mit Schütz soll darauf aufmerksam gemacht werden: „Je weniger vielleicht heute die Mönche Hörende sind oder sein wollen, um so mehr müßten stellvertretend die Oberen zum Ohr ihrer Kommunitäten werden. Das von ihnen geforderte Hinhören wird sich verschiedenen Seiten zuwenden müssen. (...). Geistliche Führung verlangt ein beharrliches Hinhören des Abtes auf seine Gemeinde und das, was sich in ihrem Leben abzeichnet und tut." Schütz, Geistlicher Führungsstil heute, in: EuA 52 (1976), 92-108, hier: 105.

[1092] Der Abt ist Stellvertreter des „Arztes und Heilands" Jesus. Vgl. Dürig, Abt, das heißt Vater, in: Langer/Bilgri (Hrsg.), Weite des Herzens – Weite des Lebens, 63-76, 72 ff.

Benedikt beschreibt die Führungsaufgabe öfters mit dem Wort „cura – Sorge". Dabei fällt auf, daß sich die Sorge ausdrücklich auf die Schwachen innerhalb und außerhalb der Gemeinschaft richtet. Sie werden in die besondere Verantwortung des Abtes gestellt. Vgl. Böckmann, „Von den kranken Brüdern", in: EuA 70 (1994), 389-407, 461-482, hier: 467 f.; Böckmann, Perspektiven der Regula Benedicti, 157.

[1093] Vgl. Ruppert/Stüfe, Der Abt als Arzt – Der Arzt als Abt, 56.

Schulz stellt richtig fest: „Das Benediktinerkloster ist bestimmungsgemäß eine Schule für Anfänger im Herrendienst und will gar keine Akademie für einen aszetischen Hochleistungssport sein, eher noch ein Sanatorium für Menschen, die von einer Vielzahl seelischer Gebrechen gezeichnet sind, die aber darunter leiden und darum auf dem aufgezeigten Weg der RB Heilung suchen." Schulz, Unter der Führung des Evangeliums, in: Ordenskorrespondenz 22 (1981), 402-419, hier: 416. Vgl. Ruppert/Stüfe, Der Abt als Arzt – Der Arzt als Abt, 13 f.; Lechner, Scienter Nescius – Sapienter Indoctus, in: Möde/Unger/Woschnitz (Hrsg.), An-Denken, Festgabe für Eugen Bieser, 525-530, hier: 529; Böckmann, Die Sicht des Menschen nach der Regula Benedicti auf dem Hintergrund ihrer Tradition, besonders der Regula Magistri, in: Schramm/Zelinka (Hrsg.), Um des Menschen willen, 181-207, hier: 201.

[1094] Vgl. Weist, Bedeutung der Benediktusregel für uns Benediktinerinnen von heute in bezug auf Autorität und Gehorsam, in: EuA 64 (1988), 288-299, hier: 293.

[1095] Müntnich sieht darin eine eindrucksvolle seelsorgliche Kompetenz: „Die eigenen Wunden werden an erster Stelle genannt, um zu verdeutlichen, daß der Seelsorger durch Krisen und Grenzerfahrungen, aber auch durch Ohnmachtserfahrungen gegangen sein muß, bevor er fähig ist, auch die »fremden Wunden« zu heilen. Wenn er gelernt hat, zu seinen eigenen Grenzen und Schwächen zu stehen (»Stets rechne er mit seiner eigenen Gebrechlichkeit«, sagt Benedikt dem Abt in RB 64,13), wenn er seine eigene Armut nicht mehr glaubt verstecken zu müssen, dann erst kann er zum Hoffnungsträger für andere werden." Müntnich, Heil und Heilung: Benediktinisches Mönchtum und Seelsorge, in: Schütz/Rath (Hrsg.), Der Benediktinerorden, 131-139, hier: 134.

Ruppert macht auf einen interessanten und wichtigen Aspekt der Stellvertreterschaft aufmerksam: „Ich möchte nur darauf hinweisen, wie sehr es ein heilsames Gegengewicht im Leben des einzelnen und der ganzen Gemeinschaft sein könnte, in der Person des Abtes nicht nur den Gemeinschaft leitenden Christus zu sehen, sondern auch den leidenden und verwundeten Jesus, auf den sich die gehorsams- und hilfsbereiten Augen und Ohren und Hände der Brüder richten. Dies könnte nicht nur für den Abt in schwierigen Situationen hilfreich und heilsam sein, sondern würde auch zu einem reiferen Verhalten der Brüder führen." Vgl. Ruppert, Der Abt als Mensch, 19.

[1096] Zu den einzelnen Schritten und Therapievorschlägen der RB vgl. Steidle, Abbas/Tyrannus. Die Abtsidee der Regel St. Benedikts, in: Steidle, Beiträge zum alten Mönchtum und zur Benediktusregel, 192-205.

[1097] Vgl. Holzherr, Die Benediktsregel, 303.

[1098] Der Abt ist Stellvertreter des „Guten Hirten". Vgl. Dürig, Abt, das heißt Vater, in: Langer/Bilgri (Hrsg.), Weite des Herzens – Weite des Lebens, 63-76, 70 ff.; Löpfe, Die Menschlichkeit in der Regel Benedikts, in: EuA 56 (1980), 194-202, hier: 198.

[1099] Holzherr erläutert die Hirtensorge: „Hirtensorge ist nicht eine Idylle. Der »Vorsteher« muß »Auge« der Gemeinschaft sein, weite Horizonte überblicken und prospektiv denken." Holzherr, Die Benediktsregel, 181.

Steidle führt das Bild aus: Der Abt „muß stets laufen, buchstäblich laufen, damit er keines der ihm anvertrauten Schafe verliert. Der Abt darf also nicht warten, bis der Bruder zu ihm kommt." Steidle, Abbas/Tyrannus. Die Abtsidee der Regel St. Benedikts, in: Steidle, Beiträge zum alten Mönchtum und zur Benediktusregel, 192-205, hier: 195.

Kardong veranschaulicht die Problematik: „It is true that a problematic member may have to be sent away, if nothing brings about repentance, but meanwhile it seems the abbot is to focus his attention on this person and forget everything and everybody else." Kardong, The Abbot as Leader, in: ABenR 42 (1991), 53-72, hier: 63.

[1100] Mit Steidle kann gesagt werden: „Der Abt verkörpert und vergegenwärtigt nicht im goldenen Pontifikalornat, nicht in der Cappa magna, nicht auf der Höhe äußerer Erfolge und Leistungen am realsten das Ideal des guten Hirten, sondern (...) im vielfach so erfolglosen und aussichtslos scheinenden Ringen mit den fehlenden Brüdern." Steidle, Abbas/Tyrannus. Die Abtsidee der Regel St. Benedikts, in: Steidle, Beiträge zum alten Mönchtum und zur Benediktusregel, 192-205, hier: 197.

[1101] Vgl. Grün, Führungsgrundsätze in der Regel Benedikts, in: Langer/Bilgri (Hrsg.), Weite des Herzens – Weite des Lebens, Bd.1, 129-138, hier: 135.

[1102] Vgl. Grün, Führungsgrundsätze in der Regel Benedikts, in: Langer/Bilgri (Hrsg.), Weite des Herzens – Weite des Lebens, Bd.1, 129-138, hier: 131.

[1103] Ähnliche Anforderungen stellt Benedikt auch an den Cellerar (vgl. RB 31,1.12).

[1104] Von der Etymologie her läßt sich „Barmherzigkeit – misericordia" aufschlüsseln als „miser cor dare" – dem Armen das Herz geben. Vgl. Böckmann, Perspektiven der Regula Benedicti, 256; Borias, Die „misericordia" in der Regel des Magisters und in der Regel Benedikts, in: EuA 63 (1987), 269-281.

[1105] Letztlich ist dies die Grundvoraussetzung eines jeden Gemeinschaftslebens. Vgl. Holzherr, Die Benediktsregel, 71.

[1106] Kardong führt aus: „If the abbot is the leader of the spiritual pilgrimage of such a varied (I almost said motley) crew, he will need deep personal knowledge of each individual so as to know their capabilities." Kardong, The Abbot as Leader, in: ABenR 42 (1991), 53-72, hier: 61.

[1107] Vgl. Holzherr, Die Benediktsregel, 71.

[1108] Löpfe erläutert: „Die weise Maßhaltung ist ein wesentliches Element der Regula Benedicti. Das Wort discretio könnte auch mit »echter Menschlichkeit« übersetzt werden. Immer geht es Benedikt um das, was jedem einzelnen möglichst angepaßt ist und was von ihm unter den gegebenen Umständen gefordert werden kann." Löpfe, Die Menschlichkeit in der Regel Benedikts, in: EuA 56 (1980), 194-202, hier: 199.

Der Begriff „Discretio" findet sich in der RB nur dreimal (vgl. RB 64,44.48; 70,12). Allerdings ist sie für Benedikt ein entscheidendes Führungsinstrument. Vgl. Aulinger, Das Humanum der Regel Benedikts von Nursia, 210.

Die RM kennt die „Discretio" als Tugend nicht. Vgl. Steidle, Der Abt und der Rat der Brüder. Zu Kapitel 3 der Regel St. Benedikts, in: Steidle, Beiträge zum alten Mönchtum und zur Benediktusregel, 251-265, hier: 257; Böckmann, Discretio im Sinn der Regel Benedikts und ihrer Tradition, in: EuA 52 (1976), 362-373.

Gregor macht darauf aufmerksam, daß sich die Regel Benedikts besonders durch ihre maßvolle Unterscheidung auszeichnet. Vgl. Gregorius I., Der hl. Benedikt, 199. Braulik erläutert: „Von der Benediktregel selbst sagt diesbezüglich ein mittelalterliches Wort: In ihr könne ein Lamm baden ohne zu ertrinken, während auch ein Elephant darin schwimmen könne." Braulik, Leben in der Brudergemeinde des Klosters, in: Braulik (Hrsg.), Herausforderung der Mönche, 65-107, hier: 82.

Schützeichel bezeichnet das „et" als wichtigstes Wort bei Benedikt, das seine „Discretio" zum Ausdruck bringt: „Nicht der radikale Gegensatz entweder – oder, sondern Unterscheidung und Harmonie, das »Sowohl als auch« steht im Vordergrund, also das Starke und Schwache, Alte und Junge, Leib und Seele, Gebet und Arbeit. Menschliches Zusammenleben kann, so lautet der Grundsatz Benedikts, nicht gelingen, indem man die Anforderungen allgemein verschärft oder reduziert, sondern allein durch das Ernstnehmen des einzelnen als Individuum." Schützeichel, Die Regel Benedikts als Leitfaden für ein christliches Leben (II), in: EuA 61 (1985), 434-459, hier: 443.

[1109] Benedikt verwendet den Begriff „aequitas", der mit Böckmann erläutert werden kann: „Aequitas ist die Billigkeit, die Gerechtigkeit, die jedem das gibt, was ihm zusteht und was er braucht, nicht einfach eine sture Anwendung des Gesetzes auf die Personen, sondern Berücksichtigung der persönlichen Gegebenheiten. (...). Jedem wird zugeteilt, wie er es braucht (vgl. 34). Dieses bedeutet für andere: zurückstehen, verzeihen, Verständnis haben; in diesem Sinn kann »aequitas«, die das Gemeinschaftsleben ermöglicht, auch Härten für den einzelnen mit sich bringen." Böckmann, Perspektiven der Regula Benedicti, 51.

Dabei orientiert sich Benedikt an der Urgemeinde von Jerusalem, über die es in der Apostelgeschichte heißt: „Sie hatten alles gemeinsam", bzw.: „Jedem wurde soviel zugeteilt, wie er nötig hatte" (Apg 2,44 f. und 4,32-35). Vgl. Lechner, SciIenter Nescius – Sapienter Indoctus, in: Möde/Unger/Woschnitz (Hrsg.), An-Denken, Festgabe für Eugen Bieser, 525-530, hier: 527; Doppelfeld, Das Kloster als Gemeinde nach der Regula Benedicti und in seiner Bedeutung für heute, in: EuA 62 (1986), 190-200, hier: 193; Böckmann, Perspektiven der Regula Benedicti, 59 f.; Vogüé, Die Regula Benedicti, 231.

[1110] Vgl. Grün, Benediktinische Erziehung, in: EuA 53 (1977), 323-331, hier: 326.

[1111] Vgl. Holzherr, Die Benediktsregel, 305.

[1112] Vgl. Steidle, Die Regel St. Benedikts, 82.

[1113] Vgl. Ruppert, Der Abt als Mensch, 16.

[1114] Vgl. Borias, Der Cellerar und seine Kommunität nach der Regel Benedikts, in: EuA 59 (1983), 353-369, hier: 363.

[1115] Die Dienste des Subpriors und des Cellerars können auch von Laien wahrgenommen werden (vgl. Sat Ju 81;83).

[1116] Vgl. Kleiner, Zuerst Gott dienen, 346 ff.

Steidle macht darauf aufmerksam, daß die „Älteren" in der RB eine beachtliche Rolle als Berater des Abtes spielen. Vgl. Steidle, Der Abt und der Rat der Brüder. Zu Kapitel 3 der Regel St. Benedikts, in: Steidle, Beiträge zum alten Mönchtum und zur Benediktusregel, 251-265, hier: 258.

[1117] Vgl. Friedmann, Mönche mitten in der Welt, 44.

De Vogüé steht solchen Vorschlägen kritisch gegenüber. Vgl. Vogüé, Die Regula Benedicti, 204 ff.

[1118] Vgl. Kleiner, Zuerst Gott dienen, 334. Ganz anders die RM wie Borias feststellt: „Der Magister regelt bis ins einzelne, was der Cellerar tun soll, das Äußere seines Dienstes. Der hl. Benedikt bestimmt, wie der Cellerar tätig sein soll, die Art und Weise, in der er seinen Dienst erfüllen soll." Borias, Der Cellerar und seine Kommunität nach der Regel Benedikts, in: EuA 59 (1983), 353-369, hier: 355.

Grün stellt fest: „Sowohl beim Abt wie beim Cellerar beschreibt er weniger ausführlich, was sie tun sollen, als was sie sein sollen." Grün, Benediktinische Erziehung, in: EuA 53 (1977), 323-331, hier: 323.

[1119] Vgl. Kleiner, Zuerst Gott dienen, 333.

[1120] Vgl. Kleiner, Zuerst Gott dienen, 331.

Im Blick auf den Abt schreibt Kleiner: „Der benediktinische Abt, wie ihn die hl. Regel zeichnet, ist sich klar darüber, daß er nicht als Selbstherrscher (Tyrann) willkürlich dirigieren und in den unaufgebbaren Intimraum des einzelnen eindringen darf. Er reglementiert nur dort, wo es das Gemeinwohl unbedingt fordert; er nimmt seinen geistlichen Söhnen nichts ab, was sie selbst leisten können; er entscheidet nicht für sie, wo sie selbst sich entscheiden sollen, er unterstützt keinen auf der Flucht vor eigner Verantwortung, der Feigheit vor einem Risiko mit dem Mantel des Gehorsams tarnen will. Er hält sich verfügbar, (...)." Kleiner, Das Prinzip der Subsidiarität in Regel und Leben der Benediktiner, in: EuA 41 (1965), 29-35, hier: 31.

[1121] Ruppert/Grün stellen fest: „Erstaunlich ist auch, daß Benedikt gerade beim Umgang mit Menschen öfter vom timor Dei, von der Furcht Gottes spricht. Die Gottesfurcht wird besonders von denen verlangt, die von ihrer Aufgabe her ständig mit Menschen zu tun haben: vom Cellerar, vom Krankenwärter, vom Bruder, der die Gäste bedient, und vom Pförtner. Benedikt ist offensichtlich der Meinung, daß gerade die

Gottesfurcht uns befähigt, mit Menschen richtig umzugehen, die nötige Ehrfurcht vor ihnen zu haben (...).“ Ruppert/Grün, Christus im Bruder, 27. Vgl. Böckmann, „Daß die Brüder zur Beratung beigezogen werden sollen.“, in: EuA 69 (1993), 95-113, 200-222, hier: 217.

[1122] So mahnt beispielsweise Benedikt den Cellerar: „Den Brüdern gebe er das festgesetzte Maß an Speise und Trank ohne jede Überheblichkeit oder Verzögerung, damit sie nicht Anstoß nehmen“ (RB 31,16). Puzicha stellt dazu fest: „Die Ehrfurcht vor dem anderen schließt jede Form von Herablassung aus.“ Puzicha, Achtung, Würde und Ehrfurcht: ein Grundthema der Benediktusregel, in: Monastische Information Nr. 94 (1998), 14-20, hier: 17.

[1123] Wolf stellt prägnant fest: „Im Teilen von Verantwortung sieht der heilige Benedikt keine Schmälerung der Autorität des Abtes.“ Wolf, Kirche und Mönchtum auf dem Weg in die Zukunft: Inkulturation und Transfiguration, in: EuA 69 (1993), 279-295, hier: 289.

[1124] Im Unterschied zur älteren Magisterregel, die den Rat der Brüder als Institution so nicht kennt, widmet Benedikt diesem ein eigenes Kapitel (vgl. RB 3). Vgl. Steidle, Der Abt und der Rat der Brüder. Zu Kapitel 3 der Regel St. Benedikts, in: Steidle, Beiträge zum alten Mönchtum und zur Benediktusregel, 251-265, hier: 252.
Bamberg stellt fest: „Benedikt ergänzt bzw. korrigiert das vom »Magister« übernommene Lehrer-Schüler-Modell in Kapitel 2 durch ein stärker von der »koinonia«, der Lebensgemeinschaft in Christus ausgehendes Verständnis des Klosters.“ Bamberg, Entscheidungsfindung in der monastischen Gemeinschaft, in: EuA 65 (1989), 20-34, hier: 21. Im Vergleich mit der RM ist die RB „demokratischer“.
Nach Steidle ist der Rat der Brüder eine Schicksalsfrage für den Abt. Vgl. Steidle, St. Benedikts Kritik am zeitgenössischem Mönchtum, in: Steidle, Beiträge zum alten Mönchtum und zur Benediktusregel, 240-250, hier: 249.

[1125] Vgl. Bamberg, Entscheidungsfindung in der monastischen Gemeinschaft, in: EuA 65 (1989), 20-34, hier: 33.

[1126] Friedmann gibt in diesem Zusammenhang zu bedenken: „Das spätere Kirchenrecht geht über die Bestimmungen der Regel weit hinaus und schränkt die rechtliche Autorität des Abtes prinzipiell ein, indem es sein Handeln gerade in den wichtigsten Angelegenheiten von der Entscheidung der Kommunität abhängig macht. Hier liegt offensichtlich eine Interpretation der Regel durch die Kirche vor, und zwar eine prinzipiell legitime, dynamische, weiterführende Interpretation, sofern die RB aufgrund des historischen Befundes für eine solche Auslegung offen ist und sofern sie in der gesamtkirchlichen Tradition steht. Diese rechtlichen Bestimmungen hinsichtlich der Befugnisse von Kapitel und Seniorat bringen das horizontale Moment in den Autoritätsbegriff ein und erlauben nicht mehr ein Autoritäts- und Gehorsamsverständnis im strikt vertikalen Sinn von oben nach unten.“ Friedmann, Hermeneutische Überlegungen zum Verständnis der Regula Benedicti heute, in: RBS 5 (1976), 335-351, hier: 348.
Vgl. Bamberg, Entscheidungsfindung in der monastischen Gemeinschaft, in: EuA 65 (1989), 20-34, hier: 25 f.

[1127] Die Satzungen der BBK erläutern diesen Gedanken: „Diese werden dann um so bereitwilliger und vertrauensvoller gehorchen können. Auch ihr Bewußtsein der Mitverantwortung und ihre Bereitschaft zu persönlichem Einsatz und schöpferischer Initiative werden gestärkt“ (Sat Sp 51).

[1128] Vgl. Steidle, St. Benedikts Kritik am zeitgenössischem Mönchtum, in: Steidle, Beiträge zum alten Mönchtum und zur Benediktusregel, 240-250, hier: 248 f.

[1129] Vgl. Doppelfeld, Höre – Nimm an – Erfülle, 19.

[1130] Vgl. Bamberg, Entscheidungsfindung in der monastischer Gemeinschaft, in: EuA 65 (1989), 20-34, hier: 34.

[1131] Vgl. Bamberg, Entscheidungsfindung in der monastischen Gemeinschaft, in: EuA 65 (1989), 20-34, hier: 30.

[1132] Vgl. Holzherr, Die Benediktsregel, 75. Zur demokratischen Ausrichtung der RB vgl. Kleiner, Zuerst Gott dienen, 397 ff.

[1133] Vgl. Altenähr, Gehorsam, in: EuA 71 (1995), 269-275, hier: 271.

[1134] Vgl. Ruppert/Grün, Christus im Bruder, 9.

[1135] Vgl. Bamberg, Unter der Führung des Evangeliums, 119 f.

[1136] Schütz erklärt: „Daß der Gehorsam weithin keinen guten Ruf hat, hat seine Gründe sowohl in der Vergangenheit (vgl. Drittes Reich) wie auch in der Praxis eines bestimmten bis in den intimen Bereich des Glaubens und Gewissens reichenden Umgangsstils (vgl. blinder Gehorsam). (...). Auf der einen Seite stehen Begriffe wie Freiheit, Mündigkeit, Emanzipation, Selbstbestimmung, Selbstverwirklichung, Spontanität oder Kreativität, ihnen werden auf der anderen Seite – fast als negative Größen – Autorität,

Gehorsam, Abhängigkeit, Selbstbescheidung, Hörigkeit, Dienstbereitschaft usw. gegenübergestellt." Schütz, Prophetische Zeichen: Die Ordensgelübde als Ausdrucksform christlichen Lebens, in: Schütz/ Rath (Hrsg.), Benediktinerorden, 91-126, hier: 109 f.

Domek führt aus: „Unser Gehorsam wird immer ein »Gehorsam nach Auschwitz« sein und sich als solcher zu verantworten haben. Wir leben mit der historischen Erfahrung, daß zu viele Menschen riefen: »Führer befiel, wir folgen dir«, (...)." Domek, Gehorsam, in: EuA 70 (1994), 187-197, hier: 193.

[1137] Wie alle Tugenden ist das Verständnis von „Gehorsam" mit den soziokulturellen Gegebenheiten der jeweiligen Zeit verwachsen. So kann Wolf feststellen: „In einer Zeit militärischer Ordnung und absoluten Pflichtbewußtseins im öffentlichen Leben fiel der Gehorsam in den Klöstern leicht, aber Glaubensgehorsam greift weit über die bloße funktionale Unterordnung hinaus." Wolf, Kirche und Mönchtum auf dem Weg in die Zukunft: Inkulturation und Transfiguration, in: EuA 69 (1993), 279-295, hier: 289.

[1138] Benedikt lernt dabei von Basilius und mißt der reifen Mündigkeit des Mönches, seiner Selbständigkeit und dem Verantwortungsbewußtsein des einzelnen, hohe Bedeutung zu. Die Regel ist charakterisiert durch die Spannung zwischen „freier Entscheidung" und „Gehorsam", zwischen „Autorität des Abtes" und „Freiheit des Mönches". Vgl. Aulinger, Das Humanum in der Regel Benedikts von Nursia, 92. Friedmann stellt fest: „Das christliche Verständnis von Autorität, die Verwirklichung christlichen und monastischen Gehorsams ist immer mit den sozio-kulturellen Gegebenheiten der jeweiligen Zeit sozusagen verwachsen." Friedmann, Hermeneutische Überlegungen zum Verständnis der Regula Benedicti heute, in: RBS 5 (1976), 335-351, hier: 350.

[1139] Im Unterschied dazu kennt das Lateinische noch einen zweiten Begriff für „gehorchen", nämlich „parere". Hier läßt sich das deutsche Lehnwort „parieren" ableiten, das eben nicht „hören", sondern „bedingungsloses gehorchen" meint.

[1140] Vgl. Grimm, Deutsches Wörterbuch, Bd.4, 2501-2504.

[1141] Vgl. Holzherr, Die Benediktsregel, 100.

[1142] Vgl. Holzherr, Die Benediktsregel, 103.

[1143] „Obscultare" bedeutet eifrig zuhören, lauschen, horchen. Vgl. Böckmann, Perspektiven der Regula Benedicti, 19.

[1144] Vgl. Altenähr, Gehorsam, in: EuA 71 (1995), 269-275, hier: 272.

[1145] Zur Bedeutung des „Shma Israel" in Bezug auf die RB vgl. Wiegard, Benedikts Kloster als Lebensort einer Lern- und Erinnerungsgemeinschaft, in: RBS 18 (1993), 177-186, hier: 178 ff.

[1146] Vgl. Rahner, Hörer des Wortes, München 1963. Vgl. Böckmann, Die Sicht des Menschen nach der Regula Benedicti auf dem Hintergrund ihrer Tradition, besonders der Regula Magistri, in: Schramm/Zelinka (Hrsg.), Um des Menschen willen, 181-207, hier: 199 f.; Hooff, Der Mensch als Hörender, in: EuA 65 (1989), 429- 443.

[1147] Zum Prozeßcharakter des „Gehorsams" und der Bedeutung der abschließenden Kapitel 72 und 73 vgl. Böckmann, Perspektiven der Regula Benedicti, 65-134; Steidle, Der „gute Eifer" in der Regel St. Benedikts, in: Steidle, Beiträge zum alten Mönchtum und zur Benediktusregel, 225-239. Der Prozeßcharakter fordert die Bereitschaft des Mönches, sich lebenslang zu bilden. Vgl. Dammertz, Promittat de conversatione morum suorum (RB 58,17), in: EuA 70 (1994), 5-14, hier: 11 ff.

[1148] Vgl. Holzherr, Die Benediktsregel, 36; Steidle, Per oboedientiae laborem ... per inoboedientiae desidiam. Zu Prolog 2 der Regel St. Benedikts, in: Steidle, Beiträge zum alten Mönchtum und zur Benediktusregel, 278-308, hier: 278.

[1149] Herwegen stellt zu diesem ersten Vers des Prologs fest: „Wie der hl. Benedikt in seiner Regel sehr häufig im ersten ganz allgemein geltenden Satze eines Kapitels alles sagt, was er im einzelnen anordnen möchte, so daß die Einzeldinge nur als Ableitung aus dem Allgemeingültigen erscheinen, so enthält auch gleich der erste Satz des Prologs schon die Grundprinzipien des Mönchtums." Herwegen, Sinn und Geist der Benediktinerregel, 20. Vgl. Doppelfeld, Höre – Nimm an – Erfülle, 8; 10; 66. Böckmann vermerkt: „Die ersten vier Verse stellt Benedikt selbst dem vom Magister übernommenen Text voran. (...). Benedikt mußte besondere Gründe haben, warum er nicht einfach mit den Worten des Meisters begann. Man kann annehmen, daß in diesen vier Versen seine eigene Aussageabsicht besonders klar wird und daß wir seiner Person besonders nahe kommen." Böckmann, Perspektiven der Regula Benedicti, 17. Vgl. Hooff, Der Mensch als Hörender, in: EuA 65 (1989), 429- 443, hier: 434.

[1150] Vgl. Kleiner, Zuerst Gott dienen, 57.

[1151] Vgl. Schützeichel, Die Regel Benedikts als Leitfaden für ein christliches Leben (II), in: EuA 61 (1985), 434-459, hier: 447.

[1152] Vgl. Kleiner, Zuerst Gott dienen, 216.

[1153] Gregorius I., Der hl. Benedikt, 117.

[1154] Vgl. Probst, Benedikt von Nursia, 53.

[1155] Schütz erläutert: „Der Wahrheit seiner selbst und seines Lebens kommt der Mönch näher auch auf dem Weg des Schweigens. Im Unterschied zu einem als Selbstzweck oder Verweigerung verstandenen Schweigen meint das Schweigen, von dem Benedikt spricht, ein durch und durch positives Phänomen (vgl. RB 6; 42). Dieser Weg des Schweigens gleicht einem Prozeß, der den Mönch immer mehr von außen nach innen führt. Er ist mit dem Vorgang einer einschneidenden Ent-äußerung verbunden, bei dem der Mensch seinen verschiedenen Äußerungen gegenüber kritisch und sensibel wird und auf Distanz zu gehen versucht. Davon ist zunächst einmal sein Reden im engeren und weiteren Sinn betroffen: »Bei vielem Reden entgeht man der Sünde nicht« (RB 4,57 = Spr 10,19). Die Enthaltsamkeit im Sich-Äußern konfrontiert den Mönch mit sich selber, läßt ihn sich selbst begegnen, erkennen und aushalten. Dabei wird er vor allem seines »inneren Redens« gewahr, wozu seine Gedanken, sein Urteilen, seine Erinnerungen, Bedürfnisse, Wünsche, Emotionen, Laster, Fehlhaltungen, Spannungen und Stimmungen gehören. Ruhe wird erst dann in ihm einkehren, wenn er alle diese Stimmen seines Innern zum Schweigen gebracht hat." Schütz, Gelebtes Evangelium: Der heilige Benedikt und sein Lebensprogramm, in: Schütz/Rath (Hrsg.), Der Benediktinerorden, 54-90, hier: 75.

[1156] Vgl. Weisung der Väter, 500, (Miller, 180).

[1157] Vgl. Weisung der Väter, (Miller, 16); vgl. Steidle, Die Regel St. Benedikts, 288.

[1158] Vgl. Schütz, Leidenschaft für Gott: Grundpfeiler kontemplativen Lebens, in: Schütz/Rath (Hrsg.) Der Benediktinerorden, 19-27, hier: 23.

[1159] Vgl. Friedmann, Mönche mitten in der Welt, 46.

[1160] Ebenso ist es unverständlich, warum Frauen nicht am gemeinsamen Mahl im Refektorium teilnehmen können, während Männer dies meistens problemlos dürfen. Zumal in einigen Klöstern Frauen Aufgaben innerhalb der Klausur wie z.B. Küchen- und Putzdienste ausüben. Klausurgrenzen sollten daher vernünftig hinterfragt und neu gestaltet werden.

[1161] Eine Anregung die sich nicht bei Benedikt findet, wohl aber bei Antonius. Vgl. Steidle, Die Regel St. Benedikts, 213 f.

[1162] Luislampe definiert: „Disziplin ist etymologisch abzuleiten von discipulus = Lernender, Jünger. Disziplin und Jüngerschaft gehören zusammen." Luislampe, Leben in der Gegenwart Gottes, in: EuA 63 (1987), 14-23, 127-138, hier: 16.

[1163] Dammertz definiert: „Conversatio bedeutet im Zusammenhang der Benediktus-Regel »Lebensführung, Lebenswandel«, und zwar den monastischen Lebenswandel. Der Zusatz morum suorum besagt, daß es ein Lebenswandel ist, der sich im konkreten Verhalten, in den entsprechenden guten Sitten ausdrückt." Dammertz, Promittat de conversatione morum suorum (RB 58,17), in: EuA 70 (1994), 5-14, hier: 9.
Zur philologischen Diskussion um die Begriffe „conversatio" und „conversio" vgl. Steidle, „De conversatione morum suorum". Zum philologischen Verständnis des Prologes der Regel St. Benedikts, in: Steidle, Beiträge zum alten Mönchtum und zur Benediktusregel, 216-224.

[1164] Vgl. Kleiner, Zuerst Gott dienen, 97.

[1165] Domek erkennt: „Die geschenkte Gabe ist zugleich die Aufgabe und zum Dienst gegeben, sie ist das »Organ« des Gehorsams. Wir können weder die eigenen uns verliehenen Gaben noch die eigene Verantwortung dafür an irgendeinen Menschen delegieren." Domek, Gehorsam, in: EuA 70 (1994), 187-197, hier: 189.

[1166] Huerre stellt zum Thema Bedürfnisse prägnant fest: „Es ist besser, etwas mehr zu haben und fröhlich zu sein, als weniger zu haben und traurig zu sein." Huerre, Von Tag zu Tag, 208.
Puzicha erklärt: „Das Notwendige meint nicht das Existenzminimum, sondern das, was jeder braucht." Puzicha, Achtung, Würde und Ehrfurcht: ein Grundthema der Benediktusregel, in: Monastische Information Nr. 94 (1998), 14-20, hier: 18.
Böckmann erläutert: „Es geht beim legitimen Gebrauchen nur um Notwendiges (necessaria), in deutsch sagen wir: was die Not wendet. Im lateinischen Wort schwingt mit, daß es etwas Unabdingliches ist (necedo). (...). Das Genügende steht dem »Überflüssigen« entgegen, das entfernt werden muß (55,11)." Böckmann, „Ob die Mönche etwas zu eigen haben dürfen", in: EuA 66 (1990), 361-376, hier: 372.
Mit Böckmann soll ferner darauf verwiesen werden: „Nun kann dieser Grundsatz leicht falsch interpretiert werden. Wir wissen, wie schnell Bedürfnisse manipuliert werden und wie man sich in Bedürfnisse hineinsteigern kann und dann eventuell Unnötiges reklamiert. Benedikt hatte anscheinend noch nicht zu tun mit der schwierigen Unterscheidung von wirklichen und unechten Bedürfnissen. Wir brauchen heute

dazu geistliche Unterscheidung des einzelnen und Einübung darin." Böckmann, „Ob alle in gleichem Maß das Notwendige erhalten sollen", in: EuA 67 (1991), 169-195, hier: 175.

[1167] Vgl. Vogüé, Die Regula Benedicti, 128 f.

[1168] Doppelfeld gibt zum Begriff „Dialog" kritisch zu bedenken: „Dialog ist in unserer Zeit zu einem Schlüsselbegriff und zu einem Modewort geworden, das oft für eine Pervertierung des Gemeinten steht und ein Aneinander-vorbei-Reden oder Aufeinander-ein-Reden bezeichnet." Doppelfeld, Höre – Nimm an – Erfülle, 44.
Vgl. Aulinger, Das Humanum in der Regel Benedikts von Nursia, 70.
In diesem Zusammenhang wird die Anweisung Benedikts, jede Art von Geschwätzigkeit zu unterlassen, (vgl. RB 6,8; 4,52.53) in ihrer Aktualität verständlich. Schließlich führt der Einsatz neuer Medien nicht immer zu mehr Kommunikation. Vielmehr ist es eine schier nicht mehr zu bewältigende Informations-flut, die oft nur leerem Geschwätz gleicht und echte Kommunikation gar nicht mehr ermöglicht. Eine neue Art von Informationsaskese ist in diesem Zusammenhang gefragt. Vgl. Weigend-Abendroth, Anfragen an einen ersehnten Orden, in: Bader (Hrsg.), Benedikt von Nursia, 119-127, hier: 126 f.
Mit Doppelfeld kann der Gedanke weitergeführt werden: „Wir erleben eher eine Inflation der Worte, ein Viel-Reden, oft ohne wirkliches Fundament im Wissen und in der begründeten Meinung. Jeder kann sagen, was er will, auch wenn er im Grunde gar nichts zu sagen hat. Die Folge ist leicht, daß ein Thema zerredet wird um des Redens und des Sich-selber-reden-Hörens willen." Doppelfeld, Höre – Nimm an – Erfülle, 44. Vgl. Domek, Vom rechten Reden nach der Regel Benedikts, in: EuA 65 (1989), 320-324.

[1169] In diesem Zusammenhang wird deutlich, daß „selbstlos" (vgl. RB 72,8) von sich selbst und seinen eigenen Ideen abstrahieren meint. Vgl. Doppelfeld, Höre – Nimm an – Erfülle, 39.

[1170] Mit Böckmann sollte hinzugefügt werden: „Konkret kann wetteifernder Gehorsam z.B. so aussehen: sich hineinfühlen in den andern, sich an den Schritt des andern anpassen, sich einfügen, weiter: offen sein für die Korrektur des andern, für ein kritisches Wort, für eine andere Meinung (...)." Böckmann, Perspektiven der Regula Benedicti, 84.
Braulik führt aus: „Dieses Hinhören aufeinander ist für alle ein Schutz gegen die Versuchung, die eigene Ansicht und den eigenen Geltungsdrang vorschnell mit dem Willen Gottes zu identifizieren." Braulik, Leben in der Brudergemeinde des Klosters, in: Braulik (Hrsg.), Herausforderung der Mönche, 65-107, hier: 84.

[1171] Vgl. Holzherr, Die Benediktsregel, 326.

[1172] Kleiner gibt daher zu bedenken: „Wir müssen unsere Talente, die unser Reichtum sind, in die Gemeinschaft einbringen. Es wäre eine falsche Vorstellung von Demut, wenn wir unter dem Vorwand, in den Hintergrund zu treten, die Werte, die wir besitzen, vor ihr verbergen wollten. Mit diesem Kapital kamen wir ins Kloster, und wir schulden es ihm ganz. Die Gemeinschaft, die uns aufnimmt, soll sich freuen können, mit uns einen positiven Beitrag zu empfangen. Es ist keineswegs richtig, aus Furcht zu sehr wir selbst zu sein, den wahren Reichtum unserer Persönlichkeit in eine Schablone zu pressen. Wir können zu sehr wir selbst sein, aber wir können auch Angst haben, wir selbst zu sein. Und das führt zu einem passiven Konformismus und einem Verlust unserer wahren Identität." Vgl. Kleiner, Zuerst Gott dienen, 455 f.

[1173] Böckmann erkennt: „Denken wir an die bunt gemischte Gemeinschaft zur Zeit Benedikts, leuchtet auf, wie wichtig die Ehrfurcht vor dem ist, der anders denkt, sich anders benimmt, andere Eigenschaften und Fähigkeiten hat. Trotz vieler negativer Erfahrungen, und vielleicht gerade deswegen, betont Benedikt diese Achtung. Es bedeutet, den andern nicht nach eigenen Maßstäben ändern zu wollen, sondern Ehrfurcht vor seiner Einmaligkeit, ja seinem Geheimnis zu haben, auch wenn der andere sich verfehlt." Böckmann, Perspektiven der Regula Benedicti, 79.

[1174] Vgl. Aulinger, Das Humanum der Regel Benedikts von Nursia, 178; Löpfe, Die Menschlichkeit in der Regel Benedikts, in: EuA 56 (1980), 194-202, hier: 200.

[1175] Vgl. Holzherr, Die Benediktsregel, 121 f; Louf, Demut und Gehorsam, 17.
Auch in diesem Zusammenhang macht sich der „Wertewandel" bemerkbar. Demut ist gegenwärtig ein Wert, der wie Gehorsam, Disziplin etc. nicht das gesellschaftliche „Wertesystem" prägt, bzw. negativ eingestuft wird.

[1176] Vgl. Louf, Demut und Gehorsam, 12; Holzherr, Die Benediktsregel, 120; Voss, Aufstieg zum Ursprung, in: Langer/Bilgri (Hrsg.), Weite des Herzens – Weite des Lebens, 183-191, hier: 183 f.

[1177] Vgl. Duden, Das Herkunftswörterbuch, Bd.7, 103; Steidle, Die Regel St. Benedikts, 133; Kluge, Etymologisches Wörterbuch der deutschen Sprache, 126.

[1178] „Gottesfurcht" meint also nicht, daß der Mensch Angst vor Gott haben muß wie vor einem strengen Richter oder Polizist, der alles bestraft. Sie ist vielmehr Ausdruck des richtigen Verhältnisses des Menschen zu Gott. Vgl. Doppelfeld, Höre – Nimm an – Erfülle, 41.

[1179] Wie Benedikt Rücksicht auf Schwächen nimmt, ohne sie dadurch zu bagatellisieren, so soll auch der Mönch sich seiner Schwächen bewußt sein. Louf erläutert: „Auch der hl. Benedikt hat gewisse Zugeständnisse gemacht. Er hat das Psalterium etwas erleichtert, er hat den Mönchen Wein erlaubt. Aber Benedikt sagt, er tut es mit dem rubor confusionis, schamrot vor Verwirrung, denn im Vergleich mit den Vätern leben wir träge und nachlässig (RB 73,7). Er stellt sich auf den letzten Platz. Die Erleichterungen sind ein Zugeständnis an die heutige Schwäche." Louf, Demut und Gehorsam, 29.
Zutiefst schon von der Wortwurzel mit der „Humilitas" verwandt ist der Humor, der eigene und fremde Schwachstellen mit einem lächelnden Antlitz annehmen kann. Aulinger schreibt dazu: „Eine der wertvollsten Gaben im Bereiche des emotionalen Lebens ist wohl der Humor, jene heitere, versöhnende Weisheit, die es dem Menschen oft sehr erleichtert, Spannungen zu lösen und das Zusammenleben zu würzen." Aulinger, Das Humanum der Regel Benedikts von Nursia, 125.

[1180] Denn wer im eigenen „Ich" gefangen ist, der kann sich weder für Gott, noch für den Mitmenschen öffnen. Er ist blind und taub für jeden Anruf von außen. Gerade im Hören auf andere, in der Bereitschaft, sich mit Neuem, vielleicht auch Widrigem zu konfrontieren, um so den eigenen Standpunkt im Blick auf das übergeordnete Ziel zu überprüfen, wird die „Demut" zur Grundhaltung derer, die Gott von ganzem Herzen suchen (vgl. RB 5,2). Das gemeinsame Ziel der „Gottsuche" wird zur verbindenden Kraft. Vgl. Holzherr, Die Benediktsregel, 124; Aulinger, Das Humanum der Regel Benedikts von Nursia, 69.

[1181] Vgl. Böckmann, „Daß die Brüder zur Beratung beigezogen werden sollen.", in: EuA 69 (1993), 95-113, 200-222, hier: 207.

[1182] Vgl. Böckmann, Perspektiven der Regula Benedicti, 81.

[1183] Beispielsweise könnte sich eine Gemeinschaft am Ende der Jahresexerzitien ein gemeinsames Ziel setzen. Die monastischen Bußandachten könnten dann anregen, über die Zielerreichung und deren Hindernisse zu reflektieren.

[1184] Vgl. Vogüé, Die Regula Benedicti, 85.

[1185] Daher ist es wichtig, sich mit Bedürfnissen auseinanderzusetzen, wie Böckmann erkennt. „Sie brauchen nicht verdrängt werden, man soll sie vor sich und anderen eingestehen. Bedürfnisse sind für Benedikt eine Schwäche. Er meint nicht, daß alle Bedürfnisse befriedigt werden müssen, wie es heute manchmal geschieht. Er gesteht jedoch den einzelnen zu, daß sie noch nicht so weit sind, darauf zu verzichten. Sie sollen sich nicht als Norm für andere hinstellen und andern auch ihre Bedürfnisse zugestehen und ihnen nicht vorrechnen. Dankend Bedürfnisse erfüllen und dankend verzichten können, wäre ein Weg zum Frieden mit uns selbst und untereinander." Böckmann, „Ob alle in gleichem Maß das Notwendige erhalten sollen", in: EuA 67 (1991), 169-194, hier: 181.
Im Unterschied zur RM macht Benedikt öfters darauf aufmerksam, daß niemand traurig sein soll. Vgl. Böckmann, „Ob alle in gleichem Maß das Notwendige erhalten sollen", in: EuA 67 (1991), 169-194, hier: 179.

[1186] Vgl. Sartory/Sartory, Benedikt – Weisheit des Maßes, 12; 119.

[1187] Vgl. Lechner, Scienter Nescius – Sapienter Indoctus, in: Möde/Unger/Woschnitz (Hrsg.), An-Denken, Festgabe für Eugen Bieser, 525-530, hier: 528; Puzicha, Achtung, Würde und Ehrfurcht: ein Grundthema der Benediktusregel, in: Monastische Information Nr. 94 (1998), 14-20, hier: 17.

[1188] Böckmann weist darauf hin: „In der Bibel ist Murren ein schweres Vergehen; es ist Ausdruck des Unglaubens und des mangelnden Vertrauens auf Gott. 1 Kor 10,10 ermahnt die Christen, nicht zu murren, wie das Volk in der Wüste." Böckmann, „Ob alle in gleichem Maß das Notwendige erhalten sollen", in: EuA 67 (1991), 169-194, hier: 184. Vgl. Böckmann, Perspektiven der Regula Benedicti, 266.

[1189] Auch in diesem Bereich unterscheidet sich die RB von ihrer Vorlage. Die RM kennt nicht die Möglichkeit zum Dialog. Steidle spricht daher in Anlehnung an Delahaye von einem „Gestaltwandel des monastischen Gehorsams". Vgl. Steidle, St. Benedikts Kritik am zeitgenössischem Mönchtum, in: Steidle, Beiträge zum alten Mönchtum und zur Benediktusregel, 240-250, hier: 250; Delahaye, Gestaltwandel des Gehorsams, in: Böckle/Groner (Hrsg.), Moral zwischen Anspruch und Verantwortung, 131-140.

[1190] In diesem Zusammenhang zeigt sich ein Nachteil der benediktinischen „Ortsbeständigkeit". Immer wieder kommt es in einer klösterlichen Gemeinschaft zu unlösbaren, interpersonalen Konflikten. Über Jahrzehnte hinweg sprechen beispielsweise zwei Mitbrüder nicht mehr miteinander oder giften sich nur noch an. Diese unlösbaren Konflikte belasten dauerhaft das mitbrüderliche Zusammenleben. In anderen

Ordensgemeinschaften kann das Problem durch eine Versetzung gelöst werden. Im Blick auf das Gelübde der „Beständigkeit" ist das in einem Benediktinerkloster in der Regel nicht möglich. Schließlich fordert das Gelübde der „Beständigkeit" die lebenslange Bindung an das Profeßkloster. Diese Tatsache müßte eigentlich Ansporn sein, Konflikte offen, schnell und gründlich auszutragen. Hier liegt bestimmt ein Handlungsbedarf für Obere, sich intensiv mit Konfliktmanagement auseinanderzusetzen.

[1191] Vgl. Dammertz, Das Erbe Benedikts und die Zukunft der Kirche, in: Bader (Hrsg.), Benedikt von Nursia, 30-46, hier: 37.

[1192] Vgl. Holzherr, Die Benediktsregel, 316.

[1193] Benedikt wird nicht müde, daran zu erinnern, daß der Abt beim Gericht Gottes für all sein Tun einmal Rechenschaft ablegen muß (vgl. RB 2, 6.9.34.38; 3,11 etc.).

[1194] „Beständigkeit" hat eben nichts mit Unbeweglichkeit oder bequemer Selbstgenügsamkeit zu tun. Vgl. Friedmann, Mönche mitten in der Welt, 41.

[1195] Vgl. Füglister, Zeugnis gelebter Hoffnung, in: Braulik (Hrsg.), Herausforderung der Mönche, 131-153, hier: 140 f.

[1196] Auch Benedikt rechnet damit, sonst würde er nicht ein Kapitel über „die Wiederaufnahme von Brüdern" schreiben (vgl. RB 29).

[1197] Kleiner stellt richtig fest: „Die ausdrückliche Ausschließung beginnt also immer mit der Selbstausschließung des Betroffenen." Kleiner, Zuerst Gott dienen, 475.

[1198] Böckmann führt den Gedanken aus: „Man kann lang währende Sitzungen halten und immer wieder hin und her überlegen, aber einmal muß jemand (der Abt) den Mut haben, das Risiko auf sich zu nehmen und etwas zu tun, auch wenn eventuell noch nicht alles restlos abgeklärt ist, noch nicht alle der gleichen Meinung sind." Vgl. Böckmann, „Daß die Brüder zur Beratung beigezogen werden sollen.", in: EuA 69 (1993), 95-113, 200-222, hier: 203.
An anderer Stelle erläutert die Autorin den lateinischen Ausdruck „efficaciter" (vgl. RB Prol 1): „Vor der Tat liegt das Horchen, aber Horchen im Vollsinn soll Tun mitbeinhalten. »Efficaciter«,– darin liegt eine gewisse Energie; nicht halb, nicht lau, sondern schnell, beharrlich, mit Kraft soll es in die Tat umgesetzt werden. Benedikt will keine Theorie entwerfen, sondern praktisch zum Tun aneifern." Böckmann, Perspektiven der Regula Benedicti, 25.

[1199] Vgl. Holzherr, Die Benediktsregel, 103.

[1200] Diese Aussagen klingen sehr idealistisch. Wie schon dargestellt, denkt Benedikt sehr realistisch. Ihm ist bewußt, daß der „Gehorsam" zu intra- und interpersonalen Konflikten führen kann. Doch ist es ihm im Blick auf das Ziel des monastischen Lebens ebenso wichtig, die positiven und beglückenden Elemente des „Gehorsams" herauszustreichen.

[1201] Aulinger zieht in seiner Studie folgendes Resümee: „Sozial- und Individualpädagogik durchdringen sich in gesunder Mischung. Die Erziehungskunst Benedikts sucht in der Vervollkommnung des einzelnen das Wohl des Ganzen, der Gemeinschaft zu erreichen." Aulinger, Das Humanum der Regel Benedikts von Nursia, 227.

[1202] Damit kann abschließend mit Füglister festgestellt werden: „Das monastische Ethos der Benediktinerregel ist, mit einem Wort, keine elitäre Sondermoral für asketische Akrobaten." Füglister, Zeugnis gelebter Hoffnung, in: Braulik (Hrsg.) Herausforderung der Mönche, 131-153, hier: 143.

[1203] Wenn ein Mitarbeiter keine Arbeitsmotivation hat, wird z.B. davon gesprochen, daß ihm der „Drive" fehlt. Termine werden nicht abgesagt, sondern „gecancelt". Anstatt von einer Übereinstimmung ist vom „commitment" die Rede.

[1204] In einigen Klöstern und Kongregationen ist es üblich, den Abt für einen befristeten Zeitraum zu wählen.

[1205] Vielleicht könnte der Modus der Abtswahl für BMW im Rahmen der „Mitarbeiterorientierung" eine Anregung sein, bei der Besetzung von Führungspositionen die betroffenen Mitarbeiter stärker in die Mitverantwortung zu nehmen, beispielsweise indem sich die Bewerber kurz der Abteilung vorstellen und dann die Mitarbeiter ein konsultatives Votum abgeben.

[1206] Vgl. BMW AG, BMW Geschäftsbericht, 19 f.

[1207] Vgl. Bayerische Benediktinerkongregation (Hrsg.), Catalogus 1999, 57 f.

[1208] Vgl. Füglister, Zeugnis gelebter Hoffnung, in: Braulik (Hrsg.), Herausforderung der Mönche, 131-153, hier: 139.

[1209] Auch als Weltkonzern bekennt sich BMW zu seinen „bayerischen Wurzeln", wie es schon der Konzernname „Bayerische Motoren Werke" signalisiert. Vor allem sind es aber die bayerischen Produktionsstandorte und die Zentrale in München, die diese Verbundenheit unterstreichen. Die Klöster der BBK wirken seit dem achten Jahrhundert kontinuierlich gesellschafts- und kulturprägend in Bayern. Durch das Gelübde der „Ortsbeständigkeit" kam es zu einer tiefen Verwurzelung, so daß Bayern zu Recht auch als „terra benedictina" bezeichnet wird. Dieses gemeinsame soziokulturelle Umfeld prägt das Menschenbild, das Selbstverständnis als soziale Institution, die Werte und Grundhaltungen sowie die Umgangsformen von BMW und BBK, so daß es auch aus diesem Grund Berührungs- und Begegnungspunkte gibt.

[1210] Im Unterschied dazu wird der Mensch, beispielsweise im südostasiatischen Raum, viel stärker von seinem sozialen Umfeld bestimmt.

[1211] Im Blick auf die gegenwärtigen Herausforderungen gewinnt die Regel Benedikts an Aktualität, da sie sehr auf den Mönch als Individuum eingeht. Hinzu kommt, daß auch ihre Entstehungszeit eine Zeit des soziokulturellen Umbruchs war. In der wachsenden Mobilität und Unbeständigkeit der Zeitenwende von der Antike zum Mittelalter gibt Benedikt mit seiner Regel eine feste und doch flexible Ordnung. Durch das Gelübde der „Beständigkeit", das Sicherheit und Halt gibt, setzt er verstärkt auf Kontinuität, die sich durch Dynamik auszeichnet.

[1212] Für lange Zeit basierte ihre „Wertewelt" fast ausschließlich auf Pflicht-/Akzeptanzwerten. Der Mitarbeiter war wie der Mönch in erster Linie „Befehlsempfänger" und „Erfüllungsgehilfe". Sein Mitdenken und Mitgestalten, seine Eigenverantwortung waren nur bedingt gefragt. Eindeutige Gehorsamsstrukturen nahmen den einzelnen für die soziale Institution in die Pflicht.

[1213] Vgl. BMW AG, Wir bei BMW, Mitarbeiterleitbild, Nr. 4.

[1214] Einer der „BMW-Kernwerte" ist „Solidität" und meint, daß BMW-Mitarbeiter zuverlässige und geschätzte Partner sein wollen. Damit gibt es Anknüpfungspunkte zum „Solidaritätsprinzip", das allerdings nicht mit „Solidität" verwechselt werden darf.
Wie schon erwähnt, fehlen noch offizielle Dokumente, die die sechs BMW-Kernwerte aufführen.

[1215] Vgl. BMW AG, Wir bei BMW, Mitarbeiterleitbild, Nr. 5; 6; BMW AG, BMW Handlungsmaximen, S. 32.

[1216] Vgl. Pischetsrieder, Ist die deutsche Wirtschaft für den Jahrtausendwechsel gerüstet?, 19.11.98, 6.

[1217] Vgl. BMW AG, Wir bei BMW, Mitarbeiterleitbild, Nr. 5.

[1218] Vgl. BMW AG, Wir bei BMW, Mitarbeiterleitbild, Nr. 1; 6; BMW AG, BMW Handlungsmaximen, S. 32.

[1219] Vgl. BMW AG, Wir bei BMW, Mitarbeiterleitbild, Nr. 3; BMW AG, BMW Handlungsmaximen, Nr. 5.

[1220] Ebenso könnte sich BMW mit einem Automobil vergleichen, das erst durch die ideale Zusammensetzung der verschiedenen Teile der „Freude am Fahren" dient. Ein leistungsstarker Motor allein genügt noch nicht. Es ist das ganze Fahrzeug, das eine Faszination ausübt.

[1221] Mönich, BMW, Eine deutsche Geschichte, 192.

[1222] Vgl. Pischetsrieder, Personalführung eines bayerischen Weltunternehmens, 16.07.97, 5; Pischetsrieder, Arbeitsplatz Deutschland – Perspektiven für das 21. Jahrhundert, 05.03.98, 3.

[1223] Vgl. Die BMW Zeitung 10/98, 3.

[1224] Vgl. Kuenheim, BMW Handlungsmaximen, April 1985, 56.

[1225] Vgl. Kuenheim, Souveränität durch Stärke, 14.06.91, 15 f.

[1226] Vgl. BMW AG, Wir bei BMW, Führungsleitbild, Nr. 4.

[1227] Als „Kirche im Kleinen" dürfen sich die Klöster nicht „hinter ihre Mauern" zurückziehen und sich nach außen hin abschließen. Ansonsten besteht die Gefahr, daß sie zum „sektenhaften Restmilieu" degenerieren und ihrer Aufgabe, der Verkündigung der Frohen Botschaft, nicht mehr gerecht werden. Vgl. Füglister, Zeugnis gelebter Hoffnung, in: Braulik (Hrsg.), Herausforderung der Mönche, 131-153, hier: 139 ff.

[1228] Veränderte Zeiten stellen somit neue Anforderungen an die Klöster und hinterfragen überkommene Aufgaben. So stellt sich z.B. ein Schulkloster die Frage, ob es sein Internat aufgeben soll, da die Nachfrage zu gering ist, und die Gemeinschaft dafür neue Aufgaben etwa in der Erwachsenenbildung übernehmen sollte.

[1229] BMW AG, BMW Handlungsmaximen, Nr. 11.

[1230] Vgl. BMW AG, Unternehmensqualität, Qualität zieht an, 19 f.

[1231] Vgl. BMW AG, BMW Handlungsmaximen Nr. 11; Kuenheim, BMW Handlungsmaximen, April 1985, 56.

[1232] So z.B. der Wahl zum „Motorrad des Jahres", vgl. Die BMW Zeitung 4/99, 1.

[1233] Vgl. BMW AG, Wir bei BMW, Mitarbeiterleitbild, Nr. 5.

[1234] Vgl. BMW AG, ALex – Aktuelles Lexikon, Die langfristige Personalpolitik im BMW Konzern, 1996, 5.

[1235] Eine Meisterei in der Produktion z.B. sollte eben wissen, welche Aufgabe sie hat, welche Abhängigkeiten es bei der Produktentstehung gibt, worin eigene Stärken liegen, die dem anderen nutzen könnten, aber auch wo es Schwächen gibt, die es mit Hilfe der Prozeßpartner zu beheben gilt.

[1236] Vgl. BMW AG, BMW Handlungsmaximen, Nr. 11.

[1237] Vgl. BMW AG, Wir bei BMW, Mitarbeiterleitbild, Präambel.

[1238] Vgl. BMW AG, Wir bei BMW, Mitarbeiterleitbild, Nr. 3.
Auch Verbesserungsmaßnahmen wie „KVP-Aktionen", „KOMM-Offensive", „i-motion" etc. motivieren die Mitarbeiter, aktiv ihre Ideen und Verbesserungsvorschläge einzubringen.

[1239] In den meisten Klöstern gibt es die „offiziellen Fastenvorsätze" noch. Allerdings könnten sie zum internen „Interessenausgleich" und als Instrument zur „kontinuierlichen Erneuerung" intensiver genutzt werden, wozu die folgenden Ausführungen motivieren sollen.

[1240] Mit dem „Prinzip der ständigen Verbesserung" wird das Ziel verfolgt, die „Unternehmensqualität" permanent zu meliorisieren. Um eine Überforderung zu vermeiden, darf dabei keineswegs vergessen werden, daß BMW als soziale Institution von kontingenten Menschen getragen wird, die ihre Schwächen haben und Fehler machen. So wird es immer wieder Rückschläge und auch manchmal Verschlechterungen geben. Daher ist mit dem „Prinzip der ständigen Verbesserung" auch die „Bereitschaft zur kontinuierlichen Erneuerung" gemeint.

[1241] Vgl. Kuenheim, Zukunftssicherung durch Innovation, 24.-26.06.1982, 2; Milberg, Produktion – eine treibende Kraft, 27.02.97, 8.

[1242] Vgl. BMW AG, Wir bei BMW, Mitarbeiterleitbild, Nr. 2.

[1243] Vgl. BMW AG, Wir bei BMW, Mitarbeiterleitbild, Nr. 3.

[1244] Vgl. BMW AG, Wir bei BMW, Mitarbeiterleitbild, Nr. 5.

[1245] „Ortsbeständigkeit" meint somit weniger das Hüten einer Tradition an einem bestimmten Ort über Jahrhunderte hinweg, sondern vielmehr die Bereitschaft, auf dem Fundament der eigenen spirituellen Tradition sich kontinuierlich mit Hilfe der Gemeinschaft zu erneuern.

[1246] Im Mitarbeiterleitbild heißt es dazu: „Ich verpflichte mich zum Prinzip der ständigen Verbesserung." BMW AG, Wir bei BMW, Mitarbeiterleitbild, Nr. 3.

[1247] Der zeitliche und organisatorische Aufwand einer „Visitation" ist sehr groß. Allerdings werden am Ende selten konkrete Verbesserungsmaßnahmen benannt und häufig scheitert die Umsetzung. Dadurch entsteht der Eindruck, daß „Visitationen" nur deswegen abgehalten werden, weil sie das Kirchenrecht und die Satzungen vorschreiben, nicht aber um dadurch Defizite aufzudecken und Neuanfänge zu initiieren.
Die folgenden Ausführungen möchten dazu anstiften, dieses bewährte Instrument zur „kontinuierlichen Erneuerung" gezielter einzusetzen, um so dem „Werkstatt- und Schulcharakter" des Klosters gerecht zu werden.

[1248] Vgl. BMW AG, KVP Handbuch, KVP bei TM, 13.

[1249] Vgl. BMW AG, Leitfaden für KVP-Moderatoren – Schulungsunterlage, 9.

[1250] Vgl. BMW AG, ALex – Aktuelles Lexikon, Die langfristige Personalpolitik im BMW Konzern, 1996, 3.

[1251] In diesem Zusammenhang stellt sich die Frage an die Wirtschaft als ganze, wie sie das Erfahrungspotential älterer Mitarbeiter und Rentner besser nutzen könnte. Schließlich stellt es eine Verschwendung von Humanressourcen dar, einen erfahrenen Mitarbeiter spätestens mit 65 Jahren in den Ruhestand zu schicken. Hier zeigt sich der Nachteil der befristeten „Arbeitsorganisation", die BMW nun einmal ist. Ferner zeigen sich Vorteile der „Lebensgemeinschaft Kloster". Ältere Mitbrüder nehmen, so lang sie es können und wollen, Aufgaben in der Gemeinschaft wahr. Dies sind oft kleine, aber wichtige Dienste, wie z.B. der Telephon-/Vermittlungsdienst in der Pforte oder die Zustellung der Post. Ferner werden oft durch die „Abgeklärtheit" des Alters Spannungspotentiale zwischen jüngeren Mitbrüdern ausgeglichen. In Lebenskrisen können sie jüngeren Mitbrüdern aus ihrer eigenen Erfahrung helfen, indem sie Verständnis zeigen, die Krisensituation relativieren und Mut machen, den Weg der Nachfolge weiterzugehen (vgl. RB 27,2). Selbstverständlich kann dies auch zu Problemen führen, wenn z.B. ein älterer Mitbruder nicht dazu bereit ist, eine Aufgabe abzugeben, obwohl er sie nicht mehr ausreichend erfüllen kann.

[1252] Vgl. BMW AG, Wir bei BMW, Mitarbeiterleitbild, Nr. 3.

[1253] Vgl. BMW AG, Wir bei BMW, Mitarbeiterleitbild.
Die Leitsätze werden nach ihren Nummern zitiert.

[1254] Das Thema „Lernbereitschaft" wurde schon ausführlich im Abschnitt 3.3.2.1 „Institutionen kontinuierlicher Erneuerung" behandelt, so daß der sechste Leitsatz im Folgenden nicht mehr berücksichtigt wird.

[1255] Vgl. BMW AG, Wir bei BMW, Mitarbeiterleitbild, Nr. 1.

[1256] Vgl. BMW AG, BMW Handlungsmaximen, Nr. 7.

[1257] Vgl. BMW AG, Wir bei BMW, Mitarbeiterleitbild, Nr. 2.

[1258] Vgl. BMW AG, Wir bei BMW, Mitarbeiterleitbild, Nr. 3.

[1259] BMW AG, Wir bei BMW, Führungsleitbild, Nr. 4.

[1260] Vgl. BMW AG, Wir bei BMW, Mitarbeiterleitbild, Nr. 4.

[1261] BMW AG, Wir bei BMW, Mitarbeiterleitbild, Nr. 4.

[1262] Vgl. BMW AG, Wir bei BMW, Mitarbeiterleitbild, Nr. 5.

[1263] BMW AG, Grundsätze der BMW Führungskultur, 5; vgl. BMW AG, Wir bei BMW, Führungsleitbild, Nr. 3; 4.

[1264] Vgl. BMW AG, Wir bei BMW, Führungsleitbild, Grundsätzliches; BMW AG, BMW Handlungsmaximen, Nr. 1.

[1265] BMW AG, Wir bei BMW, Führungsleitbild, Nr. 3.

[1266] Die „Vorbildfunktion" kann im Kloster wie im Unternehmen positive und negative Auswirkungen haben. Ein Abt, der beispielsweise ständig zu spät zum Chorgebet erscheint, wird ähnlich wie eine BMW-Führungskraft, die permanent zu spät zu Besprechungen kommt, hinsichtlich Pünktlichkeit und Verläßlichkeit kein gutes Vorbild sein.

[1267] Vgl. BMW AG, Wir bei BMW, Führungsleitbild, Nr. 1.

[1268] Vgl. BMW AG, Wir bei BMW, Führungsleitbild, Nr. 8.

[1269] Vgl. BMW AG, Wir bei BMW, Führungsleitbild, Nr. 3; 9.

[1270] BMW AG, Wir bei BMW, Führungsleitbild, Nr. 9.

[1271] BMW AG, Wir bei BMW, Führungsleitbild, Nr. 5.

[1272] Vgl. BMW AG, Wir bei BMW, Führungsleitbild, Nr. 5.

[1273] Vgl. BMW AG, Wir bei BMW, Führungsleitbild, Nr. 2.

[1274] Vgl. BMW AG, Wir bei BMW, Führungsleitbild, Nr. 5.

[1275] Vgl. BMW AG, Wir bei BMW, Führungsleitbild, Nr. 6; BMW AG, BMW Handlungsmaximen, Nr. 3.

[1276] Vgl. BMW AG, Wir bei BMW, Führungsleitbild, Nr. 9.

[1277] Vgl. BMW AG, Wir bei BMW, Führungsleitbild, Nr. 4.

[1278] Vgl. BMW AG, Wir bei BMW, Führungsleitbild, Nr. 3.

[1279] Vgl. BMW AG, ALex- Aktuelles Lexikon, Die langfristige Personalpolitik im BMW Konzern, 1996, 3; BMW AG, BMW Handlungsmaximen, Nr. 10.

[1280] BMW AG, Wir bei BMW, Führungsleitbild, Nr. 6.

[1281] Vgl. BMW AG, Wir bei BMW, Führungsleitbild, Nr. 6.

[1282] Vgl. BMW AG, Wir bei BMW, Führungsleitbild, Nr. 6.

[1283] Vgl. BMW AG, BMW Handlungsmaximen, Nr. 6.

[1284] Vgl. BMW AG, Wir bei BMW, Führungsleitbild, Nr. 8.

[1285] Vgl. BMW AG, Wir bei BMW, Führungsleitbild, Nr. 3; 4.

[1286] Vgl. BMW AG, Wir bei BMW, Führungsleitbild, Nr. 9.

[1287] Vgl. BMW AG, Wir bei BMW, Führungsleitbild, Nr. 5.

[1288] Vgl. BMW AG, Wir bei BMW, Führungsleitbild, Nr. 3; 8.

[1289] Vgl. BMW AG, Wir bei BMW, Führungsleitbild, Nr. 6.

[1290] BMW AG, Wir bei BMW, Führungsleitbild, Nr. 4.

[1291] Vgl. BMW AG, Wir bei BMW, Führungsleitbild, Nr. 9.

[1292] Vgl. BMW AG, Wir bei BMW, Führungsleitbild, Nr. 10.

[1293] Vgl. BMW AG, Wir bei BMW, Führungsleitbild, Nr. 9.

[1294] Vgl. BMW AG, Wir bei BMW, Führungsleitbild, Nr. 7.

[1295] Vgl. BMW AG, Wir bei BMW, Führungsleitbild, Nr. 9.

[1296] Vgl. BMW AG, Wir bei BMW, Führungsleitbild, Nr. 8.

[1297] Vgl. Böckmann, Perspektiven der Regula Benedicti, 65.

[1298] Vgl. BMW AG, Wir bei BMW, Führungsleitbild, Grundsätzliches.

[1299] Vgl. Die BMW Zeitung 4/99, 15.

Abkürzungen

Die Abkürzungen der biblischen Schriften erfolgen nach:

Ökumenisches Verzeichnis der biblischen Eigennamen nach den Loccumer Richtlinien, Stuttgart^2 1981.

Die Abkürzungen für Quellenwerke, Lexika, Zeitschriften und Reihen erfolgen nach:

SCHWERTNER, SIEGFRIED M., Internationales Abkürzungsverzeichnis für Theologie und Grenzgebiete. Zeitschriften, Serien, Lexika, Quellenwerke mit bibliographischen Angaben, 2., überarbeitete und erweiterte Auflage, Berlin/New York 1992.

LEXIKON FÜR THEOLOGIE UND KIRCHE, Begründet von Michael Buchberger, Dritte, völlig neu bearbeitete Auflage herausgegeben von Walter Kasper mit Konrad Baumgartner/Horst Bürkle/Klaus Ganzer/Karl Kertelge/Wilhelm Korff/Peter Walter, Abkürzungsverzeichnis, Freiburg/Basel/Rom/Wien 1993.

Die Abkürzungen, die ausschließlich bei BMW Verwendung finden, werden nach der Erklärung mit (BMW) gekennzeichnet.

A	Vorstand/Vorstandsvorsitzender (BMW)
AEG	Allgemeine Elektricitäts-Gesellschaft
AG	Aktiengesellschaft
AIDS	acquired immune deficiency syndrome
AK-2	Produkt und Technik (BMW)
AK-4	Publicrelations-Programme (BMW)
ALex	Aktuelles Lexikon (BMW)
AT & T	American Telephone and Telegraph Company
AT	Altes Testament
AT-Mitarbeiter	Außertarifliche Mitarbeiter
BBK	Bayerische Benediktinerkongregation
BMW	Bayerische Motoren Werke
CD	compact disc
CIC	Codex Iuris Canonici
DDR	Deutsche Demokratische Republik
DH	Denzinger/Hünermann (Hrsg.): Kompendium der Glaubensbekenntnisse und kirchlichen Lehrentscheidungen.
DIN	Deutsche Industrienormen
DM	Deutsche Mark
EB-1	Beratung und Prozeßstandards (BMW)

EF	Entwicklung Fahrwerk (BMW)
EFQM	European Foundation for Quality Management
EK	Entwicklung Karosserie (BMW)
EU	Europäische Union
FIZ	Forschungs- und Ingenieurzentrum (BMW)
GATT	General Agreement on Tariffs and Trade
GG	Große Baureihe (BMW)
GG	Grundgesetz der Bundesrepublik Deutschland
GM	General Motors
IBM	International Business Machines Corporation
IG	Industriegewerkschaft
ISO	International Organization for Standardization
KDH	Kundenorientiertes Denken und Handeln (BMW)
KOMM-Offensive	Kommunikationsoffensive (BMW)
KOVP	Kundenorientierter Vertriebs- und Produktions-Prozeß (BMW)
KVP	Kontinuierlicher Verbesserungsprozeß (BMW)
LG	Lumen Gentium: Vaticanum II, Dogmatische Konstitution über die Kirche.
LPP	Langfristige Personalpolitik (BMW)
ME	Materialwirtschaft (BMW)
NAFTA	North American Free Trade Agreement
NAS	Neue Arbeitsstrukturen (BMW)
NSDAP	Nationalsozialistische Deutsche Arbeiterpartei
NT	Neues Testament
OFK	Obere Führungskräfte Kreis (BMW) Obere Führungskraft (BMW)
OSB	Ordo Sancti Benedicti
PEP	Produktentstehungsprozeß (BMW)
PKW	Personenkraftwagen
PL	Patrologiae cursus completus. Accurante Jacques-Paul Migne. Series Latina.
Prol	Prolog
RB	Regula Benedicti
RM	Regula Magistri
Sat Ju	Juridischer Teil der Satzungen der Bayerischen Benediktinerkongregation
Sat Sp	Spiritueller Teil der Satzungen der Bayerischen Benediktinerkongregation
SC	Sacrosanctum Concilium: Vaticanum II, Konstitution über die Heilige Liturgie.
SED	Sozialistische Einheitspartei Deutschlands

TM	Technik München/Werk München (BMW)
TQM	Total Quality Management
TR	Technik Regensburg/Werk Regensburg
TR-60	Organisations- und Prozeßentwicklung Regensburg (BMW)
TÜV	Technischer Überwachungs-Verein
TZI	Themenzentrierte Interaktion
UN	United Nations
UNESCO	United Nations Educational, Scientific and Cultural Organization
UR	Unitatis Redintegratio: Vaticanum II, Dekret über den Ökumenismus.
USA	United States of Amerika
VW	Volkswagen
ZDF	Zweites Deutsches Fernsehen
ZdK	Zentralkomitee der deutschen Katholiken
ZVP	Zielvereinbarungsprozeß (BMW)

Literaturverzeichnis

Literatur/Quellen werden nach Kapiteln und entsprechenden Themenbereichen aufgeführt. Die in der Einleitung und in den Einführungen angegebene Literatur wurde den entsprechenden Themenbereichen zugeordnet.

Zitate aus der Hl.Schrift wurden entnommen:

EINHEITSÜBERSETZUNG DER HEILIGEN SCHRIFT. Herausgegeben im Auftrag der Bischöfe Deutschlands, u.a. Das Alte Testament, Stuttgart 1980. Das Neue Testament, Stuttgart[2] 1980.

1. Kapitel

Literatur zur Thematik „Wirtschaft"

BENNIS, WAREN, Zur „Vorhut von Anführern" gehören, in: Gibson, Rowan (Hrsg.), Rethinking the Future, So sehen Vordenker die Zukunft von Unternehmen, Landsberg/Lech 1997, 222-241.

BENNIS, WAREN/NANUS, BURT, Führungskräfte, Die vier Schlüsselkategorien erfolgreichen Führens, Aus dem Amerikanischen von Brigitte Stein, Frankfurt a.M./New York 1985.

BUCHHEIM, CHRISTOPH, Industrielle Revolutionen, Langfristige Wirtschaftsentwicklung in Großbritannien, Europa und in Übersee, München 1994.

COVEY, STEPHEN, Die effektive Führungspersönlichkeit, Management by principles, Aus dem Englischen von Maria Beck, Frankfurt a.M./New York 1993.

COVEY, STEPHEN, Die sieben Wege zur Effektivität, Ein Konzept zur Meisterung Ihres beruflichen und privaten Lebens, Aus dem Amerikanischen von Angela Roethe, München 1996.

COVEY, STEPHEN, Paradigmen und Prinzipien, in: Gibson, Rowan (Hrsg.), Rethinking the Future, So sehen Vordenker die Zukunft von Unternehmen, Landsberg/Lech 1997, 66-85.

DRUCKER, PETER F., Die postkapitalistische Gesellschaft, Düsseldorf 1993.

DRUCKER, PETER F., Umbruch im Management, Was kommt nach dem Reengineering?, Düsseldorf 1996.

DRUCKER, PETER F./NAKAUCHI, ISAO, Die globale Herausforderung, Düsseldorf 1996.

GOLDRATT, ELI, Konzentration auf Engpässe – nicht auf Kosten, in: Gibson, Rowan (Hrsg.), Rethinking the Future, So sehen Vordenker die Zukunft von Unternehmen, Landsberg/Lech 1997, 164-185.

GRUPPE VON LISSABON, Grenzen des Wettbewerbs, Die Globalisierung der Wirtschaft und die Zukunft der Menschheit, Vorwort: Ernst Ulrich von Weizsäcker, München 1997.

HAMEL, GARY, Innovative Wettbewerbsbasis, in: Gibson, Rowan (Hrsg.), Rethinking the Future, So sehen Vordenker die Zukunft von Unternehmen, Landsberg/Lech 1997, 122-147.

HAMEL, GARY/PRAHALAD, CK, Wettlauf um die Zukunft, Wie Sie mit bahnbrechenden Strategien die Kontrolle über Ihre Branche gewinnen und die Märkte von morgen schaffen, Aus dem Amerikanischen von Stephan Gebauer und Annemarie Pumpernig, Wien 1995.

HAMMER, MICHAEL, Über Management hinaus, in: Gibson, Rowan (Hrsg.), Rethinking the Future, So sehen Vordenker die Zukunft von Unternehmen, Landsberg/Lech 1997, 148-164.

HAMMER, MICHAEL/CHAMPY, JAMES, Business Reengineering, Die Radikalkur für das Unternehmen, Aus dem Englischen von Patricia Künzel, Frankfurt a.M./New York[2] 1994.

HANDY, CHARLES, Die Fortschrittsfalle, Der Zukunft neuen Sinn geben, Wiesbaden 1995.

HANDY, CHARLES, Sinn und Bedeutung im Ungewissen, in: Gibson, Rowan (Hrsg.), Rethinking the Future, So sehen Vordenker die Zukunft von Unternehmen, Landsberg/Lech 1997, 40-65.

HÄRTEL, HANS-HAGEN/JUNGNICKEL, ROLF, Grenzüberschreitende Produktion und Strukturwandel, Globalisierung der deutschen Wirtschaft, Baden-Baden 1996.

HÖFLING, SIEGFRIED, Informationszeitalter – Informationsgesellschaft – Wissensgesellschaft, München 1996.

KELLY, KEVIN, Das Ende der Kontrolle, Die biologische Wende in Wirtschaft, Technik und Gesellschaft, Mit einem Nachwort des Autors zur deutschen Ausgabe, Aus dem Amerikanischen von Martin Baltes, Fritz Böhler, Rainer Höltschl und Jürgen Reuß, Regensburg 1997.

KELLY, KEVIN, Die neue Biologie des Unternehmens, in: Gibson, Rowan (Hrsg.), Rethinking the Future, So sehen Vordenker die Zukunft von Unternehmen, Landsberg/Lech 1997, 356-380.

KENNEDY, PAUL, In Vorbereitung auf das 21. Jahrhundert, Frankfurt a.M. 1993.

KIESEWETTER, HUBERT, Industrielle Revolution in Deutschland 1815-1914, Frankfurt a.M. 1989.

KOTTER, JOHN, Kulturen und Koalitionen, in: Gibson, Rowan (Hrsg.), Rethinking the Future, So sehen Vordenker die Zukunft von Unternehmen, Landsberg/Lech 1997, 242-263.

KUENHEIM, EBERHARD VON, Erziehung – Bildung – Ausbildung: Das Kapital unserer Gesellschaft, Rede anläßlich der Zusammenkunft des Bremer Tabak-Collegiums in Salem am Mittwoch, 30. Oktober 1996, o.O..

KÜNG, HANS, Projekt Weltethos, München/Zürich[3] 1996.

KÜNG, HANS, Weltethos für Weltpolitik und Weltwirtschaft, München/Zürich 1997.

MARTIN, HANS-PETER/SCHUMANN, HARALD, Die Globalisierungsfalle, Der Angriff auf Demokratie und Wohlstand, Reinbek bei Hamburg 1998.

NAISBITT, JOHN, Megatrends Asien. 8 Megatrends, die unsere Welt verändern, Wien 1995.

NAISBITT, JOHN, Von Nationalstaaten zu Netzwerken, in: Gibson, Rowan (Hrsg.), Rethinking the Future, So sehen Vordenker die Zukunft von Unternehmen, Landsberg/Lech 1997, 308-327.

OSTERLOH, MARGIT, Unternehmenskultur, in: Enderle, Georges/Homann, Karl/Honecker, Martin/Kerber, Walter/Steinmann, Horst (Hrsg.), Lexikon der Wirtschaftsethik, Freiburg/Basel/Wien 1993, 1139-1142.

PAULINYI, AKOS, Industrielle Revolution, Vom Ursprung der modernen Technik, Reinbek bei Hamburg 1989.

PORTER, MICHAEL E., Vorteile für den Wettbewerb von morgen, in: Gibson, Rowan (Hrsg.), Rethinking the Future, So sehen Vordenker die Zukunft von Unternehmen, Landsberg/Lech 1997, 86-103.

PORTER, MICHAEL E., Wettbewerbsvorteile (Competitive Advantage), Spitzenleistungen erreichen und behaupten, Deutsche Übersetzung von Angelika Jaeger, Frankfurt a.M./New York 1986.

PRAHALAD, CK, Wachstumsstrategien, in: Gibson, Rowan (Hrsg.), Rethinking the Future, So sehen Vordenker die Zukunft von Unternehmen, Landsberg/Lech 1997, 104-121.

PREE, MAX DE, Die Kunst des Führens, aus dem Englischen von Brigitte Stein, Frankfurt a.M. 1990.

REICH, ROBERT, Die neue Weltwirtschaft, Das Ende der nationalen Ökonomie, Frankfurt a.M./Berlin 1993.

RHEINGOLD, HOWARD, Virtuelle Gemeinschaft, Soziale Beziehungen im Zeitalter des Computers, Bonn 1994.

RIES, AL, Die Strategie der Stärke, Düsseldorf 1996.

RIES, AL/TROUT, JACK, Fokussieren in einer Welt der Unschärfen, in: Gibson, Rowan (Hrsg.), Rethinking the Future, So sehen Vordenker die Zukunft von Unternehmen, Landsberg/Lech 1997, 264-285.

SCHEIN, EDGAR H., Unternehmenskultur, Ein Handbuch für Führungskräfte, Frankfurt a.M. 1995.

SENGE, PETER M., Die Fünfte Disziplin, Kunst und Praxis der lernenden Organisation, Stuttgart[4] 1997.

SENGE, PETER M., Durch das Nadelöhr, in: Gibson, Rowan (Hrsg.), Rethinking the Future, So sehen Vordenker die Zukunft von Unternehmen, Landsberg/Lech 1997, 186-221.

STEINMANN, HORST/ZERFASS, ANSGAR, Unternehmensethik, in: Enderle, Georges/Homann, Karl/Honecker, Martin/Kerber, Walter/Steinmann, Horst (Hrsg.), Lexikon der Wirtschaftsethik, Freiburg/Basel/Wien 1993, 1113-1122.

THUROW, LESTER C., Die Zukunft des Kapitalismus, Düsseldorf 1996.

THUROW, LESTER C., Kopf an Kopf, Wer siegt im Wirtschaftskrieg zwischen Europa, Japan und den USA?, Düsseldorf 1993.

THUROW, LESTER C., Zur Zukunft des Kapitalismus, in: Gibson, Rowan (Hrsg.), Rethinking the Future, So sehen Vordenker die Zukunft von Unternehmen, Landsberg/ Lech 1997, 328-355.

WATERMAN, ROBERT, Die neue Suche nach Spitzenleistungen, Erfolgsunter-nehmen im 21. Jahrhundert, Düsseldorf 1994.

Literatur zur Thematik „Kirche"

BALTHASAR, HANS URS VON, Communio – Ein Programm, in: IKaZ 1 (1972) 4-17.

BAYERLEIN, WALTER, Haben wir keine anderen Sorgen?, „Ordnung für Schiedsstellen und Verwaltungsgerichte der Bistümer in der Bundesrepublik Deutschland", in: Schavan, Annette (Hrsg.), Dialog statt Dialogverweigerung, Impulse für eine zukunftsfähige Kirche, Kevelaer 1994, 150-171.

BEINERT, WOLFGANG, Eucharistie wirkt Kirche – Kirche wirkt Eucharistie, in: StZ 215 (1997) 665-677.

BEINERT, WOLFGANG, Kirchenbilder in der Kirchengeschichte, in: Beinert, Wolfgang (Hrsg.), Kirchenbilder – Kirchenvisionen, Variationen über eine Wirklichkeit, Regensburg 1995, 58-127.

BEINERT, WOLFGANG, Was gilt in der Kirche?, in: Beinert, Wolfgang (Hrsg.), „Katholischer" Fundamentalismus, Häretische Gruppen in der Kirche?, Regensburg 1991, 15-44.

BEINERT, WOLFGANG, Wenn zwei sich streiten. Über die Wiedergewinnung des Konsens, in: Beinert, Wolfgang (Hrsg.), Kirche zwischen Konflikt und Konsens, Versöhnung als Lebensvollzug der Glaubensgemeinschaft, Regensburg 1989, 13-36.

BROX, NORBERT, Konflikt und Konsens, in: Beinert, Wolfgang (Hrsg.), Kirche zwischen Konflikt und Konsens, Versöhnung als Lebensvollzug der Glaubensgemeinschaft, Regensburg 1989, 63-83.

CODEX IURIS CANONICI, Auctoritate Ioannis Pauli PP. II. Promulgatus, Vaticana 1983, Codex des kanonischen Rechtes, Lateinisch-deutsche Ausgabe, Kevelaer[3] 1989./CIC

CÖLESTINUS I., Epistola ad episcopos Viennenses et Narbonenses titulorum XI., PL 56, 576-581, Paris 1846.

COMMUNIO/KOINONIA. Ein neutestamentlich-frühchristlicher Begriff und seine heutige Wiederaufnahme und Bedeutung. Eine Stellungnahme des Instituts für Ökumenische Forschung, Strasbourg 1990.

CORDES, PAUL JOSEF, Communio, Utopie oder Programm?, in: Fries, Heinrich/ Schnackenburg, Rudolf (Hrsg.), Quaestiones disputatae, Bd.148, Freiburg i.Brg. 1993.

DENZINGER, HEINRICH, Enchiridion symbolorum definitionum et declarationum de rebus fidei et morum, Kompendium der Glaubensbekenntnisse und kirchlichen Lehrentscheidungen, Verbessert, erweitert, ins Deutsche übertragen und unter Mitar-

beit von Helmut Hoping herausgegeben von Hünermann, Peter, Lateinisch –
Deutsch, Freiburg i.Brg./Basel/Rom/Wien[37] 1991./DH

FRIES, HEINRICH, Werden die Kirchen überflüssig?, in: Christ in der Gegenwart 46
(1994) 301-302.

GABRIEL, KARL, Christentum zwischen Tradition und Postmoderne, in: Fries,
Heinrich/Schnackenburg, Rudolf (Hrsg.), Quaestiones disputatae, Bd.141, Freiburg
i.Brg.[5] 1996.

GABRIEL, KARL, Katholizismus und katholisches Milieu in den fünfziger Jahren der
Bundesrepublik: Restauration, Modernisierung und beginnende Auflösung, in:
Kaufmann, Franz Xaver/Zingerle, Arnold (Hrsg.), Vatikanum II und Modernisierung, Historische, theologische und soziologische Perspektiven, Paderborn 1996,
67-84.

GEMEINSAME SYNODE der Bistümer in der Bundesrepublik Deutschland, Beschlüsse
der Vollversammlung, Offizielle Gesamtausgabe I, Freiburg i.Brg.[2] 1976.

GREINACHER, NORBERT, Demokratisierung der Kirche, in: ThQ 170 (1990) 253-266.

GRESHAKE, GISBERT, Communio – Schlüsselbegriff der Dogmatik, in: Biemer, Günter/
Casper, Bernhard/Müller, Josef (Hrsg.), Gemeinsam Kirche sein, Theorie und Praxis
der Communio, Festschrift der Theologischen Fakultät der Universität Freiburg
i.Brg. für Erzbischof Dr. Oskar Saier, Freiburg i.Brg. 1992, 90-121.

GRESHAKE, GISBERT, Zentralismus oder Communio der Kirchen? Zur Notwendigkeit
regionalkirchlicher Strukturen, in: Struppe, Ursula/Weismayer, Josef (Hrsg.), Öffnung zum Heute, Die Kirche nach dem Konzil, Innsbruck 1991, 31-54.

GRÜN, ANSELM/SCHWARZ, ANDREA, Und alles lassen, weil Er mich nicht läßt, Lebenskultur aus dem Evangelium, Freiburg i.Brg.[3] 1996.

HÄRING, BERNHARD, Meine Hoffnung für die Kirche, Kritische Ermutigungen, Freiburg i.Brg. 1997.

HAUER, NADINE/ZULEHNER, PAUL MICHAEL, Aufbruch in den Untergang?, Das II. Vatikanische Konzil und seine Auswirkungen, Wien 1991.

HAUSBERGER, KARL, Die gegenwärtige Kirchenkrise – ein Rückblick auf die Geschichte, in: Beinert, Wolfgang (Hrsg.), Kirchenbilder – Kirchenvisionen, Variationen über
eine Wirklichkeit, Regensburg 1995, 13-42.

HEINEMANN, HERIBERT, Demokratisierung der Kirche oder Erneuerung synodaler
Strukturen?, Eine Anfrage an das Kirchenverständnis, in: Fürst, Gerhard (Hrsg.),
Dialog als Selbstvollzug der Kirche?, in: Hünermann, Peter/Söding, Thomas (Hrsg.),
Quaestiones disputatae, Bd.166, Freiburg i.Brg. 1997, 270-283.

HELLER, ANDREAS, Kirchenreform als Organisationsreform, in: Zulehner, Paul Michael
(Hrsg.), Kirchenvolks-Begehren und Weizer Pfingstvision, Kirche auf Reformkurs,
Düsseldorf 1995, 232-244.

HELLER, ANDREAS, Kirchliche Organisationsstruktur entwickeln, in: Schavan, Annette
(Hrsg.), Dialog statt Dialogverweigerung, Impulse für eine zukunftsfähige Kirche,
Kevelaer 1994, 204-220.

HILBERATH, BERND JOCHEN, Communio hierarchica, Historischer Kompromiß oder
hölzernes Eisen?, in: ThQ 177 (1997) 202-219.

HILBERATH, BERND JOCHEN, Kirche als communio, Beschwörungsformel oder Projektbeschreibung?, in: ThQ 174 (1994) 45-65.

HÜNERMANN, PETER (Hrsg.), Und dennoch ..., Die römische Instruktion über die Mitarbeit der Laien am Dienst der Priester, Klarstellungen – Kritik – Ermutigungen, Freiburg i.Brg. 1998.

HÜNERMANN, PETER, Wandel im Umgang mit Konflikten, Eine historisch-systematische Reflexion auf die Ekklesiologie, in: ThQ 173 (1993) 18-31.

HÜRTEN, HEINZ, Deutscher Katholizismus unter Pius XII: Stagnation oder Erneuerung?, in: Kaufmann, Franz Xaver/Zingerle, Arnold (Hrsg.), Vatikanum II und Modernisierung, Historische, theologische und soziologische Perspektiven, Paderborn 1996, 53-66.

INSTITUT FÜR DEMOSKOPIE IN ALLENSBACH, Das Kirchenverständnis der Katholiken und Protestanten. Repräsentativbefragung im Auftrag der Redaktion Kirche und Leben des ZDF, Allensbach 1986.

JOHANNES PAULUS II., Brief an die deutschen Bischöfe, Evangelium vom Leben: Bekenntnis – Hilfestellung – Zuwendung, in: L'Osservatore Romano, Wochenausgabe in deutscher Sprache, 28. Jahrgang, Nr.5, 30.Jan.1998, 1;11.

JOHANNES PAULUS II., Instruktion zu einigen Fragen über die Mitarbeit der Laien am Dienst der Priester vom 15. August 1997, in: Sekretariat der Deutschen Bischofskonferenz (Hrsg.), Verlautbarungen des Apostolischen Stuhls Nr.129, Bonn 1997.

KARRER, LEO, Dialogische Strukturen in einer synodalen Kirche, in: Fuchs, Ottmar/Greinacher, Norbert/Karrer, Leo/Mette, Norbert/Steinkamp, Hermann (Hrsg.), Der pastorale Notstand, Notwendige Reformen für eine zukunftsfähige Kirche, Düsseldorf 1992, 50-66.

KASPER, WALTER, Der Geheimnischarakter hebt den Sozialcharakter nicht auf, Zur Geltung des Subsidiaritätsprinzips in der Kirche, in: HerKorr 41 (1987) 232-236.

KASPER, WALTER, Die Kirche angesichts der Herausforderung der Postmoderne, in: StZ 215 (1997) 651-664.

KASPER, WALTER, Theologie und Kirche, Mainz 1987.

KAUFMANN, FRANZ XAVER, Religion und Modernität, Sozialwissenschaftliche Perspektiven, Tübingen 1989.

KAUFMANN, FRANZ XAVER, Wie entsteht Autorität?, in: Schavan, Annette (Hrsg.), Dialog statt Dialogverweigerung, Impulse für eine zukunftsfähige Kirche, Kevelaer 1994, 123-131.

KAUFMANN, FRANZ XAVER/METZ, JOHANN BAPTIST, Zukunftsfähigkeit, Suchbewegungen im Christentum, Freiburg i.Brg. 1987.

KEHL, MEDARD, „Communio" – eine verblassende Vision?, in: StZ 215 (1997) 448-456.

KEHL, MEDARD, Die Kirche: eine katholische Ekklesiologie, Würzburg 1992.

KEHL, MEDARD, Wohin geht die Kirche?, Eine Zeitdiagnose, Freiburg i.Brg.[3] 1996.

KEHRER, GÜNTHER, Die Kirchen im Kontext der Säkularisierung, in: Baadte, Günter/Rauscher, Anton (Hrsg.), Neue Religiosität und säkulare Kultur, in: Baadte, Günter/Rauscher, Anton (Hrsg.), Kirche heute, Bd.2, Graz 1988, 9-24.

KERBER, WALTER, Die Geltung des Subsidiaritätsprinzips in der Kirche, in: StZ 202 (1984) 662-672.

KLINGER, ELMAR, Das Aggiornamento der Pastoralkonstitution, in: Kaufmann, Franz Xaver/Zingerle, Arnold (Hrsg.), Vatikanum II und Modernisierung, Historische, theologische und soziologische Perspektiven, Paderborn 1996, 171-188.

KLÖCKER, MICHAEL, Katholisch – von der Wiege bis zur Bahre, Eine Lebensmacht im Zerfall?, München 1991.

KUNZ, ERHARD, Eucharistie – Ursprung von Kommunikation und Gemeinschaft, in: ThPh 58 (1983) 321-345.

LEHMANN, KARL, Zur dogmatischen Legitimation einer Demokratisierung in der Kirche, in: IKaZ 7 (1971) 171-180.

MARX, REINHARD, Ist Kirche anders?, Zum Miteinander in der Kirche aus der Sicht der katholischen Soziallehre, in: StZ 211 (1993) 123-130.

METTE, NORBERT, „Kooperative Seelsorge“ – ein zukunftsfähiges pastorales Konzept?, in: Fuchs, Ottmar/Greinacher, Norbert/Karrer, Leo/Mette, Norbert/Steinkamp, Hermann (Hrsg.), Der pastorale Notstand, Notwendige Reformen für eine zukunftsfähige Kirche, Düsseldorf 1992.

METZ, JOHANN BAPTIST, Jenseits bürgerlicher Religion, Reden über die Zukunft des Christentums, München 1980.

METZ, JOHANN BAPTIST/PETERS, TIEMO RAINER, Gottespassion, Zur Ordensexistenz heute, Freiburg i.Brg. 1991.

NACHTWEI, GERHARD, Kirche ist Dialog, in: Schavan, Annette (Hrsg.), Dialog statt Dialogverweigerung, Impulse für eine zukunftsfähige Kirche, Kevelaer 1994, 172-179.

NELL-BREUNING, OSWALD VON, Subsidiarität in der Kirche, in: StZ 204 (1986) 147-157.

NIENTIEDT, KLAUS, Überforderte Gemeinschaft, in: HerKorr 45 (1991) 293-295.

PESCH, OTTO HERMANN, Das Zweite Vatikanische Konzil, Vorgeschichte – Verlauf – Ergebnisse – Nachgeschichte, Würzburg[4] 1996.

PIUS XII., Allocutiones, in: AAS 38 (1946), 141-151.

POTTMEYER, HERMANN JOSEF, Auf dem Weg zu einer dialogischen Kirche, in: Fürst, Gerhard (Hrsg.), Dialog als Selbstvollzug der Kirche?, in: Hünermann, Peter/Söding, Thomas (Hrsg.), Quaestiones disputatae, Bd.166, Freiburg i.Brg. 1997, 117-132.

POTTMEYER, HERMANN JOSEF, Unfehlbarkeit und Souveränität, Die päpstliche Unfehlbarkeit im System der ultramontanen Ekklesiologie des 19. Jahrhunderts, in: Auer, Alfons/Kasper, Walter/Küng, Hans/Seckler, Max (Hrsg.), Tübinger Theologische Studien, Bd.5, Mainz 1975.

RAHNER, KARL, Strukturwandel der Kirche als Aufgabe und Chance, Freiburg i.Brg.[3] 1973.

RATZINGER, JOSEPH, Communio – ein Programm, in: IKaZ 21 (1992) 454-463.

RATZINGER, JOSEPH, Das neue Volk Gottes, Entwürfe zur Ekklesiologie, Düsseldorf 1969.

RATZINGER, JOSEPH, Die christliche Brüderlichkeit, München 1960.

SAIER, OSKAR, „Communio" in der Lehre des Zweiten Vatikanischen Konzils, München 1973.

SCHATZ, KLAUS, Bischofswahlen, Geschichtliches und Theologisches, in: StZ 207 (1989) 291-307.

SCHAVAN, ANNETTE (Hrsg.), Dialog statt Dialogverweigerung, Impulse für eine zukunftsfähige Kirche, Kevelaer 1994.

SCHULZ, EHRENFRIED, Im Auftrag des Menschenfischers, Gemeindepastoral im Jahr 2000, München 1993.

SCHULZ, EHRENFRIED, Sammlung der Zerstreuten, in: Konferenz der bayerischen Pastoraltheologen (Hrsg.), Das Handeln der Kirche in der Welt von heute, Ein pastoraltheologischer Grundriß, München 1994, 145-161.

SCHULZ, EHRENFRIED, Zeichen der Gegenwart Gottes – erkennen und setzen, in: Seibel, Wolfgang/Wenz, Gunther (Hrsg.), Was schulden die Christen der Welt?, Weitergabe des Glaubens und Weltverantwortung, Regensburg 1998, 91-129.

STECHER, REINHOLD, Integrieren und motivieren, in: Schavan, Annette (Hrsg.), Dialog statt Dialogverweigerung, Impulse für eine zukunftsfähige Kirche, Kevelaer 1994, 114-122.

STERNBERG, THOMAS, Katholisches Milieu in veränderter Gesellschaft, in: Schavan, Annette (Hrsg.), Dialog statt Dialogverweigerung, Impulse für eine zukunftsfähige Kirche, Kevelaer 1994, 226-234.

UTZ, ARTHUR-FRIDOLIN/GRONER, JOSEF F., Aufbau und Entfaltung des gesellschaftlichen Lebens. Soziale Summe Pius `XII., Bd.2, Freiburg/Schweiz 1954.

VATICANUM I, Erste Dogmatische Konstitution „Pastor aeternus" über die Kirche Christi: DH 3050-3075.

VATICANUM II, Gaudium et Spes, Pastorale Konstitution über die Kirche in der Welt von heute, in: Vorgrimmler, Heribert (Hrsg.), LThK, Das Zweite Vatikanische Konzil, Dokumente und Kommentare, Teil II, Freiburg i.Brg.[2] 1966, 241-592./GS

VATICANUM II, Lumen Gentium, Dogmatische Konstitution über die Kirche, in: Vorgrimmler, Heribert (Hrsg.), LThK, Das Zweite Vatikanische Konzil, Dokumente und Kommentare, Teil I, Freiburg i.Brg.[2] 1966, 137-359./LG

VATICANUM II, Sacrosanctum Concilium, Konstitution über die Heilige Liturgie, in: Vorgrimmler, Heribert (Hrsg.), LThK, Das Zweite Vatikanische Konzil, Dokumente und Kommentare, Teil I, Freiburg i.Brg.[2] 1966, 9-109./SC

VATICANUM II, Unitatis Redintegratio, Dekret über den Ökumenismus, in: Vorgrimmler, Heribert (Hrsg.), LThK, Das Zweite Vatikanische Konzil, Dokumente und Kommentare, Teil II, Freiburg i.Brg.[2] 1966, 9-126./UR

WEISER, ALFONS, Neutestamentliche Grundlagen einer kooperativen Pastoral, in: TThZ 89 (1980) 265- 281.

WETTER, FRIEDRICH, Was ist los mit unserer Zeit? Bilanz und Ausblick, Silvesterpredigt 1996 in der Münchener Liebfrauenkirche, München 1997.

ZINNHOBLER, RUDOLF, Pius IX. in der katholischen Literatur seiner Zeit, in: Schwaiger, Georg (Hrsg.), Konzil und Papst, Historische Beiträge zur Frage der höchsten Gewalt in der Kirche, Festgabe für Hermann Tüchle, München 1975, 387-432.

ZUKUNFT AUS DER KRAFT DES KONZILS, Die außerordentliche Bischofssynode `85, Die Dokumente mit einem Kommentar von Walter Kasper, Freiburg i.Brg. 1986.

ZULEHNER, PAUL MICHAEL, Das Gottesgerücht, Bausteine für eine Kirche der Zukunft, Düsseldorf[3] 1987.

ZULEHNER, PAUL MICHAEL (Hrsg.), Kirchenvolks-Begehren und Weizer Pfingstvision, Kirche auf Reformkurs, Düsseldorf 1995.

ZULEHNER, PAUL MICHAEL, Religion nach Wahl, Grundlegung einer Auswahlchristenpastoral, Wien 1974.

ZULEHNER, PAUL MICHAEL, Wider die Resignation in der Kirche, Aufruf zu kritischer Loyalität, Wien[2] 1989.

ZULEHNER, PAUL MICHAEL/DENZ, HERMANN, Wie Europa lebt und glaubt, Europäische Wertestudie, Düsseldorf 1993.

Literatur zur Thematik „Gesellschaft"

BAETHGE, MARTIN, Arbeit und Identität, in: Beck, Ulrich/Beck-Gernsheim, Elisabeth (Hrsg.), Riskante Freiheiten, Individualisierung in modernen Gesellschaften, Frankfurt a.M. 1994, 245-261.

BECK, ULRICH, Jenseits von Stand und Klasse?, in: Beck, Ulrich/Beck-Gernsheim, Elisabeth (Hrsg.), Riskante Freiheiten, Individualisierung in modernen Gesellschaften, Frankfurt a.M. 1994, 43-60.

BECK, ULRICH, Risikogesellschaft, Auf dem Weg in eine andere Moderne, Frankfurt a.M. 1986.

BECK, ULRICH/BECK-GERNSHEIM, ELISABETH, Individualisierung in modernen Gesellschaften – Perspektiven und Kontroversen einer subjektorientierten Soziologie, in: Beck, Ulrich/Beck-Gernsheim, Elisabeth (Hrsg.), Riskante Freiheiten, Individualisierung in modernen Gesellschaften, Frankfurt a.M. 1994, 10-39.

DAHRENDORF, RALF, Das Zerbrechen der Ligaturen und die Utopie der Weltbürgergesellschaft, in: Beck, Ulrich/Beck-Gernsheim, Elisabeth (Hrsg.), Riskante Freiheiten, Individualisierung in modernen Gesellschaften, Frankfurt a.M. 1994, 421 436.

ELIAS, NORBERT, Die Gesellschaft der Individuen, Herausgegeben von Michael Schröter, Frankfurt a.M. 1987.

GROSS, PETER, Bastelmentalität: ein „postmoderner" Schwebezustand?, in: Schmid, Thomas (Hrsg.), Das pfeifende Schwein, Über weitergehende Interessen der Linken, Berlin 1985, 63-84.

HEPP, GERD, Wertewandel, Politikwissenschaftliche Grundlagen, München 1994.

HILPERT, KONRAD, Die Menschenrechte, Geschichte – Theologie – Aktualität, Düsseldorf 1991.

HIRSCHER, GERHARD, Wertewandel in Bayern und Deutschland, Klassische Ansätze – Aktuelle Diskussionen – Perspektiven, in: Hanns Seidel Stiftung (Hrsg.), Aktuelle Analysen 2, München 1995.

HITZLER, RONALD, Kleine Lebenswelten – Ein Beitrag zum Verstehen von Kultur, Opladen 1988.

HITZLER, RONALD/HONER, ANNE, Bastelexistenz. Über subjektive Konsequenzen der Individualisierung, in: Beck, Ulrich/Beck-Gernsheim, Elisabeth (Hrsg.), Riskante Freiheiten, Individualisierung in modernen Gesellschaften, Frankfurt a.M. 1994, 307-315.

INGLEHART, RONALD, Silent Revolution, Princeton 1977.

INGLEHART, RONALD, Wertwandel in den westlichen Gesellschaften. Politische Konsequenzen von materialistischen und postmaterialistischen Prioritäten, in: Klages, Helmut/Kmieciak, Peter (Hrsg.), Wertwandel und gesellschaftlicher Wandel, Frankfurt a.M./New York 1979, 279-316.

JAEGGI, EVA, Ich sag`mir selber Guten Morgen, Single – eine moderne Lebensform, München 1992.

KAASE, MAX, Wert/Wertewandel, in: Nohlen, Dieter (Hrsg.), Wörterbuch Staat und Politik, München 1991, 787.

KEUPP, HEINER, Ambivalenzen postmoderner Identität, in: Beck, Ulrich/Beck-Gernsheim, Elisabeth (Hrsg.), Riskante Freiheiten, Individualisierung in modernen Gesellschaften, Frankfurt a.M. 1994, 336-350.

KLAGES, HELMUT, Verlaufsanalyse eines Traditionsbruchs. Untersuchungen zum Einsetzen des Wertewandels in der Bundesrepublik Deutschland in den 60er Jahren, in: Bracher, Karl Dietrich (Hrsg.), Staat und Parteien, Festschrift für Rudolf Morsey, Berlin 1992, 517-544.

KLAGES, HELMUT, Wertedynamik, Über die Wandelbarkeit des Selbstverständlichen, Osnabrück 1988.

KOCHANEK, HERMANN, Die Erlebnisgesellschaft eine postmoderne Herausforderung für Seelsorge und Pastoral, in: Kochanek, Hermann (Hrsg.), Religion und Glaube in der Postmoderne, Veröffentlichungen des Missionspriesterseminars St. Augustin bei Bonn Nr.46, Nettetal 1996, 151-220.

KÜNG, HANS, Projekt Weltethos, München[3] 1996.

KÜNG, HANS, Weltethos für Weltpolitik und Weltwirtschaft, München 1997.

LAY, RUPERT, Das Ende der Neuzeit, Menschsein in einer Welt ohne Götter, Düsseldorf 1996.

LEY, KATHARINA, Von der Normal- zur Wahlbiographie?, in: Kohli, Martin/Robert, Günther (Hrsg.), Biographie und soziale Wirklichkeit, Neue Beiträge und Forschungsperspektiven, Stuttgart 1984, 239-260.

LUHMANN, NIKLAS, Soziologie des Risikos, Berlin/New York 1991.

LUTZ, FELIX PHILIPP, Wertewandel, in: Weidenfeld, Werner/Korte, Karl-Rudolf (Hrsg.), Handwörterbuch zur deutschen Einheit, Frankfurt a.M. 1992, 741-747.

RAUSCHENBACH, THOMAS, Inszenierte Solidarität: Soziale Arbeit in der Risikogesellschaft, in: Beck, Ulrich/Beck-Gernsheim, Elisabeth (Hrsg.), Riskante Freiheiten, Individualisierung in modernen Gesellschaften, Frankfurt a.M. 1994, 89-111.

SALADIN, PETER, Menschenrechte und Menschenpflichten, in: Böckenförde, Ernst-Wolfgang/Spaemann, Robert (Hrsg.), Menschenrechte und Menschenwürde, Historische Voraussetzungen – säkulare Gestalt – christliches Verständnis, Stuttgart 1987, 267-291.

SCHMIDT, HELMUT (Hrsg.), Allgemeine Erklärung der Menschenpflichten, Ein Vorschlag, München 1997.

SCHULZE, GERHARD, Die Erlebnisgesellschaft, Kultursoziologie der Gegenwart, Frankfurt a.M.[2] 1992.

STIETENCRON, HEINRICH VON, Menschenrechte?, Sichtweise Südasiatischer Religionen, in: Odersky, Walter (Hrsg.), Die Menschenrechte, Herkunft – Geltung – Gefährdung, Düsseldorf 1994, 65-94.

2. Kapitel

Literatur/Quellennachweis zur Thematik „Personalität"

ALTNER, GÜNTER, Schöpfung am Abgrund, Die Theologie vor der Umweltfrage, Neukirchen-Vluyen 1974.

AMBROSIUS MEDIOLANENSIS, De dignitate conditionis humanae, in: Opera omnia, PL 17, Paris 1845, 1015-1018.

AMERY, CARL, Das Ende der Vorsehung, Die gnadenlosen Folgen des Christentums, Reinbeck 1972.

ARISTOTELES, Politik, Buch I, Über die Hausverwaltung und die Herrschaft des Herrn über Sklaven, in: Flashar, Hellmut (Hrsg.), Aristoteles Werke in deutscher Übersetzung, Begründet von Ernst Grumbach, Bd.9, Darmstadt 1991.

AUER, ALFONS, Der Mensch – Partner der Natur? Wider theologische Überschwenglichkeit in der ökologischen Diskussion, in: Gauly, Heribert/Schulte, Maria/Balmer, Hans Peter/Dangelmayr, Siegfried (Hrsg.), Der Mensch, Ein interdisziplinärer Dialog, Joseph Möller zum 65. Geburtstag, Düsseldorf 1981, 65-78.

AUER, ALFONS, Der Mensch als Subjekt verantwortlichen Handelns, in: Gründel, Johannes (Hrsg.), Leben aus christlicher Verantwortung, Ein Grundkurs der Moral, Bd.1, Düsseldorf 1991, 14-40.

BARTH, KARL, Kirchliche Dogmatik, III, 1, Die Lehre von der Schöpfung, Zürich[4] 1970.

BEER, ULRICH/ERL, WILLI, Entfaltung der Kreativität, Tübingen 1972.

BERKEL, KARL, Konfliktforschung und Konfliktbewältigung, Ein organisationspsychologischer Ansatz, Berlin 1984.

BIELEFELDT, HEINER, Die Menschenrechte als „das Erbe der gesamten Menschheit", in: Bielefeldt, Heiner/Brugger, Winfried/Dicke, Klaus (Hrsg.), Würde und Recht des Menschen, Festschrift für Johannes Schwartländer, Würzburg 1992, 143-160.

BLATTNER, JÜRGEN/PLEWA, ALFRED, Beschreibung und Erklärung der Persönlichkeit, in: Blattner, Jürgen/Gareis, Balthasar/Plewa, Alfred (Hrsg.), Handbuch der Psychologie für die Seelsorge, Psychologische Grundlagen, Bd.1, Düsseldorf 1992, 398-442.

BOETHIUS, Liber de persona et duabus naturis III, PL 64, Paris 1847, 1337-1354.

BRAKELMANN, GÜNTER, Arbeit, in: Böckle, Franz/Kaufmann, Franz-Xaver/ Rahner, Karl/Welte, Bernhard (Hrsg.), Enzyklopädische Bibliothek in 30 Teilbänden, Christlicher Glaube in moderner Gesellschaft, Bd.8, Freiburg i.Brg. 1980, 99-135.

BRAKELMANN, GÜNTER, Arbeit VIII, Humanisierung der industriellen Arbeitswelt, in: Krause, Gerhard/Müller, Gerhard (Hrsg.), TRE, Bd.3, Berlin/New York 1978, 657-669.

BRIESKORN, NORBERT, Der Mensch als zoon politikon, in: Koltermann, Rainer (Hrsg.), Universum – Mensch – Gott, Der Mensch vor den Fragen der Zeit, Graz 1997, 248-267.

CANCIK, HUBERT, Gleichheit und Freiheit. Die antiken Grundlagen der Menschenrechte, in: Kehrer, Günter (Hrsg.), „Vor Gott sind alle gleich", Soziale Gleichheit, soziale Ungleichheit und die Religionen, Düsseldorf 1983, 190-211.

CICERO, MARCUS TULLIUS, De inventione II, in: Friedrich, Wilhelm (Hrsg.), Opera rhetorica, Bd.1, Leipzig 1884, 174-236.

COHN, RUTH C., Von der Psychoanalyse zur Themenzentrierten Interaktion, Von der Behandlung einzelner zu einer Pädagogik für alle, Stuttgart 1975.

DAFERTH, INGOLF U./JÜNGEL, EBERHARD, Person und Gottebenbildlichkeit, in: Böckle, Franz/Kaufmann, Franz-Xaver/Rahner, Karl/Welte, Bernhard (Hrsg.), Enzyklopädische Bibliothek in 30 Teilbänden, Christlicher Glaube in moderner Gesellschaft, Bd.24, Freiburg 1981, 57-99.

DAHRENDORF, RALF, Homo Sociologicus, Ein Versuch zur Geschichte, Bedeutung und Kritik der Kategorie der sozialen Rollen, Köln/Opladen[3] 1961.

DITFURTH, HOIMER VON, Im Anfang war der Wasserstoff, Zürich 1978.

EBELING, GERHARD, Dogmatik des christlichen Glaubens I, Prolegomena, Der Glaube an Gott den Schöpfer der Welt, Tübingen 1987.

ERIKSON, ERIK H., Identität und Lebenszyklus, Drei Aufsätze, Übersetzt von Käte Hügel, Frankfurt a.M. 1994.

FREUD, SIGMUND, Neue Folge der Vorlesungen zur Einführung in die Psychoanalyse, Frankfurt a.M. 1969 (1933).

FUHRMANN, MANFRED, Person, in: Ritter, Joachim/Gründer, Karlfried (Hrsg.), Historisches Wörterbuch der Philosophie, Bd.7, Basel 1989, 269-283.

GADSHIJEW, KAMALUDIN, Totalitarismus als Phänomen des 20. Jahrhunderts, in: Maier, Hans (Hrsg.), Totalitarismus und Politische Religionen, Konzepte des Diktaturvergleichs, Paderborn 1996, 335-356.

GEHLEN, ARNOLD, Der Mensch, seine Natur und seine Stellung in der Welt, Bonn[4] 1950.

GEHLEN, ARNOLD, Moral und Hypermoral, Eine pluralistische Ethik, Frankfurt a.M./ Bonn 1969.

GOGARTEN, FRIEDRICH, Verhängnis und Hoffnung der Neuzeit, Stuttgart[2] 1958.

GRESHAKE, GISBERT, Der dreieine Gott, Eine trinitarische Theologie, Freiburg i.Brg.[2] 1997.

GROSS, WALTER, Die Erschaffung des Menschen als Bild Gottes, in: Koltermann, Rainer (Hrsg.), Universum – Mensch – Gott, Der Mensch vor den Fragen der Zeit, Graz 1997, 157-164.

GROSS, WALTER, Die Gottebenbildlichkeit des Menschen nach Gen 1, 26.27 in der Diskussion des letzten Jahrzehnts, in: BN 68 (1993), 35-48.

GRÜNDEL, JOHANNES, Christliche Moral und Menschenrechte, in: Odersky, Walter (Hrsg.), Die Menschenrechte, Herkunft – Geltung – Gefährdung, Düsseldorf 1994, 90-137.

GRÜNDEL, JOHANNES, Person und Gewissen, in: Gründel, Johannes (Hrsg.), Leben aus christlicher Verantwortung, Ein Grundkurs der Moral, Bd.1, Düsseldorf 1991, 63-86.

GRUNDGESETZ FÜR DIE BUNDESREPUBLIK DEUTSCHLAND, Seifert, Karl/Hömig, Dieter (Hrsg.), Baden-Baden[2] 1985.

GUARDINI, ROMANO, Die Annahme seiner selbst, Den Menschen erkennt nur, wer von Gott weiß, Mainz 1987.

GUARDINI, ROMANO, Welt und Person, Versuche zur christlichen Lehre vom Menschen, Mainz[6] 1988.

HAFNER, FELIX, Kirchen im Kontext der Grund- und Menschenrechte, Freiburg/ Schweiz 1992.

HAMANN, BRUNO, Pädagogische Anthropologie, Theorien – Modelle – Strukturen, Bad Heilbrunn/Obb.[2] 1993.

HARNACK, ADOLF VON, Das Wesen des Christentums, Leipzig 1902.

HEIDELMEYER, WOLFGANG (Hrsg.), Die Menschenrechte, Erklärungen, Verfassungsartikel, Internationale Abkommen, Paderborn[3] 1982.

HEINZMANN, RICHARD, Das Christliche – das Humanum, in: Gründel, Johannes (Hrsg.), Leben aus christlicher Verantwortung, Ein Grundkurs der Moral, Bd.1, Düsseldorf 1991, 86-112.

HILBERATH, BERND J., Der Personbegriff der Trinitätstheologie in Rückfrage an Karl Rahner zu Tertullians „Adversus Praxean", Innsbruck 1986.

HILPERT, KONRAD, Die Menschenrechte, Geschichte – Theologie – Aktualität, Düsseldorf 1991.

HONECKER, MARTIN, Arbeit VII, in: Krause, Gerhard/Müller, Gerhard (Hrsg.), TRE, Bd.3, Berlin/New York 1978, 639-657.

JACOBI, JOLANDE, Die Psychologie von C.G. Jung. Eine Einführung in das Gesamtwerk, Frankfurt a.M. 1977.

JONAS, HANS, Das Prinzip Verantwortung, Versuch einer Ethik für die technologische Zivilisation, Frankfurt a.M. 1984.

JUNG, CARL GUSTAV, Die Syzygie: Anima und Animus, Gesammelte Werke Bd.IX, Olten/Freiburg i.Brg. 1976.

JUNG, CARL GUSTAV, Psychologische Typen, Gesammelte Werke Bd.VI, Zürich 1960.

KANT, IMMANUEL, Kritik der praktischen Vernunft, Grundlegung zur Metaphysik der Sitten, in: Weischedel, Wilhelm (Hrsg.), Bd.VII; Frankfurt a.M.[6] 1982.

KERBER, WALTER, Arbeit IV. Sozialethisch, in: Kasper, Walter (Hrsg.), LThK, Begründet von Michael Buchberger, Dritte, völlig neubearbeitete Auflage, Bd.1, Freiburg i.Brg./Basel/Rom/Wien[3] 1993, 921-923.

KERBER, WALTER, Arbeit und Arbeitslosigkeit, in: Gründel, Johannes (Hrsg.), Leben aus christlicher Verantwortung, Ein Grundkurs Bd.2, Schöpfung, Wirtschaft, Gesellschaft, Kultur, Düsseldorf 1992, 70-80.

KOBUSCH, THEO, Die Entdeckung der Person, Metaphysik der Freiheit und modernes Menschenbild, Freiburg i.Brg. 1993.

KORFF, WILHELM, Kernenergie und Moraltheologie, Der Beitrag der theologischen Ethik zur Frage allgemeiner Kriterien ethischer Entscheidungsprozesse, Frankfurt a.M. 1979.

KORFF, WILHELM, Naturale Bedingungsstrukturen des Sittlichen, in: Hertz, Anselm/Korff, Wilhelm/Rendtorff, Trutz/Ringeling, Hermann (Hrsg.), Handbuch der christlichen Ethik, Bd.1, Freiburg i.Brg. 1985, 152-158.

KORFF, WILHELM, Norm und Sittlichkeit, Untersuchungen zur Logik der normativen Vernunft, Freiburg i.Brg.[2] 1985.

KORFF, WILHELM, Orientierungslinien einer Wirtschaftsethik, in: Hunold, Gerfried/Korff, Wilhelm (Hrsg.), Die Welt für Morgen, Ethische Herausforderungen im Anspruch der Zukunft, München 1986, 67-80.

KORFF, WILHELM, Theologische Ethik, Eine Einführung, Freiburg i.Brg. 1975.

KORFF, WILHELM, Wie kann der Mensch glücken?, Perspektiven der Ethik, München 1985.

KRETSCHMER, ERNST, Körperbau und Charakter, Berlin[26] 1977.

LE GOFF, JACQUES, Arbeit V, in: Krause, Gerhard/Müller, Gerhard (Hrsg.), TRE, Bd.3, Berlin/New York 1978, 626-635.

LEHMANN, KARL, Kreatürlichkeit des Menschen als Verantwortung für die Erde, in: IKaZ Communio (1978), 38-54.

LUTHER, MARTIN, Ausgewählte Schriften, Bd.1, Herausgegeben von Karin Bornkamm und Gerhard Ebeling, Frankfurt a.M. 1982.

MAAG, VICTOR, Sumerische und babylonische Mythen von der Erschaffung des Menschen, in: AsSt 8 (1954), 85-106.

MAIER, HANS, Christentum und Menschenrechte, Historische Umrisse, in: Odersky, Walter (Hrsg.), Die Menschenrechte, Herkunft – Geltung – Gefährdung, Düsseldorf 1994, 49-64.

MASLOW, ABRAHAM, Motivation und Persönlichkeit, Olten 1977.

MEIER, ERHARD, Die Nächstenliebe im Buddhismus als Übung der Güte, Khoury, Adel Theodor/Hünermann, Peter (Hrsg.), Wer ist mein Nächster?, Die Antwort der Weltreligionen, Freiburg i.Brg. 1988, 59-82.

MOLINSKI, WALDEMAR, Umgang mit Konflikten, in: Gründel, Johannes (Hrsg.), Leben aus christlicher Verantwortung, Ein Grundkurs Bd.2, Schöpfung, Wirtschaft, Gesellschaft, Kultur, Düsseldorf 1992, 134-149.

NELL-BREUNING, OSWALD VON, Baugesetze der Gesellschaft, Gegenseitige Verantwortung – Hilfreicher Beistand, Freiburg i.Brg. 1968.

OCKINGA, BOYO, Die Gottebenbildlichkeit im Alten Ägypten und Alten Testament, in: Görg, Manfred (Hrsg.), Studien zu Geschichte, Kultur und Religion Ägyptens und des Alten Testaments, Bd.7, Wiesbaden 1984.

PANNENBERG, WOLFHART, Anthropologie in theologischer Perspektive, Göttingen 1983.

PESTALOZZI, JOHANN H., Grundlehren Mensch, Staat, Erziehung, Stuttgart 1976 (1956).

PICO DELLA MIRANDOLA, GIOVANNI, De hominis dignitate, Über die Würde des Menschen, Übersetzt von Norbert Baumgarten, herausgegeben und eingeleitet von August Buck, Lateinisch-deutsch, in: Philosophische Bibliothek, Bd.427, Hamburg 1990.

PORTMANN, ADOLF, Die Menschengeburt im System der Biologie, in: Baumberger, Richard (Hrsg.), Das Kind in unserer Zeit, Stuttgart 1958.

PUFENDORF, SAMUEL VON, De iure naturae et gentium, Libri octo, Frankfurt a.M. 1672.

PUNT, JOZEF, Die Idee der Menschenrechte, Ihre geschichtliche Entwicklung und ihre Rezeption durch die moderne katholische Sozialverkündigung, Paderborn 1987.

RAHNER, HUGO, Der spielende Mensch, Einsiedeln/Freiburg[10] 1990.

RAUSCHER, ANTON, Personalität, Solidarität, Subsidiarität, in: Bund Katholischer Unternehmer/Katholische Arbeitnehmer-Bewegung/Kolpingwerk Deutscher Zentralverband (Hrsg.), Katholische Soziallehre in Text und Kommentar, Heft 1, Köln 1975.

RENDTORFF, TRUTZ, Verantwortung für die Welt als Schöpfung Gottes – Ethische Grundlagen ökologischer Forderungen, in: Hunold, Gerfried/Korff, Wilhelm (Hrsg.), Die Welt für Morgen, Ethische Herausforderungen im Anspruch der Zukunft, München 1986, 20-30.

ROTTER, HANS, Person und Ethik, Zur Grundlegung der Moraltheologie, Innsbruck/ Wien 1993.

SCHMIDINGER, HEINRICH, Der Mensch ist Person, Ein christliches Prinzip in theologischer und philosophischer Sicht, Innsbruck/Wien 1994.

SCHMIDT, WERNER H., Die Schöpfungsgeschichte der Priesterschrift, Kap. II B 9: „Das achte Schöpfungswerk: die Menschen. Gen 1,26-28", in: WMANT 17 (1964) 127-148.

SCHNEEWIND, KLAUS A., Persönlichkeitstheorien I, Alltagspsychologie und mechanistische Ansätze, Darmstadt 1982.

SCHNEEWIND, KLAUS A., Persönlichkeitstheorien II, Organische und dialektische Ansätze, Darmstadt 1984.

SCHOCKENHOFF, EBERHARD, Ethik des Lebens, Ein theologischer Grundriß, Mainz 1993.

SCHUH, HANS, Interaktion, in: Bitter, Gottfried/Miller, Gabriele (Hrsg.), Handbuch Religionspädagogischer Grundbegriffe, Bd.1, München 1989, 74-78.

SCHULZ, EHRENFRIED, Religiöse Elternbildung als Lebenshilfe, Ein humanwissenschaftlich orientierter Modellentwurf, in: Feifel, Erich/Stachel, Günter/Paul, Eugen (Hrsg.), Studien zur Praktischen Theologie, Bd.20, Zürich/Einsiedeln/Köln 1979.

SEIBEL, WOLFGANG, Imago Dei, in: Feiner, Johannes/Löhrer, Magnus (Hrsg.), Mysterium Salutis, Bd.2, Die Heilsgeschichte vor Christus, Einsiedeln/Zürich/Köln 1967, 805-844.

SENECA, LUCIUS AENAEUS, De beneficiis, in: Rosenbach, Manfred (Hrsg.), L. Annaeus Seneca, Philosophische Schriften, Lateinisch und Deutsch, Bd.5, Über die Milde, Über die Wohltaten, Darmstadt 1989.

SHELDON, WILLIAM H., The varietes of temperament: a psychology of constitutional differences, New York 1942.

SIELAND, BERNHARD, Grundlagen der Entwicklungspsychologie, in: Blattner, Jürgen/ Gareis, Balthasar/Plewa, Alfred (Hrsg.), Handbuch der Psychologie für die Seelsorge, Psychologische Grundlagen, Bd.1, Düsseldorf 1992, 215-230.

SPAEMANN, ROBERT, Über den Begriff der Menschenwürde, in: Böckenförde, Ernst-Wolfgang/Spaemann, Robert (Hrsg.), Menschenrechte und Menschenwürde, Historische Voraussetzungen – säkulare Gestalt – christliches Verständnis, Stuttgart 1987, 295-313.

SPLETT, JÖRG, Der Mensch ist Person, Zur christlichen Rechtfertigung des Menschseins, Frankfurt a.M. 1987.

STIETENCRON, HEINRICH VON, Menschenrechte?, Sichtweise Südasiatischer Religionen, in: Odersky, Walter (Hrsg.), Die Menschenrechte, Herkunft – Geltung – Gefährdung, Düsseldorf 1994, 65-89.

THIELICKE, HELMUT, Mensch sein – Mensch werden, Entwurf einer christlichen Anthropologie, München 1976.

WATSON, JOHN B., Der Behaviorismus, Stuttgart 1930.

WEIZSÄCKER, CARL FRIEDRICH VON, Die Tragweite der Wissenschaft, Stuttgart 1964.

WENDEL, FRANZ, Identität, in: Bitter, Gottfried/Miller, Gabriele (Hrsg.), Handbuch Religionspädagogischer Grundbegriffe, Bd.1, München 1989, 100-105.

WERBICK, JÜRGEN, Person, in: Eicher, Peter, (Hrsg.), Neues Handbuch theologischer Grundbegriffe, Bd.3, München 1985, 339-350.

WESTERMANN, CLAUS, Genesis, Bd.I/1, in: Herrmann, Siegfried/Wolff, Hans Walter (Hrsg.), Biblischer Kommentar Altes Testament, Begründet von Martin Noth, Neukirchen-Vluyn[3] 1983, 197-222.

ZIMBARDO, PHILIP G., Psychologie, Bearbeitet und herausgegben von Siegfried Hoppe-Graff und Barbara Keller, Berlin/Heidelberg/New York[5] 1992.

Literatur/Quellennachweise zur Thematik „Sozialität"

AMENGUAL, GABRIEL, Zu einer begrifflichen Bestimmung von Solidarität, in: Fraling, Bernhard /Hoping, Helmut/Scannone, Juan Carlos (Hrsg.), Kirche und Theologie im kulturellen Dialog, Für Peter Hünermann, Freiburg i.Brg./Basel/Wien 1994, 237-254.

BAUMGARTNER, ALOIS, Sehnsucht nach Gemeinschaft, Ideen und Strömungen im Sozialkatholizismus der Weimarer Republik, München/Paderborn/Wien 1977.

DENZINGER, HEINRICH, Enchiridion symbolorum definitionum et declarationum de rebus fidei et morum, Kompendium der Glaubensbekenntnisse und kirchlichen Lehrentscheidungen, Verbessert, erweitert, ins Deutsche übertragen und unter Mitarbeit von Helmut Hoping herausgegeben von Hünermann, Peter, Freiburg i.Brg./Basel/Rom/Wien[37] 1991./DH

EIBL-EIBESFELDT, IRENÄUS, Liebe und Haß, Zur Naturgeschichte elementarer Verhaltensweisen, München 1970.

GADAMER, HANS-GEORG, Wahrheit und Methode, Grundzüge einer philosophischen Hermeneutik, Tübingen 1960.

GRÜNDEL, JOHANNES, Christliches Menschenbild und Fundamentalismus, in: Weis, Kurt (Hrsg.), Bilder vom Menschen in Wissenschaft, Technik und Religion, München 1993, 259-282.

GUARDINI, ROMANO, Möglichkeit und Grenzen der Gemeinschaft (1932), in: Guardini, Romano, Unterscheidung des Christlichen, Bd.1, Aus dem Bereich der Philosophie, Mainz[3] 1994, 76-94.

HEIDELMEYER, WOLFGANG (Hrsg.), Die Menschenrechte, Erklärungen, Verfassungsartikel, Internationale Abkommen, Paderborn[3] 1982.

HÖFFNER, JOSEPH, Christliche Gesellschaftslehre, Herausgegeben, bearbeitet und ergänzt von Lothar Roos, Kevelaer 1997.

HÖFFNER, JOSEPH, Gemeinschaft, in: Fries, Heinrich (Hrsg.), Handbuch Theologischer Grundbegriffe, Bd.1, München 1962, 462-468.

KIERKEGAARD, SÖREN, Entweder – Oder, Bd.2, Jena 1913.

KÖNIG, RENE, Soziologie, Frankfurt a.M. 1958.

KORFF, WILHELM, Kernenergie und Moraltheologie, Der Beitrag der theologischen Ethik zur Frage allgemeiner Kriterien ethischer Entscheidungsprozesse, Frankfurt a.M. 1979.

KORFF, WILHELM, Naturale Bedingungsstrukturen des Sittlichen, in: Hertz, Anselm/Korff, Wilhelm/Rendtorff, Trutz/Ringeling, Hermann (Hrsg.), Handbuch der christlichen Ethik, Bd.1, Freiburg i.Brg. 1985, 152-158.

KORFF, WILHELM, Norm und Sittlichkeit, Untersuchungen zur Logik der normativen Vernunft, Freiburg i.Brg.[2] 1985.

NELL-BREUNING, OSWALD VON, Baugesetze der Gesellschaft, Gegenseitige Verantwortung – Hilfreicher Beistand, Freiburg i.Brg. 1968.

NELL-BREUNING, OSWALD VON, Das Subsidiaritätsprinzip, in: Münder, Johannes/Kreft, Dieter (Hrsg.), Subsidiarität heute, Münster 1990, 173-184.

PESCH, HEINRICH, Lehrbuch der Nationalökonomie I, Freiburg i.Brg.[4] 1924.

PIEPER, JOSEF, Grundformen sozialer Spielregeln, München[7] 1987.

PIEPER, STEFAN ULRICH, Subsidiarität, Ein Beitrag zur Begrenzung der Gemeinschafts-kompetenz, Köln 1994.

PIUS XI., Enzyklika „Quadragesimo anno", 15. Mai 1931: DH 3725-3744.

PLESSNER, HELMUTH, Grenzen der Gemeinschaft, Eine Kritik des sozialen Radika-lismus, Bonn 1924.

PORTMANN, ADOLF, Das Tier als soziales Wesen, Zürich 1953.

RAUSCHER, ANTON, Personalität, Solidarität, Subsidiarität, in: Bund Katholischer Unternehmer/Katholische Arbeitnehmer-Bewegung/Kolpingwerk Deutscher Zen-tralverband (Hrsg.), Katholische Soziallehre in Text und Kommentar, Heft 1, Köln 1975.

RENDTORFF, TRUTZ, Kritische Erwägungen zum Subsidiaritätsprinzip, in: Münder, Johannes/Kreft, Dieter (Hrsg.), Subsidiarität heute, Münster 1990, 184-210.

ROOS, LOTHAR, Subsidiarität, in: Enderle, Georges/Homann, Karl/Honecker, Martin/Kerber, Walter/Steinmann, Horst (Hrsg.), Lexikon der Wirtschaftsethik, Freiburg i.Brg./Basel/Wien 1993, 1045-1049.

SCHNEIDER, LOTHAR, Soziale Vernetzung, Elemente für eine christliche Gesellschafts-lehre, Regensburg 1988.

SCHNEIDER, LOTHAR, Subsidiäre Gesellschaft – Erfolgreiche Gesellschaft, Implikative und analoge Aspekte eines Sozialprinzips, Paderborn/München/Wien/ Zürich[3] 1990.

SCHOPENHAUER, ARTHUR, Parerga und Paralipomena, Kleine Philosophische Schriften, Bd.2, § 396, in: Löhneysen, Wolfgang Freiherr von (Hrsg.), Arthur Schopenhauer Sämtliche Werke, Bd.V, Darmstadt[2] 1968.

SCHWER, WILHELM, Katholische Gesellschaftslehre, Paderborn 1928.

SENECA, LUCIUS AENAEUS, De beneficiis, in: Rosenbach, Manfred (Hrsg.), L. Annaeus Seneca, Philosophische Schriften, Lateinisch und Deutsch, Bd.5, Über die Milde, Über die Wohltaten, Darmstadt 1989.

THOMAS VON AQUIN, Summa Thelogiae, Prima Secundae, Madrid 1955.

THOMAS VON AQUIN, Super Evangelium Matthaei, in: Busa, Robertus (Hrsg.), S.Tho-mae opera omnia, Bd.6, Stuttgart 1980.

TÖNNIES, FERDINAND, Das Wesen der Soziologie, in: Tönnies, Ferdinand (Hrsg.), Soziologische Studien und Kritiken, Bd.I, Jena 1925, 350-368.

TÖNNIES, FERDINAND, Gemeinschaft und Gesellschaft, Grundbegriffe der reinen Sozio-logie, Darmstadt[8] 1991.

ULRICH, HANS G., Solidarität, in: Enderle, Georges/Homann, Karl/Honecker, Martin/Kerber, Walter/Steinmann, Horst (Hrsg.), Lexikon der Wirtschaftsethik, Freiburg i.Brg./Basel/Wien 1993, 959-963.

VATICANUM II, Gaudium et Spes, Pastorale Konstitution über die Kirche in der Welt von heute, in: Vorgrimmler, Heribert (Hrsg.), LThK, Das Zweite Vatikanische Kon-zil, Dokumente und Kommentare, Teil III, Freiburg i.Brg.[2] 1968, 280-592./GS

VIERKANDT, ALFRED, Gesellschaftslehre, Stuttgart 1928.

WICKLER, WOLFGANG/SEIBT, UTA, Das Prinzip Eigennutz, Zur Evolution sozialen Verhaltens, München/Zürich 1991.

3. Kapitel

Literatur/Quellennachweise zur Thematik „BMW"

Referate/Ansprachen von Vorstandsmitgliedern

KUENHEIM, EBERHARD VON, BMW Handlungsmaximen, Strategisches Schlußreferat am 5. BMW-Tag in Berlin, o.O., April 1985.

KUENHEIM, EBERHARD VON, Durch Effizienzsteigerung die Spitzenstellung halten, Vortrag am BMW Tag, o.O., 23.05.90.

KUENHEIM, EBERHARD VON, Erziehung – Bildung – Ausbildung: Das Kapital unserer Gesellschaft, Rede anläßlich der Zusammenkunft des Bremer Tabak-Collogiums in Salem am Mittwoch, 30. Oktober 1996, o.O..

KUENHEIM, EBERHARD VON, Grundsätze für die Führung des BMW-Konzerns, Vortrag von E.v.Kuenheim anläßlich des 6. BMW-Tages am 26.11.1988, o.O..

KUENHEIM, EBERHARD VON, Souveränität durch Stärke, Abschlußreferat am 8. BMW-Tag, o.O., 14.06.91.

KUENHEIM, EBERHARD VON, Zukunftssicherung durch Innovation, 4. BMW-Tag in Garmisch-Partenkirchen, 24.-26. April 1982, o.O..

MILBERG, JOACHIM, Antrittsrede, o.O., 08.02.99.

MILBERG, JOACHIM, Produktion – Eine treibende Kraft, o.O., 27.02.97.

PANKE, HELMUT, Unternehmer braucht das Land, Schriftliche Fassung der Rede von Dr. Helmut Panke anläßlich des Münchener Businessplan-Wettbewerbs am 17. Juni 1997, o.O..

PISCHETSRIEDER, BERND, Ansprache bei BMW France, Dinner Ansprache von Bernd Pischetsrieder bei BMW France am 12. November 1998 im Hotel d`Evreux in Paris, o.O..

PISCHETSRIEDER, BERND, Antrittsrede, Rede A zum OFK-Treffen am 29. Juni 1993, o.O..

PISCHETSRIEDER, BERND, Arbeitsplatz Deutschland – Perspektiven für das 21. Jahrhundert, Eröffnungsrede von Bernd Pischetsrieder, Vorsitzender des Vorstands der BMW AG, beim ME-Forum am 5. März 1998 im Maritim proArte Hotel Berlin, o.O..

PISCHETSRIEDER, BERND, Grundsätze und Dimensionen, Unternehmensqualität – ein neuer Impuls, o.O., 1995.

PISCHETSRIEDER, BERND, Ist die deutsche Wirtschaft für den Jahrtausendwechsel gerüstet?, Schriftliche Fassung der Rede von Bernd Pischetsrieder zum Jahresempfang Club Wirtschaftspresse München am 19. November 1998 im Literaturhaus in München, o.O..

PISCHETSRIEDER, BERND, Personal- und Führungspolitik eines deutschen Unternehmens im weltweiten Wettbewerb, Rede von Bernd Pischetsrieder bei der Präsidenten- und Direktorentagung der Bundesanstalt für Arbeit am 22. Januar 1997 in Nürnberg, o.O..

PISCHETSRIEDER, BERND, Personalführung eines bayerischen Weltunternehmens, Schriftliche Fassung der Rede von Bernd Pischetsrieder, Vorsitzender des Vorstands der BMW AG, bei der Soiree im Bayerischen Landtag am 16. Juli 1997, o.O..

PISCHETSRIEDER, BERND, Verantwortung für Mobilität, Rede des Vorsitzenden des Vorstandes der BMW AG, Bernd Pischetsrieder, anläßlich der Internationalen Automobil-Ausstellung in Frankfurt/Main am 07. September 1993, o.O..

PISCHETSRIEDER, BERND, Wertorientierte und werteorientierte Unternehmensführung – ein Gegensatz?, Rede von Bernd Pischetsrieder, Vorsitzender des Vorstandes der BMW AG, an der Technischen Universität München am 29. Juli 1994, o.O..

PISCHETSRIEDER, BERND, Zum Abschluß des 10. BMW Tages 1995, o.O..

TELTSCHIK, HORST, Spitzenleistungen im Wettbewerb – Das Beispiel BMW, Schriftliche Fassung der Rede von Horst Teltschik anläßlich der Verleihung des Ludwig Erhard Preises am 17.11.1997 in Berlin, o.O..

Geschäftsberichte

BMW AG, BMW Geschäftsbericht, München 1997.

Betriebsvereinbarungen

Betriebsvereinbarung zwischen Unternehmensleitung und Gesamtbetriebsrat der Bayerischen Motoren Werke Aktiengesellschaft, Ideenmanagement, München 30.04. 1998.

Betriebsvereinbarung zwischen Unternehmensleitung und Gesamtbetriebsrat der Bayerischen Motoren Werke Aktiengesellschaft, Neue Arbeitsstrukturen, München 22.06.95.

Fachliteratur/-artikel

BEHRENS, BOLKE, Unternehmensrangliste/Quantensprung, in: Wirtschaftswoche Nr.33/ 06.08.1998, 56.

BIHL, GERHARD, Personalpolitik zwischen Flexibilität und Kontinuität, in: Schwuchow, Karlheinz/Gutmann, Joachim (Hrsg.), Weiterbildung Jahrbuch 1997, Düsseldorf 1997, 14-19.

DEUTSCH, CHRISTIAN, Entgeltsysteme/Heiße Eisen, in: Wirtschaftswoche Nr.6/02.02. 1995, 94.

DEUTSCH, CHRISTIAN, Qualitätsmanagement/Eigenes Konterfei, in: Wirtschaftswoche Nr.34/19.08.1994, 60.

DÜRAND, DIETER, Innovationen/Schonzeit vorbei, in: Wirtschaftswoche Nr.45/02.11.
1995, 150.

DÜRAND, DIETER, Produktion auf die einfache Art, in: Wirtschaftswoche Nr.17/16.04.
1998, 112.

GLÖCKNER, THOMAS, BMW/Sicheres Gespür, in: Wirtschaftswoche Nr.1/05.01.1995,
28.

GLOGER, AXEL, Lernende Organisation, in: Wirtschaftswoche Nr.42/10.10.1996, 233.

HOFFRITZ, JUTTA, Arbeitszeit/Hohe Kante, in: Wirtschaftswoche Nr.26/20.06.1996, 90.

KACHER, GEORG, Auto/Lust auf mehr, in: Wirtschaftswoche Nr.46/09.11.1995, 159.

MÖNICH, HORST, BMW, Eine deutsche Geschichte, München 1991.

REICHART, LUDWIG, BMW Kultur, o.O., o.J..

REISCHAUER, CLAUDIA, Elite der Zukunft/Klare Zeichen setzen, in: Wirtschaftswoche
Nr.40/25.09.1997, 136.

RITTER, JOACHIM/REICHART, LUDWIG/HERRMANN, NORBERT, Personalentwicklung als
Veränderungsstrategie, in: Bundesakademie für öffentliche Verwaltung (Hrsg.),
Verwaltung und Fortbildung, Schriften der Bundesakademie für öffentliche Verwal-
tung, 25. Jahrgang (1997), Heft 1, Köln/Bonn 1997, 50-70.

SCHLOTE, STEPHAN, BMW/Fix wie Japaner, in: Wirtschaftswoche Nr.5/28.01.1994, 40.

SPÄNLE, WINFRIED, Planung/Material und Serienanlauf. Mehr Abstimmung bringt Zeitgewinn, in: Handelsblatt Nr.202/19.10.1995, 34.

ZIEBART, WOLFGANG, Das Aus für die Linie, in: Automobil-Entwicklung 1994, 26-32.

Grundlegende Führungsinstrumente/Handreichungen

BMW AG, BMW Führungskräftestruktur, Stärkere Betonung der persönlichen Leistung, o.O., 1996.

BMW AG, BMW Handlungsmaximen, München, Februar 1992.

BMW AG, BMW-Managementhaus, o.O., o.J..

BMW AG, Business Excellence, „fit" durch Selbstverantwortung, o.O., o.J..

BMW AG, Checkliste, Berechnung der persönlichen Zulage, o.O., o.J..

BMW AG, EFQM-Fachkreis, TR-60, Die Mitarbeiterbefragung als Instrument im
Verbesserungsprozeß, Eine Anleitung zur Durchführung von Mitarbeiterbefragungen gemäß der Kriterien des E.F.Q.M. Modells (Kriterium 7 „Mitarbeiterzufriedenheit"), o.O., 09.01.1998.

BMW AG, Entwicklung Gesamtfahrzeug, Prozeßverbesserungs-Impulse, Vier Bausteine zukunftsorientierter Prozeßgestaltung, München, Juli 1996.

BMW AG, GG/EB-1, Der Zielvereinbarungsprozeß (ZVP) in Fahrzeugprojekten,
Handbuch, Version 1.0, o.O., 12.12.98.

BMW AG, Grundsätze der BMW Führungskultur, Orientierungsrahmen als Ergebnis
der 4. Ammerwald-Reihe zur „Führungsethik", o.O., April 1985.

BMW AG, Intranet, Der Gesprächsrundenprozeß bei BMW, o.O., o.J..

BMW AG, Intranet, Zielvereinbarungsprozeß, o.O., o.J..

BMW AG, KVP Handbuch, KVP bei TM, o.O., 08.09.1997.

BMW AG, Leitfaden für KVP – Moderatoren – Schulungsunterlage, o.O., August 1997.

BMW AG, Neues Portfolio für AT Mitarbeiter ab September `95, o.O., 1995.

BMW AG, Personal- und Sozialwesen, Werk Regensburg, Kommoffensive II, 1998, Mitarbeiterbefragung und Aktionsplanung, Auszug aus Ergebnisse, 25.August 1998.

BMW AG, TQM-Beauftragter, Ein Weg zu Business Excellence, Das EFQM-Modell bei BMW, München, Juni 1998.

BMW AG, Unternehmensqualität bei BMW, o.O., März 1995.

BMW AG, Unternehmensqualität, Qualität zieht an, Leitfaden zur Unternehmensqualität, o.O., Februar 1992.

BMW AG, Unternehmensqualität, Qualitätsmanagement-Handbuch der BMW AG, Kurzfassung, o.O., November 1996.

BMW AG, Unternehmensqualität, Qualitätsmanagement-Handbuch der BMW AG, Langfassung im Intranet, o.O., Juli 1997.

BMW AG, Unternehmensqualität, Qualitätssicherungs-Handbuch, Teil 1/2, o.O., November 1992.

BMW AG, Werk 6, Kommunikationsoffensive II und Aktionsplanung 1998, Ihre Meinung ist uns wichtig, Wir gestalten unsere Zukunft, o.O., 1998.

BMW AG, Wir bei BMW, Mitarbeiter- und Führungsleitbild, o.O., o.J..

EUROPEAN FOUNDATION FOR QUALITY MANAGEMENT, Broschüre, Brüssel 1995.

Autorisierte Informationsunterlagen

BMW AG, AK-2, ALex – Aktuelles Lexikon, BMW Forschung und Entwicklung, o.O., 24.06.1997.

BMW AG, AK-4, ALex – Aktuelles Lexikon, Arbeitszeitkonto und Beschäftigung bei BMW, o.O., 1996.

BMW AG, AK-4, ALex – Aktuelles Lexikon, Die langfristige Personalpolitik im BMW Konzern, o.O., 1996.

BMW AG, AK-4, ALex – Aktuelles Lexikon, Entgelt bei BMW, o.O., 1996.

BMW AG, AK-4, ALex – Aktuelles Lexikon, Flexible Arbeitszeit bei BMW, o.O., April 1998.

BMW AG, AK-4, ALex – Aktuelles Lexikon, Neue Arbeitsstrukturen bei BMW, o.O., 1996.

IG METALL BETRIEBSRAT AM BMW STANDORT MÜNCHEN, Vorfahrt für Arbeitnehmer, Leitfaden für BMW Mitarbeiterinnen und Mitarbeiter, München, Februar 1998.

Betriebszeitungen

BMW AG, Bayernmotor, BMW Mitarbeiter Zeitung, 21. Jahrgang, München 1993.

BMW AG, Bayernmotor, BMW Mitarbeiter Zeitung, 22. Jahrgang, München 1994.

BMW AG, Bayernmotor, BMW Mitarbeiter Zeitung, 23. Jahrgang, München 1995.

BMW AG, Die BMW Zeitung, Für die Mitarbeiter von BMW, München 1996.

BMW AG, Die BMW Zeitung, Für die Mitarbeiter von BMW, München 1997.
BMW AG, Die BMW Zeitung, Für die Mitarbeiter von BMW, München 1998.
BMW AG, Die BMW Zeitung, Für die Mitarbeiter von BMW, München 1999.

Literatur/Quellennachweise zur Thematik „OSB"

Quellen

BAYERISCHE BENEDIKTINERKONGREGATION, Die Satzungen der Bayerischen Benediktinerkongregation, Metten 1989.

GREGORIUS I, Der hl. Benedikt: Buch II der Dialoge; lateinisch/deutsch, hrsg. im Auftrag der Salzburger Äbtekonferenz, St. Ottilien 1995.

PROBST, BENEDIKT, Benedikt von Nursia, Früheste Berichte, Freie Übertragung aus dem zweiten Buch der Dialoge Gregors des Großen, St. Ottilien 1979.

SALZBURGER ÄBTEKONFERENZ (Hrsg.), Die Benediktusregel, lateinisch/deutsch, Beuron 1992.

SALZBURGER ÄBTEKONFERENZ (Hrsg.), Monastisches Stundenbuch, Die Feier des Stundengebetes, Bd.1, Advent bis Weihnachten, St. Ottilien 1981.

WEISUNG DER VÄTER, Apophtegmata Patrum, auch Gerontikon oder Alphabeticum genannt, übersetzt von Bonifaz Miller, Trier[3] 1986.

Kommentare zur Regel Benedikts

BÖCKMANN, AQUINATA, „Daß die Brüder zur Beratung beigezogen werden sollen." (Regula Benedicti cap.3), in: EuA 69 (1993) 95-113, 200-222.

BÖCKMANN, AQUINATA, „Ob alle in gleichem Maß das Notwendige erhalten sollen" (Regula Benedicti cap.34), in: EuA 67 (1991) 169-194.

BÖCKMANN, AQUINATA, „Ob die Mönche etwas zu eigen haben dürfen" (Regula Benedicti cap.33), in: EuA 66 (1990) 361-376.

BÖCKMANN, AQUINATA, Perspektiven der Regula Benedicti, Ein Kommentar zum Prolog und den Kapiteln 53, 58, 72, 73, Münsterschwarzach 1986.

BÖCKMANN, AQUINATA, Vom Oratorium des Klosters (Regula Benedicti cap.52), in: EuA 72 (1996) 213-238.

BÖCKMANN, AQUINATA, „Von den Greisen und Kindern" (Regula Benedicti cap.37), in: EuA 71 (1995) 125-136.

BÖCKMANN, AQUINATA, „Von den kranken Brüdern" (Regula Benedicti cap.36), in: EuA 70 (1994) 389-407, 461-482.

BÖCKMANN, AQUINATA, „Von den Wochendienern in der Küche" (Regula Benedicti cap.35), in: EuA 67 (1991) 266-292.

BÖCKMANN, AQUINATA, Von der täglichen Handarbeit (Regula Benedicti cap.48), in: EuA 74 (1998) 183-203, 285-305, 373-392.

BÖCKMANN, AQUINATA, „Wenn einem Bruder Unmögliches aufgetragen wird" (Regula Benedicti cap.68), in: EuA 68 (1992) 5-21.

HERWEGEN, ILDEFONS, Sinn und Geist der Benediktinerregel, Einsiedeln/Köln 1944.

HOLZHERR, GEORG, Die Benediktsregel, Eine Anleitung zu christlichem Leben, Zürich[4] 1993.

STEIDLE, BASILIUS, Die Regel St. Benedikts, Eingeleitet, übersetzt und aus dem alten Mönchtum erklärt, Beuron 1952.

VOGÜÉ, ADALBERT DE, Die Regula Benedicti, Theologisch-spiritueller Kommentar, St. Ottilien 1986.

Monastische/spirituelle Monographien

ALTENÄHR, ALBERT, Gehorsam, Benediktinische Facetten zu einem schwierigen Gelübde, in: EuA 71 (1995) 269-275.

ANGERER, JOACHIM, Zur Problematik der Begriffe: Regula – Consuetudo – Observanz und Orden, in: SMGB 88 (1977) 312-323.

AULINGER, GISLAR, Das Humanum in der Regel Benedikts von Nursia, Eine moralgeschichtliche Studie, St. Ottilien 1950.

BAMBERG, CORONA, Entscheidungsfindung in der monastischen Gemeinschaft, in: EuA 65 (1989) 20-34.

BAMBERG, CORONA, Trost und Tröstung im monastischen Leben, in: EuA 63 (1987) 249-259.

BAMBERG, CORONA, Unter der Führung des Evangeliums, Dem Gedächtnis Sankt Benedikts 480-1980, Würzburg 1980.

BAMBERG, CORONA, Von Wert und Würde menschlicher Muße, in: GuL 57 (1984) 13-27.

BAMBERG, CORONA, Zur Aktualität des benediktinischen Lebens, in: EuA (1980) 274-288.

BAYERISCHE BENEDIKTINERAKADEMIE (Hrsg.), Die Bayerische Benediktinerkongregation 1684-1984, St. Ottilien 1984.

BEIER, ERNST, Die Regula Benedicti und die modernen Managementlehren, Der Versuch eines Vergleichs, in: RBS 5 (1976) 353-370.

BÖCKMANN, AQUINATA, Die Sicht des Menschen nach der Regula Benedicti auf dem Hintergrund ihrer Tradition, besonders der Regula Magistri, in: Schramm, Michael/ Zelinka, Udo (Hrsg.), Um des Menschen willen, Moral und Spiritualität, Festschrift für Bernhard Fraling zum 65. Geburtstag, Würzburg 1994, 181-207.

BÖCKMANN, AQUINATA, Discretio im Sinn der Regel Benedikts und ihrer Tradition, in: EuA 52 (1976) 362-373.

BÖCKMANN, AQUINATA, Gebet nach der Benediktusregel, in: EuA 64 (1988) 107-116.

BÖCKMANN, AQUINATA, Weltoffenheit und Weltdistanz nach der Regel Benedikts, in: EuA 63 (1987) 107-120.

BORIAS, ANDRÉ, Der Cellerar und seine Kommunität nach der Regel Benedikts, in: EuA 59 (1983) 353-369.

BORIAS, ANDRÉ, Die „misericordia" in der Regel des Magisters und in der Regel Benedikts, in: EuA 63 (1987) 269-281.

BORIAS, ANDRÉ, Die Regel Benedikts – Spiegel eines monastischen Reifungsprozesses, in: EuA 65 (1989) 270-291.

BORIAS, ANDRÉ, „Was dem anderen nützt", in: EuA 67 (1991) 20-27.

BRAULIK, GEORG, Leben in der Brudergemeinde des Klosters, in: Braulik, Georg (Hrsg.), Herausforderung der Mönche, Benediktinische Spiritualität heute, Wien/ Freiburg/Basel 1979, 65-108.

BUDDENBORG, PIUS, Zur Tagesordnung in der Benediktusregel, in: BM 18 (1936), 8-100.

BUTLER, CUTHBERT, Benediktinisches Mönchtum, Studien über benediktinisches Leben und die Regel St.Benedikts, St. Ottilien 1929.

DAMMERTZ, VIKTOR, Das Erbe Benedikts und die Zukunft der Kirche, in: Bader, Dietmar (Hrsg.), Benedikt von Nursia, Neue Lebensordnung – Reform der Kirche – Humane Bildung, Freiburg i.Brg./Beuron 1981, 30-46.

DAMMERTZ, VIKTOR, Promittat de conversatione morum suorum (RB 58,17), in: EuA 70 (1994) 5-14.

DÉCARREAUX, JEAN, Die Mönche und die abendländische Zivilisation, Wiesbaden 1964.

DELAHAYE, KARL, Gestaltwandel des Gehorsams, in: Böckle, Franz/Groner, Josef (Hrsg.), Moral zwischen Anspruch und Verantwortung, Festschrift für W. Schöllgen, Düsseldorf 1964, 131-140.

DOMEK, JOHANNA, Gehorsam, in: EuA 70 (1994) 187-197.

DOMEK, JOHANNA, Vom rechten Reden nach der Regel Benedikts, in: EuA 65 (1989) 320-324.

DOPPELFELD, BASILIUS, Das Kloster als „Familie", Kritische Anmerkungen zu einem Stereotyp monastischer Literatur, in: EuA 50 (1974) 5-20.

DOPPELFELD, BASILIUS, Das Kloster als Gemeinde nach der Regula Benedicti und in seiner Bedeutung für heute, in: EuA 62 (1986) 190-200.

DOPPELFELD, BASILIUS, Die bleiben wollen, in: EuA 66 (1990) 116-128.

DOPPELFELD, BASILIUS, Ein anderes Leben, Gedanken zu Regel und Profeß, in: EuA 71 (1995) 316-323.

DOPPELFELD, BASILIUS, Eine Regel für Anfänger, in: EuA 65 (1989) 345-358.

DOPPELFELD, BASILIUS, Höre – Nimm an – Erfülle, Münsterschwarzach 1981.

DÜRIG, WALTER, Abt, das heißt Vater. Der charismatisch-pneumatische Christusvikariat des Abtes, in: Langer, Michael/Bilgri, Anselm (Hrsg.), Weite des Herzens – Weite des Lebens, Beiträge zum Christsein in moderner Gesellschaft, Festschrift für Abt Odilo Lechner, Bd.1, Regensburg 1989, 63-76.

ELLEGAST, BURKHARD, Den Glauben leben: Die Benediktiner als unfreiwilliger Kulturträger, in: Schütz, Christian/Rath, Philippa (Hrsg.), Der Benediktinerorden, Gott suchen in Gebet und Arbeit, Mainz 1994, 140-145.

ENGELBERT, PIUS, Zwischen Regel und Reform: Zur Geschichte des Benediktinerordens, in: Schütz, Christian/Rath, Philippa (Hrsg.), Der Benediktinerorden, Gott suchen in Gebet und Arbeit, Mainz 1994, 28-53.

FELTEN, FRANZ J., Herrschaft des Abtes, in: Prinz, Friedrich (Hrsg.), Herrschaft und Kirche, Beiträge zur Entstehung und Wirkungsweise episkopaler und monastischer Organisationsformen, Stuttgart 1988, 147-296.

FINK, WILHELM, Beiträge zur Geschichte der Bayerischen Benediktinerkongregation, Eine Jubiläumsschrift 1684-1934, in: Bayerische Benediktinerakademie (Hrsg.), Studien und Mitteilungen zur Geschichte des Benediktinerordens und seiner Zweige, IX. Ergänzungsheft, Metten 1934.

FISCHER, PIUS, St. Benedikt in Bayern, Vierzehn Abteien vom 7. Jahrhundert bis heute, St. Augustin 1980.

FRANK, KARL SUSO, Geschichte des christlichen Mönchtums, Darmstadt[5] 1996.

FRANK, KARL SUSO, „Immer ein wenig billiger verkaufen ...", in: EuA 53 (1977) 251-257.

FRANK, KARL SUSO, „Siehe das Gesetz, unter dem du dienen willst." – Der geschichtliche Ort der Benediktusregel, in: Bader, Dietmar (Hrsg.), Benedikt von Nursia, Neue Lebensordnung – Reform der Kirche – Humane Bildung, Freiburg i.Brg./ Beuron 1981, 47-60.

FREI, JUDITH, Die Stellung des alten Mönchtums zur Arbeit, in: EuA 53 (1977) 332-336.

FRIEDMANN, EDGAR, Hermeneutische Überlegungen zum Verständnis der Regula Benedicti heute, Folgerungen für den Bereich Autorität und Gehorsam, in: RBS 5 (1976) 335-351.

FRIEDMANN, EDGAR, Mönche im Dienst der Kirche für die Menschen, in: Braulik, Georg (Hrsg.), Herausforderung der Mönche, Benediktinische Spiritualität heute, Wien/Freiburg/Basel 1979, 175-196.

FRIEDMANN, EDGAR, Mönche mitten in der Welt, Münsterschwarzach 1981.

FÜGLISTER, NOTKER, Zeugnis gelebter Hoffnung, in: Braulik, Georg (Hrsg.), Herausforderung der Mönche, Benediktinische Spiritualität heute, Wien/Freiburg/Basel 1979, 131-153.

GODEL, WILLIBRORD, „... wieder Frieden schließen", Der Umgang mit dem Konflikt in der Benediktsregel, in: Langer, Michael/Bilgri, Anselm (Hrsg.), Weite des Herzens – Weite des Lebens, Beiträge zum Christsein in moderner Gesellschaft, Festschrift für Abt Odilo Lechner, Bd.1, Regensburg 1989, 107-117.

GOLLNICK, RÜDIGER, Die Bedeutung des stabilitas-Begriffes für die pädagogische Konzeption der Regula Benedicti, in: EuA 69 (1993) 296-313.

GORDAN, PAULUS, Mönche oder Klöster, in: Langer, Michael/Bilgri, Anselm (Hrsg.), Weite des Herzens – Weite des Lebens, Beiträge zum Christsein in moderner Gesellschaft, Festschrift für Abt Odilo Lechner, Bd.1, Regensburg 1989, 119-128.

GORDAN, PAULUS, Ora et labora, in: EuA 67 (1991) 253-254.

GORDAN, PAULUS, Vom Schreiben. Eine Bildbetrachtung, in: EuA 56 (1980) 208-209.

GRÜN, ANSELM, Benedikt von Nursia, Seine Botschaft heute, Münsterschwarzach 1979.

GRÜN, ANSELM, Benediktinische Erziehung, in: EuA 53 (1977) 323-331.

GRÜN, ANSELM, Führungsgrundsätze in der Regel Benedikts, in: Langer, Michael/ Bilgri, Anselm (Hrsg.), Weite des Herzens – Weite des Lebens, Beiträge zum Christsein in moderner Gesellschaft, Festschrift für Abt Odilo Lechner, Bd.1, Regensburg 1989, 129-138.

HAERING, STEPHAN, Renovatio accommodata – die neuen Satzungen der Bayerischen Benediktinerkongregation, in: EuA 65 (1989) 490-491.

HEGGLIN, BENNO, Der benediktinische Abt in rechtsgeschichtlicher Entwicklung und geltendem Kirchenrecht, St. Ottilien 1961.

HILPISCH, STEPHAN, Geschichte des benediktinischen Mönchtums, Freiburg i.Brg. 1929.

HOFMEISTER, PHILIPP, Das Breve Pius XII. „Pacis vinculum" vom 21. März 1952 für die benediktinische Konföderation, in: Bayerische Benediktinerakademie (Hrsg.), Studien und Mitteilungen zur Geschichte des Benediktinerordens und seiner Zweige 68 (1957) 5-39.

HOOFF, ANTON E. VAN, Der Mensch als Hörender, Überlegungen zur Religiosität anhand der Regula Benedicti, in: EuA 65 (1989) 429-443.

HUERRE, DENIS, Von Tag zu Tag, Kapitelansprachen über die Benediktusregel, Kellenried 1983.

JACOBS, UWE KAI, Über den Strafkodex der Regula Benedicti, in: EuA 53 (1977) 323-331.

JACOBS, UWE KAI, Zur juristischen Struktur des benediktinischen Sanktionssystems, in: RBS 12 (1983) 11-119.

JASPERT, BERND, Benedikts Botschaft am Ende des 20. Jahrhunderts, in: RBS 16 (1989) 205-232.

JASPERT, BERND, Existentiale Interpretation der Regula Benedicti, in: Schneider, Ambrosius (Hrsg.), Und sie folgten der Regel St. Benedikts, Die Cistercienser und das benediktinische Mönchtum, Köln 1981, 120-132.

KARDONG, TERRENCE, The Abbot as Leader, in: ABenR 42 (1991) 53-72.

KIRCHNER, BALDUR, Benedikt für Manager, Die geistigen Grundlagen des Führens, Wiesbaden 1994.

KLEINER, RAFAEL, Das Prinzip der Subsidiarität in Regel und Leben der Benediktiner, in: EuA 41 (1965) 29-35.

KLEINER, SIGHARD, Zuerst Gott dienen, Geistliche Gespräche über die Regel des heiligen Benedikt, Langwaden 1990.

KURTZ, WALDEMAR, Domus Dei, Der Kirchenbegriff des Hl. Benedikt, in: RBS 5 (1976) 119-130.

LAURIEN, HANNA-RENATE, Benediktinerkloster heute – Herausforderung für die Gesellschaft, in: EuA 56 (1980) 337-346.

LECHNER, ODILO, Benedikt – Ursprung und Gegenwart eines Segens, in: Braulik, Georg (Hrsg.), Herausforderung der Mönche, Benediktinische Spiritualität heute, Wien/Freiburg/Basel 1979, 27-40.

LECHNER, ODILO, Scienter Nescius – Sapienter Indoctus, in: Möde, Erwin/Unger, Felix/Woschnitz, Karl Matthäus (Hrsg.), An-Denken, Festgabe für Eugen Bieser, Graz 1998, 181-207.

LIPPERT, PETER, Ordensspiritualität/Ordensleben, in: Schütz, Christian (Hrsg.), Praktisches Lexikon der Spiritualität, Freiburg/Basel/Wien 1992, 951-958.

LÖPFE, DOMINIKUS, Die Menschlichkeit in der Regel Benedikts, in: EuA 56 (1980) 194-202.

LOUF, ANDRÉ, Demut und Gehorsam bei der Einführung ins Mönchsleben, Münsterschwarzach 1979.

LUISLAMPE, PIA, Aspekte einer Theologie der Gemeinschaft in der Regula Benedicti im Licht der Basilius-Regeln, in: RBS 8/9 (1982) 35-50.

LUISLAMPE, PIA, Leben in der Gegenwart Gottes, Zu einer Disziplin benediktinischer Lebensgestaltung, in: EuA 63 (1987) 14-23, 127-138.

MAIER, HANS, Gebet und Arbeit, in: Ballestrem, Karl Graf/Ottmann, Henning (Hrsg.), Theorie und Praxis, Festschrift für Nikolaus Lobkowiecz zum 65. Geburtstag, Berlin 1996, 79-96.

MEIER, DOMINICUS, Die neuen Satzungen der deutschsprachigen Benediktinerkongregationen, in: EuA 67 (1991) 229-232.

METZ, JOHANN BAPTIST, Zeit der Orden?, Zur Mystik und Politik der Nachfolge, Freiburg i.Brg. 1977.

MITTERER, SIGISBERT, Die Familie als Grundlage benediktinischen Mönchtums, in: BM 6 (1924) 81-94.

MORIN, GERMAIN, Mönchtum und Urkirche, München 1922.

MÜNTNICH, BENEDIKT, Heil und Heilung: Benediktinisches Mönchtum und Seelsorge, in: Schütz, Christian/Rath, Philippa (Hrsg.), Der Benediktinerorden, Gott suchen in Gebet und Arbeit, Mainz 1994, 131-139.

NAHMER, DIETER VON DER, „Dominici scola servitii", Über Schultermini in Klosterregeln, in: RBS 12 (1983) 143-185.

OPPEN, DIETRICH VON, Der benediktinische Abt und das technische Zeitalter, in: RBS 2 (1973) 99-115.

PAUS, ANSGAR, Unterwegs zum Sinn der Zeit. Europa und Benedikt von Nursia, in: Langer, Michael/Bilgri, Anselm (Hrsg.), Weite des Herzens – Weite des Lebens, Beiträge zum Christsein in moderner Gesellschaft, Festschrift für Abt Odilo Lechner, Bd.1, Regensburg 1989, 173-182.

PAUSCH, JOHANNES, Neues Leben lernen für Europa, in: EuA 67 (1991) 358-367.

PAWLOWSKY, SIGISMUND, Die biblischen Grundlagen der Regula Benedicti, Wien 1965.

PUZICHA, MICHAELA, Achtung, Würde und Ehrfurcht: ein Grundthema der Benediktusregel, in: Monastische Information Nr.94 (1998) 14-20.

PUZICHA, MICHAELA, „Ante omnia" in der Regel Benedikts, in: Monastische Informationen 57 (1988) 16-19.

PUZICHA, MICHAELA, Die geschichtliche Entwicklung des Benediktinerordens im deutschen Sprachgebiet, in: Braulik, Georg (Hrsg.), Herausforderung der Mönche, Benediktinische Spiritualität heute, Wien/Freiburg/Basel 1979, 197-209.

RAHNER, HUGO, Der spielende Mensch, Einsiedeln/Freiburg[10] 1990.

RAHNER, KARL, Hörer des Wortes, München 1963.

RISAK, VEITH, Benedikt: Menschenführer und Gottsucher, Gedanken zur Benediktregel, Wien/Köln/Weimar 1991.

RUPPERT, FIDELIS, Der Abt als Mensch, Eine Anfrage an die Benediktsregel, Münsterschwarzach 1993.

RUPPERT, FIDELIS/GRÜN, ANSELM, Bete und arbeite, Eine christliche Lebensregel, Münsterschwarzach 1982.

RUPPERT, FIDELIS/GRÜN, ANSELM, Christus im Bruder nach der Regel Sankt Benedikts, Münsterschwarzach 1979.

RUPPERT, FIDELIS/STÜFE, ANSGAR, Der Abt als Arzt – Der Arzt als Abt, Münsterschwarzach 1997.

SARTORY, GERTRUDE/SARTORY, THOMAS, Benedikt von Nursia – Weisheit des Maßes, Freiburg i.Brg. 1981.

SCHILDENBERGER, JOHANNES, Sankt Benedikt und die Heilige Schrift, in: EuA 56 (1980) 449-457.

SCHLÖGL, HELGA, Der heilige Benedikt als Pädagoge und Psychologe, Wien 1966.

SCHULZ, ANSELM, Unter der Führung des Evangeliums, Benediktinische Spiritualität und die Zukunft der Kirche, in: Ordenskorrespondenz 22 (1981) 402-419.

SCHÜTZ, CHRISTIAN, Benediktinisches Gemeinschaftsleben, in: EuA 53 (1977) 5-14.

SCHÜTZ, CHRISTIAN, Geistlicher Führungsstil heute, in: EuA 52 (1976) 92-108.

SCHÜTZ, CHRISTIAN, Gelebtes Evangelium: Der heilige Benedikt und sein Lebensprogramm, in: Schütz, Christian/Rath, Philippa (Hrsg.), Der Benediktinerorden, Gott suchen in Gebet und Arbeit, Mainz 1994, 54-90.

SCHÜTZ, CHRISTIAN, Leidenschaft für Gott: Grundpfeiler kontemplativen Lebens, in: Schütz, Christian/Rath, Philippa (Hrsg.), Der Benediktinerorden, Gott suchen in Gebet und Arbeit, Mainz 1994, 19-27.

SCHÜTZ, CHRISTIAN, Prophetische Zeichen: Die Ordensgelübde als Ausdrucksform christlichen Lebens, in: Schütz, Christian/Rath, Philippa (Hrsg.), Der Benediktinerorden, Gott suchen in Gebet und Arbeit, Mainz 1994, 91-126.

SCHÜTZEICHEL, HARALD, Die Regel Benedikts als Leitfaden für ein christliches Leben (II), in: EuA 61 (1985) 434-459.

SENGER, BASILIUS, St. Benedikt, Leben – Bedeutung – Sendung – Auftrag, Beuron[4] 1980.

STEIDLE, BASILIUS, Beiträge zum alten Mönchtum und zur Benediktusregel, Herausgegeben von Ursmar Engelmann, Sigmaringen 1986.

STUTZER, DIETMAR, Die Säkularisation 1803, Der Sturm auf Bayerns Kirchen und Klöster, Rosenheim 1979.

SUDBRACK, JOSEF, An einem Ort beständig – In vielen Gegenden unterwegs sein, in: EuA 56 (1980) 441-448.

TSCHUDY, JULIUS FRANZ/RENNER, FRUMENTIUS, Der heilige Benedikt und das benediktinische Mönchtum, St. Ottilien 1979.

VOGÜÉ, ADALBERT DE, Der Abt als Stellvertreter Christi bei Sankt Benedikt und beim Magister, in: EuA 59 (1983) 267-278.

VOGÜÉ, ADALBERT DE, Die tägliche Lesung in den Klöstern (300-700), in: EuA 66 (1990) 96-105.

VOGÜÉ, ADALBERT DE, Unter der Führung des Evangeliums, Die Regel des hl. Benedikt und das Evangelium, in: Schneider, Ambrosius (Hrsg.), Und sie folgten der Regel St. Benedikts, Die Cistercienser und das benediktinische Mönchtum, Köln 1981, 169-180.

VOSS, GERHARD, Aufstieg zum Ursprung. Über den Weg der „Demut" im siebten Kapitel der Regel Benedikts, in: Langer, Michael/Bilgri, Anselm, Weite des Herzens – Weite des Lebens, Beiträge zum Christsein in moderner Gesellschaft, Festschrift für Abt Odilo Lechner, Bd.1, Regensburg 1989, 183-191.

VOSS, GERHARD, Der Weg zum Leben nach der Regel des heiligen Benedikts, in: Braulik, Georg (Hrsg.), Herausforderung der Mönche, Benediktinische Spiritualität heute, Wien/Freiburg/Basel 1979, 41-64.

WEIGEND-ABENDROTH, FRIEDRICH, Anfragen an einen ersehnten Orden, Bader, Dietmar (Hrsg.), Benedikt von Nursia, Neue Lebensordnung – Reform der Kirche – Humane Bildung, Freiburg i.Brg./Beuron 1981, 119-127.

WEIST, EDELTRUD, Bedeutung der Benediktusregel für uns Benediktinerinnen von heute in bezug auf Autorität und Gehorsam, in: EuA 64 (1988), 288-299.

WIEGARD, JESAJA, Benedikts Kloster als Lebensort einer Lern- und Erinnerungsgemeinschaft, in: RBS 18 (1993) 177-186.

WOLF, NOTKER, Kirche und Mönchtum auf dem Weg in die Zukunft: Inkulturation und Transfiguration, in: EuA 69 (1993) 279-295.

WOLTER, MAURUS, Praecipua Ordinis monastici Elementa, Brugis 1880.

Nachschlagewerke

BAYERISCHE BENEDIKTINERKONGREGATION (Hrsg.), Catalogus 1999, Verzeichnis der Mönche der Bayerischen Benediktinerkongregation, der Föderation der Bayerischen Benediktinerinnenabteien und der Kommunität Venio, o.O., Stand vom 1. Januar 1999.

DUDEN, Etymologie, Herkunftswörterbuch der deutschen Sprache, 2., völlig neu bearbeitete und erweiterte Auflage von Günther Drosdowski, Bd.7, Mannheim/Leipzig/Wien/Zürich 1989.

GRIMM, JACOB, Deutsches Wörterbuch, Bd.4, Leipzig 1854-1954, 2501-2504.

KLUGE, FRIEDRICH, Etymologisches Wörterbuch der deutschen Sprache, Berlin[22] 1989.

Management Haus

Anforderungskriterien für Führungskräfte

**Zielerreichung
(qualitativ / quantitativ)
Leistungsergebnis**

Unternehmerisches Denken und Handeln

Zeigt starke Qualitäts- und Kundenorientierung.

Zeigt ganzheitliches unternehmensbezogenes, wirtschaftliches Denken und Handeln, auch im globalen Umfeld.

Entwickelt Visionen und initiiert über Strategien und Zielvereinbarungen Veränderungsprozesse.

Geht beherrschbare Risiken ein und verläßt ggf. gesicherte Wege.

Handelt ergebnisorientiert und setzt alle von ihm steuerbaren Ressourcen wirtschaftlich ein.

Handelt im Umfeld im Sinne des Unternehmens und trägt Veränderungsimpulse nach innen.

Prozeß-/ Fachkompetenz

Zeigt hohe Analyse-, Beurteilungs- und Entscheidungsfähigkeit in seiner Prozeßkette.

Besitzt das notwendige funktions- und prozeßbezogene Wissen und wendet es an.

Läßt Interessenskonflikte zu, schafft Klarheit und sucht Konsens.

Initiiert Verbesserungsprozesse und wendet geeignete Methoden an.

Führungs- und Teamverhalten

Stellt den Zielvereinbarungsprozeß sicher und leitet Maßnahmen ab.
Schafft Klima und Rahmenbedingungen, die eine hohe Mitarbeitermotivation ermöglichen.
Führt Mitarbeitergespräche, fordert und fördert aktiv seine Mitarbeiter - auch international.
Nimmt Mitarbeiter aus anderen Fachbereichen auf und entwickelt sie weiter.
Entwickelt effiziente Teamstrukturen.
Gibt Orientierung und Information.
Arbeitet als "normales" Mitglied in einem Team.
Stimmt sich ab und betreibt übergreifende Zusammenarbeit.
Ist in der Lage, Konflikte frühzeitig zu erkennen und damit entsprechend umzugehen.

Wirkung der Persönlichkeit

selbstkritisch - veränderungsbereit - lernbereit
einschätzbar - glaubwürdig - konsequent
initiativ - überzeugend - begeisternd - ansteckend - integrierend
kommunikativ - dialogfähig
urteilsfähig - entscheidungsfreudig - verantwortungsbewußt
aufgeschlossen - sensibel für andere Kulturen

Wir bei BMW

Mitarbeiter- und Führungsleitbild

Mitarbeiterleitbild

Präambel

Die Mitarbeiter bestimmen den Erfolg unseres Unternehmens.
Damit BMW weiterhin erfolgreich sein kann, muß jeder einzelne
seine Fähigkeiten und Leistungen im Sinne des Unternehmens
einbringen und ständig weiterentwickeln.

Der Umgang miteinander muß von Wertschätzung und gegenseitigem Verständnis sowie von Offenheit und Fairness geprägt
sein.

Mitarbeiterleitbild

Für den einzelnen bedeutet das:

1. Beste Ergebnisse
durch dauerhaft hohe
Leistung erzielen

3. Mitdenken und
mitgestalten

5. Veränderungen als
Chance und nicht als
Gefahr empfinden

2. Verantwortung
für seinen
persönlichen Beitrag
zum Erfolg des
Unternehmens
übernehmen

4. In unterschiedlichen
Arbeits- und
Organisationsstrukturen
zusammenarbeiten

6. Flexibilität
beweisen
und sich ständig
weiterbilden

An diesem Anspruch lasse ich mich messen
mit allen Konsequenzen für:

⇨ meine Beurteilung

⇨ mein Entgelt

⇨ meinen beruflichen Erfolg

Führungsleitbild

1. persönliche
Leistung

5. Zielvereinbarung /
Veränderungs-
bereitschaft

8. Vertrauen /
Konsequenzen

2. realistische
Visionen

3. Vorbild,
hohe   Standards

6. Kommunikations-
fähigkeit / belastbare
Arbeitsbeziehungen

9. Teamentwicklung
und
Mitarbeiterförderung

4. Aufgaben-
orientierung

7. Spaß an der Arbeit

10. Internationalität

Führungsleitbild

1. Führen ist eine persönliche Leistung, das Eingehen von Risiken, und nicht nur das Anwenden von Richtlinien, Vorschriften und Systemen.

2. Führungskräfte entwickeln "realistische" Visionen und können andere dafür begeistern.

3. Führungskräfte sind Vorbild und erarbeiten sich Anerkennung durch ihre Integrität und Glaubwürdigkeit . Sie setzen hohe Standards und lassen sich selbst daran messen.

4. Führungskräfte stellen die Aufgabe und nicht sich selbst in den Vordergrund.

5. Führungskräfte entwickeln Ziele, sorgen für konkrete Zielvereinbarungen und schaffen Freiräume für eigenverantwortliches Handeln ihrer Mitarbeiter. Sie fördern Initiative, Kreativität und Veränderungsbereitschaft. Führungskräfte korrigieren die Ziele, wenn sich die Rahmenbedingungen ändern.

6. Führungskräfte besitzen eine hohe Kommunikationsfähigkeit und schaffen belastbare Arbeitsbeziehungen.

7. Führungskräfte schaffen - trotz aller Kosten- und Ergebnisorientierung - ein Klima, das den Mitarbeitern Spaß an der Arbeit vermittelt.

8. Führungskräfte führen durch Vertrauen. Sie geben Sicherheit und Rückendeckung, ziehen aber auch entschieden Konsequenzen, wenn es notwendig ist. Dabei orientieren sie sich am Resultat. Sie übernehmen die Verantwortung und verzichten auf Ausreden.

9. Führungskräfte entwickeln effiziente Teams. Sie fordern und fördern, damit starke wie schwache Mitarbeiter zu ihrer höchsten Leistung im Team geführt werden. Gute Führungskräfte fördern besonders jene Mitarbeiter, die sie selbst "überholen" könnten.

10. Führungskräfte sind in der Lage, in unterschiedlichen Kulturräumen erfolgreich zu agieren und interkulturell besetzte Teams zu führen.

Mitarbeiter- und Führungsleitbild

Erläuterungen

Mitarbeiterleitbild - Erläuterungen

1. Beste Ergebnisse durch dauerhaft hohe Leistungen erzielen

Das heißt konkret:

- ich erreiche dauerhaft sehr gute und umsetzbare Arbeitsergebnisse (BMW - Qualität);

- ich schaffe dafür die Voraussetzungen, indem ich ständig:
  - ⇨ meine Fähigkeiten und Fertigkeiten erweitere und
  - ⇨ mein Wissen auf den neuesten Stand bringe.

Mitarbeiterleitbild - Erläuterungen

2. Verantwortung für seinen persönlichen Beitrag zum Erfolg des Unternehmens übernehmen

Das heißt konkret:

- ich fordere Zielvereinbarungen und trage die Verantwortung für meinen Beitrag zur Zielerreichung;

- ich trage die Verantwortung für die Qualität meiner Arbeit;

- ich trage die Verantwortung für mich selbst, insbesondere für meine Gesunderhaltung und meine berufliche Weiterentwicklung.

Mitarbeiterleitbild - Erläuterungen

3. Mitdenken und mitgestalten

Das heißt konkret:

- ich verpflichte mich zum Prinzip der ständigen Verbesserung;
- ich bringe meine individuellen Fähigkeiten ein;
- ich nutze vorhandene Freiräume für bessere Ergebnisse;
- ich setze Verbesserungen schnell und konsequent um;
- ich übe konstruktive Kritik;
- ich habe den Mut, auch unkonventionelle Ideen einzubringen.

Mitarbeiterleitbild - Erläuterungen

4. In unterschiedlichen Arbeits- und Organisationsstrukturen zusammenarbeiten

Das heißt konkret:

- ich bin bereit, manchmal als Solist,
  manchmal als Gruppenspieler,
  aber immer als Teil des ganzen "Orchesters" zu handeln;

- ich unterstütze und lasse mich unterstützen;

- ich kommuniziere aktiv mit Kollegen und Vorgesetzen;

- ich vertraue auf die eigenen und auch auf die Fähigkeiten
  und Leistungen der anderen;

- ich werde dem Vertrauen gerecht, das mir entgegengebracht wird;

- ich schaue über mein Aufgabengebiet hinaus.

Mitarbeiterleitbild - Erläuterungen

5. Veränderungen als Chance und nicht als Gefahr zu empfinden

Das heißt konkret:

o   ich höre zu und sage nicht sofort: "Das geht nicht ...";

o   ich bin bereit, mich selbst und das, was ich tue, zu hinterfragen;

o   ich handle auch in unsicheren Situationen;

o   ich sitze Veränderungen nicht aus, sondern nehme aktiv daran teil;

o   ich bin bereit, mich auch örtlich zu verändern.

Mitarbeiterleitbild - Erläuterungen

6. Flexibilität beweisen und sich ständig weiterbilden

Das heißt konkret:

○   ich bin bereit bei meiner Arbeitsgestaltung
      betriebliche Notwendigkeiten zu berücksichtigen;

○   ich akzeptiere, daß gegenseitige Unterstützung
      eine Selbstverständlichkeit ist;

○   ich bilde mich weiter im eigenen Fachgebiet und
      darüber hinaus, sowie für alle Themen
      der Zusammenarbeit;

○   ich bin bereit, lebenslang zu lernen.

Führungsleitbild - Erläuterungen

Grundsätzliches

Das BMW Führungsleitbild dient der Konkretisierung eines einheitlichen Führungsverständnisses in den BMW Gesellschaften und beschreibt Wertekorridore und Leistungsdimensionen.

Das Führungsleitbild ist für unsere Führungskräfte Orientierung und Maßstab zugleich. Es läßt innerhalb eines Korridors Auslegungen und kulturelle Ausprägungen zu.

Führungskraft im Sinne dieses Leitbildes ist, wer wesentliche Beiträge zur Unternehmensführung leistet. Dies kann sowohl durch Personalführung, als auch durch fachliche Führung erfolgen.

Gute Führungskräfte werden weder "geboren" noch "gemacht". Sie müssen sich auf Basis ihrer individuellen Voraussetzungen durch ständiges Lernen selbst dazu entwickeln.

Grundlage dafür sind ernsthafte Selbstreflexionen über eigene Verhaltensweisen, den eigenen Führungs- und Kommunikationsstil sowie die eigene Einstellung zu Veränderungen.

Führungsleitbild - Erläuterungen

Grundsätzliches

Das Führungsleitbild gilt für alle Führungskräfte vom Meister bis
zur OFK, jedoch in unterschiedlicher Ausprägung.

Damit ist es auch Basis für die Beurteilung der Führungskräfte,
wobei es jedoch nicht als unmittelbares Beurteilungsraster dient.

Das BMW Führungsleitbild ist nicht statisch. Es unterliegt einem
Veränderungsprozeß, der durch permanente Reflexion mit unseren
Führungskräften und Mitarbeitern in Gang gehalten wird.

Die Prozeßförderung ist eine Verpflichtung für das Personalwesen;
die Umsetzung in die Praxis ist Aufgabe aller Führungskräfte.

Führungsleitbild - Erläuterungen

**1. Führen ist eine persönliche Leistung,
das Eingehen von Risiken und
nicht nur das Anwenden von Richtlinien,
Vorschriften und Systemen.**

Das heißt konkret:

o   Systeme, insbesondere Personalsysteme, sind Handwerkszeug der
    Führungskraft. Das Anwenden dieser Werkzeuge ist jedoch nicht
    Führung;

o   Führen bedeutet persönliche Auseinandersetzung mit der
    Gesamtsituation;

o   bewußtes Führen ist beabsichtigte, persönliche
    Einflußnahme;

o   die Führungskraft darf sich nicht hinter Richtlinien
    (= abgeleitete Autorität) verstecken.

Führungsleitbild - Erläuterungen

2. Führungskräfte entwickeln "realistische" Visionen und können andere dafür begeistern.

Das heißt konkret:

o "realistische" Visionen sind hochgesteckte, anspornende Ziele, die mit Mut, Phantasie und hohem Einsatz unter geltenden Rahmenbedingungen erreicht werden können;

o Führungskräfte müssen die Kraft besitzen, gesicherte Wege zu verlassen und auch gegen den Strom zu schwimmen (Querdenker);

o Führungskräfte fragen nicht warum, sondern warum nicht, und sie fördern diese Denkweise bei ihren Mitarbeitern;

o Führungskräfte schaffen Klarheit für ihre Mitarbeiter und ziehen sich nicht aus der Verantwortung;

o Klarheit schaffen bedeutet das Vermitteln der Gesamtzusammenhänge bis hin zur gemeinsamen Erarbeitung gangbarer Wege.

Führungsleitbild - Erläuterungen

**3. Führungskräfte sind Vorbild und erarbeiten sich
Anerkennung durch ihre Integrität und Glaubwürdigkeit.
Sie setzen hohe Standards und lassen sich daran messen.**

Das heißt konkret:

o   Vorbild sein heißt, selbst vorzuleben, was die Führungskraft von
anderen fordert (Vorgesetzter, Teampartner, Mitarbeiter);

o   Integrität bedeutet auch, daß die Führungskraft als Mensch in
unterschiedlichen Situationen glaubwürdig erlebt wird
(Original, keine Kopie);

o   Glaubwürdigkeit und Fairness schaffen Vertrauen. Vertrauen ist
die Basis für erfolgreiche Führungsleistung;

o   Führungskräfte fordern ihre Mitarbeiter und sich selbst; hohe
Standards setzen bezieht sich sowohl auf Leistungsnormen,
als auch auf die Inhalte der Zusammenarbeit.

Führungsleitbild - Erläuterungen

**4. Führungskräfte stellen die Aufgabe
und nicht sich selbst in den Vordergrund.**

Das heißt konkret:

○ persönliches Profil wird akzeptiert als natürlicher Wunsch
nach Anerkennung und Erfolgssuche (Profil = Konturen);
Profilierung darf jedoch nicht Selbstzweck sein;
die Zielerreichung bzw. das Ergebnis haben Priorität;

○ Führen heißt dienen, d. h. Mitarbeiter bei der Erreichung
der vereinbarten Ziele zu unterstützen im Sinne von:
„Steine aus dem Weg räumen";

○ sich nicht in den Vordergrund stellen heißt,
den Mitarbeitern oder Kollegen Hilfe zur Selbsthilfe zu geben,
Plattformen schaffen;

Führungsleitbild - Erläuterungen

5. Führungskräfte entwickeln Ziele, sorgen für konkrete Zielvereinbarungen und schaffen Freiräume für eigenverantwortliches Handeln ihrer Mitarbeiter.
Sie fördern Initiative, Kreativität, und Veränderungsbereitschaft.
Führungskräfte korrigieren die Ziele, wenn sich die Rahmenbedingungen ändern.

Das heißt konkret:

o   Führungskräfte entwickeln hochgesteckte anspornende Ziele;

o   Führungskräfte vereinbaren anspruchsvolle Ziele;

o   Führungskräfte verfolgen die Zielerreichung und leiten daraus positive bzw. negative Konsequenzen ab;

o   Führungskräfte schaffen Rahmenbedingungen, die eigenverantwortliches Handeln fördern;

o   Führungskräfte machen sich und ihren Mitarbeitern die Notwendigkeit permanenter Veränderung bewußt;

o   Führungskräfte nehmen Impulse für Veränderungen wahr, initiieren und unterstützen Veränderungsprozesse;

o   Führungskräfte reagieren und agieren bei Veränderungen aus dem gesellschaftlichen, technischen und betrieblichen Umfeld.

Führungsleitbild - Erläuterungen

6. Führungskräfte besitzen eine hohe Kommunikationsfähigkeit und schaffen belastbare Arbeitsbeziehungen.

Das heißt konkret:

O   Kommunikationsfähigkeit erfordert soziale Kompetenz, d. h. mit anderen konstruktive Beziehungen aufbauen und pflegen; dazu gehört:

    zuhören,
Fragen zulassen,
auf andere zugehen;

O   der Mensch, und nicht der Funktionsinhaber, steht im Vordergrund;

O   Führungskräfte gehen Konflikten nicht aus dem Weg und thematisieren auch "heiße" Themen - in angemessener Form; durch Kommunikation kann Konfliktlösung erfolgen, und dies bedeutet Entwicklung für Führungskräfte und Mitarbeiter;

O   Führungskräfte machen Unternehmensziele verständlich und verdeutlichen die Rolle und den Beitrag der Mitarbeiter, durch Kommunikation lösen sie den scheinbaren Widerspruch zwischen interner und externer Unternehmensdarstellung.

Führungsleitbild - Erläuterungen

**7. Führungskräfte schaffen- trotz aller Kosten-
und Ergebnisorientierung - ein Klima,
das den Mitarbeitern Spaß an der Arbeit vermittelt.**

Das heißt konkret:

- ○ Führungskräfte erzeugen durch Sinngebung,
  Anerkennung und entsprechende
  Rahmenbedingungen "Lust auf Leistung";

- ○ das erzielte Ergebnis und der Erfolg bringen Spaß
  an der Arbeit;

- ○ bei der Arbeit darf auch gelacht werden.

Führungsleitbild - Erläuterungen

8. Führungskräfte führen durch Vertrauen.
Sie geben Sicherheit und Rückendeckung, ziehen aber auch
entschieden Konsequenzen, wenn es notwendig ist.
Dabei orientieren Sie sich am Resultat. Sie übernehmen
die Verantwortung und verzichten auf Ausreden.

Das heißt konkret:

o   Führungskräfte schaffen Klarheit durch Kommunikation;

o   Führungskräfte stehen zu ihren Mitarbeitern;

o   Führungskräfte sind in der Lage, sich in andere
hineinzuversetzen;

o   weg von einer Mißtrauenskultur- hin zu einer
Vertrauenskultur;

o   Führungskräfte ziehen aber auch die Konsequenzen für sich
oder die Mitarbeiter, wenn das Vertrauen zueinander
verlorengegangen ist;

o   Führungskräfte stehen zu ihren Entscheidungen und
Handlungen.

Führungsleitbild - Erläuterungen

**9. Führungskräfte entwickeln effiziente Teams.
Sie fordern und fördern, damit starke wie schwache
Mitarbeiter zu ihrer höchsten Leistung im Team geführt
werden. Gute Führungskräfte fördern besonders jene
Mitarbeiter, die sie selbst "überholen" könnten.**

Das heißt konkret:

○ Kompetenzen an das Team übertragen (z. B. Budgetverantwortung,
Teambeurteilung); loslassen, Macht an das Team abgeben;

○ eine heterogene Teamzusammenstellung ermöglicht, daß die Gesamtleistung
mehr ist als die Summe der Einzelleistungen;

○ Förderung und Fordern des Teams und einzelne Mitglieder des Teams;

○ Interessenkonflikte zulassen und in positive Energie umwandeln ;

○ die Angst des Einzelnen im Team ernst nehmen und überwinden helfen;

○ die Führungskraft als Teamleiter, aber auch in der Rolle als Teammitglied;

○ Führungskräfte denken und handeln im Sinne der Prozeßkette und stellen
ihre eigene Teamfähigkeit unter Beweis.

Führungsleitbild - Erläuterungen

10. Führungskräfte sind in der Lage, in unterschiedlichen Kulturräumen erfolgreich zu agieren, und interkulturell besetzte Teams zu führen.

Das heißt konkret:

- Führungskräfte sind gegenüber anderen Kulturen aufgeschlossen und akzeptieren kulturelle Unterschiede;

- Führungskräfte sind die treibende Kraft, internationales Bewußtsein zu fördern;

- die Entwicklung und Förderung von international agierenden Mitarbeitern ist Aufgabe und Verpflichtung zugleich.

Führungsleitbild - Erläuterungen

Wirkung der Führungsleistung

Führen im Sinne des Führungsleitbildes fördert wichtige Inhalte der Zusammenarbeit von Führungskraft und Mitarbeiter

Im Vordergrund stehen dabei insbesondere:

- Orientierung
- Verlässlichkeit
- gegenseitige Akzeptanz
- eigenverantwortliches Handeln
- Kreativität und Innovation
- Leistungsbereitschaft
- unternehmerisches Denken
  und Handeln

Leistungs- und

Ergebnisorientierung